Dan Millman
Die Lebenszahl als Lebensweg

Dan Millman

Die Lebenszahl als Lebensweg

Wie wir unsere Lebensbestimmung erkennen und erfüllen können

Ansata-Verlag
Rosenstraße 24
CH-3800 Interlaken
Schweiz
1994

Aus dem Amerikanischen von Erika Ifang
Lektorat: Gerhard Juckoff und Urte Knefeli

Titel der Originalausgabe:
The Life You Were Born to Live
A Guide to Finding Your Life Purpose
erschienen bei H. J. Kramer Inc., Tiburon, CA, USA

Deutsche Ausgabe:

Umschlagbild: Robert Wicki
Satz: Jung Satzcentrum GmbH, Lahnau
Druck: Kösel GmbH & Co., Kempten/Allgäu

ISBN 3-7157-0179-X

Inhalt

Dank 10
Vorwort 11
Lieber Leser! 15

TEIL I
Das Lebenssinn-Programm

Einführung: Das pythagoreische Erbe 18
Die Bestimmung der Lebenszahlen 20
Die Lebenswege oder der Aufstieg zum Gipfel 27
Für das Verständnis wesentliche Punkte 36

TEIL II:
Die Wirkkräfte des Lebens

Einführung: Die Grundzahlen aus energetischer Sicht 52
1: Kreativität und Zuversicht 53
2: Zusammenarbeit und Ausgewogenheit 62
3: Ausdruck und Feingefühl 70
4: Stabilität und Entwicklung 79
5: Freiheit und Disziplin 90
6: Vision und Annehmen 100
7: Vertrauen und Offenheit 110
8: Überfluß und Macht 120
9: Integrität und Weisheit 130
0: Innere Gaben 140

Teil III:
Die Wege des Schicksals

Einführung: Die Lebensweg-Interpretationen 146
1: Kreativität und Zuversicht 148

19/10 149
28/10 157
37/10 156
46/10 172

11: Verdoppelte Kreativität und Zuversicht 178

29/11 179
38/11 187
47/11 194

2: Zusammenarbeit und Ausgewogenheit. 201

20/2 202

12: Kreative Zusammenarbeit 210

39/12 211
48/12 219

3: Ausdruck und Sensibilität 226

30/3 227
21/3 und 12/3 235

4: Stabilität und Entwicklung 243

40/4 244
22/4 251
31/4 und 13/4 258

5: Freiheit und Disziplin 266

32/5 und 23/5 267
41/5 und 14/5 276

6: Vision und Annehmen 283

15/6 284

24/6 & 42/6 291
33/6 300

7: Vertrauen und Offenheit 309

16/7 310
25/7 317
34/7 und 43/7 325

8: Überfluß und Macht 333

17/8 334
26/8 341
35/8 349
44/8 357

9: Integrität und Weisheit 365

18/9 366
27/9 274
36/9 382
45/9 391

TEIL IV

Gesetze, die das Leben verändern

Einführung: Die spirituellen Gesetze 399
Das Gesetz der Flexibilität 405
Das Gesetz der Wahlfreiheit 410
Das Gesetz der Verantwortung 419
Das Gesetz der Ausgewogenheit 425
Das Gesetz der Entwicklung 431
Das Gesetz der Verhaltensmuster 435
Das Gesetz der Disziplin 440
Das Gesetz der Vollkommenheit 445
Das Gesetz des gegenwärtigen Augenblicks 450
Das Gesetz der Urteilsfreiheit 454
Das Gesetz des Vertrauens 458
Das Gesetz der Erwartungen 463
Das Gesetz der Ehrlichkeit 468
Das Gesetz des höheren Willens 473
Das Gesetz der Intuition 477

Das Gesetz des Handelns 483
Das Gesetz der Zyklen 488

TEIL V
Praktische Weisheit

Einführung: Zwischenmenschliche Beziehungen und Lebensrhythmen 494
Die Kräfte einer Beziehung 496
Neun-Jahres-Zyklen 512
Ihr Platz im Neun-Jahres-Zyklus 516

Nachwort 520
Eine Bitte des Autors 522

Anhang 523
Die Lebenszahlen bekannter Persönlichkeiten

*Dieses Buch ist all denen gewidmet,
die nach einem tieferen Sinn suchen.*

Dank

Die Grundkenntnisse in diesem System habe ich 1985 bei Michael Bookbinder, einem höchst bedeutenden Mann, erworben, der auch viele der spirituellen Gesetze von Teil IV skizziert hat. Ich erkenne dankbar den großen Einfluß an, den er auf mein Leben und Werk hat.

Herzlicher Dank gebührt auch folgenden Leuten, die das Manuskript bearbeitet haben: Michael Chaplan, Doug Childers, Linda Kramer, Erica Ross-Krieger, Joy Millman, Marilyn Ringer, Jan Shelley und Chuck Spezzano. Ferner danke ich Trevor und Ramona Alston, Tom McBroom, Rob Calef und den Teilnehmern meiner Lebenssinn-Ausbildungskurse, die im kleinen wie im großen zur Entstehung des Buches beigetragen haben.

Ein Buch ist etwas, das in Gemeinschaftsarbeit entsteht; besonders danke ich in diesem Zusammenhang Nancy Grimley Carleton, meiner Lektorin und meinem Schutzengel, die mit ihrem Können, Verständnis und Engagement das Beste aus dem Manuskript herausgeholt hat.

Ewig dankbar bin ich auch meinen Verlegern und Freunden Hal und Linda Kramer, deren Bücher ihre liebevolle Art, die Hingabe an ihre Arbeit und unerschütterlich hohe Qualitätsnormen erkennen lassen.

Besondere Anerkennung in Liebe und Dankbarkeit widme ich Joy Millman, deren Intuition und Unterstützung zum Gelingen all meiner Bücher beigetragen haben.

Vorwort

Was vor uns liegt und was hinter uns liegt,
sind Kleinigkeiten im Vergleich zu dem,
was in uns liegt.
Und wenn wir das, was in uns liegt,
nach außen in die Welt tragen,
geschehen Wunder.
Henry David Thoreau

Menschen, mögen sie auch noch so verschieden sein, haben eins gemeinsam: ein angeborenes Verlangen nach Sinn, Ziel und Zweck. Dieses Bedürfnis, den Sinn des Lebens zu verstehen, scheint für unsere psychologische Entwicklung ebenso wichtig zu sein wie zum Beispiel das Essen für unser biologisches Überleben.

Obwohl viele von uns nie bewußt zugeben oder glauben würden, daß unser Leben wirklich seinen eigenen Sinn hat, weiß unser Unbewußtes doch, weswegen wir hier sind; es verschafft sich Gehör und übermittelt uns Botschaften durch Träume, Eingebungen und tiefe innere Sehnsüchte. Der Ruf unseres Schicksals manifestiert sich in unseren grundlegenden Neigungen und Fähigkeiten – den verborgenen Kräften hinter unserer Persönlichkeit. Diese Neigungen und Tendenzen bestimmen unseren Werdegang, unsere zwischenmenschlichen Beziehungen und beeinflussen Qualität und Richtung unseres Lebens.

Bis wir den verborgenen Sinn erkannt und uns damit in Einklang gebracht haben, kommt uns unser Leben häufig wie ein Puzzle vor, in dem einige Teile fehlen; wir haben Gefühl, als seien wir für *etwas Bestimmtes* hier, können es aber nicht recht greifen. Wir arbeiten, genießen unsere Freizeit, essen, schlafen, verdienen Geld, geben es aus und erleben jeder unser Teil an Erfreulichem und Unerfreulichem, aber die grundlegende Erkenntnis, welchen Sinn unser Leben hat, mag uns trotzdem versagt bleiben.

Über die Jahre habe ich eine Reihe von Büchern geschrieben über die Art, wie ein friedvoller Krieger sein Leben anpackt, indem er sich voll Mut, Liebe und höherer Weisheit mit seinen inneren Fragen und Nöten auseinandersetzt. Das vorliegende Buch schließt eine wesentliche Phase meiner Arbeit ab und stellt das Lebenssinn-Programm vor, eine Methode, die dabei helfen kann, uns über den Sinn unseres Lebens klarzuwerden und ihn zu erfüllen. Es bietet eine Art Landkarte, die unseren Lebensweg darstellt wie einen Bergpfad, den wir erklettern müssen und der direkt zum Gipfel führt.

Das Lebenssinn-Programm versetzt uns in die Lage, unsere Wahrnehmung unserer selbst und anderer zu erweitern. Es kann darüber hinaus Psychotherapeuten, Ärzten, Körpertherapeuten, Sozialarbeitern, Lehrern, Sporttrainern und anderen aus den helfenden und pflegenden Berufen dazu dienen, die Wirksamkeit ihrer Bemühungen um den Menschen zu erhöhen.

Seit 1985 habe ich dieses System, dessen Stärke seine relative Einfachheit und erwiesene Wirksamkeit ist, im Rahmen meiner Arbeit mit Tausenden von Menschen in aller Welt angewandt, getestet und verfeinert. Die begeisterten Reaktionen darauf haben mich schließlich dazu bewogen, dieses Buch zu schreiben.

Viele psychologische wie auch geistige Schulen kennen Typologien zur Ermittlung der Persönlichkeit. Während die Selbstanalyse den Entschluß zur Veränderung auslösen kann, liefert das Lebenssinn-Programm die Mittel dazu. Ausgehend von dem Grundsatz, daß das Universum Gesetzen folgt, die ebenso wirklich sind wie das Gesetz der Schwerkraft, zeigt dieses System die spezifischen Gesetze eines jeden Lebenswegs auf, mit deren Hilfe Gesundheit, Beziehungen, Berufstätigkeit und andere Facetten des Lebens gestaltet werden können.

Diese Gesetze sind nicht einfach nur Vorschriften, Anweisungen oder Regeln für das sittliche Verhalten; sie gehen vielmehr über die Normen der menschlichen Gesellschaft hinaus und bringen eine höhere Ordnung zum Ausdruck (zum Beispiel können wir die Schwerkraft für ungesetzlich oder sogar unmoralisch erklären, aber das Gesetz der Schwerkraft wird trotzdem weiter Geltung haben). Sie haben sich im Laufe der Geschichte immer wieder durchgesetzt; wegen ihrer Beständigkeit und ihres weiten Geltungsbereichs nenne ich sie im folgenden spirituelle Gesetze oder universale Prinzipien. Ihre Macht entdecken wir, wenn wir sie anwenden.

Die Gültigkeit spiritueller Gesetze ist nicht an irgendeine Überzeugung gebunden oder davon abhängig – die Schwerkraft wirkt einfach, ob wir daran glauben oder nicht –; sie haben grundsätzlich die Macht, unser Leben zu verändern, ob wir nun meinen, daß sie uns vom Höheren Geist oder Schöpfer gegeben worden sind, oder sie lediglich für ein Spiegelbild dessen halten, was das Universum im Innersten bewegt.

Es gibt unendlich viele spirituelle Gesetze; sie bestimmen die Strukturen, Kräfte und Muster alles Seienden, vom subatomaren Teilchen bis hin zu den wirbelnden Galaxien; sie bestimmen, wie eine Blume blüht und sich zur Sonne streckt oder wie sich Wellen brechen und an den Strand branden.

Ich stelle hier insbesondere die Gesetze vor, die einen unmittelbaren, praktischen Bezug zum menschlichen Leben und den jeweiligen Bedürfnissen der Person auf ihrem spezifischen Lebensweg haben. Dazu gehören die folgenden Gesetze:

- Flexibilität
- Wahlmöglichkeiten
- Verantwortung
- Ausgewogenheit
- Entwicklung
- Verhaltensmuster
- Disziplin
- Vollkommenheit
- gegenwärtiger Augenblick
- Urteilsfreiheit
- Vertrauen
- Erwartungen
- Ehrlichkeit
- höherer Wille
- Intuition
- Handeln
- Zyklen

All diese Gesetze haben zwar einen praktischen Wert für jedermanns Leben, aber sie eröffnen auch unterschiedliche Zugänge zum Leben und bieten sozusagen das nötige Rüstzeug entsprechend den jeweiligen Bedürfnissen. Um die Gesetze zu entdecken, die für das eigene Leben am wichtigsten sind, müssen Sie sich zuerst über Ihren Lebensweg klarwerden.

Das Lebenssinn-Programm hat mein Leben und das Leben vieler meiner Mitmenschen erhellt und uns neue Dimensionen der Klarheit, des Seelenfriedens und des Mitgefühls erschlossen. Wir alle müssen unseren Berg erklimmen.

Ich vertraue darauf, daß Sie mit dieser Methode neu zu sich selbst finden, Einfühlungsvermögen für andere entwickeln und Ihrer Entschlossenheit Ausdruck verleihen, auf unserer Erde wirklich etwas zu bewegen. Möge dieses Buch Sie zur Erfüllung Ihres persönlichen Schicksals hinleiten – zu dem Leben, für das Sie bestimmt sind.

Dan Millman
Im Frühling 1993
San Rafael, Kalifornien

Lieber Leser !

Sie brauchen dieses Buch nicht von vorn bis hinten zu lesen, es sei denn, Sie wollen alle Lebenswege verstehen. Die meisten Leser können sich auf die Textteile beschränken, die für ihr Leben von Bedeutung sind, indem sie folgendermaßen vorgehen:

1. Lesen Sie das Inhaltsverzeichnis, um sich einen Überblick zu verschaffen.
2. Lesen Sie das Vorwort.
3. Lesen Sie Teil I, damit Sie Ihre Lebenszahl bestimmen können und die wesentlichen Punkte dieses Systems verstehen.
4. Nehmen Sie sich Teil II vor, und lesen Sie die Kapitel über die Grundzahlen genau nach, aus denen sich Ihre Lebenszahl zusammensetzt.
5. Blättern Sie weiter zu Teil III, und lesen Sie das Kapitel über Ihre Lebenszahl.
6. Sehen Sie sich nun in Teil IV die fünf oder sechs spirituellen Gesetze an, die für Ihren Lebensweg ausschlaggebend sind. Natürlich können Sie auch die anderen spirituellen Gesetze studieren, wenn Sie wollen.
7. Gehen Sie, je nach Ihren Interessen, zu Teil V über, um sich Einblick in die Kräfte, die zwischen den Menschen walten, und die Lebenszyklen zu verschaffen.
8. Lesen Sie zum Abschluß das Nachwort.

Später einmal werden Sie wahrscheinlich auch andere Kapitel dieses Buches lesen, um die Lebenswege Ihrer Freunde, Ihrer Lieben und anderer Menschen in Ihrem Lebenskreis besser verstehen zu können.

TEIL I
Das Lebenssinn-Programm

Wenn wir nicht wissen, welchen Hafen wir ansteuern sollen,
ist kein Wind günstig.
Seneca

Einführung: Das pythagoreische Erbe

Um die Ecke wartet vielleicht
eine unbekannte Straße oder ein geheimes Tor.
J. R. R. Tolkien

Jahrhundertelang haben Beobachter der menschlichen Natur nach einem gemeinsamen Nenner gesucht, um die Kräfte besser verstehen zu können, von denen die menschliche Persönlichkeit geprägt wird. Zu allen Zeiten sind in den unterschiedlichsten Kulturen psychologische Mittel oder mystische Wege entwickelt worden, wie man zur Einsicht gelangen kann. Mit all diesen Methoden und «Landkarten des Bewußtseins» sollte dargelegt werden, daß unser Universum und unsere Psyche nicht dem Zufall oder Chaos preisgegeben sind, sondern eine bestimmte Struktur und Ordnung aufweisen.

Dieser Tradition folgend, wird im vorliegenden Buch das Lebenssinn-Programm dargestellt, eine einleuchtende, objektive Methode, sich über die Lebensbestimmung klarzuwerden. Der Ursprung des Programms liegt hinter einem geheimnisvollen Schleier verborgen, aber wahrscheinlich ist es auf die Pythagoreer im alten Griechenland zurückzuführen.

Pythagoras ist als Mathematiker und Mitbegründer der Geometrie berühmt geworden. Wie wir wissen, hat er gelehrt, die *Zahl* sei das Wesen aller Dinge. Er hat in einem mystischen Sinne Zahlen mit Tugenden, Farben und vielem anderen mehr verknüpft. Darüber hinaus hat er die These vertreten, die menschliche Seele sei unsterblich. Viele seiner Ideen sind wahrscheinlich während seiner Reisen in den Orient geboren worden. Mit seinen Anhängern gründete er einen Bund, die Pythagoreer, der zwar in erster Linie religiöse Ziele verfolgte, aber auch Grundsätze formuliert hat, die das Denken von Plato und Aristoteles beeinflußt haben. Der größere Teil des Gedankengutes von Pythagoras selbst dürfte allerdings eher mystischer Weisheit als wissenschaftlicher Gelehrsamkeit entsprungen sein.

Wie andere holistische Denker auch, hat Pythagoras viele Facetten des menschlichen Bewußtseins zugleich erfaßt, ähnlich wie die moderne Physik, die heute in Bereiche vordringt, die früher Mystikern, Philosophen und Theologen vorbehalten waren. Er sprach von Zyklen, Mustern und Energiewellen, die lange vor Anbeginn der Menschheit existiert hätten, und davon, daß unser Lebensweg großartige ewige Gesetze widerspiegele, deren Ursprung und Sinn im Mysterium und in der Mechanik des Daseins verborgen blieben. Während er die Grundlagen von Form und Frequenz erforschte, entdeckte er Beziehungen zwischen Geist und Materie, wo zuvor keine solche Ordnung gegeben zu sein schien, und zeigte verborgene Zahlenverhältnisse auf, die als Schlüssel zu den Geheimnissen der Psyche dienen.

Viele Numerologen beziehen sich auf Pythagoras als Quelle ihres analytischen Systems. Das Lebenssinn-Programm gleicht zwar der Numerologie, weil es mit Hilfe von Zahlen zu bedeutsamen Informationen kommt, aber ich finde es wegen seiner Klarheit, Zielrichtung und Genauigkeit viel praktikabler als jede andere Methode, die ich bisher erforscht habe.

Ich behaupte nicht, daß das Lebenssinn-Programm auf herkömmlichen wissenschaftlichen Erkenntnissen oder gar Logik beruht; rational kann ich nicht erklären, wieso das scheinbar willkürliche Geburtsdatum eines Menschen (nach dem gregorianischen Kalender) gültige, verläßliche Informationen über seine Lebensbestimmung liefert. Ich weiß nur mit einer Gewißheit, die sich auf Jahre empirischer Versuche stützt, daß das Programm funktioniert – daß es das Leben klarwerden läßt.

Vielleicht ist die Gültigkeit des Lebenssinn-Programms in der holographischen Natur des Universums begründet, in dem jeder Teil das Ganze widerspiegelt und enthält und in dem sich die individuelle Psyche in ein größeres Ordnungsmuster einfügt. Indem es komplexe Variablen zu Grundmustern kristallisiert, enthüllt dieses Programm die verborgenen Kräfte hinter unserer Persönlichkeit und läßt uns wie durch eine scharfe Linse das umfassendere Bild unseres Lebens erkennen.

In Teil I lernen Sie, Lebenszahlen zu bestimmen und zu interpretieren; diese Zahlen sind der Schlüssel zum Lebenssinn-Programm.

Die Bestimmung der Lebenszahlen

Bei der Geburt geben uns unsere Eltern einen Namen;
das Universum gibt uns eine Zahl.

Das Lebenssinn-Programm bestimmt anhand des Geburtsdatums eines Menschen eine drei- oder vierstellige *Lebenszahl* und bezieht aus dieser Lebenszahl bedeutungsvolle Informationen über die Lebensbestimmung des betreffenden Menschen. Bei gleichzeitiger Berücksichtigung der *spirituellen Gesetze,* die einen besonderen Bezug zu dieser Zahl haben, können die aus der Lebenszahl gewonnenen Informationen das Leben des Menschen verändern.

Das Verfahren ist einfach. Jeder, der eine Reihe von Zahlen addieren kann (wie zum Beispiel 2 + 1 + 4 + 5), kann auch innerhalb weniger Sekunden eine Lebenszahl bestimmen, wenn er sechs einfache Schritte beherzigt.

Die sechs Schritte zur Ermittlung der Lebenszahl

1. Prüfen Sie das Geburtsdatum.
   - Zur Veranschaulichung des Vorgangs werde ich mein eigenes Geburtsdatum nehmen: 22. Februar 1946.
2. Schreiben Sie die Zahlen des Datums nacheinander auf.
   - Die Reihenfolge spielt keine Rolle, wir werden aber im folgenden immer die bei uns gebräuchliche Schreibweise von Tag, Monat und Jahr nehmen: 22-2-1946.
   - Schreiben Sie das Jahr *voll* aus: 22-2-*19*46.
   - Trennen Sie die Zahlen durch Bindestriche statt durch Punkte: 22-2-1946.
   - Geben Sie jedem Monat die richtige Zahl:

1 Januar	5 Mai	9 September
2 Februar	6 Juni	10 Oktober
3 März	7 Juli	11 November
4 April	8 August	12 Dezember

3. Setzen Sie ein Pluszeichen (+) zwischen *alle Ziffern* einschließlich der Nullen; zählen Sie nun die einzelnen Ziffern zusammen, um die *Quersumme* zu erhalten.
   - Nach unserem Beispiel 22-2-1946 addieren wir die Zahlen 2 + 2 + 2 + 1 + 9 + 4 + 6 = 26.
4. Setzen Sie, wenn Sie die Ziffern des Geburtsdatums zur Quersumme addiert haben, ein Pluszeichen (+) zwischen die beiden Ziffern dieser Zahl, und addieren Sie sie zur *Endsumme.*
   - Bei unserem Beispiel ist die Quersumme 26, also schreiben wir 2 + 6 = 8.
   - Wenn Ihre Quersumme mit einer Null endet wie bei 20, 30 oder 40, schreiben Sie die Nullen wie normale Ziffern auf, um die Endsumme zu erhalten; aus 20 wird also 2 + 0 = 2 usw.
   - Geburtsdaten des zwanzigsten Jahrhunderts enden immer mit der Endsumme 2, 3, 4, 5, 6, 7, 8, 9, 10, 11 oder 12.
5. Die vollständige *Lebenszahl* besteht aus der Quersumme und der Endsumme, deren Zahlen durch einen Schrägstrich (/) voneinander getrennt werden.
   - Unser Beispiel besteht aus der Quersumme 26 und der Endsumme 8: Die Lebenszahl lautet also 26/8.
   - Die Ziffern rechts vom Schrägstrich (wie zum Beispiel die 8 in 26/8 oder die 12 in 39/12) nenne ich im weiteren Verlauf *rechte* oder *Endzahl.*
6. Prüfen Sie Ihre Rechnung noch einmal nach, ob Sie auch wirklich die richtige Lebenszahl ermittelt haben.

Zu beachten

- Behandeln Sie beim Addieren der Zahlen des Geburtsdatums die Nullen wie andere Ziffern. Setzen Sie zum Beispiel bei dem Geburtsdatum 20-2-1946 ein Pluszeichen (+) zwischen alle Ziffern, auch wenn es sich um Nullen handelt: 2 + 0 + 2 + 1 + 9 + 4 + 6.
- Je nach Geburtdatum werden Sie schließlich eine Lebenszahl ermitteln, die aus drei oder vier Ziffern besteht. Dazu ein paar Beispiele:
  – dreistellige Lebenszahlen: 21/3, 27/9, 30/3, 32/5.
  – vierstellige Lebenszahlen: 28/10, 29/11, 38/11, 48/12.

- Wenn ich von linken oder rechten Zahlen spreche, beziehe ich mich immer auf die Stellung links oder rechts vom Schrägstrich (/).
- Obwohl all diese Zahlen und die Kräfte, für die sie stehen, ihre Bedeutung haben, haben die Zahlen rechts vom Schrägstrich einen stärkeren Einfluß auf die Zielrichtung und damit den Sinn des Lebens.

Weitere Beispiele für Geburtsdaten und Lebenszahlen

- 8. Oktober 1932, geschrieben 8-10-1932, Quersumme 8 + 1 + 0 + 1 + 9 + 3 + 2 = 24; die beiden Ziffern der Zahl 24 ergeben 2 + 4 = 6, die Lebenszahl lautet also 24/6.
- 29. Mai 1969, geschrieben 29-5-1969, Quersumme 2 + 9 + 5 + 1 + 9 + 6 + 9 = 41; die beiden Ziffern der 41 ergeben 4 + 1 = 5, die Lebenszahl lautet 41/5.
- 7. November 1973, geschrieben 7-11-1973, Quersumme 7 + 1 + 1 + 1 + 9 + 7 + 3 = 29; 2 + 9 = 11, die Lebenszahl lautet 29/11.
- 29. August 1954, geschrieben 29-8-1954, Quersumme 2 + 9 + 8 + 1 + 9 + 5 + 4 = 38; 3 + 8 = 11, die Lebenszahl lautet 38/11.
- 18. September 1929, geschrieben 18-9-1929, Quersumme 1 + 8 + 9 + 1 + 9 + 2 + 9 = 39; 3 + 9 = 12, die Lebenszahl lautet 39/12.
- 30. Januar 1942, geschrieben 30-1-1942, Quersumme 3 + 0 + 1 + 1 + 9 + 4 + 2 = 20; 2 + 0 = 2, die Lebenszahl lautet 20/2.
- 24 Juni 1944, geschrieben 24-6-1944, Quersumme 2 + 4 + 6 + 1 + 9 + 4 + 4 = 30; 3 + 0 = 3, die Lebenszahl lautet 30/3.
- 29. September 1973, geschrieben 29-9-1973, Quersumme 2 + 9 + 9 + 1 + 9 + 7 + 3 = 40; 4 + 0 = 4, die Lebenszahl lautet 40/4.

Häufige Fehler

- Für den Monat wird die falsche Zahl angegeben (z. B. 8 statt 9 für September).
- Die einzelnen Ziffern werden bei der Addition nicht richtig geschrieben (z. B. der 10. Juni 1938 fälschlich als 10 + 6 + 1 + 9 + 3 + 8 = 37, statt 1 + 0 + 6 + 1 + 9 + 3 + 8 = 28).
- Das Jahr wird nicht ausgeschrieben (z. B. wird der 5. März 1963 unkorrekt geschrieben als 5-3-63, Quersumme 5 + 3 + 6 + 3 = 17; richtig wäre 5-3-1963, also 5 + 3 + 1 + 9 + 6 + 3 = 27).
- Es wird nicht noch einmal nachgerechnet. So einfach die Sache auch ist, man verrechnet sich leicht, denn kaum jemand zählt normalerweise einzelne Ziffern zusammen.

Durch die folgenden Übungen werden Sie schnell heraushaben, wie Sie Ihre eigene Lebenszahl und die Lebenszahlen anderer, deren genaues Geburtsdatum Sie kennen, ermitteln können.

Das Errechnen der Lebenszahlen am Beispiel

1. Addieren Sie nach den Anweisungsschritten auf Seite 20 ff. die einzelnen Ziffern der folgenden Geburtsdaten und danach die Ziffern der Quersumme zur Endsumme, um die endgültige Lebenszahl zu erhalten. Rechnen Sie mit dem Stift auf Papier; wenn Sie einmal mehr Übung haben, können Sie auch im Kopf rechnen.
   a) 24. Januar 1938
   b) 13. Februar 1872
   c) 30. März 1908
   d) 2. April 1989
   e) 10. Mai 1945
   f) 19. Juni 1960
   g) 1. Juli 1956
   h) 19. August 1210
   i) 29. September 1990
   j) 30. Oktober 1903
   k) 11. November 1920
   l) 25. Dezember 1982
2. Vergleichen Sie Ihre Ergebnisse mit den nachstehend angegebenen richtigen Lebenszahlen:
   a) 28/10
   b) 24/6
   c) 24/6
   d) 33/6
   e) 25/7
   f) 32/5
   g) 29/11
   h) 22/4
   i) 39/12
   j) 17/8
   k) 16/7
   l) 30/3
3. Jetzt können Sie auch erkennen, daß unterschiedliche Geburtsdaten gleiche Lebenszahlen ergeben wie in Beispiel b) und c). Falls Ihre Ergebnisse von den Vergleichswerten abweichen, müssen Sie noch einmal nachrechnen. Bei Schwierigkeiten sollten Sie sich die einzelnen Rechenschritte auf Seite 20 ff. erneut vornehmen und die Liste der Fehlerquellen studieren. Nach einiger Übung wird Ihnen das Rechnen leichtfallen.

Das Errechnen der Lebenszahlen von Angehörigen und Bekannten

1. Stellen Sie eine Liste von zehn bis zwanzig Angehörigen und Bekannten zusammen – Eltern, Kinder, Verwandte und Bekannte –, deren genaues Geburtsdatum Sie kennen.
2. Schreiben Sie neben die Namen die Geburtsdaten in Ziffern, und denken Sie daran, das Jahr voll auszuschreiben.
3. Addieren Sie, wie auf Seite 20ff. angegeben, die einzelnen Ziffern eines jeden Geburtsdatums, und bestimmen Sie so die Lebenszahl. Sie müßten jeweils eine drei- oder vierstellige Zahl erhalten (beide Seiten des Schrägstrichs zusammengenommen).
4. Bewahren Sie Ihre Liste griffbereit auf, um vergleichen zu können, wenn Sie nachlesen, was die verschiedenen Lebenszahlen bedeuten; dann bleibt der Text nicht trocken, sondern bekommt einen Bezug zum Leben.

In diesem Jahrhundert mögliche Lebenszahlen

Die Lebenszahlen verändern sich mit den Jahrhunderten. In der folgenden Tabelle sind alle 37 Lebenszahlen aufgeführt, die im zwanzigsten Jahrhundert vorkommen:

12/3	20/2	30/3	40/4
13/4	21/3	31/4	41/5
14/5	22/4	32/5	42/6
15/6	23/5	33/6	43/7
16/7	24/6	34/7	44/8
17/8	25/7	35/8	45/9
18/9	26/8	36/9	46/10
19/10	27/9	37/10	47/11
	28/10	38/11	48/12
	29/11	39/12	

Im Bevölkerungsdurchschnitt kommen in gewissen Zeitabschnitten einige Lebenszahlen häufiger vor als andere. Die Lebenszahlen etwa in der Mitte der obigen Tabelle (wie z. B. 28/10, 29/11 und 30/3) treten oft in Erscheinung; die Lebenszahlen am Anfang und Ende der Tabelle kommen weniger häufig vor; Personen mit der zuerst aufgeführten Lebenszahl 12/3 sind spätestens am 10-1-1900 geboren, während solche mit der zuletzt aufgeführten Lebenszahl 48/12 nicht vor dem 29-9-1999 geboren werden.

Vorsicht vor Schubladendenken

Wenn die Lebenszahlen mit Einfühlsamkeit und Verständnis ausgewertet werden, können sie uns helfen, uns selbst und andere innerhalb der vollen Bandbreite unserer bzw. ihrer Erfahrungen und Möglichkeiten besser zu verstehen. Im sprachlichen Ausdruck verwenden wir allerdings gern Kurzformen, vereinfachen oder äußern uns summarisch über komplexe Fragen und Personen, um sie leichter zu erfassen. Dadurch kommt es manchmal zu Mißverständnissen, weil wir etwa unsere persönliche Identität mit unserer Lebenszahl gleichsetzen, wie wir es auch gern mit unserem Namen tun. Ebenso wie wir sagen: «Ich bin Albert» oder: «Ich bin Roberta», könnten wir auch behaupten: «Ich bin eine 28/8» oder: «Ich entspreche der 30/3» und so unsere komplexe Persönlichkeit auf eine Zahl reduzieren.

Wir sollten vermeiden, unser eigenes Leben oder das Leben anderer einzig durch einen Zahlenfilter zu betrachten, und uns stets daran erinnern, daß die Lebenszahlen nur ein Licht auf unsere Hauptfragen und -möglichkeiten werfen; sie beschreiben jedoch nicht, wer wir sind.

Etiketten und Kategorien sind uns nur dienlich, solange wir ihre Grenzen im Auge behalten. Berge sind sich insofern ähnlich, als sie alle «Bergcharakter» haben, aber Wind, Wasser, Erdbewegung und Zeit formen jeden Berg so, daß keiner dem anderen genau gleicht. Ebenso prägen verschiedenste Einflüsse unser Leben. So mögen José, Bettina, Hiroko und Johann zwar die Lebenszahl und den Lebensweg gemeinsam haben, aber Geschlecht, Kultur, Rollenvorbilder, Erbanlagen, Eltern-Kind-Beziehung, Körperbau, Erscheinungsbild, Wertvorstellungen, Überzeugungen und Interessen nehmen auf unterschiedlichste Weise Einfluß auf ihren tatsächlichen Lebenslauf.

Obwohl ich hier eine Bewertung nach Zahlen als nützliche Formel benutze, möchte ich mit aller Deutlichkeit darauf hinweisen, daß jeder von uns einen einzigartigen Charakter und einzigartige Qualitäten hat.

Die Gewichtung der Ziffern

Jede Ziffer unserer Lebenszahl offenbart einen verborgenen Sinn, der mit unserem Lebensprogramm in Zusammenhang steht. Die Kräfte und Energien der Ziffern, aus denen sich unsere Lebenszahl zusammensetzt, tragen *alle* etwas zu unserer Lebensstruktur bei, in ähnlicher Weise, wie die einzelnen Farben eines Gemäldes seinen Gesamteindruck bestimmen oder die Instrumente eines Orchesters den Gesamtklang. Manche Farben leuchten vielleicht stärker auf unserer individuellen Leinwand; bestimmte Instrumente sind möglicherweise vorherrschend in unserer Symphonie.

Innerhalb dieses Systems bestimmt die Stellung jeder Ziffer der Lebenszahl ihr Gewicht: die Ziffern *links* vom Schrägstrich sind im allgemeinen *weniger* einflußreich, während die Ziffern *rechts* vom Schrägstrich *mehr* Einfluß haben.

Wenn die Ziffern von 1 bis 9 verschiedene Farben hätten, würde jede Lebenszahl aus einer Mischung unterschiedlicher Farbpigmente bestehen, wobei die Ziffern links vom Schrägstrich eine schwächere Pigmentierung als die Ziffern rechts vom Schrägstrich aufwiesen. Eine Null in der Lebenszahl, die auf innere Gaben hinweist, hat keine Farbe, dient jedoch als «Farbverstärker», der die Energien der anderen Ziffern intensivieren kann. Alles in allem sind also 37 verschiedene Farbtöne oder Lebenswege maßgebend für alle, die im zwanzigsten Jahrhundert geboren sind.

Lebenswege oder der Aufstieg zum Gipfel

Auf den Wegen des Lebens begegnen wir immer wieder uns selbst in tausend Verkleidungen.
C. G. Jung

Die vollständige Lebenszahl bezeichnet rein mathematisch die besondere Energieformel, die dem individuellen *Lebensweg* zugrunde liegt. Dieser Weg führt uns nicht einfach nur vorwärts; vielmehr führt er uns *aufwärts* auf den Berg, den wir erklimmen müssen. Die Endsumme unserer Lebenszahl (die Ziffern rechts vom Schrägstrich) steht für den Gipfel dieses Berges – für unseren *Hauptlebenssinn*. Um diesen Gipfel zu erreichen und unser persönliches Schicksal zu erfüllen, müssen wir durch die linken Ziffern hindurch – das heißt, durch die damit verbundenen Probleme und Energien – und diese zur Reife bringen.

Wenn wir unseren Lebensweg als Bergpfad betrachten, machen wir eine wichtige Entdeckung: *Der Sinn unseres Lebens – unsere Bestimmung – offenbart sich uns nicht gerade leicht.* Diese Feststellung, die ich im folgenden immer wieder nachdrücklich in Erinnerung bringen werde, besagt, daß das Leben, auch wenn es nicht durch unnötige Kämpfe erschwert wird, immer eine Reihe von Herausforderungen und Prüfungen für uns bereithält. Insbesondere auf dem Bergpfad der persönlichen Entwicklung, auf dem wir bemüht sind, unseren Lebenssinn zu erfüllen, sind wir in einen schöpferischen Kampf mit negativen oder unterentwickelten Neigungen verstrickt, die mit unserer Lebensbestimmung zusammenhängen. Einen Bergpfad hinaufzuklettern und an Höhe zu gewinnen, erfordert Mut, Engagement und Zielstrebigkeit. Wenn wir uns gut auf den Aufstieg vorbereitet haben, gestaltet er sich weniger schwierig, als wenn wir unvorbereitet sind; ein Aufstieg bleibt es aber trotzdem.

Wir beginnen nicht auf dem Gipfel mit dem Aufstieg; wir beginnen unten im Tal, und während wir durch Kindheit, Jugend und Erwachsenenalter hindurch aufsteigen, befinden wir uns in einer Zeit der Vorbereitung, der Initiation und des Trainings – wozu auch all die Herausforderungen gehören, durch die wir schließlich unsere Schwächen erkennen und überwinden und uns unserer Stärken bewußt werden können. Diejenigen unter uns, die verzagen und den Mut verlieren, wenn sich das Leben wie ein Aufstieg zum Gipfel darstellt, haben vergessen, daß *es eine Herausforderung sein muß*; die Anstrengung entfacht ein Feuer, das uns härtet und unseren Geist stählt.

Auf dem Lebensweg sind Abenteuer und Gefahren zu bestehen, gibt es Angenehmes und Schwieriges. Unser eigener Lebensweg mag uns zeitweilig klar und gerade erscheinen, um dann urplötzlich eine überraschende Wende zu nehmen. An bestimmten Punkten unserer Wanderschaft gabelt sich der Weg, und dann treffen wir Entscheidungen, die unser ganzes übriges Leben beeinflussen; entweder zwingen wir uns, weiter emporzuklettern, oder wir gehen lieber mühelos bergab, oder wir bleiben einfach, wo wir sind. Jeder Lebensweg hat seine Hürden, jede Hürde ist eine Lektion für uns, und jede Lektion führt weiter zum Gipfel des Berges, den zu erklimmen wir geboren sind. Unser Pfad mag bisweilen sehr beschwerlich sein, aber mit jedem Schritt, den wir höher klettern, wird die Aussicht besser.

Der Gipfel symbolisiert unsere Lebensbestimmung, und unsere Lebenszahl weist uns den Weg dorthin. Was wir mit unseren Möglichkeiten anfangen, bleibt uns allerdings weitgehend selbst überlassen. In welchem Maße wir unsere Möglichkeiten ausschöpfen, hängt davon ab, wie wir auf die Herausforderungen reagieren, die sich uns in den Weg stellen. Gelegentlich werden wir langsamer gehen oder stehenbleiben, um wieder zu Kräften zu kommen oder Mut zu sammeln zum Weiterklettern; manch einer wird den Aufstieg auch aus mangelndem Selbstvertrauen abbrechen. Es ist unser gutes Recht, uns selbständig zu entscheiden, aber der Spruch «lieber einmal richtig machen als immer wieder von vorn anfangen» dürfte auch auf das Leben zutreffen.

Wir können nicht vom Pfad aus in die Tiefe stürzen. Wohin wir auch treten, immer liegt er unter unseren Füßen. Er mag sich winden und Spitzkehren machen, aber er wird uns allmählich aufwärts führen, denn dazu sind wir aufgerufen, das ist die Richtung unserer evolutionären Wanderschaft.

Der bildliche Vergleich mit einem Bergpfad erleichtert uns die Lösung des alten Paradoxes, ob wir wirklich einen freien Willen haben oder ob unser Leben vorausbestimmt ist. Jeder bekommt bei seiner Geburt seinen eigenen inneren Berg mit, den er erklimmen muß und der die Kräfte der Vorsehung widerspiegelt. Wie wir hinaufsteigen und wieviel

Zeit wir uns dafür nehmen, liegt in unserem eigenen Ermessen und reflektiert somit die Macht des freien Willens. Mit anderen Worten: Es steht immer in unserer Macht, eine Wahl zu treffen und Disziplin, Verantwortungsgefühl und Engagement zu zeigen. *Ein Lebensweg ist nur in dem Maße schwerer oder leichter, besser oder schlechter als ein anderer, in dem wir selbst ihn dazu machen.*

Anderen zu helfen, die vor den gleichen oder ähnlichen Problemen stehen wie wir, sie zu unterstützen, zu lehren oder anzuleiten hilft uns, auf unserem eigenen Pfad voranzukommen. Unterbewußt wissen wir das; deshalb lehren wir oft, was wir am dringendsten selbst lernen müssen.

Wenn wir schließlich den Gipfel unseres Berges erreicht haben, machen wir die wunderbare, verblüffende Entdeckung, daß die Wanderung damit noch gar nicht zu Ende ist. Wir sind nicht bloß hier, um unseren Lebenszweck zu erfüllen; wir sind hier, um darüber hinauszugehen. Das heißt, daß wir nach Erreichen des Gipfels *weiter aufsteigen.*

Die Bedeutung der Zahlen

Sich mit dem Lebenssinn-Programm vertraut zu machen erfordert ein wenig Zeit, wie jede neue Betrachtungsweise, weshalb wir langsam vorgehen wollen; wir beginnen mit einem Überblick über die Lebensfragen, die mit den Grundzahlen als Hauptbestandteilen der Lebenszahl zusammenhängen.

Der Lebenssinn oder die Kräfte und Energien der Grundzahlen

1 Kreativität und Zuversicht
2 Zusammenarbeit und Ausgewogenheit
3 Ausdruck und Feingefühl
4 Stabilität und Entwicklung
5 Freiheit und Disziplin
6 Vision und Annehmen
7 Vertrauen und Offenheit
8 Überfluß und Macht
9 Integrität und Weisheit
0 Innere Gaben

Wenn ich von Einsen, Zweien oder Dreien spreche, meine ich die Menschen, die mit der besonderen Energie der Endsumme, der Grundzahl rechts vom Schrägstrich (die ihrem Hauptlebenssinn entspricht), «arbeiten». Die Grundzahl 3 zum Beispiel repräsentiert für Dreien, zu denen alle Menschen mit der Lebenszahl 12/3, 21/3, 30/3 sowie im weitesten Sinne alle Menschen mit einer 3 in ihrer Lebenszahl gehören, sowohl die Hauptaufgabe als auch den tieferen Sinn.

Der Hauptlebenssinn derjenigen, deren Lebenszahl rechts mit einer 10 (19/10, 28/10, 37/10 und 46/10), 11 (29/11, 38/11, 47/11) oder 12 (39/12 und 48/12) endet, *vereint* die Kräfte der beiden Endziffern in sich. Die Zehn verbindet folglich Kreativität und Zuversicht (1) miteinander und verstärkt sie durch innere Gaben (0); die Elf ist praktisch eine doppelte Eins und intensiviert alle Probleme und Fähigkeiten, die mit 1 verbunden sind; und die Zwölf kombiniert Kreativität und Zuversicht (1) mit Zusammenarbeit und Ausgewogenheit (2) zu kreativer Zusammenarbeit und verschmilzt so alle herausfordernden und ausgleichenden Kräfte von 1 und 2 zu einem Ganzen, das größer ist als die Summe seiner Teile.

Ganz gleich, wie unsere Lebenszahl auch lautet, wir berühren oder behandeln stets *alle* Fragen, die durch die Grundzahlen von 1 bis 9 bezeichnet werden, und können alle auf innere Gaben zurückgreifen (0). Aber auch wenn wir uns bewußt mit einigen oder sogar all diesen Fragen auseinandersetzen, sind auf lange Sicht die Energien, die unsere eigene Lebenszahl verkörpert, viel stärker in ihrer Wirkung und Intensität für uns.

Die einzelnen Ziffern unserer jeweiligen Lebenszahl stehen für die besonderen Möglichkeiten und Herausforderungen unseres Lebensweges und zeigen uns, wo wir graben sollten, um auf das Gold in unserem Innern zu treffen und unsere Lebensbestimmung zu erfüllen.

Probleme, Hindernisse und Möglichkeiten

Unsere Lebenszahl legt *Probleme* und *Möglichkeiten* offen. Wir müssen erst die Probleme lösen, ehe wir unsere Möglichkeiten voll ausschöpfen können. Da sich der Sinn unseres Lebens nicht gerade leicht offenbart, mangelt es vielen Einsen zu Beginn an der Zuversicht, sich schöpferisch betätigen zu können. Zweien tun oft zuviel des Guten, was die Zusammenarbeit betrifft, nur um sich dann zurückzuziehen. Viele Dreien haben Probleme, ihre Gefühle zum Ausdruck zu bringen. Vieren sind häufig labil und ignorieren Entwicklungsprozesse. Fünfen fühlen sich oft unfrei und zeigen wenig Disziplin. Sechsen haben vielfach Schwierigkeiten damit, sich selbst zu akzeptieren oder über andere zu urteilen. Siebenen haben oft kein Vertrauen zu sich selbst und das Empfinden, daß andere in ihnen lesen können wie in einem offenen Buch. Achten haben meist ein zwiespältiges Verhältnis zu Wohlstand und Macht. Und Neunen fällt es überwiegend schwer, über längere Zeit ihre Integrität zu wahren.

Uns allen stehen unendliche Talente zur Verfügung. *Keine Grundzahl hat ein Monopol auf bestimmte Eigenschaften.* Zum Beispiel haben Einsen kein Monopol auf die Kreativität, Dreien kein Monopol auf Ausdrucksfähigkeit und Achten kein Monopol auf Wohlstand oder Macht. Da unsere Lebenszahl häufig auf Hindernisse verweist, die wir überwinden müssen, sind Leute, bei denen eine bestimmte Ziffer nicht in der Lebenszahl vorkommt, oft besser für ein bestimmtes Sachgebiet befähigt (bzw. darin mit weniger Hindernissen konfrontiert) als solche, die diese Ziffer haben und sich immer noch durch Probleme in Zusammenhang mit ihrer Lebensbestimmung kämpfen.

Immerhin spiegeln die Zahlen ein uns mitgegebenes *Versprechen* wider, denn mit jeder Lebenszahl sind tiefverwurzelte psychologische *Triebkräfte* gekoppelt, die der Erfüllung dieses zugesagten Schicksals entgegendrängen. Mit den inneren Triebkräften, die unserer Lebenszahl entsprechen, stellen sich außerdem unterbewußte *Ängste* vor dem Erfolg ein – Ängste, die dem zuwiderlaufen, weswegen wir hier sind. *Aus der dynamischen Spannung zwischen unseren Antrieben und unseren Ängsten ergibt sich das Drama unseres Lebens.*

Anders ausgedrückt: Wir müssen alle einen Aufstieg bewältigen, um unsere Lebensbestimmung – das Erklimmen unseres Berges – zu erfüllen, aber wenn wir uns schließlich dieser Aufgabe stellen, kommen die Kräfte unserer Lebenszahl auf höchst machtvolle, sehr positive Weise zum Tragen. Mit unserem jeweiligen Berg zusammen, den wir hinauf müssen, wird uns auch die Fähigkeit verliehen, den Aufstieg zu schaffen. Selbst wenn wir unten im Sumpf beginnen, steigen wir allmählich zum Himmel empor.

Nehmen wir als Beispiel einmal Joseph L. Greenstein, wie er in Ed Spielmans Buch *The Mighty Atom* beschrieben wird. Als er nach sechsmonatiger Schwangerschaft seiner Mutter geboren wurde, wog der kleine Greenstein nur dreieinhalb Pfund. Die Mutter legte das winzige, kaum atmende Kind in eine kleine, mit Watte ausgekleidete Schachtel und ernährte es mit einer Pipette. Die Ärzte waren der Auffassung, daß der Kleine sterben würde, aber er klammerte sich ans Leben und wuchs, obwohl er schwächlich blieb. Mit vierzehn war er so kränklich, daß seine Mutter wieder mit ihm zum Arzt ging. Dort hörte er mit an, wie der

Arzt ihr mitteilte, er hätte angeborenes Asthma und würde wahrscheinlich im Alter von achtzehn Jahren sterben.

Auf dem Weg nach Hause kam er mit seiner Mutter an einem Zirkus vorbei; dort erblickte er ein Plakat von einem starken Mann namens «Champion Volanko», der ihm später helfen sollte, seine Schwächlichkeit zu überwinden und als «The Mighty Atom», einer der stärksten Menschen überhaupt, in die Geschichte einzugehen. Dieser Junge führte nicht nur alle Voraussagen der Ärzte ad absurdum, er schien auch alle biologischen, physiologischen und medizinischen Gesetze außer Kraft zu setzen. Aus den Zeitungsartikeln, die Ed Spielman in seinem Buch anführt, geht hervor, daß Joseph Greenstein Schienenbolzen durchbeißen oder sie mit einem einzigen Schlag der bloßen Hand tief ins Holz treiben konnte. Einmal hielt er ein Passagierflugzeug, das gerade von der Startbahn abheben wollte, bloß mit einer Kette, die an seinem Haar befestigt war, zurück. Aus dem schwächlichen, ausgezehrten, kränklichen Jungen wurde offensichtlich ein moderner Herkules, und er hat schlagend bewiesen, daß jeder von uns Hindernisse und Probleme auf seinem Lebensweg zu überwinden hat, ehe sich die Verheißung seines Schicksals erfüllt.

Wenn wir unseren Lebensweg schließlich erkannt haben und den Aufstieg beginnen, werden wir auch dazu inspiriert, immer weiter dem Gipfel entgegenzustreben. Mit der schwerverdienten Weisheit der Erfahrung bewehrt, die wir beim Überwinden der Hürden auf unserem Pfad erworben haben, können wir endlich unsere eigentliche Lebensbestimmung verwirklichen:

- Einsen entwickeln Kreativität und Zuversicht;
- Zweien werden zu vollendeten, ausgewogenen Diplomaten;
- Dreien steigern ihr Ausdrucksvermögen und ihr Feingefühl;
- Vieren entwickeln sich Schritt für Schritt weiter, um ihre Ziele zu erreichen;
- Fünfen werden durch Disziplin innerlich frei;
- Sechsen sehen das größere Ganze und erkennen an, daß die Welt von Natur aus vollkommen ist;
- Siebenen öffnen sich bis zu einem Punkt, an dem sie Vertrauen in sich und andere setzen;
- Achten erwerben Überfluß und Macht, die sie für höhere Ziele einsetzen;
- Neunen werden ein mitreißendes Vorbild für Integrität und höhere Weisheit.

Zusammenfassung: Die Eigenschaften der Grundzahlen

Wenn wir allmählich tiefer in die Kräfte, die Probleme und Bedeutungen jeder Ziffer eindringen, dürfen wir nicht vergessen, daß die Neigungen und Fähigkeiten, die mit der jeweiligen Grundzahl verbunden sind, schon klar zutage getreten oder noch verborgen sein können. Faktoren wie der familiäre Hintergrund, die persönlichen Gewohnheiten und das Selbstwertgefühl nehmen Einfluß darauf, wie und wann sich diese Grundenergien in unserem Leben manifestieren.

1: Kreativität und Zuversicht

Energie, die nicht blockiert wird, fließt von Natur aus in schöpferische Aktivitäten hinein. Eine Fülle dieser Energie verleiht Einsen die Fähigkeit, bei jedem Unterfangen schöpferisch tätig zu werden; bei ihnen drängt diese Energie wie ein brausender Strom nach Bewegung und Ausdruck und kann sich, wenn sie nicht richtig kanalisiert wird, in zerstörerischen Suchtmechanismen äußern.

2: Zusammenarbeit und Ausgewogenheit

Die Energie, die Zweien innewohnt, macht diese Menschen zu einer Quelle der Kraft, des Beistands und der kooperativen Hilfsbereitschaft. Aber zuerst müssen sie ihr Maß, ihre Grenzen und Verantwortlichkeiten festlegen, denn sonst tun sie des Guten zuviel und ziehen sich aus Überdruß zurück. Sie müssen vermeiden, ein Übermaß an Diensten auf sich zu nehmen, da sie andernfalls mit Groll und Widerstand reagieren.

3: Ausdruck und Feingefühl

Der Lebensinn von Dreien liegt unter anderem darin, in dieser Welt konstruktiv ihre Gefühle zum Ausdruck zu bringen und ihre Empfindungen und Ideen unmittelbar, auf positive Art und mit größtmöglicher Ehrlichkeit mitzuteilen. Sie müssen nach Mitteln und Wegen suchen, andere mit ihrem Feingefühl und ihrer Ausdrucksfähigkeit aufzurichten, statt sie niederzudrücken.

4: Stabilität und Entwicklung

Ob beim Hausbau oder bei anderen Tätigkeiten, immer sollten Vieren sich klarmachen, daß zuerst ein festes, stabiles Fundament erforderlich ist, dem ein geduldiger, schrittweiser Prozeß folgen muß, wenn sie ihre Ziele verwirklichen wollen. Vieren, die ihre Kraft mit Flexibilität und ihre Fähigkeit zum Analysieren mit Intuition ergänzen, können jedes Ziel erreichen.

5: Freiheit und Disziplin

Menschen, die als Fünf geboren werden, streben danach, durch eine Vielfalt von unmittelbaren oder nachempfundenen Erlebnissen Freiheit zu erlangen. Das führt manchmal dazu, daß sie sich übernehmen. Sie sind hier, um diszipliniert und konzentriert ihre Erfahrungen zu vertiefen. Sie neigen dazu, zwischen den Extremen Abhängigkeit und Unabhängigkeit hin und her zu pendeln, bis sie schließlich zur inneren Freiheit finden.

6: Vision und Annehmen

Der Sinn für Schönheit, Reinheit und hohe Ideale, den Sechsen besitzen, wird leicht durch ihre Selbstkritik und ihre Vorurteile über andere und die Welt getrübt. Ihr Lebenszweck liegt darin, die höchste transzendente Vollkommenheit in allem und jedem zu erkennen und nach hohen Idealen zu streben, gleichzeitig aber auch hier und jetzt sich selbst und andere zu akzeptieren.

7: Vertrauen und Offenheit

Wem die Energien der Sieben eigen sind, hat einen durchdringenden Verstand und vermag zwischen den Zeilen zu lesen. Solche Menschen finden am Leben in freier Natur Gefallen, an Erde, Meer, Blumen, Wind und Himmel. Sie sind hier, um auf die Weisheit und Liebe im eigenen Innern vertrauen zu lernen – auf die geistige Kraft, die in ihnen wirkt, um sie aus der Reserve zu locken und dazu zu bewegen, sich offen mitzuteilen.

8: Überfluß und Macht

Die meisten Achten erstreben Geld, Macht, Kontrolle, Autorität und Anerkennung oder meiden diese Ziele. In diesem Bereich liegen die größten Herausforderungen für sie, aber auch die größte Befriedigung. Sie sind hier, um Überfluß und Macht zu meistern, indem sie beides in den Dienst höherer Ziele stellen, statt sie zum Selbstzweck werden zu lassen.

9: Integrität und Weisheit

Die Lebensbestimmung von Neunen ist die, höchste Integrität zu beweisen – sie sind aufgerufen, sich nach höheren Prinzipien auszurichten, um anderen mit gutem Beispiel voranzugehen. Von Natur aus tiefgründig und charismatisch, erringen sie oft Führungspositionen und sind Vorbilder, entweder im positiven Sinne für Integrität, Ausgewogenheit und Weisheit oder im negativen Sinne für den Mangel an diesen Eigenschaften.

0: Innere Gaben

Wir alle können auf innere Ressourcen zurückgreifen, aus denen wir unter anderem *Feinfühligkeit, Kraft, Ausdrucksstärke* und *Intuition* schöpfen können. Aber Menschen mit einer Null in ihrer Lebenszahl – wie z. B. 19/10, 28/10, 37/10, 46/10, 20/2, 30/3 und 40/4 – *haben die Fähigkeit oder zumindest die Möglichkeit, diese Eigenschaften in größerem Maße auszudrücken.* Bei solchen Menschen liegen diese Gaben dichter unter der Oberfläche und verstärken meist die Energien des Hauptlebenssinns. Zum Beispiel intensiviert die Null der 30/3 die in Ausdruck und Feingefühl einfließende Energie der 3. Da uns das, wozu wir hier sind, selten geschenkt wird, haben Menschen mit einer Null in ihrer Lebenszahl häufig Probleme in diesen Bereichen, bis sie lernen, ihre Gaben anzuwenden.

Für das Verständnis wesentliche Punkte

Jeder von uns soll seinen eigenen Charakter haben,
er soll so sein, wie sonst kein anderer sein kann,
und tun, was sonst kein anderer tun kann.
William Ellery Channing

Nachdem wir nun die Hauptenergien und -eigenschaften der Grundzahlen von 1 bis 9 einschließlich 0 kennen, wollen wir uns einem anderen Punkt zuwenden, der für das Verständnis wichtig ist: daß sich die Energien und Probleme, die in den einzelnen Grundzahlen zum Ausdruck kommen, positiv (konstruktiv) oder negativ (destruktiv) niederschlagen können. Das Leben von zwei Menschen mit gleicher Lebenszahl kann infolgedessen vollkommen unterschiedlich verlaufen, wenn sich der eine den positiven Aspekten des so vorgezeichneten Lebensweges widmet und der andere den negativen.

Zum Beispiel kann es sein, daß Menschen mit der Lebenszahl 26/8 unfähig sind, mit anderen zusammenzuarbeiten (negative 2); sie werden vielleicht durch perfektionistische Ideale blockiert und sind deshalb frustriert und mutlos (negative 6); aufgrund ihrer negativen Überzeugungen und unbewußten Ängste, was Überfluß und Macht betrifft, geht es ihnen unter Umständen finanziell schlecht (negative 8). Andere Menschen mit der Lebenszahl 26/8 arbeiten womöglich glänzend mit anderen zusammen (positive 2); sie treten für ein hohes Niveau ein und setzen auch sich selbst entsprechend hohe Normen, so daß sie ausgezeichnete Leistungen bringen (positive 6); sie kommen im allgemeinen zu Wohlstand und gewinnen Einfluß (positive 8).

Das eben angeführte Beispiel zeigt die beiden Extreme; die meisten von uns gehen zwar mit bestimmten Aspekten ihrer Lebenszahl positiv um, haben aber mit weitaus mehr Aspekten erhebliche Probleme. Es sind nicht zuletzt diese Unterschiede, die für die großen Abweichungen im Leben von Leuten mit der gleichen Lebenszahl verantwortlich sind.

Keine Lebenszahl und dementsprechend auch keine Lebensbestimmung ist einer anderen Lebenszahl und einer anderen Lebensbestimmung von Natur aus überlegen oder unterlegen. Jede Lebenszahl bringt ureigene Stärken und ureigene Probleme mit sich. Entscheidend ist nicht, welchen Pfad wir nehmen, sondern wie wir unsere Wanderschaft unternehmen – mit anderen Worten: ob wir uns positiv oder negativ auf unsere Lebensbestimmung ausrichten.

In der nachstehenden Tabelle sind die zentralen Themen aufgeführt, die bei der jeweiligen Grundzahl positiv oder negativ behandelt werden können.

Die positiven und negativen Aspekte der Grundzahlen

Lebensbestimmung	positiv	negativ
1 Kreativität und Zuversicht	Selbstsicherheit, konstruktive Energie und Inspiration fließen in schöpferische Aktivitäten und Dienstleistungen	Fühlt sich blockiert; hat Minderwertigkeitsgefühle; ist krank, lethargisch, unsicher; möglicherweise suchtgefährdet
2 Zusammenarbeit und Ausgewogenheit	Hat ein klares Gespür für die eigenen Grenzen und Beschränkungen; tritt in gleichem Maße für sich und andere ein	Fühlt sich überfordert; ist widerstrebend und abwehrend; zu Beginn allzu hilfsbereit, dann aber plötzlich ablehnend
3 Ausdruck und Feingefühl	Engagiert sich aufrichtig und konstruktiv; beweist im Umgang mit anderen Inspiration und Frohsinn	Ist deprimiert und enttäuscht; überempfindlich; klagt und kritisiert; steckt voller Selbstzweifel

4 Stabilität und Entwicklung	Bereitet sich gut vor und macht kontinuierlich Fortschritte; verfolgt eine Sache geduldig bis zum Ende; gleicht Verstand und Gefühl miteinander aus	Will alles sofort; läßt Schritte aus; ist ehrgeizig, ungeduldig, konfus, labil und ohne Beharrungsvermögen
5 Freiheit und Disziplin	Nutzt vielfältige Begabungen zielgerichtet; arbeitet diszipliniert auf Unabhängigkeit hin	Schwankt hin und her zwischen extremer Abhängigkeit und extremer Unabhängigkeit; ist zerstreut; mutet sich zuviel zu; blufft und täuscht vor
6 Vision und Annehmen	Sieht das größere Ganze; ist tolerant und geduldig; leistet hervorragende Arbeit, ohne dem Perfektionismus zu verfallen; akzeptiert sich und andere	Überkritisch; beurteilt sich und andere nach perfektionistischen Normen; verzettelt sich mit unwichtigen Kleinigkeiten
7 Vertrauen und Offenheit	Vertraut seinen innersten Gefühlen; setzt genug Vertrauen in andere, um sein Herz auszuschütten, emotionale Risiken einzugehen und seine Gefühle mitzuteilen	Ist verbittert; fühlt sich betrogen; ist paranoid; schottet sich geistig ab; traut weder sich noch anderen

Reinigen aller Zellen von jegl. gespeicherten Energien

8 Überfluß und Macht	Genießt Wohlstand und Einfluß unbekümmert und maßvoll; teilt seine Segnungen großzügig und weise mit anderen	Schreckt vor allem, was mit Geld, Macht, Kontrolle und Anerkennung zusammenhängt, zurück und klammert sich gleichzeitig daran; ist sich selbst im Wege
9 Integrität und Weisheit	Richtet sein Leben nach höheren Grundsätzen aus; geht mit gutem Beispiel voran; zeigt Gemütstiefe, Charisma und Weisheit	Hat das höhere Ziel aus den Augen verloren; fühlt sich einsam und abgeschnitten; ist Sklave seines Verstandes; läßt sich weder von Herzensregungen noch von Eingebungen leiten
0 Innere Gaben	Macht von seiner Feinfühligkeit, Stärke und Ausdruckskraft zum Wohle anderer und im Hinblick auf höhere Ziele Gebrauch	Ist hypersensibel und nervös; halsstarrig; neigt zu Sarkasmus und Bissigkeit; wird von seinen inneren Empfindungen und Intuitionen zerissen

Obwohl keine bestimmte Zahl die Probleme oder die inneren Möglichkeiten für sich gepachtet hat, läßt sich doch zusammenfassend feststellen, daß jede Grundzahl charakteristische oder allgemeine Neigungen und Eigenschaften verkörpert. Diese Neigungen können bei allen in Erscheinung treten, deren Lebenszahl die betreffende Ziffer enthält, kommen aber besonders stark bei den Menschen zum Ausdruck, bei denen die Ziffer rechts vom Schrägstrich steht und die Lebensbestimmung bezeichnet.

Negativ

- Einsen sind am stärksten suchtgefährdet.
- Zweien sind am stärksten zur Abhängigkeit konditioniert.
- Dreien haben die stärkste Neigung, manisch depressiv zu werden.
- Vieren schwanken am stärksten hin und her.
- Fünfen besitzen den stärksten Hang zur Unselbständigkeit.
- Sechsen haben die stärksten Tendenzen zum Perfektionismus.
- Siebenen leiden am stärksten unter Verfolgungswahn.
- Achten sind am stärksten passiv-aggressiv.
- Neunen neigen am stärksten zum Fanatismus.

Positiv

- Einsen sind die besten kreativen Künstler.
- Zweien sind die besten Diplomaten.
- Dreien sind die besten Redner.
- Vieren sind die besten Analytiker.
- Fünfen sind die besten Forschungsreisenden.
- Sechsen sind die besten Richter.
- Siebenen sind die besten Gelehrten.
- Achten sind die besten Menschenfreunde.
- Neunen sind die besten Führungspersönlichkeiten.

Entwicklungsmöglichkeiten

Jede Grundzahl besitzt eine ganze Reihe von Eigenschaften, von negativen Neigungen (Vorbelastungen) bis hin zu positiven Charakterzügen (Stärken).

- Bei der Grundzahl 1 können sich aus Unsicherheit und Suchtverhalten Kreativität und Zuversicht entwickeln.
- Bei der Grundzahl 2 können sich aus vorprogrammierter Abhängigkeit und Groll Ausgewogenheit und diplomatisches Geschick entwickeln.
- Bei der Grundzahl 3 können sich aus Depression und Manipulationsverhalten Ausdruckskraft und Intuition entwickeln.
- Bei der Grundzahl 4 können sich aus Labilität und Unschlüssigkeit Zuverlässigkeit und Organisationstalent entwickeln.

- Bei der Grundzahl 5 können sich aus Melodramatik und Unselbständigkeit Scharfsinnigkeit und Selbständigkeit entwickeln.
- Bei der Grundzahl 6 können sich aus Enttäuschung und Kritik Offenheit für Visionen und die Bereitschaft zum Annehmen entwickeln.
- Bei der Grundzahl 7 können sich aus Verfolgungswahn und Isolation Einsicht und Offenheit entwickeln.
- Bei der Grundzahl 8 können sich aus Selbstbetrug und Opportunismus Produktivität und Großzügigkeit entwickeln.
- Bei der Grundzahl 9 können sich aus Heuchelei und Fanatismus Integrität und Weisheit entwickeln.
- Bei der Grundzahl 0 können sich aus innerer Angst und Überempfindlichkeit Anpassungswille und Dienstbereitschaft entwickeln.

Unsere Masken

Was wir innerlich fühlen – einschließlich der unbewußten Triebe, Begierden und Ängste –, dringt nicht immer an die Oberfläche. Die meisten von uns haben eine *Persona* entwickelt, eine gesellschaftliche Maske, die ganz anders und oft sogar das genaue Gegenteil von dem ist, was wir im Innern fühlen. Solche Masken führen zu Mißverständnissen und erschweren es uns, miteinander in eine echte Beziehung zu treten; sie haben deutliche Auswirkungen auf unsere Gesundheit, unsere zwischenmenschlichen Beziehungen und unsere Arbeit.

Jede Grundzahl offenbart naturgegebene Eigenschaften, die Farbe in unser Leben bringen. Aber die Masken, die wir tragen, zeigen häufig etwas ganz anderes als unsere innere Wirklichkeit.

Viele *Einsen* geben sich nach außen hin selbstsicher, ruhig oder gar distanziert, um eine unterschwellige Unsicherheit zu verbergen. Aus der Angst davor zu unterliegen, leitet sich ihr Konkurrenzverhalten her. Sie mögen zwar selbständig handeln, fürchten jedoch unter Umständen, es allein nicht zu schaffen.

Viele *Zweien* machen auf andere den Eindruck, als seien sie ausgeglichene Verstandesmenschen, dabei schlagen sie sich mit inneren Widersprüchen und Konflikten herum, die Streß verursachen können. Unter Umständen wirken sie hart, wenn sie nein sagen und damit einem inneren Drang, nachzugeben, Widerstand leisten. Sie haben oft an anderen etwas auszusetzen, weil sie sich innerlich verantwortlich fühlen.

Viele *Dreien* tragen eine selbstbewußte, optimistische Miene zur Schau, hinter der sich quälende Selbstzweifel und Depressionen verbergen. Sie stellen sich gern als intellektuelle Verstandesmenschen dar, um tiefe, feinsinnige Gefühle zu verstecken.

Viele *Vieren* erwecken den Eindruck, als wüßten sie alles, aber hinter dem kühlen, analytischen Verstand verbirgt sich ein rastloser Geist, und sie neigen aus innerer Verwirrung und Desorientierung heraus zu impulsiven Entscheidungen.

Viele *Fünfen* wirken nach außen hin unabhängig, fühlen sich jedoch oft abhängig, geraten in Abhängigkeit oder schaffen Abhängigkeiten. Fünfen, die zielstrebig erscheinen, kämpfen häufig nur gegen einen Hang zur Fahrigkeit an; ihr Wissen geht mehr in die Breite als in die Tiefe, bedingt durch einen inneren Heißhunger nach möglichst vielen Erlebnissen und die Angst vor Langeweile.

Viele *Sechsen* haben ein Auftreten, als hätten sie alles in der Hand – sie wirken cool, lächeln immer, sind nett und rücksichtsvoll und tun das Rechte –, doch sie verbergen damit ihre Neigung, sich selbst und andere an himmelhohen Normen zu messen. Dicht unter der Oberfläche liegen Wut und Enttäuschung über die vielen Mängel und Übel der Welt.

Viele *Siebenen* machen einen sehr selbstsicheren Eindruck, denn sie treffen spontan Entscheidungen, ohne andere zu fragen, dabei ist ihre Sicherheit nur die Reaktion auf einen unterschwelligen Mangel an Selbstvertrauen. Ihre gesellschaftliche Maske und ihr rasches Auffassungsvermögen helfen ihnen bei ihrem Versteckspiel, während sie streng über ihr Privatleben und ihre Innenwelt wachen.

Viele *Achten* scheinen Macht zu scheuen oder abzugeben, dabei suchen sie sich insgeheim in den Besitz der Kontrolle zu bringen. Sie übermitteln anderen häufig unklare Botschaften. Ihr Stil ist eher passiv, da sie ihre unterdrückten Aggressionen und ihr starkes Bedürfnis nach Macht, Anerkennung, Einfluß und Erfolg überkompensieren.

Viele *Neunen* strahlen eine gewisse Tiefe, ein faszinierendes Charisma und Meinungsfestigkeit aus, die ihren schwachen Identitätssinn und ihre Verletzlichkeit gegenüber der Meinung anderer Lügen strafen. Sie sitzen zwar oft in Führungspositionen, haben jedoch Schwierigkeiten, sich auf die höheren Prinzipien hin auszurichten, an die sie glauben oder nach denen sie in der Außenwelt suchen.

Die vorangegangenen Charakterisierungen zeichnen ein allgemeines Bild. Sie treffen sicher nicht auf jedermann zu, aber sie lassen das Spiel der polaren Gegensätze innen und außen erkennen und machen deutlich, daß sich manche unserer größten Lebensprobleme und Ängste kaum jemals an der Oberfläche zeigen.

Wir müssen unsere Grundprobleme erkennen und uns damit auseinandersetzen, wenn wir über sie hinausgelangen wollen. Mit Hilfe der Masken, die wir der Gesellschaft gegenüber aufsetzen, können wir anderen unsere «Sonnenseite» zeigen, aber erst, wenn wir das fehlbare, verletzliche Wesen hinter dieser Maske akzeptieren, können wir ehrliche Bande knüpfen, die auf Verständnis beruhen, und uns unseren tiefinnersten Bedürfnissen, unseren Sehnsüchten und unserem Menschsein öffnen.

Während wir zur Ganzheit und Echtheit heranreifen, können wir allmählich all unsere Qualitäten offenbaren und integrieren; dann merken wir, daß unser Leben nicht positiv *oder* negativ, sondern positiv *und* negativ verläuft. Nach dieser Erkenntnis, die wir mit Mut und Einsicht errungen haben, können wir endlich die Eigenschaften entwickeln, die unserer eigenen Wahl entsprechen, statt einfach zu reagieren.

Chronologie der Entwicklung

Bisher haben wir gelernt, daß jede Ziffer unserer Lebenszahl Probleme und Möglichkeiten darstellt und daß der Einfluß einer Grundzahl von ihrer jeweiligen Position innerhalb der Lebenszahl abhängt, wobei die Ziffer(n) rechts vom Schrägstrich die stärkste Wirkung haben.

Im allgemeinen arbeiten wir uns in chronologischer Reihenfolge von links nach rechts, vom Negativen zum Positiven, durch die Ziffern hindurch. In der Kindheit kreist unser Leben mehr um die linken Ziffern; wir beginnen mit unserem Aufstieg, begegnen auf unserem Pfad Herausforderungen und Möglichkeiten, machen Fehler und lernen im Weiterschreiten hinzu. Die rechten Ziffern unserer Lebenszahl stellen den Gipfel des Berges dar, während die Ziffern auf der linken Seite kleineren Vorgebirgen gleichen, die wir auf dem Weg zum Gipfel überwinden müssen. Zum Beispiel können Menschen mit der Lebenszahl 26/8 nicht recht in den positiven Genuß von Überfluß und Macht (8) kommen, ehe sie nicht zur Zusammenarbeit mit sich selbst und anderen (2) fähig sind und sich mit den Problemen des Perfektionismus und des Selbstwertes (6) auseinandergesetzt haben. Ebenso müssen sich Menschen mit der Lebenszahl 29/11 erst durch die mit 2 und 9 verbundenen Fragen kämpfen, bevor die Kreativität der doppelten 1 voll zum Durchbruch kommen kann.

Die meisten Kinder sind zuerst mit den negativen oder weniger ausgeprägten Aspekten ihrer Lebenszahl beschäftigt, ehe sie die positiven meistern. Zum Beispiel hat Matthias, Lebenszahl 33/6, als er im Kindesalter die seiner Zahl entsprechenden Probleme des Ausdrucks und Perfektionismus vor sich sah, dauernd nur geklagt (negative 3) und kritisiert (negative 6). Als Erwachsener drückt er sich eher schon mit positivem Enthusiasmus aus und akzeptiert sich und andere besser. Erst im Laufe der Zeit und mit wachsender Lebenserfahrung kann er seine negativen Neigungen in positive verwandeln.

Mit anderen Worten: Wir erfahren die positiven Aspekte unseres Hauptlebenssinns nur in dem Maße, wie wir uns durch die Zahlen und Fragen, die davor liegen, von links nach rechts hindurcharbeiten. Diese Arbeit mag Tage, Jahre oder sogar ein ganzes Leben erfordern, aber genau dazu sind wir hier.

Von innen nach außen: Die Erfüllung unserer Lebensbestimmung

Was wir innerlich erreichen,
verändert die äußere Wirklichkeit.
Otto Rank

Um unsere Bestimmung in dieser Welt zu verwirklichen, müssen wir sie erst in unserem Innern erleben:

- Wenn wir als Eins hier sind, um in dieser Welt unsere *Kreativität und Zuversicht* unter Beweis zu stellen, müssen wir erst erleben, wie sie sich in uns entwickeln.
- Wenn wir als Zwei hier sind, um in dieser Welt zu echter *Zusammenarbeit und Ausgewogenheit* zu kommen, müssen wir erst in unserer eigenen Psyche für Ausgleich und Integration sorgen.
- Wenn wir als Drei hier sind, um uns dieser Welt mit unserem *Ausdruck und Feingefühl* positiv mitzuteilen, müssen wir erst einen Zugang zu unseren innersten Gefühlen finden.
- Wenn wir als Vier hier sind, um in dieser Welt *Stabilität und Entwicklungsfähigkeit* zu beweisen, müssen wir uns erst einem klaren Entwicklungsprozeß unterwerfen und zu innerer Stabilität gelangen.
- Wenn wir als Fünf hier sind, um *Freiheit und Disziplin* zu verwirklichen, müssen wir erst Disziplin aufbringen, um die innere Freiheit zu gewinnen.
- Wenn wir als Sechs hier sind, um in dieser Welt beispielhaft *Vision und Annehmen* zu verkörpern, müssen wir erst die Vollkommenheit unseres eigenen Lebens erkennen und akzeptieren.

- Wenn wir als Sieben hier sind, um in dieser Welt *Vertrauen und Offenheit* zu erfahren, müssen wir erst auf uns selbst vertrauen und im Herzen wie im Leben offen sein.
- Wenn wir als Acht hier sind, um in dieser Welt zu *Überfluß und Macht* zu gelangen, müssen wir erst einen Sinn für die innere Fülle entwickeln.
- Wenn wir als Neun hier sind, um in dieser Welt *Integrität und Weisheit* zu entfalten, müssen wir erst höhere Prinzipien in unserem Innern finden.

Das Leben gibt uns, was wir brauchen

Jedem von uns dürfte schon einmal aufgefallen sein, daß das Leben uns ganz bestimmte Lektionen erteilt, die wir lernen müssen. Das gilt auch für den Sinn unseres Lebens. Hier einige Beispiele: Eine Eins, die hier ist, um sich kreativ dem Heilen zu widmen, das jedoch aus Unsicherheit unterläßt, wird unter Umständen mit gesundheitlichen Problemen zu kämpfen haben, durch die sie gezwungen ist, die verschiedensten Heilmethoden zu erforschen. Wenn es einer Fünf an Disziplin mangelt, wird sie sich möglicherweise mit einer körperlichen Erkrankung auseinandersetzen müssen, um die zur Erlangung größerer Freiheit und Beweglichkeit nötige Disziplin zu erwerben. Ich habe schon so manche Sechs kennengelernt, die unter einer Reihe von Behinderungen litt oder als Kind behindert und dadurch gezwungen war, ihre perfektionistischen Anwandlungen kritisch zu überprüfen und das größere Ganze ins Auge zu fassen. Eine Acht oder Neun zieht wahrscheinlich aus einem Tag im Gerichtssaal, wo sie sich mit Ehrlichkeit (8) und Integrität (9) befassen muß, einen sehr hohen Nutzen.

Je mehr wir «Probleme» als unschätzbare Lektionen betrachten, die wir uns nicht unbedingt wünschen, die wir aber brauchen, um so eher nehmen wir das Auf und Ab des Lebens gleichmütig und sogar dankbar hin. Denken Sie einmal darüber nach, ob das Leben nicht die allerbesten Gegebenheiten für Sie geschaffen hat, sich mit den Aufgaben und Fragen Ihres Lebensweges auseinanderzusetzen.

Die Lebenszahlen als Berufsberater

Begabungen hat jeder; sie sind Allgemeingut.
Selten hat jedoch einer den Mut,
seinen Begabungen dahin zu folgen, wohin sie ihn führen.
Anonym

Wir alle besitzen angeborene Fähigkeiten, von denen manche vielleicht noch nicht zum Ausdruck gekommen sind. In einem Maurer mag ein brillanter Pianist schlummern; eine Hausfrau mag im Herzen längst Psychotherapeutin sein.

Menschen mit unterschiedlicher Lebenszahl sind zwar im gleichen Berufsstand zu finden, gehen jedoch aufgrund der Neigungen und Antriebe, die ihrer Lebenszahl entsprechen, ihre Arbeit auf ganz unterschiedliche Weise an. Nehmen wir als Beispiel einmal die Schauspielkunst; positiv gesehen, bringt sich die Eins äußerst schöpferisch ein, ist die Drei in ihren Rollen zu besonders gefühlvollem Ausdruck fähig und die Sechs ein Perfektionist in ihrer Arbeit, während die Sieben die Chance bekommt, sich aus tiefstem Herzen in der «Sicherheit» der Rolle selbst darzustellen.

Leute mit gleicher Lebenszahl sind in den unterschiedlichsten Berufen anzutreffen, in jeder Tätigkeit, wie die Lebenszahlen bekannter Persönlichkeiten im Anhang zeigen. Zum Beispiel haben Kirk Douglas, Claude Debussy, Henry Kissinger, Shirley Temple, Ramakrishna, Edgar Allan Poe und Wolfgang Amadeus Mozart alle den gleichen «Lebensweg» (29/11).

Eine interessante Feststellung für Leute, die Rollen vergeben: Bombenerfolg hatte der Schauspieler Gary Busey, Lebenszahl 35/8, mit einer Rolle, in der er Buddy Holly porträtierte, Lebenszahl ebenfalls 35/8. Ähnlich war es bei Denzel Washington, Lebenszahl 32/5, der auf geradezu unheimliche Weise in die faszinierende Rolle des Malcolm X, gleichfalls 32/5, schlüpfte.

Menschen auf dem gleichen Lebensweg mögen sich zwar in bestimmten Berufssparten häufen wie etwa Zweien und Vieren in der Sozialarbeit oder Siebenen und Neunen in Forschung und Lehre, aber es spielen zu viele Faktoren hinein, als daß man voraussagen könnte, welchen Beruf jemand ergreifen würde oder «sollte».

Wir wählen im allgemeinen unseren Beruf nach unserer Selbsteinschätzung, unserem Selbstwertgefühl, dem sozioökonomischen Hintergrund, dem gewünschten Einkommen, dem Bildungsgrad, dem Geltungsbewußtsein, den Einflußmöglichkeiten auf andere Menschen, nach unseren Überzeugungen, Wertvorstellungen und anderen Faktoren aus. Manchmal gehen wir Kompromisse ein – opfern eine Tätigkeit, der wir gern nachgehen, für eine Arbeit, bei der wir mehr verdienen oder den Beifall anderer gewinnen.

Womit wir unser Brot verdienen wollen, sollten wir letztlich entsprechend unseren tiefsten Intuitionen und Wertvorstellungen entscheiden, je nach unseren Bedürfnissen und Umständen. Die Lebenszahl wirft allerdings ein Schlaglicht auf bestimmte angeborene Neigungen, Probleme und Begabungen, durch die Menschen für gewisse Tätigkeiten geradezu prädestiniert sind.

Die Beschränkung auf eine einzige Tätigkeit ist sicher nicht immer das Beste für einen Menschen. Wir können an den verschiedensten Tätigkeiten, im Großen wie im Kleinen, wachsen und uns weiterentwickeln. Zum Beispiel können sich Dreien innerhalb einer Beziehung, unter Freunden und Kollegen oder in der Schauspielkunst, im Gesang, in der Politik oder als Lehrer selbst verwirklichen, um nur einige Möglichkeiten anzuführen. Achten können sich weltweit, national oder örtlich, aber auch im engsten Freundes- und Kollegenkreis Anerkennung erwerben. Es liegt in unserer eigenen Verantwortung, in dem von uns gewählten Aufgabenbereich oder Beruf unseren innersten Neigungen und Talenten zum Ausdruck zu verhelfen, und das so positiv und selbstlos wie nur möglich.

Auf jeden Fall hängen unsere berufliche Befriedigung, unsere Arbeitsweise und unser Erfolg innerhalb eines bestimmten Berufs weniger von der Art der Tätigkeit ab als vielmehr davon, ob wir die Hürden zu überwinden vermögen oder nicht, ob wir uns in unserem Handeln nach den spirituellen Gesetzen richten, die für unseren Lebensweg maßgebend sind, und ob wir unsere Energien konstruktiv zum Ausdruck bringen können.

In Teil III, «Die Wege des Schicksals», habe ich einige Berufe und Tätigkeiten aufgeführt, die für den jeweiligen Lebensweg in Frage kommen und im allgemeinen den Eigenschaften und Fähigkeiten der Menschen mit der dazugehörigen Lebenszahl entsprechen. Das heißt aber nicht, daß die angeführten Berufe für jeden Menschen gleichermaßen geeignet wären, der den betreffenden Lebensweg beschreitet. Die genannten Berufe sollen nur anschauliche Beispiele sein, jedoch niemanden in seiner Wahl einschränken.

Leute mit gleicher Lebenszahl gehen den unterschiedlichsten Berufen nach, während andererseits Leute mit sehr verschiedenen Lebenszahlen im gleichen Beruf zu finden sind. Die unter jeder Lebenszahl aufgeführten Beispiele sollen also nur deutlich machen, daß bestimmte Tätigkeiten ein archetypisches Mittel sind, die den Ziffern entsprechenden Energien zum Ausdruck zu bringen. Welche Tätigkeit wir auch ausüben mögen, immer verrichten wir diese Arbeit auf unsere ureigene Art und Weise – auf eine Art und Weise, die auch die Fragen und Probleme widerspiegelt, durch die wir uns hier hindurcharbeiten müssen.

Fehlerquellen

Wenn Sie sich näher mit dem befassen, was die Lebenszahlen vermitteln, und Vergleiche mit Ihren eigenen Erfahrungen anstellen, werden Sie vielleicht feststellen, daß dadurch vieles in Ihrem Leben und im Leben Ihrer Bekannten erklärt und erhellt wird. Manchmal scheint es jedoch nicht zuzutreffen. Sie haben das Gefühl, daß manches davon oder gar alles in Ihrem Fall oder bei jemand anders nicht paßt. Da das Lebenssinn-Programm die Neigungen und Tendenzen umreißt, die mit jedem Lebensweg verbunden sind, treffen nicht alle spezifischen Einzelheiten auf jeden in gleicher Weise zu. Die richtige Perspektive ist entscheidend: *Richten Sie Ihr Augenmerk auf das Gesamtmuster*, das sich abzeichnet. So können Sie den größten Nutzen daraus ziehen.

Es besteht keine Notwendigkeit, dieses Programm einfach zu glauben oder in Bausch und Bogen abzulehnen. Sich über etwas klarzuwerden kann einige Zeit in Anspruch nehmen. Seit 1986 verschicke ich Kassetten zum Lebenssinn-Programm an Menschen in aller Welt und habe immer wieder Reaktionen wie die von Ken erfahren, der nach Anhören der Kassette alles als «kalten Kaffee» bezeichnete. Ein Jahr später jedoch, nachdem er einen Therapeuten aufgesucht, einige Bewußtwerdungsseminare mitgemacht und durch tatkräftige Arbeit an sich selbst neue Einsichten gewonnen hatte, hörte sich Ken das Band noch einmal an und äußerte einem Freund gegenüber: «Es ist nicht zu glauben – diese Kassette deckt alles ab, was ich in den letzten sechs Monaten in der Therapie gelernt habe!»

Wenn etwas, das Sie anderen Menschen zugeschrieben haben, nicht zu passen scheint, haken Sie nach. Sie kennen zum Beispiel bestimmt jemanden mit einer Lebenszahl, aus der hervorgeht, daß der Betreffende mit Unsicherheit zu kämpfen hat, obwohl er auf Sie einen äußerst selbstbewußten Eindruck macht. Auf die Frage, ob Unsicherheit wirklich ein Thema für ihn ist – ob er innerlich verunsichert ist –, wird er (oder sie) höchstwahrscheinlich mit Ja antworten. Lebenszahlen und alles, was die Lebensbestimmung ausmacht, haben mehr mit unserer *inneren Wirklichkeit* zu tun als mit unserer äußeren Erscheinung. Sollte trotzdem keine inhaltliche Übereinstimmung da sein, kommen dafür mehrere Möglichkeiten in Betracht:

1. Vielleicht trifft wirklich nichts auf Sie zu. Kein Programm ist vollkommen.
2. Das «Abweichende» könnte Auffassungssache sein. Wenn ich zum Beispiel auf einen Baum zeige und sage: «Das ist ein Baum», sind wir wahrscheinlich einer Meinung, aber wenn ich sage: «Das ist ein schöner Baum», sind Sie unter Umständen anderer Auffassung.
3. Vielleicht beschreibe ich etwas Negatives, das bereits hinter Ihnen liegt.
4. Ich kann einen positiven Charakterzug oder eine gute Eigenschaft beschrieben haben, die Sie noch nicht entwickelt haben.
5. Unter Umständen haben Sie Ihre Lebenszahl falsch errechnet. Ganz selten kommt es auch vor, besonders, wenn Sie kurz vor oder nach Mitternacht geboren sind, daß die Lebenszahl des nächsten oder des Vortages auf Sie zutrifft.
6. Womöglich haben Sie sich mit einer bestimmten Frage noch nicht befaßt; sie ist vielleicht noch nicht aufgetaucht, weil Sie in der chronologischen Reihenfolge der Ziffern von links nach rechts noch an anderen Problemen zu knabbern haben.
7. Gelegentlich verschließen wir uns unseren tiefinnersten Anliegen, leisten ihnen Widerstand oder sind uns ihrer gar nicht bewußt. Wenn Sie sich emotional angesprochen fühlen von etwas oder sich entschieden dagegen sträuben, es auf sich anzuwenden, sollten Sie mit guten Freunden oder Verwandten darüber sprechen.
8. Wir neigen häufig dazu, gewisse Dinge zu übergehen, die wir nicht hören wollen. Ich respektiere diesen Abwehrmechanismus und sehe keinen Sinn darin, Leuten etwas aufzudrängen, für das sie noch nicht aufnahmefähig sind oder kein Interesse haben.

Das, womit wir uns nicht auseinandersetzen, begegnet uns als Schicksal.
C. G. Jung

Die Informationen, die uns das Lebenssinn-Programm bietet, können uns Zeit und ein paar schwierige Lektionen ersparen; sie sind außerdem eine ständige Erinnerung daran, daß wir auf unserer Wanderschaft Begleitung haben – wir sind nicht allein unterwegs. Auf jeden Fall sind wir gut beraten, wenn wir uns neuen Einsichten und Entdeckungen nicht verschließen.

Wenn etwas auf Sie nicht zuzutreffen scheint, fragen Sie sich einmal: «Es trifft zwar nicht auf mich zu, *aber wenn es zutreffen würde – wenn dies wirklich mein Lebensweg wäre –, inwiefern würden diese Aussagen dann Einfluß auf mein Leben nehmen?»* Und dann lassen Sie die ganze Sache einfach auf sich beruhen, um sich erst später wieder damit zu befassen; beim zweiten oder dritten Lesen offenbart sich oft doch ein Sinn.

Mit der Zeit entdecken wir immer wieder alte Teile unseres Ichs, die wir in der Kindheit verdrängt haben. Indem wir die «Schattenseiten» unserer Psyche – die Persönlichkeitsteile, Motive und Eigenschaften, die wir einst abgelehnt haben – annehmen und wieder integrieren, setzen wir blockierte Energien frei und gewinnen Zugang zu neuer Kraft und Kreativität.

Mittel und Methoden wie die des vorliegenden Buches, die uns zu Einsichten verhelfen, stehen uns bei, uns so zu akzeptieren, wie wir sind, in unserer Totalität. Wir könnten einen wahren Schatz an Informationen über uns selbst zutage fördern, aber unsere Psyche läßt nur jeweils ein wenig davon durchdringen, um sie besser verarbeiten zu können. Das ist ein gesunder Mechanismus, der uns vor einem Zuviel schützt. Jedesmal, wenn Sie die Angaben zu Ihrer Lebenszahl durchlesen, werden Sie etwas «Neues» entdecken. Lebensumstände, Beziehungsprobleme und Herausforderungen sind der Spiegel, der Sie nicht anlügt. Im Spiegelbild unseres Alltagslebens kommen wir allmählich zur Selbsterkenntnis.

Teil II
Die Wirkkräfte des Lebens

Wenn ich mein Leben noch einmal von vorn beginnen könnte,
würde ich es mir genauso wünschen, wie es war;
nur würde ich die Augen etwas weiter aufmachen.
Jules Renard

Einführung: Die Grundzahlen aus energetischer Sicht

Bevor wir einander vergeben können,
müssen wir einander verstehen.
Emma Goldman

Dieser Teil des Buches besteht aus zehn Kapiteln: Neun davon sind den Grundzahlen von 1 bis 9 und den damit verbundenen Problemen und Wirkkräften gewidmet; das letzte Kapitel befaßt sich mit der 0, den inneren Gaben, und ist für alle diejenigen wichtig, die eine Null in ihrer Lebenszahl haben.

Die Grundzahlen von 1 bis 9 und die Null der inneren Gaben sind alle in uns wirksam. Aber die Ziffern, aus denen sich unsere spezifische Lebenszahl zusammensetzt, haben die stärkste Wirkung und den stärksten Einfluß auf unser Leben, auf unsere innersten Antriebe, Überzeugungen, Ängste, Probleme, Talente und Möglichkeiten.

Teil II bereitet den Leser auf alles vor, was noch kommt, indem er ihm ein klares Bild von den Wirkkräften oder «energetischen Bausteinen» vermittelt, aus denen nach dem Lebenssinn-Programm jeder Lebensweg aufgebaut ist. Wenn wir die neun Grundzahlen und die Null verstanden haben und das genaue Geburtsdatum kennen, halten wir einen Schlüssel in Händen, der uns die Tür zu unserer Lebensbestimmung aufschließt und uns hilft, das Leben anderer zu verstehen.

1: Kreativität und Zuversicht

Schöpferische Energie, die in Wellen fließt –
die nährende Sonne, der Blitz.
Atme sie ein; fühle ihre Kraft.
Sie kann erschaffen, nähren und zerstören.
Wie leitest du schöpferische Energie in dein Leben?
Ist sie blockiert, oder fließt sie?
Wie äußert sie sich positiv?
Wie äußert sie sich negativ?
Wie wäre das Leben, wenn du voller Zuversicht
die Kreativität in dir befreitest?

Manche Menschen sagen, sie hätten sich noch nicht gefunden.
Aber das Selbst ist nicht etwas, das man finden würde;
es ist etwas, das man schafft.
Thomas Szasz

Der Lebenssinn

Menschen, bei denen die Energie der 1 den Lebenssinn bestimmt, sind hier, um positive schöpferische Energie in die Welt hineinzutragen. Da unsere Lebensbestimmung jedoch auch Hindernisse und Herausforderungen mit sich bringt, muß die Eins ihre Unsicherheit und die damit verbundenen Tendenzen überwinden, Energie zurückzuhalten, aufzustauen oder durch Suchtverhalten abzubauen.

Die schöpferische Energie der 1 kann in die klassischen Künste geleitet werden – in Musik, Schauspiel, Tanz, Schriftstellerei, Malerei, Bildhauerei und andere bildende Künste –, aber auch in die Heilkunst, in kaufmännische Berufe, in den Gartenbau, in Problemlösungen, ins Design, ins Bauwesen, in den Sport, in die Kindererziehung und andere Arten des kreativen Ausdrucks.

Um ihre schöpferische Energie voll und ganz ausschöpfen zu können, sollten alle, bei denen die 1 den Hauptlebenssinn bestimmt (Lebenszahlen 19/10, 28/10, 37/10, 46/10, 29/11, 38/11, 47/11 und in zweiter Linie 39/12 und 48/12), sowie alle mit einer 1 in der Lebenszahl ein

Gefühl der Zuversicht entwickeln, das sie in die Lage versetzt, Risiken auf sich zu nehmen und auch wenig begangene Wege zu beschreiten.

Haupteigenschaften

Das ganze Universum besteht aus Energie, die sich in all den verschiedenen Formen der Schöpfung manifestiert und durch sie hindurchfließt. Selbst Steine sind Energieträger. Aber nur lebendige Wesen, von der Pflanze bis zum Menschen, besitzen den geheimnisvollen Funken Lebensenergie, durch den sie sich bewegen, fortpflanzen, agieren und wachsen können. Alle Menschen verfügen über eine Fülle von Lebensenergie; der Lebenssinn der Eins aber zielt in besonderem Maße darauf ab, Probleme und Möglichkeiten im Bereich der Energie zu intensivieren. Ob wir von Lebensenergie, sexueller Energie, schöpferischer Energie oder persönlicher Anziehungskraft sprechen, immer drängt die dynamische Natur der Energie nach Ausdruck und Befreiung. Menschen, die mit der 1 arbeiten, spüren diese dynamische Kraft besonders stark – oder blockieren sie und fühlen sich unterdrückt.

Schöpferische Energie ist ein zweischneidiges Schwert: Auf der einen Seite erschließt die schöpferische Energie mit ihrer enormen Kraft Neuland und schiebt wie ein reißender Strom Hindernisse, Barrieren und überkommene Ansichten beiseite. Auf der anderen Seite hat der Energiestrom eine überwältigende Kraft, die nicht aufzuhalten ist; er muß für den konstruktiven Gebrauch kanalisiert werden, sonst wird er zerstörerisch.

Die Kreativität fließt am besten in einer Atmosphäre *innerer Sicherheit und Zuversicht*, die den Menschen dazu bringt, sich zu öffnen, Fehler in Kauf zu nehmen und vom ausgetretenen Pfad abzuweichen – es sogar zu wagen, an konventionellen Normen gemessen, kauzig, seltsam oder ausgefallen zu erscheinen. Worte, in denen die Zuversicht zum Ausdruck kommt, die die Eins braucht, sind *selbstsicher, selbstbestimmt* und *in sich ruhend*. Da die 1 im Bereich der Zuversicht Probleme hat, muß sie zur Verwirklichung ihres Lebensweges eben diese Eigenschaft entwickeln.

Lebensaufgaben und Probleme

Kreativität und Zuversicht bilden den Berg, den Einsen in diesem Leben erklimmen müssen, und so müssen sie in diesen Bereichen bestimmte Hindernisse überwinden, um ihre schöpferische Energie voll und ganz zu verwirklichen.

Zuerst muß die dynamische Energie der Eins freigesetzt werden und zum Ausdruck kommen; wenn sich diese Energie nicht auf positive und konstruktive Weise in körperlicher Arbeit oder kreativen Unternehmungen Bahn bricht, tritt sie negativ oder destruktiv in Erscheinung. Auf die eine oder andere Art drückt sie sich jedenfalls *immer* aus. Mit anderen Worten: Einsen wirken in einem positiven Sinne, oder sie wirken in einem negativen Sinne; sicher ist, daß sie wirken. Sie müssen mit Verantwortlichkeit und Entscheidungskraft zeigen, wie sie ihre Energie verwenden wollen (siehe auch das «Gesetz der Wahlfreiheit», S. 410).

Positiv äußert sich Kreativität, wie bereits angesprochen, als Originalität und Innovationsfähigkeit in allen Lebensbereichen. Auch negative schöpferische Energie kann Anzeichen von Originalität tragen, verursacht aber meist Probleme für den betreffenden Menschen wie auch für andere; solche Einsen werden unter Umständen Bankräuber mit schöpferischen Ideen oder Taschendiebe mit kreativen Händen, um extreme Beispiele zu nennen.

Auch Menschen ohne eine 1 in der Lebenszahl können schöpferische Talente zur Geltung bringen, begegnen jedoch im allgemeinen weniger Hemmnissen, Problemen oder emotionalen Konflikten im kreativen Bereich. Wer mit der 1 arbeitet, besonders, wenn sie den Hauptlebenssinn symbolisiert, muß meistens steil bergauf, um sich kreativ auszudrücken, denn das, weswegen wir hier sind, fällt uns selten in den Schoß. Bis sich Einsen durch die Probleme hindurchgekämpft haben, die mit Kreativität und Zuversicht zusammenhängen, werden sie mitunter in Lethargie verfallen, krank werden, frustriert sein oder sich unterdrückt fühlen; dann nehmen sie ihre Zuflucht zu mechanischen oder vorprogrammierten Verhaltensweisen.

Aus Unsicherheit und aus dem Bedürfnis heraus, den Beifall anderer zu finden, unterdrücken Einsen oftmals ihre schöpferische Energie, bis sich der Druck bis zu einem Punkt aufgebaut hat, an dem sich die Energie indirekt entlädt, meistens in Suchtverhaltensweisen oder im Mißbrauch von Alkohol, Tabak und anderen Drogen, von Nahrung oder Sex. Zwar kann jeder, dessen Energie blockiert ist, Suchtprobleme haben, aber die Eins ist aufgrund ihrer verstärkten Energie besonders anfällig dafür.

Wenn die schöpferische Energie total blockiert ist – das heißt, überhaupt nicht abfließen kann –, richtet sie sich gegen den betreffenden Menschen und verursacht inneren Aufruhr in Form von psychischen oder physischen Problemen. Da schöpferische und sexuelle Energie so eng miteinander verwandt sind, ist die 1 oft sehr empfindlich und verletzlich im Genitalbereich einschließlich des Unterbauches und unteren Rückens. Das Abblocken oder Abwehren des schöpferischen Energiestroms kann auch Ausscheidungsprobleme verursachen und sowohl körperlich als auch energetisch zu Verstopfung, Kreuzschmerzen und anderen Symptomen führen. Wiederkehrende oder chronische Probleme in diesen Bereichen sind häufig ein Hinweis auf eine Blockade der schöpferischen Energie.

Kreativität und Innovationsfähigkeit setzen die ständige Bereitschaft zu Neuheit und Originalität voraus; das bedeutet, anders zu handeln und oft auch anders zu fühlen. Einsen haben eine völlig eigene Art der Lebensanschauung und des Erlebens; sie konzentrieren sich auf das Einzigartige. Diese Besonderheit entwickeln sie mitunter schon in frühester Kindheit, oft aber auch erst in mittleren Jahren.

Durch ihr Gefühl, anders zu sein, hat die Eins im allgemeinen mit dem Problem der Unsicherheit zu kämpfen – sie fühlt sich anders, fehl am Platz und irgendwie minderwertig. Manche Einsen zeigen diese Unsicherheit offen, aber meistens verschleiern oder verstecken sie sie hinter einer selbstbewußten Maske; sie haben entweder Angst davor, sich messen zu müssen, oder verfallen einem ausgeprägten Konkurrenzdenken, weil sie fürchten, zu versagen oder sich lächerlich zu machen, wodurch ihre Unsicherheit noch wächst. Sie zeigen ihren Konkurrenztrieb oft in Form von schneidender Schlagfertigkeit, mit der sie bei Unterhaltungen glänzen; manchmal hat es den Anschein, als würden sie sich ständig angegriffen fühlen oder müßten dauernd sich selbst und anderen etwas beweisen. Diese Unsicherheit bewirkt, daß kreative Impulse blockiert oder abgeschwächt werden, ähnlich, wie bei einem unsicheren Schriftsteller die Selbstkritik den Fluß des geschriebenen Wortes hemmt.

Unsicherheit kann sich bei Einsen auch in der Sorge äußern, daß vielleicht nicht genug Geld da ist, um die Grundbedürfnisse zu befriedigen, oder in dem Zweifel daran, auf eigenen Füßen stehen zu können. Solche Einsen haben entsprechende emotionale Bedürfnisse und suchen nach jemandem, an den sie sich anlehnen können, nach einem Partner, der ihnen Kraft gibt. Diese emotionale Bedürftigkeit kollidiert bisweilen mit einem tiefeingewurzelten Unabhängigkeitsstreben; Einsen neigen deshalb zum Außenseitertum – sie sind alles andere als Vereinsmeier oder Herdenmenschen.

Die Aufgabe, die wir uns stellen sollten,
ist nicht, uns sicher zu fühlen,
sondern in der Lage zu sein,
Unsicherheit zu tolerieren.
Erich Fromm

Wenn Einsen sich dem Gesetz des Handelns (S. 483) unterwerfen, indem sie sich ihr Unsicherheitsgefühl klarmachen, sich damit auseinandersetzen und darüber hinausgelangen, dämmert ihnen das Licht der Erkenntnis, daß ihre Unsicherheit nicht mehr Wirklichkeit besitzt als ein Schatten. Sie ist nur eine Hürde, die sie auf ihrem Pfad überwinden müssen. Dann können Einsen auf eine Weise zum Leben erwachen, die ihnen vollkommen neu ist.

Weitere Talente und Neigungen

Wir alle haben urtümliche unbewußte Neigungen und Eigenschaften, die oft aus unserer Kindheit stammen, aber diese Neigungen liegen bei Einsen dichter unter der Oberfläche, so daß sie begeisterungsfähiger, vitaler, ausgelassener und verspielter als andere sein können, aber auch wütender, gereizter und voller unterdrückter Schuldgefühle. Leute mit der Hauptzahl 1 tendieren außerdem dazu, entweder emotional abwehrend und überempfindlich zu reagieren oder im Gegenteil sehr zudringlich zu sein, aber meist finden sie nicht die Mitte zwischen den Extremen.

Da Einsen für unterbewußte Einflüsse empfänglich sind, sind sie häufig äußerst leicht durch Hypnose zu lenken; das kann sich sowohl positiv als auch negativ auswirken. Wenn sie ihre Neigungen und inneren Möglichkeiten verstehen lernen, können Einsen sich selbst heilen und lebenswichtige Energie freisetzen, indem sie durch Visualisierung und positive Suggestion ihr Unbewußtes direkt anzapfen, statt indirekt durch Tagträume oder sinnlose Phantasievorstellungen.

Um sich einen Zugang zu ihren inneren Gaben zu verschaffen, müssen Einsen den Unterschied zwischen *Kreativität* und *Könnerschaft* begreifen. Kreativität drückt sich in einer neuen Art der Lebensbetrachtung aus – in Originalität; dazu gehört auch die Freisetzung von Energien, mit deren Hilfe alte Barrieren durchbrochen und Neuland betreten werden kann. Aufgrund dieser Fähigkeit können Einsen bei allem, was sie anpacken, eine erstaunliche und bewundernswerte Kreativität zeigen.

Könnerschaft erfordert allerdings auf jedem Gebiet Zeit und Übung. Das schöpferische Potential vieler Einsen wird oft schon im Keim erstickt, weil sie sich an etwas wagen, ohne schon das Können dafür zu haben, so daß sie in peinliche Verlegenheit kommen oder zuerst einmal schlechte Ergebnisse erzielen, um dann von Unsicherheit übermannt zu werden und zu glauben, überhaupt nicht kreativ zu sein. Dabei ist es in Wahrheit so, daß sie nur noch nicht das nötige Können erworben haben.

Wenn Einsen zuversichtlich bleiben und trotz Fehlern, Schwierigkeiten und Rückschlägen auf ihrem Weg weitergehen, werden sie mit der Zeit immer geschickter und besser und können schließlich ihre Kreativität vollständig ausschöpfen. Ob diese in die Dichtkunst einfließt oder ins Kunsthandwerk, in die bildende Kunst oder ins Filmgeschäft, immer sind sie von ihrem Schaffen begeistert und meistens auch von den Ergebnissen.

Im Bereich von Gesundheit und Heilung haben die meisten Einsen eine Vorliebe für opulente Speisen, die sehr eiweißreich oder auch sehr fetthaltig sind. Übergewicht dient Einsen als eine Art psychischer Panzer, hinter dem sich die blockierte Energie versteckt, aber auch andere Ursachen spielen dabei oft eine Rolle. Wenn sie niedergeschlagen, frustriert oder unsicher sind, legen Einsen Gewicht zu – besonders, wenn sie sich keine Bewegung verschaffen.

Vor einigen Jahren kam Doris, eine äußert unsichere, fettleibige Frau mit der Hauptzahl 1, zu einer Lebenssinn-Beratung zu mir; ich fragte sie, womit sie ihren Lebensunterhalt verdiene. «Ich arbeite als Steuerprüferin beim Finanzamt», erwiderte sie – nicht gerade ein Beruf, der viel Raum für schöpferische Betätigung bietet. Doris und ich unterhielten uns über Alternativen, und ich sah, daß ihre Augen aufleuchteten, als ich meinte, sie wäre sicher gut für einen Heilberuf geeignet. Etwa ein Jahr später traf ich Doris zufällig wieder – einen Zentner leichter und strahlend vor neugewonnener Lebensfreude. Sie arbeitete inzwischen als Heilgymnastin und Heilerin. Sie hatte die Zuversicht gehabt, ein Risiko einzugehen und ihre schöpferische Energie zu benutzen, um ihr Geld mit dem zu verdienen, was sie gern machte, und obendrein noch anderen Menschen zu helfen.

Obwohl eine vegetarische Kost für die meisten Leute optimal ist, neigen Einsen bei einer rein vegetarischen Ernährung, die nur aus Früchten, Gemüsen und Getreideprodukten besteht, leicht zu Schwindelgefühlen und Benommenheit. Menschen mit der 1 als Hauptzahl sollten ausprobieren, bei welcher Ernährungsweise sie sich am wohlsten fühlen; sie werden wahrscheinlich feststellen, daß sie eine bodenständigere Form von Hausmannskost brauchen.

Wegen ihres starken, aber auch empfindlichen Energiefeldes sprechen Einsen, die sich krank fühlen oder aus dem Gleichgewicht geraten sind, offenbar besonders gut auf feinstofflichere, energetische Heilmethoden an, die schulmedizinische Medikamente und Arzneimittel ergänzen oder gar ersetzen. Natürlich sind wir alle gut beraten, bei einer Krankheit einen Arzt oder Heilpraktiker aufzusuchen, aber was die Heilverfahren betrifft, dürften bei Einsen Akupunktur oder Akupressur, eine Diät- und Vitaminkur, Massage und Handauflegen, die Aktivierung des Unterbewußtseins mit Hilfe von Hypnose oder positiver Visualisation und andere alternative Methoden gute Begleitmaßnahmen zusätzlich zur normalen medizinischen Versorgung sein.

Die meisten Einsen haben eine enge Verbindung zur Natur – zu Bäumen, Blumen und anderen Gewächsen wie auch zur Tierwelt. Eine Wanderung oder ein Spaziergang im Freien, in einem Park, einem Garten oder auf einer Allee, kann eine reinigende, heilende, erfrischende Wirkung auf Einsen haben.

Körperliche Bewegung hilft jedem Menschen, seine Energien ins Gleichgewicht zu bringen. Wenn sie nicht vollkommen blockiert sind, brauchen Einsen mit ihrer überschäumenden Energie in der Mehrzahl mehr Bewegung als der Durchschnittsbürger. Bewegung erhält Einsen nicht nur gesund und fit, sondern dient auch dazu, Energiestauungen in den Geschlechts- und Ausscheidungsorganen abzubauen sowie körperlichen Symptomen und Suchtverhaltensweisen vorzubeugen, die durch Energieblockaden ausgelöst werden können.

Die meisten Einsen besitzen ein hohes Maß an sexueller Energie, schwanken jedoch unter Umständen aufgrund ihrer Schuldgefühle und Unsicherheit – oder weil sie ihre sexuelle Energie in schöpferische Aktivitäten einfließen lassen – zwischen sexuell sehr angeregten Zeiten und einer enthaltsamen Lebensweise hin und her.

Diejenigen, deren Lebensbestimmung durch die 1 verkörpert ist, stoßen ganz von selbst auf solche Hindernisse wie Ungewißheit, Unsicherheit und Versagensangst, während sie ihren Pfad den Berg hinauf und der Verwirklichung ihrer Kreativität entgegen wandern, aber ihre freundliche, zuverlässige, mitfühlende Art wie auch ihre Anziehungskraft, Macht und Würde werden ihnen helfen, die Wanderung zu bewältigen und durch ihre übersprudelnde Lebensenergie auch andere anzuspornen. Bevor Einsen andere mit ihrer Kreativität mitreißen können, müssen sie allerdings erst die Zuversicht gewinnen, die ihrer Energie einen Weg in diese Welt bahnt.

Auf dem Gipfel: Schicksal und Chance

Einsen haben im Innern ein Potential, das oft brachliegt: Schöpferische Ideen, Projekte und Energien strömen wie ein unterirdischer Wasserlauf dahin und warten darauf, entdeckt zu werden. Sobald Einsen aus sich selbst heraus Zuversicht gewinnen, die sich nicht auf den Beifall anderer gründet, öffnen sie damit ihre inneren Schleusen; dann ist der brausende Strom der Kreativität und Inspiration nicht mehr zu bändigen.

Wenn Einsen innere Sicherheit und Interesse an ihrer Arbeit haben, brauchen sie weniger Schlaf als andere Leute; wie sie auch körperlich beschaffen sein mögen, ihr Energievorrat ist ungewöhnlich groß.

Was Einsen auf dem Gipfel am Ende ihres Bergpfades erwartet, ist eine frohsinnige, leidenschaftliche, selbstbewußte Ausstrahlung und eine Produktivität, die an Zauberei grenzt. Nicht nur in den klassischen bildenden Künsten, sondern in jeder Tätigkeit, die etwas mit Heilen oder Kreativität im weitesten Sinne zu tun hat, können Einsen Hervorragendes leisten; ob beim Tapezieren eines Hauses, beim Geschichtenerzählen, Kuchenbacken oder Komponieren, selbstsichere Einsen haben ihre besondere Sichtweise und ihren ureigenen Stil. Sie besitzen darüber hinaus eine Lebendigkeit, die andere anzieht und die auf mehr beruht als auf der äußeren Erscheinung.

Auf der höchsten Ebene wird die Eins zum klaren, durchlässigen Medium für unbegrenzte Mengen an schöpferischen Energien, die so in die Welt strömen können.

Praktische Anregungen

Folgende Handlungsweisen können eine Veränderung im Leben derer bewirken, die mit der Energie der 1 geboren sind:

- Überwinden Sie Ihre Unsicherheit, indem Sie sie als Hürde betrachten, die Sie überspringen müssen.
- Suchen Sie nach positiven Möglichkeiten, Energie in Ihre Arbeit oder Ihre Hobbys zu kanalisieren und sie dort zum Ausdruck zu bringen.
- Verschaffen Sie sich regelmäßig täglich Bewegung, um aufgestaute Energie freizusetzen und Suchtverhaltensweisen abzubauen.
- Gewinnen Sie dadurch an Lebensfreude, daß Sie Mittel und Wege finden, sich in dieser Welt nützlich zu machen.

Eine Brücke zu Kreativität und Zuversicht

1. Denken Sie sich jemanden aus Ihrem Bekanntenkreis, oder stellen Sie sich eine Figur aus Film, Literatur oder Geschichte vor – ein Rollenvorbild, das vor Kreativität und Zuversicht förmlich übersprudelt.

2. Versetzen Sie sich an die Stelle dieser Person – sehen Sie sich selbst im Vollbewußtsein Ihrer Fähigkeiten, voller Zuversicht, risikobereit, strotzend vor Kreativität. Wie können Sie dieses Bild in die Alltagspraxis übertragen und dadurch Ihr Leben kreativer gestalten?

2: Zusammenarbeit und Ausgewogenheit

Stell dir zwei Hände vor, die eine ausgestreckt und offen,
die andere zur abwehrenden Faust geballt.
Welche Handbewegung ist bei dir am häufigsten?
Hältst du beide Hände gleichermaßen hin?
Nimmst du bereitwillig ebensoviel, wie du gibst?
Tust du zuviel des Guten, um dann darüber verärgert zu sein?
Wo hört deine Verantwortung auf, und wo beginnt die der anderen?
Hast du in deinem Leben zu einem Gleichgewicht gefunden?

Ehe wir uns mit irgend jemandem anfreunden können,
müssen wir uns erst mit uns selber anfreunden.
Eleanor Roosevelt

Der Lebenssinn

Menschen, bei denen die Energie der 2 den Lebenssinn bestimmt, sind hier, um die Grenzen ihrer Verantwortung abzustecken und zu lernen, im Geist der Harmonie, der Ausgewogenheit und der gegenseitigen Unterstützung mit anderen zusammenzuarbeiten. Da unser Lebenszweck uns bergauf führt, stehen die, deren Hauptlebenssinn durch die 2 bestimmt wird (Lebenszahlen 20/2, 39/12 und 48/12), sowie alle Menschen mit einer 2 in der Lebenszahl vor der Aufgabe, einen Ausgleich herzustellen zwischen ihrem zwanghaften Verantwortungsbewußtsein anderen gegenüber und den eigenen inneren Bedürfnissen und Grenzen.

Ausgewogenheit ist das Hauptthema im Leben der Zweien: die Ausgewogenheit von Geben und Nehmen, von Jasagen und Neinsagen, von Gedanken und Gefühlen, von den eigenen Wünschen und den Bedürfnissen anderer. Um das äußere Gleichgewicht herzustellen, speziell im Hinblick auf die Zusammenarbeit, müssen Zweien zuerst ihre inneren Konflikte, Nöte und Widerstände auflösen.

Sich innerlich zur Zusammenarbeit bereitzufinden, kann für Zweien extrem schwierig sein. Es ist so, als hätten sie zwei Seelen in ihrer Brust, als säßen zwei Leute in einem Boot mitten auf einem See. Der eine ist reich, der andere arm; der eine ist konservativ, der andere liberal; der eine ist männlich, der andere weiblich; der eine ist dick, der andere dünn; der eine ist Purist, der andere Hedonist; der eine ist ein gläubiger Mensch, der andere ein Skeptiker, und so fort. Trotz dieser unübersehbaren Unterschiede müssen sich diese «zwei Leute in einem Boot», deren Wertvorstellungen, Überzeugungen, Meinungen, Ideen und Motivationen so oft kollidieren, miteinander anfreunden, gemeinsam rudern lernen und bereitwillig zusammenarbeiten, wenn sie das Ufer erreichen wollen. Eine ganz einfache Möglichkeit, wie Zweien ein Gespür für Ausgewogenheit und Integration entwickeln können, besteht darin, leuchtende kontrastierende Farben zu tragen, die dennoch miteinander harmonieren.

Haupteigenschaften

Stellen Sie sich einmal vor, wie es in der Welt aussähe, wenn es keine Zusammenarbeit gäbe: Menschen, die mit voller Kraft mutterseelenallein vor sich hin arbeiten würden, würden praktisch nichts produzieren; sie würden sogar nicht lange überleben. Selbst die Errichtung nur eines einzigen Gebäudes macht die Zusammenarbeit von Architekten und Ingenieuren, von Büroarbeitern und Bauarbeitern – von Spezialisten auf den verschiedensten Gebieten – erforderlich. Die menschliche Kultur gründet sich auf Leute, die in Beziehung zueinander treten und zusammen auf gemeinsame Ziele hinarbeiten.

Zweien finden meist zu wahrer Zusammenarbeit und gegenseitiger Unterstützung, wenn sie selbst weniger tun, dafür aber anderen mehr überlassen und so die eigenen Fähigkeiten, die eigenen Stärken und die eigenen Verantwortlichkeiten entdecken. Ein Beispiel: Heidi brachte es irgendwie fertig, drei Kinder aufzuziehen, halbtags zu arbeiten und nebenbei noch ehrenamtlich als Sekretärin, Vizepräsidentin und Kassenwart für einen Nachbarschaftsverein tätig zu sein. Sie schrieb die Vereinsnachrichten, lud Redner ein, organisierte Straßenfeste mit und bereitete das Essen dafür. Wann immer Nachbarn Informationen oder Beistand brauchten, pflegten sie Heidi zu rufen, deren Engagement bald über ihre Kräfte ging. (Über jemanden, der zuviel tut, beschwert sich selten jemand.) An einem denkwürdigen Wochenende, als zwei ihrer Kinder krank waren, schien es, als brauche jeder in ihrem Umkreis ihre Hilfe bei irgend etwas. Schließlich wurde sie wütend, und da wurde ihr schlagartig ihre generelle Unausgewogenheit bewußt. Sie erklärte ihrem ältesten Sohn, er müsse sich in den nächsten Tagen um seine jüngeren Geschwister kümmern, etwas, das ihr vorher nicht im Traum eingefallen wäre. Dann rief sie ein paar Nachbarn zusammen und begann, Verantwortung zu delegieren; und zu guter Letzt rief sie alle die an, die Anforderungen an sie gestellt hatten, holte tief Luft und sagte ab. Zu ihrer Überraschung stürzte der Himmel nicht ein, drehte sich die Erde samt ihrer Nachbarschaft weiter. Heidi machte die Erfahrung, daß sie durch die Niederlegung ihres Amtes als «Geschäftsführerin des Universums» nicht nur ihr Gleichgewicht wiederfand und sich ihre Gesundheit erhielt, sondern auch den anderen diente, indem sie ihnen ihren gerechten Anteil an der Verantwortung übertrug.

Lebensaufgaben und Probleme

Die gleichen Qualitäten, durch die Zweien einen so hohen Wert für die Gesellschaft haben, können auch zu ihrem eigenen Verderben führen. In ihrem Bestreben, sich nützlich zu machen, stellen sie meist automatisch ihre eigenen Bedürfnisse denen anderer nach und gehen damit über liebevolle Opferbereitschaft und einen gesunden Altruismus hinaus in die Selbstausbeutung. Sie übersehen und übergehen die eigenen Gefühle und Bedürfnisse, um das zu tun, von dem sie selbst oder jemand anders denken, daß sie es tun «sollten».

Die meisten Zweien sind – durch ererbte und anerzogene Verhaltensmuster – *überkooperativ,* sie fühlen sich für das Glück anderer und deren Leben verantwortlich, können nur schwer nein sagen, engagieren sich übermäßig, ignorieren die eigenen Grenzen und Beschränkungen, nehmen mehr auf sich, als sie bewältigen können oder sollten, und sind dann verstimmt. Nicht alle solchermaßen erblich und erziehungsmäßig Vorbelasteten stehen unter dem energetischen Einfluß der 2, aber während andere in dieser Hinsicht Amateure sind, sind Zweien Profis, besonders, wenn sie ihren Verantwortungsbereich noch nicht eingegrenzt und abgesteckt haben. Geleitet vom Gesetz der Verantwortung (S. 419), können Zweien dadurch ihren inneren Frieden wiederherstellen und Freude finden, daß sie aus freien Stücken Unterstützung annehmen und gewähren.

Sollen ist ein bedeutungsschweres Wort und eine starke Kraft im Leben der Zweien, die sich, wie bereits gesagt, in dem Denken bewegen, was sie tun *sollten*, was andere tun *sollten* und wie die Umstände sein *sollten*. Zweien reagieren sehr empfindlich auf die Bedürfnisse und Forderungen anderer Menschen und geraten oft in Verwirrung darüber, wie sie sich «richtig» entscheiden oder «richtig» handeln sollen. Häufig fragen sie: «Was, meinst du, sollte ich tun?»

Solange Zweien nicht gelernt haben, auf der Grundlage ihrer wahren Gefühle zu handeln, währt ihr Eifer nicht lange. Wenn sie kein gutes Gefühl bei dem haben, was sie tun, kommen sie mit ihrer Kooperationsbereitschaft allmählich in Konflikt, denn selbst den zuvorkommendsten Zweien wird es irgendwann zu bunt, und dann werden sie *unterkooperativ*. Das Pendel schlägt auf einmal zurück, und sie reagieren darauf, indem sie von ihrer Haltung des Gebens in halsstarrigen Widerstand verfallen. Aus Groll sich selbst und denjenigen gegenüber, denen sie geholfen haben, schotten sie sich einfach ab; an diesem Punkt wollen sie, daß alles einzig nach ihren Vorstellungen läuft – und zwar kompromißlos. Manche Zweien, die den gößten Teil ihres Lebens überkooperativ waren, können sogar später in einen Zustand chronischer Verstimmung verfallen, um nur noch verdrossen zu tun, was ihrer Meinung nach von ihnen erwartet wird.

Freunde und Angehörige wundern sich unter Umständen über die plötzliche Einstellungsveränderung und erleben solche Zweien als eigensinnig, unfair und egoistisch. Dabei liegt ihrem Eigensinn ein Gefühl der Hilflosigkeit zugrunde, eine Angst, von anderen ausgebeutet zu werden – die feste Überzeugung, wenn sie den kleinen Finger reichten, nähmen die anderen gleich die ganze Hand. Und da unsere Überzeugungen unsere Erfahrung beeinflussen, nehmen andere manchmal auch wirklich die ganze Hand.

Emma, eine junge Frau unter dem Einfluß der 2, pflegte jeden Morgen das Bett ihrer Zimmergenossin im Studentenheim zu machen, selbst dann, wenn deren Freund über Nacht geblieben war. Oft lag sie ganz still in ihrem Bett und versuchte zu schlafen, während sich zwei Meter neben ihr die Zimmergenossin und ihr Freund den Freuden der Liebe hingaben. Emma äußerte sich nicht zu dieser Situation, bot aber an, sich einen anderen Schlafplatz zu suchen, um das Paar nicht zu stören – ein klarer Fall von Überkooperation.

Schließlich fand Emma ein anderes Zimmer – eine konstruktive Lösung, aber wahrscheinlich hätte sie besser daran getan, ihre Gefühle zu zeigen, auf ihre Rechte zu pochen und ihrer Zimmergenossin deutlich zu machen, daß es in ihrer Verantwortung lag, ihre Liebesaffäre so zu regeln, daß Emmas Privatsphäre gewahrt blieb. Emma hatte keine Grenzen abgesteckt, deshalb behandelten die Leute sie wie einen Fußabtreter; indem sie selbst die eigenen Bedürfnisse verdrängte, ermutigte sie die anderen dazu, dasselbe zu tun. Der Schlüssel zum kooperativen Gleichgewicht liegt für Zweien darin, den Unterschied zwischen nutzbringendem Eifer und sklavischem Übereifer zu erkennen.

In einer Beziehung kann es sein, daß Partner Zweien unabsichtlich übervorteilen, indem sie sie bitten oder von ihnen erwarten, immer mehr zu tun, bis diese mit Widerwillen reagieren. In diesem Fall machen Zweien zwar meist noch immer das Essen oder bringen den Abfall weg, aber sie ziehen sich emotional zurück.

Wenn Zweien im sexuellen Bereich oder überhaupt in ihrer Beziehung überkooperieren – also das tun, was von ihnen verlangt wird, ohne den eigenen Bedürfnissen und Wünschen gerecht zu werden –, zieht ein Ungleichgewicht bald das nächste nach sich. Zuerst verausgaben sie sich, dann ziehen sie sich zurück, um schließlich Widerstand zu leisten oder eine starre Haltung einzunehmen. Das kann sich sexuell in Frigidität oder Impotenz äußern, als würde ihr Unbewußtes sagen: «Ich werde nichts mehr geben.»

Bis Zweien endlich gesunde Grenzen gezogen haben, müssen sie Situationen meiden, in denen sie physisch, emotional oder sexuell mißbraucht werden können, und sich daran erinnern, daß *jeder* das Recht hat, *jederzeit* nein zu sagen, wenn Körper oder Gefühle betroffen sind. Wenn ihnen etwas nicht richtig erscheint, müssen Zweien ihren Gefühlen Folge leisten und sich anderen so deutlich wie möglich mitteilen.

Weitere Talente und Neigungen

Der Schlachtruf von Zweien lautet: «Die anderen haben Schuld!» Viele, die mit Zweien zusammenleben, empfinden diese als voller Vorurteile, dabei sagen die Zweien eigentlich nur: «Es ist nicht meine Schuld!» Anderen Fehler anzulasten hilft Zweien, den Druck in ihrem Innern abzubauen, da sie sich für alles verantwortlich fühlen, von Überschwemmungen bis hin zu Erdbeben.

Um äußere Konflikte lösen zu können und zu einer ausgewogenen Zusammenarbeit zu kommen, müssen Menschen mit der Energie der 2 zuerst ihren inneren Zwiespalt überwinden. Aufgrund ihres übertriebenen Verantwortungsgefühls grübeln Zweien zuviel, sie neigen zu zwanghafter Besorgnis und zum Überanalysieren, um aus diesem mentalen Überengagement schließlich in emotionale Reaktionen zu verfallen («O mein Gott! Was machen wir denn jetzt?»).

Geistig und emotional ein Gleichgewicht herzustellen ist eine schwere Aufgabe für Zweien; wenn sie gegensätzliche Werte abwägen und einschätzen müssen, haben sie Probleme, zu einer Entscheidung zu gelangen.

Die meisten von uns haben miteinander kollidierende Überzeugungen, Wertvorstellungen und Wünsche im Hinterkopf – gute Gründe, entweder aus dem Bett zu springen oder uns lieber die Bettdecke wieder über die Ohren zu ziehen, gute Gründe, zu heiraten und Kinder zu bekommen, und gute Gründe, unverheiratet oder kinderlos zu bleiben – die Liste läßt sich beliebig fortsetzen. Bei den meisten von uns bestehen diese offenkundigen Gegensätze einfach nebeneinander, aber bei Zweien gleichen die gegensätzlichen Werte zwei Mitfahrern, die beide im Auto vorn neben dem Fahrer sitzen wollen. Diese Konflikte zu lösen ist ein schwieriges Unterfangen für Zweien, die um keinen Preis jemanden vor den Kopf stoßen wollen.

Indem sie lernen, die Verantwortung für das eigene Leben zu übernehmen, statt sich für das Leben anderer verantwortlich zu fühlen, hören Zweien auf, anderen die Schuld an ihren inneren Konflikten zu geben, und stecken sich allmählich gesunde Grenzen. Sie stellen ein Gleichgewicht her zwischen dem, was in Ordnung ist, und dem, was nicht in Ordnung ist – zwischen dem, was sie mit Freuden tun, und dem, was sie nicht tun wollen. Sie lernen, wann sie ja und wie sie nein sagen können.

Zu emotionalem Streß kommt es, wenn man sich innerlich gegen das, was ist, sträubt. Zweien neigen dazu, sich Veränderungen zu widersetzen, die ihnen das Gefühl geben, die Kontrolle zu verlieren; darum geraten sie oft in einen inneren Zwiespalt, sind emotional überstrapaziert und körperlich verspannt. Die Gedanken, die sich in ihrem Kopf jagen, führen zu allgemeinen Muskelverspannungen, die das Lymph- und Immunsystem beeinträchtigen. Obwohl Zweien aufgrund ihrer robusten Konstitution selten krank sind, können Allergien für sie zum Problem werden, besonders in Verbindung mit Streß.

Wer mit der Energie der 2 arbeitet, besitzt von Natur aus körperliche Kraft und Standfestigkeit sowie Seelenstärke, Vitalität und Ausdauer, ob er nun ein schlanker, ein muskulöser oder ein stämmig gebauter Typ ist. Allerdings kann sich die Kraft auch in Halsstarrigkeit, Unbeweglichkeit und Spannung äußern. Darum können Zweien von Meditationsübungen, Tanz, Hathayoga und Kampfkünsten wie etwa T'ai-chi profitieren, die ihnen helfen, sich zu entspannen, konstruktiv zu reagieren und sich dem Lebensstrom anzuvertrauen.

Bei allem, was wir tun, können wir über- oder untertreiben, und so müssen Zweien in besonderem Maße eine höhere Form von Perspektive und Ausgewogenheit entwickeln, ehe sie ihren Lebenssinn erfüllen können. Ein gesundes Gleichgewicht, wie es das Gesetz der Ausgewogenheit (S. 425) darlegt, ist der Katalysator, der Zweien auf den Gipfel ihres Berges hinaufführt.

Auf dem Gipfel: Schicksal und Chance

Diejenigen, deren Energie von der 2 bestimmt wird, bilden das Fundament, den eigentlichen Unterbau jeder Gesellschaft. Oft handelt es sich bei ihnen um die unbesungenen Helden und Heldinnen, die Veränderungen in der Welt bewirken; sie sichern großen Unternehmungen und Leistungen den Erfolg.

Da die 2 eine besonders starke Zahl in bezug auf das Dienen ist, haben Zweien den Drang, zu dienen und zu helfen, zu unterweisen und anzuleiten, zu assistieren und zu unterstützen. Kommt dieser Drang positiv zum Ausdruck, erwerben sich Zweien im allgemeinen den Ruf, weitherzig zu sein. Sie sind überwiegend loyal und verantwortungsbewußt, die Art von Menschen, auf die man zählen kann. Wenn es hart hergeht, ist es gut, Zweien um sich zu haben; braucht man jemanden, mit dem man reden kann, hat man an Zweien sehr gute Zuhörer.

Mit der ihnen eigenen inneren und äußeren Kraft leisten Zweien ganze Arbeit, wenn es darum geht, Situationen zu verbessern oder andere zu unterstützen. Sobald sie ein klares Ziel vor Augen haben, finden sie sich mit Blick auf das Allgemeinwohl zur Mitarbeit bereit. Viele Zweien sind sehr ehrgeizig und können auf allen möglichen Gebieten führend sein, aber meistens dienen sie mit ihrer Fähigkeit zur Unterstützung anderer einem gemeinsamen größeren Zweck. Ihre wahre Erfüllung liegt in der Unterstützung anderer, denn diese Rolle hängt mit ihrer Lebensbestimmung zusammen. Diese Kraft des Helfens degradiert sie aber keineswegs zu Hilfskräften. Die Energie der 2 zeigt eine Lebenseinstellung an, gibt jedoch nicht die Rolle vor, die sie im Leben spielen sollen; Zweien waren und sind auch die Präsidenten von Firmen und Nationen.

Auf dem Gipfel ihrer Entwicklung gehen Zweien schließlich über die Idee der Zusammenarbeit mit anderen hinaus und sehen in ihren Mitmenschen einen Teil ihres größeren Ichs. Diese Erkenntnis befreit sie von ihrem Groll, sie erlaubt ihnen, die volle Verantwortung für ihr Leben zu übernehmen, und führt dazu, daß sie sich selbst und anderen die gleiche Achtung entgegenbringen. Am Ende dienen sie der Welt wahrhaft in Liebe.

Praktische Anregungen

Folgende Handlungsweisen können eine Veränderung im Leben derer bewirken, die mit der Energie der 2 geboren sind:

- Achten Sie auf den Unterschied zwischen Sich-nützlich-Machen und Sich-zum-Sklaven-Machen. Lernen Sie, zur rechten Zeit ja und auf die rechte Weise nein zu sagen.
- Lernen Sie, mit wechselnden Verhältnissen mitzugehen, sich entspannt dem Leben hinzugeben und flexibel zu bleiben, indem Sie loslassen, was nicht in Ihrer Verantwortung liegt.
- Verbringen Sie jeden Tag einige Zeit damit, sich zu recken, zu entspannen und zu meditieren.
- Gebrauchen Sie, wenn Sie einen Handlungsablauf festlegen wollen, Ihren Kopf, aber handeln Sie dann Ihren Gefühlen entsprechend aus dem Bauch heraus.

Eine Brücke zu Zusammenarbeit und Ausgewogenheit

1. Denken Sie sich jemanden aus Ihrem Bekanntenkreis, oder stellen Sie sich eine Figur aus Film, Literatur oder Geschichte vor – ein Rollenvorbild, das sich in einem klaren kooperativen Gleichgewicht befindet und gleichermaßen die eigenen wie die Bedürfnisse anderer achtet.
2. Versetzen Sie sich an die Stelle dieser Person – sehen Sie sich selbst im Vollgefühl innerer Harmonie, eigenverantwortlich, eine Hilfe für andere und innerhalb deutlich gezogener, angemessener Grenzen und Einschränkungen zur Zusammenarbeit im Hinblick auf gemeinsame Ziele bereit. Wie können Sie dieses Bild in die Alltagspraxis übertragen und dadurch mehr Ausgewogenheit in Ihr Leben bringen?

3: Ausdruck und Feingefühl

Stell dir eine Rosenknospe vor, die Blütenblätter
um ein heißes Herz geschlossen,
das von leidenschaftlichen Gefühlen erfüllt ist,
sich jedoch nicht in voller Schönheit zeigt,
ehe sich die Blüte öffnet.
Sie bleibt durch Zweifel geschlossen.
Wie beeinflußt Selbstzweifel dein Leben?
Zeigst du deine Gefühle offen, oder verbirgst du sie
wie das Herz in der Rosenknospe?

Alle großen Entdeckungen werden von denen gemacht,
die mit dem Gefühl ihrem Denken voraus sind.
C. H. Parkhurst

Der Lebenssinn

Menschen, bei denen die Energie der 3 den Lebenssinn bestimmt, sind hier, um mit Hilfe ihres emotionalen Feingefühls positiven, innig empfundenen Selbstausdruck in diese Welt zu bringen. Da unsere Lebensbestimmung jedoch auch Schwierigkeiten für uns bereithält, müssen Dreien sich zunächst mit Fragen des blockierten oder verzerrten Selbstausdrucks wie auch der emotionalen Überempfindlichkeit und damit verbundener Selbstzweifel auseinandersetzen.

Menschen, deren Hauptlebenssinn von der 3 bestimmt wird (Lebenszahlen 12/3, 21/3 und 30/3), sowie überhaupt alle mit einer 3 in der Lebenszahl kommen mit einem starken Ausdruckswillen auf die Welt. Da sich unser Lebenssinn nicht immer leicht verwirklicht, stehen Dreien aufgrund ihres empfindsamen Gemüts auch vor ganz bestimmten Problemen wie Selbstzweifeln, Angst davor, sich zum Ausdruck zu bringen, und einer Neigung, lieber zu manipulieren, als Gefühle direkt zu äußern.

Die Ausdruckskraft von Dreien hat eine starke soziale Komponente; Dreien gehen auf andere Menschen zu und sind von anderen Menschen abhängig. Ob sich Dreien durch Reden, Malen, Singen, durch die Bildhauerei, die Schauspielkunst, die Schriftstellerei oder anderes ausdrücken, normalerweise gehen sie Schritt für Schritt vor; erst wenn ihr Vertrauen in die eigenen Fähigkeiten wächst, merken sie, wie befriedigend es ist, auf andere zuzugehen und sich einem größeren Publikum zu offenbaren – der Familie, dem Freundeskreis oder der breiten Öffentlichkeit.

Haupteigenschaften

Im Laufe der Zeit haben die Menschen ihre Ausdrucksfähigkeit stets sowohl positiv als auch negativ angewandt – um andere aufzurichten, zu unterweisen oder zu inspirieren wie auch um andere herabzusetzen, zu demoralisieren oder gar zu zerstören. Es gibt die verschiedensten Ausdrucksformen, vom verbalen Ausdruck bis hin zur Körpersprache, und alle Stufen des Ausdrucks von einem Blick oder einem Seufzer bis hin zu einem ausgefeilten Vortrag. Auch in der Sprache der Kunst und Architektur, der Musik und Mimik finden Menschen ihren Selbstausdruck, um nur ein paar Beispiele anzuführen.

Obgleich es die vielfältigsten Ausdrucksformen gibt, ist die häufigste das Gespräch mit anderen Menschen. Die Energie der 3 ist stark auf Wechselwirkung und sozialen Kontakt ausgerichtet. Wenn Dreien sich ausdrücken wollen, brauchen sie jemanden, der bereitwillig zuhört. Wenn sie Zuhörer haben, müssen sie *Feingefühl* beweisen, um sich auf ihr Publikum einzustimmen, ihren Vortrag auf die Bedürfnisse und Interessen der anderen auszurichten und gleichzeitig auch ihre wahren Gefühle und Bedürfnisse mitzuteilen.

In der menschlichen Gesellschaft wird die Kommunikation meist als Möglichkeit betrachtet, Informationen weiterzugeben. Das stimmt auch weitgehend, aber *Ausdruck* ist etwas anderes als *Kommunikation;* es heißt nicht allein, die eigene emotionale Wirklichkeit zu offenbaren, sondern darüber hinaus, andere ebenfalls dazu zu ermutigen. Für jeden und besonders für Dreien stellt sich die Selbstverwirklichung im Ausdruck durch die Empfindungen ein. Darum nimmt der *emotionale Selbstausdruck* – die offene, unmittelbare Äußerung der wahren Gefühle, verbunden mit der Aufforderung an andere, es ebenso zu machen – einen zentralen Stellenwert in der Lebensbestimmung der Dreien ein. Die Gefühle zum Ausdruck zu bringen ist immer sehr befriedigend und setzt emotionale Energie frei, die sonst gestaut werden könnte.

Ob man um sich selbst, um andere oder um beide bemüht ist, stets gehen Feingefühl und Ausdruck Hand in Hand. Menschen unter dem Einfluß der 3 müssen ihre eigenen Gefühle gelten lassen, sie achten und andere dazu anregen, es ihnen gleichzutun.

Lebensaufgaben und Probleme

Dreien, die noch nicht zu sich selbst gefunden haben, werden die Vorstellung, in der Öffentlichkeit eine Rede zu halten oder ihre tiefempfundenen Gefühle zum Ausdruck zu bringen, wahrscheinlich unangenehm oder sogar beängstigend finden. Wir müssen aber zur Erfüllung unseres Lebenssinns Hindernisse überwinden; und Dreien haben unweigerlich Schwierigkeiten, sich auszudrücken. Diese Schwierigkeiten reichen von Sprachstörungen bis hin zu chronischer Schüchternheit, vom Kampf mit der eigenen Muttersprache bis hin zu einer Art von Redegewandtheit, der jegliches Gefühl fehlt, weil die Empfindungen unterdrückt werden. Auf viele wirken Dreien sehr still, als sammelten sie Mut, bevor sie den Mund aufmachen, aber wenn sie endlich reden, täten die Zuhörer gut daran, die Ohren gut aufzusperren!

Ebenso wie Einsen in jeder Hinsicht schöpferisch sind – ob positiv oder negativ –, *drücken sich Dreien stets irgendwie aus, ob positiv oder negativ;* in beiden Fällen zeigt sich bei ihnen ein starkes Bedürfnis, sich auszudrücken. Für Dreien ist im allgemeinen das Gesetz der Wahlfreiheit (S. 410) maßgeblich, da sie immer die Möglichkeit haben, sich auf positive, konstruktive oder auf zerstörerische Art zum Ausdruck zu bringen.

Zum positiven Selbstausdruck gehört häufig verbaler Enthusiasmus sowie konstruktives, kreatives, anspornendes Reden oder eine andere Form der Kommunikation. Da dieses Sichausdrücken ihre Lebensbestimmung ist, haben Dreien das starke Verlangen, sich entweder durch Qualität («Schönredner») oder durch Quantität («Vielredner») mitzuteilen.

Ein psychologischer Nachteil bei Dreien ist ihr Hang, überwiegend die Schattenseiten zu sehen und zu kommentieren. Zu den negativen Ausdrucksformen gehören unter anderem Jammern, Klagen, Schlechtmachen und Kritisieren. Solche negativen Ausdrucksmuster treten bei Dreien meist in der Kindheit und Jugend auf und sollten dann gleich erkannt und bearbeitet werden. Dreien müssen sich fragen: «Welche Sonnenseiten hat diese Situation?»

Da uns die Erfüllung unserer Lebensbestimmung oft schwerfällt, geben Dreien unter Umständen überhaupt nichts von sich; sie verschließen sich, weigern sich, haben Angst zu sprechen, oder können sich nur schwer verständlich machen. Häufig bedrückt es sie oder bereitet es ihnen Probleme, das, was sie meinen oder fühlen, in die richtigen Worte zu fassen oder überhaupt Worte dafür zu finden.

Sobald Dreien einmal in Gang gekommen sind, haben sie allerdings eine Menge zu sagen und reichlich Energie dazu. Ebenso wie Einsen schöpferische Energie haben, die sich anstaut und freigesetzt werden muß, stehen Dreien emotional unter dem Druck, nicht nur das, was sie denken, ausdrücken zu müssen, sondern auch das, was sie empfinden.

Das Ausdrucksverlangen der Drei ist mit beträchtlichem Feingefühl verbunden. Die meisten Dreien sind sehr gefühlvoll und können anderen davon mitgeben. Während Einsen ein großes physisches Kraftfeld besitzen, haben Dreien ein großes emotionales Kraftfeld – ein ausgedehntes emotionales Nervensystem aus «Energiefühlern», die sie in ihre Umwelt strecken, so daß sie weit offen und äußerst empfänglich sind für die Empfindungen anderer (ob sie es zeigen oder nicht). Wenn jemand in der Nähe von Dreien verstimmt oder gutgelaunt ist, fühlen sie diese Befindlichkeit so, als käme sie aus ihrem eigenen Innern. Wenn hingegen Dreien verstimmt oder bester Laune sind, kann jeder, der ein wenig Feingefühl hat, ihren emotionalen Zustand spüren.

Wegen ihrer Feinfühligkeit saugen buchstäblich alle Dreien den Groll und die Negativität anderer wie ein Schwamm auf. Zu ihrem Selbstschutz tragen viele Dreien deshalb eine Maske zur Schau, die Beherrschung und Logik vortäuscht. Aber ihr Innenleben ist ein abgrundtiefer Brunnen an Gefühlen. Ganz gleich, welchen Beruf sie ergreifen, sind sie immer, wenn sich ihr Ausdrucksbedürfnis meldet, leidenschaftlich bemüht, bei anderen Gefühle hervorzurufen.

Die meisten Dreien reagieren überempfindlich auf Kritik, sie fühlen sich sehr leicht mißverstanden; schon die leiseste Kritik erweckt bei Dreien ein Gefühl, als hätte man ihnen einen Schlag versetzt oder sie mitten ins Herz getroffen.

Wenn Dreien lernen, Kritik als Fürsorge und Anteilnahme anzusehen, können sie ihre Überempfindlichkeit überwinden und zu einem tieferen Verständnis kommen. Kritik schließt immer ein emotionales Risiko für den Kritiker in sich, da der Kritisierte verletzt sein oder wütend werden kann und vielleicht umgekehrt auch seinerseits Kritik übt. Aber unabhängig davon, ob Kritiker ihre Einwände behutsam vorbringen oder nicht, immer beweisen sie mit der Kritik, daß ihnen das betreffende Thema am Herzen liegt, denn wenn es sie nicht berühren würde, würden sie sich nicht die Mühe der Kritik machen. Die Erkenntnis, dem Betreffenden nicht gleichgültig zu sein, müßte Dreien dabei helfen, Kritik ertragen zu lernen und das Körnchen Liebe in jeder Art von Feedback zu sehen.

Infolge ihres großen sensiblen Kraftfeldes haben Dreien mit versteckten oder massiven, offenen *Selbstzweifeln* zu kämpfen, einem weiteren wichtigen Thema ihres Lebens. Während die Unsicherheit der Einsen auf die Angst zurückzuführen ist, minderwertig oder andersartig zu erscheinen, entspringen die Selbstzweifel von Dreien angesichts einer bevorstehenden Aufgabe eher der Sorge, ihr gefühlsmäßig nicht gewachsen zu sein. Während Einsen besonders suchtgefährdet und Zweien besonders stark durch Erbe und Erziehung belastet sind, sind Dreien anfällig dafür, manisch-depressiv zu werden; aufgrund ihrer Feinfühligkeit sacken sie leicht in sich zusammen und geben sich starken Selbstzweifeln hin, oder sie werden völlig manisch, und wenn sie keine Möglichkeit finden, dieser Energie zum Ausdruck zu verhelfen, verfallen sie in Depressionen und bemitleiden sich selbst. Lehren, Schreiben (z. B. Tagebuch) und körperliche Betätigung sind Mittel und Wege für Dreien, ihre starken Empfindungen zum Ausdruck zu bringen.

Dreien schwanken oft zwischen Zuversicht («Ich kann alles!») und Versagensangst («Das schaffe ich nie!») hin und her. Den einen Tag noch voller Selbstvertrauen, sind sie am nächsten womöglich in einem emotionalen Tief. Ihre Selbstzweifel – das Gefühl, unqualifiziert, unvorbereitet oder überhaupt unfähig zu sein – zeigen sich in unterschiedlichster Gestalt. Zum Beispiel sind Dreien oft ewige Studenten, die sich ständig auf Prüfungen vorbereiten und immer wieder das Studienfach wechseln, ohne jedoch jemals zu einem konkreten Abschluß zu kommen – aus Angst, versagen zu können, legen sie sich nie endgültig fest. Wenn Dreien in irgendeinem Lebensbereich Schwierigkeiten haben, sollten sie zuerst einmal ihre Selbstzweifel unter die Lupe nehmen und sich darin üben, ihre Unsicherheit, wie sie beim Gesetz des Handelns (S. 483) beschrieben ist, zu überwinden.

Ausdrucksprobleme, gepaart mit einer hohen Sensibilität, bewirken bei Dreien ganz von selbst die Neigung, anderen und sogar sich selbst ihre Gefühle und Bedürfnisse falsch darzustellen; Manipulation ist eine Haupthürde für Dreien – entweder sie manipulieren andere, oder sie lassen sich von anderen manipulieren. Ehe sie sich nicht speziell mit dieser Tendenz auseinandergesetzt haben, werden Dreien nur mit Mühe offen sagen können, was sie wollen oder brauchen; normalerweise machen sie nur Andeutungen oder dulden still vor sich hin. Unter Umständen reagieren sie depressiv: «Wenn sie wirklich etwas für mich übrig hätten, wüßten sie, wie ich mich fühle.» Sie manipulieren andere gern mit einem Blick oder einem Seufzer und warten dann darauf, daß sie jemand aufheitert oder ihnen gibt, wonach sie sich sehnen. Manchmal lassen sie sich auch aufgrund ihrer emotionalen Bindungen manipulieren.

Für Dreien ist das Gesetz der Ehrlichkeit (S. 468) von größter Bedeutung, das ihnen helfen kann, den Wert einer unmittelbaren, aufrichtigen

Kommunikation zu erkennen. Wenn sie erst einmal gemerkt haben, daß nicht jeder so feinfühlig ist wie sie, sehen sie allmählich auch die Notwendigkeit ein, klar auszudrücken, wer sie sind, wie sie empfinden und was sie brauchen. Das Gesetz der Ehrlichkeit kann Dreien dabei nützen, in ihren Beziehungen und in ihrem Leben eine Kehrtwende vorzunehmen.

Im Positiven finden Dreien Freude und Befriedigung an der Schauspielkunst, am Lehren und an der Menschenführung, und sie verfügen außerdem über eine Fülle von Energie, die sie zum Wohl der Gesellschaft einsetzen können. Wenn ein hohes Ziel oder ein guter Zweck positive, wohltuende Gefühle bei ihnen auslöst, sind sie gut beraten, dem nachzugeben. Ihr Feingefühl verleiht Dreien die Fähigkeit, sich mit entsprechender Aufmerksamkeit auf die Empfindungen anderer einzustimmen und sich in Lehr- und Beratungstätigkeiten hervorzutun. Auf der höchsten Stufe ihrer Entwicklung kann ihre starke Intuition den Grund für hellsichtige Gefühle (von Ahnungen bis hin zu außersinnlichen Wahrnehmungen) legen.

Weitere Talente und Neigungen

Die Hauptaufgabe für Dreien besteht darin, *Einfühlungsvermögen zu entwickeln, von Mitleidsregungen jedoch Abstand zu nehmen;* auf diesen feinen Unterschied sollten wir alle achten, besonders aber alle, die unter dem Einfluß der 3 stehen, weil sie dazu neigen, sich von den Empfindungen anderer mitreißen zu lassen. Wenn wir stark mit jemandem, der gerade in ein «tiefes Loch» gefallen ist, mitleiden, stehen wir bald ebenfalls am Abgrund und machen seine Qualen selbst durch. Wenn wir hingegen schlicht einfühlsam sind, bleiben wir mit unserer Kraft bei uns selbst und können ihm eine Strickleiter zuwerfen. Wie es manchmal geht, wird er dann vielleicht rufen: «Ich will aber gar keine Leiter! Ich will, daß du zu mir herunterkommst!» Doch von unserem festen Standort des Mitgefühls und Verständnisses aus können wir jetzt antworten: «Ich kann besser von hier aus helfen. Ich habe getan, was ich kann, und ich achte deine Entscheidung, entweder herauszuklettern oder noch etwas länger im Dunkeln zu verharren.» Wenn sie den Unterschied zwischen Einfühlen und Mitleiden beherzigen, können Dreien anderen besser und dabei auch sich selbst helfen.

Infolge ihrer großen Sensibilität müssen Dreien mitunter lernen, sich durchzusetzen und Ärger oder Aggressivität konstruktiv zum Ausdruck zu bringen; sonst sind sie wahrscheinlich zu gehemmt und frustriert, um das ganze Spektrum ihrer Stärken aufscheinen zu lassen. Kampfkünste,

Tanz und andere ausdrucksstarke körperliche Betätigungen können dazu beitragen, in diesem Bereich eine Öffnung zu bewirken, und normalerweise finden Dreien großen Gefallen an einer solchen Erweiterung ihres Handlungsspielraums.

Im Gegensatz zu Achten, die manchmal durch Sexualität Macht ausüben, oder Einsen, die mit Hilfe von Sex angestaute Energien freisetzen, geraten Dreien gelegentlich in verworrene, emotionsgeladene Sexualsituationen, um sich später zu fragen: «Was ist bloß geschehen?» oder: «Wie konnte ich mich nur darauf einlassen?» Selbstzweifel können sie auch in ihrer Sexualität beeinflussen, oder sie unterdrücken aus Schuldgefühlen oder Versagensängsten und Hemmungen heraus ihre sexuelle Energie so lange, bis sie die Bedeutung eines ausgewogenen Sexuallebens erkannt haben.

Für die meisten Dreien sind Organisationen hilfreich und nützlich, da sie ihnen die Chance bieten, vor einer Gruppe von Menschen zu sprechen. Vortrags- und Rhetorikkurse und dergleichen verschaffen Dreien die Gelegenheit, Ausdrucksfähigkeit und das für sie so wichtige Selbstvertrauen zu entwickeln.

Körperlich neigen Dreien zu Magenempfindlichkeiten; unter Streß haben sie eher Hummeln im Bauch oder Durchfall als Gemütsmenschen mit einem dickeren Fell.

Obgleich wir fast alle, auch Dreien, bisweilen vor finanziellen Problemen stehen, haben Menschen auf diesem Lebensweg keine besondere Tendenz zu Finanzschwierigkeiten; im Grunde benötigen Dreien lediglich Selbstvertrauen. Sobald sie über ihre Selbstzweifel hinausgehen, fällt ihnen alles nahezu mühelos in Hülle und Fülle zu.

Auf dem Gipfel: Schicksal und Chance

Feingefühl, das sich in sorgsam ausgewählten Worten ausdrückt, die von Herzen kommen, hat die Macht, Menschen zu Tränen zu rühren oder zum Lachen zu bringen – Handlungen auszulösen, die im Großen wie im Kleinen die Welt verändern können.

In jeder großen Kultur hat es einen Führer voller Ausdruckskraft gegeben, der das nötige Feingefühl dafür besaß, wann und wie er mit seinen Worten die stärkste Wirkung hervorrufen konnte. Kein Kriegsherr oder Herrscher dieser Welt konnte sich ohne Wortgewalt lange halten; die Feder ist womöglich wirklich schärfer als das Schwert. Nach der jüdisch-christlichen Überlieferung war am Anfang, noch vor dem Licht, das Wort (der Klang oder die Schwingung).

Auf dem Gipfel ihrer Energie verwirklichen Dreien Ausdruckskraft in Verbindung mit Einfühlung und Feingefühl. Gegen Ende ihrer Wanderschaft sind sie für die ganze Empfindungsbreite ihres Wesens offen; erfüllt von Leidenschaft und Liebe, machen sie von der bunten Palette ihrer Empfindungen Gebrauch, kommen uns anderen entgegen und hüllen uns in ihr großes emotionales Kraftfeld ein, erinnern uns an den Sinn unseres Menschseins, an die Möglichkeiten unseres Geistes und an die Sehnsucht in unserem Innern, uns der Dimension des Fühlens zu öffnen und dadurch unsere Ganzheit zu verwirklichen.

Der emotionalen Verbindung, die Dreien zum Leben und zu anderen haben können, entspringt eine emporstrebende Energie, die, wenn sie zum Ausdruck kommt, allen Menschen im Umfeld der Drei Auftrieb gibt. Dreien sind dafür prädestiniert, sich in Gefühlen zu tummeln wie Delphine im Meer. Auf höchster Entwicklungsstufe sind Dreien durchlässige Medien für liebevolle Energien, eine Freude und Inspiration für andere und ein starkes Licht in dieser Welt.

Praktische Anregungen

Folgende Handlungsweisen können eine Veränderung im Leben derer bewirken, die mit der Energie der 3 geboren sind:

- Machen Sie es sich zur Gewohnheit, sich stets zu fragen: «Was fühle ich, und was brauche ich im Augenblick?» Drücken Sie Ihre Gefühle und Wünsche klar und deutlich aus.
- Besuchen Sie einen Vortrags- bzw. Rhetorikkurs, oder nehmen Sie andere Möglichkeiten zur Selbstverwirklichung wahr wie zum Beispiel Schauspiel, Kunst oder Tanz.
- Betätigen Sie sich körperlich, beispielsweise in einer Kampfkunst, im Gewichtheben oder im Aerobictanz, so daß Sie sich besser von Ihrer selbstsicheren, aufgeschlossenen Seite wahrnehmen und zeigen können.
- Setzen Sie sich das nächste Mal, wenn Selbstzweifel bei Ihnen aufkommen, direkt damit auseinander, und überwinden Sie sie.

Eine Brücke zu Ausdruck und Feingefühl

1. Denken Sie sich jemanden aus Ihrem Bekanntenkreis, oder stellen Sie sich eine Figur aus Film, Literatur oder Geschichte vor – ein Rollenvorbild, das sich klar, ehrlich und kraftvoll zum Ausdruck bringt, aber trotzdem ein feines Gespür für seine Zuhörer hat und sich auf sie einstellt.
2. Versetzen Sie sich an die Stelle dieser Person – sehen Sie sich selbst im sicheren Bewußtsein Ihrer Fähigkeiten, voller Selbstvertrauen und in der Lage, sich sprachgewandt und feinfühlig verständlich zu machen und das ganze Spektrum Ihrer Gefühle und Ängste, Freuden und Sorgen zum Ausdruck zu bringen. Wie können Sie dieses Bild in die Alltagspraxis übertragen und dadurch Ihrem Leben mehr Ausdruckskraft verleihen?

4: Stabilität und Entwicklung

Stell dir ein Haus vor, das gerade gebaut wird,
wie die Fundamente gegossen und gemauert werden,
die tragenden Konstruktionen und Wände entstehen,
Schritt für Schritt.
Inwiefern gleicht dieses Haus deinem Leben?
Was sagt es dir darüber aus,
wie du deine Ziele erreichen kannst?
Hast du dein Fundament fest gegründet?
Baust du dein Leben Schritt für Schritt auf?

Solltest du Luftschlösser gebaut haben,
braucht deine Arbeit dennoch nicht umsonst gewesen zu sein.
Du kannst ihnen jetzt ein Fundament geben.
Osa Johnson

Der Lebenssinn

Menschen, bei denen die Energie der 4 den Lebenssinn bestimmt, sind hier, um Stabilität und Sicherheit zu erlangen, indem sie auf dem Weg zu ihrem erwählten Ziel eine schrittweise Entwicklung durchlaufen. Sicherheit und ein solides Fundament zu gewinnen ist für jeden ein erstrebenswertes Ziel; für Vieren ist es der Lebenszweck schlechthin. Da uns das, weswegen wir hier sind, nicht einfach in den Schoß fällt, stehen diejenigen, bei denen die 4 den Hauptlebenssinn bestimmt (Lebenszahlen 13/4, 31/4, 22/4 und 40/4), sowie alle mit einer 4 in der Lebenszahl vor gewichtigen Fragen und Problemen, was Stabilität, Engagement, Geduld, Klarheit und die Bereitschaft betrifft, sich auf einen manchmal langwierigen und mühsamen Entwicklungsprozeß einzulassen.

Bevor Vieren in dieser Welt zu Stabilität kommen können, müssen sie erst einen Sinn für innere Festigkeit entwickeln – physisch, emotional und mental; das ist der erste wichtige Schritt zur Verwirklichung ihrer Ziele. Der Spruch «Vorsorgen ist besser als Heilen» ist eine wichtige Mahnung für Vieren, die oft erst einmal ungeklärte Probleme mit ihren Eltern oder anderen Familienangehörigen, durch die in früher Kindheit ihre Fundamente gelegt wurden, ausräumen müssen. Ihre Vorsorge kann aber auch darin bestehen, sich fest an einen Partner, einen Ort oder einen Beruf zu binden, mit anderen Worten: seßhaft zu werden, denn ein Baum kann nur blühen, wenn er tiefgreifende Wurzeln entwickelt hat. Vieren, die noch nicht damit begonnen haben, ihren Lebenszweck in ihr Leben zu integrieren, sind nicht unbedingt darauf aus, Wurzeln zu schlagen.

Haupteigenschaften

Wenn es dynamischen Kräften wie der Kreativität, dem Willen zur Zusammenarbeit und der Ausdrucksfähigkeit an Stabilität und Zielrichtung mangelt, dienen sie keinem nützlichen Zweck. Menschen mit der Energie der 4 müssen solche Kräfte fest auf dem Boden verankern, damit sie diese praktisch und für erreichbare Ziele nutzen können.

Die menschliche Zivilisation ist die Geschichte von Leistung und Erfolg. Ob wir etwas durch materiellen Erfolg, durch liebevolle Beziehungen, höhere Bildung, humanitäre Hilfe oder spirituelle Erleuchtung zu leisten suchen, immer müssen wir von einem festen Fundament ausgehen und uns Schritt für Schritt unseren Zielen und der Erfüllung unseres Schicksals nähern.

Leistungen werden durch eine klare Zielsetzung und entsprechende konzentrierte Anstrengungen über einen längeren Zeitraum hinweg vollbracht. Um etwas leisten zu können, müssen wir da beginnen, wo wir sind, herausfinden, was wir brauchen, uns einen Plan machen, diesen verfolgen und ihn durch alle Schwierigkeiten und Probleme hindurch einhalten, bis wir unser Ziel erreicht haben.

Das Bild eines im Bau befindlichen Hauses enthüllt buchstäblich all die Geheimnisse, die Vieren kennen müssen, wenn sie ihre Ziele verwirklichen wollen: Um ein Haus zu bauen, müssen wir zuerst vorsorgen und planen. Dann müssen wir tief graben und ein starkes Fundament legen; erst wenn das Fundament fertig ist, können wir mit dem eigentlichen Bau beginnen. Wie ehrgeizig oder ungeduldig wir auch sein mögen, es muß doch alles nach einer bestimmten Ordnung ablaufen, wenn das Haus fest stehen soll.

Viele Vieren haben hingegen die widersprüchliche Neigung, entweder Schritte auszulassen oder sich an einem einzigen Schritt festzufressen, daran hängenzubleiben und so an Schwung zu verlieren. Um eine solche beschränkte Sehweise zu vermeiden, müssen Vieren jeden notwendigen Schritt als Teil eines fließenden, dynamischen Prozesses betrachten. Das heißt, sie müssen erst einen Schritt abschließen, ehe sie zum nächsten übergehen – es gleich richtig machen, um es nicht immer wieder machen zu müssen.

Haben sie erst ein starkes Fundament gelegt, können Vieren so hoch bauen, wie sie wollen. Aber wenn sie wichtige Schritte überspringen, fällt ihnen ihr Haus beim ersten starken Erdbeben oder Sturm über dem Kopf zusammen. Die Leute mögen zwar die Fundamente eines Hauses nicht recht würdigen, aber ohne Fundament bleibt ein Haus nicht lange stehen.

Ein festes Fundament hat folglich für Vieren eine Schlüsselfunktion. Die Energie der Fundamentlegung spiegelt sich im Umgang mit Familienproblemen wider – entweder mit der Familie, der die Vieren entstammen, oder mit der, die sie selbst gründen. Ein festes Fundament hat darüber hinaus etwas mit Geld, Geschäften und finanzieller Sicherheit zu tun; es steht für körperliche Kraft und Vitalität. Nach und nach schaffen sich die Vieren das feste Fundament, von dem aus sie die Sicherheit gewinnen, nach der sie suchen.

Lebensaufgaben und Probleme

Da Vieren hier sind, um feste Grundlagen und Stabilität zu entwickeln, werden sie häufig auf dem Prüfstand stehen und Erfahrungen machen, in denen sie ihre Kraft beweisen müssen. Wenn sie ihre Lektion nicht schnell lernen, machen sie die gleichen Erfahrungen noch einmal, nur drastischer. Wirklich feste Fundamente sind nicht nur stark, sondern auch so flexibel wie bei erdbebensicheren Gebäuden, die mitschwingen, ohne zusammenzubrechen. Vieren, denen körperliche Flexibilität fehlt, sind oft auch psychisch unbeweglich und neigen zum Starrsinn, der sich in Selbstbetrug oder in einer eingeschränkten Sehweise äußert. Sie setzen sich Scheuklappen auf, hören nicht auf die Kommentare oder den Rat anderer und geben sich gern blindlings der Überzeugung hin, daß sich schon alles von selbst regeln werde, ohne daß sie das durch bestimmte Schritte sicherstellen müßten. Am Ende empfinden sie Reue, nehmen eine Neueinschätzung ihrer selbst vor und suchen nach einer neuen, umfassenderen Identität, die ihren oft ehrgeizigen Zielen entspricht.

Ein festes Fundament zu legen macht eine sorgfältige Vorgehensweise erforderlich. Da unsere Lebensbestimmung stets auch spezielle Fragen und Probleme aufwirft, haben die meisten Vieren Schwierigkeiten mit Entwicklungsprozessen; entweder widersetzen sie sich solchen Prozessen, oder sie beschleunigen sie, oder sie beißen sich an einem Punkt fest und tun nie den nächsten Schritt. Entwicklung ist also auf jeden Fall ein brisantes Thema für die Vier. Vieren, die sich schon einmal über längere Zeit einer Sache wie etwa einem Sport, einem Handwerk oder einem Musikinstrument gewidmet haben, haben eine gewisse innere Vorstellung davon, was nötig ist, um erfolgreich zu sein. Viele Vieren, die einmal gute Sportler waren, haben später auch im Geschäftsleben oder auf anderen Gebieten Erfolg, weil sie gelernt haben, den für jede Leistung notwendigen Entwicklungsprozeß zu durchgehen.

Etwas Schritt für Schritt langsam und geduldig über längere Zeit zu tun macht viele Vieren verrückt. Sie wollen alles sofort; sie sind schnell entflammt und neigen dazu, etwas anzufangen und schnell durchzuziehen. Manche Vieren hingegen fallen ins andere Extrem, sie konzentrieren sich so stark auf einen Schritt, daß es ihnen schwerfällt, zum nächsten überzugehen oder ihn überhaupt zu sehen. Die ihnen eigene Ungeduld bringt Vieren manchmal dazu, einer eher «magischen» Weltanschauung zu verfallen. Mein Freund Miguel, der ein Drehbuch geschrieben hatte, erzählte mir einmal: «Ich flog gerade nach Los Angeles, und da saß ein Mann neben mir, dessen Vetter der Chef eines Hollywood-Studios ist! Ist das nicht unglaublich? Er will seinem Vetter von meinem Drehbuch erzählen, das er nach meiner Beschreibung super fand, und ich habe ihm meine Karte gegeben.» Nach Miguels Auffassung war das Drehbuch so gut wie verkauft. Diese Art von magischem Denken – einen «Volltreffer» zu landen, also zum Beispiel in einer Lotterie zu gewinnen, entdeckt zu werden oder sonstwie Glück zu haben – ist unter Vieren ziemlich häufig zu finden, bis sie endlich eingesehen haben, wie notwendig es ist, sich vorzubereiten, zu üben und Erfahrungen zu sammeln, um Ziele zu verwirklichen.

Nach und nach lernen Vieren, daß sie langfristig scheitern, wenn sie kurzfristig Schritte auslassen – halbwegs oder sogar ganz den Berg hinaufklettern, um dann hinunterzupurzeln.

Die meisten Vieren strengen sich sehr an, um ihre Ziele zu erreichen, aber wenn sie nicht so schnell Erfolg haben, wie sie gewünscht oder erwartet hatten, verlieren sie leicht den Mut und sagen: «Was soll das überhaupt!» oder: «Vergiß es.»

Bei ihren Beziehungen zeigen sie eine ähnliche Haltung, sie stürzen sich mit Begeisterung und Hingabe in eine Freundschaft und werden schnell intim nach der Devise: «Es ist so, als wären wir uralte Freunde!» oder: «Wir müssen uns aus einem früheren Leben kennen!», um der Beziehung beim ersten Anzeichen von Schwierigkeiten ade zu sagen, sie «abzulegen».

Diese Neigungen bedeuten nicht, daß Vieren untreu oder sprunghaft wären – wenn sie ihre positiven Seiten entwickeln, können sie im Gegenteil sehr loyal und verläßlich sein –, aber solange sie das Gesetz der Entwicklung (S. 431) noch nicht in ihr Leben integriert haben, stehen sie Schwierigkeiten nicht gut durch und lassen sich immer nur schnell und kurzfristig begeistern.

Fast alle Vieren müssen ihre Energien fest verankern, sonst tendieren sie dazu, häufig die Arbeitsstelle zu wechseln, immer neue Beziehungen anzuknüpfen oder dauernd umzuziehen, und vertun damit die Chance, das Wunder zu erleben, das geschieht, wenn sie feste Bindungen eingehen. Sobald sie die Notwendigkeit eingesehen haben, in einem manchmal langen Entwicklungsprozeß Durchhaltevermögen zu beweisen, besinnen sich Vieren auf ihre Kraft, und dann sind sie kaum noch durch Hindernisse aufzuhalten.

Viele Menschen unter dem energetischen Einfluß der 4 wundern sich, wie oder warum sie bloß zu ihren jeweiligen Eltern gekommen sind. Vieren haben oft mit Familienproblemen zu kämpfen, die entweder einen oder beide Elternteile oder auch die Geschwister betreffen; so können sie zum Beispiel in einer großen Familie ihren Platz nicht gefunden haben, oder die Familie ist ständig umgezogen und hat ihnen keine Stabilität geboten, oder ein Elternteil ist alkohol- oder drogenabhängig gewesen, oder sie hatten das Gefühl, von einem Elternteil, der starb oder auf und davon ging, als sie noch klein waren, verlassen worden zu sein. Vielleicht sind sie auch von einem dominanten Elternteil verbal verletzt oder emotional, physisch oder sexuell mißbraucht worden. In irgendeiner dieser Formen haben Vieren oft – aber nicht immer – einen schwierigen familiären Hintergrund. Bei manchen Vieren sind die Familienprobleme viel subtiler, trotzdem jedoch von großer Wirkung auf ihr Leben.

Die Familie, in der Vieren aufwachsen, bildet entweder das feste Fundament der Vier oder glänzt durch den Mangel daran; familiäre Fragen zu klären und sich eine feste Grundlage zu schaffen ist deshalb integraler Bestandteil der Arbeit, die Vieren zu bewältigen haben; sie tun folglich gut daran, das Gespräch mit noch lebenden Eltern zu suchen und zu einem neuen, tieferen Verständnis zu kommen. Das ist zwar auch allen anzuraten, die keine 4 in ihrer Lebenszahl haben, aber bei denjenigen, deren Hauptlebenssinn durch die 4 verkörpert wird, nimmt die Frage der familiären Grundlage eine zentrale Stelle ein. Sich durch Familienprobleme hindurchzuarbeiten, statt sie zu verdrängen, bringt Vieren ungeheuren Nutzen. Zu einem besseren Verständnis mit den Eltern zu kommen heißt nicht unbedingt, deren Zustimmung oder Beifall zu erwirken, aber Vieren müssen Klarheit gewinnen und in eigener Sache Stellung beziehen – sie müssen dunkle Punkte aufklären und ihrem Familienleben eine neue Basis geben. Sollten beide Eltern schon tot sein, können Vieren in einen inneren Dialog mit ihnen treten und einmal aussprechen, was die Eltern eigentlich hätten sagen oder wie sie hätten sein sollen, um sich so im stillen über die eigenen Gefühle klarzuwerden und durch die Heilung verletzter Gefühle blockierte Energie freizusetzen.

Vieren, die keine besonders glückliche Kindheit hatten, können eine bessere Kindheit für sich «erfinden», indem sie selbst eine Familie gründen und solche Eltern werden, wie sie sie immer gern gehabt hätten. Im allgemeinen geben Vieren gute Eltern ab, nicht, weil sie immer das Richtige sagen oder tun, sondern weil die Familie und das feste Fundament von Natur aus Vorrang für sie haben. Selbst Vieren, deren Ehen scheitern, wünschen meistens, eine innige Beziehung zu ihren Kindern aufrechtzuerhalten. Kinder großzuziehen ist nicht jedermanns Sache, aber die meisten Vieren finden die Sorge für Kinder zutiefst befriedigend, ob sie eigene haben oder für anderer Leute Kinder Verantwortung übernehmen.

Eine feste Grundlage und eine sorgfältig gesteuerte Entwicklung sind die Stärken eines jeden Unterfangens, und Vieren besitzen wie Zweien die Veranlagung zu innerer Kraft, Vitalität und Seelenstärke. Diese Kraft kann sich auch in Halsstarrigkeit und Widerspenstigkeit äußern. So haben Vieren unter Umständen aufgrund ihrer Widerspenstigkeit Probleme, die Vergangenheit loszulassen; sie empfinden Reue und grübeln über alte Beziehungen, Fehler oder Mißerfolge nach, statt sie als Lektion zu betrachten und in ihrem Leben voranzuschreiten. Viele Vieren erdrücken andere mit ihrer Elefant-im-Porzellanladen-Energie. Jede Art von Übung, die Vieren hilft, tief und leicht zu atmen, sich zu entspannen und lockerzulassen, wie Tanz, Yoga oder T'ai-chi, bewirkt etwas, weil sie ihnen das Gesetz der Flexibilität (S. 405) nahebringt.

Materielle und finanzielle Sicherheit sind äußerst wichtig für Vieren. Damit sind nicht eine Million DM auf der Bank gemeint; solange Vieren wissen, daß Miete oder Kredit abgedeckt sind und genug Essen auf dem Tisch steht, fühlen sie sich sicher. Geld zu sparen für schlechtere Zeiten gehört auch zu ihren Prioritäten.

Ganz gleich, welche äußeren Grundlagen Vieren sich auch schaffen mögen, immer bildet die Dreiheit aus Körper, Geist und Empfindung das innere Grundfundament. Wenn diese Dreiheit ausgewogen ist, wird sie zum festen Urgrund ihres Lebens. Im Positiven sind Vieren ein Musterbeispiel der Festigkeit, auf die andere «unter allen Umständen» zählen können.

Wenn Vieren Sinn für Verantwortung entwickeln, verhalten sie sich auch trotz aller damit verbundenen Lasten und Verpflichtungen entsprechend, weil ihnen dadurch die Stabilität geboten wird, der sie zwar unter Umständen aus dem Weg gehen, die sie letztlich jedoch brauchen. Ähnlich wie Zweien können sich Vieren so viel Verantwortung aufbürden, daß sie davon erdrückt werden.

Im Negativen neigen Vieren entweder zu übertriebenem Verantwortungsgefühl oder zu völliger Verantwortungslosigkeit; gelegentlich schwanken sie auch zwischen beidem hin und her. Unter Umständen handeln sie so, als seien sie die Drahtzieher des Universums, und überschreiten wie die Zweien ihre Kompetenzen. Andererseits fällt es ihnen oft genug schwer, soviel Engagement und Beständigkeit aufzubringen, wie für feste Grundlagen nötig sind. Es dauert möglicherweise einige Zeit, bis sich Verantwortungsbewußtsein entwickelt; auch dabei geht es nach Versuch und Irrtum. Vieren muß also ebensoviel Geduld entgegengebracht werden, wie sie selbst aufbringen müssen. Obwohl Vieren hier sind, um andere zu unterstützen, müssen sie auch selbst das Gefühl haben, Unterstützung zu finden – entweder emotional oder finanziell oder beides. Wenn sie glauben, nicht genügend unterstützt zu werden, sacken sie häufig total in sich zusammen, bis sie endlich ihrem eigenen natürlichen Lern- und Wachstumsprozeß vertrauen.

Unterstützung kann Vieren auch in Form von klaren Erwartungen gegeben werden, denn sie brauchen, ob im Kindes- oder Erwachsenenalter, Richtlinien und vorgegebene Grenzen, um zu erkennen, was von ihnen gefordert ist. Wenn sie die Regeln nicht kennen, geraten Vieren leicht in Verwirrung.

Bei nahezu allen Vieren herrscht zwischen Verstand und Gefühl Streit statt Harmonie. Im positiven Sinne besitzen Vieren äußerst scharfe analytische Fähigkeiten; im negativen pflegen sie übertriebene Überlegungen anzustellen, ehe sie Entscheidungen treffen. Verwirrung ist ein zentrales Problem der Vieren, da sie ihre Gedanken häufig um immer die gleichen Dinge kreisen lassen, alle Faktoren abwägen, jede Frage von allen Seiten beleuchten und zwischen Pro und Kontra hin und her pendeln, bis sie schließlich das Gefühl haben, nicht mehr durchzublicken, und kaum noch eine Entscheidung fällen können.

Ihr Hang, zwischen zwanghaftem Überanalysieren und Orientierungslosigkeit hin- und herzupendeln, verleitet Vieren oft zu impulsivem Handeln – dazu, impulsiv Beziehungen einzugehen, die heiß beginnen und kalt enden, sich impulsiv zu verausgaben, und zu anderen plötzlichen Entschlüssen.

Während Dreien am ehesten manisch-depressiv werden, sind Vieren klassische Hysteriker; selbst wenn ihnen äußerlich nichts anzumerken ist, fühlen sie innerlich womöglich: «Der Himmel stürzt gleich ein!» oder: «O Gott, was soll ich bloß tun?» Manche Vieren schwanken zwischen Selbstbeherrschung und Nervosität hin und her bis hin zum Nervenzusammenbruch. Aufgrund ihrer kräftigen Verfassung erholen sie sich allerdings meistens rasch wieder.

Manchmal leiden Vieren unter einem Gefühl der Unschlüssigkeit, das sie in ihrer Entwicklung hemmt, weil sie sich nicht sicher sind, welcher der nächste Schritt ist. Für Vieren ist die Einsicht wichtig, daß sie nicht wirklich unschlüssig sind, sondern nur das Gefühl haben, verwirrt zu sein – ein kleiner, aber entscheidender Unterschied. Wenn Vieren vor Entscheidungen stehen, schreiben sie sich am besten das Für und Wider auf und kommen dann aus dem Gefühl heraus zu einem Entschluß, statt sich unentwegt die möglichen Alternativen im Kopf herumgehen zu lassen. Wenn sie angesichts eines Ziels Zweifel haben oder den Mut verlieren, tun sie gut daran, große Aufgaben in kleinen Schritten anzugehen. Aufgaben, die auf einmal kaum gelöst werden können, lassen sich häufig einteilen und dann relativ leicht bewerkstelligen – «Mit kurzer Elle kann man viel messen» lautet das Sprichwort. Kleineren Verpflichtungen können Vieren im allgemeinen besser nachkommen.

Vieren sollten unbedingt so viel Vorausschau haben, daß sie erkennen, wie sie trotz langsamer Fortschritte ihre Ziele erreichen können, indem sie einem vorgezeichneten Weg folgen. Sobald sie aufhören, alles zu zergliedern, sich statt dessen endlich auf ihre innersten Gefühle verlassen und zu einer gewissen Klarheit kommen, können sie auf die ihnen eigene innere Kraft zurückgreifen, die ihnen zu Engagement und Ausdauer verhilft, um in dieser Welt etwas zu bewegen.

Weitere Talente und Neigungen

In positiver Hinsicht können Vieren wegen ihrer ausgeprägten Fähigkeit, materielle und geistige Projekte zu strukturieren und Aufgaben in ihre Bestandteile aufzuteilen, hervorragende Entscheidungsträger oder Berater im Immobiliengeschäft oder in anderen Geschäftsbereichen werden. Mit der nötigen Reife sind sie ausgezeichnete pragmatische Geschäftsleute sowie unschlagbar als Mitarbeiter, Assistenten, Berater und ähnliches. Auch wenn sie in unterstützender Funktion wirken, bekleiden Vieren ebenso wie Zweien nicht unbedingt eine untergeordnete Stellung; Papst Paul I. und US-Präsident Grover Cleveland standen beide unter dem energetischen Einfluß der 4 und haben, jeder auf seine Weise, anderen Unterstützung gewährt.

Wenn Vieren Schritte überspringen, machen sie immer wieder die gleichen Fehler, starten immer wieder ähnliche Projekte, um sie kurz danach abzubrechen, und scheitern immer wieder mit der gleichen Sache – heiraten zum Beispiel drei- bis viermal oder geben fünf- bis sechsmal das Rauchen auf. Das Gesetz der Entwicklung (S. 431) kann Vieren eine Hilfe dabei sein, nicht mehr in unerwünschte frühere Gewohnheiten zurückzufallen. Und das Gesetz der Verhaltensmuster (S. 435) kann Vieren daran erinnern, daß sie wahrscheinlich immer wieder die gleichen Fehler machen, bis sie ihre analytischen Fähigkeiten dazu benutzen, der Ursache dieser Verhaltensmuster auf den Grund zu gehen und es anders zu machen.

Zu den positiven Eigenschaften der Vieren zählt ihre Zuverlässigkeit; zu den negativen ihr unberechenbares, unwägbares Handeln. Dennoch wollen sie sich auf irgendeine Weise nützlich machen und verfügen auch über die Kraft und die Fähigkeiten, anderen beizustehen. Ihr eigenes Bedürfnis, gestützt zu werden, kommt in ihren Partnerbeziehungen in dem Ausruf «Verlaß mich nicht!» zum Ausdruck. Wenn sie noch nicht gelernt haben, Verpflichtungen einzugehen, sind allerdings sie diejenigen, die gehen.

In sexueller Hinsicht sind Vieren im allgemeinen vital und erdnah. Wenn sie jedoch wie Zweien in ein Verhaltensmuster des Widerstandes verfallen, distanzieren sie sich emotional und schieben ihre Gefühlskälte dann auf den Partner oder die Umstände.

Alles in allem müssen Vieren ihr Leben stabilisieren, sich auf klare Ziele konzentrieren und geduldig Schritt für Schritt ihrem Schicksal entgegengehen.

Auf dem Gipfel: Schicksal und Chance

Mit dem ihnen eigenen Ehrgeiz, ihrer Kraft und inneren Stärke können Vieren ihr Ziel erreichen. Doch sosehr Vieren sich auch wünschen, erfolgreich dazustehen, wird ihr Erfolg nur von kurzer Dauer sein, wenn sie nicht alle nötigen Schritte in Richtung auf ihr Ziel unternehmen. Sobald sie einen genauen Plan haben und sich auf einen bestimmten Entwicklungsgang festlegen, können sie jedes Ziel verwirklichen.

Bescheidenere Ziele machen nur wenige Schritte erforderlich und sind einfacher anzugehen; der Weg zu hohen, fernen Zielen hingegen ist lang und manchmal sehr beschwerlich. Vieren verfügen auf jeden Fall über die

Fähigkeit, sich ihren Weg von da, wo sie stehen, bis dahin, wo sie ankommen wollen, in allen Einzelheiten zu überlegen – ihn in lauter kleine, gut gangbare Streckenabschnitte zu unterteilen und bis zum Ziel zu verfolgen. Haben Vieren erst ein Ziel vor Augen, dem sie sich verschreiben, sind sie Meister darin, andere ebenfalls auf diesen Weg zu bringen.

Menschen mit der Energie der 4 machen sich in der Geschäftswelt als Unternehmer und Begründer von Gesellschaften und Konzernen einen Namen, die vielen ihrer Mitmenschen von Nutzen sind, auch als Immobilienhändler, als Hersteller von Konsumgütern und im Dienstleistungsbereich.

Auf höchster Entwicklungsstufe ist das Verantwortungsgefühl der Vieren von Spiritualität durchdrungen, sie sind zufrieden, mit ihrem Leben zurechtzukommen, ihr Bestes zu tun, auf Fortschritte in ihrer Entwicklung zu vertrauen und zu erkennen, daß sie nicht unter einem zeitlichen Leistungsdruck stehen. Sie gründen ihr Leben auf das feste Fundament sorgfältigen Vorgehens und eines Glaubens, aus dem ihnen Klarheit und Geduld erwachsen.

Praktische Anregungen

Folgende Handlungsweisen können eine Veränderung im Leben derer bewirken, die mit der Energie der 4 geboren sind:

- Gehen Sie große Vorhaben und Verpflichtungen in kleinen Schritten an; teilen Sie alles ein, und meistern Sie es so.
- Setzen Sie Ihrer Kraft durch körperliche und geistige Flexibilität ein Gegengewicht.
- Was immer Sie auch unternehmen, bereiten Sie sich stets gut vor, engagieren Sie sich und halten Sie durch, Schritt für Schritt.
- Wenn Sie vor Entscheidungen stehen, vertrauen Sie am besten auf Ihr Gefühl.

Eine Brücke zu Stabilität und Entwicklung

1. Denken Sie sich jemanden aus Ihrem Bekanntenkreis, oder stellen Sie sich eine Figur aus Film, Literatur oder Geschichte vor – ein Rollenvorbild, das Stabilität und Sicherheit erlangt hat, weil es gut vorbereitet war und seine Ziele Schritt für Schritt verfolgt hat.

2. Versetzen Sie sich an die Stelle dieser Person – sehen Sie sich selbst, wie Sie mit beiden Füßen fest auf dem Boden stehen, klare Vorgaben machen, eine Sache Punkt für Punkt angehen und wissen, daß es nur eine Frage der Zeit ist, bis Sie erreicht haben, was Sie wollen. Wie können Sie dieses Bild in die Alltagspraxis übertragen und dadurch mehr Stabilität in Ihr Leben bringen?

5: Freiheit und Disziplin

Denk dir einen Vogel, der sich in die Lüfte erhebt
und eine bestimmte Art von Freiheitsgefühl erlebt.
Um das Leben ganz zu erfahren,
muß er landen und die mühevolle Aufgabe bewältigen,
ein Nest zu bauen.
Durch diese Disziplin stellt sich eine andere Art
von Freiheit ein,
in der er die Tiefe seines Lebens begreift.
Wann hast du dich einmal frei gefühlt
und wann gefangen?
Kannst du in deinem Leben die Disziplin aufbringen,
die Tiefen zu erforschen und in diesen Tiefen
eine andere Art von Freiheit zu finden?

Das Abenteuer ist nicht da draußen,
sondern hier drinnen.
David Grayson

Der Lebenssinn

Menschen, bei denen die Energie der 5 den Lebenssinn bestimmt, sind hier, um durch Disziplin, Konzentration und Erfahrungstiefe innere Freiheit zu finden. Da jedoch unser Schicksalspfad steil und steinig sein kann, müssen diejenigen, die ihren Hauptlebenssinn aus der Energie der 5 schöpfen (Lebenszahlen 14/5, 41/5, 23/5 und 32/5), sowie alle, die eine 5 in ihrer Lebenszahl haben, sich mit Schwierigkeiten im Bereich von Freiheit und Disziplin auseinandersetzen; sie schwanken zwischen Abhängigkeit und Unabhängigkeit hin und her, und obgleich sie mitunter für eine gewisse Zeit eine fast heldenhafte Disziplin an den Tag legen, langweilt sie Routine schnell.

Ein Erlebnis *innerer Freiheit* ist für Fünfen letztlich von größter Bedeutung. Fehlt es, fühlen sie sich wie Gefangene, wie immer die Umstände auch geartet sein mögen. Tritt es ein, kann sie nichts mehr behindern. Eine solche innere Freiheit äußert sich in dieser Welt in Form von Selbstsicherheit und Unabhängigkeit. Solange Fünfen noch keinen Sinn für die innere und äußere Freiheit gewonnen haben, die der Disziplin und Konzentration entspringt, pendeln sie zwischen Gefühlen und Situationen extremer Abhängigkeit und trotziger Unabhängigkeit hin und her.

Die Suche nach Freiheit und Unabhängigkeit bringt die meisten Fünfen dazu, Erfahrungen in möglichst großer *Breite* zu machen, dabei sind sie hier, um die *Tiefe* der Erfahrung auszuloten. Disziplin und gezielte Konzentration verhelfen Fünfen zu einem tieferen Erlebnis der Freiheit.

Haupteigenschaften

Unter «Freiheit» verstehen wir alle wie unter «Liebe» etwas ganz Verschiedenes. Für manche Menschen bedeutet Freiheit, ein Schlaraffenleben führen zu können – jederzeit das zu tun, was sie wollen; so gesehen ist Freiheit das Gegenteil von Disziplin, die uns manchmal dazu zwingt, etwas zu tun, was wir lieber nicht täten. In einem tieferen Sinne findet Freiheit jedoch erst dann ihren vollen Ausdruck, wenn sie sich auf Selbstdisziplin und die Meisterschaft des Menschen über sich selbst gründet.

Bei Fünfen äußert sich Freiheit als Hunger nach einem möglichst breiten Spektrum an Erfahrungen und Abenteuern physischer, emotionaler, geistiger, sozialer, sexueller, finanzieller und spiritueller Art. Unabhängige Fünfen machen ihre Erfahrungen im praktischen Leben; weniger unabhängige, eher unsichere Fünfen befriedigen ihre Abenteuerlust durch Bücher, Film und Fernsehen. Je mehr Meisterschaft Fünfen in verschiedenen Lebensbereichen erlangen, um so weniger fühlen sie sich davon eingeengt oder beherrscht.

Die meisten Fünfen sympathisieren mit den Freiheitskämpfern aller Zeiten, die gegen Tyrannei, Unterdrückung und Sklaverei zu Felde gezogen sind. Das Freiheitsgefühl der Fünfen im eigenen Leben reicht von der Erfahrung extremen Eingeengtseins bis hin zum Gefühl nahezu unbegrenzter Möglichkeiten.

Letztendlich bedeutet Freiheit für sie die Befreiung von den Illusionen und Begrenzungen des Lebens, auch von körperlichen Belangen, und den Eintritt in die spirituellen Dimensionen der Erfahrung. Im Alltagsleben ist das Thema «Freiheit» eine Art neuralgischer Punkt, der ihre Beziehungen, ihr Berufsleben und ihre finanzielle Situation markiert.

Disziplin hat eine Schlüsselfunktion für Fünfen, da sie ihnen zu Zielgerichtetheit, Engagement und innerer Stärke verhilft, durch die Mängel oder Einschränkungen aufgehoben werden können.

Lebensaufgaben und Probleme

Im negativen Sinne kann der Freiheitsdrang bei Fünfen zu reiner Zügellosigkeit verkommen und zur Aufhebung aller äußeren Beschränkungen führen – zu extremer Unabhängigkeit, so daß sie tun, was sie wollen und wann immer sie es tun wollen. Aber ein solches Sichgehenlassen hat kaum etwas mit der Lebensbestimmung von Fünfen zu tun, die ihre gesammelte Konzentration und Disziplin erfordert, um ihnen ein Gefühl innerer Freiheit und Erfahrung zu erschließen und die Möglichkeit zu bieten, voller Leidenschaft und Wagemut zu leben wie Alexis Sorbas.

«Halt mich nicht fest! Schließ mich nicht ein!» lautet der Aufschrei der Fünfen, und sie kämpfen viel, denn sie reagieren auf den Ruf der Freiheitskämpfer in aller Welt. Sie haben entschieden etwas für Dramatik übrig, und wenn sich in ihrem Alltagsleben nichts Aufsehenerregendes tut, sorgen sie dafür, daß in ihrem Privat- oder Berufsleben etwas passiert. Sie fürchten sich davor, von jemandem oder von einer Sache festgenagelt zu werden, und haben unter Umständen Schwierigkeiten, eine bindende Beziehung einzugehen, je nachdem, ob sie diese als befreiend oder einengend betrachten.

Irgendwann einmal nimmt sich fast jede Fünf unbewußt das Thema Freiheit vor und arbeitet daran, indem sie sich mit jemandem einläßt, der sie in ihrer Unabhängigkeit einschränkt oder einzuschränken scheint. Ihr Hang, zwischen extremer Abhängigkeit und aufbegehrender Unabhängigkeit hin- und herzupendeln, wird auf den Partner projiziert, und ebenso, wie Achten unter Umständen ihre Macht aufgeben, geben Fünfen möglicherweise ihre Unabhängigkeit auf.

Sophia, eine ältere Frau, hatte sich in völlige Abhängigkeit von ihrem Mann Georgio begeben. Sie unterdrückte ihren inneren Drang nach Freiheit und Abenteuer und blieb den ganzen Tag zu Hause, wo sie auf die Heimkehr ihres Mannes wartete. Sie erledigte die Hausarbeit, sah sich aus emotionalem Lebenshunger Rührstücke im Fernsehen an und richtete ihr Leben so ein, daß sich alles um die Zubereitung der Mahlzeiten für ihren Mann drehte. Georgio mußte sie sogar zum Einkaufen fahren, weil sie nie den Führerschein gemacht hatte. Nicht, daß etwas daran auszusetzen wäre, wenn das Leben um Haus und Familie kreist, aber Sophias Abhängigkeit war so extrem, daß sie Georgio schließlich grollte, weil er sie angeblich «eingeschlossen» hatte, und sie sagte, daß sie ihn verlassen würde, «wenn sie könnte».

Vor nicht allzulanger Zeit erfuhr ich, daß Sophia eine befreiende Erfahrung gemacht hat: Sie hat sich eine neue Disziplin erschlossen; mit 65

Jahren hat Sophia das Autofahren gelernt. Sie hat tatsächlich ihren Mann verlassen – wenn auch nur, um durch die Gegend zu fahren oder einzukaufen. Sie ist sogar ins Kino gegangen – ein ziemliches Abenteuer für ihre Begriffe. Wir sind nie zu alt dazu, ein neues Leben anzufangen. Sophia ist mit 65 Jahren zu einem Leben in größerer Freiheit wiedergeboren.

Beispielhaft für das andere Extrem einer Unabhängigkeit um jeden Preis ist Thomas, der sein Haar selbst schneidet, obwohl er sich leicht einen Friseur leisten könnte; er will sich bloß nicht abhängig machen. Er repariert auch sein Auto und erledigt Klempner- und Elektroarbeiten selbst, nur um nicht in Abhängigkeit von anderen zu geraten. Die meiste Zeit über ist er allein, weil er sich nicht durch eine Beziehung binden will. Thomas wirkt ohne Zweifel unabhängig, aber diese Art von Unabhängigkeit hat wenig mit der Erfüllung der Lebensbestimmung der Fünf zu tun; sie ist auch wieder nur ein Extrem, eine Form von Unabhängigkeit, die der Angst vor Abhängigkeit entspringt, und diese Angst ist das eigentliche Gefängnis.

Freiheit und Verantwortung gehören ebenso zusammen wie Unabhängigkeit und Disziplin. Niemand kann Fünfen zurückhalten, außer sie selbst. Es mag ihnen zwar so scheinen, als würde jemand anders sie einschränken, aber wenn sie endlich merken, daß sie selbst für die Wahl ihres Partners oder ihrer Lebenssituation verantwortlich sind, wird ihnen klar, daß sie immer schon frei waren. Dann geht ihnen auf, daß sie das Buch für den Film, in dem sie die Hauptrolle spielen, selbst geschrieben und selbst Regie geführt haben. Menschen, die mit der Energie der 5 arbeiten, dürfen nicht vergessen, daß sie keine Statisten sein müssen. Solange sie nicht die volle Verantwortung für ihr Leben übernehmen, wirken Fünfen vielleicht wie Opfer, aber in Wirklichkeit sind sie freiwillig dabei.

Menschen unter dem Einfluß anderer Lebenszahlen konzentrieren sich in ihrem Leben meist auf ein bis zwei Fragen oder Ziele; Fünfen besitzen von Natur aus so viel Schwung und Wissensdurst in fast jeder Beziehung, daß ihre Energien leicht zerstreut werden. «So viele Möglichkeiten und so wenig Zeit» ist ein häufig von Fünfen zu hörender Kommentar. Mit ihren vielfachen Begabungen und der Fähigkeit, viele innere Quellen anzuzapfen und alle möglichen Talente aus dem Hut zu zaubern, spiegeln Fünfen gewissermaßen die Kraft zur Erneuerung wider. Der Joker, der Narr, der Gaukler und «Hansdampf in allen Gassen» sind gängige Archetypen der Fünf.

Manche Fünfen, denen es an Selbstvertrauen für Abenteuer in der realen Welt mangelt, genießen durch Bücher, Film und Fernsehen Spannung aus zweiter Hand, und zwar so intensiv, daß sie schließlich durch diese Medien leben; die Schauspieler verschaffen ihnen den Zugang zu Erfahrungen, die sie selbst wahrscheinlich nie machen. Sobald sie jedoch einmal ein Abenteuer am eigenen Leibe erlebt haben statt aus zweiter Hand, wollen sie mehr davon. Bisweilen werden sie regelrecht erlebnissüchtig, stürzen sich von einem Abenteuer ins nächste, gehen Risiken ein, um der Langeweile zu entfliehen, oder suchen nach neuen Erfahrungen, indem sie Drogen nehmen.

Mit dieser Abenteuersucht erfüllen Fünfen ihr Schicksal ebensowenig, wie Achten mit Geldanhäufen ihren Lebenssinn verwirklichen. Wie immer bei der Erfüllung der Lebensbestimmung geht es nicht darum, die Kernprobleme zu kultivieren oder zu unterdrücken, sondern sie zu lösen und über sie hinauszugehen. Für Fünfen bedeutet das, sowohl die totale Abhängigkeit auf der einen als auch die extreme Unabhängigkeit auf der anderen Seite zu vermeiden – weder ihren Neigungen nachzugeben noch sie zu ignorieren. Menschen mit der Energie der 5 müssen aus einem Gefühl der inneren Freiheit heraus einen ausgewogenen Sinn für äußere Sicherheit und Selbständigkeit entwickeln, selbst wenn sie ein einfaches, nüchternes, diszipliniertes Leben mit einem gewissen Maß an Routine führen. Das ist eine echte Herausforderung für Fünfen, die mehr fürs Dramatische und Spannende sind, statt sich Tag für Tag durch Monotonie und Langeweile einengen zu lassen.

Solange Fünfen noch keine zielgerichtete Konzentration und Disziplin entwickelt haben, erwerben sie zwar in verschiedenen Bereichen einige Geschicklichkeit, ohne jedoch auf einem Gebiet zu Höchstleistungen zu kommen; sie treiben über die Oberfläche des Lebens, tauchen hier und da ein, gehen aber nie richtig in die Tiefe.

Was entscheidend ist für das Leben der Fünfen und nicht oft genug wiederholt werden kann, ist, daß sie nicht hier sind, um *breite* Erfahrungen zu machen, sondern um *tiefe* Erfahrungen zu sammeln. Die alten Weisheitslehren erinnern uns daran, daß wir, da die Natur des Universums holographisch ist und spirituelle Gesetze den Kern wahren Wissens bilden, vieles erkennen können, wenn wir nur *eine* Sache in ihrer ganzen Tiefe erfassen. Wenn Fünfen frei und unabhängig sein und möglichst viele Wissensgebiete meistern wollen, müssen sie ein Gebiet so tiefgreifend erforschen, daß sie den Durchbruch zu der Dimension hin schaffen, in der alle diese Gebiete miteinander verknüpft sind. Liegt ihnen das nicht oder verhalten sie sich anders, sind Fünfen dem Brunnenbohrer zu vergleichen, der hundert Brunnen bohrt, aber nie auf Wasser trifft, weil er immer auf halbem Wege zur Quelle aufhört. Hätte er nur einmal tief genug gebohrt, hätte er seinen Durst stillen können. Beschäftigen sich Fünfen mit einer Sache über den Punkt hinaus, an dem sie langweilig wird, dringen sie zur Erfahrung der Freiheit durch, die in der Tiefe des Lebens auf sie wartet.

Aufgrund ihrer angeborenen Neugier und ihrer breitgefächerten Interessen sind Fünfen vielseitig, aufgeschlossen und von rascher Auffassungsgabe. Paradoxerweise verbohren sie sich oft wie besessen in eine einzige Sache oder gehen im Gegenteil so vielen Interessen gleichzeitig nach, daß sich ihre Fähigkeiten in alle vier Winde zerstreuen. Da sie keine Gelegenheit auslassen wollen, laufen sie dauernd Gefahr, ihren Adrenalinvorrat zu erschöpfen oder ihre Nerven zu überlasten. Zu lernen, sich Prioritäten zu setzen – eine Sache fahrenzulassen, um sich besser auf eine andere konzentrieren zu können –, kann einigen Fünfen buchstäblich das Leben retten. Andernfalls erleiden sie unter Umständen dadurch, daß sie sich überstrapazieren und zu viele Dinge auf einmal tun, einen Nervenzusammenbruch.

Fünfen haben zwar allerlei Prüfungen in der Welt zu bestehen, aber ihre größten Herausforderungen liegen im eigenen Innern. Wenn sie sich negativen Gedanken hingeben, lassen sich Fünfen leicht von den eigenen Ängsten und Zweifeln fesseln. Wahre Freiheit finden sie, indem sie die Ketten ihrer eigenen Psyche abwerfen. Die Menschen auf dieser Welt sind auf unterschiedlichste Weise geknechtet; die einen ächzen unter der Bürde des Hungers und der Armut, die anderen sind politisch unterdrückt oder durch körperliche Behinderungen und äußere Umstände eingeschränkt, und wieder andere sitzen im Gefängnis. Doch selbst in sehr bedrängter äußerer Lage entwickeln manche Menschen ein Gefühl innerer Freiheit, während sich andere trotz bester Lebensumstände gefangen fühlen. Fünfen müssen nach und nach lernen und begreifen, daß *die menschliche Knechtschaft ein Geisteszustand ist.*

Das große Geheimnis, dem Fünfen auf die Spur kommen können, ist, daß sie mit Disziplin und Konzentration sowie dadurch, daß sie Prioritäten setzen, höchste Freiheit erlangen können. Das Gesetz der Disziplin (S. 440) kann eine entscheidende Rolle im Leben einer Fünf spielen.

Um nicht in die Extreme der Zügellosigkeit oder der Unterdrückung der eigenen Neigungen zu fallen, können Fünfen durch körperliches Training Disziplin erwerben, indem sie sich innerhalb eines festen Übungsrahmens jeden Tag wechselnden Aktivitäten widmen. Vielfalt ist besser für Fünfen, als jeden Tag sechs Runden über denselben Platz zu laufen und die Füße jeden Tag wieder in die gleichen Fußstapfen zu setzen wie am Vortag. Durch ein ausgewogenes Verhältnis von Disziplin und Abwechslung geben Fünfen weder ihren Neigungen allzusehr nach, noch unterdrücken sie diese zu sehr.

Fünfen mit Selbstzweifeln fürchten, andere Menschen könnten sie einschränken und einengen; wenn sie sich von anderen abhängig fühlen, spielen sie gern den Boß, üben Kontrolle aus, manipulieren und versuchen, durch Wutanfälle und andere Gefühlsausbrüche zu bekommen, was sie wollen. Bewußt oder aus einer unbewußten Gewohnheit heraus, die sie in der Kindheit entwickelt haben, benutzen Fünfen ihren Verstand oft dazu, sich das, was sie haben wollen, durch Bluffen, Schwindeln oder Manipulation zu verschaffen, statt ohne Umschweife darum zu bitten. Indem sie andere Menschen dazu gebrauchen, ihnen die inneren Bedürfnisse zu befriedigen, verstärken sie ihr Gefühl der Abhängigkeit von anderen. Bis sie eine innere Freiheit erlangt haben, die von niemand anderem abhängig ist, tendieren Fünfen dazu, zwischen zähneknirschender Abhängigkeit und starrer Unabhängigkeit hin- und herzupendeln und ihre inneren Probleme nach außen hin abzureagieren.

Weitere Talente und Neigungen

Manche Fünfen schränken sich auf mancherlei Art unterbewußt selbst ein, etwa durch Verletzungen, durch Unterdrücken des Partners, finanzielle Daumenschrauben und Gefangenschaft sowohl im übertragenen als auch im wörtlichen Sinne.

Wenn Fünfen verunsichert sind oder sich zu normal finden, identifizieren sie sich gelegentlich mit Rollen, die sie für großartiger oder besser halten als ihre gewohnte Persönlichkeit. Diese Rollen benutzen sie als Schutzschild gegen ihre eigene Projektion – aus Angst, andere könnten ebenso dahinterkommen, wie Dorothy und Toto in *Der Zauberer von Oz* feststellen müssen, daß der große, mächtige Zauberer nur ein nettes kleines Männchen ist.

Fünfen, die sich durchs Leben bluffen, verfangen sich irgendwann in ihrer eigenen Falle; beispielsweise spielen sie womöglich die Rolle des Heilers, indem sie entsprechende Kleidung anziehen und sich das ihrer Meinung nach dazugehörige Gehabe zulegen, ohne jedoch viel vom Heilen zu verstehen. Ein derartiges Rollenspiel untergräbt ihr Vertrauen in das eigene Wesen noch mehr. Solche Fünfen verstecken sich meist hinter ihren Rollen, weil sie ihr ureigenes Wesen und Gemüt unterbewerten. In ihrer Unsicherheit darüber, wer sie eigentlich sind, wenn sie die Kleider ausziehen, entwickeln sie chamäleonhafte Eigenschaften. Ihr

Leben verläuft wie ein spannender Episodenfilm, es widmet sich ein Weilchen einem Kapitel, um plötzlich damit abzuschließen und zu anderen Leuten, anderen Leben überzugehen – Brücken zu bauen und wieder abzureißen –, immerfort auf Familiensinn, Zusammenhalt und Häuslichkeit aus, während sie die größere Freiheit suchen.

Ein Archetyp der Rollen, die Fünfen gern spielen, ist die von Tony Curtis gespielte Hauptfigur in dem Film *The Great Imposter,* der wahren Geschichte eines Mannes, der sich unter anderem als Gefängniswärter und Priester ausgab. Als angeblicher Schiffsarzt führte er einmal sogar eine Notfall-Blinddarmoperation aus.

Fünfen, die Disziplin in ihr Leben einbezogen und tiefgreifende Erfahrungen gemacht haben, können ihre Rolle als Chirurg, Rechtsanwalt, Schriftsteller, Kampfkunstlehrer, Ingenieur oder Erzieher meisterhaft ausfüllen und dennoch ihre Identität im Kern behalten und schätzen.

Sobald Fünfen durch kritische Disziplin und Konzentration zu innerer Freiheit gelangt sind, empfinden sie mehr Selbstachtung. Mit der größeren Selbstachtung stellt sich auch das sichere Gefühl ein, daß sie mehr sind als die Rollen, die sie spielen, und daß die Rollen nur Kleider sind, die sie an-und ausziehen wie Schauspieler ihre Kostüme; sie erkennen, daß die Schauspieler und nicht die Rollen, die diese spielen, die eigentlichen Stars sind.

Ebenso wie die Dreien, die sich mit dem Gefühlsausdruck beschäftigen müssen, sind auch Fünfen erfüllt von den Energien Merkurs, des geflügelten Boten. Ihrer raschen Auffassungsgabe entsprechend wollen sie aus sich heraus und in viele Lebensbereiche hinein. Sie sind gute Handelsvertreter, denn sie haben einen großen Wissensschatz wie auch eine gute Allgemeinbildung und können die Dinge daher unter verschiedenen Gesichtspunkten betrachten. Unter Umständen beantworten sie Fragen und wundern sich dann, woher die Antwort wohl kam.

Die meisten Fünfen sind mit gewandten Händen und flinken Fingern auf die Welt gekommen, mit denen sie gut nähen, ein Musikinstrument spielen, mit technischen Geräten umgehen und an allen möglichen Sachen herumbasteln und reparieren können. Fünfen sind geistig rege und lernen rasch, und wenn sie etwas ein-, zweimal probiert haben, sind sie scheinbar schon Könner. Sie sind schnell gelangweilt, sollten also stets daran denken, daß sie *gerade erst zum Kern der Sache vorstoßen,* wenn sie ihnen langweilig wird.

Manche Fünfen leisten Erstaunliches – sie sausen hin und her, wagen sich an alles Mögliche, ohne eine Ahnung davon zu haben, schwindeln das Blaue vom Himmel herunter, schlagen sich mehr oder weniger ehrlich durch und sind ihren Gläubigern immer einen Schritt voraus. Auf die Dauer läuft ihr Leben jedoch bei weitem besser, wenn sie das Gesetz der Ehrlichkeit (S. 468) befolgen und ihre Wünsche offen vorbringen, statt sich einen Posten zu ergaunern oder Vorteile zuzuschanzen.

Finanziell haben Fünfen nicht allzuviel fürs Sparen übrig; im Gegenteil, viele Fünfen geben Geld schon aus, bevor sie es überhaupt haben. Wenn sie zwischen den Papierscheinen in den Katakomben einer Bank und einer echten Lebenserfahrung wählen müßten, würden sie sich für das wirkliche Abenteuer entscheiden. Sie müssen aufpassen, daß sie nicht ausgeben, was sie nicht besitzen, weil dadurch nur noch mehr Spannung in ihr Leben käme, das ohnehin schon dramatisch genug verläuft. Diese Dramatik kann ihr empfindliches Nervensystem angreifen oder ihnen «an die Nieren gehen», wie sie auch unter Kreislaufproblemen leiden können, sofern sie sich keiner Ernährungsdisziplin unterwerfen.

Dank ihrer geistigen Beweglichkeit und visuellen Energie verfügen viele Fünfen über eine ansehnliche intuitive oder gar hellseherische Begabung. Hellsichtigkeit ist ein anschauliches Wort für die lebhafte bildliche Vorstellungsgabe der Fünf. Während sich andere Menschen mitunter auf intuitive oder instinktive Regungen verlassen, haben solche Fünfen Bilder vor Augen. Wenn sie diesen Bildern mehr Aufmerksamkeit schenken und allmählich ihre Bedeutung entschlüsseln, werden sie sich eines Tages von ihrem Innern leiten lassen können. Für alle Fünfen gilt das Lebensmotto: «Bitte (um ein Zeichen), so wird dir gegeben.»

Auf dem Gipfel: Schicksal und Chance

Diejenigen, die mit der Energie der 5 leben, sind Forscher und Abenteurer und sollten in ihrem Leben entdecken, worin wahre Freiheit besteht. Auf dem Gipfel ihres Berges sind Disziplin und Freiheit miteinander ausgesöhnt und integriert, da die Fünfen sich das eine mit Hilfe des anderen erarbeitet haben. Statt ihre Energien zu zerstreuen und zu viele Dinge gleichzeitig zu tun, erfahren gereifte Fünften das Leben in seiner ganzen Tiefe, indem sie sich jeweils auf eine einzige Sache konzentrieren, statt bei vielerlei nur an der Oberfläche zu kratzen.

Solche geistig regen, lebhaften Menschen wirken aufmunternd und erneuernd auf andere und können ihnen zur Verwirklichung der eigenen Freiheit verhelfen. Diese Fünfen haben erkannt, daß die äußere Freiheit immer relativ und meist begrenzt ist, wenn man innerhalb der menschlichen Gesellschaft leben und mit anderen in Wechselbeziehung treten will. Aber sie wissen auch, daß die innere Freiheit nicht angetastet werden kann, da unsere Psyche geheiligtes Terrain ist und wir selbst die Kontrolle über unseren Körper innehaben.

Menschen mit der Energie der 5 sprechen mit einer Autorität, die auf Erfahrungstiefe beruht. Sie haben die Disziplin aufgebracht, die zu vortrefflichen Leistungen führt, und Unabhängigkeit und Freiheit ins Gleichgewicht gebracht, während sie ihren Verpflichtungen im täglichen Leben nachgegangen sind.

Auf höchster Stufe verwirklichen Fünfen voll und ganz die innere Freiheit und erkennen, daß sie immer frei gewesen sind und daß jede Abhängigkeit oder Einschränkung, die sie empfunden haben, letztlich zu ihrem eigenen Besten war und sie weitergebracht hat.

Praktische Anregungen

Folgende Handlungsweisen können eine Veränderung im Leben derer bewirken, die mit der Energie der 5 geboren sind:

- Schaffen Sie sich eine einfache Tagesroutine, um disziplinierter zu werden; achten Sie aber darauf, diese Routine abwechslungsreich zu gestalten.
- Lassen Sie sich nicht durch Langeweile davon abbringen, eine Sache oder Aktivität in aller Tiefe zu ergründen.
- Versuchen Sie, Abhängigkeit und Unabhängigkeit miteinander ins Gleichgewicht zu bringen, indem Sie beobachten, wann Sie zu welchem Extrem neigen.
- Bemühen Sie sich, ohne Umschweife vorzubringen, was Sie wünschen oder brauchen.

Eine Brücke zu Freiheit und Disziplin

1. Denken Sie sich jemanden aus Ihrem Bekanntenkreis, oder stellen Sie sich eine Figur aus Film, Literatur oder Geschichte vor – ein Rollenvorbild, das mit der Zeit durch strenge Disziplin ein gewisses Maß an Freiheit und Erfahrungstiefe gewonnen hat.
2. Versetzen Sie sich an die Stelle dieser Person – sehen Sie sich selbst als gesammelt und frei trotz aller Verpflichtungen und Verantwortlichkeiten. Wie können Sie dieses Bild in die Alltagspraxis übertragen und dadurch mehr Disziplin und Freiheit in Ihr Leben bringen?

6: Vision und Annehmen

Stell dir die Waagschalen von
Gerechtigkeit und Gleichheit vor,
die in vollkommenem Gleichgewicht
für Recht und hohe Ideale stehen.
Läßt du dich im Leben von Idealen leiten,
oder beherrschen sie dich?
Welche Vision hast du?
Wie kannst du sie praktisch umsetzen?
Akzeptierst du dich und andere,
oder mißt du die Welt nach perfektionistischen Maßstäben?
Gefällt dir die verborgene Schönheit deines Lebens?
Gefällt dir die Vollkommenheit der Unvollkommenheit?

Annehmen heißt erkennen, daß alles, was geschieht
und wie wir darauf reagieren,
genau das ist, was wir
zu unserem Besten und für unsere Entwicklung brauchen.
Anonym

Der Lebenssinn

Menschen, bei denen die Energie der 6 den Lebenssinn bestimmt, sind hier, um ihre hohen Ideale praktisch in die Wirklichkeit zu übertragen und sich, ihre Welt und den gegenwärtigen Augenblick durch eine umfassende Vision der dem Leben innewohnenden Vollkommenheit zu akzeptieren. Diejenigen, bei denen die 6 dem Hauptlebenssinn entspricht (Lebenszahlen 15/6, 24/6, 33/6 und 42/6), sowie alle, die eine 6 in ihrer Lebenszahl haben, müssen ihren Hang zum Perfektionismus überwinden, indem sie sich stets das größere Bild vor Augen halten und sich ihre eigentlichen Prioritäten klarmachen, statt sich mit belanglosen Kleinigkeiten aufzuhalten. Unsere Lebensbestimmung stellt sich als Berg dar, den wir erklimmen müssen, und auch Sechsen stehen vor speziellen Problemen und Herausforderungen im Bereich von Idealismus und Perfektionismus einschließlich der daraus entstehenden Urteile und Enttäuschungen über die eigene Person und andere Menschen.

Sechsen tragen in sich die höchsten Archetypen, eine utopische Vision der Welt, der wir alle entgegenstreben. Sie sorgen dafür, daß die Flamme des Idealismus lebendig bleibt und hell lodert; sie besitzen die visionäre Weitsicht, mit der sie uns dazu inspirieren, unser Bestes zu tun und über uns hinauszugehen. Ohne die Weitsicht der Sechsen wären wir zu Fatalismus, Nihilismus und geistiger Beschränktheit verurteilt. Ihre hohen Ideale haben allerdings ihren Preis, denn sie wurzeln nicht immer in der Wirklichkeit; den Blick auf Höheres gerichtet, fehlt Sechsen oft Perspektive und Geduld. Da sie sich selbst und andere an so erhabenen Normen messen, beschwören sie auch für sich und alle anderen «Mißerfolge» herauf. Niemand kann es ihnen recht machen, denn niemand kann je einen Perfektionisten zufriedenstellen, nicht einmal sie selbst. Darum sind das Gesetz der Flexibilität (S. 405) und das Gesetz der Vollkommenheit (S. 445) ausschlaggebend für Sechsen.

Haupteigenschaften

Unsere *Ideale* stammen von Archetypen im menschlichen Bewußtsein her, die unser erhabenstes Bild der eigenen und der Möglichkeiten der Welt widerspiegeln. Ideale im Bereich der Gerechtigkeit, Gestaltung, Beziehung und geistigen Entwicklung inspirieren uns und weisen uns den Weg vorwärts und aufwärts. Es ist kaum vorstellbar, was die Menschheit ohne diese Ideale wäre. Hohe Ideale rufen Träumer auf den Plan, darunter Schriftsteller wie H. G. Wells (33/6) und zeitgenössische Visionäre, die Bilder von dem entwerfen, was sein könnte. Diese Bilder, die in unserer Kultur, unseren Hoffnungen und Träumen aufscheinen, sind womöglich für unser Überleben und unsere Weiterentwicklung lebenswichtig. Sie inspirieren uns und erfüllen uns mit Hoffnung und wegweisender Voraussicht.

Diejenigen, die aus der Energie der 6 heraus leben, besitzen eine Neigung zu visionärer Weitsicht und Hoffnung. Dazu gehören unter anderem Leute mit der Lebenszahl 15/6 wie Johanna von Orléans, Kolumbus oder der hellseherische Schriftsteller Isaac Asimov, aber auch solche mit der Lebenszahl 24/6 wie Lewis Carroll, der uns durch den Spiegel ins Wunderland mitnimmt, John Denver, der uns von seinen Visionen singt, und Thomas Edison, der seine visionäre Sicht der Dinge umgesetzt und die Welt für uns verändert hat, ferner Ralph Waldo Emerson, Galilei, Nietzsche, Rousseau, J. R. R. Tolkien und selbst Michael Jackson und Charles Schulz – sie alle haben auf ihre Weise an einer besseren Welt mitgearbeitet.

Wir haben alle eine Vision und Hoffnung, denn die Saat des Idealismus keimt in jedem von uns, aber für Sechsen ist beides viel aktueller, wie sie auch die Enttäuschung viel härter trifft, wenn diese Ideale nicht verwirklicht werden. Bevor Sechsen uns führen und den Weg weisen können, müssen sie erst mit beiden Beinen auf dem Erdboden stehen, die Vollkommenheit des Hier und Jetzt zu würdigen wissen und sich selbst und andere im gegenwärtigen Augenblick *annehmen* können.

Das Annehmen schlägt bei Sechsen die Brücke zu einem freudigeren Leben, denn nur, wenn sie alles und jedes so nehmen, wie es ist, können sie einen praktischen, wirkungsvollen Beitrag für diese Welt leisten. Lehnen sie jedoch halsstarrig alles ab, was ihren hohen Zielen nicht genügt, werden sie traurig oder wütend und lassen sich von der Wirklichkeit entmutigen. In dem Augenblick, in dem Sechsen die allem innewohnende, sich entfaltende transzendente Vollkommenheit akzeptieren, haben sie auch das Herz und die Geduld, ihre Visionen mitzuteilen. Dann gestatten sie endlich sich selbst und anderen, sich nach Gottes Plan weiterzuentwickeln statt nach ihrem eigenen.

Weitere Talente und Neigungen

Ebenso wie Zweien und Fünfen von einem Extrem ins andere fallen, neigen Sechsen dazu, die Welt und andere Menschen als entweder vollkommen oder fehlerhaft zu betrachten. Wenn sie zum ersten Mal jemandem begegnen, übertragen Sechsen meistens ihre Idealvorstellung auf den Betreffenden und sehen ihn durch eine rosa Brille: «Er ist so ein wunderbarer Mann!» oder: «Sie ist absolut perfekt.» Da es ihnen aufgrund ihrer idealisierten Ansichten an Urteilsvermögen und Perspektive mangelt, sind Sechsen prädestiniert für spätere Enttäuschungen. Mit der Zeit entdecken sie Fehler an dem betreffenden Menschen und sind enttäuscht; unter Umständen brechen sie daraufhin sogar die Beziehung ab. Sechsen sehen zwar anfänglich die Schönheit ihrer selbst und anderer, übersehen aber gern die *Unvollkommenheiten,* an denen sie und ihre Mitmenschen auf dieser Welt arbeiten müssen.

Mit Sechsen zusammenzuleben kann schwierig sein, da in ihren Augen niemand jemals vollkommen ist. Viele Sechsen unterdrücken ihr Urteil und geben Äußerungen von sich wie: «Ich verurteile andere Menschen nicht; ich sage immer ‹leben und leben lassen›.» Der Grund, warum Sechsen scheinbar kein hartes Urteil über andere fällen oder keine offene Kritik anbringen, ist der, daß sie zu sehr damit beschäftigt sind, sich selbst zu bewerten und sich anzustrengen, «ein guter Mensch» zu sein. So unterdrücken sie ihren Hang, zu werten und zu vergleichen, statt ihn zu erkennen, sich damit auseinanderzusetzen und schließlich darüber hinauszugehen, indem sie die entsprechenden spirituellen Gesetze beherzigen.

Viele Sechsen leben in einem Zustand emotionaler Armut und wissen gar nicht, wie sie sich fühlen, weil sie sich angestrengt darauf konzentrieren, herauszufinden, was sie idealerweise empfinden «sollten», um sich dann einzureden, sie fühlten dies wirklich. Aus diesem Grunde wären Sechsen gut beraten, wenn sie einmal genau beobachteten, was sie *wirklich fühlen;* sie könnten davon profitieren, einen Therapeuten oder Berater aufzusuchen, der ihnen dabei hilft, wieder mit ihrem wahren Selbst in Berührung zu kommen.

Da Sechsen zum Ideal hinstreben und empfindlich auf Fehlerhaftigkeit reagieren, suchen sie meist nach dem Haar in der Suppe. Infolge ihres allzustrengen Urteils beißen sie sich häufig an Kleinigkeiten fest – sind zum Beispiel verzweifelt, daß sie bei einem brillant gespielten Musikstück einen kleinen Fehler gemacht haben. Sie machen zwanzig Sachen richtig und eine Sache falsch, um dann über den einen Fehler nachzugrübeln. Sie schauen sich einen guten Film an, reden aber nur über den einen Satz in einem Dialog, der nicht ganz stimmte. Sie gehen ins Museum und erinnern sich hinterher nur noch an ein Bild, das ihrer Meinung nach nicht dem dortigen Niveau entsprach. Sie legen eine gute Prüfung ab, leiden jedoch darunter, daß sie eine Frage nicht beantworten konnten.

Zwei Schlüsselworte im Vokabular von Sechsen sind «wenn nur...». Angesichts eines neuen Hauses sagen sie etwa: «Oh, was für ein schönes Haus! *Wenn* sie es *nur* anders gestrichen hätten» (oder den Baum umgesetzt oder einen Springbrunnen installiert hätten usw.).

Ich hatte einmal einen Freund namens Roger, der ganz allein eine große Tagung organisierte. Es war eine unglaublich komplizierte Angelegenheit: Er mußte Redner einladen, für Sicherheitsmaßnahmen, Speisen und Getränke sorgen und die Werbetrommel rühren. Alles schien glattzugehen. Aber als die Tagung vorbei war, hörte ich ihn während des Aufräumens vor sich hin murmeln: «Mann, ich hab's total vermasselt.» Ich fragte ihn völlig irritiert, was denn los sei. Woraufhin er erwiderte: «Jemand wollte eine Karaffe Wasser auf seinem Tisch haben. Verdammt! Wenn ich doch nur an Wasserkaraffen gedacht hätte, dann wär's perfekt gewesen!»

Perfektionisten sind ewige Verlierer; das gehört zu ihrem Spiel. Nach ihrer Sicht der Dinge ist ein Glas Wasser halb leer statt halb voll. Sie beurteilen andere nach ihren eigenen hohen Normen und verurteilen dann sich selbst, weil sie so urteilen. Sie fühlen sich genötigt, die Besten zu sein, und unterlassen lieber etwas, weil sie um keinen Preis in irgendeiner Weise versagen möchten. Wenn Sechsen beispielsweise Gitarre spielen lernen und ihnen jemand sagt: «Deine Finger sind nicht so lang wie die von großen Gitarristen», lautet ihre Antwort wahrscheinlich: «Na schön, dann höre ich lieber auf zu spielen; wenn ich nicht so gut wie Segovia werden kann, will ich es lieber seinlassen.»

Sobald Sechsen dem Gesetz der Flexibilität (S. 405) und dem Gesetz der Vollkommenheit (S. 445) gehorchen, gleitet die Last des Perfektionismus von ihren Schultern, und sie lernen, daß Vollkommenheit sich nur durch freudiges Mitgehen erreichen läßt.

Die meisten Sechsen stehen unter einem inneren Druck, der durch die hohen Normen bedingt ist, die sie auf andere zu projizieren pflegen, um dann ihre eigenen Erwartungen für etwas zu halten, was von außen kommt. Als Kinder empfinden Sechsen häufig einen so starken Druck, daß sie Asthma oder andere Beschwerden in der Brust entwickeln, als würden sie von ihrer Umwelt eingeschnürt. Junge Sechsen finden sich oft nicht gut genug und glauben aufgrund ihrer Minderwertigkeitsgefühle, Eltern und Lehrer hielten nicht viel von ihnen, woraufhin sie sich lieber zurückziehen und ganz aufgeben. («Wenn ich's gar nicht erst versuche, kann auch nichts schiefgehen.»)

Sechsen stellen unentwegt *Vergleiche* an; so nehmen sie zum Beispiel bereitwillig und mit der Begeisterung des Neulings ein Studium auf, beginnen jedoch bald, sich mit anderen zu vergleichen, meistens mit Studenten, die leichter zu lernen scheinen. Solche Sechsen kollidieren mit ihren eigenen zu hoch gesteckten Erwartungen und verlieren den Mut.

Menschen unter dem energetischen Einfluß der 6 fürchten Vergleiche, messen sich aber dennoch dauernd mit anderen. Da sie zu strenge Maßstäbe an sich selbst anlegen, reagieren sie äußerst empfindlich auf das Urteil anderer. Wenn Sechsen damit aufhören, sich mit anderen zu vergleichen, bewirkt diese kleine Veränderung einen Quantensprung in ihrer Lebensqualität. Das Gesetz der Intuition (S. 447) und die Befreiung von der Bürde des Sichvergleichenmüssens kann ihr Leben leichter und angenehmer gestalten.

Viele Sechsen wirken abwesend oder sogar kalt, dabei versuchen sie nur ständig, alles richtig zu machen. Doch nicht die äußere Fassade zählt; vielmehr kommt es auf den emotionalen Gehalt des Augenblicks an. Auch in der Sexualität konzentrieren Sechsen sich wie in anderen Lebensbereichen darauf, «das Richtige zu tun» und «gut zu sein», wobei sie meist an den tieferen Schichten der emotionalen Verletzlichkeit und

Freude vorbeigehen, die das Annehmen und Erleben der Gefühle mit sich bringt: die Entspanntheit, das Lockerwerden, ja selbst das Empfinden, sich dann und wann einmal zum Narren zu machen. Schließlich ist niemand vollkommen – und muß es auch nicht sein!

Für alle Sechsen ist die Erkenntnis von Vorteil, daß *sie selbst als Person zählen und nicht, wie gut sie etwas machen oder wieviel sie wissen.* Es könnte ihnen zwar passieren, auf einer Party zu stolpern, vor aller Welt auf die Nase zu fallen, wieder aufzustehen und dabei noch zu guter Letzt die Getränke umzustoßen – aber wen kümmert das? Sie werden um ihrer selbst willen gemocht und nicht, weil sie jede Kleinigkeit besonders gut erledigen. Das Kraftfeld von Menschen mit der Energie der 6 strahlt wegen ihrer hohen Ideale eine gewisse Reinheit aus. *Sechsen sind hier, um das Licht, das in ihnen leuchtet, in ihren Handlungen aufscheinen zu lassen, statt sich mit fruchtlosen Grübeleien über ihr Handeln herumzuplagen.* Um Sechsen zu lockern, empfehle ich ihnen manchmal, sich in einem italienischen Restaurant zu verabreden und dort die Spaghetti mit den Händen zu essen, statt immer nur das Richtige zu sagen und zu tun.

Mit zunehmender Reife wissen Sechsen allmählich die *jedem Entwicklungsprozeß innewohnende Vollkommenheit zu schätzen* und erkennen, daß wir zwar grundsätzlich vollkommen sind, uns aber noch nich*t vervollkommnet* haben. Sie begreifen endlich das Paradox, daß wir so, wie wir sind, vollkommen sind, uns aber trotzdem noch weiter vervollkommnen können!

Das Selbstwertgefühl ist ein empfindlicher, im allgemeinen kritischer Punkt bei Sechsen. Die Verhaltensmaßregeln im tiefsten Innern der Sechs lauten: «Sei ein guter Mensch» und: «Tu das Richtige». Es ist nichts dagegen einzuwenden, das Richtige zu tun, nur definieren oft andere, was für die Sechsen «gut» oder «richtig» ist, um sie mittels ihrer bekannten hohen Ideale zu manipulieren oder unter Druck zu setzen.

Paradoxerweise halten sich diejenigen unter uns, die visionäre Weitsicht und höchste Ideale besitzen, häufig zurück, denn ein jeder mißt sich selbst an seinen Idealen. Menschen mit weniger hohen Normen dagegen meinen meist, durchaus allen Ansprüchen zu genügen. Sechsen müssen ihre Normen wenigstens aus astronomischer Höhe auf Flugzeugniveau herunterschrauben; ihnen dürfte es nützen, sich einzuprägen: «Ich mag zwar unvollkommen sein, aber für jetzt bin ich gut genug, und ebenso verhält es sich mit anderen Menschen und der ganzen Welt.»

Oftmals fühlen sich Sechsen von anderen falsch beurteilt oder zu Unrecht kritisiert, bis sie merken, daß sie diese Leute selbst in ihre Nähe geholt haben. Sie tragen nur die Kostüme und spielen die Rollen, die ihnen die Sechsen unterbewußt selbst gegeben haben. Um mit dem Urteil anderer fertig werden zu können, treffen Sechsen eine bestimmte Auswahl, lassen ihre Anziehungskraft spielen oder schließen unbewußt einen Pakt mit Eltern, Freunden und denen, die sie lieben, ihnen den Spiegel vorzuhalten, wie sie sich selbst beurteilen. Sowie Sechsen von diesem Urteilen ablassen, merken sie, daß sich das, was sie bei anderen als Kälte empfanden, auflöst.

Wesentlich ist für Sechsen, sich stets ins Gedächtnis zurückzurufen, daß es in dieser Welt nichts Vollkommenes gibt; Ausgezeichnetes läßt sich erreichen, doch es erfordert Zeit und Mühe.

Das Gesetz der Entwicklung (S. 431) hat ebenfalls Geltung für Sechsen, denn obwohl sie viel bereitwilliger als Vieren schrittweise vorgehen, neigen sie dazu, auf einen Abschluß zu drängen. Aus lauter Ungeduld beeilen sie sich, fertig zu werden. Sie lesen Bücher, um zum Ende zu kommen, und nehmen eine Mahlzeit zu sich, um aufzuessen. Sie sind wie Golfspieler, die gern den Ball abschlagen, aber vergessen, den Gang zum nächsten Grün zu genießen.

Außer dem Gesetz der Flexibilität (S. 405) sollten sich Sechsen zu ihrem eigenen Wohl auch dem Gesetz des gegenwärtigen Augenblicks (S. 450) unterwerfen, das uns allen eine Erinnerung daran ist, daß *nur das Jetzt existiert.* Die Kampfkunst T'ai-chi mit ihren langsamen Bewegungen ist für Sechsen hervorragend geeignet, denn sie lehrt sie Geduld und Freude an der ewigen Gegenwart.

Da Sechsen im allgemeinen nach Idealen streben, leisten sie meist sehr gute Arbeit und sind auf jedem Gebiet erfolgreich, sofern sie ihre Selbstwertprobleme und ihre perfektionistischen Tendenzen überwinden.

Weitere Talente und Neigungen

Finanzielle Probleme erheben sich für Sechsen in zweierlei Hinsicht: Erstens warten sie unter Umständen viel zu lange, ehe sie sich mit etwas hervorwagen – bis es in allen Details ihren unglaublich hohen Maßstäben genügt. Wenn Babe Ruth, der berühmteste Baseballspieler aller Zeiten, gewartet hätte, bis er keine Fehler mehr beging, wäre er nie vom Trainingsplatz gekommen. Zweitens schätzen Sechsen aufgrund ihrer Selbstwertprobleme sich selbst und den Preis ihrer Arbeit zu niedrig ein. Sobald sie jedoch über diese Stolpersteine hinaus sind, stellen sich bald Anerkennung und Erfolg ein.

Für Menschen, die von der 6 bestimmt werden, kann die Vorstellung eines *spirituellen Gewichthebens* hilfreich sein: Wenn das Leben schwierig wird oder nicht wie geplant verläuft, sollten sie sich diese Schwierigkeiten als Gewichte vorstellen, die sie heben können, um sich geistig zu kräftigen und ein paar notwendige Lektionen zu lernen. Sie können sich auch am Gesetz der Vollkommenheit (S. 445) orientieren, indem sie fragen: «Inwiefern ist dies vollkommen?»

Viele Sechsen verzetteln sich in ihrer nie endenden Suche nach dem «vollkommenen» Seelengefährten oder der «perfekten» Tätigkeit. Aber *wenn sie erst akzeptieren können, wo sie stehen, wer sie sind, mit wem sie zusammen sind und was sie gerade tun, machen sie die Erfahrung wahrer Vollkommenheit.*

Je mehr sich Sechsen auf ihre innere Vollkommenheit besinnen, um so eher erfassen sie die größere Vollkommenheit der Welt, auch wenn sie daran arbeiten, die Welt noch besser zu gestalten. Im Positiven können Sechsen anderen dazu verhelfen, die ihnen selbst innewohnende Vollkommenheit und Schönheit und die Sonnenseiten des Lebens zu erkennen. Im Laufe ihrer Entwicklung entdecken sie, wie das Licht der Vollkommenheit durch die Formenwelt hindurchscheint.

Auf dem Gipfel: Schicksal und Chance

Auf ihrer höchsten Entwicklungsstufe werden Sechsen zu Menschen mit visionärer Schaffenskraft, die den Weg in eine bessere Welt weisen. Das können sie um so wirksamer tun, wenn sie sich selbst, ihre Mitmenschen und die Welt im Hier und Jetzt angenommen haben. Dieses Annehmen schlägt eine Brücke zu künftigen Möglichkeiten, wenn die Sechsen ihre an Idealvorstellungen festgemachten Urteile aufgegeben haben und die Vollkommenheit des gegenwärtigen Augenblicks wahrnehmen, die auf der ewigen Weisheit und den universellen Gesetzen beruht. Bei einer positiven Entwicklung können Sechsen uns allen helfen, unsere eigene Vollkommenheit einzusehen, und uns klarmachen, daß Probleme im Grunde nur getarnte Chancen sind.

Sobald Sechsen ihr Leben mit mehr Geduld, Realismus und Flexibilität einrichten und sich von ihrer Vision dessen, was möglich ist, leiten und inspirieren lassen, statt ihre Visionen zum Maß aller Dinge zu machen, gehen sie über den Perfektionismus hinaus und finden Gefallen am umfassenderen Bild des Lebens. Da sie sich nicht länger mit unbedeutenden Kleinigkeiten aufhalten, erreichen sie mehr; sie leben vergnügter und sorgen sich weniger; sie genießen auch einfache Freuden und stehen nicht mehr so unter Druck. Am Ende merken sie, je weniger sie sich selbst bekritteln, desto weniger Kritik erfahren sie auch von ihrer Umwelt, und dafür mehr Wärme.

Vom unaufhörlich ablaufenden Selbstverbesserungsprogramm befreit, das von dem Gefühl genährt wurde, nicht perfekt genug zu sein, machen sie infolge ihrer entspannteren Lernweise ganz von selbst Fortschritte. Sie empfinden mehr Freude, während sie die ursprüngliche Vollkommenheit der Welt, wie sie ist, und aller in ihr lebenden Menschen wahrzunehmen und intuitiv zu erfassen beginnen, denn wir wachsen mit unseren Möglichkeiten, wenn wir Geduld haben und uns Zeit lassen.

Auf höchster Stufe sehen Sechsen überall die göttliche Vollkommenheit, selbst in den verkehrsreichen Straßen der Großstadt; sie erkennen, daß alles seinen Sinn hat und daß die Herausforderungen und Schwierigkeiten im Leben vollkommen ihren Zweck erfüllen, uns zur Erkenntnis und Verwirklichung dessen anzuregen, wer wir sind und wer wir werden.

Praktische Anregungen

Folgende Handlungsweisen können eine Veränderung im Leben derer bewirken, die mit der Energie der 6 geboren sind:

- Wenn Sie der Drang zum Perfektionismus überkommt, halten Sie sich stets die Worte und die Perspektive vor Augen: «Ich bin (dies ist) gut genug.»
- Denken Sie daran, daß nicht das zählt, was Sie tun, sondern wer Sie sind.
- Lernen Sie alles, was geschieht, anzunehmen und für sich zu nutzen, und akzeptieren Sie Ihre Reaktion ohne Wenn und Aber.
- Lassen Sie sich von Ihrer visionären Vorstellung, was aus Ihnen werden könnte, inspirieren und voranbewegen, während Sie das Leben hier und jetzt genießen.

Eine Brücke zu Vision und Annehmen

1. Denken Sie sich jemanden aus Ihrem Bekanntenkreis, oder stellen Sie sich eine Figur aus Film, Literatur oder Geschichte vor – ein Rollenvorbild, das mit sich selbst und anderen zufrieden zu sein scheint und eine klare Vision hat, dabei aber den Sinn für Perspektive nicht verliert.

2. Versetzen Sie sich an die Stelle dieser Person – sehen Sie sich selbst, wie Sie mit sich, den anderen und der Welt zufrieden sind und die höhere Gerechtigkeit und Vollkommenheit dessen akzeptieren, was ist. Wie können Sie dieses Bild in die Alltagspraxis übertragen und das Annehmen in Ihrem Leben verwirklichen?

7: Vertrauen und Offenheit

Stell dir eine dunkle Höhle vor
mit einer großen, leuchtenden Blume,
die in der Dunkelheit schwebt
und im Lichte innerer Weisheit schimmert.
Die Blume bleibt im Verborgenen, weil sie
die eigene Schönheit nicht zu würdigen weiß
und fürchtet, vernichtet zu werden,
wenn sie sich offenbart, indem sie sich dem Licht öffnet.
Inwiefern gleichst du dieser Blume?
Läßt du andere in deine Privatsphäre ein?
Was wäre, wenn du genug Vertrauen aufbrächtest,
um aus der Höhle herauszukommen
und dein Herz zu offenbaren,
deine Verletzlichkeit, dein eigenes inneres Licht?

An unserer Fähigkeit, uns gelassen dem Leben hinzugeben,
läßt sich unsere Bereitschaft ablesen, zu vertrauen.
Anonym

Der Lebenssinn

Menschen, bei denen die Energie der 7 den Lebenssinn bestimmt, sind hier, um auf das Licht und den Geist in ihrem eigenen Innern, im Innern anderer und in ihrem Lebensprozeß zu vertrauen, so daß sie sicher werden, sich öffnen und der Welt ihre innere Schönheit zeigen. Wozu wir hier sind, ist normalerweise kein Kinderspiel, und so haben diejenigen, deren Hauptlebenssinn durch die 7 verkörpert wird (Lebenszahlen 16/7, 25/7, 34/7 und 43/7), wie auch alle anderen mit einer 7 in ihrer Lebenszahl Probleme im Bereich von Vertrauen und Offenheit.

Die Energie der Siebenen fließt nach innen. Obwohl sie in dieser Welt auf den verschiedensten Gebieten großen Erfolg haben können, ist ihr höchstes Streben und ihr Schicksal auf innere Prozesse gerichtet statt auf äußere Ziele. Während sich das Leben der Achten um die profane Arbeit dreht, ist die Berufstätigkeit der Siebenen – selbst derer, die Freude am beruflichen Erfolg haben – Teil einer umfassenderen, tiefgehenden Suche, ob sie sich dessen voll bewußt sind oder nicht. Viele Siebenen gehen einem Beruf nach, mit dem sie das Geld verdienen, um andere Interessen wahrzunehmen, und ihre Hauptarbeit findet innerlich statt.

Die meisten Siebenen brauchen reichlich Raum und Zeit für sich allein; sie neigen zu Unabhängigkeit und sind häufig Einzelgänger. Selbst wenn sie gesellig wirken, geben sie doch selten Einblick in ihr Inneres, weil sie im stillen Angst haben, sich zu blamieren. Manche Siebenen, die keine Grenzen kennen, tragen das Herz auf der Zunge, um sich später verletzt, betrogen oder mißverstanden zu fühlen.

Haupteigenschaften

Die meisten von uns verstehen unter Vertrauen ein Gefühl der Sicherheit, die Überzeugung, daß niemand uns verletzen, beschämen oder berauben wird. Bei Siebenen ist Vertrauen der feste Glaube an sich selbst, an andere und an das Universum – ein Glaube, der nicht nur auf Überzeugung beruht, sondern dem unmittelbaren Wissen entspringt, daß der Geist in uns, aus uns und durch uns waltet. Diese Erkenntnis bringt einen Zustand tiefer Entspannung und Erleichterung mit sich. Sie vertreibt die Angst, an deren Stelle eine tiefempfundene spirituelle Verbundenheit mit dem Leben tritt – sogar ein Gefühl mystischer Erfüllung wie bei dem indischen Heiligen Ramakrishna, der beim Anblick von Vogelkot auf der Straße in Verzückung geraten konnte, weil er dadurch wie überhaupt durch alles an den Geist Gottes erinnert wurde.

Wenn Siebenen endlich ihren Gefühlen, Gedanken, Instinkten und Intuitionen trauen, also auf den Geist bauen, der durch sie und alle Menschen wirkt, werden sie sich – während sie in ihrer Entwicklung fortschreiten, gelegentlich straucheln und allmählich dazulernen – bis zu einem Punkt öffnen, an dem sie für ein spirituelles Gefühl der Liebe, Weisheit und Gerechtigkeit durchlässig werden, das in ihnen und in allen anderen Menschen wirksam ist. Das bedeutet nicht, daß sie sich voller Naivität von anderen ausnutzen lassen; vielmehr bedeutet es, daß sie ihr Licht nach außen leuchten lassen, statt es für sich zu behalten oder unter den Scheffel zu stellen. Auf diese Weise können sie anderen einsichtsvolle Führer sein.

Lebensaufgaben und Probleme

Vertrauen beginnt bei Siebenen mit *Selbstvertrauen*. Da aber unsere Lebensbestimmung besondere Herausforderungen für uns bereithält, stellt sich das Selbstvertrauen bei Siebenen nicht allzuleicht ein. Sie *denken* vielleicht, sie besäßen Selbstvertrauen, aber das ist schon Teil des Problems; sie vertrauen ihrem Verstand – gespeicherten Informationen, Theorien und Vorstellungen von anderen Menschen – mehr als ihrer inneren Stimme, ihrer intuitiven Weisheit. Echtes Selbstvertrauen umschließt das Körperliche ebenso wie Empfindung, Geist und Spiritualität.

Obgleich manche Siebenen den Eindruck erwecken, als besäßen sie ein übersteigertes Selbstvertrauen in dem Sinne, daß sie Ratschläge von anderen nicht annehmen oder einfach darüber hinweggehen, schließen sie sich im Grunde von ihren Mitmenschen ab, weil sie infolge ihres beschränkten Glaubens an die eigenen inneren Möglichkeiten äußerst verletzlich sind.

Die meisten Siebenen vertrauen lieber auf die Ansichten und Ideen anderer statt auf die eigenen. Sie wollen Wissen über den Verstand erlangen – durch Bücher, Seminare, Lehrer und Experten. Sie probieren es mit dieser oder jener Diät, experimentieren mit Nahrungsergänzungsmitteln herum, mit Trainingsprogrammen oder unterschiedlichen Heilmethoden und folgen verschiedenen Lehrern und spirituellen Praktiken, immer auf der Suche nach der von jemand anderem entwickelten, aber für sie selbst ebenfalls passenden Idee, Theorie oder Methode. Ein solches Suchen und Erproben hat durchaus Vorteile und schafft eine Erfahrungsgrundlage, von der aus Siebenen anderen etwas mitgeben können. Nur neigen Siebenen dazu, die Lebensanschauungen anderer Menschen einfach zu übernehmen, statt die fremden Ideen ihren eigenen Bedürfnissen und Umständen anzupassen.

Die meisten Siebenen täten gut daran, *die Experten, Bücher und Methoden, die sie ausprobieren, an ihren eigenen Instinkten und Intuitionen zu messen* – an ihren eigenen natürlichen Begabungen und intuitiven Gefühlen.

Für Siebenen beinhaltet physisches Vertrauen die Bereitschaft, sich auf die eigenen Instinkte, auf die Weisheit ihres Körpers zu verlassen, statt irgend jemandes Ideen anzuhängen. Selbstvertrauen können sie durch körperliches Training im Tanz, in einer Kampfkunst oder im Studium von Musik und Schauspiel erwerben. Wenn Siebenen vor der Frage stehen, wieviel sie trainieren, was sie essen oder wie sie sich sexuell verhalten sollen, hören sie am besten auf ihre innere Stimme, statt nach dem nächsten Experten oder Guru Ausschau zu halten. Experten wissen zwar auf ihrem speziellen Fachgebiet eine Menge, aber Siebenen müssen sich stets vor Augen führen, daß *sie selbst* die Experten sind, was ihren Körper und ihr Leben betrifft.

Selbstvertrauen heißt für Siebenen nicht, die Vorstellungen anderer zu übernehmen und sie in ihrem Gedächtnis zu speichern; vielmehr sollten sie erkennen, daß sie ein inneres, unterbewußtes Wissen besitzen. Sie wissen mehr, als sie gelehrt worden sind, gelesen oder studiert haben. Sie können zwar die gelehrten Abhandlungen von Experten studieren, aber letztlich müssen sie ihre eigene Wahrheit finden.

Ihrer Intuition und ihren Empfindungen zu trauen dürfte die größte Herausforderung für Siebenen sein, da ihnen dabei leicht ihr Verstand in die Quere kommt. Siebenen ist beim Verstand wohler als beim Gefühl. Sie wachen fanatisch über ihre Privatsphäre und haben meist nicht genug Zutrauen und auch nicht die Sicherheit mitzuteilen, was sie wirklich auf dem Herzen haben.

Um solchen Eigenschaften wie Freundlichkeit, Hilfsbereitschaft und Einsicht voll und ganz zum Ausdruck zu verhelfen, müssen Siebenen ihre unbewußten Ängste, von anderen betrogen zu werden oder sich selbst zu betrügen, ausräumen. Infolge dieser latent vorhandenen Ängste neigen Siebenen dazu, sich abzukapseln und entweder die meiste Zeit für sich allein mit einer Arbeit zu verbringen, bei der sie sich entspannen können, oder lieber unter Menschen zu gehen, sich jedoch trotzdem allein zu fühlen, weil sie sich durch einen unsichtbaren mentalen oder verbalen Schild davor schützen, von anderen verletzt oder beschämt zu werden.

Die meisten Siebenen sind äußerst empfindlich und erwarten unbewußt förmlich, von anderen betrogen oder mißverstanden zu werden. Da unsere Erwartungen unsere Erfahrungen beeinflussen, haben viele Siebenen oft emotionale Erlebnisse, bei denen sie sich getäuscht oder mißverstanden fühlen. Sie empfinden ähnlich wie Charlie Brown im *Peanuts-Comic,* der den Fußball treten will, den Lucy mit den Worten festhält: «Na los, tritt endlich! Ich ziehe ihn schon nicht weg.» Wie Charlie Brown sind auch Siebenen zu Anfang von einem beinahe überströmenden, naiven, blinden Vertrauen erfüllt; sie beschwören Mißverständnisse geradezu herauf, und am Ende trampelt wirklich jemand mit schweren Stiefeln auf ihren Gefühlen herum.

Obwohl nicht alle Siebenen mit dieser Beschreibung einverstanden sein werden, weiß ein Teil von ihnen sicher gleich Bescheid. Dieses Verständnis ist ein Ausgangs- oder Wendepunkt, von dem aus Siebenen ihre Probleme erst einmal unter die Lupe nehmen können, um dann über sie hinauszugehen und zu einem Punkt des Vertrauens und der Lockerung zu gelangen, von dem sie gar nicht wußten, daß er existiert – an dem sie sich für sich selbst und ihre Weltanschauung öffnen und unter Umständen sogar ihren Lebensweg verändern.

Das Gesetz der Erwartungen (S. 463) hilft Siebenen, die unterbewußte Erwartungshaltung, betrogen zu werden, aufzugeben und sich neuen, positiven Erwartungen zu öffnen, die nicht auf blindem Vertrauen oder Naivität fußen, sondern auf einer klaren Kommunikation und dem Glauben an sich selbst, an andere und an den reinen oder göttlichen Geist. Diejenigen, die sich mit Vertrauensproblemen auseinandersetzen müssen, können fehlendes Vertrauen dadurch gewinnen, daß sie ihre Zweifel offen kundtun: «Entschuldige, aber mein Vertrauen hat aus irgendeinem Grund einen Knacks bekommen. Könnten wir uns einmal aussprechen?» So finden sie heraus, in welchem Maße sie anderen vertrauen können, und stecken ihr Vertrauensterrain richtig ab, statt jemanden aufgrund von naiven Annahmen falsch zu verstehen. Wenn Siebenen gelernt haben, sich selbst, ihrem Herzen und dem Herzen anderer zu vertrauen, haben sie nichts zu befürchten.

Ihr Beruf, ihre zwischenmenschlichen Beziehungen und andere Aufgaben bekommen für Siebenen einen viel tieferen Sinn, wenn sie sich erst einmal besonnen haben und darauf bauen, daß der göttliche Geist durch sie und ihre Mitmenschen waltet. Auch alle, die behaupten, vollstes Selbstvertrauen zu haben, sollten noch einmal genauer hinschauen. Siebenen, die vollkommen vertrauensvoll sich selbst und anderen gegenüber wirken, die außerdem auch einen aufgeschlossenen, geselligen Eindruck machen, kommen bei genauerer Betrachtung oft zu der wichtigen Erkenntnis, daß ihr Vertrauen und ihre Offenheit nur vorgetäuscht sind, während sie im tiefsten Innern von der Angst vor dem Betrogenwerden beherrscht werden und nur ein zu leicht zu erschütterndes Vertrauen in ihre innere Stimme haben. Ein wichtiger Katalysator für Siebenen könnte die Beschäftigung mit dem Gesetz des Vertrauens (S. 458) sein.

Menschen mit der Energie der 7 kommen durch *unmittelbare Erfahrungen* zu Selbstvertrauen, durch Versuch und Irrtum und eigenes Erleben, nicht durch Buchwissen. Darauf bedacht, das Wesen der Dinge zu ergründen, können Siebenen ihre Arbeit, ihre Beziehungen und die Herausforderungen, mit denen sie konfrontiert sind, als Brücke zu einem tieferen Verständnis benutzen, indem sie im täglichen Leben wachsen, Fortschritte machen und lernen. Sie suchen nach Grundwahrheiten, und irgendwann in ihrem Leben entwickeln sie tatsächlich auch eine Art Röntgenblick, der das Bekannte mit dem Neuen verschmilzt.

Bis Siebenen ihre innere Freiheit gefunden haben und auf ihre innere Stimme vertrauen, fürchten sie das unbekannte Neue, auch das im eigenen Innern, so daß sie mitunter ängstlich, verwirrt oder frustriert sind, weil sie sich von inneren Kräften getrieben fühlen, die sie nicht verstehen, und ihre eigenen Impulse als Bedrohung empfinden. Dadurch entsteht Nervosität; vielen Siebenen fällt es schwer, sich auf etwas zu konzentrieren oder längere Zeit an einem Ort zu bleiben. Sie haben häufig auch Probleme, anderen eine Zeitlang in die Augen zu schauen, da sie sich der Energien bewußt sind, die dabei ausgetauscht werden.

Infolgedessen geben Siebenen manchmal ein verschwommenes, verträumtes, nichtssagendes Bild ab. Siebenen mit einer Neigung zu Spiritualität und Metaphysik beschäftigen sich vielleicht mit den geheimnisvollen verborgenen Kräften der Natur, während sie sich gleichzeitig von der materiellen Wirklichkeit und den Pflichten des Alltagslebens ablösen. Viele Siebenen enden irgendwann als spirituelle Weltenbummler, als Vagabunden, die mit einem Rucksack um die Welt trampen, immer etwas abgehoben sind, sich Bart und Haare wachsen lassen und schließlich in ein Ashram eintreten. Sie verlieren sich in höheren Gefilden und ergehen sich in schönen Phantasievorstellungen vom «Himmel», müssen sich aber eigentlich darin üben, wieder Boden unter die Füße zu bekommen und die Verbindung zur Erde nicht abreißen zu lassen. Sie bleiben ewig auf der Suche, bis sie endlich nach innen schauen und merken, daß alles, was sie brauchen, auch Gott selbst, in ihrem eigenen Innern ist.

Andere Siebenen sind zwar voll ins Alltagsleben integriert, verharren jedoch in einer eigenen Welt und wirken abgehoben, abwesend oder unnahbar. Da solche Siebenen starke Probleme mit dem Vertrauen haben, halten andere Menschen sie unter Umständen für nicht vertrauenswürdig.

Siebenen, die ihre eigenen Tiefen ergründen, entdecken auch die Tiefen der Welt. Sie werden Mystiker, ohne der Welt den Rücken zu kehren, und konzentrieren ihre Energien auf konstruktive Gebiete. Diese selbstverwirklichten Mystiker bringen die höhere Berufung der 7 zum Ausdruck. Sie vermitteln ihren Mitmenschen wertvolle Einsichten und Erkenntnisse über die Geheimnisse des Lebens, die allerdings für den Durchschnittsmenschen schwer zu verstehen sind. Ihr Weg ist auf einen festen Glauben und umfassendes Vertrauen gegründet, die sich jedoch aller Vernunft und Logik entziehen.

Je weniger sie sich ausschließlich auf den Verstand verlassen, um so mehr Wissen erwerben Siebenen. Und doch dringen sie nur unter Einhaltung geistiger Disziplin in die Tiefen des Lebens ein und stoßen auf die miteinander verknüpften Fäden des Daseins, so daß diese Disziplin zu einem wichtigen Mittel wird, der Welt das Mystische zu deuten. Siebenen, die sich zum Meditieren in Höhlen oder Wälder zurückziehen, in Wüsten, in die Bergeseinsamkeit oder ans Meer, empfinden dies unter Umständen als eine Art Auffrischungskurs, bei dem sie wieder mit der Kraft und dem Licht in Berührung kommen, das durch sie hindurchscheint, und mit ihm eins werden.

Die meisten Siebenen fühlen sich der Natur verbunden; ein Teil von ihnen sehnt sich danach, in Wäldern oder Höhlen zu leben, wo es friedvoll ist und sie sich nicht mit ihrer Menschenscheu und ihrem latent vorhandenen Verfolgungswahn auseinandersetzen müssen, den sie zur Kunstform verfeinert haben. Wenn Siebenen eine tiefempfundene Beziehung zum Geist der Liebe und des Vertrauens in ihrem Innern aufgenommen haben, erkennen sie diesen auch in anderen; die Trennwände stürzen zusammen, und nur natürliche, gesunde Grenzen bleiben stehen.

Im Bereich zwischenmenschlicher Beziehungen brauchen und ersehnen die meisten Siebenen einen kameradschaftlichen Partner, der ein Gefühl der Vollständigkeit, Harmonie und Ausgewogenheit in ihr Leben bringt. Aber diese Kameradschaftlichkeit setzt Nähe voraus, Sichöffnenkönnen und Vertrauen. Und zudem besteht in einer intensiven wechselseitigen Beziehung immer auch die Möglichkeit des Betrugs. Deshalb haben die meisten Siebenen gemischte Gefühle, was intime Beziehungen betrifft; sie wollen sie und wollen sie wieder nicht. Sie sehnen sich zwar nach Gemeinschaft, sind jedoch oft kalt und unnahbar und haben ein starkes Bedürfnis nach einem eigenen, klar abgesteckten Bereich, in dem sie sich sicher fühlen können. Beziehungen geraten darum häufig zu einem Kampfplatz, auf dem miteinander gerungen wird, solange die Sieben ihre starren Grenzen aufrechterhält, bis sie endlich ein liebe- und vertrauensvolles Verhältnis zu sich selbst und dem Geist im eigenen Innern gewonnen hat. Haben Siebenen schließlich gelernt, auf ihre ureigene Ganzheit zu bauen, können sie diese Ganzheit auch mit einem Partner teilen, statt von ihm zu erwarten, daß er sie vervollständigt.

Die Erfahrung von Vertrauen, Offenheit und Gemeinsamkeit, die den tieferen Lebenssinn der Sieben ausmacht, hat wenig zu tun mit sektiererischen religiösen Ritualen, so schön sie auch sein mögen. Ihr Gemeinschaftsgefühl entspringt vielmehr einem persönlichen inneren Glauben, der sie die ursprüngliche Einheit mit einer höheren Energie, mit Liebe und Vertrauen – mit dem reinen Geist – unmittelbar empfinden läßt. Viele Siebenen spüren diese Gemeinschaft draußen in der freien Natur inmitten alles Lebendigen und aller natürlichen Geistwesen. Sie genießen die Schönheit der Natur und spüren vielleicht eine innere Nähe zu bestimmten erdverbundenen Kulturen wie zum Beispiel den Indianern. Während sie sich fortschreitend immer tieferen Schichten der Erfahrung öffnen, erleben sie, daß der Adler, der Bach oder der Wind in den Bäumen zu ihnen sprechen. Ihre größte Sehnsucht ist die, von den Armen des Geistes umschlungen zu werden – Armen, denen sie vollkommen vertrauen können. Sowie sich Siebenen der Gegenwart des Geistes immer weiter öffnen, vernehmen sie eine leise Stimme in ihrem Innern: «Jetzt kann ich meinen Heimweg finden.»

Weitere Talente und Neigungen

Menschen unter dem energetischen Einfluß der 7 haben Empfindungen, vertrauen aber lieber auf ihren Verstand als auf ihr Herz, weil ihre Gefühle sowohl auf bewußten als auch auf unbewußten Erinnerungen an Betrug und Beschämung beruhen, deren Ursache ihre Wahrnehmung oder Interpretation vergangener Erfahrungen ist. Aufgrund dieser Ängste neigen Siebenen dazu, ihre tiefsten und echtesten Gefühle zurückzuhalten. Obgleich sie mitunter gesellig sind, offenbaren sie nie viel von ihrem innersten Wesen; das aber verursacht oft genau die Mißverständnisse und Vertrauensprobleme, die sie am meisten fürchten.

Fast alle Siebenen haben einen durchdringenden Verstand von der Art, daß sie zwischen den Zeilen des Lebens lesen können. Sie haben die Anlage, große Denker, Schriftsteller, Mystiker oder Forscher zu sein. Oft fühlen sie sich zu Forschung und Lehre, zu Philosophie, Mathematik, Physik, Religion, Metaphysik oder Psychologie hingezogen und lernen, wie sie selbst funktionieren, wie andere funktionieren, wie das Leben funktioniert. Sie suchen nach tieferer Weisheit und nach Lektionen, die sich dem flüchtigen Schauen entziehen. Siebenen, die mit ihrem inneren Weisheitsquell Fühlung aufgenommen haben, merken – oft zu ihrem eigenen Erstaunen –, daß sie viel mehr verstehen, als sie je gedacht hätten. Sie wissen Dinge, ohne zu wissen woher, und sie besitzen eine Fülle von inneren Möglichkeiten, die nur darauf warten, ausgeschöpft zu werden.

Andererseits wollen viele Siebenen nichts zu tun haben mit dem Übersinnlichen und lehnen spirituelle Ideen ab, ignorieren sie einfach oder machen sich darüber lustig. Dennoch werden sie früher oder später auf die eine oder andere Art dazu bewogen, tiefer nach dem Sinn des Lebens zu graben; das Verlangen danach wird durch Umstände geweckt, die sie zur Selbsterforschung zwingen und ihnen schließlich zu Selbstvertrauen verhelfen.

Nur wenige Siebenen besitzen Teamgeist; im allgemeinen fühlen sie sich wohler, wenn sie alleine arbeiten, und meistens brauchen sie in regelmäßigen Abständen Zeit für sich selbst. Auch wenn sie gesellig wirken, sind sie doch so etwas wie eine uneinnehmbare Festung. Sie haben einen starken Hang zu Betätigungen im Alleingang, etwa als Schriftsteller, Forscher oder Künstler. Sogar bei Tätigkeiten in der Öffentlichkeit, wie bei der Schauspielkunst, bewahren sie ihr Innenleben vor dem Zugriff von außen. Viele Siebenen sind herausragende Tänzer, Sänger oder Musiker, selbst Geschäftsleute, aber womit auch immer sie ihren Lebensunterhalt verdienen, wahre Erfüllung finden sie erst, wenn ihre Arbeit einem höheren Zweck dient. Viele Siebenen sind Bankpräsidenten, Zimmerleute, Drucker oder Lehrer, weltzugewandte Menschen, die gar nicht so aussehen oder handeln, als wären sie an Geistigem interessiert.

Kinder mögen Siebenen durchweg, und die Zuneigung beruht auf Gegenseitigkeit, denn Siebenen haben ein kindliches Gemüt, das im tiefsten Grunde mit Gott in Berührung steht. Wichtig ist für Siebenen, daß sie das Spirituelle in ihrem Innern schätzen lernen und ein feineres Gespür für den höheren Geist in ihrem Leben entwickeln.

Auf dem Gipfel: Schicksal und Chance

Siebenen, die auf dem Gipfel angekommen sind und aufgehört haben, nach Beweisen für Täuschung und Betrug zu suchen, sehen die tiefere Weisheit und Ordnung in allem und jedem. Was sie zuvor als Täuschung oder Betrug erlebt haben, betrachten sie jetzt als wertvolle Lektion. Sie empfinden selbst angesichts der Schwierigkeiten des Lebens noch Dankbarkeit. Alle Mißverständnisse erweisen sich für die Sieben als Lektionen, sich zu öffnen und ihre wahren Gefühle zu offenbaren: ins Gespräch zu kommen, Aufgaben zu lösen, sich mit den Dingen und Menschen auseinanderzusetzen und zu lernen. Wenn in einigen Fällen die Brücken des Verständnisses vollkommen abgebrochen sind, besteht die Lektion unter Umständen darin, eine Beziehung endgültig zu beenden und Raum für eine neue zu schaffen.

Menschen, die die Energie der 7 in reinster Form nutzen, sehen überall Weisheit und Schönheit – nicht nur in herrlicher Natur, an der die meisten Siebenen ihre Freude haben, sondern auch in den abfallübersäten Straßen der Großstadt, in Freund und Feind gleichermaßen.

An diesem Punkt sind die Beziehungen, Tätigkeiten, Erfahrungen und Herausforderungen der Sieben nur noch Trittsteine auf dem Weg der Weisheit. Sie lernt, strauchelt und fällt, um gleich wieder aufzustehen, sich mit sich selbst auseinanderzusetzen und den Weg zur Quelle zurückzufinden. Nicht alle Siebenen haben von Anfang an spirituelle Ambitionen, aber mit Sicherheit spüren sie eines Tages ein tiefgreifendes Vertrauen, aus dem ein fester Glaube an sich selbst und an den reinen Geist entspringt, und dann merken sie, daß sie viel glücklicher sind, als sie sich je vorgestellt haben.

Praktische Anregungen

Folgende Handlungsweisen können eine Veränderung im Leben derer bewirken, die mit der Energie der 7 ausgestattet sind:

- Wenn Sie Probleme haben, dann fragen Sie sich: «Was wäre, wenn ich die Lösung wüßte?» Sehen Sie, was für Antworten Ihnen zufallen.
- Bemühen Sie sich nach Kräften darum, auszusprechen, was Ihnen nicht nur im Sinn, sondern wirklich auf dem Herzen liegt, und treffen Sie klare Vereinbarungen mit anderen.
- Achten Sie ruhig Ihre Privatsphäre, aber gehen Sie auch kleinere Risiken ein, indem Sie Ihre Gefühle offen zeigen.
- Vertrauen Sie auf Ihren Instinkt und Ihre Intuition; Sie selbst sind der Experte für Ihren Körper und Ihr Leben.

Eine Brücke zu Vertrauen und Offenheit

1. Denken Sie sich jemanden aus Ihrem Bekanntenkreis, oder stellen Sie sich eine Figur aus Film, Literatur oder Geschichte vor – ein Rollenvorbild, das die Fähigkeit besitzt, vertrauensvoll und entspannt mit anderen Menschen umzugehen und auf das eigene intuitive Wissen zu bauen.
2. Versetzen Sie sich an die Stelle dieser Person – sehen Sie sich selbst als sicher im Umgang und in Beziehung mit anderen Menschen, entspannt und offen. Wie können Sie dieses Bild in die Alltagpraxis übertragen und dadurch mehr Vertrauen und Offenheit in Ihr Leben bringen?

8: Überfluß und Macht

Stell dir ein Füllhorn vor,
das überquillt von bunten Früchten, Edelsteinen und Gold,
bereit, seinen Segen mit all denen zu teilen,
die sich hervortun und die Reise unternehmen.
Was empfindest du angesichts solchen Überflusses?
Wie könntest du dich in der Welt hervortun?
Trägst du vielleicht dies Füllhorn schon in deinem Innern?

Der Wert, der uns bleibt,
nachdem wir unser Geld verloren haben,
ist das wahre Maß unseres Reichtums.
Anonym

Der Lebenssinn

Menschen, bei denen die Energie der 8 den Lebenssinn bestimmt, sind hier, um mit Überfluß, Macht und Anerkennung umgehen zu lernen und ihren Erfolg in den Dienst des Allgemeinwohls zu stellen. Da jedoch der Lebenssinn immer Herausforderungen an uns stellt, müssen sich diejenigen, deren Hauptlebenssinn durch die 8 bedingt ist (Lebenszahlen 17/8, 26/8, 35/8 und 44/8), sowie alle, die eine 8 in ihrer Lebenszahl haben, durch Probleme mit Geld, Macht, Autorität, Kontrolle und Anerkennung hindurcharbeiten. Nur wenn sie ihre manchmal unterdrückten inneren Kräfte mobilisieren, können sie trotz hemmender Ängste, unterbewußter Überzeugungen und der Impulse, materiellen Erfolgen aus dem Weg zu gehen, ihre Ziele erreichen.

Bei manchen Achten überwiegen Geldprobleme; andere wieder müssen sich mit Fragen der Macht, Kontrolle, Autorität und Anerkennung auseinandersetzen. In all diesen Bereichen muß die Acht auf ihrem Weg bergauf nachforschen, Gegensätze ausgleichen und Lösungen finden. Menschen unter dem energetischen Einfluß der 8 müssen *inneren* Überfluß, Macht und Achtung selbst erfahren, ehe diese Eigenschaften auch nach außen hin zum Tragen kommen können.

Achten können auf ihrem Lebensweg alles erleben, was im engsten und weitesten Sinne mit Erfolg und Überfluß zu tun hat; ob sie in der ganzen Welt, im eigenen Land oder nur im Freundes- und Familienkreis Anerkennung finden, spielt keine Rolle, da sich *unser Schicksal sowohl im kleinen wie auch im großen erfüllen kann.*

Irgendwann meistern die Achten ihr Schicksal und gehen über die Probleme von Überfluß und Macht hinaus, indem sie diese Qualitäten voller Großzügigkeit, Weisheit und Mitgefühl höheren Zielen widmen. Menschen mit der Energie der 8 reichen von wohlhabenden, mächtigen, gefeierten Persönlichkeiten bis hin zu armen, namenlosen Einsiedlern. Doch das Schicksal der Acht liegt nicht allein darin, immer mehr Reichtum und Macht zu gewinnen oder beides zu vermeiden; denn vermeiden bedeutet noch nicht, darüber hinauszugelangen. Obgleich die Erfüllung ihrer Lebensbestimmung in keinem direkten Verhältnis dazu steht, wieviel Geld oder Macht sie anhäufen, müssen sich die meisten Achten doch zumindest in die Arena begeben und sich den mit Überfluß und Macht verbundenen Herausforderungen stellen, ehe sie sie hinter sich lassen können.

Haupteigenschaften

Viele Arten von Erfolg, etwa ein Ziel zu erreichen, anderen Menschen zu helfen oder inneren Frieden zu finden, haben gar nichts mit Geld zu tun. Bei *materiellem Erfolg* hingegen, um den sich das Schicksal von Achten dreht, geht es im allgemeinen um Geld. Für Achten ergeben sich zwar unweigerlich Geldprobleme der einen oder anderen Art, aber letztlich ist Geld nur ein Mittel zum Zweck; es ist eine Form von Energie – das Quecksilber im Thermometer unseres Lebens.

Achten sind aber nicht nur des Geldes wegen hier; sie sollen einen *Überfluß* verwirklichen, der ihnen eine viel größere Fülle an Möglichkeiten bietet. Geld ist ein Zahlungsmittel, ein Instrument zur Erleichterung des Warenaustauschs. Überfluß beinhaltet eine Einstellung, ein überströmendes Empfinden; er entspricht eher einem inneren Zustand als materiellem Wohlstand. Menschen mit bescheidenen Mitteln erinnern sich sehr genau daran, wann ihnen in ihrem Leben ein materieller Segen zuteil geworden ist, und schöpfen daraus ein Gefühl, Fülle bis zum Überfluß erfahren zu haben. Millionäre hingegen stehen vielleicht ständig unter finanziellem Druck und rackern sich ab, bis sie schließlich total verschuldet sind; ihr Leben ist vermutlich überhaupt nicht von einem Gefühl des Überflusses geprägt.

Mit Macht, die sich auch in Form von Herrschaft und Autorität äußert, verhält es sich ähnlich wie mit Geld, und in unserer Kultur sind Geld und Macht oft miteinander verknüpft. Macht kann sich negativ auswirken, zum Beispiel, indem Zwang oder Kontrolle über andere Menschen ausgeübt wird, oder sie wird zu innerer Macht und Selbstbeherrschung. Wie zuvor bereits gesagt, machen Achten auf dieser Welt die Erfahrung von Überfluß, Macht und Achtung nur in dem Maße, wie sie sie auch im eigenen Innern machen.

Lebensaufgaben und Probleme

Manche Achten, die Wert auf die innere Arbeit an sich selbst und auf spirituelle Übungen legen, sind vielleicht enttäuscht darüber, daß ihre Lebensbestimmung etwas so Weltliches wie Geld, Macht oder Anerkennung beinhalten soll. Sie müssen begreifen, daß sich materielle Erfolge auf sehr positive Art erzielen und nutzen lassen. Wir können gleichzeitig gutes Geld verdienen, tun, was uns Freude macht, und anderen Menschen dienen. Als Acht mit der Lebenszahl 26/8 empfinde ich es selbst als einen Segen, daß ich meinen Lebensunterhalt mit dem verdienen kann, was ich sinnvoll finde – indem ich anderen mit meinen Büchern und Seminaren über spirituelle Themen diene. Geld und Geist können sich gegenseitig ergänzen; sie müssen keineswegs polare Gegensätze sein.

Die meisten Achten haben einen starken Hang zu Geld, Macht und Anerkennung, zugleich aber ebenso starke Angst davor. Ob diese Triebe und Ängste ihnen nun bewußt oder unbewußt sind, auf jeden Fall werfen die widersprüchlichen Kräfte und Überzeugungen Fragen auf, die auf ihrem Lebensweg einen zentralen Stellenwert einnehmen.

Viele Achten legen es bewußt darauf an, immer mehr Geld zu verdienen, Anerkennung zu finden oder mehr Kontrolle über ihre Lebensumstände und ihre Umgebung zu gewinnen, aber diese Ziele bleiben aufgrund ihrer inneren Ängste weitgehend unerreichbar für sie. Da das, weswegen wir hier sind, uns nicht in den Schoß fällt, bekommen Achten meist die Auswirkungen ihrer gleichzeitigen Faszination und Aversion gegenüber dem Erfolg zu spüren. Wie jemand einmal gesagt hat: «Ich mag Geld nicht, aber es beruhigt meine Nerven.»

Da ich selbst auf dem Weg der 26/8 bin, möchte ich an dieser Stelle einen Vorfall wiedergeben, der für meine eigene negative Einstellung zum Reichtum symptomatisch war und mir geholfen hat, eine entscheidende Kehrtwende zu machen. Ich hatte damals zwei Bürojobs, strampelte mich vergebens ab, meine Familie zu ernähren, und geriet immer tiefer in Schulden. Als ich einmal in der Stadt war, fielen mir zwei schick gekleidete junge Damen auf, die einen Mercedes-Sportwagen fuhren –

wahrscheinlich ein Siebzigtausend-Dollar-Auto. Eine dunkle Wolke verdüsterte mein Gemüt, als ich diese beiden reichen Ladys feindselig betrachtete. Auf einmal traf mich wie ein Schlag der Gedanke: Die beiden jungen Frauen könnten ja sehr nette, intelligente, mitfühlende Menschen sein. Und doch hatte ich bei ihrem Anblick gleich negative Empfindungen, *nur weil sie so aussahen, als hätten sie eine Menge Geld.* In dem Augenblick wurde mir klar, daß ich mit dieser Einstellung zum Geld kaum auf einen grünen Zweig kommen würde. Danach dauerte es nicht mehr lange, bis sich in meinem Leben in materieller Hinsicht eine drastische Veränderung vollzog.

Diejenigen, die aus der Energie der Acht schöpfen, spielen auf ganz unterschiedliche Art mit Überfluß und Macht: Die einen leben von möglichst wenig Geld und verbinden «zuviel» Reichtum mit Ausbeutung und unmoralischem Verhalten, als wäre Überfluß nicht mit ethischen Prinzipien vereinbar, und grollen den Reichen sogar. Die anderen, die sprichwörtlichen Glückskinder mit reichem Elternhaus, isolieren sich unter Umständen von anderen und halten Abstand. Sie haben vielleicht Schuldgefühle wegen ihres Geldes, oder sie bekommen den Hals einfach nicht voll. Sie wissen nie genau, ob sie nicht nur wegen ihres Geldes gemocht werden, und fühlen keine starke Motivation, sich anzustrengen und ihre Leistungsfähigkeit zu erproben.

Achten müssen die Einstellung, die Fähigkeit und die Zuversicht aufbringen, die Gesetze materiellen Erfolgs zu verstehen, etwa das Gesetz des fairen ausgewogenen Energieaustauschs: Wenn Achten unredlicherweise Geld nur um des Geldes willen scheffeln, ohne den Drang zu verspüren, anderen damit zu dienen, wird ihnen, auch wenn sie noch soviel verdienen, immer irgend etwas in ihrem Leben fehlen.

Achten müssen den spielerischen Umgang mit Geld und Macht lernen und beides miteinander ins Gleichgewicht bringen und im richtigen Verhältnis sehen; sie sollten Geld nicht als Götzen anbeten. Diejenigen, die dem Geld zuviel Wert beimessen, sollten sich das Gesetz der Intuition (S. 477) vornehmen und den «Gott der Meinung» in der dort beschriebenen Übung (S. 481) durch den «Gott des Geldes» ersetzen.

Auch das Gesetz der Ehrlichkeit (S. 468) ermahnt Achten, nie Geld, Macht, Anerkennung und Erfolg zu ihren Götzen zu erheben. Wenn sie gute und nützliche Arbeit leisten, stellt sich der Überfluß von selbst ein. Wie zuvor bereits erwähnt, ist der Ausdruck «gutes Geld verdienen» relativ, je nachdem, wie hoch die Bedürfnisse sind. Wer mit einer großen Familie in einer teuren Wohngegend lebt, braucht erheblich mehr als ein Alleinstehender, der sich um niemanden zu kümmern hat.

Während Vieren Schwierigkeiten haben, das Licht am Ende des Tunnels zu sehen, können Achten es gut erkennen, nur unterschätzen sie leicht die Bedeutung ihrer eigenen Anstrengungen, dorthinzukommen. Sie werden womöglich faul oder empfinden das Leben als langweilig, weil sie unterbewußt bereits ein klares Bild vom Ziel ihrer Mühen haben. Es fällt ihnen schwer, einen Anfang zu machen und dann durchzuhalten, bis sich ihre Vision verwirklicht hat. Um ernten zu können, müssen Achten erst säen; das kann niemand für sie tun.

Erfolg ist schön,
aber meistens haftet ihm Schweißgeruch an.
Anonym

Einige Achten scheinen keine Geldprobleme zu haben; bei ihnen liegt der Schwerpunkt auf Macht- und Anerkennungsfragen, denn Achten werden auch vom Verlangen nach Anerkennung oder Profilierung getrieben. Und da wir alle ohne Ausnahme Hürden überwinden müssen, um unser Schicksal zu erfüllen, scheuen viele Achten das Licht der Öffentlichkeit oder verstecken sich gar, um einer Anerkennung zu entgehen. Dabei sorgen sie jedoch häufig auf raffinierte Weise dafür, daß sie im Kreise anderer Menschen Aufmerksamkeit erregen oder auf andere Art Achtung und Anerkennung gewinnen.

Unterbewußt haben viele Achten einen skrupellosen, aber unterdrückten Hang zu Reichtum und absoluter Macht, der dem von Diktatoren oder Despoten gleicht. Sie wecken bei anderen Menschen Unbehagen, ohne zu wissen, warum. Obgleich sie nach außen hin freundlich oder sogar zurückhaltend wirken, schüchtern solche Achten des öfteren andere, die ihren verdrängten Machthunger spüren, ein und erschrecken sie. Diese innere Neigung beunruhigt viele Achten, die im tiefsten Herzensgrunde glauben und fürchten, daß sie «schlechte Menschen» sind; dadurch wird ihr latent vorhandenes Geltungsbewußtsein noch mehr unterdrückt, das sie andernfalls für positive Ziele nutzen könnten, zum Beispiel, um eine Persönlichkeit von internationalem Rang zu werden oder sich großzügig in den Dienst der Menschheit zu stellen. Ehe Achten jedoch ihre Macht in positive Kanäle lenken können, müssen sie sich ihrer erst bewußt werden.

Achten, die sich mit Machtproblemen herumschlagen, erleben das gleiche innere Tauziehen wie die Achten mit Geldproblemen. Entweder erstreben sie Kontrolle und Macht, oder sie geben beides ab; entweder üben sie zuviel Kontrolle über ihre Umgebung aus, oder sie verhalten sich wie Schwächlinge und übertragen ihre Macht anderen, die oft Mißbrauch damit treiben und ihnen schaden. Viele Achten haben autoritäre Partner; sie lassen sich so lange ausnutzen, bis sie sich auf ihre eigene Macht besinnen. Sie lassen auch zu, daß Angestellte, Eltern und andere sie respektlos oder sogar mit Geringschätzung behandeln, bis sie lernen, «innerlich aufzustehen» und ihre Macht zu behaupten.

Macht kann ebenso wie Geld positiv oder negativ genutzt werden. Mit der Zeit lernen Achten, wann sie standhalten müssen und wann sie nachgeben sollten; sie lernen, daß die konstruktivste Form von Kontrolle die Selbstbeherrschung ist. Bis dahin treiben sie mit Herrschaft und Unterwerfung ihr Spiel und hadern in Sachen Macht und Kontrolle mit anderen Menschen, mit ihren Lebensumständen und mit der ganzen Welt. Wenn Achten ihre Macht mißbrauchen oder verdrängen, stellt sie sich gegen sie und zerstört sie. Achten müssen unbedingt lernen, ihre Macht geltend zu machen und sie ganz spontan und natürlich der Welt oder höheren Zwecken zukommen zu lassen. Solange sie nicht ihr eigenes Machtgleichgewicht gefunden und gelernt haben, es nach außen hin zum Ausdruck zu bringen, schwanken sie meist hin und her zwischen zuviel und zuwenig Macht oder Geld, zwischen Völlerei und Hunger, zwischen Passivität und Aggressivität.

Viele Achten legen passiv-aggressive Verhaltensweisen an den Tag, weil sie ihre Macht lieber verdrängen, statt sie auszudrücken – indem sie ihre Ziele indirekt erreichen oder indirekte Kontrolle über andere ausüben. Sie mögen sich zwar still und höflich verhalten, aber innerlich sind sie wie ein Vulkan kurz vor dem Ausbruch. Manche Achten geben sich schüchtern, zurückhaltend und versöhnlich, darauf bedacht, emotionalen oder sozialen Konfrontationen aus dem Weg zu gehen. Sie haben weniger Interesse daran, Kontrolle über andere zu gewinnen, sondern wollen verhindern, daß sie selbst von anderen ans Gängelband genommen werden.

Aufgrund ihrer Machtprobleme ziehen es die meisten Achten vor, Regeln aufzustellen, statt sie zu beherzigen. Indem sie sich über die breite Masse erheben, meinen sie, sich auch über das Gesetz hinwegsetzen zu können, als hätten Regeln für sie keine Geltung. Sie kommen sich besonders klug und gebildet vor, wie jemand, der eine Ausnahme darstellt. Doch die spirituellen Gesetze lehren die Acht mit der Zeit, daß es keine Ausnahmen gibt.

Achten wird auf ziemlich drastische Weise beigebracht, womit sie sich auseinandersetzen und welche Lektionen sie lernen müssen. Wenn sie sich unehrenhaft verhalten oder längere Zeit vom Weg abschweifen, gibt das Leben ihnen Lektionen auf, die sie nicht ignorieren können, zum Beispiel eine Haftstrafe. Darum wären sie gut beraten, die spirituellen Gesetze zu studieren und anzuwenden, die für ihre Lebensbestimmung ausschlaggebend sind.

Bei vielen Achten führt eine heimliche Überzeugung und Angst, sie wären «schlechte Menschen», zu Minderwertigkeitsgefühlen und Selbstzerstörungstendenzen, so daß sie innerlich im Streit mit sich liegen oder befürchten, Geld, Macht und Ruhm zu mißbrauchen. Einem großen Erfolg oder einer Anerkennung entgehen sie womöglich dadurch, daß sie aus ihrem Unterbewußtsein heraus einen Verkehrsunfall verursachen oder krank werden; es kann auch sein, daß sie sich mit großem Kostenaufwand scheiden lassen, sich einen Geschäftspartner wählen, von dem sie betrogen werden, daß sie ihre Zukunft verspielen oder ihr Leben sonstwie verschleudern. Dann erhebt sich in ihrem Bewußtsein, das voller Wünsche ist, die Frage: «Wie konnte mir das nur passieren?» Das Unterbewußtsein weiß die Antwort darauf und hält die Acht mit allen geeigneten und ungeeigneten Mitteln davon ab, ihre Macht zu gebrauchen, weil sie sie mißbrauchen könnte.

Das Gesetz der Ehrlichkeit (S. 468) ist für Achten von entscheidender Bedeutung, denn wenn ihr Erfolgsstreben so übermächtig wird, daß sie blind drauflosstürmen und anderen Leuten auf die Füße treten, um auf schnellstem Wege zu Geld und Macht zu gelangen, müssen sie auf längere Sicht ein paar schwere Schläge einstecken, um klüger zu werden. Alle Achten müssen in Sachen Geld, Macht, Autorität und Ruhm größte Integrität beweisen und banale Streitigkeiten und Kontroversen um Geld ebenso vermeiden wie jede Art von Mißbrauch in all diesen Bereichen. Wenn Achten unredliche Handlungen begehen, tun sie das im allgemeinen unfreiwillig; vielmehr sitzen sie, vom Glanz des Geldes hypnotisiert oder von der Verheißung der Macht verlockt, einem Selbstbetrug auf und rechtfertigen ihr Handeln vor sich selbst.

Im Gegensatz zu Zweien, die sich leicht aufopfern, indem sie überkooperieren, können die meisten Achten, besonders die opportunistischen unter ihnen, die nicht gern geben, ohne etwas zurückzubekommen, ihrem Leben durch den selbstlosen Dienst am Mitmenschen eine Wende geben – das heißt, anderen ihre Zeit, ihre Kraft oder ihr Geld zur Verfügung stellen, *ohne im Gegenzug etwas dafür zu erwarten*. Eine solche Dienstleistung kann ihr Selbstwertgefühl steigern, ihrer Selbstzerstörungsneigung entgegenwirken und ihr Leben auf eine Weise verändern, wie sie es sich nie erträumt hätten. Wenn sie das Dienen in den Mittelpunkt ihres Lebens stellen und Geld, Kraft und Weisheit so freizügig mit anderen tei-

Integrität

len, wie sie können, nehmen sie ihr Schicksal im positivsten Sinne an und verbinden Geld und Macht mit der Stärke des Herzens.

Das Gesetz des höheren Willens (S. 473) kann Achten das größere Ganze vor Augen führen und ihnen zeigen, wie sie von ihrem materiellen Erfolg den besten Gebrauch machen, um positive Veränderungen auf dieser Erde zu bewirken. Wenn sich die Achten an dieses Gesetz halten, schwächen sie ihre Tendenz zur Selbstzerstörung ab.

Weitere Talente und Neigungen

Bei einer positiven Entwicklung stellt sich alles, was Achten brauchen, allmählich ganz von selbst ein, weil sie dann ihren inneren Überfluß frei strömen lassen. Sie mögen zwar bisweilen als «Glückspilze» erscheinen, aber ihr Glück spiegelt nur das Walten des höheren Geistes wider. Trotzdem müssen die Achten an sich arbeiten, denn sie haben Prüfungen und Frustrationen auf ihrem Weg zu überwinden; wenn sie ihre Lebensenergie nicht ständig erneuern, erschöpft sie sich. «Bitte, so wird dir gegeben» trifft in starkem Maße auf Achten zu, aber solange sie nur einen Fingerhut hinhalten, bekommen sie auch lediglich einen Fingerhutvoll, selbst wenn ein ganzes Meer des Überflusses auf sie herabregnen sollte.

Alle Achten können lernen, eine Art von spiritueller Erfüllung zu demonstrieren, die sich konkret – in greifbarer, sichtbarer Form – auf die Welt auswirkt. Indem sie sich daran erinnern, daß *wir zu allem, was wir selbst tun können, auch andere anregen können,* können Achten von ihrem Überfluß großherzig mitteilen; wie immer auch ihr Einkommen sein mag, stets können sie anderen Freundschaft, Liebe und Frieden im Überfluß zuteil werden lassen. Mit der Zeit lernen sie, daß Geld und Macht nur Energieformen sind und daß die Energie sie nicht verwandelt; sie verstärkt nur das, was sie schon sind. Wenn Achten aus Gier heraus handeln, werden sie noch gieriger; wenn sie aus Liebe handeln, breitet sich diese Liebe immer weiter aus. Je mehr Energie sie haben, um so mehr können sie anderen davon mitgeben.

Der Pfad der Acht hat fast die Qualität einer doppelten 4, deshalb haben Achten mitunter ganz eigene Familienprobleme, mit denen sie sich auseinandersetzen müssen – zum Beispiel einen alkoholabhängigen Elternteil –, während sie sich eine solide innere Grundlage schaffen.

Die Hauptaufgabe der Achten besteht unter anderem darin, sich auf ihren inneren Überfluß, ihre innere Macht und ihre innere Autorität zu besinnen; wenn sie sie im eigenen Innern gefunden haben, werden sie ganz natürlich Gebrauch davon machen können.

Unbestechlichkeit

Auf dem Gipfel: Schicksal und Chance

Achten, die sich dem Gipfel ihres Berges nähern, können sehr reich sein oder in bescheidenen Verhältnissen leben. Sie können viel Macht und Einfluß haben oder still und anspruchslos wirken. Sie haben vielleicht einen gewissen Ruhm erlangt und sich Achtung und Anerkennung errungen oder sind außer Freunden, Familien, Mitarbeitern und Kollegen niemandem bekannt. Hochachtung verdienen sie, wenn sie kein Aufhebens um die obengenannten Qualitäten machen, weil sie diese verinnerlicht haben. Dadurch mögen sie tatsächlich Überfluß geschaffen und Macht und Respekt erfahren haben, aber sie haften nicht mehr an solchen Dingen. Vielmehr führen sie Überfluß und Macht nun höheren Zielen zu, um in dieser Welt positiv etwas zu verändern.

Achten, die fortgeschritten sind in ihrer Entwicklung, sind außerdem froh und dankbar, ihre Segnungen in passender Weise mit anderen teilen zu dürfen und sie so dazu anzuspornen, selbst einen Sinn für Überfluß, Macht und Anerkennung zu entwickeln, wenn das ihr Begehren ist. Viele Achten, die ihre Grenzen gesprengt haben, werden großherzige Menschenfreunde und finden immer hohe Ziele, an die sie glauben, und Möglichkeiten, andere zu unterstützen, indem sie ihnen von ihrem Reichtum abgeben.

Auf höchster Stufe kommen Achten zur Erkenntnis des Überflusses im Leben, in der Natur und im Geist und fühlen sich bewogen, mit anderen zu teilen, als wären alle eine große Familie. Ihr Sinn für Macht und Kontrolle wandelt sich so, daß sie sich voller Dankbarkeit und Liebe einer höheren Autorität und höheren Macht fügen, wie sie sich in der unfaßbaren Intelligenz und Verwobenheit des sich entfaltenden Lebens zeigt.

Praktische Anregungen

Folgende Handlungsweisen können eine Veränderung im Leben derer bewirken, die mit der Energie der 8 geboren sind:

- Schaffen Sie sich durch eine Kampfkunst oder auf eine andere Art die konstruktive Möglichkeit, Ihre Macht und Ihr Geltungsbewußtsein zu erforschen und zum Ausdruck zu bringen.
- Übernehmen Sie die Verantwortung dafür, daß Ihr Leben von Überfluß (oder auch von Mangel) geprägt ist.

- Überlegen Sie, was Sie wirklich in bezug auf Reichtum, Macht und Anerkennung empfinden.
- Überlegen Sie, wieviel Segnungen Ihnen schon zuteil geworden sind, und genießen Sie dankbar den Überfluß Ihres derzeitigen Lebens; teilen Sie etwas von dem, womit Sie gesegnet sind, an andere aus.

Eine Brücke zu Überfluß und Macht

1. Denken Sie sich jemanden aus Ihrem Bekanntenkreis, oder stellen Sie sich eine Figur aus Film, Literatur oder Geschichte vor – ein Rollenvorbild, das von seinem Überfluß großzügig an andere abgibt, das sich mit Geldfragen auseinandergesetzt hat und sich, wenn nötig, behaupten kann.
2. Versetzen Sie sich an die Stelle dieser Person – sehen Sie sich selbst als wahrhaft mit Überfluß gesegnet, ohne Geldsorgen, im Vollbewußtsein Ihrer inneren Macht und bereit, auf positive Weise mit anderen zu teilen. Wie können Sie dieses Bild in die Alltagspraxis übertragen und dadurch Ihrem Leben mehr Fülle verleihen?

9: Integrität und Weisheit

Stell dir einen einsamen Weisen vor,
der kurz vor Morgengrauen eine dunkle Straße entlanggeht
und eine Laterne trägt,
ein Licht, dem andere folgen können.
Solche Weisen, die anderen den Weg beleuchten,
können nur führen, wohin sie zu wandern bereit sind.
Wenn sie vom Pfad abweichen, dann weichen auch die anderen ab.
Wenn du ein solcher Weiser wärst,
könntest du mit gutem Beispiel vorangehen?
Könntest du andere durch deine Integrität anspornen?

Mein Leben ist meine Lehre.
Mahatma Gandhi

Der Lebenssinn

Menschen, bei denen die Energie der 9 den Lebenssinn bestimmt, sind hier, um mit höchster Integrität zu leben, ihr Leben nach der intuitiven Weisheit ihres Herzens auszurichten und anderen mit ihrem Beispiel ein Ansporn zu sein. Da wir jedoch alle besondere Herausforderungen zu bestehen haben, müssen diejenigen, deren Hauptlebenssinn durch die 9 symbolisiert wird (Lebenszahlen 18/9, 27/9, 36/9 und 45/9), sowie generell alle mit einer 9 in ihrer Lebenszahl Hindernisse im Bereich von Integrität und Weisheit überwinden.

Wir haben fast alle die potentielle Fähigkeit, andere zu leiten, aber Neunen sind der Beweis für Führungsqualitäten in ihrer reinsten Form: für das leuchtende Beispiel. Menschen, die aus der Energie der 9 schöpfen, kommen mit einem Charisma auf die Welt, das andere mitreißt, und deshalb ist es als sicher anzusehen, daß sie eines Tages andere führen oder verführen. Sie müssen rechtzeitig erkennen, daß dem Beispiel, das sie geben, und dem Leben, das sie vorleben, im Guten wie im Schlechten Menschen folgen werden. Neunen, die sich in Wort und Tat unethisch verhalten, ein zweifelhaftes Sexualleben führen oder ungesunden Gewohnheiten frönen, müssen sich klarmachen, was sie durch ihr Beispiel lehren.

Da unser Hauptlebenssinn uns auch vor unsere wichtigsten Lebensaufgaben stellt, stehen und fallen die meisten Neunen in ihrem Kampf, ihr Leben mit den höheren Prinzipien der Integrität in Einklang zu bringen; sie neigen dazu, die spirituellen Gesetze zu beugen, setzen sich gern über höhere Grundsätze hinweg und haben Schwierigkeiten, die volle Verantwortung für die Folgen ihres Handelns zu übernehmen.

Im Mittelpunkt des Schicksals der Neun stehen spirituelle Gesetze, und den Zugang zu deren Weisheit gewinnt sie mit ihrem Herzen – nicht durch Worte und nicht durch den Verstand, sondern durch feine Empfindungen. Wenn Neunen Verbindung zu ihren Gefühlen aufgenommen haben, können sie sich von der Weisheit ihres Herzens leiten lassen. Das gelingt jedoch nur, wenn sie weniger kopflastig werden, indem sie Ideen und geistige Vorgänge der Weisheit des Herzens unterordnen.

Haupteigenschaften

Angeblich hören Kinder selten auf das, was ihre Eltern ihnen sagen, aber sie folgen fast immer ihrem Beispiel. Das gilt auch für Erwachsene; wir mögen zwar mit unserem Verstand bewußt Worte aufnehmen, aber für unser mächtiges Unbewußtes, das für Veränderungen zuständig ist, sprechen Taten mehr als Worte. Wir lernen durch Nachahmung; wir lehren durch unser Beispiel. Wer aus der Energie der 9 schöpft, sollte seine Beziehungen, sein Geschäftsleben, seine Elternschaft, seine Freundschaften und seinen Lebensstil im Licht der folgenden Fragen neu überdenken: «Welches Beispiel gebe ich mit meinem Leben anderen? Lebe ich in Einklang mit höheren Gesetzen?»

Manche redegewandten Menschen können andere durch ihre Wortgewalt inspirieren. Sie fassen vielleicht mit Autorität, Brillanz und Weisheit hohe Ideale in Worte. Aber nur die, die auch *leben,* wovon sie reden, besitzen spirituelle Autorität und können uns so bewegen, daß sich eine wirkliche Veränderung vollzieht. Neunen haben zwar ein inneres Gespür für die höhere Weisheit, aber sie müssen sich auch entsprechend verhalten, statt nur darum zu wissen; sie müssen sehr genau darauf achten, ob sie auch praktizieren, was sie predigen. Ein positives Beispiel für Integrität war Mahatma Gandhi; er brachte einmal einen Jungen dazu, keinen Zucker mehr zu essen, indem er selbst keinen mehr aß.

Neunen, die ein Vorbild an Integrität sein wollen, müssen zuerst ihre Gefühlsebene erforschen – ihre intuitiven Herzensregungen, durch die der Geist spricht. Die höchste spirituelle Weisheit offenbart sich nicht allein in der Vernunft; vielmehr teilt sie sich uns durch unsere intuitiven

Empfindungen mit. Die meisten Neunen sagen oder tun mitunter etwas, zu dem ihr Verstand ja sagt, obwohl ihnen ihr Herz, wenn sie nur darauf gehört hätten, davon abgeraten hätte. Neunen müssen sich vornehmen, ihre Entscheidungen und ihr Handeln anhand der spirituellen Gesetze zu überprüfen, die ihr Herz kennt.

Die spirituellen Gesetze gründen sich nicht auf Gesellschaftslehren. Geschichtlich betrachtet, haben solche Neunen wie Mahatma Gandhi immer den Blick über die Gesetze der Gesellschaft hinaus auf die höhere Tugend gerichtet, deren Grundlage spirituelle Gesetze sind. Wenn Neunen Kopf und Herz, Wort und Tat vereinen – wenn sie ihr Handeln auf eine höhere Ordnung gründen und ihr Denken und ihre Impulse der intuitiven Weisheit des Herzens unterstellen –, verkörpern sie das Wesen der Integrität.

Lebensaufgaben und Probleme

Bei vielen Menschen herrschen im Leben physische, emotionale oder mentale Probleme vor, die Grundfragen der Neun dagegen fallen in den Bereich der Spiritualität – der höheren Prinzipien des Lebens. Die Energie der Neun steht mit den unbewußten Archetypen der Sünde und Erlösung, der spirituellen Verfehlung und der Reue in Zusammenhang. Eine spirituelle Verfehlung wäre beispielsweise, sich das Leben zu nehmen, wenn es hart auf hart geht, statt sich ihm zu stellen, es in allen Konsequenzen anzunehmen und daraus zu lernen; die Entwicklung oder den Weg anderer Menschen geringzuschätzen; anderen den eigenen Willen aufzuzwingen; sich wie ein kleiner Gott aufzuführen und im Namen Gottes zu sprechen (wie einige amerikanische Fernsehevangelisten).

Im historischen Rückblick haben Neunen oft mehr auf ihren Verstand vertraut als auf ihr Herz, ihre tiefinnersten Gefühle. So haben sie Menschen an den Brandpfahl gestellt oder sie aufs Rad geflochten, um «ihre Seelen zu retten». Sie haben andere verfolgt und sind selbst verfolgt worden, mit wechselnden Rollen, bis sie endlich der Stimme ihres Herzens folgten.

Manche Neunen haben Trost, Vergebung und Inspiration gefunden durch Anschluß an eine der großen Religionen, durch östliche spirituelle Praktiken oder durch vollkommene Hingabe an einen Lehrer oder eine Lehre. Viele Neunen haben auch jede religiöse Überzeugung abgelegt. Immer aber schreit das Herz der Neun von Geburt an nach Inspiration, die sie nur finden kann, wenn sie die universellen Gesetze kennt, damit im Einklang lebt und anderen ein Vorbild ist.

Es gibt auch Neunen, die nichts mit religiösen oder spirituellen Themen im Sinn haben; dabei fühlen sie sich doch im tiefsten Grunde ihres Herzens mit den alten Weisen, Priestern und Priesterinnen dieser Erde verbunden, die nach göttlichen Eingebungen suchten und sich manchmal auf dem Weg verirrten.

Da sich die Erfüllung unseres Lebenssinns nicht immer leicht gestaltet, pflegen Neunen auf die eine oder andere Art genau die Gesetze zu leugnen, nach denen ihnen eigentlich der Sinn steht. Wegen ihrer Kopflastigkeit fällt es ihnen oft schwer, das zu tun, von dem sie intuitiv wissen, daß es das Beste wäre.

Die meisten Neunen haben besondere Schwierigkeiten mit dem Gesetz von Ursache und Wirkung (oder Aktion und Reaktion). Sie bekommen zum Beispiel allem guten Rat zum Trotz viel zu jung Kinder, um sich dann überfordert zu fühlen oder sie ernähren sich ungesund, bewegen sich zuwenig, treiben Mißbrauch mit Tabak, Alkohol, Essen und Sex und müssen schließlich die Folgen tragen. Solche Neunen haben oft das Gefühl, bestraft zu werden, statt zu begreifen, daß sie genau das ernten, was sie gesät haben – und sich so selbst in die betreffende Lage gebracht haben.

Häufig setzen sich Neunen unbewußt über ihre innere Weisheit hinweg, um die Lektionen zu lernen, die ihr Leben ihnen aufgibt, und andere besser leiten zu können, indem sie ihre Erfahrungen mit ihnen teilen. Aber dennoch müssen sie einsehen, daß sie nicht daran vorbeikommen, durch ihr Beispiel zu lehren.

Menschen mit der Energie der 9 haben einen anstrengenden Weg vor sich, der sie über die Zerstreuungen der materiellen Welt hinaus in die Höhen der spirituellen Gesetze führt. Was immer sich auch im Leben einer Neun ereignen mag, es wird sie auf ihrem Weg zu höherer Weisheit und Integrität voranbringen.

Nicht alle Neunen spielen die Rolle des Lehrers oder Führers; es gibt auch Möbeltischler, Zimmerleute, Musiker, kaufmännische Angestellte und Briefträger unter ihnen; sie sind auf jedem Lebenspfad zu finden. Und doch werden sie bei Begegnungen und Beziehungen mit anderen, ob in der breiteren Gesellschaft oder im Familien- und Freundeskreis, gern in eine Führungsrolle gedrängt, ob sie wollen oder nicht.

Ein gutes Beispiel dafür, wie Neunen in Führungspositionen katapultiert werden, ist mir von einer Frau namens Gerda erzählt worden. Sie hatte unter Verspannungen gelitten und sich ein Buch über Hatha-Yoga gekauft. Nachdem sie sich die Bilder angesehen hatte, machte sie einige der Dehnübungen und Stellungen nach. Sie begann auch, zur Entspannung zu meditieren. Bald meinte sie jedoch, Unterweisung zu brauchen, und schloß sich einer Yogagruppe in ihrem Gemeindezentrum an. Als sie, ein wenig gehemmt, den Übungsraum betrat, warteten dort zehn Leute auf die Yogalehrerin. Gerda wollte sich aufwärmen, und so ging sie in eine Ecke und machte ein paar Übungen. Die Lehrerin verspätete sich, also machte sie noch ein paar mehr. Schließlich sagte jemand: «Unsere Lehrerin kommt wohl heute nicht. Wir können ruhig wieder gehen.»

Jemand anders meinte: «Da wir nun einmal hier sind, warum leitet nicht einer von uns die Gruppe?» und zu Gerda gewandt: «Wie wär's denn mit Ihnen?»

«Ich?» erwiderte Gerda. «Aber ich bin doch zum ersten Mal hier! Ich weiß gar nichts über Yoga.»

«Das sieht aber nicht so aus», sagte die Frau wieder. «Nur Mut, leiten Sie doch die Gruppe.»

«Nein, lieber nicht», protestierte Gerda. «Ich wollte mich nur aufwärmen.»

«Aber es sieht wirklich so aus, als wüßten Sie, wie's gemacht wird», warf jetzt eine andere Kursteilnehmerin ein. «Sie können uns bestimmt anleiten.» Gerda ließ sich schließlich überreden, leitete die Gruppe, und alles ging gut.

Eine Woche später erhielt sie einen Anruf von der richtigen Lehrerin, die ihr sagte: «Die Leute haben mir erzählt, daß ihnen der Unterricht bei Ihnen solchen Spaß gemacht hat; sollen wir die Stunde nicht zusammen abhalten?» So kam eine völlig überraschte Gerda dazu, Mitleiterin einer Yogagruppe zu werden, weil ihr Beispiel gefallen hatte.

Auf dem Weg zur Erfüllung ihrer Lebensbestimmung kommen Neunen mit ihren tiefinnersten Gefühlen in Berührung und lassen den Blick hilfesuchend über die gesellschaftlichen Normen hinaus zu den höheren Gesetzen schweifen. Wenn sie nicht zur Stimme ihres eigenen Herzens finden, versuchen sie, sich eigene Gesetze zu schaffen.

Wenn Neunen nicht ihren inneren Gesetzen folgen können, fangen sie an, sich zu verurteilen; sie verinnerlichen ihren Schmerz und mißtrauen den eigenen Empfindungen. Richtet sich ihre Frustration nach innen, versuchen sie häufig aus ihren Schuldgefühlen heraus, ihren Körper durch Alkohol, Drogen und anderes zu zerstören.

Viele Neunen fallen von einem Extrem ins andere, von rechtschaffener moralischer Verantwortung in die völlige Mißachtung aller moralischer Richtlinien. Manchmal verwirrt sie ihr Verhalten, ihr Gefühl, ihre unartikulierten Neigungen, aber sie sind sich weder bewußt noch vertrauen sie darauf, daß sie einer tieferen Regung gehorchen als ihrer Vernunft. Solange Neunen den tieferen Sinn ihres Lebens noch nicht eingesehen haben und ihm noch nicht vertrauen, sind sie sozusagen Rebellen ohne ein höheres Ziel und werden schließlich genau durch das bestraft, was sie verbessern wollen: das menschliche Gesetz. (Neunen, die vor Gericht kommen, lernen auf dem Weg über die menschlichen Gesetze schließlich auch die spirituellen Gesetze.)

Bei spirituellen Gesetzen geht es nicht um Recht oder Unrecht; es geht um Wahrheit und deren Konsequenzen. Sich an diesen Gesetzen zu orientieren heißt für Neunen, sich dem Teil ihrer selbst zu unterwerfen, der liebevoll, mutig, mitfühlend und weise ist. Das Gesetz des höheren Willens (S. 473) kann Neunen wachrütteln und sie an ihre innere Berufung erinnern. Welche Form oder welches Erscheinungsbild ihr Leben auch haben mag, eine leise Stimme gemahnt sie an diese Berufung; sie liegt jeder Suche zugrunde, ob dem Streben nach Geld, nach Ruhm, nach Liebe oder nach Sinn. Sobald Neunen endlich dem höheren Willen Aufmerksamkeit schenken, dem sie auf dieser Erde dienen sollen, wird ihr Leben zwar nicht unbedingt leichter, aber zumindest freudvoller und sinnreicher, denn sie erfahren eine neue Leichtigkeit des Seins.

Während Neunen reifen und sich dem höheren Willen unterordnen, sind sie für andere wie Laternen in dunkler Nacht. Aufgrund ihrer inneren Tiefe und Sehnsucht besitzen sie von Natur aus Charisma und Geistesgegenwart. Andere vertrauen sich gern der Leitung von Neunen an, weil sie ihre tiefgründige Liebe, ihr Mitgefühl und ihre Weisheit spüren, auch wenn diese Eigenschaften den Neunen selbst noch verborgen sind.

Diejenigen, die von der Energie der 9 negativen Gebrauch machen, mißverstehen leicht die eigene Absicht als höheren Willen. Sie werden unter Umständen in allerbester Absicht Fanatiker, verführen, statt zu führen, irren vom Weg ab und ziehen andere mit sich und müssen so lange die schmerzhaften Folgen tragen, bis sie ihr kleines Ich dem höheren Willen unterwerfen, der aus dem Herzen ihrer Empfindung zu ihnen spricht.

Neunen, die ihren Lebenssinn auf negative Weise erfüllen, halten unter Umständen fälschlicherweise den Gott ihres Verstandes – ihre Meinungen – für den Gott des Universums; dadurch gehen sie in die Irre, verführen andere und machen infolgedessen immer schmerzlichere Erfahrungen, bis sie ihr Sinnen und Trachten einem höheren Willen unterwerfen.

Auf die eine oder andere Art kommen schließlich alle Neunen so weit, andere durch ihr Beispiel zu lehren, ob positiv oder negativ. Wenn sie die spirituellen Gesetze beugen, werden sie schnell vom Leben eines Besseren belehrt und mit den Folgen ihres Verhaltens konfrontiert. Wenn sie Fehler machen, wie jeder es bisweilen einmal tut, ermahnt das Leben sie und führt sie zu entsprechenden Erfahrungen, die ihnen helfen, das tieferliegende Gesetz oder Prinzip zu erfassen. Dieses Phänomen kennt eigentlich jeder, aber Neunen erhalten meist sofort ein sehr intensives Feedback. Mit der Zeit erwachen Neunen, wenn sie an den Erfahrungen mit den Konsequenzen ihres Verhaltens gereift sind, zur Weisheit, die schon immer in ihnen geschlummert hat.

Menschen mit der Energie der 9 müssen kein perfektes Beispiel geben, sondern nur ein gutes. Um den spirituellen Gesetzen Vorrang zu geben und ihr Bestes zu tun, diesen Gesetzen entsprechend zu leben – geschäftlich und privat sowie im Hinblick auf Ernährung und Gesundheit –, müssen Neunen sich *innerlich* fragen: «Welches höhere Prinzip gilt hier?» oder anders ausgedrückt: «Wenn ich mutig, altruistisch, großzügig, mitleidsvoll und weise wäre, was würde ich dann jetzt tun?» Die Antwort offenbart immer die Ausrichtung auf das höchste Ziel, welche persönlichen Vorlieben, Wünsche und Interessen auch dasein mögen. Sie entspringt jedoch nicht dem Verstand, der meist mit Antworten aufwartet, die seinen eigenen Zielen und unmittelbaren Wünschen dienen; vielmehr kommt sie aus dem Bereich des intuitiven Empfindens.

Da die spirituellen Gesetze ins Herz «geschrieben» sind, erhebt sich die Frage, wie die Neun zu ihrem Herzen findet. Das Gesetz der Intuition (S. 477) erinnert daran, daß wir nicht mit unserer inneren Weisheit in Berührung kommen, solange wir in der äußeren Welt nach Antworten suchen.

Paradoxerweise handeln am Ende genau die Neunen, die sich von der Meinung anderer abhängig machen, so, als hätten ihre Ansichten das Gewicht der absoluten Wahrheit. Viele Neunen verhalten sich wie Fanatiker, die sich in den eigenen Anschauungen festgefahren haben; dadurch wird die transzendente Weisheit und Führung blockiert, die ihnen zuteil würde, wenn sie sich nicht selbst im Wege stünden.

Sobald Neunen zu ihrem eigenen Herzen gefunden haben, werden sie sicherer in ihrem Realitätsbezug. Von der Weisheit des Herzens geleitet, leben sie vollkommen integer; dann lassen sie endlich auch anderen den Raum, ihr eigenes Leben zu leben und ihrer eigenen Wahrheit zu folgen. Ihr Leben nach einer höheren Integrität und Weisheit auszurichten spart Neunen viel Zeit. Meist wird ihr Leben dann müheloser sowie macht- und sinnvoller.

Schließlich, an einem bestimmten Punkt ihres eigenen Erwachens, versuchen Neunen auch ihre Mitmenschen zu erwecken. Dann sind sie wie ein Leuchtfeuer, keine Fanatiker mehr, sondern sie ziehen andere magisch an, um ihnen mit ihrer Tiefe, ihrer Weisheit, ihrer Integrität und ihrem guten Beispiel voranzugehen.

Weitere Talente und Neigungen

Viele Neunen führen ein Leben, das von außen beneidenswert erscheint, während sie selbst im Innern eine Tiefe, eine Bedeutungsschwere und ein Sehnen nach etwas verspüren, das sie nicht benennen können. Bewußt oder unbewußt sehnen sich alle Neunen danach, die grundlegenden Gesetze des Lebens zu erfassen und damit im Einklang zu leben, sich anderen inniger verbunden zu fühlen und zu dem Schicksal inspiriert zu werden, zu dem sie sich berufen fühlen.

Einige Neunen, deren Energien unterdrückt sind oder die das Potential der 9 negativ nutzen, leiden unter Umständen an seltsamen chronischen Erkrankungen, eigenartigen Gebrechen, energiebedingten Krankheiten, langwierigen Beschwerden, Rückenproblemen oder lähmender Arthritis. Diese Krankheiten haben keine äußeren Ursachen, sondern stammen aus ihrem Unterbewußtsein, das sich im Rahmen von «Sünde» und «Reue» bewegt.

Heilmethoden und Therapieformen, bei denen das Unterbewußtsein angesprochen wird, wie beispielsweise Hypnose oder Heilung durch den Glauben, können bei Neunen Wirkung zeigen, da sie deren eigenen Überzeugungen entsprechen.

Wenn Neunen ihre Lebensaufgaben positiv und schwungvoll angehen, fallen die meisten Krankheiten wie von selbst von ihnen ab. Ihre Versuche, sich selbst zu heilen, scheinen wenig zu fruchten, doch sobald sie sich in den Dienst ihrer Mitwelt stellen und ihre Umstände voll und ganz annehmen, setzt die Heilung ein. Indem sie sich selbst vergeben, öffnen sie die Tür zur Genesung.

Die meisten Neunen können aufatmen, wenn sie sich mit dem Gesetz der Urteilsfreiheit (S. 454) befaßt haben – aus ihm geht hervor, daß es im spirituellen Bereich keine Urteile gibt, sondern uns nur die Gelegenheit geboten wird, ins Gleichgewicht zu kommen und zu lernen. Urteile erhalten bestimmte Muster aufrecht. Wie bei den Sechsen, allerdings mit noch stärkerer Wirkung, kommt es bei Neunen zu einer tiefgreifenden Heilung, sobald sie vom Urteilen ablassen; dann haben sie das Empfinden, als sei ihnen eine schwere Last von den Schultern genommen worden. Diese Entwicklung kann sich anbahnen, wenn sie tief Luft holen, sich dabei ihre alten Vorurteile bewußtmachen und beim Ausatmen im stillen zu sich selbst sagen: «Hiermit lasse ich alle Urteile fahren, die ich über mich selbst hatte», um danach mit jedem neuen Atemzug Vergebung und heilendes Licht einzuatmen.

In solchen Augenblicken, in denen sie offen und bereit sind, sich selbst zu vergeben, entdecken Neunen, daß ihre Spiritualität nie auch nur eine Sekunde lang aus ihrem Leben entschwunden war. Das Gesetz des Vertrauens (S. 458) ist für Neunen wie für uns alle eine Erinnerung an die unmittelbare, innige Verbindung zum Mysterium und der Weisheit des Geistes.

Auf dem Gipfel: Schicksal und Chance

Neunen, die der Erfüllung ihrer Lebensbestimmung nahe sind, haben die Quelle von Integrität und höherer Weisheit im eigenen Herzen gefunden. Gereifte Neunen sind zwar nicht unbedingt Lehrer oder Berater, aber sie sind doch stets ein Ansporn für andere und leiten sie durch ihr Beispiel. Ob sie viele Menschen beeinflussen oder nur wenige, auf jeden Fall verändern sie die Welt; Integrität hat eine prägende Wirkung, und Neunen, die in Einklang mit den höheren Gesetzen leben, sind uns allen ein Licht auf unserem Weg.

Wenn Neunen den Gipfel ihres Berges erklommen haben, können sie gut Vorträge halten und lehren, denn ihre Sprache ist bildreich und fließt ihnen mit der spirituellen Kraft und Autorität praktizierter Integrität von den Lippen. Vielleicht lehren sie auch gar nicht durch Worte – es spielt eigentlich keine Rolle. Wie bei Gandhi ist ihr Leben die Lehre. Die Inspirationskraft solcher Neunen entspringt einem Gefühl der Verbundenheit mit den höheren Prinzipien der Liebe, denen sie sich vollkommen unterwerfen. Im Großen wie im Kleinen bewegen sie etwas in dieser Welt. Ihr Leben ist der schlagende Beweis für die Weisheit der Integrität.

Praktische Anregungen

Folgende Handlungsweisen können eine Veränderung im Leben derer bewirken, die mit der Energie der 9 geboren sind:

- Achten Sie die Meinungen und Entscheidungen anderer, aber hören Sie vor allem auf Ihr eigenes Herz.

- Fragen Sie sich, ehe Sie handeln oder eine wichtige Entscheidung treffen: «Was würde mein höheres Selbst jetzt tun?»
- Denken Sie stets daran, daß Sie, welche Rolle Sie auch immer im Leben spielen mögen und ob Sie diese mögen oder nicht, anderen ein Vorbild sind.
- Finden Sie heraus, wovon Sie im Leben inspiriert werden, und folgen Sie diesem Impuls.

Eine Brücke zu Integrität und Weisheit

1. Denken Sie sich jemanden aus Ihrem Bekanntenkreis, oder stellen Sie sich eine Figur aus Film, Literatur oder Geschichte vor – ein Rollenvorbild, das durch sein Beispiel mitreißt –, jemanden, dessen Leben, Integrität und Weisheit auch anderen ein Ansporn ist.
2. Versetzen Sie sich an die Stelle dieser Person – sehen Sie sich selbst, wie Sie in Übereinstimmung mit höheren Prinzipien leben und glücklich sind, einem höheren Zweck zu dienen. Wie können Sie dieses Bild in die Alltagspraxis übertragen und so höhere Weisheit und Integrität in Ihr Leben einfließen lassen?

0: Innere Gaben

Stell dir eine verborgene Quelle vor,
die in unsichtbarer Tiefe strömt
und in ihrem Strom Geheimnisse mit sich trägt,
bereit, im Übermaß hervorzusprudeln,
nährend und lebenspendend
für jeden, der tiefer gräbt.
Inwiefern gleichst du dieser Quelle im Verborgenen?
Was wartet auf dich gleich unter der Oberfläche?
Welche Gaben könntest du dort finden?
Wie müßtest du ein Gleichgewicht in deinem Leben schaffen,
bevor sich deine inneren Augen öffnen?

Was wir sind, ist Gottes Geschenk an uns;
was wir werden, ist unser Geschenk an Gott.
Anonym

Die Grundzahlen von 1 bis 9 beschreiben die wichtigsten Schauplätze unseres Schicksals. Die 0 steht nicht direkt für einen Lebenssinn als solchen, sondern deutet auf innere Gaben und mögliche Reserven hin. Diese Aktiva können die Energien der anderen Zahlen verstärken und darüber hinaus höhere Formen der Qualitäten *Feinfühligkeit, Stärke, Ausdrucksfähigkeit* und *Intuition* anzeigen.

Wir alle können auf innere Reserven zurückgreifen einschließlich der eben erwähnten vier Gaben, aber bei Menschen mit einer 0 in ihrer Lebenszahl (19/10, 28/10, 37/10, 46/10, 20/2, 30/3 und 40/4) treten sie im allgemeinen stärker in Erscheinung. Wie die Grundzahlen 1 bis 9 und die ihnen eigenen Energien und Fragen kann sich auch die 0 positiv oder negativ darstellen – oder unterschwellig bleiben –, je nachdem, in welchem Maße Menschen mit einer 0 in ihrer Lebenszahl sich mit ihren Lebensfragen auseinandergesetzt haben. Da uns das, wofür wir hier sind, nicht unbedingt leichtgemacht wird, sind Menschen mit den Anlagen der 0 anscheinend weniger sensibel als andere, bis sie ihren inneren Berg ein Stück weit hinaufgeklettert sind.

Wer diese inneren Gaben besitzt, kann sich an ihnen erfreuen, andere daran teilhaben lassen, sie mißbrauchen oder sie einfach ignorieren, je nach individuellem Bewußtseinsstand. Wie andere Eigenschaften auch, entwickeln sie sich durch zunehmenden Gebrauch, durch Inspiration und Liebe und durch die Verpflichtung des Betreffenden, sie einem höheren Zweck und dem Allgemeinwohl zu widmen.

Die innere Gabe der *Feinfühligkeit* tritt in unterschiedlichster Form auf: Sie kann sich als gutes Einfühlungsvermögen äußern – als Fähigkeit, sich gefühlsmäßig auf andere Menschen einzustimmen (wie in beratender oder lehrender Funktion). Bei denen, die auf innere Gaben zurückgreifen können, kommt es öfter vor, daß sie in ein Zimmer gehen und feststellen: «Dieses Zimmer hat etwas sehr Seltsames an sich» oder: «Dieses Zimmer hat etwas Frohes» (oder Störendes oder Heiteres), während andere in ihrer Begleitung nichts Ungewöhnliches bemerkt haben.

In negativer Hinsicht können Menschen mit diesen Anlagen überempfindlich sein und sich die Probleme anderer zu sehr zu Herzen nehmen; unter Umständen werden sie von den Gefühlen anderer völlig vereinnahmt und manipuliert und saugen sich emotional wie ein Schwamm voll, oder sie sind von Erbe und Erziehung her vorbelastet. Womöglich sind sie leicht verletzt, weil ihr emotionales Nervensystem völlig durchlässig ist.

Die innere Gabe der *Stärke* kann sich in ungewöhnlichen körperlichen Fähigkeiten ausdrücken wie zum Beispiel Kraft und Vitalität, aber auch als innere Stärke in Form von Seelenstärke und Standhaftigkeit. Solcherart begabte Menschen können aus ihrer Machtfülle heraus gut anderen beistehen und sind durch ihre Stärke auch gut für Führungspositionen geeignet.

Bei negativer Entwicklung kann die Stärke in Halsstarrigkeit, Aggressivität oder Widerwillen umschlagen, wenn sich Menschen mit diesen Anlagen ausschließlich auf ihre Stärke verlassen, statt sie mit ihrer Feinfühligkeit und anderen Gaben zu verbinden und auszugleichen.

Die innere Gabe der *Ausdrucksfähigkeit* verleiht den Betreffenden Redegewandtheit und Sprachgefühl. Das, was Leute mit dieser Begabung sagen, übermittelt oft starke Gefühle, so daß sie andere mit ihrem Enthusiasmus und ihrer Inspiration anstecken können. Ob sie einfach nur schlagfertig und sprachgewandt sind oder nicht, das, was sie mitteilen – durch Kunst, Musik oder andere Medien –, verfehlt seine Wirkung nicht, weil andere gefühlsmäßig davon angesprochen werden.

Im Negativen können Menschen mit der Gabe des Ausdrucksvermögens andere vollkommen an die Wand reden, deshalb muß sich zu dieser Fähigkeit die klare Verantwortung gesellen, entsprechend höhere Prinzipien davon Gebrauch zu machen.

Die innere Gabe der *Intuition* hebt die herkömmlichen Grenzen zwischen der stofflichen Welt und den feinstofflicheren Dimensionen der Wahrnehmung und Erfahrung auf und verleiht Menschen mit dieser Begabung die Fähigkeit, bei Entscheidungen oder in der Menschenführung einer inneren Vision oder Ahnung zu folgen. Menschen, die diese Gabe positiv nutzen, sind hervorragende Berater und Heiler, denn sie fühlen oder wissen Dinge, ohne erklären zu können, wie.

Leute mit einer negativen Form ihrer intuitiven Gaben fühlen sich oft durch die Gedanken und Empfindungen anderer, durch feinstoffliche Wesenheiten oder von anderen nicht wahrgenommene Energien innerlich beunruhigt. Sie müssen die innere Botschaft zu ergründen suchen, indem sie sich fragen, ob sie vielleicht zum Besten aller Betroffenen dienen kann.

Nicht jeder mit einer 0 in der Lebenszahl besitzt alle vier inneren Gaben in gleichem Maße; bei einigen sind Feinfühligkeit und Ausdrucksfähigkeit vorherrschend, bei anderen Stärke oder Intuition. *Innere Gaben pflegen die Energien der Lebenszahl zu verfeinern und zu verstärken,* besonders die Kräfte der rechten Zahl, die Aufschluß über den Hauptlebenssinn gibt.

Innere Gaben sind im allgemeinen erst dann voll ausgereift, wenn der betreffende Mensch zwischen 35 und 45 Jahre alt ist. Im Angesicht einer Krise oder in einer Notsituation können sie schon früher, ja sogar urplötzlich, zum Vorschein kommen, aber normalerweise entwickeln sie sich langsam über Jahre hinweg. Diese Gaben sind ein Leben lang da, manifestieren sich jedoch nur in dem Maße, wie der betreffende Mensch seine Lebensaufgaben gelöst oder die Hindernisse ausgeräumt hat, die ihnen den Weg versperren; je lauterer die Bereitschaft zum Dienen ist, um so deutlicher treten diese Gaben in Erscheinung.

Die Besinnung auf innere Gaben

1. Denken Sie an Ihre Feinfühligkeit: Wie haben Sie bisher von dieser Gabe Gebrauch gemacht? Wie hat sie von Ihnen «Gebrauch gemacht»? Wie könnten Sie diesen Aktivposten in den Dienst anderer stellen?
2. Denken Sie an Ihre Stärke: Hat sie sich als innere Stärke, als körperliche Kraft oder als beides ausgeprägt? Gefällt Ihnen diese Gabe? Wie könnten Sie sie in Ihrem Leben voll und ganz ausschöpfen?
3. Denken Sie an Ihre Ausdrucksfähigkeit: Wie hat sie sich in dieser Welt bewährt – in Ihrem Privatleben und im Beruf? Waren Sie sich

dieser Begabung bewußt, oder haben Sie daran gezweifelt? Wie könnten Sie Ihre Ausdrucksfähigkeit am konstruktivsten nutzen?

4. Denken Sie an Ihre Intuition: Vertrauen Sie auf klare Eingebungen, wenn Sie zu einer Entscheidung kommen oder andere Menschen führen wollen? Merken Sie, wie Ihre Intuition weit wird, sobald Sie mit Ihrem Herzen dabei sind?

Teil III

Die Wege des Schicksals

Ich glaube, letzten Endes muß man sein Leben umarmen.
Arthur Miller

Einführung: Die Lebensweg-Interpretationen

Das große, erhabene Meisterwerk der Menschheit
ist die Erkenntnis des Lebenssinns.
Montaigne

Der Teil III dieses Buches ist zum Nachschlagen gedacht und so angelegt, daß der Leser jede Lebenszahl und die dazugehörigen Angaben leicht finden kann, ohne den ganzen Teil lesen zu müssen.

Im Lauf der Zeit wird der Leser immer wieder zu diesem Teil zurückkehren und die Angaben über die eigene Lebenszahl oder die Lebenszahlen seines Partners, seiner Kinder, seiner Schüler und Studenten, seiner Eltern, Freunde und anderer nachlesen, um diese Menschen besser verstehen oder sie beraten zu können.

Es sollte den Leser nicht allzusehr überraschen, daß die Angaben, die sich auf sein Leben und das Leben anderer beziehen, mit der Zeit eine andere Bedeutung für ihn erlangen; beim zweiten, dritten oder vierten Nachschlagen Monate später wird er Dinge herauslesen, die er vorher gar nicht beachtet hatte. Der Text selbst verändert sich nicht, nur der Leser.

Ich habe die 37 Lebenszahlen dieses Jahrhunderts nach der Endzahl rechts vom Schrägstrich geordnet – der *Hauptlebensbestimmung* entsprechend. Man beachte, daß ich die Zehn der Eins zugeordnet habe, der Kreativität und Zuversicht, da die Kreativität im Lebensmittelpunkt der Zehn steht. Gleich darauf folgt die Elf mit ihrer Verdoppelung von Kreativität und Zuversicht. Die Zwölf habe ich dem Motto «Zusammenarbeit und Ausgewogenheit» der Zwei zugeordnet, denn 1 und 2 verbinden sich miteinander zur schöpferischen Zusammenarbeit.

Unter jeder Lebenszahl werden folgende Themen behandelt:

- Unter «Lebensbestimmung» wird der Lebenssinn der Menschen dargestellt, die unter dem Einfluß der betreffenden Lebenszahl stehen; darin spiegelt sich die Wechselwirkung der verschiedenen Ziffern und Energien wider, die diesen Lebensweg bestimmen.

- Die bei jeder Lebenszahl aufgezeigte «positive» und «negative Gestalt» macht die Unterschiede im Leben von Menschen deutlich, die zwar die gleiche Lebenszahl haben, von deren Energien jedoch entweder konstruktiv oder destruktiv Gebrauch machen.
- Im Abschnitt «Lebensbereiche» werden Neigungen und Probleme in den wichtigsten Lebensbereichen angesprochen – im Bereich der Gesundheit, in den zwischenmenschlichen Beziehungen und in bezug auf Begabungen, Beruf und Finanzen.
- In der Rubrik «Bekannte Persönlichkeiten» sind einige Leute aufgeführt, die beispielhaft für die betreffende Lebenszahl sind; wie ersichtlich wird, haben sich Prominente mit der gleichen Lebenszahl auf den unterschiedlichsten Gebieten hervorgetan.
- Die «Wege zum Wachstum» sollen dem Leser helfen, die gewonnenen Einsichten in die Praxis umzusetzen.
- Der Abschnitt «Die wichtigsten spirituellen Gesetze» weist auf die Gesetze hin, die im Zusammenhang mit der jeweiligen Lebenszahl eine Schlüsselfunktion haben und den Leser, der sie beherzigt, dem Gipfel seines Berges und der Erfüllung seiner Bestimmung näherbringen können.

1: Kreativität und Zuversicht

Die Blume der Kreativität
wird vom Lob zur Entfaltung gebracht,
doch Entmutigung nagt oft an der Knospe.

Die folgenden Lebenszahlen zeichnen den Lebensweg für die Menschen vor, bei denen die 1 Einfluß auf die Hauptlebensbestimmung nimmt: Bei der 19/10, 28/10, 37/10 und 46/10 wird die 1 (siehe S. 53) durch die inneren Gaben der 0 (S. 140) verstärkt. Die doppelte 1 (11) wird in einem eigenen Kapitel behandelt (ab S. 178).

19/10

10: Kreativität und Zuversicht
in Verbindung mit inneren Gaben
9: Integrität und Weisheit
1: Kreativität und Zuversicht

Die Lebensbestimmung

Menschen mit dem Lebensweg der 19/10 sind hier, um sich mit Fragen der schöpferischen Energie und Integrität auseinanderzusetzen und zu lernen, ihre magnetischen Kräfte, ihre intuitive Weisheit und ihre inneren Gaben in positive Formen der Kreativität einfließen zu lassen, während sie andere durch ihr Beispiel führen und inspirieren. Da uns jedoch das, weswegen wir auf Erden wandeln, nicht gerade leichtgemacht wird, müssen Menschen auf dem Pfad der 19/10 erst Hürden und negative Tendenzen in verschiedenen Bereichen überwinden, ehe sie ihren Lebenssinn erfüllen können. Aufgrund ihrer blockierten Energien sind sie meist extrem unsicher, suchtgefährdet und krankheitsanfällig. Solange sie noch kein Selbstvertrauen entwickelt und ihre Überempfindlichkeit überwunden haben, tragen sie oft eine falsche Forschheit zur Schau oder wirken verärgert, während sie in Wirklichkeit nur schutzbedürftig und verletzt sind. Bis sie die Weisheit gewonnen haben, in Einklang mit den höheren Prinzipien der Integrität zu leben, müssen sie Lektionen in ihrem Leben erlernen wie ein Turner das Gleichgewicht – durch ein paar harte Stürze.

Wir gehen nach der zu Anfang dieses Buches dargestellten Methode zur Bestimmung der Lebenszahl vor, nach der die letzten beiden Ziffern der vierstelligen Zahl, die Ziffern rechts vom Schrägstrich, nicht addiert werden. Wenn wir sie doch addierten (1 + 0), bekämen wir eine 19/10/1 – und damit dreifache Kreativität (1), die durch die Gaben der Feinfühligkeit, Stärke, Ausdrucksfähigkeit und einer ausgeprägten Intuition (0) noch verstärkt würde.

Der Spielraum schöpferischer Betätigungen reicht bei der 19/10 von intuitivem Heilen bis hin zur Herstellung von Glückwunschkarten für Freunde. Die kreativen Tätigkeiten berühmter Menschen mit der Lebenszahl 19/10 rangieren von der genialen Zeichenkunst eines Walt Disney bis hin zu den schrulligen Versen des Kinderbuchautors Theodore Geisel (D. Seuss). Florence Nightingale war Krankenschwester, Jacques Cousteau Meeresforscher und Michail Gorbatschow ein inspirierender Staatsmann. Eine magische Anziehungskraft, natürliches Charisma und Begabungen verbinden sich bei Menschen auf dem Weg der 19/10 zur unvergleichlichen Fähigkeit, andere anzuspornen. Je mehr sie ihre schöpferischen Energien strömen lassen, um so wohler fühlen sie sich.

Infolge einer angeborenen Unsicherheit reagieren sie aber auch besonders empfindlich auf die Meinung anderer, von der sie entweder abhängig sind oder der sie sich widersetzen. Gleichzeitig identifizieren sie sich wegen ihres schwachen Identitätsgefühls oft mit ihren eigenen Auffassungen, die sie anderen gern aufdrängen. Das Gesetz der Intuition (S. 477) hilft ihnen, sich ihrer eigenen Gefühle zu versichern, bei aller Großtuerei die Schönheit des Herzens zu erkennen und sich die Ansichten anderer anzuhören, ohne sich gleich bedroht zu fühlen oder auf Widerspruch zu sinnen – und ohne anderen ihren eigenen Willen, ihre eigenen Vorstellungen aufzuzwingen.

Um ihre latent vorhandene Überempfindlichkeit und Unsicherheit zu überwinden, müssen sich Menschen mit der Lebenszahl 19/10 diese Charaktermerkmale bewußt machen, sie akzeptieren und die Zuversicht gewinnen, diese Muster durchbrechen zu können, wie im Gesetz des Handelns (S. 483) beschrieben.

Wie die Einsen können auch sie ihre schöpferische Energie konstruktiv oder destruktiv nutzen. Sie dürfen nicht vergessen, daß es in ihrer Macht steht, sich frei zu entscheiden, wie im Gesetz der Wahlfreiheit (S. 410) dargelegt ist, und daß jede ihrer Entscheidungen Folgen hat.

Wenn sie sich, von ihrer Intuition geleitet, ihrer hochgradigen Sensibilität bewußt werden und sich ihr öffnen, entdecken sie, daß sie sich auf andere Menschen einstimmen können. Das Kraftpotential, über das sie verfügen, verleiht ihnen die Stärke, auch schwere Zeiten durchzustehen.

Ganz gleich, ob sich Menschen auf dem Lebensweg der 19/10 für kreatives Heilen in irgendeiner Form entscheiden, zum Beispiel für Massage, Psychotherapie, Malen oder Geschichtenerzählen, sie können durch ihre bloße Gegenwart eine naürliche Heil- und Inspirationsquelle sein, sofern sie mit Integrität handeln und ihre energetischen Möglichkeiten voll ausschöpfen.

Sobald sie mit dem Licht und der Energie eins geworden sind, die ihnen von Geburt aus eigen sind, und den Mut finden, das Leben zu führen, zu dem sie geboren wurden, werden sie von überschäumender Energie erfüllt und auf nie geahnte Weise lebendig.

Die positive Gestalt der 19/10

Menschen mit dieser Lebenszahl besitzen eine Persönlichkeit, die andere magnetisch anzieht. Sie machen in den beratenden und heilenden Berufen sowie generell beim Lösen von Problemen und anderen kreativen Tätigkeiten von ihrer intuitiven Weisheit Gebrauch. Da sie Frieden mit sich geschlossen haben, gehen sie lieber mit gutem Beispiel voran, als Dogmen zu vertreten, und achten die Meinung anderer, ohne sich davon abhängig zu machen. Sie haben die nötige Zuversicht gewonnen, um ihre Empfindsamkeit zu zeigen und dadurch befriedigende Beziehungen knüpfen zu können. Sie verschaffen sich regelmäßig Bewegung, um ihre Energien ins Gleichgewicht zu bringen, und haben schlechte Suchtverhaltensweisen abgelegt. Sie ermuntern, beeinflussen und inspirieren ihre Umgebung.

Die negative Gestalt der 19/10

Wenn Menschen mit dieser Lebenszahl deren Energien blockieren oder zurückhalten, erzeugen sie damit körperliches Unwohlsein und Spannungen, stauen Wut an bis zur Explosion und haben Probleme mit Tabak, Alkohol, Drogen und der Ernährung. Aufgrund ihrer starren Ansichten identifizieren sie sich fanatisch mit allen möglichen Ideen, Überzeugungen und Philosophien. Sie sind im allgemeinen unverheiratet, geschieden oder auch einfach nur äußerst schwierige Partner im Zusammenleben. Sie wechseln zwischen schüchternem und anmaßendem, starrsinnigem und unsicherem Auftreten hin und her. Wenn sie gehemmt sind, unterdrücken sie sexuelle Energie; wenn sie frustriert sind, flüchten sie sich in die Sexualität und mißbrauchen sie. Hinter ihren dogmatischen Ansichten verbirgt sich ihre Unsicherheit.

Die Lebensbereiche

Gesundheit

Aufgrund ihres ungemein großen, sensiblen Kraftfeldes haben Menschen auf dem Weg der 19/10 oft eine ungewöhnliche körperliche Erscheinung, vor allem was Augen und Gesicht betrifft, wie auch außergewöhnliche körperliche Beschwerden. Sie brauchen normalerweise nicht soviel Schlaf wie andere, besonders dann nicht, wenn sie auf- oder angeregt sind. Um ihren Mitmenschen dienen zu können, müssen sie ein ausgewogenes Leben führen, in allem Maß halten und stets ihrer empfindlichen Natur Rechnung tragen.

Wenn Energieblockaden auftreten, haben sie unter Umständen Probleme mit der Prostata bzw. den Eierstöcken, mit dem unteren Rücken oder dem Herzen. Krankheiten befallen häufig die Geschlechtsorgane und den Kreuzbereich und führen zu Verstopfung, psychosomatischen Beschwerden oder Suchtverhaltensweisen. Das Kraftfeld von Menschen mit der Lebenszahl 19/10 ist so empfindlich, daß sie Drogen oder Alkohol generell nicht gut vertragen; andererseits neigen sie dazu, danach süchtig zu werden und Mißbrauch damit zu treiben, so daß sie gut beraten wären, davon Abstand zu nehmen. Im Krankheitsfall reagieren sie meistens besser auf energetische Heilmethoden wie Massage, Hypnose und Visualisation als auf eine schulmedizinische Behandlung mit Medikamenten. Selbst Akupunkteure müssen wegen des hochsensiblen Kraftfeldes dieser Menschen besondere Sorgfalt walten lassen.

Eine gesunde, erdende Ernährung ist das Beste für Menschen unter dem Einfluß der 19/10. Wer im allgemeinen eine vegetarische Ernährungsweise pflegt, sollte ab und zu etwas Fisch oder Geflügel zusetzen.

Alle Menschen mit der Lebenszahl 19/10 profitieren von einem ausgewogenen, maßvollen Übungsprogramm mit Spaziergängen, Dehnübungen und leichter Gymnastik, das Energieblockaden auflöst und allgemeiner Negativität entgegenwirkt, wie angesammelten Frustrationen oder angestauter Wut, so daß sich die Energie nicht in selbstzerstörerischer Weise entlädt.

Viele Menschen auf dem Weg der 19/10 haben außergewöhnliches Glück oder einen besonderen Schutzengel, wie die sprichwörtliche Katze mit ihren neun Leben.

Zwischenmenschliche Beziehungen

Wer unter dem energetischen Einfluß der 19/10 steht, fühlt sich oft in einem Maße von anderen abgeschnitten, als ob er völlig «allein» und nur im Kopf lebt. Alle Menschen mit dieser Lebenszahl müssen darauf achten, Kopf und Herz miteinander ins Gleichgewicht zu bringen; das heißt, sie fühlen nur dann mit dem Herzen, wenn sie den Verstand einmal ruhen lassen.

Ärger ist ein wichtiges Thema für sie. Sie können abwechselnd deprimiert und übererregt, schüchtern und anmaßend, im Umgang mit Fremden sehr nett und gleichzeitig ausfallend gegenüber ihrer Familie und Freunden sein. Wenn sie sich über sich selbst ärgern, gehen sie maßlos mit sich ins Gericht, worin sich ihre Frustrationen zeigen, von denen die Liebe verdeckt wird, die eigentlich durchscheinen will.

Zwischenmenschliche Beziehungen sind kaum eine Stärke dieses Lebensweges, sie sind eher eine Herausforderung sowohl für die Menschen mit der Energie der 19/10 als auch für diejenigen, die mit ihnen zusammenleben. Menschen auf dem Weg der 19/10 können durchaus gute Beziehungen unterhalten, haben jedoch Probleme mit Intimität und Nähe. Wut auf den Intimpartner wallt in ihnen auf, wenn sie verletzt sind oder meinen, herumkommandiert zu werden, und sie wird entweder unterdrückt oder endlädt sich. Sie müssen sich mit ihrer Schüchternheit und Scham auseinandersetzen, ehe Intimität und Offenheit aufblühen können. Immerhin können sie sich ändern, wie jeder andere auch, und wenn sie Vertrauen haben und die Liebe in ihrem Herzen spüren, können auch ihre sexuellen Beziehungen eine heilende Wirkung auf alle Beteiligten haben.

Begabungen, Beruf und Finanzen

Menschen unter dem Einfluß der Lebenszahl 19/10 fühlen sich zum Dienst am Mitmenschen berufen – dazu, ihre Schöpferkraft in die verschiedensten Unternehmungen einzubringen. Da sie mit Feinfühligkeit, Stärke, Ausdrucksfähigkeit und Intuition begabt sind und noch dazu magnetische Anziehungskraft besitzen, haben sie einen unerklärlichen Charme und großes Charisma. Wenn sie zuversichtlich und selbstsicher sind, stellen sie bisweilen eine erstaunliche Einsicht und einen mit Weisheit gepaarten praktischen Verstand unter Beweis. Ihr Lebensweg ist stärker als der anderer Menschen von natürlicher Intuition geprägt. Obgleich Menschen mit dieser Lebenszahl keineswegs auf bestimmte Gebiete festgelegt sind, verleihen die einzigartigen Qualitäten der 19/10 ihnen besondere Begabungen für jede schöpferische Betätigung, für intuitive Arbeit und Heilung, für öffentliche Führungspositionen, für Beratungsstätigkeiten oder dienende Berufe. Sie sind geborene Heiler.

Die verschiedensten Heilungsmöglichkeiten stehen ihnen offen, von der Beratung von Freunden über Massage bis hin zur professionellen Heilarbeit. Selbst Menschen mit diesem Lebensweg, die auf Gebieten tätig sind, die nichts mit Heilen zu tun haben, können aufgrund ihrer magnetischen Kraft zumindest einen heilenden *Einfluß* haben; eine so herbeigeführte Heilung muß nicht unbedingt spektakuläre Formen annehmen.

Viele Menschen mit der Lebenszahl 19/10 bringen ihre schöpferische Energie zum Ausdruck, indem sie Glückwunschkarten zeichnen, Gedichte schreiben für Freunde und Verwandte oder anderen kreativen Beschäftigungen nachgehen. Sie sind so erfindungsreich, daß sie, wenn sie den nötigen Freiraum haben, mit originellen Ideen aufwarten, wie sie anderen dienen oder sie anspornen können.

Mit einiger Übung können sie begabte, kreative Schriftsteller, Musiker, Schauspieler, Gärtner, Regisseure und anderes im Bereich der Kunst werden. Aufgrund der intensiven Energien, die durch ihre Hände strömen, wirken sie Wunder bei der Körpertherapie. Gleichgültig, ob sie sich dem Heilen oder den Künsten verschreiben, immer können sie mit anderen Menschen umgehen, sie leiten oder ihnen dienen.

Viele Menschen auf dem Weg der 19/10 schrecken aus Angst davor, ihre Begabungen zu mißbrauchen, oder auch aus Unsicherheit vor dem Heilen zurück. Wenn sie jedoch lernen, ihre Talente in den Dienst ihrer Mitmenschen zu stellen zum Besten aller Betroffenen, trägt ihr Leben reiche Frucht.

An ihrer finanziellen Lage zeigt sich, inwieweit sie ihre Unsicherheit überwunden und gelernt haben, ihre intuitiven Fähigkeiten zu nutzen.

Bekannte Persönlichkeiten mit der Lebenszahl 19/10

Jacques Cousteau
Walt Disney
Placido Domingo
Theodore Geisel (Dr. Seuss)
Michail Gorbatschow
Nadine Gordimer
L. Ron Hubbard
Martin Luther
Florence Nightingale
Bhagwan Sree Rajneesh (Osho)
Luise Rinser
George Washington

Wege zum Wachstum

Wenn Sie die Lebenszahl 19/10 haben, können Ihnen die folgenden Vorschläge helfen, sich über Ihre Lebensbestimmung klarzuwerden, indem Sie Ihre Aufmerksamkeit auf die Kernfragen richten und so handeln, daß sich in Lebensbereichen mit Schlüsselfunktionen etwas ändert.

Empfehlungen

- Machen Sie sich tägliche Bewegungsübungen zur Pflicht, um Spannungen abzubauen.
- Betätigen Sie sich jeden Tag schöpferisch.
- Kultivieren Sie Ihre intuitiven Fähigkeiten, und vertrauen Sie darauf.
- Öffnen Sie sich Ihren Herzensregungen; zeigen Sie Ihre Empfindungen und Ihre Feinfühligkeit.

Nützliche Fragen

1. Denken Sie über folgende Fragen nach:
   - Wie nutze ich meine schöpferische Energie?
   - Auf welche Weise kann ich meinen Körper ertüchtigen?
   - Kann ich einfach loslassen, nachgeben und meine Verletzlichkeit offen zeigen?
   - Habe ich den Mut, anders zu sein?
2. Wie können Sie Einsichten, zu denen Ihnen diese Fragen vielleicht verholfen haben, in die Lebenspraxis übertragen?

Orientierungshilfen

1. Blättern Sie zu Teil II zurück, und lesen Sie noch einmal die Hauptabschnitte über die Ziffern, aus denen sich Ihre Lebenszahl zusammensetzt: 1 (S. 53), 9 (S. 130) und 0 (S. 140).
2. Vielleicht möchten Sie sich die Lebenszahlen von Angehörigen und Freunden einmal anschauen und mit diesen zusammen, falls sie dafür aufgeschlossen sind, gemeinsame oder auch unterschiedliche Lebensfragen besprechen.

Die wichtigsten spirituellen Gesetze

1. Lesen Sie sich jedes der folgenden Gesetze in Teil IV durch:
   - Das Gesetz der Wahlfreiheit (S. 410): Kreativität ist eine Energie, die wir positiv oder negativ nutzen können.
   - Das Gesetz des höheren Willens (S. 473): Durch unsere Bereitschaft, einem höheren Zweck zu dienen, spornen wir uns selbst und andere an.
   - Das Gesetz des Handelns (S. 483): Um unsere Unsicherheit zu überwinden, müssen wir unsere Verletzlichkeit akzeptieren, aber dennoch selbstsicher handeln.
   - Das Gesetz der Intuition (S. 477): Wenn wir aufhören, uns die Ansichten anderer zum Maßstab zu machen, können wir mit der Weisheit unseres Herzens eins werden.
   - Das Gesetz der Flexibilität (S. 405): Indem wir flexibel bleiben, können wir uns am besten wechselnden Umständen anpassen.
2. Führen Sie die jeweils dort angegebenen Übungen durch.
3. Überlegen Sie, wie Sie diese Gesetze in Ihrem Leben beherzigen können.

28/10

10: Kreativität und Zuversicht in Verbindung mit inneren Gaben 8: Überfluß und Macht 2: Zusammenarbeit und Ausgewogenheit

Die Lebensbestimmung

Menschen auf dem Lebensweg der 28/10 sind hier, um sich mit der Frage auseinanderzusetzen, wie sie materiellen Erfolg und schöpferische Energie vereinen, ihre schöpferische Energie und Intuition in den Dienst anderer stellen und ihre Mitmenschen mit Autorität und Mitgefühl leiten können. Durch den gesammelten Einfluß von Kreativität und inneren Gaben (Feinfühligkeit, Stärke, Ausdrucksfähigkeit und Intuition) tritt die Autorität derjenigen, die dem Weg der 28/10 folgen, voll in Erscheinung, sobald sie die Probleme und Hindernisse ihres Lebens überwunden haben. Ihr Sinn für Überfluß und Autorität konzentriert sich entweder auf die Familie oder auf die Welt als solche und kommt zum Tragen, wenn sie mit Zuversicht und einer klaren Motivation zum Dienen nach vorn treten.

Wir gehen nach der am Anfang dieses Buches beschriebenen Methode zur Bestimmung der Lebenszahl vor, nach der die letzten beiden Ziffern der vierstelligen Zahl, die rechts vom Schrägstrich stehen, nicht zusammengezählt werden. Wenn wir sie doch addierten (1 + 0), erhielten wir die Zahl 28/10/1, die den möglichen Einfluß doppelt schöpferischer Energie (1) unterstreichen würde, der durch die inneren Gaben der Feinfühligkeit, Stärke, Ausdrucksfähigkeit und Intuition (0) noch intensiviert wird, aber auch einen Hinweis auf Unsicherheitsprobleme gibt.

Fast alle Menschen mit der Lebenszahl 28/10 haben «heilende Hände»; wenn sie davon feinfühligen Gebrauch machen, können sie intuitiv erfassen, wohin sie Lebensenergie lenken oder leiten müssen. Wenn sie Freunden liebevoll den Rücken massieren, erleben sie und die glücklichen Freunde etwas Besonderes.

Da viele Menschen auf dem Weg der 28/10 unterbewußt in der uralten Tradition von Zauberern, Hexen und Feen stehen, die gelegentlich ihre Macht mißbraucht haben, fürchten sie sich mitunter davor, ihre Macht zu gebrauchen. Das Gesetz des höheren Willens spielt eine zentrale Rolle in ihrem Leben, denn es regt sie dazu an, ihre Fähigkeiten zu einem höheren Zweck zu gebrauchen und so ihre unbewußten Ängste loszulassen.

Menschen mit dieser Lebenszahl haben einen angeborenen Hang zur Autorität und erwerben sich im allgemeinen die Hochachtung ihrer Freunde und Angehörigen oder auch öffentliche Anerkennung. Diese positive Autorität geltend zu machen, erfüllt einen Aspekt ihres Schicksals. Da wir davon ausgehen können, daß uns die Erfüllung unserer Lebensbestimmung nicht gerade leichtgemacht wird, haben diejenigen auf dem Weg der 28/10 mit Autoritätsproblemen zu kämpfen und müssen, bevor sie ihre Autorität behaupten können, erst ihre unterdrückte Wut auf Autoritätspersonen erkennen, zum Ausdruck bringen und dadurch schließlich loslassen. Der Spruch «Macht kaputt, was euch kaputtmacht» ist wahrscheinlich von einem Menschen mit der Lebenszahl 28/10 erfunden worden.

Zur stark ausgeprägten Kreativität dieser Menschen gesellt sich eine ebenso stark ausgeprägte Unsicherheit. Diese Unsicherheit, die durch gemischte Gefühle zum Thema Macht und durch die Neigung verstärkt wird, die eigene Macht preiszugeben, legt ihnen schwer überwindbare Steine in ihren Lebensweg. Infolge dieser Tendenzen haben sie meist das Gefühl, jemanden zu brauchen, auf den sie sich stützen können. Sie trauen sich oft nicht recht, auf eigenen Füßen zu stehen und für sich selbst zu sorgen; trotzdem ist es für sie auf die Dauer sehr befriedigend, wenn sie selbständig werden und ihr Leben selber in die Hand nehmen.

Wenn sie nicht selbst eine Führungsposition einnehmen, sind sie häufig die Drahtzieher hinter den Kulissen und arbeiten mit einem oder vielen Kollegen zusammen an nützlichen Projekten für eine bessere Welt. In einer solchen Rolle müssen sie aufpassen, daß sie nicht zu ernst und schulmeisterlich wirken.

Ihre Unsicherheit und die passiv-aggressiven Neigungen, die durch die Energien der 1 und der 8 hinzukommen, tragen das ihre bei zum Hang dieser Menschen, andere gefühlsmäßig oder geistig unter Kontrolle zu bringen, statt offen und aufrichtig auszusprechen, was sie wollen. Das Gesetz der Ehrlichkeit (S. 468) kann ihnen helfen, Beziehungen wiederherzustellen oder zu verbessern.

Wenn diese begabten, mitreißenden Personen endlich Selbstvertrauen und Autorität gewonnen haben, teilen sie ihre Gaben und ihre Kraft mit anderen, richten sie auf und leiten sie.

Die positive Gestalt der 28/10

Diese Menschen stellen Autoritätsfiguren dar, die von anderen bewundert und geachtet werden. Sie sind denen, die ihnen nahestehen, sowie Freunden und anderen einsichtsvolle Berater. Wenn sie erst einmal ihre Unsicherheit überwunden haben, verdienen sie gutes Geld im Dienste anderer und spüren die heilende Kraft, die durch sie hindurchströmt. Unabhängig, selbstgenügsam, ja sogar betörend, wie sie sind, ziehen sie andere in ihr Kraftfeld hinein. Sie wissen, daß sie bei Schwierigkeiten oder Herausforderungen, gleich welcher Art, auch die Kraft haben, damit fertig zu werden. Mit ihrer Intuition und Inspiration geben sie Rat zum Besten aller Betroffenen.

Die negative Gestalt der 28/10

Unsicher, gehemmt durch ihre negativen Ansichten über Geld und Autorität, gequält und abhängig, wie sie sind, kontrollieren und manipulieren diese Menschen andere gern. Autoritätsfiguren lehnen sie ab, weil sie sich noch nicht auf ihre eigene Autorität besonnen haben. Sie leiden körperlich unter den Symptomen ihrer unterdrückten Wut und Frustration und fürchten die dunklen Bilder, die in ihrer Phantasie aufsteigen; sie sind nicht dazu fähig, zwischen negativen Eindrücken und klaren Eingebungen zu unterscheiden. Solche Menschen haben noch keine Berührung und Erfahrung mit den inneren oder äußeren Ratgebern gehabt, die ihnen zur Verfügung stehen.

Die Lebensbereiche

Gesundheit

Da sie hier auf der Erde ihren heilenden Einfluß geltend machen sollen, lernen Menschen auf dem Weg der 28/10 manchmal erst über eigene körperliche Beschwerden, Energie- und Eßstörungen etwas über das Heilen. Die körperlichen Auswirkungen ihrer unterdrückten Wut treten hauptsächlich im Bereich des Solarplexus (Unterleib), des Perineums (am Ende der Wirbelsäule) und im unteren Rücken in Erscheinung. Wenn ihre Energien blockiert sind oder sie sich einer destruktiven Lebensführung hingeben, können sie Probleme mit Eierstöcken oder Prostata, im unteren Rücken- oder Steißbeinbereich bekommen, die sich in Genitalinfektionen, Divertikulose und Darmbeschwerden äußern. Menschen mit der Lebenszahl 28/10 haben sehr empfindliche Fortpflanzungsorgane, die manchmal überaktiv sind. Wenn sie lernen, ihren Körper als Durchgangsstation fließender Energie zu betrachten, können sie im Licht dieser Erkenntnis sich und anderen Heilung bringen.

Die Anwendung der für ihre Lebenszahl ausschlaggebenden spirituellen Gesetze hilft ihnen, ihre Unsicherheit zu überwinden, ihren Empfindungen freien Lauf zu lassen und sich der Möglichkeit größeren Wohlbefindens zu öffnen.

In den zwanghaften Eßstörungen mancher Menschen auf dem Weg der 28/10, zum Beispiel Eß- oder Magersucht, spiegeln sich häufig Probleme mit Kontrolle aller Art wider, speziell die entgegengesetzten Tendenzen, entweder zuviel oder zuwenig Kontrolle auszuüben. Die sorgfältige Einhaltung einer ausgewogenen, gesunden Ernährung und eines straffen Übungsprogramms kann ihnen neue Kraft und Zuversicht bringen.

Obwohl sie einem Körpertraining zu Anfang lieber ausweichen, profitieren eigentlich alle Menschen mit dieser Lebenszahl von einem solchen Übungspensum, wenn sie erst einmal in Form sind; körperliche Betätigung kann ihr Leben drastisch verändern, denn sie stellt ein Ventil für angestaute Emotionen dar, bringt blockierte Energien wieder in Gang und nimmt den Spannungsdruck aus dem Genitalbereich. Ein Körpertraining hilft diesen Menschen außerdem, ihre Instinkte zu verfeinern, und fördert einen gesunden Appetit. Bewegung ist für jeden Menschen von Vorteil, aber diejenigen auf dem Weg der 28/10 haben besonders viel von Aerobicübungen; ideal sind auch Tanzen und Kampfkünste.

Zwischenmenschliche Beziehungen

Ein Hauptproblem von Menschen auf dem Lebensweg der 28/10 sind eingeschlossene, blockierte Empfindungen – besonders Ärger –, die sie zu unterdrücken pflegen oder rationalisieren, indem sie schulmeisterlich und reserviert handeln statt mit Leidenschaft. Oft halten sie Ärger zurück aus Angst vor den Ansichten anderer oder weil sie die Macht ihrer Wut fürchten. Sie wirken unter Umständen scheu und still und sammeln Negativität an, die sich entladen muß. Im Positiven können Menschen mit dieser Lebenszahl sehr ehrlich und direkt im Umgang mit Autoritätspersonen sein. Die Beschäftigung mit dem Gesetz der Ehrlichkeit (S. 468) kann ihnen helfen, ihrer Wut Luft zu machen und ihre Gefühle offen und ohne Umschweife zum Ausdruck zu bringen.

Sinn für Selbstachtung, Unabhängigkeit und die eigene Macht ist der Schlüssel zu den Beziehungen von Menschen auf dem Weg der 28/10. Wenn sie aus einer Schwäche heraus das Bedürfnis haben, sich an jemanden anzulehnen, verfallen sie leicht auf Verhaltensweisen, mit denen sie beherrschen und manipulieren können. Aber wenn sie anderen aus der Sicherheit ihrer inneren Mitte heraus und im Vollbewußtsein ihrer Anziehungskraft begegnen, sehen sie ein, daß Manipulation unnötig und unproduktiv ist, und hören auf, ihre Macht zu verschwenden.

Durch ihre Schöpferkraft und Feinfühligkeit sind die meisten Menschen mit der Lebenszahl 28/10 in sexueller Hinsicht ebenso empfindsam wie stark. Bisweilen haben sie Probleme mit ihrer Sexualität, wenn sie sie mißbrauchen oder durch Überaktivität erschöpfen. Meist müssen sie sorgsam darauf achten, wie sie ihre sexuellen und schöpferischen Energien ausdrücken, und sie mit dem Gesetz der Wahlfreiheit (S. 410) in Einklang bringen. Sie dürfen ihre Sexualität nicht zum Dominieren oder zur Aufarbeitung von Identitäts- und Selbstwertproblemen benutzen, sondern sollten sich nur dann sexuell betätigen, wenn sie offen, liebevoll und gebefreudig sind.

Begabungen, Beruf und Finanzen

Menschen auf dem Weg der 28/10 besitzen reichlich Energie, heilende Hände und ein feines intuitives Gespür. Sie geben ausgezeichnete Berater ab, die wichtige Feinheiten zu erfassen vermögen. Außerdem können sie, wenn ihre angeborene Führungsstärke und Autorität durchscheinen, anderen ein Ansporn sein. Die meisten Menschen mit dieser Lebenszahl finden Befriedigung in einem Heilberuf oder in einem Geschäftsunternehmen, das dem Wohl anderer dient. Sie haben die Wahl unter den verschiedensten Heilmethoden für Körper, Geist und Seele und können sich der Körpertherapie, der Beratung, dem Schreiben, dem Lehren oder dem Motivieren anderer widmen. Manche verschreiben sich auch ganz dem persönlichen Wachstum. Menschen mit der Energie der 28/10 sind praktisch überall zu finden, aber wie immer sie auch ihren Lebensunterhalt verdienen, haben sie die meiste Freude an einer Tätigkeit, die ihnen die Gelegenheit bietet, von ihren inneren Gaben, ihren schöpferischen Energien und ihrem natürlichen Sinn für Autorität Gebrauch zu machen.

Unbedingte Ehrlichkeit in Geldfragen ist erforderlich. Wenn sie Geld über den Dienst am Mitmenschen stellen, bleiben sie unbefriedigt, selbst wenn sie viel verdienen. Bei Problemen mit Geld oder Integrität müssen sie sich fragen: «Was will ich *wirklich?*» Unter dem Einfluß einer negativen Einstellung zum Geld tun Menschen mit der Lebenszahl 28/10 zwar meist alles, um an Geld zu kommen, bekämpfen oder sabotieren ihre eigenen Anstrengungen jedoch unbewußt. Wenn ihre schöpferische Energie frei nach außen fließen darf und mit Mut und Liebe gepaart ist, lösen sich finanzielle Probleme von ganz allein; dann freuen sie sich daran und benutzen Geld kreativ. Menschen auf diesem Weg, die selbstsicher sind und bereit, ihre Autorität geltend zu machen, erfahren auf allen Ebenen Hülle und Fülle und verdienen so viel Geld, *wie sie sich gestatten.* Niemand als sie selbst kann sie aufhalten; wenn sie das begreifen, sind sie sich nicht länger selbst im Wege und leisten einen entscheidenden Beitrag für diese Welt.

Bekannte Persönlichkeiten mit der Lebenszahl 28/10

Konrad Adenauer
Andreas Baader
Simone de Beauvoir
Truman Capote
Billy Graham
Juliette Greco
Janis Joplin
Martin Luther King jr.
Sophia Loren
George Lucas
Jack Nicholson
Mutter Theresa

Wege zum Wachstum

Wenn Sie die Lebenszahl 28/10 haben, können Ihnen die folgenden Vorschläge helfen, sich über Ihre Lebensbestimmung klarzuwerden, indem sie Ihre Aufmerksamkeit auf die Kernfragen richten und so handeln, daß sich in Lebensbereichen mit Schlüsselfunktionen etwas ändert.

Empfehlungen

- Bringen Sie Ihren Ärger über Autoritätspersonen zum Ausdruck, klären Sie die betreffenden Probleme, und machen Sie Ihre eigene Autorität geltend.
- Verschaffen Sie sich täglich kräftig und reichlich Bewegung.
- Überwinden Sie Ihre Unsicherheit, um Ihre Ziele zu erreichen.

- Suchen Sie nach Möglichkeiten, von Ihrer Kreativität und Ihren inneren Gaben Gebrauch zu machen.

Nützliche Fragen

1. Denken Sie über folgende Fragen nach:
   - Wie kann ich meine schöpferische Energie nutzen, um gutes Geld zu verdienen, und trotzdem tun, was ich gern mache und womit auch anderen geholfen wird?
   - Wie empfinde ich Autorität – meine eigene und die anderer Menschen?
   - Wann fühle ich mich stark und unabhängig?
   - Versuche ich manchmal, andere zu manipulieren und zu kontrollieren?
2. Wie können Sie Einsichten, zu denen Ihnen diese Fragen vielleicht verholfen haben, in die Lebenspraxis übertragen?

Orientierungshilfen

1. Blättern Sie zu Teil II zurück, und lesen Sie noch einmal die Hauptabschnitte über die Ziffern, aus denen sich Ihre Lebenszahl zusammensetzt: 1 (S. 53), 2 (S. 62), 8 (S. 120) und 0 (S. 140).
2. Vielleicht möchten Sie sich die Lebenszahlen von Angehörigen und Freunden einmal anschauen und mit diesen zusammen, falls sie dafür aufgeschlossen sind, gemeinsame oder auch unterschiedliche Lebensfragen besprechen.

Die wichtigsten spirituellen Gesetze

1. Lesen Sie sich jedes der folgenden Gesetze in Teil IV durch:
   - Das Gesetz der Ehrlichkeit (S. 468): Die eigenen Gefühle und die Gefühle anderer zu achten ist die Grundlage der Ehrlichkeit.
   - Das Gesetz der Intuition (S. 477): Wenn wir aufhören, uns die Ansichten anderer zum Maßstab zu nehmen, können wir mit der Weisheit unseres Herzens eins werden.
   - Das Gesetz des Handelns (S. 483): Um unsere Unsicherheit zu überwinden, müssen wir unsere Verletzlichkeit akzeptieren, aber dennoch selbstsicher handeln.
   - Das Gesetz der Wahlfreiheit (S. 410): Kreativität ist eine Energie, die wir positiv oder negativ nutzen können.

- Das Gesetz des höheren Willens (S. 473): Durch unsere Bereitschaft, einem höheren Zweck zu dienen, spornen wir uns selbst und andere an.

2. Führen Sie die jeweils dort angegebenen Übungen durch.
3. Überlegen Sie, wie Sie diese Gesetze in Ihrem Leben beherzigen können.

37/10

10: Kreativität und Zuversicht in Verbindung mit inneren Gaben
7: Vertrauen und Offenheit
3: Ausdruck und Feingefühl

Die Lebensbestimmung

Menschen auf dem Lebensweg der 37/10 sind hier, um sich mit Fragen der Kreativität auseinanderzusetzen und zu lernen, auf die innere Weisheit und Schönheit in ihnen und anderen zu vertrauen, um so mit Hilfe ihrer inneren Gaben mehr Harmonie in der Welt zu schaffen. Manchmal gehen sie ihren Weg in der Weltöffentlichkeit wie Jean Renoir, Aldous Huxley und Leo Tolstoi, aber weniger bekannte Menschen können auch in der engeren Umgebung oder im Freundeskreis ihren Lebenssinn finden. Da allerdings niemandem sein Los leichtgemacht wird, brauchen Menschen auf dem Weg der 37/10 meist einige Zeit, um sich zu öffnen und Vertrauen in sich selbst und in ihre Entwicklung zu setzen. Sie sind im allgemeinen sehr feinfühlig und in sich gekehrt und müssen ihre tiefverwurzelte Unsicherheit überwinden.

Wir gehen nach der zu Anfang dieses Buches dargestellten Methode zur Bestimmung der Lebenszahl vor, ohne dabei die letzten beiden Ziffern der vierstelligen Zahl, die Ziffern rechts vom Schrägstrich, zu addieren. Wenn wir sie doch addierten (1+0), bekämen wir eine 37/10/1, die den möglichen Einfluß der doppelt kreativen Energie (1) unterstreichen würde, der durch die inneren Gaben der Feinfühligkeit, Ausdrucksfähigkeit, Stärke und Intuition (0) noch intensiviert wird.

Vertrauen könnten wir alle gut gebrauchen, aber für Menschen auf dem Weg der 37/10 ist es der Prüfstein ihres Lebens. Aus Mangel an Selbstvertrauen versuchen sie, Wissen in der Welt zu erwerben, statt auf ihre eigene innere Intuition zu bauen.

Im gleichen Maße, wie sie unterbewußt erwarten, betrogen zu werden, begegnen ihnen auch Lug und Trug in dieser Welt. Vielen Menschen mit der Lebenszahl 37/10 werden nützliche Lektionen über die menschlichen Schwächen spiritueller Lehrer erteilt, und sie müssen lernen, auf die eigene innere Stimme zu vertrauen.

Wenn sie erkennen, daß sie an den dramatischen Täuschungen der Vergangenheit selbst beteiligt sind, lernen sie auch die Rolle zu schätzen, die andere für ihre langfristige Entwicklung spielen, ob absichtlich oder unabsichtlich. Sie sind denjenigen, die ihr Vertrauen enttäuscht haben, vielleicht nicht gerade dankbar, aber sie empfinden Dankbarkeit gegenüber einem höheren Geist, weil sie infolge ihrer Erfahrungen zu einer neuen Bewußtseinsklarheit gekommen sind.

Menschen auf dem Weg der 37/10, die das Gesetz der Erwartungen (S. 463) befolgen und die Macht ihrer heimlichen Erwartungen erkennen, stellen keine solchen Vermutungen mehr an und verändern dadurch ihr Leben. Sie brauchen sich nicht länger damit herumzuschlagen, von ihren Mitmenschen getäuscht zu werden, weil sie sich inzwischen dem umfassenderen Prozeß ihres Lebens anvertraut haben.

Alle Menschen mit dieser Lebenszahl sind tief in ihrem Innern von Weisheit und einem heilenden Geist erfüllt; sie können wie Engel in menschlicher Gestalt wirken, sobald sie sich der Energie eines höheren Willens ausgeliefert haben, der sich in ihnen manifestiert. Sie sind äußerst feinfühlig und empfindsam und müssen einen ausgewogenen, maßvollen Lebensstil pflegen, um durch Kontemplation oder Meditation an sich selbst zu arbeiten und sich einen sicheren, friedlichen Raum zu schaffen, der sie aufnimmt und erfrischt.

Während sie die Entdeckung ihrer ursprünglichen Verbindung zum Mysterium und zur Schönheit des Daseins machen, wird ihnen klar, daß alles, was ihnen widerfahren ist, ob gut oder schlecht, leicht oder schwer, angenehm oder schmerzlich, eine Lehre zu ihrem eigenen Besten war.

Die positive Gestalt der 37/10

In positiver Hinsicht bringen Menschen mit diesem Weg Leichtigkeit und Kraft ins Leben derer, mit denen sie in Kontakt kommen. Im Vertrauen auf sich selbst und auf die Energie, die in ihnen wirksam ist, schreiten sie zuversichtlich und leichten Schrittes voran und glauben daran, daß auch Fehler, die sie vielleicht machen, ein natürlicher Bestandteil ihres Weges sind. Sie haben den Mut und die Offenheit, ihre tiefsten Gefühle zum Ausdruck zu bringen, und äußern ihre inneren Bedürfnisse klar und ohne Umschweife, so daß sie Verständnis wecken, das auf Vertrauen beruht. Sie freuen sich an ihren wachsenden inneren Möglichkeiten und ihrer Kreativität, wodurch sie in der Lage sind, qualifizierte Arbeit in Heil- und anderen Berufen zu leisten, weil sie sich in andere hineinversetzen können und eine immer tiefer gehende Verbindung zur Natur spüren. Ihre Begabung zum Heilen kann in die unterschiedlichsten Tätigkeiten einfließen wie zum Beispiel in Malerei und Musik, in die Schauspielkunst und andere künstlerische Ausdrucksformen.

Die negative Gestalt der 37/10

Diese Menschen sind zuerst naive, vertrauensvolle Sucher, die sich aus Unsicherheit und Angst, in Peinlichkeiten verstrickt zu werden, von anderen zurückziehen, so daß sie schließlich, wie sie gefürchtet hatten, getäuscht werden. Da sie ihre Gefühle nicht offenbaren, meinen oder erleben sie, daß die Leute sie mißverstehen oder ihnen sogar mißtrauen. Wütend oder deprimiert über sich selbst, haben sie beängstigende Träume, in denen ihnen die Schattenseiten gezeigt werden, die sie so sehr fürchten. Ihre zwischenmenschlichen Beziehungen erfüllen sie mit Bitterkeit, und sie haben mit blockierten, frustrierten schöpferischen Energien zu kämpfen. Körperliche Erkrankungen zwingen sie, sich mit Gesundheitsfragen auseinanderzusetzen.

Die Lebensbereiche

Gesundheit

Fast alle Menschen auf dem Weg der 37/10 haben eine feinfühlige, empfindliche Natur und ein sensibles Kraftfeld. Der untere Wirbelsäulenbereich, die Fortpflanzungsorgane wie auch der Solarplexus können aufgrund der sexuell-kreativen Energie dieser Menschen Problemzonen sein. Auch ihr Herz und ihre Knie dürften betroffen sein. Ob männlich oder weiblich, müssen sie auf jeden Fall darauf gefaßt sein, Vorsichtsmaßnahmen zu ergreifen, um eine unerwünschte Schwangerschaft, beziehungsweise Vaterschaft, zu vermeiden, denn sie neigen mehr als andere zu Problemen in diesem Bereich.

Wie bei anderen zum Heilen prädestinierten, aber widerspenstigen oder unsicheren Menschen auch, erlegt ihnen das Leben körperliche Beschwerden auf, damit sie verschiedene Heilungsmöglichkeiten kennenlernen können. Oft erleben sie diese Lehren als Auffrischungskurs, da ihr Unterbewußtsein längst in energetischen Heilverfahren versiert ist.

Um ihre intuitiven Fähigkeiten und ihr Feingespür zu erschließen und zu stärken, tun Menschen auf dem Weg der 37/10 gut daran, sich einer leichten, vorwiegend vegetarischen Ernährungsweise zu verschreiben, obwohl sie diese ab und zu auch durch Fisch oder Geflügel ergänzen können, damit ihre Verbindung zur Erde nicht abreißt. Im Grunde bekommt ihnen eine einfache, schmackhafte, gesunde Kost am besten.

Ist ihre Kreativität durch Unsicherheit blockiert, verfallen Menschen mit diesem Lebensweg leicht in selbstzerstörerische Verhaltensmuster und treiben Mißbrauch mit Drogen, Nahrungsmitteln oder Sex. Bei ihrer Feinfühligkeit vertragen sie solche Ausschweifungen über längere Zeit nicht gut.

Diejenigen, die auf dem Lebensweg der 37/10 sind, brauchen in Maßen regelmäßige Bewegung oder ein spezielles Körpertraining wie Tanz, T'ai-chi, Yoga oder Schwimmen, um ihre Energiekanäle frei und offen zu halten. Sie müssen darauf vertrauen, daß alles, woran sie ihre Freude haben, ihnen guttut. Wie bei den Einsen ist auch bei ihnen die Hauptfunktion körperlicher Betätigung, ihre Energie zu binden, so daß sie sich nicht auf weniger konstruktive Art Bahn bricht wie etwa in Suchtverhaltensweisen.

Zwischenmenschliche Beziehungen

Wie die meisten Leute mit einer 7 in ihrer Lebenszahl neigen auch Menschen auf dem Weg der 37/10 dazu, mehr auf ihren Kopf als auf ihr Herz zu vertrauen, weil sie aus der Erfahrung des Betrogenwordenseins leicht Herz und Gefühl mit Schmerz und Mißtrauen assoziieren.

Ihren Anlagen nach haben sie eine innige Verbindung zur Liebe und Weisheit ihres Herzens, aber damit diese Verbindung wirksam werden kann, müssen sie aufhören, sich hinter den Abwehrmechanismen ihres Verstandes zu verstecken, und lernen, ihren Gefühlen zu trauen, auch wenn diese Gefühle manchmal mit Schmerzen verbunden sind.

Viele Menschen mit der Lebenszahl 37/10 hören lieber zu, statt selbst zu reden, da sie Angst haben, etwas Falsches zu sagen. Sie sind lieber allein als in Gesellschaft, haben aber dennoch das Bedürfnis, sich an jemanden anzuschließen. Aufgrund ihrer Unsicherheit erwarten sie jedoch oft einen Vorschuß an Liebe, ohne viel zurückzugeben, und beziehen gern ihre Kraft von anderen. Häufig gibt ihnen erst der Partner das Gefühl, vollständig zu sein, erfüllt sie erst eine Arbeit ganz, so daß sie stets von äußeren Einflüssen abhängig sind. Darin gleichen sie Menschen mit der Lebenszahl 28/10, aber während diese größere Probleme mit Macht und Kontrolle haben, halten diejenigen, die dem Weg der 37/10 folgen, nach Ersatzeltern Ausschau, die sich um sie kümmern, weil sie oft nicht genau wissen, ob sie auf eigenen Füßen stehen können.

Sexualität und zwischenmenschliche Beziehungen gedeihen nur auf der Grundlage von Offenheit und Vertrauen. Das Sexualleben von Menschen mit dieser Lebenszahl ist erfüllter, wenn es nicht nur physische Befriedigung bringt, sondern über das rein Körperliche hinausgeht. Für viele auf dem Weg der 37/10 wäre es sicher von Vorteil, an einem Workshop zum Thema Sexualität teilzunehmen, der auf das gemeinsame Gefühlsleben oder auch auf tantrische Praktiken ausgerichtet ist, eine Form der tiefgreifenden Kommunikation durch die Sexualenergie in einer Beziehung, und sich so neue Wege zur Intimität und zum Sinn der Beziehung zu eröffnen.

Sobald Menschen mit dieser Lebenszahl offen genug sind, um ihre Gefühle und Bedürfnisse auszudrücken und auf ihren Partner zu vertrauen, blüht und gedeiht die Beziehung auch.

Begabungen, Beruf und Finanzen

Bei Menschen mit diesem Lebensweg zeichnet sich eine hohe künstlerische Begabung ab; sie haben einen offenen Sinn für Schönheit und Natürlichkeit und lassen sich davon inspirieren. Fast alle haben sie einen engen Bezug zur Musik und empfinden diese als emotional heilsam. Sie zeigen auch eine große Begabung für die bildende Kunst, das Schauspiel, die Dichtkunst, den Tanz, die Fotografie, das Design und in anderen Formen des künstlerischen Ausdrucks einschließlich des Lehrens.

Sie sind hier, um auf dem Gebiet von Heilung, Schönheit und Inspiration Höheres zu bewirken. Das heißt nicht, daß sie alle Heilberufe ergreifen oder sich den schönen Künsten oder spirituellen Aufgaben widmen müßten. Die höheren Formen des Heilens umfassen ein weites Spektrum an Möglichkeiten, wie im Körper Gleichgewicht hergestellt, wie das Gefühlsleben angeregt oder der Geist geläutert werden kann – wodurch Ungleichgewichte verschiedenster Art «geheilt» werden. Eine Form des Heilens ist zum Beispiel die, eine kreative, fröhliche Arbeitsatmosphäre zu schaffen; als Künstler, Musiker oder auch Innenarchitekten, die für eine schöne, behagliche Inneneinrichtung sorgen, bringen sie mehr Schönheit in diese Welt; als Lehrer, Freund und Kollege können sie ebenfalls dazu beitragen, andere anzuspornen und aufzurichten.

Geld spielt keine zentrale Rolle im Leben derer, die unter dem Einfluß der 37/10 stehen, außer als Polster, als Möglichkeit, ohne die Hilfe anderer auszukommen. Wenn Menschen auf dem Weg der 37/10 endlich auf ihre Fähigkeiten vertrauen und sie in dieser Welt zum Tragen bringen, stellt sich das Geld wie von Zauberhand von selbst ein.

Bekannte Persönlichkeiten mit der Lebenszahl 37/10

Napoleon Bonaparte
Charlie Chaplin
Josef Goebbels
Aldous Huxley
Paul Klee
Robert Redford
Jean Renoir
Leo Tolstoi

Wege zum Wachstum

Wenn Sie die Lebenszahl 37/10 haben, können Ihnen die folgenden Vorschläge helfen, sich über Ihre Lebensbestimmung klarzuwerden, indem Sie ihre Aufmerksamkeit auf die Kernfragen richten und so handeln, daß sich in Lebensbereichen mit Schlüsselfunktionen etwas ändert.

Empfehlungen

- Vertrauen Sie auf Ihre Gefühle und die inneren Gaben der Feinfühligkeit, Stärke, Ausdrucksfähigkeit und Intuition.
- Bringen Sie den Mut auf, Ihre Gefühle zum Ausdruck zu bringen.
- Geben Sie im Angesicht von Angst nicht klein bei.
- Bearbeiten Sie einen Garten; lesen Sie Bücher über Engel.

Nützliche Fragen

1. Denken Sie über folgende Fragen nach:
   - Traue ich in bezug auf meinen Körper meinen Instinkten und Eingebungen mehr als Expertenmeinungen oder Theorien?
   - Kann ich meine tiefsten Gefühle ausdrücken? Wenn nicht, warum nicht?
   - Wie kann ich meine schöpferische Energie am besten ausnutzen, um mehr Schönheit in diese Welt zu bringen?
   - Wenn ich kein Vertrauen habe, wie kann ich daran etwas ändern?

2. Wie können Sie Einsichten, zu denen Ihnen diese Fragen vielleicht verholfen haben, in die Lebenspraxis übertragen?

Orientierungshilfen

1. Blättern Sie zu Teil II zurück, und lesen Sie noch einmal die Hauptabschnitte über die Ziffern, aus denen sich Ihre Lebenszahl zusammensetzt: 1 (S. 53), 3 (S. 70), 7 (S. 110) und 0 (S. 140).
2. Vielleicht möchten Sie sich die Lebenszahlen von Angehörigen und Freunden einmal anschauen und mit diesen zusammen, falls sie dafür aufgeschlossen sind, gemeinsame oder auch unterschiedliche Lebensfragen besprechen.

Die wichtigsten spirituellen Gesetze

1. Lesen Sie sich jedes der folgenden Gesetze in Teil IV durch:
   - Das Gesetz der Wahlfreiheit (S. 410): Kreativität ist eine Energie, die wir positiv oder negativ nutzen können.
   - Das Gesetz der Flexibilität (S. 405): Indem wir flexibel bleiben, können wir uns am besten wechselnden Umständen anpassen.
   - Das Gesetz des Handelns (S. 483): Um unsere Unsicherheit zu überwinden, müssen wir unsere Verletzlichkeit akzeptieren, aber dennoch selbstsicher handeln.
   - Das Gesetz der Intuition (S. 477): Wenn wir aufhören, uns die Ansichten anderer zum Maßstab zu machen, können wir mit der Weisheit unseres Herzens eins werden.
   - Das Gesetz der Verantwortung (S. 419): Wahre Befriedigung entspringt dem Wissen, wann wir ja sagen dürfen und wie wir nein sagen können.
2. Führen Sie die jeweils dort angegebenen Übungen durch.
3. Überlegen Sie, wie Sie diese Gesetze in Ihrem Leben beherzigen können.

46/10

10: Kreativität und Zuversicht in Verbindung mit inneren Gaben
6: Vision und Annehmen
4: Stabilität und Entwicklung

Die Lebensbestimmung

Menschen auf dem Lebensweg der 46/10 sind hier, um sich mit Fragen der Kreativität und hohen Idealen auseinanderzusetzen und konstruktive Möglichkeiten für ihre Energie und ihre inneren Gaben zu finden, indem sie ihre Vision von einer besseren Welt Schritt für Schritt in die Tat umsetzen. Sie können entweder im kleinen Rahmen zu Hause oder im Freundeskreis auf diese Verbesserung hinarbeiten oder auch auf internationaler Ebene; die Größe des Betätigungsfeldes spielt keine Rolle.

Da die Energien der 4 und der 6 der 10 vorausgehen und sie beeinflussen, haben Menschen mit der Lebenszahl 46/10 mit ganz eigenen Herausforderungen, Stärken und Problemen zu kämpfen. Möglicherweise sind sie mit der unter dem Einfluß der 4 stehenden Ebene vitaler Lebenskraft und Stärke in Berührung, *empfinden* sich aber durch den perfektionistischen Anspruch, den die 6 einbringt, nicht unbedingt als kreativ.

Wir bestimmen die vierstellige Lebenszahl nach der zu Anfang dieses Buches beschriebenen Methode, zählen jedoch die Ziffern rechts vom Querstrich nicht zusammen. Wenn wir sie doch addierten (1 + 0), erhielten wir die Zahl 46/10/1, die den möglichen Einfluß der doppelt kreativen Energie (1) unterstreichen würde, der durch die inneren Gaben der Feinfühligkeit, Stärke, Ausdrucksfähigkeit und ausgeprägten Intuition (0) noch intensiviert wird.

Die meisten Vieren haben Schwierigkeiten damit, langsam Schritt für Schritt vorzugehen, während Sechsen im allgemeinen ungeduldig sind und sofort ein perfektes Ergebnis sehen wollen; die Kombination 46 hält außergewöhnliche Herausforderungen für den bereit, der lernt, eine

Sache zu verfolgen und ihren Entwicklungsprozeß zu genießen, bis er sein Ziel erreicht hat. Die meisten Menschen auf dem Weg der 46/10 haben zwar ein Gespür für ihre kreativen Möglichkeiten, aber um diese ausschöpfen zu können, müssen sie das tun, was ihnen von Natur aus besonders schwer fällt. Sie müssen langsam treten, sich durch sorgfältige Vorbereitung eine feste Grundlage schaffen und die nötigen Fertigkeiten entwickeln. Erst dann können sie außergewöhnliche, ja brillante Arbeit in den Heilberufen, in den Künsten, im Geschäftsleben und in anderen Bereichen leisten, indem sie ihre ausgeprägte visionäre Weitsicht, ihre Feinfühligkeit, Stärke, schöpferische Energie sowie ihre inneren Gaben miteinander vereinen.

Diese Menschen können tief ins Herz des Lebens schauen und seine verborgenen Strukturen wahrnehmen. Mit ihrer visionären Vorausschau können sie etwas Neues aufbauen, aber sie brauchen Rückenstärkung, Leitung und Unterstützung, um ihre Träume praktisch in die Wirklichkeit zu übertragen. Aufgrund der durch die Energie der 6 bedingten hohen Ideale und Visionen verlieren sie sich gern in Planungen und Träumereien und wirken wirklichkeitsfern.

Sobald die Menschen auf diesem Weg erkannt haben, daß sie keine perfekten Leistungen bringen müssen, streben sie danach, mit Hilfe ihrer schöpferischen Begabungen zumindest Vortreffliches zu vollbringen. Sie sollten sich realistisch und mit Einfühlung an die Arbeit machen, statt kraft ihrer visionären Weitsicht zu vorschnellen Urteilen zu kommen. Mit anderen Worten: Sie können ihre Visionen nur Schritt für Schritt verwirklichen, indem sie einen festen Stufenweg zu einem besseren Leben hinauf anlegen, den nicht nur sie, sondern auch andere gehen können.

Auf die eine oder andere Art können alle Menschen mit der Energie der 46/10 infolge der machtvollen Kombination aus Stärke und Feingefühl, visionärer Weitsicht und inneren Gaben etwas Großes leisten. Aufgrund der intuitiven Fähigkeiten, die durch die 0 in ihrer Lebenszahl repräsentiert werden, sind sie unglaublich vorausschauend und einsichtsvoll. Sie sind hier auf der Erde, um mit ihrer schöpferischen Energie ausdauernd auf höhere Ziele hinzuwirken. Diese Vision trägt und beflügelt sie.

Die positive Gestalt der 46/10

Die Menschen auf diesem Weg besitzen in ausgeprägtem Maße Stärke, Feingefühl, visionäre Weitsicht und ein helles, klares Kraftfeld. Sie haben dank ihrer intuitiven Gaben eine Vision oder ein inneres Ideal vor

Augen und auch die Kraft, so lange wie nötig an der Verwirklichung dieser Vision zu arbeiten. Als Pioniere, die den Weg weisen, haben sie geschäftlich und privat Erfolg, weil sie andere so nehmen, wie sie sind, und schreiten behende voran, immer weiter und höher hinauf. Sie sind im wörtlichen oder übertragenen Sinne visionäre Krieger, die für eine höhere Gerechtigkeit streiten.

Die negative Gestalt der 46/10

Ungeduldig, frustriert, unsicher und mutlos, weil das Leben nie ihren Erwartungen oder ihrem Zeitplan entspricht, wollen diese Menschen sofort den Himmel auf Erden, haben aber nichts für die Arbeit übrig, die erforderlich ist, um das zu erreichen; wie Don Quixote, der gegen die Windmühlenflügel ankämpft, suchen sie nach dem «unerfüllbaren Traum». Sie reagieren empfindlich auf Kritik, da sie sich schon selbst unablässig kritisieren, ohne sich dessen bewußt zu sein, und hören im Grunde nicht auf das, was andere ihnen sagen oder raten; statt dessen erfinden sie so ausgeklügelte Ausreden, daß sie sich sogar selber damit zum Narren halten. Ihre Vorurteile behindern ihre unmittelbare intuitive Sicht der Dinge. Da sie sich nur auf Probleme konzentrieren, lassen sie ihre frustrierte schöpferische Energie durch den Mißbrauch von Alkohol, Drogen, Eßwaren oder Sex ab.

Die Lebensbereiche

Gesundheit

Fast alle Menschen mit der Lebenszahl 46/10 haben einen kräftigen, gut gepflegten Körper. Wenn sie sich positiv entwickeln, hilft ihnen ihr Lebensstil, der auf hoher Gesinnung beruht, sich ihre Gesundheit zu erhalten. Bei einer negativen Entwicklung hingegen können Probleme durch Suchtverhaltensweisen oder durch ein ausschweifendes Sexualleben auftreten. Zu den empfindlichsten, anfälligsten Körperzonen zählen die Geschlechtsorgane, der Unterleib und manchmal die Knie.

Viele Menschen auf dem Weg der 46/10 essen nicht einfach nur; sobald ihnen aufgegangen ist, was für einen starken Einfluß die Ernährung auf den Körper hat, studieren sie Ernährungswissenschaft oder beschäftigen sich privat damit, um die optimale Kost für sich zu finden. Sie sollten nicht vergessen, daß es keine perfekten Ernährungsvorschriften gibt, sondern immer nur die derzeitig für sie besten. Außerdem sollten sie Abstand nehmen von Schnelldiäten und lieber hinnehmen, daß Veränderungen und Umstellungen Zeit brauchen.

Menschen mit der Energie der 46/10 suchen und finden meist das für sie beste Trainingsprogramm, das viele Vorteile in sich vereint, wie Gymnastik, eine Kampfkunst oder eine ausgewogene Kombination aus verschiedenen Aktivitäten.

Zwischenmenschliche Beziehungen

Ihre «tieferen» Empfindungen anzuerkennen ist eine schwere Prüfung für die Menschen auf diesem Lebensweg, da sie sich im allgemeinen auf das konzentrieren, was sie ihrer Meinung nach fühlen «sollten», statt auf das, was sie *wirklich* fühlen. Idealvorstellungen verhüllen ihr wahres Ich mit einem Nebelschleier der Verleugnung und Selbsttäuschung. Je besser sie sich selbst kennen und akzeptieren, um so besser sind ihre Beziehungen, weil sie dann auch die Unvollkommenheiten anderer bereitwilliger hinnehmen. Die meisten Menschen mit der Energie der 46/10 müssen darauf hinarbeiten, normale menschliche Empfindungen zu akzeptieren.

Begabungen, Beruf und Finanzen

Obgleich Menschen auf dem Weg der 46/10 dank ihrer hohen Normen, ihrer Stärke, ihrer analytischen Fähigkeiten und ihres Feingefühls jeden Beruf ergreifen können, sind sie doch am besten geeignet für Körpertherapie in irgendeiner Form oder für eine persönliche oder geschäftliche Beratungstätigkeit. Im allgemeinen leisten sie auch Hervorragendes auf allen Gebieten, in denen es um Form und Struktur geht, wie Architektur oder Design. Weitere Möglichkeiten bieten die Bereiche Gymnastik, Kampfkünste oder Tanz, in denen sie sozusagen ihren Körper als Pinsel und die Luft als Leinwand benutzen könnten, um etwas Schönes zu schaffen. Sie könnten sogar geschäftliche Unternehmungen mit neuen, höheren Zielen entwickeln und damit anderen dienen.

Sie müssen auf jeden Fall vermeiden, sich selbst eine Grube zu graben, indem sie den «perfekten» Beruf suchen oder nie mit einer Tätigkeit zufrieden sind. Sie sind immer gut beraten, nicht die Ziele zu verfolgen, die sie ihres Erachtens verfolgen «sollten», sondern die, von denen sie sich *angezogen* fühlen. Entscheidend ist für sie, daß sie sich sorgfältig vorbereiten, zuversichtlich sind und sich in Geduld üben.

Ihre finanzielle Lage spiegelt das Maß ihres Selbstwertgefühls wider –

wieviel Überfluß sie zu verdienen glauben – und hängt von ihrer Bereitschaft ab, eine Sache weiterzuverfolgen, ohne dabei Schritte zu überspringen. Ihre Unsicherheit zu überwinden ist eine weitere Hürde, die für sie allerdings nicht so schwierig ist wie für andere Menschen, deren Lebenszahl mit einer 10 endet.

Bekannte Persönlichkeiten mit der Lebenszahl 46/10

Unsere Suche nach Prominenten mit der Lebenszahl 46/10 ist bisher noch ergebnislos geblieben. In unserem Jahrhundert ist der älteste Mensch mit dieser Zahl 1979 geboren; es wird also noch ein Weilchen dauern, bis die ersten bekannten Persönlichkeiten mit dieser Zahl auftauchen.

Wege zum Wachstum

Wenn Sie die Lebenszahl 46/10 haben, können Ihnen die folgenden Vorschläge helfen, sich über Ihre Lebensbestimmung klarzuwerden, indem Sie Ihre Aufmerksamkeit auf die Kernfragen richten und so handeln, daß sich in Lebensbereichen mit Schlüsselfunktionen etwas ändert.

Empfehlungen

- Machen Sie sich klar, daß nur der stete Tropfen den Stein höhlt, Sie also beständig üben müssen, um etwas zu erreichen.
- Betrachten Sie Ihre visionäre Sicht der Dinge als Richtungsweiser, nicht als Ziel.
- Träumen Sie ruhig, aber seien Sie in der Verwirklichung realistisch.
- Bereiten Sie sich vor, ehe Sie handeln; kleine Schritte können einen großen Unterschied bewirken.

Nützliche Fragen

1. Denken Sie über folgende Fragen nach:
   - Wie beurteile ich mich selbst und andere?
   - Wie bringe ich meine schöpferische Energie zum Ausdruck?
   - Mit welchen Gefühlen reagiere ich auf Langzeitprojekte?
   - Wie gehe ich mit meiner Feinfühligkeit und Kraft um?

- Wie kann ich lernen, weniger zu denken und dafür mehr zu fühlen?

2. Wie können Sie Einsichten, zu denen Ihnen diese Fragen vielleicht verholfen haben, in die Lebenspraxis übertragen?

Orientierungshilfen

1. Blättern Sie zu Teil II zurück und lesen Sie noch einmal die Hauptabschnitte über die Ziffern, aus denen sich Ihre Lebenszahl zusammensetzt: 1 (S. 53), 4 (S. 79), 6 (S. 100) und 0 (S. 140).
2. Vielleicht möchten Sie sich die Lebenszahlen von Angehörigen und Freunden einmal anschauen und mit diesen zusammen, falls sie dafür aufgeschlossen sind, gemeinsame oder auch unterschiedliche Lebensfragen besprechen.

Die wichtigsten spirituellen Gesetze

1. Lesen Sie sich jedes der folgenden Gesetze in Teil IV durch:
   - Das Gesetz des gegenwärtigen Augenblicks (S. 450): Ungeduld und Bedauern lösen sich in der Erkenntnis auf, daß nur das Jetzt existiert.
   - Das Gesetz der Wahlfreiheit (S. 410): Kreativität ist eine Energie, die wir positiv oder negativ nutzen können.
   - Das Gesetz der Entwicklung (S. 431): Der einzig sichere Weg, ans Ziel zu gelangen, ist der, einen Fuß vor den anderen zu setzen.
   - Das Gesetz der Vollkommenheit (S. 445): Hohe Ideale können uns inspirieren, aber im Alltagsleben ist höchstens Vortrefflichkeit zu erreichen.
   - Das Gesetz der Intuition (S. 477): Wenn wir aufhören, uns die Ansichten anderer zum Maßstab zu machen, können wir mit der Weisheit unseres Herzens eins werden.
2. Führen Sie die jeweils dort angegebenen Übungen durch.
3. Überlegen Sie, wie Sie diese Gesetze in Ihrem Leben beherzigen können.

11: Doppelte Kreativität und Zuversicht

Wir haben die Wahl, unser Leben
als Zufall oder als Abenteuer zu gestalten.
Anonym

Stark vereinfacht ausgedrückt, bezeichnet eine doppelte 1 (11) rechts vom Schrägstrich – Lebenszahlen 29/11, 38/11 und 47/11 – genau die gleichen Energien und Qualitäten, wie sie in Teil I für die 1 (S. 53) angegeben sind, nur sind alle durch die 1 verkörperten Eigenschaften, Begabungen und möglichen Hürden in doppelter Stärke vorhanden.

29/11 Winfried

11: Doppelte Kreativität und Zuversicht
9: Integrität und Weisheit
2: Zusammenarbeit und Ausgewogenheit

Die Lebensbestimmung

Menschen auf dem Lebensweg der 29/11 sind hier, um ihre schöpferische Energie mit höheren Prinzipien und Integrität zu verbinden und Möglichkeiten zu finden, ihre Kreativität der höheren Weisheit im Dienst anderer zu widmen. Eine solche höhere Weisheit offenbart sich durch die spirituellen Gesetze, besonders die, derentwegen diese Menschen hier leben und lernen müssen.

Wir gehen nach der zu Anfang dieses Buches dargestellten Methode zur Bestimmung der vierstelligen Lebenszahl vor, ohne jedoch die letzten beiden Ziffern rechts vom Schrägstrich zusammenzuzählen. Wenn wir sie doch addierten, erhielten wir die Zahl 29/11/2, die den möglichen Einfluß kooperativer Energie (2) auf die verdoppelte Kreativität (11) betonen würde – schöpferische Betätigung im Dienst anderer.

Alle Menschen mit dieser Lebenszahl wie überhaupt alle mit doppelter 1 besitzen ein enormes Kreativitätspotential. Aber da ihre Hauptlebensbestimmung, wie für uns alle, ein Berg ist, den sie erklimmen müssen, empfinden sie sich nicht unbedingt als so kreativ wie andere, die nicht unter dem Einfluß der 1 stehen und infolgedessen kaum drückende Probleme oder Schwierigkeiten in diesem Bereich haben. Manche Menschen auf diesem Weg stecken immer noch in den Problemen der 2 und 9, die hier der 11 vorausgehen und ihnen unter Umständen den Blick für die Energie versperren, die ihnen in Hülle und Fülle zur Verfügung steht. Andere sind zwar extrem kreativ, haben jedoch Schwierigkeiten, mit dieser Energie umzugehen.

Ehe Menschen mit der Lebenszahl 29/11 die Schleusen der ihnen innewohnenden schöpferischen Möglichkeiten öffnen können, müssen sie erst sich selbst finden – ihre Mitte, ihre Identität, ihr Gleichgewicht und ihre Grenzen (Probleme der 2). Dann müssen sie noch die Unannehmlichkeiten der 9 durchstehen, das heißt, mit Hilfe des Gesetzes der Intuition (S. 477) ihre Abhängigkeit von der Meinung anderer überwinden und mit dem spirituellen Gesetz in Einklang kommen, indem sie endlich selbst die Verantwortung für ihr Leben übernehmen.

Einige Menschen auf dem Weg der 29/11 haben in ihrer Kindheit Mißbrauch oder Gewalt erlebt; sie werden darum kämpfen müssen, wieder einen eigenen Willen und ein Gefühl unabhängiger Identität zu entwickeln. Der Einfluß der 2 spielt eine starke Rolle und verlangt von ihnen, die manchmal widerstreitenden Seelen in ihrer Brust miteinander zu vereinen und ihre Neigung zu Auflehnung und Halsstarrigkeit zu überwinden.

Menschen mit dieser Energie müssen sich auch mit Unsicherheit auseinandersetzen. Durch die doppelte Kreativität der 11 entsteht auch doppelte Unsicherheit, die sich gegensätzlich äußern kann: entweder in unsicherem, nervösem und angstvollem Verhalten, das ihr schwaches Selbstbewußtsein erkennen läßt, oder in Überkompensation ihrer inneren Minderwertigkeitsgefühle, indem sie Zurückhaltung üben und dadurch distanziert oder übersteigert selbstbewußt wirken. Zum Beispiel haben die meisten Menschen mit dieser Lebenszahl ein großes Herz und den aufrichtigen Wunsch, sich nützlich zu machen und etwas in dieser Welt zu bewirken, legen aber zugleich ein extremes Konkurrenzverhalten an den Tag aus Angst davor, einen Kampf zu verlieren und die Folgen tragen zu müssen – alles ein Ausdruck ihrer Minderwertigkeitsgefühle.

Die doppelte 1 mit der 9 zusammen bedeutet, daß diese Menschen ihre Energien nach einem stärkeren Willen als dem ihren ausrichten müssen, auf ein höheres Ziel hin, in Ausgewogenheit und Liebe. Ihre Kreativität ist eher vom Verstand bestimmt als vom Empfinden, sie ist sehr sinnvoll, in der Regel jedoch weniger farbenfroh und gefühlvoll als beispielsweise die von Künstlern unter dem energetischen Einfluß der 30/3.

Fast alle Menschen auf dem Lebensweg der 29/11 haben, unabhängig von ihrer Körpergröße, ein weites, starkes Kraftfeld. Angeregt oder begeistert von etwas, brauchen sie weniger Schlaf als andere. Wenn sie etwas Neues, Ausgefallenes, Originelles oder Sinnvolles unter die Leute bringen wollen, können sie mit ihrer Energie wahre Wunder wirken. Ihre überfließende Energie ist allerdings ein zweischneidiges Schwert, denn sie bringt ebenso viele Vorteile wie Nachteile mit sich. Sie kann sich sowohl konstruktiv als auch destruktiv auswirken; elektrischer Strom zum Beispiel kann unsere Städte erhellen, aber auch einen Menschen umbringen. Diejenigen auf dem Weg der 29/11, die ihre Lektionen im Leben lernen, sollten ihre gewaltigen Energiereserven positiv nutzen. Andernfalls besteht bei ihnen die Gefahr, Suchtverhaltensweisen zu entwickeln, in denen sich der blockierte, Schmerzen verursachende Vorrat an angestauter Energie entladen kann.

Trotz all dieser Herausforderungen besitzen Menschen mit der Lebenszahl 29/11 doch außergewöhnliche innere Möglichkeiten; wenn sie ihre Aufgaben mit wachem Blick und Pflichtgefühl wahrnehmen, gehören sie zu den kreativsten Menschen dieser Erde. Durch die Energie der 2 sind sie für eine Zusammenarbeit mit anderen aufgeschlossen, und sie sind dazu prädestiniert, der Menschheit im Großen wie im Kleinen Unterstützung zu geben. Ob als Geschäftsleute oder Heiler, Bauarbeiter oder Friseure, Postboten oder Sportler, sie verfügen über das innere Potential, dem Leben durch ihre Arbeit, ihr Hobby oder ihr Familienleben den schöpferischen Funken einzuhauchen. Insgesamt sind Menschen mit der Lebenszahl 29/11 wahre Energiebündel und dazu bestimmt, andere mit ihrer schöpferischen Energie aufzurichten und anzuspornen, zu unterstützen und zu heilen.

Die positive Gestalt der 29/11

Diese Menschen sind voller Inspiration und inspirieren auch andere mit ihrer klaren Motivation zum Dienen, die allem, was sie tun, zugrunde liegt. Kreative Strategen, hilfsbereite Freunde und treue Verbündete, die sie sind, ziehen sie andere mit ihrem natürlichen Charisma an und führen sie geschickt und einsichtsvoll. Auf welchem Gebiet sie sich auch schöpferisch betätigen mögen, immer haben sie etwas Besonderes zu bieten und verfolgen ihre Ziele mit außergewöhnlicher Vitalität und Ausdauer. Sie sind entspannt, offen und von einer tiefen Spiritualität durchdrungen.

Die negative Gestalt der 29/11

Im negativen Fall wirken diese Menschen nach außen hin unsicher und gehemmt oder reserviert. Sie sind zwar beherrscht und scheinbar selbstsicher, leiden jedoch stets unter Minderwertigkeitsgefühlen, die sich in Konkurrenzverhalten und der Angst davor, Verlierer zu sein, äußern. Sie dominieren gern, sind sehr dogmatisch, fühlen sich ständig angegriffen und müssen sich anscheinend dauernd beweisen. Eigensinnig und stets aufbegehrend, rechthaberisch und überheblich, fällt es ihnen schwer, fünf gerade sein zu lassen. Ihre eingebildete Minderwertigkeit hindert sie daran, schöpferische Risiken einzugehen, die ihr Leben mit Spannung erfüllen würden. Unsicher und ohne ein echtes Gefühl ihrer selbst, schwanken sie hin und her zwischen sporadischen Energieausbrüchen und Zeiten niederschmetternder Antriebslosigkeit. Ihre angestaute Energie führt zu Mißbrauch und Suchtverhaltensweisen, und ihre Lektion in spirituellen Gesetzen (besonders dem des Handelns und seiner Folgen) müssen sie oft genug vor den staatlichen Gerichten lernen.

Die Lebensbereiche

Gesundheit

Menschen unter dem Einfluß der 29/11 haben aufgrund der starken energetischen Aufladung oft ein außergewöhnliches Aussehen. Ihr Kraftfeld ist häufig zwei- bis dreimal größer als beim durchschnittlichen Menschen. Wenn sie von einem kreativen Vorhaben inspiriert und begeistert sind, brauchen sie weniger Schlaf als die meisten anderen Leute. Ihre Attraktivität beruht ebenso auf ihrer starken Ausstrahlung wie auf ihrer körperlichen Erscheinung.

Sie sind sehr anfällig im (sexuell-kreativen) Fortpflanzungsbereich einschließlich des Unterleibes und unteren Rückens. Infektionen im Genitalbereich, Zysten, Unterleibs- und Kreuzschmerzen, Verstopfung und Übergewicht infolge der blockierten schöpferischen Energie kommen häufig bei ihnen vor. Unter Umständen ziehen sie sich auch häufiger Knochenbrüche zu und haben öfter seltene Krankheiten als Menschen mit anderen Lebenszahlen. Andererseits scheinen sie jedoch besonders vom Glück begünstigt zu sein und gehen zum Beispiel aus einem schweren Unfall unverletzt hervor.

Meistens sind ihre körperlichen, emotionalen oder sexuellen Beschwerden die Folge von blockierter schöpferischer Energie oder Problemen, die durch spezielle Suchtverhaltensmuster ausgelöst werden. Körpertherapie bekommt ihnen in der Regel sehr gut, ob sie Gebende oder Empfangende sind.

Das Unterbewußtsein von Menschen auf diesem Lebensweg ist sehr empfänglich und beeinflußbar; darum zeitigen positives Denken,

Visualisierungstechniken und andere Formen des Heilens, die mit dem Unterbewußtsein und dem «Energiekörper» arbeiten, zum Beispiel Akupunktur, Akupressur, Shiatsu, Handauflegen, Bioenergetik und Ernährungstherapien, im allgemeinen bessere Ergebnisse als eine schulmedizinische Behandlung mit Medikamenten.

Menschen mit dieser Lebenszahl brauchen im Gegensatz zu vielen anderen Leuten generell eine abwechslungsreiche Kost mit eher reichhaltigen, schweren Speisen – Nahrungsmittel wie Getreide, Bohnen und gelegentlich auch Fisch oder Geflügel. Sie müssen Ernährungs- und Gesundheitsregeln ebenso beherzigen wie spirituelle Gesetze. «Du bist, was du ißt» gilt für sie mehr als für andere. Mit ihrem empfindlichen Energiehaushalt vertragen sie Drogen oder Alkohol nicht gut und sollten sich den Genuß von beidem versagen.

Wie alle Doppeleinsen brauchen Menschen mit der Lebenszahl 29/11 erheblich *mehr* Bewegung als der Durchschnittsmensch – nicht nur aus Fitneßgründen, sondern um ihre Energien in Schwung zu halten und sich zu erden. Nach einigem Konditionstraining nehmen sie solche Übungen gut an und gedeihen dabei prächtig. Tägliche Bewegung sowie kreative Tätigkeiten oder Hobbys sorgen bei ihnen für ein neues Lebensgefühl und Wohlbefinden.

Zwischenmenschliche Beziehungen

Menschen auf diesem Lebensweg haben zwar auch eine sentimentale Ader, konzentrieren ihre schöpferischen Energien jedoch meist auf den Verstand, wodurch ihr Gefühlsausdruck behindert wird. Sie neigen dazu, ihre Gefühle zu unterdrücken oder verstandesmäßig zu erklären. Ihre zwischenmenschlichen Beziehungen sind oft von ihrer emotionalen Gehemmtheit, einem scheinbaren Mangel an Gefühl, überschattet.

Wie Menschen mit den Lebenszahlen 27/9 und 25/7 schätzen und suchen sie die Beziehung mit anderen, weil sie kein Gefühl für sich selbst haben. Sie haben im allgemeinen gern viele Freunde und Kontakte, brauchen auch immer jemanden, der für sie da ist und sie unterstützt, aber manchmal geraten sie dabei in eine Zwickmühle und suchen zwar die Beziehung, sind jedoch gleichzeitig bemüht, ihr Unabhängigkeitsbedürfnis geltend zu machen. Da sie sich selten jemandem anschließen, führen sie meist ein Leben als Individualisten, die nach keiner anderen als der eigenen Pfeife tanzen.

Von anderen werden Menschen mit der Lebenszahl 29/11 aufgrund ihrer starken Ausstrahlung oft als attraktiv empfunden. Doch wenn sie unsicher und gehemmt sind, haben sie wahrscheinlich Beziehungsprobleme. Wenn ihre schöpferischen Energien in Projekte und Tätigkeiten einfließen, sind sie womöglich zu sehr mit ihrer Kreativität beschäftigt, um noch viel Zeit in Beziehungen zu investieren. Treue, Unsicherheit (und das daraus resultierende Anlehnungsbedürfnis) und Unabhängigkeitsstreben sind eine Mischung, die komplizierte Beziehungen verursachen dürfte.

Das Sexualleben von Menschen mit der Lebenszahl 29/11 kann paradoxe Formen annehmen: Einerseits haben sie infolge ihres Energiepotentials, sofern dieses nicht blockiert ist, ein starkes Bedürfnis nach regelmäßigen Orgasmen, es sei denn, sie leiten ihre sexuelle Energie in fesselnde kreative Projekte oder hartes Körpertraining. Andererseits ist ihre Sexualität manchmal durch Unsicherheit unterdrückt und gehemmt, wenn sie sich nicht überhaupt absichtlich sexuell zurückhalten (negative, unkooperative 2). Im großen und ganzen ist am Gefühls- und Sexualleben dieser Menschen abzulesen, wie ausgewogen ihr übriges Leben ist.

Begabungen, Beruf und Finanzen

Dank ihrer Kreativität und Ausstrahlung tragen alle Menschen dieses Lebensweges den Archetyp, die Energie und die kreative Inspiration des Erfinders, des Künstlers, des Sportlers und der Führungspersönlichkeit in sich. Als Menschen, die gerne Kontakte knüpfen, stellen sie paradoxerweise ausgeprägte Individualisten dar, die trotzdem hier auf der Erde sind, um dem Wohl der Allgemeinheit zu dienen.

Was die finanzielle Lage betrifft, ziehen sie Geld magnetisch an, denn Geld ist eine Art von Energie, und Gleiches zieht Gleiches an. Wie ihre Energien fließen, so auch das Geld. In dem Maße, wie sie sich positiv entwickelt und ihre Kreativität zum Ausdruck gebracht haben, geht es ihnen finanziell gut und haben sie die Sicherheit, die ihnen so wichtig ist (Einfluß der 2). Bei negativer Entwicklung werden sie sichtlich von niederschmetternden Gefühlen der Unsicherheit und Bedürftigkeit gepeinigt.

Bei Menschen mit dieser Lebenszahl dient Geld nur dazu, sich darüber klarzuwerden, ob die Energien frei fließen, obwohl in manchen Fällen das Anhäufen von Geld auch eine Art Wettspiel sein kann oder eine Möglichkeit, die Achtung und Anerkennung anderer zu gewinnen – ein starkes Motiv für Menschen dieses Schlages. Solange sie sich schöpferisch in den Dienst anderer stellen, werden sie allerdings ganz von selbst Überfluß genießen können.

Bekannte Persönlichkeiten mit der Lebenszahl 29/11

Bertolt Brecht
Claude Debussy
Henry Kissinger
Wolfgang Amadeus Mozart
Edgar Allan Poe
Sri Ramakrishna
Jules Verne
Antonio Vivaldi

Wege zum Wachstum

Wenn Sie die Lebenszahl 29/11 haben, können Ihnen die folgenden Vorschläge helfen, sich über Ihre Lebensbestimmung klarzuwerden, indem Sie Ihre Aufmerksamkeit auf die Kernfragen richten und so handeln, daß sich in Lebensbereichen mit Schlüsselfunktionen etwas ändert.

Empfehlungen

- Verschaffen Sie sich täglich Bewegung; das kann Ihr Leben verändern oder sogar retten.
- Wenn Sie Unsicherheit befällt, gehen Sie hindurch und überwinden Sie sie.
- Übung macht auch bei Ihnen den Meister; damit können Sie sich auf Ihre schöpferische Energie verlassen.
- Nehmen Sie an einem Wochenendworkshop teil, der Sie reizt.

Nützliche Fragen

1. Denken Sie über folgende Fragen nach:
   - Wie lenke ich meine schöpferische Energie, und wie setze ich meine blockierte Energie frei?
   - Wie kann ich meine gegenwärtige Situation vorteilhaft für mich nutzen?
   - In welcher Weise würde ich anderen am liebsten dienen?
   - Wie kann ich endlich auf mein Herz vertrauen, statt mich nach den Ansichten anderer zu richten?
2. Wie können Sie Einsichten, zu denen Ihnen diese Fragen vielleicht verholfen haben, in die Lebenspraxis übertragen?

Orientierungshilfen

1. Blättern Sie zu Teil II zurück, und lesen Sie noch einmal die Hauptabschnitte über die Ziffern, aus denen sich Ihre Lebenszahl zusammensetzt: 1 (S. 53), 2 (S. 62) und 9 (S. 130).
2. Vielleicht möchten Sie sich die Lebenszahlen von Angehörigen und Freunden einmal anschauen und mit diesen zusammen, falls sie dafür aufgeschlossen sind, gemeinsame oder auch unterschiedliche Lebensfragen besprechen.

Die wichtigsten spirituellen Gesetze

1. Lesen Sie sich jedes der folgenden Gesetze in Teil IV durch:
   - Das Gesetz der Wahlfreiheit (S. 410): Kreativität ist eine Energie, die wir positiv oder negativ nutzen können.
   - Das Gesetz der Flexibilität (S. 405): Indem wir flexibel bleiben, können wir uns am besten wechselnden Umständen anpassen.
   - Das Gesetz des Handelns (S. 483): Um unsere Unsicherheit zu überwinden, müssen wir unsere Verletzlichkeit akzeptieren, aber dennoch selbstsicher handeln.
   - Das Gesetz der Intuition (S. 477): Wenn wir aufhören, uns die Ansichten anderer zum Maßstab zu machen, können wir mit der Weisheit unseres Herzens eins werden.
   - Das Gesetz der Verantwortung (S. 419): Wahre Befriedigung entspringt dem Wissen, wann wir ja sagen dürfen und wie wir nein sagen können.
2. Führen Sie die jeweils dort angegebenen Übungen durch.
3. Überlegen Sie, wie Sie diese Gesetze in Ihrem Leben beherzigen können.

38/11

11: Doppelte Kreativität und Zuversicht
8: Überfluß und Macht
3: Ausdruck und Feingefühl

Die Lebensbestimmung

Menschen auf dem Lebensweg der 38/11 sind hier, um Kreativität und materiellen Erfolg miteinander zu vereinen, zu lernen, ihre Macht zu behaupten und ihre Energien voller Mitgefühl und Großzügigkeit zum Ausdruck zu bringen. Sie sollen keineswegs Reichtum und Einfluß um ihrer selbst willen gewinnen, sondern sie in den Dienst von etwas Größerem stellen, sei es im Kreis von Freunden und Kollegen oder in der Öffentlichkeit.

Das, weswegen wir hier sind, wird uns nicht gerade leichtgemacht, und davon ist der Lebensweg der 38/11 keine Ausnahme. Mit einem Drang zum Schöpferischen, der infolge des Einflusses der 8 sogar noch vorherrschender ist als bei anderen Doppeleinsen, müssen sich diese Menschen mit ihrer großen Unsicherheit und starken Selbstzweifeln auseinandersetzen sowie mit ihrer Neigung, ihre Macht beziehungsweise ihren Überfluß aufzugeben, zu umgehen oder gar zu sabotieren. Das tun sie häufig mit dem Mund, weil sie auch mit Ausdrucksproblemen zu schaffen haben.

Auf ihrem Lebensweg müssen sie allmählich in Kontakt zu ihren Gefühlen und Empfindungen kommen, ihre Selbstzweifel überwinden und sich mit der Energie und den Fragen der 8 beschäftigen, die mit ihrer unterdrückten Wut auf Autoritäten und Behörden zusammenhängen, um sich schließlich auf ihre eigene Autorität zu besinnen.

Wir gehen nach der zu Anfang dieses Buches dargestellten Methode zur Bestimmung der vierstelligen Lebenszahl vor, ohne jedoch die letzten beiden Ziffern rechts vom Schrägstrich zusammenzuzählen. Wenn wir sie doch addierten, erhielten wir die Zahl 38/11/2, die den energetischen Einfluß der 2 (Zusammenarbeit) zur doppelten Kreativität der 11 hinzufügen würde. Das heißt, daß der Umgang mit Menschen unter dem Einfluß der 38/11, die noch nicht gereift sind, durch ihre unabhängige, ja herrschsüchtige Art schwierig ist; zu Anfang sind sie unter Umständen übereifrig und hilfsbereit, aber wenn sie sich zuviel zumuten, schlägt ihre Bereitwilligkeit aufgrund der Energie der 2 leicht in Ablehnung um.

Menschen mit dieser Lebenszahl, die von Natur aus stark sind, deren Macht jedoch abwechselnd unterdrückt wird oder sich explosionsartig entlädt, haben die Energie und den inneren Antrieb, Geld zu verdienen und etwas zu bewegen. Zu ihren Lebensaufgaben gehört unter anderem, daß sie lernen, sich selbst (statt andere) zu beherrschen und ihre beträchtliche Macht und Energie kreativen Unternehmungen zuzuführen, durch die andere in ihrer Umgebung aufgerichtet und gestärkt werden sowie lernen, ihr eigenes Potential an Energie und Inspiration zu nutzen.

Die meisten Menschen auf diesem Weg haben das Gefühl, nicht genug zu geben und nicht genug zurückzubekommen. Da sich bei ihnen emotionales Feingefühl mit einem rohen, oft verdrängten Machtwillen paart, sind sie von starkem Schaffensdrang getrieben. Bildlich gesprochen, verbringen sie unter Umständen ihr ganzes Leben damit, einen Tiger am Schwanz festzuhalten, bis sie ihn endlich gezähmt haben und lernen, ihre Energie in positive Kanäle zu leiten. Andernfalls werden sie vielleicht süchtig nach Drogen, Sex und Nahrung.

Durch die Macht- und Autoritätsprobleme der 8 neigen die meisten Menschen mit dieser Lebenszahl dazu, Moral zu predigen und sich schulmeisterlich aufzuführen oder den Ton anzugeben und Kontrolle auszuüben; von diesen Eigenschaften kann jeder betroffen sein, der eine 8 in der Lebenszahl hat, aber bei Menschen auf dem Lebensweg der 38/11 werden die Energien der 8 durch die doppelte 1 noch verstärkt.

Wie alle Einsen oder Doppeleinsen müssen auch sie sich mit ihrer Unsicherheit befassen, mit der die Tendenz einhergeht, die mit der 8 verbundene Macht zu unterdrücken oder zurückzuhalten. Je mehr sie ihr Leben dem Gemeinwohl oder einem höheren Zweck jenseits ihres normalen Horizontes widmen, indem sie sich dem Gesetz des höheren Willens (S. 473) anvertrauen, um so mehr läutern sie die Energien der 8 und setzen sie ihre schöpferischen Kräfte frei, und damit wächst ihr Mut, im Leben voranzuschreiten.

Die positive Gestalt der 38/11

Als brillante, machtvolle Führungspersönlichkeiten und dynamische, kreative Berater können diese Menschen gut Probleme lösen, neue Möglichkeiten eröffnen und den Weg bereiten für eine bessere Welt. Geld spielt keine Hauptrolle in ihrem Leben; sie lassen ihren Energien freien Lauf und haben einen unerschöpflichen Vorrat davon. Sie geben und nehmen, ohne beides gegeneinander aufzurechnen, und ziehen andere durch ihr starkes Kraftfeld magisch an. Sie fördern andere in ihren Fähigkeiten und teilen freizügig. Sie haben gelernt, von einer Position der Gleichberechtigung und gegenseitigen Achtung aus die Führung zu übernehmen. Indem sie mit überschäumender Energie den Weg zum Erfolg beschreiten, gestalten sie ihr Leben spannend und produktiv.

Die negative Gestalt der 38/11

Diese Menschen setzen andere durch ihre Taktik, ihr Konkurrenzverhalten und übermäßige Kontrolle matt, oft mit Hilfe von Manipulation. Da sie zu unsicher sind, um sich fest zu engagieren, verleugnen sie ihre Macht und untergraben ihren Erfolg, oder aber sie mißbrauchen ihre Macht und suchen den Erfolg, indem sie andere beherrschen oder in den Schatten stellen. Sie haben nichts für körperliche Betätigung übrig und leiden unter Suchtgewohnheiten, die durch die Blockierung ihrer schöpferischen Energie entstehen. Frustriert durch die angestaute Energie, stoßen sie andere durch ihr distanziertes, negatives Gebaren ab, während sie innerlich von ihren nagenden Selbstzweifeln und ihrer Unsicherheit zerfressen werden.

Die Lebensbereiche

Gesundheit

Menschen unter dem Einfluß der 38/11 vereinen eine Reihe von Anfälligkeiten in sich, die mit der 3 (gestörte Ausdrucksfähigkeit mit Auswirkungen auf den Hals), der doppelten 1 (Genitalbereich, Unterleib, unterer Rücken) und der 8 (Selbstzerstörungstendenzen, die sich in Unfällen oder, seltener, in einem Zusammenbruch infolge von Überarbeitung äußern) zusammenhängen. Das bedeutet nun nicht, daß diese Menschen unweigerlich krank werden oder verunglücken; Krankheiten stellen sich meist erst bei ihnen ein, wenn sie negativen Verhaltensmustern folgen, und können als Feedback betrachtet werden, mit dem das Leben ihnen signalisiert, daß sie ihre Gewohnheiten ändern müssen.

Die wirksamsten Heilmethoden für Menschen auf diesem Lebensweg sind unter anderem Visualisation, Gesprächstherapie, Akupunktur, Körpertherapie und andere eher feinstoffliche Verfahren, in deren Mittelpunkt Geist und Energiefeld stehen. Solange sie ihre schöpferischen Energien fließen lassen, haben diese Menschen eine robuste Konstitution und erfreuen sich bester Gesundheit und Vitalität. Sie stellen gern eigene Ernährungsregeln auf. Im allgemeinen sind sie zu beschäftigt, um Essen zu einem zentralen Thema ihres Lebens zu machen (außer beim kreativen Kochen); deshalb betrachten sie die Nahrung meist nur als Brennstoff für ihr Leben und ihre Ambitionen. Eine vegetarische oder zumindest weitgehend vegetarische Ernährungsweise könnte einem gewissen Hang zur Aggressivität entgegenwirken.

Wie andere Doppeleinsen brauchen auch sie reichlich Bewegung, um ihre schöpferischen Energien freizusetzen und zu erden. Einmal in Form, bekommt ihnen eine tägliche Trainingsroutine vorzüglich.

Zwischenmenschliche Beziehungen

Menschen mit dieser Lebenszahl können zwar sehr sicher wirken, aber die doppelte 1 und die 3 sind ein Hinweis darauf, daß sie sich häufig einen oder mehrere Partner suchen, die ihnen zu einem besseren Selbstgefühl verhelfen. Meist streiten sich zwei Seelen in ihrer Brust, denn sie brauchen einerseits jemanden, der stark ist, so daß sie sich an ihn lehnen können, wollen jedoch auch alles in ihrer Umwelt unter Kontrolle halten.

An der Art ihrer Beziehungen und ihrer Sexualität wird deutlich, wie sie mit ihren Lebensaufgaben umgehen. Die meisten Menschen auf diesem Weg merken, daß sie ihre Probleme mit Macht und Kontrolle sowie ihre Unsicherheit auch ins Schlafzimmer mitnehmen. Unter Umständen benutzen sie ihre Sexualität und ihren Partner als Ventil, ohne Feingefühl für die Bedürfnisse des anderen zu zeigen; oder sie mißbrauchen ihre Macht, sofern sie sie nicht einfach verleugnen. Sexuell möchten sie entweder das Sagen haben oder völlig beherrscht werden. Sadomasochistische und andere sexuelle Machtspiele sind vermutlich von Menschen mit der Lebenszahl 38/11 erfunden worden.

Natürlich können sie, wenn sie sich positiv entwickeln, befriedigende Wechselbeziehungen sexueller und anderer Art eingehen. Auf jeden Fall sind ihre persönlichen Beziehungen wie ein Spiegel, der ihnen helfen kann, ihr Leben zu verstehen und ins Gleichgewicht zu bringen.

Begabungen, Beruf und Finanzen

Die meisten Menschen mit dieser Lebenszahl sind geborene Führungspersönlichkeiten, die dank ihrer wesentlichen Eigenschaften – ihrer Autorität, Feinfühligkeit und Kreativität – nahezu jedes Problem lösen können. Sie geben entweder bewundernswerte oder sehr unbeliebte Politiker ab, je nachdem, ob sie sich positiv oder negativ mit ihren Macht- und Kreativitätsfragen auseinandersetzen, ihre Macht weise und mit Autorität gebrauchen oder damit andere unterjochen.

Auch wenn nicht alle Menschen auf diesem Weg Autoritätspositionen innehaben, werden sie doch stets andere durch die angeborene Macht ihres Verstandes und ihrer schöpferischen Ideen leiten, sei es in der Schule, bei der Arbeit oder zu Hause. Sie sind fähige Erfinder, Erneuerer und Führer im kreativen Bereich, ob sie geschäftlich oder künstlerisch tätig sind. Viele Menschen mit dieser Lebenszahl sind Unternehmer, Konzernchefs, Staatsoberhäupter oder zumindest Geschäftsführer kleinerer Firmen. Ob als Prediger oder Problemlöser, immer leisten sie Herausragendes auf ihrem Gebiet.

In finanzieller Hinsicht schaden sie sich oft selbst, schwanken zwischen Angst und Begierde hin und her und neigen zu der Einstellung «alles oder nichts». Ein stabiler, konservativer Partner, der gut mit Geld umgehen kann, dürfte eine Hilfe für sie sein. Wenn sie ihre Kreativität dem Allgemeinwohl widmen und im Positiven etwas bewirken auf dieser Welt, fließt ihnen Geld ganz von selbst zu. Je mehr sie sich mit ihrer Energie für andere engagieren, um so stärker wird der Geldstrom.

Bekannte Persönlichkeiten mit der Lebenszahl 38/11

Marc Chagall
Bill Clinton
Isadora Duncan
Johann Wolfgang von Goethe
Benito Mussolini
Jacqueline Onassis

Wege zum Wachstum

Wenn Sie die Lebenszahl 38/11 haben, können Ihnen die folgenden Vorschläge helfen, sich über Ihre Lebensbestimmung klarzuwerden, indem Sie Ihre Aufmerksamkeit auf die Kernfragen richten und so handeln, daß sich in Lebensbereichen mit Schlüsselfunktionen etwas ändert.

Empfehlungen

- Besinnen Sie sich wieder auf Ihre Macht, aber lernen Sie auch, ohne Kontrolle auszukommen.
- Verschaffen Sie sich täglich kräftig Bewegung, um Ihrem Suchtverhalten entgegenzuwirken.
- Bringen Sie Ihre Gefühle zum Ausdruck, und spüren Sie die Macht dieses Ausdrucks.
- Suchen Sie nach kreativen Möglichkeiten, wohltätigen Zwecken zu dienen.

Nützliche Fragen

1. Denken Sie über folgende Fragen nach:
   - Wann verleugne ich meine Macht? Wann übe ich zuviel Kontrolle aus?
   - Inwiefern nützt meine schöpferische Energie anderen?
   - Auf welche Weise bin ich mit meinem Geld oder meiner Energie großzügig?
   - Wenn ich unsicher oder frustriert bin, entlädt sich dann meine Energie konstruktiv oder destruktiv?
2. Wie können Sie Einsichten, zu denen Ihnen diese Fragen vielleicht verholfen haben, in die Lebenspraxis übertragen?

Orientierungshilfen

1. Blättern Sie zu Teil II zurück, und lesen Sie noch einmal die Hauptabschnitte über die Ziffern, aus denen sich Ihre Lebenszahl zusammensetzt: 1 (S. 53), 3 (S. 70) und 8 (S. 120).
2. Vielleicht möchten Sie sich die Lebenszahlen von Angehörigen und Freunden einmal anschauen und mit diesen zusammen, falls sie dafür aufgeschlossen sind, gemeinsame oder auch unterschiedliche Lebensfragen besprechen.

Die wichtigsten spirituellen Gesetze

1. Lesen Sie sich jedes der folgenden Gesetze in Teil IV durch:
   - Das Gesetz der Wahlfreiheit (S. 410): Kreativität ist eine Energie, die wir positiv oder negativ nutzen können.
   - Das Gesetz des höheren Willens (S. 473): Durch unsere Bereit-

schaft, einem höheren Zweck zu dienen, spornen wir uns selbst und andere an.

- Das Gesetz der Ehrlichkeit (S. 468): Die eigenen Gefühle und die Gefühle anderer zu achten ist die Grundlage der Ehrlichkeit.
- Das Gesetz des Handelns (S. 483): Um unsere Unsicherheit zu überwinden, müssen wir unsere Verletzlichkeit akzeptieren, aber dennoch selbstsicher handeln.
- Das Gesetz der Intuition (S. 477): Wenn wir aufhören, uns die Ansichten anderer zum Maßstab zu machen, können wir mit der Weisheit unseres Herzens eins werden.

2. Führen Sie die jeweils dort angegebenen Übungen durch.
3. Überlegen Sie, wie Sie diese Gesetze in Ihrem Leben beherzigen können.

47/11

11: Doppelte Kreativität und Zuversicht
7: Vertrauen und Offenheit
4: Stabilität und Entwicklung

Die Lebensbestimmung

Menschen auf dem Lebensweg der 47/11 sind hier, um Kreativität mit Vertrauen zu vereinen, indem sie lernen, an den schöpferischen Geist in ihrem Innern zu glauben, und ihre Energien daran wenden, eine stabilere, friedlichere Welt aufzubauen. Dabei mögen sie das Allgemeinwohl im Sinn haben oder sich, mit gleichem Gewicht, auf einen kleineren Kreis von Angehörigen, Freunden oder Kollegen und Mitarbeitern beschränken.

Wir gehen nach der am Anfang dieses Buches dargestellten Methode zur Bestimmung der vierstelligen Lebenszahl vor, ohne jedoch die letzten beiden Ziffern rechts vom Schrägstrich zusammenzuzählen. Täten wir das doch, erhielten wir die Zahl 47/11/2, wodurch der mögliche Einfluß der 2 (die Energie der Zusammenarbeit) zur doppelten Kreativität der 11 hinzukäme.

Da wir alle zur Erfüllung unserer Lebensbestimmung bergauf gehen müssen, haben auch Menschen auf dem Weg der 47/11 in der Reihenfolge der Ziffern ihrer Lebenszahl etliche Probleme und Prüfungen zu bestehen: Erstens müssen sie ihren eigenen Wachstumsprozeß im Laufe der Zeit erkunden und sich ihm vertrauensvoll überlassen; zweitens müssen sie ihre Angst oder die Erwartung überwinden, mit Mißtrauen behandelt oder betrogen zu werden, die meistens durch Familienprobleme in der Kindheit bedingt ist; drittens müssen sie ihre tiefgreifende Unsicherheit ablegen, die sich immer wieder zwischen sie und andere stellt.

Die archetypische Lebensbestimmung dieser Menschen hat etwas mit Ästhetik, Harmonie, Rhythmus, Ganzheit und Herzensbildung zu tun. Vertrauen ist eine Kernfrage für sie; die reine Lebenskraft, die sie verspüren, wird durch ihre ästhetische Sensibilität etwas abgemildert, durch die Energie der 4 jedoch auch wieder gestützt und gesteigert. Wir alle genießen Schönheit, aber etwas Schönes zu *schaffen* und mit anderen zu teilen erfordert Vorbereitung und Erfahrung. Ausschlaggebend für Menschen mit dieser Lebenszahl ist ein schrittweises Vorgehen.

Wie Leute mit anderen Lebenszahlen machen auch sie ihre Erfahrungen mit den schwierigen oder negativen Aspekten ihrer Zahl wie auch mit den positiveren Seiten des Lebens, zu dem sie geboren sind. Das Gesetz der Entwicklung (S. 431) hilft ihnen, ihrer Neigung zu kindlicher Naivität und Ungeduld vorzubeugen, während das Gesetz des Vertrauens (S. 458) ihrem Mangel an Selbstvertrauen und ihrer angeborenen Empfindlichkeit in bezug auf das Getäuschtwerden entgegenwirkt. Diese Gesetze sind wichtig für Menschen unter dem Einfluß der 47/11, die manchmal, verstärkt durch mangelndes Selbstvertrauen, unter lähmenden Anfällen von Unsicherheit leiden. Unsinnigerweise fühlen diese Menschen sich leider oft schon als Versager, noch ehe sie richtig losgelegt haben.

Sobald sie einmal die Möglichkeit hatten, sich mit den Problemen der eigenen Entwicklung, des Vertrauens und der Unsicherheit auseinanderzusetzen, finden sie zu Selbstvertrauen, Schönheit und Vergeistigung. Während sie sich ihren Eingebungen öffnen, spüren sie den Geist in allem und jedem, und wenn sie diesem Geist auch in ihrem eigenen Innern vertrauen, bringen sie Licht, Kraft und Wunder in diese Welt.

Bei ihnen vereint sich der messerscharfe Verstand der 7 mit den analytischen Fähigkeiten und der Kraft der 4, verstärkt durch die doppelte Dosis Kreativität der 11, so daß sie ein einzigartiges Potential besitzen, wie es bisher kaum jemals auf unserer Erde in Erscheinung getreten ist. Sie erscheinen zu einer Zeit, in der ihre Herzensbildung und ihre Energie am meisten gebraucht werden, und zwar nicht nur, um an der «Erlösung» dieser Welt mitzuwirken, sondern um die neue Zeit zu feiern. Schritt für Schritt auf die Verwirklichung ihrer Ziele hinzuarbeiten erfordert ein gewisses Maß an Vertrauen in den Entwicklungsprozeß. Sie dürfen nicht vergessen, daß Kreativität allein wenig Kraft besitzt ohne die entsprechende Zeit und Geschicklichkeit, sie zu fördern.

Diejenigen, die auf dem Lebensweg der 47/11 sind, können mit ihrer schöpferischen Imagination Brücken in eine hellere Zukunft schlagen. Zu ihren Lebensaufgaben gehört unter anderem, ihre Kreativität praktisch zum Ausdruck zu bringen und gleichzeitig erdverbunden zu bleiben. Sie sollen nicht unbedingt in persönlichen Phantasien schwelgen, sondern ihre schöpferischen Visionen vom Himmel auf die Erde holen, um sie mit anderen zu teilen.

Mit ihrer utopischen Kraft und ihrem visionären Weitblick können sie uns die Augen öffnen für die Schönheit, die uns entgangen sein mag, hier und jetzt, mitten im Leben. Auf die eine oder andere Art sind sie anderen, die ihren Platz in der größeren Ordnung des Lebens suchen, stets eine Quelle des Lichts.

Die positive Gestalt der 47/11

Das Kraftfeld dieser Menschen strahlt in einem Licht, das andere weniger mit ihren Augen sehen, als sie es spüren. Durch ihr leuchtendes Beispiel erinnern sie uns an die schöpferische Energie und den Geist, die in uns allen walten, ob wir uns dessen schon bewußt sind oder noch nicht. Indem sie in ihrer Phantasie durch verschiedene Dimensionen reisen, erfahren sie das Leben als spirituelles Mysterium – eine lebendige, tiefinnere Erkenntnis – und benutzen ihre analytischen Fähigkeiten, ihre blitzschnelle Auffassungsgabe und ihre schöpferische Energie dazu, diese erhebende Lebenserfahrung auch anderen zugänglich zu machen. Es mag schwer für uns sein, die Quelle ihrer Inspiration zu ergründen oder mit ihnen Schritt zu halten. Es ist fast so, als säße ihnen ein Engel auf der Schulter; je mehr Vertrauen sie haben und je mehr sie sich auf ihre innere Führung und ihre intuitiven Regungen verlassen, um so mehr positive Energie und Schönheit bringen sie in diese Welt.

Die negative Gestalt der 47/11

Diese Personen leben in einer eigenen Geisteswelt, ohne bodenständig oder erdverbunden zu sein. Isoliert und verbittert, verlieren sie sich in der «virtuellen Realität» ihrer schöpferischen Vorstellungen und leben wie Einsiedler, auch wenn sie mitten unter Menschen sind. Sie ziehen Computer den Mitmenschen vor und das Alleinsein der Gemeinschaft mit anderen, denen sie mißtrauen. Als glänzende Versager erträumen sie sich eine Zauberwelt, in der alles schnell und leicht geschieht, und oft wollen sie lieber nicht hier unten auf der Erde sein. Sie reagieren empfindlich auf das Gefühl, von anderen betrogen zu werden, und sind hin- und hergerissen zwischen ihrer inneren und der äußeren Wirklichkeit. Abgekämpft unter dem Gewicht ungelöster Kindheitsprobleme und emotional gehemmt, sind sie anfällig für die Abhängigkeit von Drogen oder Erfahrungen, die ihnen eine Flucht ermöglichen.

Die Lebensbereiche

Gesundheit

Die meisten Menschen mit der Lebenszahl 47/11 haben einen sehr zarten, empfindlichen Körper und ein ebensolches Kraftfeld. Wie andere Doppeleinsen auch, sind sie sehr anfällig im Fortpflanzungsbereich (einschließlich des Unterleibes und unteren Rückens), besonders, wenn ihre schöpferische Energie blockiert ist. Das Herz und weniger stark auch die Beine können Beschwerden verursachen, falls Probleme im Zusammenhang mit der 7 oder der 4 nicht gelöst werden. Trotz ihrer Sensibilität haben diese Menschen auch große körperliche Kraft.

Wenn sie krank sind, können mentale Übungen (sowohl im bewußten wie auch im unterbewußten Bereich) zum Beispiel gelenkte Phantasiereisen oder positive Affirmationen den Genesungsprozeß drastisch beschleunigen.

Menschen auf diesem Lebensweg profitieren eindeutig von einer einfachen, aber vollwertigen Ernährung, die vorzugsweise vegetarisch sein und wenig oder keine Milchprodukte enthalten sollte, aber auch nicht zu leicht sein darf, damit sie nicht so «ätherisch» werden, daß sie davonschweben. Am wichtigsten ist für sie, daß sie daran denken, im Hinblick auf Ernährung und körperliche Bewegung auf ihre Instinkte und ihre Intuition zu vertrauen.

Im allgemeinen haben diese Menschen eine Vorliebe für ästhetisches Körpertraining in natürlicher Umgebung, das ihnen ein Gefühl des inneren Gleichgewichts und Friedens gibt, wie beispielsweise Wandern in reizvoller Landschaft, anstrengende Bildhauerarbeit, Action Painting oder Gymnastik mit Atem-, Bewegungs- und Entspannungsübungen zu den Klängen von Musik. Wegen der 4 ist eine gewisse Routine, die ruhig abwechslungsreich sein darf, geboten, um die schöpferischen Kräfte deutlich zu machen und im Fluß zu halten. Anspruchsvolle Übungen, bei denen Geist, Gefühl und Aufmerksamkeit koordiniert werden müssen, helfen Menschen unter dem Einfluß der 47/11, mit beiden Füßen auf dem Erdboden zu bleiben. Ob Wälder oder Wüsten, fast jede natürliche Umgebung ist für sie ein Labsal.

Zwischenmenschliche Beziehungen

Viele Menschen mit der Lebenszahl 47/11 heiraten, bekommen Kinder und führen ein gutbürgerliches Leben. Trotzdem liegen den meisten konventionelle Rollen fern; sie sind zu sehr damit beschäftigt, kreativ zu sein und andere hinaus in die Natur oder ins Reich ihrer eigenen Phantasie zu führen. In jeder zwischenmenschlichen Beziehung ist von ausschlaggebender Bedeutung, daß sie ihre Verletzlichkeit zugeben und aufrichtig mit dem anderen kommunizieren, um so gegenseitiges Vertrauen zu entwickeln. Sie müssen auch darauf achten, emotional wirklich bei der Sache zu sein.

Ihre Sexualität geht wahrscheinlich mit schöpferischen Phantasien einher, und sie haben meist ein aktives Triebleben und bedienen sich der Masturbation, wenn ihr Partner ihnen nicht gewachsen ist oder sie sich lieber in die Sicherheit ihrer Phantasien flüchten, statt sich, verletzlich, wie sie sind, sexueller Intimität auszusetzen.

Begabungen, Beruf und Finanzen

Diejenigen, die auf dem Weg der 47/11 sind, sind Paradebeispiele für geistige Kreativität. Aufgrund ihrer schöpferischen Imagination sind unter ihnen wunderbare Romanschriftsteller, kreative Werbegrafiker und mitreißende Redner zu finden. Da sie gern allein arbeiten, sind sie auch gute Forscher, es sei denn, sie haben keine Geduld oder entschieden etwas gegen Routine. Sie bringen ihre Kreativität in jede Art von geschäftlichen Unternehmungen ein und tun etwas für die große Menschenfamilie dieser Erde. Sie könnten sogar brillante Erfinder, Zauberer (im Wald oder am Computer), Einsiedler oder Heiler mit Geistführern werden oder darüber schreiben.

Wie Menschen mit den Lebenszahlen 29/11 und 38/11 sind auch sie im Besitz doppelter Kreativität; Geld fließt ihnen aus den verschiedensten Quellen zu, ist für sie jedoch zweitrangig. Sie bemerken kaum, wenn es hereinkommt oder entschwindet. Solange ihre Säfte fließen, kommen sie an Geld ebenso wie an alles andere – wie durch Zauberei.

Bekannte Persönlichkeiten mit der Lebenszahl 47/11

In unseren Nachschlagewerken gibt es noch keine Prominenten mit der Lebenszahl 47/11. Der Älteste von ihnen in diesem Jahrhundert ist 1989 geboren. Die Lebenszahl 47/11 betrifft nur einen kleinen Teil der Bevölkerung; wenn künftig mehr Menschen mit der Lebenszahl 47/11 auf die Welt kommen, werden darunter auch etliche sein, die Berühmtheit erlangen.

Wege zum Wachstum

Wenn Sie die Lebenszahl 47/11 haben, können Ihnen die folgenden Vorschläge helfen, sich über Ihre Lebensbestimmung klarzuwerden, indem Sie Ihre Aufmerksamkeit auf die Kernfragen richten und so handeln, daß sich in Lebensbereichen mit Schlüsselfunktionen etwas ändert.

Empfehlungen

- Bleiben Sie mit beiden Füßen auf dem Erdboden; gehen Sie in kleinen, praktikablen Schritten vor.
- Verschaffen Sie sich täglich durch Tanzen oder durch eine Kampfkunst Bewegung – alles ist nützlich, was Sie dazu bringt, sich zu dehnen und tief zu atmen.
- Suchen Sie nach Möglichkeiten, sich und andere auch geschäftlich zu inspirieren.
- Denken Sie daran, Ihre analytischen Fähigkeiten mit Ihren tiefinnersten Gefühlen zu vereinen.

Nützliche Fragen

1. Denken Sie über folgende Fragen nach:
   - Wie kann ich meine Energien am besten mit anderen teilen?
   - Habe ich meine Kreativität durch die Schulung meiner Fähigkeiten gefördert?
   - Wie kann ich eine starke und herzliche Beziehung zu anderen herstellen?
   - Was fürchte ich an anderen Leuten, und was liebe ich an ihnen?
2. Wie können Sie Einsichten, zu denen Ihnen diese Fragen vielleicht verholfen haben, in die Lebenspraxis übertragen?

Orientierungshilfen

1. Blättern Sie zu Teil II zurück, und lesen Sie noch einmal die Hauptabschnitte über die Ziffern, aus denen sich Ihre Lebenszahl zusammensetzt: 1 (S. 53), 4 (S. 79) und 7 (S. 110).
2. Vielleicht möchten Sie sich die Lebenszahlen von Angehörigen und Freunden einmal anschauen und mit diesen zusammen, falls sie dafür aufgeschlossen sind, gemeinsame oder auch unterschiedliche Lebensfragen besprechen.

Die wichtigsten spirituellen Gesetze

1. Lesen Sie sich jedes der folgenden Gesetze in Teil IV durch:
   - Das Gesetz der Wahlfreiheit (S. 410): Kreativität ist eine Energie, die wir positiv oder negativ nutzen können.
   - Das Gesetz des Vertrauens (S. 458): Nur wer sich selbst vertraut, kann auch anderen vertrauen.
   - Das Gesetz der Verhaltensmuster (S. 435): Verhaltensmuster wiederholen sich in der Regel, wenn wir keinen starken Hebel ansetzen, um sie zu verändern.
   - Das Gesetz des Handelns (S. 483): Um unsere Unsicherheit zu überwinden, müssen wir unsere Verletzlichkeit akzeptieren, aber dennoch selbstsicher handeln.
   - Das Gesetz der Erwartungen (S. 463): Unser Leben gestaltet sich entsprechend unseren heimlichen Erwartungen und Annahmen.
2. Führen Sie die jeweils dort angegebenen Übungen durch.
3. Überlegen Sie, wie Sie diese Gesetze in Ihrem Leben beherzigen können.

2:
Zusammenarbeit und Ausgewogenheit

Wer mit sich selbst in Harmonie lebt,
lebt auch in Harmonie mit dem Universum.
Mark Aurel

In diesem Kapitel geht es um die reine, unverwässerte, konzentrierte Energie der 2 (S. 62) in der Lebenszahl 20/2, die durch die inneren Gaben der 0 (S. 140) noch verstärkt wird. Danach werden in einem eigenen Kapitel (S. 210ff.) die Lebenszahlen behandelt, die auf 12 enden.

20/2

2: Zusammenarbeit und Ausgewogenheit
20: Zusammenarbeit und Ausgewogenheit in Verbindung mit inneren Gaben

Die Lebensbestimmung

Menschen auf dem Lebensweg der 20/2 sind hier, um im Geist des Dienenwollens von ihren inneren Gaben Gebrauch zu machen; sie müssen lernen, gesunde Grenzen abzustecken und ein ausgewogenes Verantwortungsgefühl zu entwickeln, um zu einer erfreulichen Zusammenarbeit und gegenseitigen Unterstützung zu kommen. Im Gleichgewicht mit sich selbst, können diese Menschen aus Liebe und Fürsorglichkeit, statt aus innerer Abhängigkeit, mit anderen zusammen dem Allgemeinwohl dienen. Im ungünstigen Fall kommt es allerdings doch zu (innerer oder äußerer) Abhängigkeit, die meist einen familiären Hintergrund hat. Auch wenn nicht alle Menschen mit dieser Lebenszahl familiär vorbelastet sind, so neigen sie doch, solange sie noch nicht den Punkt gefunden haben, an dem sie im Gleichgewicht sind, zu Überverantwortlichkeit und Übereifer in ihrer Hilfsbereitschaft, bis es ihnen zuviel wird und sie sich emotional abschotten.

Da sich alle Menschen unter dem Einfluß der 20/2 so verantwortlich fühlen und sich bis zu einem gewissen Grad immer selbst die Schuld an allem geben, selbst an den Problemen anderer, haben sie aus Selbstverteidigungsgründen schnell etwas an ihren Mitmenschen auszusetzen, als wollten sie sagen: «Das ist nicht meine Schuld!» Sie alle müssen die volle Verantwortung für ihr eigenes Leben übernehmen, dürfen sich jedoch nicht für das Leben anderer verantwortlich fühlen, außer natürlich unter entsprechenden Umständen, zum Beispiel in der Sorge um Kinder.

Die meisten Menschen auf diesem Lebensweg müssen den Unterschied zwischen Dienst und Knechtschaft klar definieren. Sie können die Fähigkeit entwickeln, im weitesten Sinne mit dem Leben mitzugehen, statt sich gegen die Situationen oder Umstände aufzulehnen, denen sie ausgesetzt sind.

Im Leben und in ihren Beziehungen zu anderen tun sie von Anfang an zuviel des Guten; dann schwingt das Pendel unweigerlich zurück, sie werden immer kälter, störrischer oder verschlossener. Sie sind hier auf dieser Erde, um den Bereich zu finden, in dem sie sich wohl fühlen, und um ihre Grenzen festzulegen – das auszuwählen, *wobei ihnen wohl ist,* und wenn ihnen bei etwas nicht ganz wohl ist, zu wissen, wann sie «genug» sagen sollten, statt zu warten, bis sie sagen müssen: «Mir reicht's.» Indem sie sich über ihre eigenen Gefühle klarwerden, statt das zu fühlen, was sie nach ihrer Ansicht oder der Meinung anderer fühlen *sollten,* können sie ihren Mitmenschen echte Unterstützung geben und sich auch selbst von ihnen unterstützen lassen.

Menschen mit den Lebenszahlen 20/2, 22/4 und 40/4 haben viele Gemeinsamkeiten; zum Beispiel müssen sie Schritt für Schritt an die Lösung ihrer Probleme gehen. Unterstützende und helfende Funktionen sind ihnen zwar am liebsten, aber sie können auch auf jedem Gebiet eine Führungsposition bekleiden oder Künstler sein. Normalerweise finden sie die größte Befriedigung darin, andere Menschen zu unterstützen, die dem Gemeinwohl dienen.

Ähnlich wie bei Vieren, kreisen ihre Gedanken immer um das gleiche, wenn sie vor Entscheidungen stehen – sie fassen alle Unsicherheiten ins Auge und wägen Vor- und Nachteile gegeneinander ab –, nur um das Gefühl haben zu können, das zu tun, was sie tun «sollten». Die meisten von ihnen sind außerdem auf feste Formen aus und halten alles unter Kontrolle; Unordnung ist nach ihrem Empfinden das reine Chaos und weckt womöglich Kindheitsängste bei ihnen.

Die Hauptaufgaben für Menschen auf dem Lebensweg der 20/2 ist die, zur inneren Harmonie zu finden. Sie leben auf, wenn sie ihrem analytischen Verstand einmal eine Ruhepause gönnen und andere Leute ihre Probleme selbst lösen lassen. Wenn sie ihren inneren Sinn für Harmonie gefunden und sich Grenzen gesteckt haben, werden sie ein Vorbild für inneres Gleichgewicht, nach dem sich auch andere richten können.

Mit der ihnen eigenen, vom Körperbau unabhängigen Kraft und überraschenden Robustheit können sie bei ihrer Arbeit in dieser Welt guten Gebrauch von ihren inneren Gaben der Feinfühligkeit, Stärke, Ausdrucksfähigkeit und Intuition (auch in höherer Form) machen.

Bei ihrer überaus großen Feinfühligkeit müssen Menschen mit der Lebenszahl 20/2 daran denken, daß sie anderen, die sich in eine Klemme oder Notlage gebracht haben, zwar helfen können, wenn sie sich dazu genötigt fühlen, daß sie aber *nicht* für deren Misere verantwortlich sind. Sie brauchen sie nicht aus der mißlichen Lage zu befreien, in die sie sich selbst gebracht haben. Manchmal müssen diese eine Weile in einer solchen Lage verharren, bis sie gelernt haben, was sie lernen sollten. Andere zu «retten», ehe sie bereit sind, sich retten zu lassen, hilft ihnen nicht unbedingt. Es liegt nicht in unserer Macht zu entscheiden, was andere tun sollten, wie auch andere nicht entscheiden können, was für uns das Richtige ist. Menschen unter dem Einfluß der 20/2 sind am besten beraten, wenn sie aus ihrer Mitte heraus mitfühlend handeln, dabei aber Distanz wahren.

Die positive Gestalt der 20/2

Diese Menschen wiegen Stärke mit Flexibilität auf, das Privatleben mit dem Berufsleben, die Zeit für andere mit der Zeit für sich selbst. Körperlich bleiben sie entspannt und beweglich, woran sich ihr innerer Gleichmut zeigt, denn sie machen sich keine Sorgen, sondern verlassen sich auf ihr intuitives Wissen. Als meisterhafte Problemlöser und Mittler sowohl im Familienkreis als auch im Beruf helfen sie anderen, ebenso zu einer Übereinkunft zu kommen, wie sie selbst zur inneren Harmonie und Integration gefunden haben. Wenn sie anderen mit ihrer Kraft und Sensibilität Beistand leisten, haben sie das Gefühl, sich nützlich zu machen und gebraucht zu werden; sie mögen und fördern sich auch selbst und achten ihre Grenzen, ihre Gefühle und Beschränkungen.

Die negative Gestalt der 20/2

Niemand weiß je, was diese Menschen eigentlich wollen, nicht einmal sie selbst; sie sind zu sehr damit beschäftigt, das zu machen, was sie ihrer Meinung nach machen *sollten,* und erwarten von anderen stets, es ihnen gleichzutun. Von Herkunft und Erziehung zur Abhängigkeit vorbestimmt, fühlen sie sich für fast alles verantwortlich, für den Lauf der Gestirne ebenso wie für jedermanns Bedürfnisse. Die Launen anderer Leute werden für sie zum Anspruch. Sie opfern sich für andere auf und ärgern sich zugleich darüber; im allgemeinen tun sie zuviel, um sich dann dagegen zu wehren oder ganz zurückzuziehen. Körperlich, geistig und seelisch mitgenommen von der Sorge um alle Welt, leiden sie häufig unter Allergien und anderen Beschwerden.

Die Lebensbereiche

Gesundheit

Ihre robuste, im allgemeinen kräftige körperliche Verfassung bewahrt sie meist vor Krankheiten, nur neigen Menschen mit der Lebenszahl 20/2 aufgrund ihrer Sorgen zu Verspannungen und stehen durch ihre geistige Überaktivität unter Streß. Dabei können plötzliche Allergien auftreten, und die körperliche Anspannung kann den lymphatischen Teil des Immunsystems in seiner Funktion beeinträchtigen.

Die meisten Menschen mit dieser Lebenszahl (wie auch solche mit der Lebenszahl 40/4 und 22/4) sind ihrem Körperbau nach untersetzt und stämmig, worin sich ihre Kraft widerspiegelt, oder eher drahtig und von erstaunlicher Spannkraft. Bei Übergewichtsproblemen bekommen ihnen Aerobic-Übungen und eine fettarme Ernährung in Verbindung mit Tiefenatmung und einem Entspannungs- oder Meditationsprogramm gut. Meditation und Bewegung sind sehr wichtig für sie, aber sie weichen beidem gern aus und ziehen ein körperbezogenes Krafttraining vor, um stärker zu werden – was sie schon in überreichlichem Maße sind. Die meisten von ihnen strotzen vor Kraft, sind hingegen wenig flexibel, und deshalb sind solche Übungen am besten für sie geeignet, durch die sie fließende, weiche Bewegungen lernen und ins Gleichgewicht kommen, wie zum Beispiel Yoga, T'ai-chi, Aikido und andere Kampfkünste, in deren Mittelpunkt Dehnung und Entspannung stehen.

Fast alle Menschen auf diesem Lebensweg sind mit ihrem Unbewußten in Tuchfühlung, so daß sie von Hypnose und positiver Visualisation profitieren, die den negativen Phantasien und Besorgnissen entgegenwirken, denen sie manchmal zum Opfer fallen.

Zwischenmenschliche Beziehungen

Die Mehrzahl derer mit der Lebenszahl 20/2 halten bei all ihrem Überengagement mit ihren wahren Gefühlen zurück, weil sie nicht immer sicher sind, was sie eigentlich empfinden – oder ob es «sich gehört», so zu fühlen. Normalerweise berücksichtigen sie stets zuerst die Bedürfnisse und Gefühle ihres Partners, um sich dann überbeansprucht zu fühlen, weil sie glauben, nicht genug zurückzubekommen, gemessen an dem, was sie einbringen.

Der Hang dieser Menschen, erst überkooperativ und dann unterkooperativ zu reagieren, kommt in ihren Beziehungen am deutlichsten zum

Ausdruck. Sie halten mit ihren Gefühlen zurück, bis irgend etwas in ihnen aufbricht und sie mit Widerwillen und Groll erfüllt. Wut und Ablehnung sind Anzeichen dafür, daß sie sich zu stark engagiert haben.

Üblicherweise sind sie zu Beginn einer Beziehung überkooperativ, indem sie ihre eigenen Wertvorstellungen, Interessen und Bedürfnisse in Bausch und Bogen aufgeben und sich wie Chamäleons jedem vermeintlichen Wunsch ihres Partners anpassen. Mit der Zeit wird es ihnen zuviel, sie verweigern ihre Kooperation und ziehen sich zurück oder werden störrisch. Wenn ihre Beziehung zu Bruch geht, sind sie verletzt: «Ich habe so viel von mir eingebracht, und jetzt verläßt er/sie mich!»

Ausschlaggebend für Menschen mit der Lebenszahl 20/2 sind Kompromiß- und Verhandlungsfähigkeit: «Ich tue dies, wenn du das machst.» Sie sind hier, um diese Art von wechselseitiger Zusammenarbeit zu lernen.

In sexueller Hinsicht gehen sie nach dem gleichen Muster vor, indem sie zuerst alles tun, was ihr Partner ihrer Auffassung nach von ihnen erwartet. Das kann kurze Zeit oder lange Jahre andauern – bis sie schließlich frigide oder impotent sind oder sich sexuell verweigern. Ihr Unterbewußtsein schaltet auf «aus», sobald das Gefühl da ist, zuviel investiert zu haben. Wenn das geschieht, müssen sie mit ihrem Partner professionelle Hilfe aufsuchen, um wieder miteinander ins Gespräch und in Kontakt zu kommen; bloß ein bißchen darüber zu reden nützt nicht viel.

Begabungen, Beruf und Finanzen

Wenn sie sich von ihrer Lebensbestimmung beflügeln lassen, ziehen Menschen mit der Lebenszahl 20/2 aufrecht und unbeirrbar ihre Bahn durchs Leben – im Gleichgewicht mit sich selbst, ohne sich von anderer Leute Empfindungen, Wünschen oder Ansichten beeinflussen zu lassen. Aufgrund ihrer Stärke und Feinfühligkeit können sie sich auf vielen Gebieten hervortun.

Alle Menschen mit diesem Lebensweg verfügen durch ihre inneren Gaben über eine kraftvolle Mischung aus Stärke und Feingefühl und infolgedessen über ungewöhnliche Fähigkeiten, die aber nicht immer zutage treten. Wie Menschen mit der Lebenszahl 40/4 sind sie im allgemeinen familienorientiert und gute, verläßliche, hilfsbereite Partner und Eltern, sofern sie sich positiv entwickeln. Bei familiären Streitigkeiten oder auch in größeren Organisationen und Regierungsämtern erweisen sie sich oft als wahre Diplomaten.

Sie besitzen ein ausgezeichnetes Organisations- und Koordinationstalent und sind hervorragende Vermittler oder Unterhändler. Häufig sind sie unschätzbare Berater und unterstützen Leute, die mit ihrer Persönlichkeit und ihrem Einsatz in großen Unternehmungen wirklich etwas bewegen. Nicht immer sind sie hinter den Kulissen tätig; manchmal treten sie selbst ins Rampenlicht, stehen vor der Kamera oder residieren gar im Weißen Haus. Aber auf jeden berühmten Menschen mit der Lebenszahl 20/2 kommen Tausende, die sehr wirkungsvoll im Hintergrund agieren.

Sicherheit ist ihnen äußerst wichtig, und dazu gehört unter anderem das Wissen, daß sie die Miete oder Hypothek bezahlen können und noch genug übrig haben, um Essen auf den Tisch zu bringen. Ihre praktische Ader bringt sie jedoch fast von selbst in die sichere Lage, die sie anstreben, und zu der Art von Tätigkeit im Dienst anderer, die ihren Fähigkeiten und ihrem Temperament entspricht.

Bekannte Persönlichkeiten mit der Lebenszahl 20/2

Julie Andrews
Richard Burton
Joseph Haydn
Helmut Kohl
Edouard Manet
Claude Monet
Sidney Poitier
Ronald Reagan
Debbie Reynolds
Dr. Benjamin Spock
Robert Louis Stevenson
Luchino Visconti

Wege zum Wachstum

Wenn Sie die Lebenszahl 20/2 haben, können Ihnen die folgenden Vorschläge helfen, sich über Ihre Lebensbestimmung klarzuwerden, indem Sie Ihre Aufmerksamkeit auf die Kernfragen richten und so handeln, daß sich in Lebensbereichen mit Schlüsselfunktionen etwas ändert.

Empfehlungen

- Wenn Sie vor einer Entscheidung stehen, schreiben Sie sich Ihre Vorstellungen auf, und vertrauen Sie dann auf Ihre Intuition.
- Lernen Sie, nein sagen zu können, ohne sich dabei unwohl zu fühlen.
- Verschaffen Sie sich täglich Bewegung, und achten Sie darauf, Dehn- und Entspannungsübungen in ihr Übungsprogramm einzubauen.
- Gleichen Sie Geben und Nehmen miteinander aus.

Nützliche Fragen

1. Denken Sie über folgende Fragen nach:
   - Opfere ich mich manchmal für andere auf, um mich dann darüber zu ärgern?
   - Wo hört meine Verantwortung auf und fängt die anderer Menschen an?
   - Hüte ich meine Schutzzone, die ich für mein Wohlbefinden brauche?
   - Fühle ich mich in irgendeiner Lebenslage, als säße ich in der Falle?
2. Wie können Sie Einsichten, zu denen Ihnen diese Fragen vielleicht verholfen haben, in die Lebenspraxis übertragen?

Orientierungshilfen

1. Blättern Sie zu Teil II zurück, und lesen Sie noch einmal die Hauptabschnitte über die Ziffern, aus denen sich Ihre Lebenszahl zusammensetzt: 2 (S. 62) und 0 (S. 140).
2. Vielleicht möchten Sie sich die Lebenszahlen von Angehörigen und Freunden einmal anschauen und mit diesen zusammen, falls sie dafür aufgeschlossen sind, gemeinsame oder auch unterschiedliche Lebensfragen besprechen.

Die wichtigsten spirituellen Gesetze

1. Lesen Sie sich jedes der folgenden Gesetze in Teil IV durch:
   - Das Gesetz der Verantwortung (S. 419): Wenn wir wissen, wann wir ja sagen dürfen und wie wir nein sagen können, stehen wir einander bei und dienen uns voll Freude gegenseitig.
   - Das Gesetz der Ausgewogenheit (S. 425): Nachdem wir unsere Tendenz erkannt haben, von einem Extrem ins andere zu fallen, pendeln wir uns in der Mitte ein.
   - Das Gesetz der Zyklen (S. 488): Das Leben ist ein Kreislauf ständiger Veränderungen, die wie die Jahreszeiten kommen und gehen.
   - Das Gesetz der Verhaltensmuster (S. 435): Verhaltensmuster wiederholen sich in der Regel, wenn wir keinen starken Hebel ansetzen, um sie zu verändern.
   - Das Gesetz der Flexibilität (S. 405): Indem wir flexibel bleiben, können wir den größten Nutzen aus Schwierigkeiten und wechselnden Umständen ziehen.

2. Führen Sie die jeweils dort angegebenen Übungen durch.
3. Überlegen Sie, wie Sie diese Gesetze in Ihrem Leben beherzigen können.

12: Kreative Zusammenarbeit

Es wird Zeit,
daß wir aufhören, unsere Instrumente zu stimmen,
um endlich gemeinsam eine Symphonie zu spielen.
Anonym

Die Energie der 12 schafft eine Synthese zwischen 1 (S. 53) und 2 (S. 62), durch die eine machtvolle Form der *kreativen Zusammenarbeit* entsteht. Menschen unter dem Einfluß der 12 (Lebenszahlen 39/12 und 48/12) stellen all die Fähigkeiten der 1 und 2 unter Beweis und sind mit allen damit verbundenen Problemen konfrontiert, aber die Kombination beider Ziffern bedeutet, daß ihre Kreativität erst in der Zusammenarbeit mit anderen hell aufstrahlt und sich dabei voll und ganz entfaltet.

Beispielhaft für eine kreative Zusammenarbeit sind Autor und Lektor, die sich gemeinsam um die beste Form eines Buches bemühen. Weitere klassische Beispiele sind Menschen, die mit Drehbuchautoren, Songschreibern oder Musikern zusammenarbeiten und diese unterstützen. Kreative Zusammenarbeit ist auf jedem Gebiet möglich, auf dem Menschen gemeinsam Problemlösungen erarbeiten, etwas erschaffen oder erfinden, was keiner von beiden ebensogut allein hätte tun können.

39/12

12: Kreative Zusammenarbeit und Ausgewogenheit
9: Integrität und Weisheit
3: Ausdruck und Feingefühl

Die Lebensbestimmung

Menschen auf dem Lebensweg der 39/12 sind hier, um sich mit Fragen der Kreativität, Zusammenarbeit und Integrität auseinanderzusetzen und ihre Lebensbestimmung in schöpferischer Teamarbeit, beflügelt von höherer Weisheit und vom Geist des Miteinanders, zum Ausdruck zu bringen. Kreative Teams sind zum Beispiel die Wright-Brüder, Gilbert und Sullivan, Barnum und Bailey, Rogers und Hammerstein oder Fred Astaire und Ginger Rogers; auch Sportteams veranschaulichen die kreative Zusammenarbeit, indem sie gemeinsam etwas tun, was jeder allein gar nicht oder nicht so gut bewerkstelligen könnte.

Die Lebensbestimmung aller Einsen ist von schöpferischer Energie geprägt, aber die meisten Einsen können sich weitgehend unabhängig oder sogar vollkommen allein kreativ betätigen. Durch den hinzukommenden Einfluß der 2 manifestiert sich die Fülle an schöpferischer Energie von Menschen mit der Lebenszahl 39/12 am besten in der Zusammenarbeit mit anderen, so daß etwas entsteht, das größer ist als die Summe seiner einzelnen Teile.

Wir gehen nach der eingangs in diesem Buch dargestellten Methode zur Bestimmung der vierstelligen Lebenszahl vor, ohne jedoch die letzten beiden Ziffern rechts vom Schrägstrich zusammenzuzählen. Wenn wir sie doch addierten (1 + 2), erhielten wir die Zahl 39/12/3, die den doppelten Einfluß der 3 noch verstärkt sichtbar macht.

Obgleich Menschen mit dieser Lebenszahl die 12 mit der 48/12 gemeinsam haben, weicht ihr Lebensweg doch beträchtlich davon ab, da sich bei ihnen das emotionale Feingefühl und Ausdrucksvermögen der 3 mit der starken Energie der 9 paart, wobei letztere vor allem tiefgreifende Weisheit und innere Ernsthaftigkeit sowie Charisma mit ins Spiel bringt. Aufgrund des starken Einflusses der 9 finden Menschen mit der Lebenszahl 39/12 ihre Erfüllung am besten, wenn sie sich bei der Zusammenarbeit nach höheren Prinzipien oder spirituellen Gesetzen ausrichten und bei ihrer Arbeit damit wachsen und lernen können.

Menschen auf dem Weg der 20/2 oder der 30/3 setzen energetisch alles auf eine Karte; sie wagen gleich den Sprung ins kalte Wasser. Solche mit der Lebenszahl 39/12 hingegen, die sich mit ihrer Ausdrucksfähigkeit (3), mit Problemen im Bereich von Integrität und Weisheit (9), einer Fülle von schöpferischer Energie (1) und den damit verbundenen Verantwortlichkeiten (2) auseinandersetzen müssen, werden mitunter von all ihren Anlagen überwältigt. Sie brauchen unter Umständen länger als Menschen auf anderen Lebenswegen, bis ihre Psyche all ihre hervordrängenden Fähigkeiten und Neigungen sortiert und integriert hat und sie zu sich selbst finden können. Unser Schicksal zu erfüllen ist nicht das Einfachste von der Welt, aber wenn sich Menschen auf dem Weg der 39/12 auf ihre inneren Aktiva besinnen, einen Ausgleich schaffen zwischen zuviel Engagement und zuwenig und lernen, sich selbst ebensoviel zuzugestehen wie anderen, entfalten sie die in ihnen schlummernde Fähigkeit, Außergewöhnliches auf dem Gebiet des Schönen, Anregenden, Nützlichen und Sinnvollen zu schaffen.

Ob sie zu zweit oder in einer größeren Gruppe arbeiten, immer zeigen sie eine Tiefe der Empfindung und verinnerlichen auf eine fast religiöse Weise Sinn und Zweck ihrer Arbeit, so daß sie sich tief in die eigene Seele und die Seele anderer einfühlen können.

Fast alle Menschen mit der Lebenszahl 39/12 verfügen über überschäumende Energien. Sie sind äußerst gefühlsbetont und lassen sich bei ihren Entscheidungen von ihrem intuitiven Gespür und ihrem Feingefühl für die Kernfragen des Lebens leiten. Im allgemeinen vertrödeln sie kaum Zeit mit leichtfertigen oder oberflächlichen Dingen; vielleicht sollten sie sich bisweilen ein wenig lockerer geben oder auch einmal Dummheiten machen, um sich daran zu erinnern, daß das Leben nicht ganz so ernst sein muß, zumindest von einem übergeordneten Standpunkt aus.

Die meisten Menschen mit dieser Lebenszahl haben das Gefühl, sich irgendwie von anderen zu unterscheiden, und empfinden sich fast als Außenseiter. Aufgrund ihrer Feinfühligkeit, zu der sich das ungeklärte Identitätsgefühl der 9 gesellt, leiden sie oft unter Selbstzweifeln und reagieren empfindlich auf die Ansichten ihrer Mitmenschen. Sie wirken manchmal in sich gekehrt und gehemmt, dabei brodelt hinter ihrer Fassade der Selbstbeherrschung eine tiefe Leidenschaft für das Leben und erfüllt sie mit der Lust, etwas in Bewegung zu setzen. Zurückhaltende Menschen mit dieser Lebenszahl sollten sich mitten ins Getümmel stürzen, sich innerlich stark machen und all ihre Energie nach außen bringen, ganz gleich, wie andere darüber denken mögen.

Meist müssen sie allerdings darauf achten, wie positiv oder negativ sie ihre Energie in der Zusammenarbeit mit anderen nutzen. Sie dürfen sich nicht in die Probleme anderer hineinziehen lassen, indem sie sich stets den Unterschied zwischen Mitleiden (sich zum anderen in die Grube hinabstürzen) und Mitfühlen (ihm eine Leiter hinablassen) vor Augen halten.

Sie sind hier auf dieser Erde, um ihre Mitte und ihr inneres Gleichgewicht zu finden, damit sie anderen dienen und gleichzeitig die eigenen Bedürfnisse befriedigen können. Nur so können sie immer wieder neue Kraft schöpfen und anderen noch wirkungsvoller beistehen. Wenn sie sich emotional wohl fühlen, schöpfen sie ihre Kreativität freudig voll aus und bringen ihre Leidenschaftlichkeit und die Schönheit ihrer Schöpferkraft in die Welt ein.

Insgesamt sind Menschen mit der Lebenszahl 39/12 am glücklichsten, wenn sie sich in Zusammenarbeit mit Freunden, Kollegen, Klienten und aller Welt einem höheren Ziel widmen können, ganz gleich, worin ihr Beitrag bestehen mag.

Die positive Gestalt der 39/12

Die vielen guten Eigenschaften dieser Menschen werden durch das Wechselspiel und die Zusammenarbeit mit anderen Menschen noch verstärkt. Sie bereichern die Welt mit ihrer Leidenschaft, Geistesgegenwart und ausdrucksvollen Schaffenskraft. Sie achten die Meinung anderer ebenso wie die eigene und wissen, wann sie ihren Standpunkt behaupten und wann sie beweglich sein sollten. Sie sind treue Freunde, und ihre Beziehungen gründen sich auf herzliche Gefühle, ein tiefes Verständnis und Achtung. Ihre Arbeit empfinden sie als schön und sinnvoll, so daß sie entsprechenden Gebrauch von ihrer Kreativität und Ausdruckskraft machen und andere dazu bringen, ihr Bestes zu geben. Sie zeigen Niveau und Herzensbildung, Stärke und Feingefühl.

Die negative Gestalt der 39/12

Halsstarrig und unsicher, bauen diese Menschen durch ihre Klagen und gehässigen Bemerkungen, aus denen die Tiefe ihrer überwältigenden, in ihrem Innern eingeschlossenen Leidenschaften hervorgeht, Negativität auf. Erst tun sie zuviel des Guten, um dann ein Haar an der Suppe zu finden und sich zurückzuziehen. Es fällt ihnen schwer, mit anderen oder auch mit sich selbst zurechtzukommen, denn die verschiedensten Triebe und Tendenzen konkurrieren in ihnen miteinander, und der Kopf schwirrt ihnen, wenn sie sich zu entscheiden versuchen, was sie tun sollten und für wen. Sie haben das Gefühl, als lebten sie nur für andere und wären deren launenhaften Bedürfnissen und Ansichten ausgeliefert. Häufig leiden sie unter ungewöhnlichen, emotional bedingten Beschwerden, die durch ihre Ausdruckshemmung verursacht werden. Sie fühlen sich einsam und verlassen.

Die Lebensbereiche

Gesundheit

Da Menschen mit der Lebenszahl 39/12 überaus sensibel und gemütstief sind, tragen sie schwer an allem, was sie bedrückt. Ihre Überempfindlichkeit wird noch verstärkt durch die Tendenz, sich verantwortlich zu fühlen. Wenn sie unter Streß stehen oder ihre Energien unterdrückt sind, sind sie anfällig für psychosomatische Beschwerden und ungewöhnliche Erkrankungen (nicht Erkältungen oder Grippe). Diese Tendenzen werden schwächer, je näher sie der Erfüllung ihrer Lebensbestimmung kommen.

Welche Körperbereiche betroffen sind, ändert sich je nach der Ziffer ihrer Lebenszahl, mit der sie sich gerade auseinandersetzen. Wenn ihr Selbstausdruck blockiert ist, entzündet sich womöglich ihr Hals. Auch der Genitalbereich (einschließlich des Unterleibes und unteren Rückens) ist empfindlich. Außerdem leiden sie leicht unter streßbedingten Allergien. Blockierungen im Energiefluß und Ausdrucksvermögen liegen vielen der Symptome zugrunde, die wiederum ein Hinweis darauf sind, daß sich diese Menschen ihrer Kreativität öffnen und ihre verdrängten Gefühle äußern sollten. Darüber hinaus sind körperliche Beschwerden eine Mahnung, daß sie ihr Leben nach den für sie geltenden spirituellen Gesetzen ausrichten müssen.

Die meisten Menschen auf diesem Lebensweg haben sehr eigene

Nahrungsbedürfnisse. Essen hängt für sie untrennbar mit Gefühl zusammen. Wenn sie niedergeschlagen sind, mögen sie nichts essen oder stochern bloß ein bißchen in den Speisen herum; es kann aber auch sein, daß sie Nahrung mit Trost gleichsetzen und sich vollstopfen. Je mehr sie ihre Gefühle zum Ausdruck bringen, um so eher wählen sie ihre Nahrung intuitiv aus statt aus emotionalen Zwängen.

Sie profitieren von einem Körpertraining, das Stärke mit Feingefühl kombiniert, wie Yoga, T'ai-chi und andere ästhetische oder meditative Übungen, die nach ihrem Geschmack sind. Sie verstehen es, aus einem Baketball- oder Volleyballspiel ein ästhetisches Ereignis zu machen, allerdings betreiben sie Mannschaftssport, wenn überhaupt, in erster Linie wegen der zwischenmenschlichen Beziehungen, nicht wegen des Spiels. Wahrscheinlich sind regelmäßige, bewußte Bewegungs- und Atemübungen am vorteilhaftesten für sie und machen ihnen die meiste Freude.

Zwischenmenschliche Beziehungen

Menschen unter dem Einfluß der 39/12 werden von ihren Empfindungen angeregt und geleitet. Solange sie mit ihren Gefühlen in Einklang sind, treffen sie in ihren Beziehungen eine gute Wahl. Sie folgen im allgemeinen einer Intuition, wenn auch nicht immer bewußt, nach der ihre Hauptbeziehung einem umfassenderen Zweck dient, der über die Partnerschaft oder die sexuelle Befriedigung hinausgeht.

Es gibt Menschen mit bestimmten Lebenszahlen, die keine Beziehungen brauchen, um ihren Lebenssinn zu erfüllen, aber diejenigen auf dem Weg der 39/12 haben stets das zwingende Bedürfnis, ihr Leben mit jemandem zu teilen, denn nur in einer Beziehung und in der Zusammenarbeit schöpfen sie ihre Kreativität voll und ganz aus. Ihre Beziehungen sind allerdings auch ein Spiegel ihrer größten Probleme wie Selbstzweifel und Unsicherheit, Empfindlichkeit gegenüber der Meinung anderer, Verlangen nach ehrlichem Selbstausdruck und vor allem Fragen der Zusammenarbeit. Sie alle brauchen in einer Beziehung einen verständnisvollen, mitfühlenden Partner – jemanden, der lieber teilt, als zu viele Anforderungen zu stellen, denn obwohl sie viel geben können, neigen Menschen mit der Lebenszahl 39/12 dazu, sich bei den Anforderungen, die man an sie stellt, zu verausgaben, um sich dann ausgehöhlt zu fühlen.

In sexueller Hinsicht sollten sie vermeiden, sich in verworrene Situationen hineinziehen zu lassen. Auch wenn es anderen vielleicht gar nicht auffällt, sind sie romantisch veranlagt und leicht entflammt; ab und zu verlieben sie sich Hals über Kopf. Sie sollten sich möglichst nicht mit jemandem einlassen, der noch mehr Probleme hat als sie, und sich, wenn sie in einer Partnerschaft leben, auch tunlichst von verheirateten Männern oder Frauen fernhalten. Die spirituellen Gesetze treffen in besonderem Maße auch auf Beziehungen zu; Menschen mit der Lebenszahl 39/12, die sich in schwierige Situationen bringen, müssen auf schmerzhafte Weise ihre Lektionen lernen.

Im übrigen sind ihre Beziehungen tief und leidenschaftlich. Wenn sie innerhalb der sicheren Bande ihrer Partnerbeziehung Leidenschaft zeigen, nähren sie damit den Boden, aus dem ihr Leben aufblüht. Empfindung und gegenseitige Unterstützung sind der Dünger, den ihre Liebe zum Wachsen braucht. Die Folge davon ist ein erfülltes Sexualleben, wie immer es sich auch ausdrücken mag.

Begabungen, Beruf und Finanzen

Haben sie erst Vertrauen gewonnen, sind sie die geborenen Darsteller auf vielen Gebieten, ob als Schauspieler, Werbeveranstalter, Geschichtenerzähler oder geistreiche Prediger. Auch für Positionen, in denen sie anderen kreativ beistehen können, eignen sie sich gut, zum Beispiel als Verlagslektor oder Herausgeber eines Magazins. Ihr Charisma trägt ihnen irgendwann Anerkennung ein, selbst wenn sie zuerst nur im Hintergrund stehen. Sie geben auch kreative Therapeuten ab, die sich in die Gefühle anderer hineinfinden können. Ihre mannigfaltigen Energien und Neigungen legen den Grund für die vielerlei Talente; sie können Probleme aus den verschiedensten Blickwinkeln betrachten und verstehen. Je nach Bedarf, beweisen sie Feingefühl oder Stärke. Ihre ausgeprägten Ansichten sind normalerweise wohlbegründet, aber sie müssen auch lernen, flexibel und offen zu bleiben. Sie leisten etwas auf jedem Gebiet, wo sie mit ihrem schöpferischen Geist anderen helfen können, sich selber kreativ zu betätigen. Es befügelt sie, wenn ihre Arbeit einem höheren Zweck dient.

Im allgemeinen läßt sich an der finanziellen Lage dieser Menschen ablesen, in welchem Maße sie sich positiv entwickeln – inwieweit sie ihre Selbstzweifel überwunden und sich auf eine Tätigkeit konzentriert haben, die ihren Begabungen entspricht. Sie brauchen viel von ihrer Energie schon allein dafür, ihr Leben zu organisieren und zu koordinieren, da sie sich mit so vielen widerstreitenden Kräften und Möglichkeiten innen und außen herumschlagen. Die meisten Menschen auf dem Lebensweg der 39/12 verdienen gut, suchen sich jedoch im allgemeinen ihre Tätigkeit nach anderen Gesichtspunkten aus. Wenn sie sich dafür entscheiden, in der Leitung eines großen Unternehmens tätig zu sein, haben sie ein hohes Einkommen; wenn sie lieber im Park Geschichten erzählen, verdienen sie gerade so viel, daß sie über die Runden kommen. Sobald sie ihre Selbstzweifel überwunden haben und sich mit ihrer einzigartigen Mischung aus Begabungen und Neigungen in die Welt hinauswagen, wird sich ihre Vermögenslage entsprechend verbessern.

Bekannte Persönlichkeiten mit der Lebenszahl 39/12

Silvio Berlusconi
Frank Capra
Alfred Hitchcock
Lawrence von Arabien
Ramana Maharshi
Paul Robeson

Wege zum Wachstum

Wenn Sie die Lebenszahl 39/12 haben, können Ihnen die folgenden Vorschläge helfen, sich über Ihre Lebensbestimmung klarzuwerden, indem Sie Ihre Aufmerksamkeit auf die Kernfragen richten und so handeln, daß sich in Lebensbereichen mit Schlüsselfunktionen etwas ändert.

Empfehlungen

- Knüpfen Sie durch Mitfühlen Bande zu anderen Menschen, statt sie durch Mitleiden anzuketten.
- Achten Sie Ihren Verstand, aber vertrauen Sie auf Ihr Gefühl.
- Nehmen Sie sich jeweils nur eine Aufgabe vor.
- Achten Sie darauf, welche Kreativität Sie bei anderen entfachen.

Nützliche Fragen

1. Denken Sie über folgende Fragen nach:
   - Weiß ich meine wahren Fähigkeiten zu schätzen?
   - Wie verhalte ich mich bei Selbstzweifeln?
   - Gehe ich anderen mit gutem Beispiel voran?
   - Habe ich eine Möglichkeit gefunden, meine schöpferische Energie in Zusammenarbeit mit anderen zu gebrauchen und einem höheren Zweck zuzuführen?

2. Wie können Sie Einsichten, zu denen Ihnen diese Fragen vielleicht verholfen haben, in die Lebenspraxis übertragen?

Orientierungshilfen

1. Blättern Sie zu Teil II zurück, und lesen Sie noch einmal die Hauptabschnitte über die Ziffern, aus denen sich Ihre Lebenszahl zusammensetzt: 1 (S. 53), 2 (S. 62), 3 (S. 70) und 9 (S. 130).
2. Vielleicht möchten Sie sich die Lebenszahlen von Angehörigen und Freunden einmal anschauen und mit diesen zusammen, falls sie dafür aufgeschlossen sind, gemeinsame oder auch unterschiedliche Lebensfragen besprechen.

Die wichtigsten spirituellen Gesetze

1. Lesen Sie sich jedes der folgenden Gesetze in Teil IV durch:
   - Das Gesetz der Verantwortung (S. 419): Wenn wir wissen, wann wir ja sagen dürfen und wie wir nein sagen können, finden wir mehr Freude daran, einander beizustehen.
   - Das Gesetz der Intuition (S. 477): Wenn wir aufhören, uns die Ansichten anderer zum Maßstab zu machen, können wir mit der Weisheit unseres Herzens eins werden.
   - Das Gesetz des Handelns (S. 483): Um unsere Unsicherheit zu überwinden, müssen wir unsere Verletzlichkeit akzeptieren, aber dennoch selbstsicher handeln.
   - Das Gesetz des höheren Willens (S. 473): Unsere Bereitschaft, einem höheren Zweck zu dienen, kann uns dazu anregen, auch andere zu inspirieren.
   - Das Gesetz der Flexibilität (S. 405): Indem wir flexibel bleiben, können wir den größten Nutzen aus Schwierigkeiten und wechselnden Umständen ziehen.
   - Das Gesetz der Wahlfreiheit (S. 410): Kreativität ist eine Energie, die wir positiv oder negativ nutzen können.
2. Führen Sie die jeweils dort angegebenen Übungen durch.
3. Überlegen Sie, wie Sie diese Gesetze in Ihrem Leben beherzigen können.

48/12

12: Kreative Zusammenarbeit und Ausgewogenheit
8: Überfluß und Macht
4: Stabilität und Entwicklung

Die Lebensbestimmung

Menschen auf dem Lebensweg der 48/12 sind hier, um sich mit Fragen der Kreativität, der Teamarbeit und des Erfolgs auseinanderzusetzen, Zusammenarbeit zu lernen und Schritt für Schritt eine sicherere, stabilere Welt für sich und ihre Mitmenschen zu schaffen. Die meisten Menschen mit dieser Lebenszahl werden diese Entwicklung zur Stabilität hin im eigenen Freundes- und Familienkreis bewirken; ein paar werden sie mehr in der Öffentlichkeit in Gang setzen. Auf jeden Fall wollen sie, daß sich ihre Einflußnahme anderen bemerkbar macht. Da unsere Lebensbestimmung stets besondere Herausforderungen für uns bereithält, kann es bei Menschen auf diesem Weg einige Zeit dauern, bis sie sich durch ihre Probleme mit Macht und Entwicklung hindurchgebissen und die Fähigkeit gewonnen haben, in eine ausgewogene, schöpferische, kooperative Beziehung mit anderen zu treten.

Der Lebensweg der 48/12 ist neu auf dieser Erde; die ersten Menschen mit dieser Energie werden am 29. September 1999 geboren. Grundlage dieses Kapitels sind infolgedessen Archetypen, Muster und Eigenschaften, die mit den Ziffern 4, 8, 1 und 2 verbunden sind, und nicht Fallstudien oder Beispiele von mir bekannten Menschen.

Wir gehen nach der eingangs in diesem Buch dargelegten Methode zur Bestimmung der vierstelligen Lebenszahl vor, ohne jedoch die letzten beiden Ziffern rechts vom Schrägstrich zusammenzuzählen. Wenn wir sie doch addierten (1 + 2), erhielten wir die Zahl 48/12/3, die die betreffenden Menschen zusätzlich dem möglichen Einfluß der 3 (Ausdruckskraft) aussetzen würde.

Menschen mit der Lebenszahl 48/12 bringen Licht und Kreativität in diese Welt. Ihr Erscheinen signalisiert sehr konkrete Veränderungen und die Notwendigkeit einer starken Führung und schöpferischen Zusammenarbeit für die kommende Zeit.

Die Erde wird viele Veränderungen erfahren, darunter entscheidende Wandlungen in Technologie und Bewußtsein. Inmitten dieser Veränderungen werden wir Struktur und Ordnung brauchen, wenn die alten Formen vergangen sind, und Menschen auf dem Weg der 48/12 sind bestens geeignet, darauf hinzuwirken.

Doch ehe sie sich so hohen Zielen verschreiben können, müssen sie erst eigene Fundamente gelegt und ihren eigenen Entwicklungsprozeß sowie ihre Macht akzeptiert haben. Sie werden nicht alle im großen Stil etwas bewegen, aber selbst im engeren Kreis, in ihrer Familie oder Umgebung, werden sie in der Lage sein, ihre analytische Brillanz und ihre schöpferischen Ideen mit anderen zu teilen, wobei sie auch Macht und Einfluß haben, um diese Ideen in die Wirklichkeit zu übertragen.

Aufgrund ihrer starken Machtprobleme müssen sie darauf achten, immer in Übereinstimmung mit dem Gesetz der Ehrlichkeit (S. 468) zu handeln. Durch den Einfluß der 4 und der 2 haben sie außerdem Schwierigkeiten im Bereich der Verantwortung; sie neigen wahrscheinlich dazu, sich zu überarbeiten, getrieben von starkem Ehrgeiz. Zum Glück wird ihre schöpferische Energie sie bei ihrer Arbeitsorientierung unterstützen.

Auch die Familie wird für diese Menschen besondere Bedeutung haben; sie werden sich mit ihren Eltern über bestimmte Fragen auseinandersetzen müssen und eine Menge durch ihre eigenen Kinder lernen, falls sie welche haben.

Alle Menschen mit der Lebenszahl 48/12 werden vorsichtig sein müssen, daß sie mit ihrem Ehrgeiz nicht höher hinauf wollen, als es ihnen ihre Fähigkeiten (Entwicklungsprobleme der 4) oder ihr Sinn für Rechtschaffenheit (Ehrlichkeitsprobleme der 8) erlauben. Es wäre sicher gut, wenn sie sich daran erinnern würden, daß Erfolg nicht über Nacht kommt, sondern normalerweise einer jahrelangen Vorbereitung und Planung bedarf. Wenn sie gewillt sind, mit aller Sorgfalt langsam vorzugehen, werden sie auch die Fähigkeiten entwickeln, in allem, was sie tun, erfolgreich zu sein – *solange sie mit anderen zusammenarbeiten.*

Die Zeit, in die diese Menschen hineingeboren werden, wird höchste Anforderungen an sie stellen. Indem sie nach und nach die Prüfungen bestehen, die ihnen auferlegt sind, werden sie die Stärke und Klarheit gewinnen, um während unseres Eintritts in das neue Jahrtausend anderen den Weg zu bahnen und Brücken für sie zu bauen.

Die positive Gestalt der 48/12

Diese Menschen werden ihre Lektionen in Arbeitsmethodik durch Erfahrung lernen, etwa nach dem Motto: «Eile mit Weile» und: «Ganz oder gar nicht». Indem sie sich mit ihren Familienproblemen auseinandersetzen, werden sie Mitgefühl und Verständnis erlangen. Als kreative Friedensstifter gewinnen sie schließlich die nötige Selbstbeherrschung, können auf ihre latent vorhandenen Begabungen zurückgreifen und haben den Antrieb, wirksam und machtvoll für das Wohl der Allgemeinheit einzutreten. Dann finden sie in ihrem schöpferischen Wirken für andere auch die ersehnte Anerkennung. Am glücklichsten sind sie da, wo die «Action» ist, im Zentrum des Wirbelsturms; sie tun ihr Bestes auf eine Weise, die ihnen die meiste Freude macht; oft betreten sie als Pioniere Neuland.

Die negative Gestalt der 48/12

Vom Mahlstrom der Veränderung erfaßt wie ein starrer Baum im Sturmwind, werden diese Menschen darum kämpfen, in einer Welt, die außer Rand und Band zu sein scheint, die Kontrolle zu behalten, wobei sich die Unruhe außen in innerem Aufruhr und frustrierten Ambitionen spiegelt. Ihre schöpferische Energie drängt nach außen, aber sie werden sie zurückhalten aus Angst, was sie damit anrichten könnten. Sie werden sich für andere Leute aufopfern und sich dann darüber ärgern. Wie Stalin werden sie wahrscheinlich bei einer «Revolution von oben» enden, selbst in der eigenen Familie. Sie werden sich so lange der Autorität anderer widersetzen, bis sie den Mut haben, ihre eigene zu behaupten. Ehrgeizig, wie sie sind, werden sie alles sofort haben wollen, und da sie nicht verstehen, daß es Zeit und Mühe kostet, Ziele zu erreichen, werden sie «großartige Mißerfolge» haben. Wenn sie im Hinblick auf ihre Integrität Kompromisse eingehen, werden sie zwar kurzfristig ihren Vorteil dabei haben, langfristig hingegen in eine Katastrophe steuern. Fallen sie, dann fallen sie tief.

Die Lebensbereiche

Gesundheit

Fast immer wird der Gesundheitszustand von Menschen mit der Lebenszahl 48/12 von ihrem Entwicklungsprozeß abhängen: Wenn sie lernen, sich in Geduld zu üben und sich einer geregelten Lebensweise mit bewußter Ernährung und viel Bewegung zu befleißigen, wird ihre außergewöhnlich kräftige Verfassung sie kerngesund erhalten. Sie werden allerdings anfällig sein für geistig bedingten Streß und entsprechende Verspannungen, sobald sie überverantwortungsvoll reagieren und sich um jedermanns Leben kümmern. Schlimmstenfalls wird ihr Immunsystem davon beeinträchtigt werden, so daß sie dauerhafte Schäden davontragen. Zu solchen Symptomen wird es allerdings erst nach langanhaltendem Streß kommen. Meditation kann für Menschen auf diesem Lebensweg sehr hilfreich sein, um Streß abzubauen und die Gesundheit zu stärken, weil sie ihrer Neigung zur Aggressivität entgegenwirkt.

Die meisten Menschen mit der Lebenszahl 48/12 nehmen leicht zu, besonders dann, wenn ihre schöpferische Energie blockiert ist. Eine fettarme vegetarische oder weitgehend vegetarische Kost wird ihnen auf die Dauer guttun. Regelmäßige Bewegung zu festen Zeiten wird ihnen zu einer guten Kondition verhelfen, die sehr wichtig für sie ist; sonst werden sie leicht Knie-, Knöchel- und andere Beinverletzungen davontragen. Sie werden auch unter ererbten Krankheiten zu leiden haben. Bei dem Bemühen, diese Krankheiten zu heilen, wird ihr Mitgefühl mit denen wachsen, die ebenfalls von irgendwelchen Beschwerden geplagt werden. Ein Körpertraining kann sie physisch so ertüchtigen, daß sie es weit im Leben bringen, und ihnen eine Lehre sein, daß es seine Zeit dauert, bis ein Ziel erreicht ist.

Zwischenmenschliche Beziehungen

Im besten Fall werden Menschen mit dieser Lebenszahl stark, treu, zuverlässig und hilfsbereit sein, aber ihr Leben wird sich mehr nach dem Verstand als nach romantischen Gefühlen richten. Das müssen ihre Partner oder Freunde unbedingt verstehen, statt unrealistische Erwartungen zu hegen. Langfristige Beziehungen werden sich stets auf eine gegenseitige Unterstützung und Zusammenarbeit gründen. Gefühle allein oder auch ein gutes sexuelles Miteinander werden nicht ausreichen, um die tieferen Bedürfnisse und Ambitionen dieser Menschen zu befriedigen. Wahrscheinlich brauchen sie nicht bloß jemanden, der sie liebt, sondern zugleich einen Gefährten oder eine Gefährtin; es kann allerdings auch sein, daß sie schließlich viele Gefährten oder Gefährtinnen haben, aber niemanden, der sie liebt.

Für Menschen mit der Lebenszahl 48/12 wird die Sexualität eine große Bedeutung haben, da sie nicht nur ihre Bedürfnisse befriedigt und schöpferische Energie ausdrückt, sondern weil sie etwas Verbindendes ist und einen Rahmen bietet, in dem sie ihre Verletzlichkeit zeigen können.

Begabungen, Beruf und Finanzen

Die Energie der 4 deutet Erfolg im Geschäftsleben an, denn Menschen mit der Lebenszahl 48/12 besitzen praktischen Verstand, aber nur dann, wenn sie keine Schritte auslassen. Der Einfluß der 8 bewirkt den Drang nach Reichtum, Macht und Anerkennung, der sie ihren Zielen näherbringt. Bei entsprechender Geduld werden diese Menschen alles erreichen, was sie sich vorgenommen haben. Wegen ihrer schöpferischen Energien und analytischen Fähigkeiten werden sie höchstwahrscheinlich selbständig sein wollen. Sie können gut etwas strukturieren, formen, organisieren und auf kreative Weise Fehler beheben. Sie erschließen gerne Neuland. Manche Menschen auf dem Weg der 48/12 werden zum Beispiel geschickte Mechaniker sein, andere hingegen eine Familie oder ein großes Unternehmen gründen, das vielen Leuten etwas bietet. Sie werden sich auf vielen Gebieten innovativ betätigen, ob im Sport oder in Kunst und Unterhaltung.

Durch die Kombination von 4, 8 und 12 werden sie einige Kämpfe zu bestehen haben, während sie auf ihr Ziel hinarbeiten, aber mit der entsprechenden Ausdauer werden sie auch die Früchte ihrer Arbeit ernten. Wenn sie sich rückhaltlos einbringen, von soliden Grundlagen ausgehen und ihre Pläne stufenweise ausführen, dabei jedoch auch für alle Eventualitäten gerüstet sind, und wenn sie *einem höheren Zweck dienen,* werden sie ihr Geld und ihre Autorität für das einsetzen, was sie gerne tun, und dabei kooperativ mit anderen zusammenarbeiten.

Bekannte Persönlichkeiten mit der Lebenszahl 48/12

Zur Entstehungszeit dieses Buches existiert noch niemand mit dieser Lebenszahl; der erste Mensch mit der Zahl 48/12 wird am 29. September 1999 geboren.

Wege zum Wachstum

Wenn Sie die Lebenszahl 48/12 haben, können Ihnen die folgenden Vorschläge helfen, sich über Ihre Lebensbestimmung klarzuwerden, indem Sie Ihre Aufmerksamkeit auf die Kernfragen richten und so handeln, daß sich in Lebensbereichen mit Schlüsselfunktionen etwas ändert.

Empfehlungen

- Denken Sie daran, daß Selbstbeherrschung die höchste Form der persönlichen Macht ist.
- Welches Ziel Sie auch anstreben mögen, verwirklichen Sie es Schritt für Schritt.
- Entwickeln Sie ein Gespür dafür, wann Sie dranbleiben und wann Sie loslassen sollten.
- Lernen Sie, mit anderen zusammenzuarbeiten, indem Sie sie als Teile eines umfassenderen Selbst betrachten.

Nützliche Fragen

1. Denken Sie über folgende Fragen nach:
   - Welcher Schritt ist der nächste in Richtung auf mein Ziel?
   - Wie kann ich meine Ziele in aller Rechtschaffenheit erreichen?
   - Kümmere ich mich um mich selbst und um andere in gleichem Maße?
   - Auf welche Weise bringe ich meine schöpferischen Kräfte zum Ausdruck?
2. Wie können Sie Einsichten, zu denen Ihnen diese Fragen vielleicht verholfen haben, in die Lebenspraxis übertragen?

Orientierungshilfen

1. Blättern Sie zu Teil II zurück, und lesen Sie noch einmal die Hauptabschnitte über die Ziffern, aus denen sich Ihre Lebenszahl zusammensetzt: 1 (S. 53), 2 (S. 62), 4 (S. 79) und 8 (S. 120).
2. Vielleicht möchten Sie sich die Lebenszahlen von Angehörigen und Freunden einmal anschauen und mit diesen zusammen, falls sie dafür aufgeschlossen sind, gemeinsame oder auch unterschiedliche Lebensfragen besprechen.

Die wichtigsten spirituellen Gesetze

1. Lesen Sie sich jedes der folgenden Gesetze in Teil IV durch:
   - Das Gesetz der Verantwortung (S. 419): Wenn wir wissen, wann

wir ja sagen dürfen und wie wir nein sagen können, finden wir mehr Freude daran, einander zu dienen und beizustehen.

- Das Gesetz der Ehrlichkeit (S. 468): Um anderen gegenüber ehrlich zu sein, müssen wir erst uns selber gegenüber ehrlich sein.
- Das Gesetz der Wahlfreiheit (S. 410): Wir können von unserer Kreativität positiv oder negativ Gebrauch machen.
- Das Gesetz der Flexibilität (S. 405): Indem wir flexibel bleiben, können wir den größten Nutzen aus Schwierigkeiten und wechselnden Umständen ziehen.
- Das Gesetz der Ausgewogenheit (S. 425): Nachdem wir unsere Tendenz, von einem Extrem ins andere zu fallen, erkannt haben, pendeln wir uns in der Mitte ein.
- Das Gesetz der Entwicklung (S. 431): Der einzig sichere Weg, ans Ziel zu gelangen, ist der, einen Fuß vor den anderen zu setzen.

2. Führen Sie die jeweils dort angegebenen Übungen durch.
3. Überlegen Sie, wie Sie diese Gesetze in Ihrem Leben beherzigen können.

3: Ausdruck und Feingefühl

Was wir nicht ausdrücken können,
bestimmt unser Leben.
Anonym

In diesem Kapitel geht es um alle Lebenszahlen, bei denen die Ziffer 3 (S. 70) die Hauptlebensbestimmung bezeichnet: 12/3, 21/3 und 30/3. Alle drei Zahlen spiegeln zwar die Energien und Probleme der 3 deutlich wider, aber in die 12/3 und die 21/3 spielen noch andere Kräfte hinein, während sich die 30/3 auf die reine Energie der 3 konzentriert, die durch die inneren Gaben der 0 (S. 140) noch betont wird.

30/3 Paul

3: Ausdruck und Feingefühl
30: Ausdruck und Feingefühl in Verbindung mit inneren Gaben

Die Lebensbestimmung

Menschen auf dem Lebensweg der 30/3 sind hier, um sich mit Fragen des Ausdrucks und Feingefühls auseinanderzusetzen, ihre Zweifel am Selbstausdruck zu überwinden und ihre inneren Gaben dazu zu benutzen, andere zu ermutigen, aufzurichten und zu inspirieren. Die meisten Menschen kommen mit einer Mischung verschiedener Energien auf die Welt, während bei Menschen mit der Lebenszahl 30/3 Aufgabe und Lebensweg klar vorgezeichnet sind. Sie können auf Begabungen zurückgreifen, zu denen unter anderem eine ausgeprägte Feinfühligkeit, innere Stärke, Ausdruckskraft und Intuition gehören. Alle diese inneren Möglichkeiten ergänzen und unterstützen das Hauptmotiv des Lebens: den Gefühlsausdruck.

Da sich jedoch unser Lebensweg selten einfach gestaltet, müssen auch Menschen mit der Lebenszahl 30/3 bestimmte Hürden überwinden, ehe sie ihr Schicksal erfüllen können. Da sie etwas vom Perfektionismus der 6 mitbekommen haben und äußerst empfindlich auf den Schmerz und das Leid anderer reagieren, sind sie unweigerlich ab und zu enttäuscht und mutlos und neigen zu Negativität, die sich in Kritik und Klagen äußert.

Sie haben das angeborene Bedürfnis, sich auszudrücken; diesem Bedürfnis kommen sie auf positive oder negative Weise nach, auf jeden Fall aber befriedigen sie es. Ihre Gefühle zum Ausdruck zu bringen fällt ihnen zu Anfang nicht gerade leicht; wahrscheinlich sind sie zuerst gehemmt, doch sobald sie in Gang gekommen sind, sprudeln die Worte nur so aus ihnen heraus.

Der Bereich, in dem sich diese Menschen verwirklichen, kann weitgesteckt sein und zum Beispiel die Schauspielkunst, Lehre und öffentliche Auftritte umfassen oder sich auf den Freundes- und Familienkreis beschränken. In jedem Fall entspringt das, woran sie ihre Kräfte messen oder ihre Freude haben, dem Bemühen, ihre Gefühle durch Reden oder schöpferische Betätigungen wie Malen, Musizieren und anderes mehr auszudrücken und anderen zu helfen, es ihnen gleichzutun.

Sie verwirklichen sich am besten im Umgang mit anderen Menschen, vielleicht erst einmal mit einem einzigen. Wenn sie allmählich beherzter geworden sind, nehmen viele von ihnen die Gelegenheit wahr, vor einem breiteren Publikum zu sprechen. Ich empfehle Menschen mit der Lebenszahl 30/3 oft, einen Rednerkurs zu belegen.

Aufgrund der ihnen eigenen emotionalen Feinfühligkeit stellen sich viele dieser Menschen etwas taub oder umgeben sich mit einer emotionalen Rüstung, um Gefühlsstürme ringsumher abzuwehren. Auf andere machen sie unter Umständen einen gefühlskalten Eindruck, dabei liegen starke, ja leidenschaftliche Gefühle gleich unter der Oberfläche. Diese Menschen sehnen sich nach einer leidenschaftlichen emotionalen Beziehung zu anderen und sorgen in ihrem Leben häufig für Dramatik, um in ihrer Umgebung Gefühle zu wecken. Sie sehen meist gern Rührstücke oder spielen selber darin mit, denn sie können Gefühle und Eigenschaften aller Art gut nachempfinden und herausarbeiten.

Die inneren Gaben des Ausdrucksvermögens, der Sensibilität und spirituellen Erkenntnisfähigkeit verstärken ihr ohnehin schon vorhandenes Feingefühl noch. Die Menschen mit den Lebenszahlen 12/3 und 21/3 sind ebenfalls auf dieser Erde, um ihre Ausdrucksfähigkeit weiterzuentwickeln, aber bei denen mit der Zahl 30/3 paart sich das angeborene Feingefühl und Ausdrucksverlangen der 3 mit den inneren Gaben der Sensibilität und Ausdrucksfähigkeit. In dem Maße, wie sie mit ihrem Gefühl in Berührung sind, entwickeln sie auch die Kraft der Eingebung. Wenn sie Zeitung lesen oder sich die Welt, in der sie leben, anschauen, *spüren* sie, was getan werden muß, und das bringen sie auch zum Ausdruck.

Menschen mit dieser Lebenszahl müssen sich darauf konzentrieren, praktische Möglichkeiten zu finden, wie sie positiv mit Problemen umgehen können. Sie glauben sich meist völlig im Recht, wenn sie klagen, weil sie damit im allgemeinen auf Unrechtmäßigkeiten hinweisen, die in der Tat zum Himmel schreien, aber eigentlich sind sie gefordert, nach Mitteln und Wegen zu suchen, wie sie ihre Ausdruckskraft kanalisieren und konstruktiv einsetzen können. Sie müssen sich offen und direkt, aber auch auf möglichst positive und effektive Weise verständlich machen. Sie sollten sich nicht auf das Problem, sondern auf dessen Lösung konzentrieren. Das ist ein guter Rat für jedermann, der allerdings für Menschen auf dem Weg der 30/3 besonders bedeutungsvoll ist, denn wie sie die Welt beschreiben, so sehen sie sie auch.

Während Dreien generell besonders anfällig für Depressionen sind, machen Menschen mit der Lebenszahl 30/3 infolge ihres extremen Feingefühls und ihrer Selbstzweifel aus einer Depression ein wahres Kunstwerk. Sie wechseln hin und her zwischen: «Ich kann alles» und: «Es ist einfach zuviel für mich – ich bin noch nicht so weit», und so stürzen sie gelegentlich unter der Last ihrer Selbstzweifel aus einem selbstbewußten Hoch in ein emotionales Tief; dies ist eines ihrer schwersten Probleme und bringt sie mitunter kurz vor ihrem Ziel zum Scheitern. Durch ihre Selbstzweifel haben sie das Gefühl, unvorbereitet, nicht gut genug oder einer Aufgabe nicht gewachsen zu sein. Der Selbstzweifel wird sie so lange entmutigen und deprimieren, bis sie ihn als Prüfung ansehen, die sie hier auf Erden bestehen müssen, als Hürde, die sie auf ihrem Weg nach oben überspringen müssen.

Die größte Begabung dieser Menschen liegt im Bereich des *Ausdrucks* und der *eingebungsvollen Kommunikation.* Ob durch Reden, Schauspiel, Schriftstellerei oder Kunst, immer haben sie ihre Freude daran, andere im Innersten anzurühren und sie vielleicht zum Handeln, zu einer Veränderung oder zum Glücklichsein zu bewegen. Bei einer positiven Entwicklung entspringt ihre Effektivität der Fähigkeit, gefühlvoll zu reden – nicht vom Kopf, sondern vom Herzen her.

Menschen auf dem Lebensweg der 30/3 müssen etliche Hindernisse überwinden, ehe sie auf der Höhe ihrer Ausdruckskunst ankommen, denn das Leben hält für jeden spezielle Herausforderungen bereit. Im allgemeinen halten sie sich zu Anfang für *weniger* befähigt und haben *mehr* Angst davor, sich zum Ausdruck zu bringen oder vor der Öffentlichkeit eine Rede zu halten, als Menschen, die nicht unter dem Einfluß der 3 stehen. Doch wenn sie endlich die Bühne betreten, sind sie höchst befriedigt; dann spüren sie im tiefsten Innern, daß sie zu Hause sind.

Die positive Gestalt der 30/3

Diese Menschen bringen durch ihr schöpferisches Ausdrucksvermögen Begeisterung, Mitleid, Verständnis und Hilfsbereitschaft in die Welt, ob im Großen oder im Kleinen. Welchen Beruf sie auch ergreifen mögen, wenn sie reden, tun sie das immer mit Gespür und Feingefühl und richten andere auf. Sie sind begeisterungsfähig und gefühlsbetont und wirken auf andere leidenschaftlich, direkt und anregend. Aus ihren Bedürfnissen und Empfindungen machen sie kein Hehl, aber sie manipulieren niemanden und lassen sich auch selbst nicht manipulieren. Sie führen ihr Leben verantwortungsvoll, ohne sich von den eigenen Gefühlen oder den Launen anderer beirren zu lassen. Von ihren inneren Gaben der Ausdrucksfähigkeit, Feinfühligkeit und Intuition machen sie mit einer Freude und Selbstlosigkeit zum Wohle anderer Gebrauch, daß diese Qualitäten noch verstärkt werden und sie mit den subtileren Seiten und dem Mysterium des Daseins in Berührung kommen.

Die negative Gestalt der 30/3

Diese Menschen sind oft niedergeschlagen, weil sie meinen, nicht genügend Liebe zu bekommen, sie klagen ständig über alles mögliche, was in der Gesellschaft und in ihrem Leben nicht in Ordnung ist, und dabei fühlen sie sich im Recht, weil ja tatsächlich in dieser Welt so vieles im argen liegt. Unausgefüllt und überempfindlich, wie sie sind, jammern sie oder manipulieren sie andere, statt offen und ehrlich zu sagen, was sie brauchen, wer sie sind und wie sie sich fühlen. Manche sind in ihrer Sexualität vollkommen blockiert, während andere ihre Schwierigkeiten mit der emotionalen oder sexuellen Treue haben und oft den Partner wechseln.

Die Lebensbereiche

Gesundheit

Die meisten Menschen mit der Lebenszahl 30/3 und besonders diejenigen, die ihre Gefühle verdrängen, sind infolge ihres blockierten Ausdrucksvermögens anfällig im Halsbereich. Wenn sie ein Kratzen oder einen Kloß im Hals spüren, sollten sie sich fragen: «Was ist es, das heraus will, während ich es zurückdränge?» Sobald sie zum Ausdruck bringen, was sie empfinden, ist ihr Hals meist wieder beschwerdefrei. Musik, bei der ihnen das Herz aufgeht, die sie im Innersten anrührt und sie belebt oder aufrichtet, hat stets eine heilsame Wirkung auf Menschen mit dieser Lebenszahl, deren Gesundheitszustand ihre Gemütslage widerspiegelt.

Herz und Knie sind ebenfalls bisweilen empfindlich und krankheitsanfällig. Bei denjenigen, die sich oft mißverstanden fühlen – im Grunde ein Problem aller mit der Lebenszahl 30/3 und der entsprechenden Betonung des Ausdrucks –, treten häufig Energiestauungen in den Knien auf, die mit der Zeit den Kreislauf und schließlich sogar den ganzen Körper in Mitleidenschaft ziehen.

Menschen mit dieser Lebenszahl müssen sich so ernähren und körperlich betätigen, wie sie es intuitiv für richtig halten – wie es ihrem Gefühl nach Körper und Seele wohltut. Allerdings sollten sie darauf achten, sich bei Liebeskummer nicht ihren Launen hinzugeben oder sich Trost für ihr Gemüt zu holen, indem sie zuviel essen oder in Genüssen anderer Art schwelgen. Wenn sie traurig sind, dürfte reichlich Bewegung ihre Stimmung wieder heben.

Zwischenmenschliche Beziehungen

Fast alle Menschen mit der Lebenszahl 30/3 sind sehr gefühlsbedürftig. Sie brauchen Liebe und Anerkennung und suchen in der Umwelt nach emotionaler Bestätigung statt im eigenen Innern. Obwohl sie manchmal viel erwarten, ohne selbst etwas zurückzugeben, haben sie doch auch in reichlichem Maße die Fähigkeit, sich hinzugeben.

Mitunter *wirken* sie, bedingt durch ihre Feinfühligkeit, leidenschaftslos oder gar nüchtern und kalt, dabei verfügen sie über ein außerordentlich großes und sensibles emotionales Kraftfeld. Ihre Stimme offenbart meistens ihre Gefühlstiefe, und ihre Fähigkeit, sich auf das Empfinden anderer einzustimmen, ist ihren Beziehungen sehr förderlich.

Trotz des manchmal gegensätzlichen Eindrucks sind sie im Grunde ihres Herzens romantisch veranlagt. Sie verlieben sich gern und sind ebenso leicht entflammt wie am Boden zerstört. Über diese ihre Tendenz müssen sie offen und ohne Umschweife mit ihrem Partner reden, falls sie eine feste Beziehung mit ihm haben. Wenn sie sich endlich einzugestehen trauen, daß sie sich zu jemand anderem hingezogen fühlen, sind sie auch weniger besitzergreifend ihrem gegenwärtigen Beziehungspartner gegenüber. Mit anderen Worten: Ihre Beziehungen halten länger, wenn sie sich über die Schwärmereien in ihrem Leben klarwerden und offen darüber sprechen, ohne gleich entsprechend zu handeln. Manchmal gehen ihre Gefühle mit ihnen durch, so daß sie sich auf verworrene Affären oder einen Seitensprung einlassen (ob in ihrer Phantasie oder in Wirklichkeit), um sich dann zu wundern, was eigentlich passiert ist.

Die emotionale Aura oder das Kraftfeld von Menschen auf dem Weg der 30/3 ist ihre wichtigste «erogene Zone». Wenn ihre Gefühle auf dem

Tiefpunkt sind, hilft alle sexuelle Technik nichts. Sind sie hingegen in verliebter Stimmung, werden sie von Leidenschaft erfüllt – und dann ist Technik zweitrangig. Partnerbeziehungen sind für diese Menschen eine einmalige Gelegenheit, sich mit den Fragen ehrlicher Gefühlsäußerung und emotionaler Verletzlichkeit auseinanderzusetzen. Sie tun gut daran, ihre Beziehungen nicht nur als Trost und Seelennahrung zu betrachten, sondern als spirituelle Übung.

Begabungen, Beruf und Finanzen

Dank ihrer inneren Gaben, des Ausdrucksvermögens, der Feinfühligkeit und spirituellen Erkenntnisfähigkeit – sowie ihrer ausgeprägten Ausdruckskraft –, helfen Menschen mit der Lebenszahl 30/3, andere in ihrer unmittelbaren Umgebung oder auch in der breiteren Öffentlichkeit aufzurichten und zu stärken. Sie werden vielleicht Lehrer, Vertreter, Schriftsteller oder Redner oder suchen sich eine andere Tätigkeit, in der sie ihre Mitmenschen an das Gefühl im Leben erinnern können. Sie sind zudem von Natur aus für das Lehren, Beraten, Heilen, Bilden und schöpferische Schaffen begabt, weil sie sich auf die Menschen einstellen und sich in andere Dimensionen einfühlen können. Sie können natürlich auch in den sozialen Diensten etwas leisten oder Manager werden. Auf jedem dieser Gebiete können sie erfolgreich sein, aber nur eine Tätigkeit, die ihnen Gelegenheit gibt, sich selbst zum Ausdruck zu bringen, erfüllt sie ganz.

Außer über emotionale Feinfühligkeit verfügen sie noch über eine hervorragende intuitive Intelligenz, mit der sie zum innersten Kern mancher Hauptlebensfragen vordringen. Deshalb eignen sie sich auch gut für jedes Fachgebiet, in dem es auf Logik und Verstandeskraft ankommt.

Geldmangel hat bei ihnen immer etwas mit Selbstzweifeln zu tun. Sobald sie von ihren Begabungen und ihrem Ausdrucksvermögen positiven Gebrauch machen, fließt auch das Geld.

Bekannte Persönlichkeiten mit der Lebenszahl 30/3

Franz Beckenbauer
Rudi Carell
Miles Davis
Frank Elstner
Hildegard Knef
Ella Fitzgerald
Franz Kafka
Hermann Prey
Stefan Zweig
Frank Zappa

Wege zum Wachstum

Wenn Sie die Lebenszahl 30/3 haben, können Ihnen die folgenden Vorschläge helfen, sich über Ihre Lebensbestimmung klarzuwerden, indem Sie Ihre Aufmerksamkeit auf die Kernfragen richten und so handeln, daß sich in Lebensbereichen mit Schlüsselfunktionen etwas ändert.

Empfehlungen

- Betrachten Sie Ihre Selbstzweifel als Hürde, die Sie überwinden müssen, nicht als Stoppschild.
- Bringen Sie sich emotional ein, auch wenn Sie nicht immer das Gefühl haben, genausoviel zurückzubekommen.
- Lassen Sie Ihre augenblicklichen Gefühle zu, und bringen Sie sie zum Ausdruck.
- Vertrauen Sie auf Ihre fein ausgeprägte Intuition und Ihre besonderen inneren Möglichkeiten, und machen Sie Gebrauch davon.

Nützliche Fragen

1. Denken Sie über folgende Fragen nach:
   - Habe ich meine Ausdrucksfähigkeit aus Selbstzweifel verdrängt?
   - Zeige ich meine Gefühle und Bedürfnisse offen?
   - Besitze ich ein Gespür für die Bedürfnisse anderer?
   - Schöpfe ich mein ausgeprägtes «inneres Radarsystem» und meine anderen inneren Gaben voll aus?
2. Wie können Sie Einsichten, zu denen Ihnen diese Fragen vielleicht verholfen haben, in die Lebenspraxis übertragen?

Orientierungshilfen

1. Blättern Sie zu Teil II zurück, und lesen Sie noch einmal die Hauptabschnitte über die Ziffern, aus denen sich Ihre Lebenszahl zusammensetzt: 3 (S. 70) und 0 (S. 140).
2. Vielleicht möchten Sie sich die Lebenszahlen von Angehörigen und Freunden einmal anschauen und mit diesen zusammen, falls sie dafür aufgeschlossen sind, gemeinsame oder auch unterschiedliche Lebensfragen erörtern.

Die wichtigsten spirituellen Gesetze

1. Lesen Sie sich jedes der folgenden Gesetze in Teil IV durch:
   - Das Gesetz der Wahlfreiheit (S. 410): Wir haben die Wahl, unsere Energien und Empfindungen positiv oder negativ zum Ausdruck zu bringen.
   - Das Gesetz der Ehrlichkeit (S. 468): Die eigenen Gefühle und die Gefühle anderer zu achten ist die Grundlage der Ehrlichkeit.
   - Das Gesetz der Erwartungen (S. 463): Unser Leben entfaltet sich entsprechend unseren heimlichen Erwartungen und Annahmen.
   - Das Gesetz des Vertrauens (S. 458): Nur wer sich selbst vertraut, kann auch anderen vertrauen.
   - Das Gesetz des Handelns (S. 483): Um unsere Selbstzweifel zu überwinden, müssen wir unsere Verletzlichkeit akzeptieren, aber dennoch selbstsicher handeln.
2. Führen Sie die jeweils dort angegebenen Übungen durch.
3. Überlegen Sie, wie Sie diese Gesetze in Ihrem Leben beherzigen können.

21/3 und 12/3

3: Ausdruck und Feingefühl
1: Kreativität und Zuversicht
2: Zusammenarbeit und Ausgewogenheit

Die Lebensbestimmung

Menschen auf dem Lebensweg der 21/3 oder 12/3 sind hier, um sich mit Fragen der Kreativität, des Gefühlsausdrucks, der Ausgewogenheit und Zusammenarbeit im Dienste von Menschen oder Projekten auseinanderzusetzen. Sie müssen lernen, ihre Energie positiv und konstruktiv zu nutzen, um zu lehren, aufzurichten und anzuspornen. Um sich den unvermeidlichen Herausforderungen ihres Lebensweges zu stellen, müssen Menschen mit den Lebenszahlen 21/3 und 12/3 den Mut finden, Unsicherheit und Selbstzweifel zu überwinden, die ihnen hinderlich sind, und lernen, ihre schöpferischen emotionalen Energien in positive Bahnen zu lenken. Andernfalls neigen sie unter der Last ihrer Zweifel oder Unsicherheit dazu, ihren Energien selbstzerstörerisch mit Alkohol, Tabak und anderen Drogen ein Ventil zu schaffen. Wenn sie ihre Gefühle zurückhalten, macht sich diese Verdrängung körperlich in Form von Verspannungen und verschiedenen anderen Symptomen bemerkbar.

Diejenigen auf dem Weg der 21/3 oder 12/3 gehören zu den ausgeglichensten, vielseitigsten, kreativsten Menschen der Welt. Da die 2 ihnen Unterstützung und Kraft gibt, können sie auf jedem Gebiet erfinderische, innovative, produktive und absatzfähige Arbeit leisten. Sie können ihre Kreativität in jede Form und jedes Material einfließen lassen, der Geist ihrer Botschaft kommt immer an.

Da die ersten beiden Ziffern (1 und 2) bei Menschen mit der Lebenszahl 21/3 vertauscht sind, haben sie drückendere Probleme mit der Kreativität (1), wohingegen bei denen mit der Lebenszahl 12/3 aufgrund der Position und des Einflusses der Ziffern links vom Schrägstrich Schwierigkeiten im Zusammenarbeiten vorherrschend sind. Bei beiden liegen jedoch die Hauptprobleme in den Bereichen des Feingefühls, der Selbstzweifel und des Gefühlsausdrucks, die bei Menschen mit der Lebenszahl 30/3 noch konzentrierter auftreten. Entsprechend ihrer Lebensbestimmung müssen sie sich auch mit der eigenen Negativität auseinandersetzen, die sich in Form von Kritik oder Klagen äußert. Im allgemeinen drücken sie sich dann negativ aus, wenn ihre Gefühle verletzt sind.

Obgleich sowohl Menschen mit der Lebenszahl 21/3 als auch solche mit der Zahl 12/3 ein hohes Maß an emotionaler Feinfühligkeit besitzen, haben sie auch eine starke Neigung, *ihre Empfindungen intellektuell zu behandeln,* statt ihr feinfühliges, eher unsicheres Wesen zu zeigen. Auf ihre Unsicherheitsgefühle, die mit schöpferischer Energie verbunden sind, reagieren sie entweder, indem sie tatsächlich unsicher auftreten, oder, was bei weitem häufiger vorkommt, indem sie sie durch besonders forsches, aber aufgesetztes Auftreten als kühle Verstandesmenschen oder durch eine übertrieben selbstbewußte, extravertierte, prahlerische Art kompensieren.

Bei Menschen auf dem Weg der 12/3 wiegen die mit der 2 verbundenen Probleme stärker als die der 1; sie sind zwar ein bißchen selbstsicherer, haben dafür aber größere Schwierigkeiten damit, ein Gleichgewicht herzustellen, indem sie sich weder verausgaben noch abschotten. Die meisten Menschen mit der Energie der 12/3 neigen dazu, immerfort emotionale Ansprüche zu stellen; sie müssen sich konzentriert darin üben, anderen Gefühle entgegenzubringen, da sie normalerweise damit geizen und sich zurückhalten.

Die Erfüllung ihres Schicksals fordert von beiden, sich in der einmal gewählten Art positiv und ehrlich zum Ausdruck zu bringen. Wenn sie unaufrichtig sind, besteht ihre Unehrlichkeit im allgemeinen nicht in Lug und Betrug, sondern darin, daß sie ihre wahren, innersten Gefühle für sich behalten. Ehrlichkeit im Bereich der Empfindung erreichen sie, wenn sie sich ihrer Emotionalität bewußt werden und ihre Feinfühligkeit, die sie aus Angst, zu schwach und hilflos zu erscheinen, abgeleugnet haben, endlich als Teil ihrer selbst anerkennen. Da sie von emotionalen Beziehungen leben, sind sie tatsächlich bedürftig, aber keineswegs schwach.

Trotz ihrer durch die 2 bedingten inneren Stärke und Ausdauer haben sie ebenso wie die meisten Menschen mit der Lebenszahl 30/3 sehr empfindliche emotionale Kraftfelder sowie schöpferische Energien, die in die Welt hinausdrängen. Sie sind im allgemeinen zurückgenommener als diejenigen auf dem Weg der 30/3 und lassen ihr feinfühliges Wesen nicht so leicht durchscheinen wie diese. Statt ihre Empfindungen zu intellektualisieren, müssen sie ihre Ängste, ihren Ärger, ihr Verletztsein und ihre Freude *zeigen* und so emotional präsent und real werden lassen. Dann werden sie auch körperlich offener, entspannter und jugendlicher.

Wenn sie ihre aufgesetzten Masken abnehmen, ihre emotionalen Karten auf den Tisch legen und ihre Unsicherheit sowie ihre verletzten Gefühle offen zeigen, stellen sie zu ihrer Überraschung fest, daß zwischen ihnen und ihren Mitmenschen eine viel engere, tragendere, reichhaltigere Bindung besteht.

Eine solche Selbstoffenbarung ist keine einfache Aufgabe. Bevor sie sich öffnen können, müssen sie ihre tiefsitzende Angst vor Zurückweisung, ihre Selbstzweifel und Unsicherheit überwinden. Das Gesetz des Handelns (S. 483) hat eine Schlüsselfunktion bei der Vertreibung der Schatten aus dem Unterbewußtsein wie zum Beispiel der Angst, vor Wut hochzugehen oder unter Kummer zusammenzubrechen, durch die sie in ihrem Gefühlsausdruck gelähmt werden. Mit der Zeit und mit zunehmender Erfahrung entwickeln sie anstelle der aufgesetzten Forschheit echtes Selbstvertrauen und beweisen emotionale Größe, die sich auch ihrer Umgebung mitteilt.

Die positive Gestalt der 21/3 und der 12/3

Diese Menschen leisten auf feinfühlige Weise hervorragende Arbeit; unter ihnen sind die besten Kreativen dieser Welt zu finden. Ihr Körper ist locker, beweglich und verhältnismäßig spannungsfrei, da sie Gefühle sofort offen und ehrlich nach außen bringen, statt sie in neuromuskulären Verkrampfungen zu verstecken. Sie atmen tief und leicht. Ihre Beziehungen blühen auf durch Ehrlichkeit und emotionales Miteinander; wenn Probleme auftreten, werden sie besprochen und gelöst. Die Menschen auf diesem Weg empfinden aufrichtige Freude dabei, andere durch mitfühlende Worte aufzurichten, sei es als Lehrer, Schauspieler, Sänger, Schriftsteller oder Verkäufer in einem Lebensmittelgeschäft. Der Beruf spielt keine Rolle, solange sie nur Gelegenheit haben, an die Leute heranzutreten und emotionale Brücken zu bauen.

Die negative Gestalt der 21/3 und der 12/3

Hierbei handelt es sich um überempfindliche Menschen, die sich unklar verhalten und unklare Botschaften übermitteln; sie handeln selbstbewußt und brechen dann unter dem Gewicht von Kritik zusammen.

Kaum sind sie wieder obenauf, geben sie nun ihrerseits schneidende oder verletzende Bemerkungen von sich oder ziehen sich in sich zurück, und das alles, ohne je ihre wahren Gefühle zu enthüllen. Mit der Zeit zeigt sich an ihrer körperlichen Verspannung und Unbeweglichkeit, in welchem Maße sie ihre Empfindungen unterdrücken. Mit ihren Selbstzweifeln und blockierten Gefühlen, ihrer Unsicherheit und gehemmten Kreativität, ihrer Halsstarrigkeit und ihren Abwehrreaktionen halten sie niemand anderen als sich selbst zum Narren.

Die Lebensbereiche

Gesundheit

Durch die Kraft der 2 und die Energie der 1 zeichnet sich hier das Bild großer körperlicher Kraft ab. Wie Menschen mit der Lebenszahl 30/3 haben auch die auf dem Weg der 21/3 und 12/3 einen empfindlichen Hals und werden gelegentlich unter Entzündungen leiden, wenn sie sich nicht auszudrücken vermögen; sollte dieser Zustand chronisch werden, wird wahrscheinlich irgendwann ein operativer Eingriff notwendig. Sind ihre schöpferischen Energien blockiert oder unterdrückt, haben sie unter Umständen Beschwerden im Unterleib oder im Genitalbereich – zum Beispiel Magenprobleme, Leistenbrüche oder Schwierigkeiten mit den Eierstöcken beziehungsweise der Prostata.

Im allgemeinen sind sie jedoch körperlich gut in Form und sehr robust. Wenn sie ihre Gefühle zurückdrängen, ist das so, als sei ein Vulkan verkorkt; ihr Körper spürt den Druck der angestauten Energie, die eigentlich frei fließen sollte. Solange sie darauf achten, daß sich ihre schöpferische Energie positiv entfalten kann, und sie ihre Gefühle offen herauslassen, erfreuen sich die Menschen mit diesen Lebenszahlen einer außergewöhnlich guten Gesundheit. Sollten sie Heilung brauchen, wäre es am besten für sie, die entsprechende Behandlung mit irgendeiner emotionalen Heilmethode zu verbinden. Gefühlvoller Musik zuzuhören oder auch einen rührenden Film anzuschauen bietet diesen sensiblen, kreativen Menschen die Chance, sich zum Ausdruck zu bringen. Wenn sie bei einem solchen Film nicht weinen können, müssen sie eindeutig erkunden, wodurch ihre Gefühlsäußerungen blockiert werden.

Bei Menschen mit der 21/3 und der 12/3 zeigt Übergewicht normalerweise an, daß die Kreativität blockiert ist. Ein ausgewogenes Übungsprogramm in Verbindung mit einem kreativen Hobby kann sie bestens wieder körperlich ins Gleichgewicht bringen. Bewegung ist für diese Menschen eine gute Möglichkeit, unterdrückten Gefühlen einen Weg nach außen zu bahnen. Aufgrund ihrer schöpferischen, gefühlsbetonten Wesensart haben sie meistens etwas für Natur und Musik übrig, die ihrem Feingefühl entsprechen und besänftigend auf sie wirken. Musikgenuß und Spaziergänge im Freien können ihnen helfen, sich körperlich und seelisch zu regenerieren und neu aufzuladen.

Zwischenmenschliche Beziehungen

Ausschlaggebend für die Beziehungen von Menschen mit den Lebenszahlen 21/3 und 12/3 ist ihre Bereitschaft, ruhig «das Gesicht zu verlieren» und sich selbst zu finden, indem sie zum Ausdruck bringen, was sie *im gegenwärtigen Augenblick* gerade fühlen. Es dürfte ihnen etwas nützen, sich mehrmals am Tag zu fragen: «Wie fühle ich mich eigentlich im Augenblick?» Sind sie sich über ihre Gefühle klargeworden, müssen sie diese unbedingt irgendwie zum Ausdruck bringen – nicht nur die sicheren, «guten» Empfindungen, sondern auch Ärger, Ungeduld, Scham, peinliche Verlegenheit, Eifersucht und Konkurrenzdenken. Durch diese Übung wird ein Prozeß des emotionalen Erwachens und der körperlichen Verjüngung eingeleitet.

Menschen auf dem Weg der 12/3 und besonders der 21/3 sind häufig in ihren Beziehungen insgeheim unsicher. Dann flirten sie zum Beispiel, um festzustellen, ob andere sie noch attraktiv finden, oder sie messen sich innerlich oder äußerlich mit ihrem Partner, weil sie fürchten, ins Hintertreffen zu geraten.

Wenn sie sich schöpferisch betätigen, haben Menschen mit der Lebenszahl 21/3 und, in geringerem Maße, auch die mit der Lebenszahl 12/3 meist wenig Zeit oder Kraft für zwischenmenschliche Beziehungen. Da sie stark gefühlsbeladene negative Gefühle wie Wut oder Trauer gern unterdrücken, ziehen sie sich manchmal emotional zurück. Die Mauer, die sie aufbauen, hält auch die positiven Gefühle der Liebe, Zuneigung und Leidenschaft zurück. Sie werden einige gute Auseinandersetzungen durchstehen müssen, bei denen sie sich körperlich und seelisch voll engagieren. Brechen sich so ihre Gefühle Bahn, kann die frühere Leidenschaftlichkeit auch wiederkehren. Wesentlich für eine starke Beziehung ist bei diesen Menschen der emotionale Kontakt, selbst wenn damit leidenschaftliche Streitgespräche verbunden sind.

Die 2 bedeutet, daß die Menschen auf diesen beiden Lebenswegen Geben und Nehmen gegeneinander abwägen müssen, so daß sie sich nicht verausgaben, um sich dann voller Groll zurückzuziehen. Das Gesetz der Ausgewogenheit (S. 425), in dem es um das Geben und Empfangen geht, spielt für sie eine Schlüsselrolle.

Begabungen, Beruf und Finanzen

Bei Menschen mit den Lebenszahlen 21/3 und 12/3 fließt eine starke Mischung aus kreativer und nach Ausdruck drängender Energie in Tätigkeiten schöpferischer Art ein wie Schreiben, Entwerfen, Reden, Debattieren, Beratung, Promotion und anderes mehr. Trotz ihrer außergewöhnlichen Vielseitigkeit sind sie am glücklichsten, wenn sie sich in der Unterstützung und Förderung anderer kreativ zum Ausdruck bringen können.

Welchem Beruf sie auch nachgehen mögen, sie haben generell mit Selbstzweifeln und Unsicherheit zu kämpfen. Bei entsprechender Ausdauer bekommen sie Feedback und Beistand von ihren Mitmenschen, so daß ihr Selbstvertrauen wächst.

Ihre umfassenden Energien sorgen dafür, daß sie nützliche, innovative Arbeit leisten. Sobald sie über die doppelte Hürde der Selbstzweifel und Unsicherheit hinaus sind und ihren Gefühlen und ihrer Kreativität freien Lauf lassen, kommt auch finanziell alles in Fluß.

Bekannte Persönlichkeiten mit den Lebenszahlen 21/3 und 12/3

21/3

Hans Christian Andersen
Louis Armstrong
Joseph Beuys
Maria Callas
Bing Crosby
Salvador Dali
Charles Dickens
Judy Garland
Robert F. Kennedy
Ayatollah Khomeini
Vivian Leigh
Margaret Mead
Thomas Merton
George Sand

12/3

Keine großen Persönlichkeiten bekannt.

Wege zum Wachstum

Wenn Sie die Lebenszahl 21/3 oder 12/3 haben, können Ihnen die folgenden Vorschläge helfen, sich über Ihre Lebensbestimmung klarzuwerden, indem Sie Ihre Aufmerksamkeit auf die Kernfragen richten und so handeln, daß sich in Lebensbereichen mit Schlüsselfunktionen etwas ändert.

Empfehlungen

1. Denken Sie über folgende Fragen nach:
   - Erkenne ich meine schöpferischen Fähigkeiten voll und ganz an?
   - Pendle ich zwischen übertriebenem Selbstbewußtsein und Selbstzweifeln hin und her?
   - Intellektualisiere ich meine Gefühle, oder lasse ich andere wissen, wie ich wirklich tiefinnerlich fühle?
   - Was sagt mein Körper darüber aus, wie ich von meiner schöpferischen Energie Gebrauch mache?
2. Wie können Sie Einsichten, zu denen Ihnen diese Fragen vielleicht verholfen haben, in die Lebenspraxis übertragen?

Orientierungshilfen

1. Blättern Sie zu Teil II zurück, und lesen Sie noch einmal die Hauptabschnitte über die Ziffern, aus denen sich Ihre Lebenszahl zusammensetzt: 1 (S. 53), 2 (S. 62) und 3 (S. 70).
2. Vielleicht möchten Sie sich die Lebenszahlen von Angehörigen und Freunden einmal anschauen und mit diesen zusammen, falls sie dafür aufgeschlossen sind, gemeinsame oder auch unterschiedliche Lebensfragen erörtern.

Die wichtigsten spirituellen Gesetze

1. Lesen Sie sich jedes der folgenden Gesetze in Teil IV durch:
   - Das Gesetz der Ehrlichkeit (S. 468): Unsere Gefühle zu erkennen und auszudrücken ist eine Grundform der Ehrlichkeit.
   - Das Gesetz des Vertrauens (S. 458): Nur wer sich selbst vertraut, kann auch anderen vertrauen.
   - Das Gesetz der Wahlfreiheit (S. 410): Wir können unsere schöpferischen Energien positiv oder negativ zum Ausdruck bringen.

- Das Gesetz der Ausgewogenheit (S. 425): Nachdem wir unsere Tendenz, von einem Extrem ins andere zu fallen, erkannt haben, pendeln wir uns in der Mitte ein.
- Das Gesetz der Verantwortung (S. 419): Wenn wir gelernt haben, wann wir ja sagen dürfen und wie wir nein sagen können, stehen wir einander mit Freude bei.

2. Führen Sie die jeweils dort angegebenen Übungen durch.
3. Überlegen Sie, wie Sie diese Gesetze in Ihrem Leben beherzigen können.

4:
Stabilität und Entwicklung

Das Leben ist ein Tanz, wenn du diese Schritte machst:
erst einen Schritt, dann den nächsten.
Anonym

In diesem Kapitel werden alle Lebenszahlen behandelt, bei denen die 4 (S. 79) den Hauptlebenssinn bestimmt, also die 40/4, die 13/4, die 31/4 und die 22/4. Obgleich sich in all diesen Zahlen die Energie der 4 intensiv widerspiegelt, bringt doch jede Lebenszahl aufgrund des Einflusses der anderen Ziffern und des Wechselspiels mit ihnen einzigartige Qualitäten, Probleme und Eigenheiten mit sich.

40/4

4: Stabilität und Entwicklung
40: Stabilität und Entwicklung in Verbindung mit inneren Gaben

Die Lebensbestimmung

Menschen auf dem Lebensweg der 40/4 sind hier, um ihrem Leben ein festes Fundament zu geben, indem sie ihre Ziele Schritt für Schritt verfolgen. Sie müssen lernen, im Geist der Hilfsbereitschaft von ihren inneren Gaben Gebrauch zu machen, um Leute oder Projekte zu fördern, die ihnen am Herzen liegen. Wie die Menschen mit den Lebenszahlen 20/2 und 30/3 haben auch sie eine sehr klar umrissene Lebensbestimmung, die nicht von anderen Ziffern und Energien verwässert wird. Da keiner von uns seinen Lebenszweck mühelos erfüllen kann, haben auch sie ihre Schwierigkeiten, mit beiden Beinen auf dem Erdboden zu bleiben oder einem langen, manchmal aufreibenden Prozeß zu folgen, um ihre Ziele zu verwirklichen. Unter Umständen überspringen sie notwendige Schritte, oder sie bleiben in Situationen stecken, die längst überholt sind.

Menschen mit der Lebenszahl 40/4 müssen auf dem Weg zum Erfolg Verhaltensmuster entwickeln, bei denen sie sich erst kurzfristig zu etwas verpflichten und es durchziehen, um dann den zeitlichen Rahmen immer größer zu stecken, bis auch längerfristige Aufgaben durchführbar werden. Auf diese Weise können sie sich, indem sie große Ziele und Pläne in einzelne Abschnitte aufteilen und sich darauf konzentrieren, erst einen Schritt hinter sich zu bringen, ehe sie den nächsten tun, die innere Grundlage für eine Entwicklung schaffen, die sie ihr Leben lang trägt.

Bei positiver Entwicklung vereinen Menschen auf dem Weg der 40/4 hervorragende analytische Fähigkeiten mit den inneren Gaben der Stärke und Ausdauer, der Feinfühligkeit, die ihrer Stärke das Gleichgewicht hält, der Ausdrucksfähigkeit und der klaren Intuition. Wenn sie sich aus den Schlingen des Analysierens befreien und auf ihre tiefinnersten Gefühle vertrauen, können sie überzeugende, praktikable, ja brillante Entscheidungen treffen. Feinfühligkeit und Stärke sind ihre machtvollen, synergetisch wirkenden Verbündeten – sie verleihen ihnen die Anmut eines Ballettänzers mit der Kraft eines Bullen. Doch wenn sie sich zu sehr ins Analysieren verbohren, geraten sie zunehmend in Verwirrung und sind schließlich desorientiert.

Obgleich die Menschen mit den Lebenszahlen 20/2 und 40/4 ähnliche Stärken, Neigungen und Probleme haben, müssen sich jene auf dem Weg der 20/2 mehr mit Fragen der Verantwortung, des inneren Gleichgewichts und der Zusammenarbeit auseinandersetzen; bei Menschen auf dem Lebensweg der 40/4 hingegen genießen stabile Grundlagen und eine genau festgelegte Vorgehensweise in kleinen Schritten höchste Priorität. Haben sie endlich ihre Energien praktischen Zwecken zugeführt, können sie mit ihrer feinen Intuition anderen weiterhelfen und ihr Leben klarer und vergnügter gestalten.

Alle Menschen mit der Lebenszahl 40/4 haben die Anlagen, die reichen inneren Möglichkeiten auszuschöpfen, die durch die 0 angedeutet sind, aber sie können ihre Begabungen nur im Laufe einer Zeit der Vorbereitung und Übung fördern, wozu sie sich unter Umständen einer gewissen Schulung unterziehen müssen.

Wie alle Vieren haben auch sie im allgemeinen nicht viel für ein langsames, geduldiges Vorgehen übrig; was fern liegt, erscheint ihnen meist zu weit weg, denn sie wollen es sofort, da ihnen sonst der Weg zu ihrem Ziel verschwimmt. Es ist äußerst wichtig für sie, daß sie Entscheidungen aus dem Bauch heraus treffen (mit körperlicher Intuition), statt alles im Kopf durchzugehen und abzuwägen und sich so im Kreis zu bewegen.

Aufgrund eines außergewöhnlich stark ausgeprägten Verantwortungsgefühls, das oft das vertretbare Maß weit übersteigt, überlegen sie meist, was sie tun «sollten», und nicht, was sie im Grunde ihres Herzens wollen. Wie alle Vieren projizieren auch sie gern das «Sollen» auf andere Leute.

Die Menschen auf dem Weg der 40/4 sind in der Mehrzahl noch eigensinniger als solche mit der Lebenszahl 20/2 (die Kopf und Herz nicht so leicht verwechseln). Infolge ihrer Halsstarrigkeit wollen sie sich nicht ändern, anpassen oder weiterentwickeln. Das Leben dürfte ihnen ein paar schwierige Lektionen aufgeben, ehe sie verstehen, worum es geht.

Den meisten Menschen mit dieser Lebenszahl fällt es schwer, von alten Beziehungen, Entscheidungen und wichtigen Ereignissen abzulassen – überhaupt die Vergangenheit ruhenzulassen. Darum bereuen sie häufig etwas, nach dem Motto: «Hätte ich doch nur etwas gesagt.» Diese Tendenz und den Schmerz, den sie ihnen verursacht, müssen sie im Auge behalten und schließlich an den Punkt kommen, wo sie an ihre Entwicklung glauben und darauf bauen; welche Entscheidung sie auch gefällt haben mögen, sie hat ihnen eine Lektion erteilt und sie dahin gebracht, wo sie jetzt stehen.

Unter anderem ist das Gesetz der Entwicklung (S. 431) ausschlaggebend für die Erfüllung ihres Schicksals: zuerst das Naheliegende tun, das Fundament bauen, und dann einen Schritt nach dem anderen machen. Erfolg oder Mißerfolg im Geschäfts- und Privatleben sowie in anderen Lebensbereichen hängen bei Menschen mit der Lebenszahl 40/4 letztlich davon ab, ob sie dem Gesetz der Entwicklung und – in zweiter Linie – dem Gesetz der Verhaltensmuster (S. 435) folgen.

Ebenso wie Menschen mit den Lebenszahlen 22/4 und 20/2 verfallen auch diejenigen auf dem Weg der 40/4 vom Überanalysieren in emotionale Impulsivität und Hysterie; sie müssen unbedingt Verstand und Gefühl miteinander ausgleichen und vereinen. Wenn sie von ihren herausragenden analytischen Fähigkeiten mit Intuition Gebrauch machen, beweisen sie eine ungewöhnliche Klarheit und Voraussicht.

Die positive Gestalt der 40/4

Diese Menschen bereiten sich gründlich auf eine Aufgabe vor und gehen Schritt für Schritt vor, um ihre Ziele zu erreichen. Man kann sich darauf verlassen, daß sie eingegangene Verpflichtungen einhalten, und sie sind gute, vertrauenswürdige Freunde und Ratgeber. Bevor sie einen Entschluß fassen, gehen sie die verschiedenen Möglichkeiten durch und kalkulieren alles genau, aber sie vertrauen auch auf ihre Gefühle «aus dem Bauch». Sie haben sich eingehend mit etwaigen Familienproblemen auseinandergesetzt, um das bestmögliche Verhältnis zu ihren Eltern zu schaffen. Sie besitzen allem Anschein nach eine außergewöhnliche Seelenstärke und machen darüber hinaus Gebrauch von ihren inneren Gaben und ihrer Intuition. Auch in schwierigen Lebenslagen und angesichts von Hindernissen halten sie durch, selbst wenn es längere Zeit dauert, und stecken sie in einer Sackgasse, wissen sie sich zu helfen. Sie sorgen für eine stabile häusliche Situation. Da sie sich auf ihre Intuition verlassen und Vertrauen haben, bieten sich ihnen schließlich die Verhältnisse und Gelegenheiten, die ihren Interessen und Fähigkeiten angemessen sind.

Die negative Gestalt der 40/4

Diese Menschen trauen ihren intuitiven Eingebungen nicht und empfinden es deshalb als belastend und verwirrend, eine Entscheidung zu treffen. Gefangen in den Windungen ihres ständig analysierenden Hirns, bewegen sie sich dauernd im Kreis herum in dem Versuch, Antwort zu finden auf Fragen wie: «Was mache ich bloß, damit etwas geschieht?» Schließlich fassen sie spontan einen Entschluß, den sie später bereuen. Ihre Beziehungen sind im allgemeinen instabil und währen nicht lange. Es fällt ihnen generell schwer, Verpflichtungen einzugehen oder sich längere Zeit mit einem Menschen oder einer Sache abzugeben, und so sagen sie immer wieder nach dem gleichen Verhaltensmuster «guten Tag und auf Wiedersehen». Mit ihrem Eigensinn und ihren starren Ansichten machen sie Kompromisse unmöglich, wie sie in einer Beziehung notwendig sind. Impulsiv und blind sich selbst gegenüber, fangen sie eine Aufgabe an und hören wieder auf, ohne sie fertigzustellen.

Die Lebensbereiche

Gesundheit

Menschen mit der Lebenszahl 40/4 sind normalerweise robust und wenig anfällig für Krankheiten (wie Beschwerden überhaupt), haben jedoch unter Umständen Probleme mit Hüften, Schenkeln, Knien, Knöcheln oder Füßen – dem Fundament ihres Körpers. Verstopfung ist oft ein Hinweis auf unterdrückte Triebe und Neigungen, da sie meist tun, was sie ihrer Meinung nach tun «sollten», statt auf ihre innere Stimme zu hören. Ebenso wie Menschen mit der Lebenszahl 20/2 leiden auch sie möglicherweise unter Allergien, obgleich es wahrscheinlicher ist, daß sie infolge ihrer Ungeduld und Impulsivität einen Unfall erleiden. Viele von ihnen sind überdies erblich belastet oder haben körperliche Beschwerden, die auf die Kindheit zurückzuführen sind.

Sie sind entweder stämmig gebaut oder sehr groß. Viele neigen zu Übergewicht, deshalb dürfte eine fettarme oder vielleicht auch rein vegetarische Kost in Verbindung mit Aerobic-Übungen förderlich für sie sein. Besonders zu empfehlen sind ihnen Bewegungsarten, bei denen ihre Stärke durch Dehn- und Entspannungsübungen ausgeglichen wird, wie etwa Yoga, Tanz, Aikido, T'ai-chi und andere Kampfkünste.

Zwischenmenschliche Beziehungen

Im Negativen wirken Menschen mit dieser Lebenszahl oft streberhaft, zudringlich, rechthaberisch oder herrschsüchtig, dabei fühlen sie sich einfach nur verantwortlich für alles und jedes im Universum. Häufig sind sie auch labil. Im Positiven sind sie so fest und stabil wie der Felsen von Gibraltar. Unter Umständen haben sie das starke Bedürfnis, eine Familie zu gründen – manchmal nur unbewußt. Spannungen oder Energieblockierungen können ihre Sexualbeziehungen beeinträchtigen, aber Yoga oder Dehn- und Entspannungsübungen dürften ihnen helfen, sich zu öffnen und ihre Sexualität zu genießen. Je mehr sie im übertragenen Sinne aus ihrem Kopf herauskommen, um ihre Gefühle sprechen zu lassen, desto besser gedeihen ihre Partnerbeziehungen.

Begabungen, Beruf und Finanzen

Aufgrund ihrer ausgezeichneten analytischen Fähigkeiten und ihrer Intuition wie auch ihres angeborenen Bedürfnisses, solide Grundlagen zu schaffen, eignen sich Menschen mit der Lebenszahl 40/4 für jede geschäftliche Tätigkeit. Sie mögen zwar nicht gut selbständig entscheiden können, aber sie geben hervorragende Berater, Organisatoren, Finanzfachleute oder Immobilienmakler ab. Voll befriedigt sind sie erst, wenn sie mit ihrer Tätigkeit aktiv anderen helfen und beistehen dürfen. Mit ihrer sozialen Ader können sie auch gut einen Pflegeberuf ergreifen oder in die Sozialarbeit gehen, aber ebensogut kommen andere Gebiete einschließlich des Sports in Frage – alles, wo Ausdauer, Stärke, Feinfühligkeit und analytische Fähigkeiten gebraucht werden. Solange sie das Gesetz der Entwicklung (S. 431) befolgen und praktischen Gebrauch von ihrer Energie machen, haben sie Erfolg.

Bekannte Persönlichkeiten mit der Lebenszahl 40/4

Jim Thorpe

Wege zum Wachstum

Wenn Sie die Lebenszahl 40/4 haben, können Ihnen die folgenden Vorschläge helfen, sich über Ihre Lebensbestimmung klarzuwerden, indem

Sie Ihre Aufmerksamkeit auf die Kernfragen richten und so handeln, daß sich in Lebensbereichen mit Schlüsselfunktionen etwas ändert.

Empfehlungen

- Akzeptieren Sie sowohl Ihre empfindlichen als auch Ihre starken Seiten.
- Lassen Sie auf dem Weg zu Ihrem Ziel *keinen* Schritt aus.
- Nehmen Sie, auch wenn Sie in Eile sind, den langen, aber sicheren Weg.
- Gehen Sie mit Ihrem Leben so um, als würden Sie ein Haus bauen – schaffen Sie sich zuerst eine feste Grundlage, und arbeiten Sie sich dann ganz allmählich voran.

Nützliche Fragen

1. Denken Sie über folgende Fragen nach:
   - Zermartere ich mir vor Entscheidungen mein Hirn, oder vertraue ich auf meine tiefinnersten Gefühle?
   - Wie kann ich aus Familienproblemen Lehren für meine Entwicklung ziehen?
   - Ist meine Hilfsbereitschaft gegenüber anderen im Gleichgewicht mit meiner Bereitschaft, mir von anderen helfen zu lassen?
   - Wie flexibel bin ich in meiner Reaktion auf wechselnde Bedürfnisse und Situationen?
2. Wie können Sie Einsichten, zu denen Ihnen diese Fragen vielleicht verholfen haben, in die Lebenspraxis übertragen?

Orientierungshilfen

1. Blättern Sie zu Teil II zurück, und lesen Sie noch einmal die Hauptabschnitte über die Ziffern, aus denen sich Ihre Lebenszahl zusammensetzt: 4 (S. 79) und 0 (S. 140).
2. Vielleicht möchten Sie sich die Lebenszahlen von Angehörigen und Freunden einmal anschauen und mit diesen zusammen, falls sie dafür aufgeschlossen sind, gemeinsame oder auch unterschiedliche Lebensfragen erörtern.

Die wichtigsten spirituellen Gesetze

1. Lesen Sie sich jedes der folgenden Gesetze in Teil IV durch:
   - Das Gesetz der Entwicklung (S. 431): Der einzig sichere Weg, ans Ziel zu gelangen, ist der, einen Fuß vor den anderen zu setzen.
   - Das Gesetz der Verhaltensmuster (S. 435): Verhaltensmuster wiederholen sich in der Regel, wenn wir keinen starken Hebel ansetzen, um sie zu verändern.
   - Das Gesetz der Flexibilität (S. 405): Indem wir flexibel bleiben, können wir den größten Nutzen aus Schwierigkeiten und wechselnden Umständen ziehen.
   - Das Gesetz des höheren Willens (S. 473): Durch unsere Bereitschaft, einem höheren Zweck zu dienen, spornen wir uns selbst und andere an.
   - Das Gesetz der Zyklen (S. 488): Das Leben ist ein Kreislauf ständiger Veränderungen, die wie die Jahreszeiten kommen und gehen.
2. Führen Sie die jeweils dort angegebenen Übungen durch.
3. Überlegen Sie, wie Sie diese Gesetze in Ihrem Leben beherzigen können.

22/4

4: Stabilität und Entwicklung
2: Zusammenarbeit und Ausgewogenheit
2: Zusammenarbeit und Ausgewogenheit

Die Lebensbestimmung

Menschen auf dem Lebensweg der 22/4 sind hier, um sich mit Fragen der Zusammenarbeit, Verantwortung und Entwicklung auseinanderzusetzen, sich ein festes, sicheres Fundament zu schaffen und durch die geduldige Entwicklung gegenseitigen Vertrauens und Teamgeistes ihre Ziele zu verwirklichen. Das Lebensschicksal stellt allerdings jeden vor besondere Herausforderungen, und so haben Menschen mit der Lebenszahl 22/4 eine starke Neigung zur Überkooperation; sie opfern sich auf, um dann zu grollen und sich zurückzuziehen. Ihr Ehrgeiz macht sie blind, so daß sie auf dem Weg zu ihrem Ziel notwendige Schritte auslassen. Fehlschläge sind eine nützliche Lektion für sie, falls sie wachsam darauf reagieren. Wenn sie in Schwierigkeiten geraten, müssen sie herausfinden, welchen Schritt sie übersprungen haben, und diesen erneut tun; dadurch werden Verhaltensmuster, die zwangsläufig zum Mißerfolg führen, abgebaut. Keine Aufgabe ist für diese Menschen zu groß, sofern sie sie in kleine, machbare Schritte einteilen.

Die doppelte 2 hat einen starken Einfluß auf Menschen mit der Lebenszahl 22/4, da sie die Merkmale und Probleme ihres Lebensweges bestimmt. Bei der ersten Zwei geht es speziell und fast ausschließlich um die *innere Zusammenarbeit;* diese Menschen erfüllen also erst dann ihr Schicksal, wenn sie ihre widersprüchlichen Überzeugungen, Wertvorstellungen und Neigungen integrieren. Gestaltet sich ihr Leben problematisch, müssen sie zu ihren eigenen inneren Grundlagen zurückgehen und durch Therapie oder andere Maßnahmen Harmonie in ihr Innenleben bringen, bevor sie versuchen, ihre Umgebung zu organisieren und zu kontrollieren. Die zweite Zwei steht für die äußere Zusammenarbeit – den Umgang mit anderen Menschen, die Achtung der eigenen und fremden Grenzen und die Bemühung, das kritische Gleichgewicht zwischen Übereifer und Rückzug zu finden.

Nahezu alle Menschen auf diesem Weg besitzen ausgeprägte Fähigkeiten, zu analysieren und zu strukturieren, aber wenn sie von diesen Fähigkeiten exzessiven Gebrauch machen, schwirrt ihnen der Kopf vor Grübeleien und zwanghaften Sorgen, bis sie schließlich abschalten und einfach nur noch reagieren oder impulsiv handeln. Ihre impulsiven Handlungen bereuen sie später. Wie bei allen Zweien nehmen Ausgewogenheit und Integration einen zentralen Stellenwert ein; Ziel ist es, Verstand und Gefühl miteinander zu vereinen und Logik durch Intuition auszugleichen, statt von einem Extrem ins andere zu fallen. Wenn Menschen mit der Lebenszahl 22/4 keine Zielrichtung haben, profitieren sie davon, ihre Ideen aufzuschreiben und sich in letzter Entscheidung auf ihre Instinkte zu verlassen – ihren Bauch.

Sie müssen ihre Aufgaben klar, realistisch, einsichtig und rücksichtsvoll sich selbst gegenüber angehen; andernfalls werden sie von ihrem starken Verantwortungsgefühl überwältigt, legen sich Scheuklappen an, ignorieren die Kommentare anderer und verweigern sich, ohne sich die Unausgewogenheiten und Probleme einzugestehen. Meist haben sie feste, bestimmte, manchmal starre Ansichten und hören nicht gern widersprüchliche Vorschläge, weil sie davon selbst genug produzieren.

Wenn die doppelte 2 und die 4 gut zusammenwirken, haben Menschen mit dieser Lebenszahl außergewöhnliche Energien und Möglichkeiten. Wie sie diese Möglichkeiten ausschöpfen, hängt davon ab, inwieweit sie ihr Leben nach den spirituellen Gesetzen ausrichten, die der Schlüssel zu ihrem Schicksal sind. Durch die Energie der 4 verfügen sie über Kraft, Seelenstärke und Ausdauer, aber wenn sie ihr Lebensziel erreichen wollen, hängt alles davon ab, daß sie auf ihrem Weg kleine, sichere Schritte machen und sich vergewissern, festen Boden unter den Füßen zu haben, ehe sie weiterschreiten. Kommt dieses Verhaltensmuster positiv zum Tragen, vollbringen die Menschen auf dem Weg der 22/4 außergewöhnliche Leistungen.

Die positive Gestalt der 22/4

Diese klardenkenden, in ihrer Mitte ruhenden Menschen können alles bewerkstelligen, was sie sich vorgenommen haben, indem sie in kleinen Schritten vorgehen und Stolpersteine auf ihrem Weg in Trittsteine verwandeln. Mißlingt ihnen etwas, lernen sie aus ihren Fehlern, statt sie zu wiederholen. Sie haben viel einstecken müssen, aber mit der Zeit sind die Lektionen, die ihnen aufgegeben wurden, leichter geworden. Sie haben den Punkt gefunden, an dem sich Überengagement und Unterengagement die Waage halten. Sie leben aus einer stabilen inneren Harmonie und Kooperationsbereitschaft heraus. Anderen sind sie nur so weit behilflich, wie die Sache klar ist und sie sich dabei wohl fühlen. Da sie relativ frei von Sorgen und Streß sind, geben sie sich körperlich entspannt dem Leben hin; im Geiste konzentrieren sie sich auf die Gegenwart, während sie den nächsten kleinen Schritt auf ihrem Weg planen.

Die negative Gestalt der 22/4

Diese Menschen scheinen immer am Rande einer Krise zu stehen. Häufig sind sie vollkommen hektisch oder gar hysterisch. Sie befinden sich in einem Zustand innerer Verwirrung und sind gestreßt. Sie neigen zu impulsiven Entschlüssen, die sie später bereuen, bleiben halsstarrig auf ausgetretenen Geleisen und machen immer wieder die gleichen Fehler. Infolge ihrer festen, starren Ansichten ärgern sie sich, wenn andere nicht das tun, was sie ihrer Meinung nach tun sollten. Durch ihre Neigung zum Überkompensieren verausgaben sie sich oft bis zur Erschöpfung. Sie knüpfen intensive Beziehungen an, in die sie sich zuerst mit Haut und Haar hineinstürzen, um sich bald in einem Gefühl der Entfremdung grollend wieder daraus zu lösen. Da sie grundsätzlich ungeduldig sind, wollen sie alles *jetzt*, ohne die dafür notwendige Entwicklung Schritt für Schritt zu vollziehen.

Die Lebensbereiche

Gesundheit

Die meisten Menschen mit der Lebenszahl 22/4 sind schlank, stark und drahtig, aufgrund anderer Faktoren (wie Liebesentzug in der Kindheit oder Unkenntnis guter Ernährungsregeln) jedoch gelegentlich auch übergewichtig. Durch ihre Impulsivität und Zerstreutheit erleiden sie wahrscheinlich Unfälle. Wenn sie aber die Verantwortung für sich selbst übernehmen statt darüber hinaus für jedermann auf dieser Welt, erfreuen sie sich guter Gesundheit. Solange sie ihr Leben in geordneten Bahnen halten und nicht zu sehr gestreßt werden, haben sie eine ziemlich widerstandsfähige Konstitution.

Da im Mittelpunkt ihres Lebens Hilfe und Unterstützung für andere stehen, neigen Menschen mit der Lebenszahl 22/4 kaum zur Völlerei; im allgemeinen ziehen sie Qualität der Quantität vor. Nahrung ist für sie nur ein Mittel zum Zweck und spielt deshalb nur eine untergeordnete Rolle.

Fast allen Menschen unter dem Einfluß der 22/4 bekommt Übung und Bewegung gut, durch die sie flexibel werden, sich entspannen und in Fluß kommen; Tanz, mit Dehnung verbundene Aerobic-Übungen, Yoga, T'ai-chi, Aikido und andere Kampfkünste eignen sich dafür. Bei diesen Übungen werden Schritt für Schritt die Geschicklichkeit und das Wechselspiel des Gebens und Nehmens mit einem Partner trainiert, wodurch sie ihren ohnehin schon kräftigen Körper besser ins Gleichgewicht bringen und ihrer etwas rigiden Veranlagung besser entgegenwirken können als beispielsweise mit Gewichtheben.

Zwischenmenschliche Beziehungen

Fundamental für all ihre Beziehungen ist die Klärung ihres Verhältnisses zu ihren Eltern. Alle Menschen mit der Lebenszahl 22/4 müssen sich mit ihren Grundlagen auseinandersetzen; ihre frühe Kindheit legt das Fundament, auf das sie bauen. Da unser Lebensziel in erster Linie von uns fordert, bestimmte Probleme zu lösen, haben diese Menschen meistens Schwierigkeiten mit einem Elternteil, mit beiden Eltern oder mit den Geschwistern, die sie bereinigen müssen. Fast jeder hat irgendwelche Probleme mit seinen Eltern, aber für Menschen mit der Lebenszahl 22/4 ist es ungemein wichtig, sich damit zu befassen. Das heißt nicht, daß sie um den Beifall oder auch nur die Zustimmung ihrer Eltern betteln müßten; vielmehr sollten sie das Gespräch mit ihnen suchen, ihre jeweiligen Ansichten austauschen, sich abweichende Meinungen zubilligen und nach Möglichkeit wahrhaftig bleiben, statt alte Ressentiments zu verleugnen oder unberührt zu lassen. Meist lernen sie eine Menge durch ihr Verhältnis zu den eigenen Kindern oder zu Kindern, für die sie Zuneigung empfinden oder Sorge tragen.

Die Menschen auf diesem Lebensweg kommen den Bedürfnissen anderer im allgemeinen ganz pragmatisch nach. Sie sind überaus verantwortungsbewußt und fürsorglich gegenüber ihren Pflegebefohlenen, dabei aber nicht unbedingt sentimental, sondern eher praktisch statt gefühlsorientiert. Wenn sich zum Beispiel ihr Kind schneidet, machen sie kein großes Geschrei, sondern reinigen die Wunde und kleben Heftpflaster darüber.

Auch im Umgang mit anderen Menschen machen sie meist von ihrem praktischen Menschenverstand Gebrauch, sind direkt, selbstbewußt und geradeheraus; um diese Eigenschaften in den rechten Rahmen zu setzen, sollten sie sich Zeit für sich selbst nehmen, sich entspannen, atmen, ihren Gefühlen Raum geben, Feingespür und Einfühlungsvermögen in ihre Liebesbeziehungen einbringen. Besonders in diesem Bereich müssen sie sich darüber klarwerden, was sie wirklich *empfinden*, statt sich auf das zu konzentrieren, was sie tun zu «sollen» glauben.

Im Positiven können Menschen mit der Lebenszahl 22/4 außerordentliche Mühen auf sich nehmen, um denen, die sie lieben, Hilfe und Unterstützung zu geben. Wenn jedoch ihre negativen Seiten zum Tragen kommen, sind ihre emotionalen Reaktionen und ihre festen, oft starren Ansichten darüber, wie andere sich verhalten «sollten», ihren Beziehungen nicht unbedingt förderlich. Und da sie ihrer Natur nach ständig zwischen zu großem Entgegenkommen und Auflehnung hin und her schwanken, sind sie nicht gerade kompromißbereit und hören auch nicht gern auf andere.

Im positiven Fall jedoch entwickeln sie Treue und lebhaften Witz. Wenn sie einen Partner haben, der keine Kontrollprobleme hat und unbeschwert ist, dürfte in ihrer Beziehung alles glattlaufen.

Ihre sexuellen Ansprüche sind eher einfach, aber vital und praktisch; sie lieben unter Umständen stürmisch, aber nicht unbedingt sehr romantisch oder sinnlich. Außerdem sind sie wahrscheinlich, wie andere Vieren auch, in irgendeiner Form emotional, physisch oder sexuell mißbraucht worden und müssen sich erst damit auseinandersetzen, ehe ihr Sexualleben blühen und gedeihen kann.

Begabungen, Beruf und Finanzen

Kraft, Ausdauer, gesunder Menschenverstand und Seelenstärke tragen Menschen mit der Lebenszahl 22/4, so weit sie wollen, wenn sie willens sind, sich dem allmählichen Entwicklungsprozeß anzuvertrauen, der sie dorthin bringt. Sie empfinden eine tiefe Befriedigung dabei, mit ihren Begabungen andere zu unterstützen und anzuspornen, ob in der Familie, als Lehrende, als Berater oder Unternehmer. Ihre praktischen, organisatorischen und analytischen Fähigkeiten helfen ihnen, sich auf vielen Gebieten hervorzutun. Da sie gern wissen, welche Anforderungen an sie gestellt werden, fühlen sie sich im allgemeinen zu praktischen Dingen mit klaren Beschränkungen, Grenzen und Erfolgschancen hingezogen.

Starken Einfluß auf ihre Einstellung zu Arbeit und Leben nehmen

Fragen der Zusammenarbeit. Nachdem sie lange Zeit ihr Möglichstes getan haben, das zu erfüllen, was andere von ihnen wünschten oder erwarteten, neigen sie später in ihrem Leben leicht zu Einzelgängertum und machen alles nach *ihrer eigenen* Fasson, wie Frank Sinatra (Lebenszahl 22/4) es in seinem Lied «I do it *my* way» besingt.

Aufgrund ihres starken Sicherheitsbedürfnisses hat eine stabile finanzielle Situation Vorrang für sie, die sie sich mit großer Energie und konzentrierter Arbeit schaffen. Solange sie ihre Ziele Schritt für Schritt verfolgen und nicht vergessen, daß auch die allmähliche Verwirklichung Freude machen kann, geht es ihnen finanziell gut.

Bekannte Persönlichkeiten mit der Lebenszahl 22/4

Woody Allen
Rudolf Augstein
Annie Besant
Paul Bocuse
Eugen Drewermann
Clint Eastwood
Konrad Lorenz
Luciano Pavarotti
Karl Rahner
John D. Rockefeller III.
J. D. Salinger
Alice Schwarzer
Frank Sinatra
Margaret Thatcher
Mark Twain
Swami Vivekananda

Wege zum Wachstum

Wenn Sie die Lebenszahl 22/4 haben, können Ihnen die folgenden Vorschläge helfen, sich über Ihre Lebensbestimmung klarzuwerden, indem Sie Ihre Aufmerksamkeit auf die Kernfragen richten und so handeln, daß sich in Lebensbereichen mit Schlüsselfunktionen etwas ändert.

Empfehlungen

- Freunden Sie sich zuerst mit sich selbst an, indem Sie Ihre inneren Widersprüche miteinander aussöhnen.
- Hören Sie auf den Rat von Freunden, und verausgaben Sie sich nicht.
- Bleiben Sie körperlich und geistig beweglich – wendig, nicht widerwillig.
- Strukturieren Sie Ihr Leben, und genießen Sie jeden Schritt auf Ihrem Weg.

Nützliche Fragen

1. Denken Sie über folgende Fragen nach:
   - Treffe ich Entscheidungen auf der Grundlage dessen, was ich wahrhaft brauche und wertschätze, oder nach dem, was meines Erachtens von mir «erwartet» wird?
   - Fühle ich mich wohl bei dem, was ich für andere tue?
   - Welcher Schritt ist der nächste auf mein Ziel hin?
   - Wem muß ich vergeben oder wen um Vergebung bitten?
2. Wie können Sie Einsichten, zu denen Ihnen diese Fragen vielleicht verholfen haben, in die Lebenspraxis übertragen?

Orientierungshilfen

1. Blättern Sie zu Teil II zurück, und lesen Sie noch einmal die Hauptabschnitte über die Ziffern, aus denen sich Ihre Lebenszahl zusammensetzt: 2 (S. 62) und 4 (S. 79).
2. Vielleicht möchten Sie sich die Lebenszahlen von Angehörigen und Freunden einmal anschauen und mit diesen zusammen, falls sie dafür aufgeschlossen sind, gemeinsame oder auch unterschiedliche Lebensfragen erörtern.

Die wichtigsten spirituellen Gesetze

1. Lesen Sie sich jedes der folgenden Gesetze in Teil IV durch:
   - Das Gesetz der Entwicklung (S. 431): Der einzig sichere Weg, ans Ziel zu gelangen, ist der, einen Fuß vor den anderen zu setzen.
   - Das Gesetz der Verantwortung (S. 419): Um uns gegenseitig zu unterstützen, müssen wir wissen, wann wir ja sagen dürfen und wie wir nein sagen können.
   - Das Gesetz der Verhaltensmuster (S. 435): Verhaltensmuster wiederholen sich in der Regel, wenn wir keinen starken Hebel ansetzen, um sie zu verändern.
   - Das Gesetz der Ehrlichkeit (S. 468): Um anderen gegenüber ehrlich zu sein, müssen wir erst uns selbst gegenüber ehrlich sein.
   - Das Gesetz der Ausgewogenheit (S. 425): Nachdem wir unsere Tendenz, von einem Extrem ins andere zu fallen, erkannt haben, pendeln wir uns in der Mitte ein.
2. Führen Sie die jeweils dort angegebenen Übungen durch.
3. Überlegen Sie, wie Sie diese Gesetze beherzigen können.

31/4 und 13/4

4: Stabilität und Entwicklung
1: Kreativität und Zuversicht
3: Ausdruck und Feingefühl

Die Lebensbestimmung

Menschen auf dem Lebensweg der 31/4 oder 13/4 sind hier, um sich mit Fragen der Stabilität, der Kreativität und des Gefühlsausdrucks auseinanderzusetzen. Sie müssen lernen, ihre Energie in konstruktive Bahnen zu lenken und sich ihren Zielen Schritt für Schritt zu nähern. Da die Lebensbestimmung zugleich auch eine Aufgabe ist, müssen Menschen mit der Lebenszahl 31/4 Selbstzweifel und Unsicherheit überwinden, um die nötige Zuversicht zu entwickeln, daß sie ihre Ziele nach einem langwierigen und manchmal mühevollen Prozeß dann doch erreichen. Bis dahin versuchen sie, mit Hoffnungen, Wünschen und enthusiastischen Illusionen durchs Leben zu kommen. Da sowohl sie als auch die auf dem Weg der 13/4 hier sind, um ihre Erdverbundenheit zu entwickeln und sichere Fundamente zu legen, haben sie häufig mit einem gewissen Hang zu Labilität und Unzuverlässigkeit zu kämpfen, der ihrer Lebensbestimmung entgegenwirkt.

Um ihre Unsicherheit zu kompensieren, entwickeln viele Menschen mit der Lebenszahl 31/4 eine übermäßig ehrgeizige, ja egoistische Persönlichkeit – ein «aufgeblasenes Ego», mit dem sie ihren Wert beweisen wollen, während sie infolge ihrer unterschwelligen Minderwertigkeitsgefühle danach streben, eine übergeordnete Stellung zu behalten.

Durch ihr Bestreben, sich starke Grundlagen zu schaffen, zu dem sich schöpferische Energie und Ausdruckskraft gesellen, verfügen Menschen mit den Lebenszahlen 31/4 und 13/4 über eine ausgewogene, wirksame Mischung von Stärke, Feinfühligkeit und Kreativität. Dieses Energiespektrum in Verbindung mit einem ausgeprägten Sicherheitsbedürfnis und ehrgeizigen Zielen eröffnet ihnen vielfältige Möglichkeiten, zu Erfolg zu kommen. Wenn die genannten Eigenschaften und Neigungen harmonisch zusammenwirken, können diese Menschen ihre erhabensten Ziele verwirklichen. Liegen sie hingegen miteinander im Streit oder äußern sich negativ, verdunkeln Frustrationen und Fehlschläge ihr Leben.

Für die Menschen mit diesen Lebenszahlen ist entscheidend, daß sie einen allmählichen Entwicklungsprozeß durchmachen und durchhalten, in dessen Verlauf sie sich in dieser Welt mit höchster Kreativität und Ausdrucksfähigkeit verwirklichen. Ob ihr Fundament die Familie, das Zuhause, das Heimatland, die Ausbildung oder die berufliche Tätigkeit ist, immer bildet es die stabile Plattform, von der aus sie das Leben erschließen. Eine feste «Ausgangsbasis» und eine sichere, etablierte, ordentliche Umgebung verstärken den Einfluß dieser Menschen ganz erheblich. Plötzliche Eingebungen oder Energieausbrüche sind allerdings kein Ersatz für anhaltende fleißige Arbeit. Wie sie ihren Lebensweg gehen, hängt davon ab, welche Vorbereitungen sie treffen und wie sie durchhalten.

Die Anordnung und der jeweilige Einfluß der Ziffern 1 und 3 bewirken den einzigen bedeutenden Unterschied zwischen Menschen mit der Lebenszahl 31/4 und denen mit der Lebenszahl 13/4: Bei den erstgenannten übt die schöpferische Energie einen stärkeren Einfluß aus als die Ausdruckskraft; bei den anderen herrschen Ausdrucksprobleme vor. Bei Menschen auf dem Weg der 31/4 verschleiern ausgeprägte schöpferische Neigungen, eine selbstbewußte, aus sich herausgehende Persönlichkeit und ein unablässiges Erfolgsstreben die innere Unsicherheit. Diese Menschen sind wettbewerbsorientiert, weil sie dauernd das Bedürfnis haben, sich zu beweisen und gegen ihre Angst, die an sie gestellten Ansprüche nicht erfüllen zu können, und gegen ihre Minderwertigkeitsgefühle angehen zu müssen. Menschen auf dem Lebensweg der 13/4 hingegen leiden mehr unter akuten Selbstzweifeln, die sich in Versagensängsten äußern und ab und zu wie Gewitterwolken aus heiterem Himmel auftauchen.

Abgesehen von diesen leichten Unterschieden in der Gewichtung haben die Menschen mit diesen Lebenszahlen in etwa die gleichen Neigungen und Probleme: Beide haben ein starkes Bedürfnis, sich schöpferisch zu betätigen. Stärke, Ehrgeiz und Statusdenken sind ihnen gemeinsam. Selbstzweifel und Unsicherheit überschatten beider Leben und stellen diese Menschen bei ihrem Bemühen, sich kraftvoll zu behaupten und erfolgreich zu sein, vor eine schwere Aufgabe. Der Lebenssinn liegt bei beiden nicht unbedingt darin, etwas Bestimmtes zu erreichen, sondern die Fähigkeit zu entwickeln, die nötigen Schritte zu unternehmen und durchzuhalten.

Viele Menschen mit den Lebenszahlen 31/4 und 13/4 haben einen schwierigen familiären Hintergrund und wurden z.B. von mindestens einem Elternteil körperlich mißhandelt oder wechselten in der Kindheit so häufig den Wohnort, daß sie nie ein stabiles Familienleben kennenlernten. Da uns die Erfüllung unseres Schicksals nicht leichtgemacht wird, mußten sie wahrscheinlich Hürden überwinden, als sie sich solide Grundlagen schaffen wollten. Selbst wenn sie aus verhältnismäßig stabilen Verhältnissen stammen, dürften sie davon profitieren, sich mit unterdrückten Gefühlen wie Ärger, Groll, Mißverständnissen und anderen mehr auseinanderzusetzen, um sich eine sichere Lebensbasis zu schaffen. Sie müssen all ihre Empfindungen ausdrücken können, auch Wut und Groll, ehe sie ihre Liebe zeigen können. Sie brauchen nicht unbedingt mit ihren Eltern übereinzustimmen, aber sie sollten unterdrückte Probleme ans Licht bringen und kein Hehl aus ihren Gefühlen machen, selbst wenn ihre Eltern schon verstorben sind. Sie können zudem viel von ihren eigenen oder fremden Kindern lernen.

Da Menschen mit den Lebenszahlen 31/4 und 13/4 Kopf und Herz eher als getrennt denn als vereint empfinden, müssen sie nach Möglichkeit emotionale Intuition und geistige Klarheit miteinander verschmelzen. Vor einer Entscheidung sollten sie sich fragen: «Was würde der Teil von mir jetzt tun, der vollkommen ruhig, klar und wach ist?» Indem sie auf ihre tiefinnersten Gefühle aus dem Bauch vertrauen, vermeiden sie, in Verwirrung zu geraten; sonst analysieren sie sich leicht zu Tode. Sobald sie Klarheit gewonnen haben, können sie andere ebenfalls auf diesen Weg bringen.

Wie bei anderen Vieren auch, liegen die Hauptherausforderungen und -hürden von Menschen mit den Lebenszahlen 31/4 und 13/4 darin, sich bei allem einer langsamen Vorgehensweise zu befleißigen – sie dürfen nicht vergessen, daß selbst das schönste Ziel in kleinen Schritten leichter zu verwirklichen ist. Da sie mit einer solchen Entwicklung schicksalsbedingt ihre Probleme haben, haßt ein Teil von ihnen Projekte, deren Verwirklichung eine lange Zeit und eine langsame, sorgfältige Vorgehensweise erfordert. Da sich bei ihnen die Ungeduld der 4 mit der kreativen Inspiration der 1 paart, wollen sie im allgemeinen, daß alles schnell oder gar wie von Zauberhand geschieht. Andererseits können die Selbstzweifel der 3 sie auch lähmen und zu Übervorsicht und zwanghaftem Verweilen bei jedem Schritt führen.

Diejenigen von ihnen, die sich schon einmal, zum Beispiel als Sportler oder Musiker, einem strukturierten Entwicklungsprozeß anvertraut oder sich sonstwie in einer Fertigkeit geübt haben, sind den anderen weit voraus, da sie damit ein Modell besitzen, nach dem sie sich bei allem, was sie tun, richten können.

Wenn sich die Menschen mit den Lebenszahlen 31/4 und 13/4 eine stabile Umgebung schaffen, über Selbstzweifel und Unsicherheit hinausblicken und die Geduld entwickeln, sich ihre Ziele in einem stufenweisen Prozeß Schritt für Schritt zu erarbeiten, ist es nur eine Frage der Zeit, bis sie diese Ziele erreicht haben.

Die positive Gestalt der 31/4 und der 13/4

Diese Menschen leben in soliden finanziellen und privaten Verhältnissen mit einem festen Familien-, Freundes- und Bekanntenkreis. Entscheidungen treffen sie mit Kopf (analytischer Verstand) und Herz (Intuition), und sie haben gelernt, sich dem Entwicklungsprozeß ihres Lebens anzuvertrauen. Sie sind vielseitige Erfolgstypen, die ihre Ziele verwirklicht haben, weil sie professionelle Fähigkeiten erworben haben und mit Hilfe des gewonnenen Verständnisses jedes Ziel erreichen können. Zuverlässig und beständig, besitzen sie die richtige Mischung aus Stärke, Flexibilität, Feinfühligkeit und zündender Kreativität, die für andere eine Quelle tätiger Hilfe und Ermutigung ist.

Die negative Gestalt der 31/4 und der 13/4

Selbst wenn sie fest irgendwo wohnen, fehlt diesen Menschen der Sinn für innere Festigkeit; es ist fast so, als lebten sie aus dem Koffer. Da sie sich nie festlegen und nie etwas durchhalten, wissen sie nie genau, wie lange sie an einem Ort, bei einer Tätigkeit oder mit einem Menschen zusammen bleiben werden. Ehrgeizig, aber ungeduldig versuchen sie sich in diesem und jenem, ohne je Wurzeln zu schlagen. Verwirrtheit ist der Grund für ihre Bindungslosigkeit; sie sind sich nicht ganz sicher, was sie eigentlich tun «sollten». Sie *denken* das eine und *fühlen* etwas anderes, so daß sie letztlich nicht wissen, was sie wollen. Die Kluft zwischen Verstand und Empfindung verleitet sie zu impulsiven Entscheidungen, die sie zwangsläufig hinterher bereuen. Sie fangen viel häufiger eine Sache an und brechen sie wieder ab, als sie je etwas vollenden. Aufgrund ihrer unrealistischen Erwartungen wollen sie ein Erfolgstyp sein, ohne sich allmählich dahin zu entwickeln. Ihre Großtuerei und das Flair der Überlegenheit, mit dem sie sich umgeben, verdecken lediglich ihre Selbstzweifel und ihre Unsicherheit.

Die Lebensbereiche

Gesundheit

Menschen mit den Lebenszahlen 31/4 und 13/4 wirken aufgrund ihrer Stärke robust, derbe und widerstandsfähig gegen Alltagsleiden. Körperlich sind sie entweder stämmig und gesäßlastig oder von athletischer Statur, je nach Erbanlagen und Lebensstil; auf jeden Fall sind sie grundsätzlich kräftig. Allerdings haben sie gewisse Schwächen im körperlichen «Fundament», das heißt in den Gelenken, Knien, Schenkeln und Hüften.

Geistiger Streß oder Widerwille kann physisch wie auch energetisch zu Verstopfung führen und das Immunsystem in Mitleidenschaft ziehen. Meditations- oder Entspannungsübungen, Gymnastik oder ein Bewegungstraining wie die Kampfkünste Aikido und T'ai-chi sind ihnen ebenso förderlich wie alles, was sie lehrt, sich einzustimmen, mitzufließen und anzunehmen, statt sich zu widersetzen. Ein Körpertraining wie Tanz oder eine Kampfkunst ist besonders vorteilhaft, da es rigide Stärke in bewegliche, dynamische Kraft umzuwandeln vermag und diesen Menschen zu der unmittelbaren Erfahrung eines Entwicklungsprozesses verhilft, in dessen Verlauf sie Fortschritte machen. Körperliche Betätigung tut ihnen gut, und besonders Mannschaftssport macht ihnen Freude.

Infolge der verschiedenartigen Energien der 3, 1 und 4 haben Menschen mit den Lebenszahlen 31/4 und 13/4 keine bestimmten Ernährungstendenzen, aber eine ausgewogene fettarme Kost ist eine gute Grundlage für sie. Wenn sie Übergewicht haben, hängt ihr Erfolg im Abnehmen von ihrer Bereitschaft ab, sich Schritt für Schritt eine Lebensweise mit weniger Fett und mehr Bewegung anzugewöhnen; gelegentliche heroische Anstrengungen, die schnell etwas bewirken sollen, bringen nur vorübergehende Ergebnisse. Von Erfolg sind solche Vorhaben nur gekrönt, wenn Geduld und Ausdauer geübt werden.

Zwischenmenschliche Beziehungen

Die Umgänglichkeit dieser Menschen schafft ihnen viele Freunde und Bewunderer. Sie sind im allgemeinen gesellig, haben Familiensinn und sind locker im Umgang mit anderen. Aber hinter ihrer selbstbewußten Ausstrahlung verbirgt sich oft eine Unsicherheit, die sie sich und anderen lieber eingestehen sollten, um mehr Glaubwürdigkeit zu gewinnen. Aus ihrer Verletzlichkeit können sie auch eine Stärke machen. Da sie durch die Energie der 4 zu Selbsttäuschung und Selbstverleugnung neigen, entdecken die Menschen beider Lebenszahlen unter Umständen, daß es ihnen tatsächlich guttut, Farbe zu bekennen. Wenn sie sich endlich zu ihrer Empfindlichkeit und Unsicherheit bekennen, merken sie, daß sie kaum noch etwas verteidigen und beweisen und niemanden mehr beeindrucken müssen; dadurch erlangen sie spürbar eine größere innere Festigkeit.

Die meisten Menschen mit den Lebenszahlen 31/4 und 13/4 sind entweder wie «das Salz der Erde» – feste, treue, verläßliche Partner, oder sie haben Schwierigkeiten, sich einzubringen und eine echte emotionale Bindung einzugehen. Selbst wenn sie behaupten: «Ich tu's», lassen sie sich dann wahrscheinlich ein Hintertürchen offen. Einesteils wünschen sie sich nichts sehnlicher als Stabilität und Sicherheit, während sich der andere Teil in ihnen genau dagegen wehrt, weil es eben keinem leichtgemacht wird, sein Lebensziel zu erreichen. Würden sie eine Beziehung als einen Entwicklungsprozeß mit Höhen und Tiefen ansehen, in dessen Verlauf sie etwas lernen, reifen und sich gegenseitig unterstützen müssen, dann würden sie ihre Partnerschaft eher als eine anspruchsvolle Form des spirituellen Trainings auffassen statt als «immer das gleiche».

Was ihre Sexualität betrifft, müssen sie sich erst mit den «nichtsexuellen» Problemen ihrer Selbstzweifel, mit Unsicherheit und Bindungsangst auseinandersetzen. Unangenehme Kindheitserlebnisse, unterbewußter Widerstand und körperliche Verspannungen können einer befriedigenden Sexualität im Wege sein. Im Positiven sind diese Menschen jedoch im allgemeinen stark, vital, erdverbunden und kreativ in der Liebe.

Begabungen, Beruf und Finanzen

Aufgrund der Vielzahl ihrer schöpferischen und nach Ausdruck drängenden Energien sowie ihrer soliden analytischen Fähigkeiten können Menschen mit den Lebenszahlen 31/4 und 13/4 in den verschiedensten Berufen erfolgreich sein, bei denen es sich oft, aber nicht zwangsläufig, um eine unternehmerische oder eine Beratertätigkeit, um Immobilien- oder Investitionsgeschäfte handelt. Sie eignen sich jedoch ebensogut für so unterschiedliche Tätigkeitsfelder wie das Lehren, die Sorge für eine Familie, Architektur, den Ingenieurberuf und andere Arten der kreativen Kommunikation mit anderen. Bei positiver Entwicklung bringt ihnen die praktische Schaffenskraft, die sie mit der Zeit erworben haben, die ersehnte Sicherheit. Wenn sie Geduld haben und durchhalten, kommt eins zum anderen. Sie dürfen nur nicht vergessen, daß es Jahre dauern kann – und viele kleine Schritte erfordert –, um «über Nacht» zu Erfolg zu kommen.

Bekannte Persönlichkeiten mit den Lebenszahlen 31/4 und 13/4

31/4

Ingeborg Bachmann
Ingmar Bergmann
Ernesto Che Guevara
Nat King Cole
Le Corbusier
Marie Curie
Sigmund Freud
Glenn Gould
Julio Iglesias
Paul McCartney
Grandma Moses
Max Planck
Babe Ruth
Carl Sandburg
Arnold Schwarzenegger

13/4

Alberto Giacometti

Wege zum Wachstum

Wenn Sie die Lebenszahl 31/4 oder 13/4 haben, können Ihnen die folgenden Vorschläge helfen, sich über Ihre Lebensbestimmung klarzuwerden, indem Sie Ihre Aufmerksamkeit auf die Kernfragen richten und so handeln, daß sich in Lebensbereichen mit Schlüsselfunktionen etwas ändert.

Empfehlungen

- Bleiben Sie vor allem stets bescheiden und freundlich.
- Um Ihre schöpferischen Fähigkeiten voll und ganz zu entfalten, müssen Sie sich langsam Schritt für Schritt darin üben.
- Trainieren Sie Körper, Geist und Gemüt.
- Setzen Sie Ihren analytischen Fähigkeiten Ihre schöpferische Intuition entgegen.

Nützliche Fragen

1. Denken Sie über folgende Fragen nach:
   - Lasse ich mich von meinen Selbstzweifeln und meiner Unsicherheit beirren?
   - Gehe ich Schritt für Schritt vor, um meine Ziele zu erreichen?
   - Habe ich meine kreativen Fähigkeiten jemals voll ausgeschöpft?
   - Habe ich mich mit meinen familiären Kindheitsproblemen auseinandergesetzt?
2. Wie können Sie Einsichten, zu denen Ihnen diese Fragen vielleicht verholfen haben, in die Lebenspraxis übertragen?

Orientierungshilfen

1. Blättern Sie zu Teil II zurück, und lesen Sie noch einmal die Hauptabschnitte über die Ziffern, aus denen sich Ihre Lebenszahl zusammensetzt: 1 (S. 53), 3 (S. 70) und 4 (S. 79).
2. Vielleicht möchten Sie sich die Lebenszahlen von Angehörigen und Freunden einmal anschauen und mit diesen zusammen, falls sie dafür aufgeschlossen sind, gemeinsame oder auch unterschiedliche Lebensfragen erörtern.

Die wichtigsten spirituellen Gesetze

1. Lesen Sie sich jedes der folgenden Gesetze in Teil IV durch:
   - Das Gesetz der Entwicklung (S. 431): Der beste Weg, ans Ziel zu gelangen, ist der, einen Fuß vor den anderen zu setzen.
   - Das Gesetz der Verhaltensmuster (S. 435): Verhaltensmuster wiederholen sich in der Regel, wenn wir keinen starken Hebel ansetzen, um sie zu verändern.
   - Das Gesetz der Wahlfreiheit (S. 410): Wir haben die Wahl, unsere schöpferische Energie positiv oder negativ zum Ausdruck zu bringen.
   - Das Gesetz der Flexibilität (S. 405): Indem wir flexibel bleiben, können wir den größten Nutzen aus Schwierigkeiten und wechselnden Umständen ziehen.
   - Das Gesetz der Zyklen (S. 488): Das Leben ist ein Kreislauf ständiger Veränderungen, die wie die Jahreszeiten kommen und gehen.
2. Führen Sie die jeweils dort angegebenen Übungen durch.
3. Überlegen Sie, wie Sie diese Gesetze beherzigen können.

5:
Freiheit und Disziplin

So weit die Selbstbeherrschung reicht,
so weit reicht deine Freiheit.
Marie von Ebner-Eschenbach

In diesem Kapitel sind alle Lebenszahlen zusammengefaßt, in denen die Ziffer 5 (S. 90) den Hauptlebenssinn bestimmt: 14/5, 41/5, 23/5 und 32/5. Obgleich in all diesen Lebenszahlen die 5 ihre intensive Energie geltend macht, ist doch jede einzelne Zahl aufgrund des Einflusses und der Wechselwirkung der anderen Ziffern durch ganz eigene Qualitäten, Probleme und Merkmale gekennzeichnet.

32/5 und 23/5

5: Freiheit und Disziplin
2: Zusammenarbeit und Ausgewogenheit
3: Ausdruck und Feingefühl

Die Lebensbestimmung

Menschen auf dem Lebensweg der 32/5 oder 23/5 sind hier, um sich mit Fragen der Unabhängigkeit, der emotionalen Ehrlichkeit und der Zusammenarbeit auseinanderzusetzen und schließlich durch Disziplin und Erfahrungstiefe Freiheit zu erlangen. Da jeder von uns auf seinem Lebensweg Hürden überwinden muß, sind auch diejenigen mit den Lebenszahlen 32/5 und 23/5 mit inneren Herausforderungen, Neigungen und Konflikten im Zusammenhang mit Abhängigkeit und Unabhängigkeit, Verantwortung und ehrlichem Gefühlsausdruck konfrontiert.

Die Menschen mit diesen beiden Lebenszahlen sind sich sehr ähnlich, was die Grundenergien ihrer Lebenszahlen betrifft, nur daß die Ziffern 2 und 3 vertauscht sind. Die mit der Zahl 23/5 sind meist Spätzünder, sie brauchen wegen der vorherrschenden Energie der 3 und der damit verbundenen Probleme in bezug auf Feinfühligkeit und Selbstzweifel länger, um Selbstvertrauen zu gewinnen; außerdem haben sie im allgemeinen stärkere Ängste sowie ein größeres Bedürfnis, sich auszudrücken, als Menschen mit der Lebenszahl 32/5.

Diese haben dafür größere Schwierigkeiten als die anderen im Bereich der Zusammenarbeit; sie pflegen sich jemandem mit Haut und Haar zu verschreiben, lassen sogar ihre eigene facettenreiche Identität fahren und übernehmen chamäleonartig die Werte, Interessen und Wünsche ihres Partners. Da sie dabei die eigenen Bedürfnisse ignorieren, kommen sie irgendwann an den Punkt, an dem sie sich emotional verschließen oder grollen.

Damit ist nicht gesagt, daß Menschen mit der Lebenszahl 32/5 nicht auch die Selbstzweifel der anderen erfahren würden oder diejenigen mit der Zahl 23/5 keine solchen Kooperationsprobleme wie die Erstgenannten hätten, nur unterscheiden sich die Energien der 2 und der 3 durch die jeweilige Position der Ziffer in der Lebenszahl in ihrem Wirkungsgrad.

Beide sind hier auf dieser Erde, um zur wahren Freiheit zu gelangen. Aus dem Ausdruck *wahre Freiheit* geht schon hervor, daß es auch falsche Freiheit gibt – zum Beispiel Selbstverwöhnung, Unverantwortlichkeit oder Zügellosigkeit –, wenn diese Menschen einfach tun, was sie wollen und wann sie es wollen. Nur diejenigen von ihnen, die noch nicht so weit gereift sind, daß sie sich auf eine positive Weise verwirklichen, erstreben diese Art von «Freiheit».

Der Freiheitsdrang von Menschen mit den Lebenszahlen 32/5 und 23/5 äußert sich überwiegend im Streben nach Erfahrung und Wissen; mit der ersehnten Freiheit verbindet sich ein gewisser Bewegungsspielraum in verschiedenen Lebensbereichen – sei es körperlich, geistig, emotional, sozial, sexuell oder finanziell. Die Menschen mit den Energien dieser Zahlen wollen nach Möglichkeit Gelegenheiten wahrnehmen und Abenteuer bestehen, ob im wirklichen Leben, beim Lesen oder im Kino.

Manchmal ist ihr Verlangen nach Erfahrungen so stark, daß sie sich erheblich zuviel vornehmen, um nur ja keine Gelegenheit zu verpassen, und so verzetteln sie sich schließlich oder sind völlig erschöpft. Besonders viele Menschen mit der Lebenszahl 32/5 lassen ihr Lebenslicht an beiden Enden brennen. Während die mit der Lebenszahl 23/5 zuerst weniger selbstbewußt sind, die anderen leicht zu weit gehen, besitzen beide eine rasche Auffassungsgabe und schlagen sich mit ihren vielseitigen Fähigkeiten und Erfahrungen gut durchs Leben.

Beide konzentrieren sich manchmal wie besessen auf das, was sie gerade tun, und verlieren dabei das größere Ganze aus den Augen. Wie alle Fünfen brauchen sie Selbstbeherrschung, ein klares Ziel vor Augen und Sinn für die Prioritäten, um sich von ihren inneren Fesseln befreien zu können. Die höchste Freiheit, nach der sie streben, ist die *innere Freiheit* – die Freiheit, sich selbst zu sein, und die Freiheit von Selbstzweifeln und Angst. Erst wenn sie dieses innere Gefühl der Weite haben, entwickeln sie auch ein Gespür für die Erfüllung ihres Schicksals in der Welt. Allerdings können auch äußere Erfahrungen ein Weg in die innere Freiheit sein. Da die äußere Welt unsere Innenwelt widerspiegelt, haben Menschen mit den Lebenszahlen 32/5 und 23/5, die sich den äußeren Herausforderungen stellen, zugleich die Chance, sich dabei mit ihren Problemen der Unsicherheit und Zusammenarbeit auseinanderzusetzen und darüber hinauszuwachsen. Abenteuer, ob große oder kleine, sind ihnen von Nutzen bei ihrem Bemühen, ihre Horizonte zu erweitern, emotional etwas zu riskieren und ihre Fähigkeiten auszuloten.

Die Energien der 2, durch die sie zur Überkooperation neigen, und die dramatischen Kräfte der 3 und der 5, die hier zusammenwirken, können eine Art «Märtyrerkomplex» auslösen. Dann wollen diese Menschen die ganze Welt erretten und für die Freiheit kämpfen. Je drastischer die Mittel, um so besser. Petitionen an Abgeordnete zu schreiben reicht ihnen nicht. Sie sind für Dramatik – sowohl im Fernsehen als auch im wirklichen Leben.

Da Menschen mit diesen Lebenszahlen aufgeweckt sind und schnell lernen, langweilen sie sich auch leicht. Langeweile ist die Hölle für sie. Wenn ihnen etwas langweilig wird, sorgen sie meist selbst für ein bißchen mehr Spannung. Letzten Endes suchen sie nach der Freiheit, die ihnen die Erleuchtung und spirituelle Befreiung bringt – indem sie ihr Bewußtsein bis zu dem Punkt ausdehnen, an dem das Universum ihre Spielwiese wird. Dort angelangt, haben sie nicht länger das Empfinden, daß ihr Körper ein Gefängnis ist, weil sie inzwischen visuelle Vorstellungskraft entwickelt haben, von der ihnen eigenen Gabe der Hellsichtigkeit Gebrauch machen und über die Grenzen ihres Körpers hinaus «reisen» können.

Fünfen erkunden meist viele Lebensbereiche. Leider sind die Erfahrungen, die sie reichlich sammeln, ziemlich oberflächlich. Durch Disziplin und Konzentration können sie *tiefe* Erfahrungen machen, wenn sie einige Gebiete gründlich genug erforschen, um die allen Aspekten des Lebens zugrundeliegenden spirituellen Gesetze zu entdecken; dann erfahren sie auch die Freiheit in einem tieferen Sinn. Ohne solche Disziplin bleiben sie nur an der Oberfläche der Dinge oder verzetteln sich bei dem Versuch, alles auf einmal zu erledigen. Indem sie ihre Energie und Aufmerksamkeit konzentrieren – sich klare Prioritäten setzen und daran halten –, machen sie eine tiefere Erfahrung der Freiheit.

Ebenso wie Zweien vom Extrem der Unterkooperation ins Extrem der Überkooperation fallen, schwanken Menschen mit den Lebenszahlen 32/5 und 23/5 zwischen Abhängigkeit und Unabhängigkeit hin und her. Am Ende müssen sie doch ein praktikables Gleichgewicht finden. Dieses Gleichgewicht erzielen sie dadurch, daß sie die Extreme erforschen und zum Beispiel Unabhängigkeit erlernen, indem sie ihre Abhängigkeitsprobleme untersuchen. Vielleicht sind sie infolge eines Unfalls, einer Krankheit oder finanzieller Probleme von anderen abhängig, oder sie begeben sich absichtlich in ein Abhängigkeitsverhältnis, weil sie Zweifel haben oder unsicher sind, auf eigenen Füßen stehen zu können. Ihre Aufgabe besteht darin, mit Hilfe dieser Erfahrungen ein gesundes Gleichgewicht zwischen Unabhängigkeit und einer angemessenen *gegenseitigen* Abhängigkeit zu schaffen – in dem Sinne, daß sie auch von anderen etwas annehmen können.

Aus Unsicherheit verstecken sich diese Menschen gern hinter ihren gesellschaftlichen Rollen. Es täte ihnen gut, sich daran zu erinnern, daß sie mehr sind als die Rolle, die sie spielen. Ihre Fähigkeit, zu bluffen und etwas vorzuspielen, versetzt sie auch in die Lage, andere bewußt oder unbewußt zu manipulieren und Gefühle wie beispielsweise Ärger dazu zu benutzen, ihren Kopf durchzusetzen.

Ob sie ihre Wochenenden damit verbringen, auf Safari zu gehen oder sich Rührstücke im Fernsehen anzuschauen, Drachenfliegen zu üben oder sich der Kindererziehung zu widmen, immer haben diese Menschen etwas Lebendiges an sich, vertreten sie eine erfrischende Weltanschauung. Auch wenn sie sich ihrer abenteuerlichen, nach Freiheit dürstenden Seiten noch nicht bewußt geworden sind, entdecken Menschen mit den Lebenszahlen 32/5 und 23/5 früher oder später, sobald sie vollstes Selbstvertrauen gewonnen haben, die Möglichkeiten ihres Lebens, die Tiefe und Grenzenlosigkeit der inneren Freiheit.

Die positive Gestalt der 32/5 und der 23/5

Im Bewußtsein ihrer inneren Freiheit und frei von den Fesseln einengender Überzeugungen oder Ängste, sind diese facettenreichen Menschen gewillt, emotionale Risiken auf sich zu nehmen. Sie sind und bleiben Abenteurer, auch im Alltagsleben, und ob sie sich als Wildwasserfahrer oder Fallschirmspringer betätigen oder nicht, besitzen sie auf jeden Fall die Disziplin, um tief ins Leben einzutauchen und zum Kern der Erfahrung vorzudringen, statt nur an der Oberfläche zu kratzen. Leidenschaftlich und abenteuerlustig wie Alexis Sorbas, reißen sie andere durch ihr gutes Beispiel und ihre Begeisterung mit. Dank ihrer raschen Auffassungsgabe sehen und beschreiben sie das Leben auf ganz neue Art. Sie haben gute Gewohnheiten entwickelt und genießen eine abwechslungsreiche Alltagsroutine. Klug, witzig und stets zu Späßen aufgelegt, machen sie aus Gewöhnlichem etwas Außergewöhnliches.

Die negative Gestalt der 32/5 und der 23/5

Aus Unsicherheit heraus manipulieren und kontrollieren diese Menschen andere, meist, indem sie entweder wütend werden oder sich zurückziehen. Oder sie versuchen mit allen Mitteln, es anderen recht zu machen, um ihnen später die Schuld an ihrer eigenen Unausgeglichenheit zu geben und zu grollen. Sie schaffen unabsichtlich Situationen, in denen sie von jemandem oder von etwas abhängig werden, seien es Drogen oder Finanzen. Voller Angst und Selbstzweifel verschenken sie ihre Freiheit oder beschränken sich in ihren Erfahrungen. Zerfahren und schnell gelangweilt, sind sie emotionale Trickbetrüger. Da sie keine klaren Grenzen kennen, spielen sie verschiedene Rollen oder entdecken sich in unterschiedlichen Charakteren des Fernsehens oder in Büchern wieder. Sie sind süchtig nach Dramatik jedweder Art und auf Gnade und Ungnade ihrer Suche nach vielfältigen Erfahrungen ausgeliefert.

Die Lebensbereiche

Gesundheit

Menschen mit den Lebenszahlen 32/5 und 23/5 haben einen empfindlichen Körper und sind meist aufgrund ihres schnellen Stoffwechsels schlank und drahtig, woran sich das Tempo ihres Lebens ablesen läßt. Aber auch die Rundlichen unter ihnen lassen sich durch ihre Körperformen nicht bremsen. Wegen ihrer Feinfühligkeit benutzen sie Fett oder Muskeln unter Umständen als psychischen Puffer. Probleme im Halsbereich zeigen mitunter, daß sie mit ihrem Selbstausdruck zurückhalten, aber im allgemeinen müssen sie eher darauf achten, ihren Adrenalinspiegel und ihr Nervensystem nicht zu stark zu strapazieren, da sie sich leicht verzetteln und dann unter Streß oder Erschöpfung leiden. Wenn sie im Hinblick auf Ernährung oder körperliche Bewegung falschen Gewohnheiten anhängen oder undiszipliniert sind, bekommen sie womöglich Kreislaufstörungen. Außerdem können Unfälle auftreten, weil sie sich körperlich übernehmen oder ihre Fähigkeiten überschätzen.

Wenn sie aus «Abenteuerlust» Drogen nehmen, werden sie irgendwann böse Erfahrungen machen und lernen, daß Drogen sie nur versklaven.

Eine ausgewogene, fettarme Kost und regelmäßige Bewegung sind für Menschen mit beiden Lebenszahlen sehr wichtig. Ihr Bewegungsprogramm sollte unterschiedliche Übungen umfassen, die sowohl Spaß machen als auch wirksam sind. Vielseitige körperliche Betätigungen, Musikgymnastik, Tanz, Kampfkünste und Wandern sind alle gleichermaßen geeignet.

Zwischenmenschliche Beziehungen

Diejenigen, die allein durchs Leben gehen, ohne einem Ehegefährten, Partner oder Kindern verantwortlich zu sein, besitzen in dem Sinne eine gewisse «Freiheit», daß sie für niemanden dasein und weniger Kompromisse eingehen müssen. Aber der Mensch findet seine Freiheit nicht unbedingt im Alleinsein. Der Einfluß der 2 bedeutet, daß sich die Menschen auf diesem Weg früher oder später mit Fragen der Zusammenarbeit, die eigene Person und andere betreffend, auseinandersetzen müssen. Die Möglichkeit dazu bieten ihnen verantwortungsvolle Beziehungen.

Da sie vor Herausforderungen im Bereich von Freiheit und Unabhängigkeit gestellt werden, geben manche Menschen mit den Lebenszahlen 32/5 und 23/5 ihrem Partner, Lebensgefährten oder ihren Kindern die Schuld an ihrer mangelnden inneren Freiheit: «Sie schränken mich in meiner Freiheit ein! Sie lassen mich nicht machen, was ich will!» Gelegentlich ziehen sie auch wirklich Partner an oder wählen solche, die irgendwelche Freiheitsprobleme verursachen oder von denen sie sich abhängig machen, um ihnen später zu grollen. Bei näherem Hinsehen zeigt sich, daß diese Menschen selbst ihre Freiheit beschneiden. Sobald sie die Verantwortung für ihr Leben selber tragen und erkennen, daß sie das Drehbuch für ihren Film selbst schreiben und selbst Regie führen, hören sie auf, andere dafür verantwortlich zu machen, und sind viel freier in der Zusammenarbeit als in trotziger Unabhängigkeit oder Isolation.

Die Menschen mit diesen beiden Lebenszahlen sind körperlich und seelisch sensibel, haben jedoch oft Schwierigkeiten, ihre Gefühle zu zeigen. In Partnerbeziehungen müssen sie den Mut finden, *auszudrücken,* was sie empfinden.

Sie müssen sich ferner über ihr Verlangen nach Abwechslung und Abenteuer klar werden und Möglichkeiten finden, diesem Verlangen auch in einer festen Partnerschaft nachzukommen. Wie sich ihre Partnerbeziehung gestaltet, hängt davon ab, ob sie die Beziehung als einen Weg zu größerer Freiheit und tieferer Erfahrung ansehen oder als Gefängnis erleben.

In sexueller Hinsicht können diese Menschen sowohl überaus schüchtern und unsicher als auch sinnlich, abenteuerlustig und leidenschaftlich sein – oder alles auf einmal. Sie geben sich oft Phantasien hin und spielen verschiedene Rollen. Liebesbeziehungen und sexuelle Spiele bieten ihnen häufig die Möglichkeit, sich neue Freiräume zu erschließen, indem sie vom Rollenverhalten ablassen und zu einer neuen emotionalen Wahrhaftigkeit und Sensibilität kommen.

Begabungen, Beruf und Finanzen

Für Menschen mit den Lebenszahlen 32/5 und 23/5 ist Abwechslung die Würze des Lebens; deshalb entsprechen besonders Tätigkeitsbereiche, in denen sie mannigfaltige Erfahrungen machen können, wie Lehre, Schriftstellerei, Schauspiel, Musik, Politik, Sport, Journalismus oder Handelsvertretungen, wo sie auch reisen und mit verschiedenen Menschen zusammenkommen können, ihren Begabungen und Interessen. Bei ihren vielen Talenten können sie im Grunde alles machen, was ihnen gefällt.

Finanziell sind sie zwar auf Sicherheit aus, aber Geld hat keine so hohe Priorität für sie wie die Erfahrungen, zu denen es ihnen verhelfen kann; wenn sie die Wahl hätten zwischen einem fetten Bankkonto und der Gelegenheit zu einem Abenteuer bzw. einer neuen Erfahrung, würden sie das Abenteuer und die neue Erfahrung wählen; Geld geben sie manchmal schon aus, bevor sie es überhaupt haben. Sie genießen ein festes, sicheres Zuhause (möglichst mit einem gemütlichen Kaminfeuer), aber sobald sie Vertrauen zu sich selbst gefunden haben, tauschen sie die Sicherheit gern gegen das Abenteuer ein. Ausgestattet mit dem regen Geist der 5, haben sie bei Bedarf Geld oder verdienen es und sind Gläubigern immer mindestens einen Schritt voraus.

Bekannte Persönlichkeiten mit den Lebenszahlen 32/5 und 23/5

32/5

Rudi Altig
Ursula Andress
Hermann Hesse
Adolf Hitler
Mick Jagger
Helen Keller
Rudolf Nurejev
Liv Ullmann
Malcolm X

23/5

Harry Belafonte
Marlon Brando
Albert Camus
Charles Darwin
Marlene Dietrich
Max Frisch
Vincent van Gogh
Curd Jürgens
Abraham Lincoln
Tennessee Williams

Wege zum Wachstum

Wenn Sie die Lebenszahl 32/5 oder 23/5 haben, können Ihnen die folgenden Vorschläge helfen, sich über Ihre Lebensbestimmung klarzuwerden, indem Sie Ihre Aufmerksamkeit auf die Kernfragen richten und so handeln, daß sich in Lebensbereichen mit Schlüsselfunktionen etwas ändert.

Empfehlungen

- Sie sind mehr als die Rolle, die Sie spielen; erkennen und würdigen Sie Ihr wahres Wesen.
- Denken Sie daran: Disziplin und Gründlichkeit öffnen Ihnen die Tore zur Freiheit.
- Legen Sie sich auf ein bestimmtes Tempo fest, lassen Sie sich Zeit zum Entspannen, und bleiben Sie gesund.
- Finden Sie den Mut, ganz offen und verletzlich zu sein.

Nützliche Fragen

1. Denken Sie über folgende Fragen nach:
   - Wann fühle ich mich eingegrenzt oder eingeengt, und wer kann mich befreien?
   - Habe ich ein Gleichgewicht zwischen Abhängigkeit und Unabhängigkeit erreicht?
   - Wie diszipliniert und konzentriert bin ich augenblicklich?
   - Bringe ich ohne Umschweife zum Ausdruck, was ich wirklich empfinde und brauche?
2. Wie können Sie Einsichten, zu denen Ihnen diese Fragen vielleicht verholfen haben, in die Lebenspraxis übertragen?

Orientierungshilfen

1. Blättern Sie zu Teil II zurück, und lesen Sie noch einmal die Hauptabschnitte über die Ziffern, aus denen sich Ihre Lebenszahl zusammensetzt: 2 (S. 62), 3 (S. 70) und 5 (S. 90).
2. Vielleicht möchten Sie sich die Lebenszahlen von Angehörigen und Freunden einmal anschauen und mit diesen zusammen, falls sie dafür aufgeschlossen sind, gemeinsame oder auch unterschiedliche Lebensfragen erörtern.

Die wichtigsten spirituellen Gesetze

1. Lesen Sie sich jedes der folgenden Gesetze in Teil IV durch:
   - Das Gesetz der Disziplin (S. 440): Mit Disziplin erwerben wir die Zielgerichtetheit und Erfahrungstiefe, durch die wir zu innerer Freiheit gelangen.
   - Das Gesetz der Ausgewogenheit (S. 425): Nachdem wir unsere Tendenz, von einem Extrem ins andere zu fallen, erkannt haben, pendeln wir uns in der Mitte ein.
   - Das Gesetz der Verantwortung (S. 419): Wir unterstützen uns gegenseitig, wenn wir wissen, wann wir ja sagen dürfen und wie wir nein sagen können.
   - Das Gesetz der Ehrlichkeit (S. 468): Um anderen gegenüber ehrlich zu sein, müssen wir erst uns selbst gegenüber ehrlich sein.
   - Das Gesetz des Handelns (S. 483): Um unsere Unsicherheit zu überwinden, müssen wir unsere Verletzlichkeit akzeptieren, aber dennoch selbstsicher handeln.
2. Führen Sie die jeweils dort angegebenen Übungen durch.
3. Überlegen Sie, wie Sie diese Gesetze in Ihrem Leben beherzigen können.

41/5 und 14/5

5: Freiheit und Disziplin
1: Kreativität und Zuversicht
4: Stabilität und Entwicklung

Die Lebensbestimmung

Menschen auf dem Lebensweg der 41/5 oder 14/5 sind hier, um sich mit Fragen der Unabhängigkeit, Stabilität und schöpferischen Energie auseinanderzusetzen. Sie werden die ersehnte Freiheit erlangen, wenn sie sich der Disziplin unterwerfen, ein gestecktes Ziel Schritt für Schritt zu verwirklichen. Da der steile Pfad, auf dem wir unserer Lebensbestimmung entgegengehen, Prüfungen und Herausforderungen für uns bereithält, finden auch die Menschen mit den Lebenszahlen 41/5 und 14/5 erst dann die wahre innere und äußere Freiheit, wenn sie herausgefunden haben, was Freiheit *nicht* ist; sie neigen dazu, sich von anderen abhängig zu machen, um dann fast aggressiv nach Unabhängigkeit zu streben. Dieser Neigung müssen sie eine gesunde Selbständigkeit, gegenseitiges Vertrauen und Zusammenarbeit entgegenstellen, um sich das Leben durch Disziplin und zielgerichtetes Handeln Schritt für Schritt zu erobern und frei zu werden. Es dauert unter Umständen eine Zeitlang, bis sie zu dieser Erkenntnis kommen.

Menschen mit den Lebenszahlen 41/5 und 14/5 haben zwar den gleichen Drang nach Freiheit, Unabhängigkeit und Erfahrenheit wie andere Fünfen auch, aber sie erwerben diese Freiheit infolge des energetischen Einflusses der Ziffern 1 und 4 auf völlig andere Weise und durch ganz eigene Probleme und Herausforderungen.

Alles, was die Energie der 5 mit sich bringt, trifft auch für diese Menschen zu, aber es wird abgemildert und ausgeglichen durch die 4 und verstärkt durch die schöpferischen Antriebe der 1. Aufgrund des Einflusses der 4 verzetteln sich die Menschen auf diesen beiden Lebenspfaden leicht und geraten darüber in Wut. Sie besitzen auch einen starken Familiensinn und bei positiver Entwicklung ausreichende Festigkeit. Da sich bei ihnen eine rasche Auffassungsgabe und Kreativität vereinen, gelingt es ihnen oft, ihren Mitmenschen neue Lebensanschauungen zu vermitteln.

Sie unterscheiden sich nicht nur von anderen Fünfen, sondern weichen wegen der unterschiedlichen Beschaffenheit und Anordnung der Ziffern 4 und 1 auch leicht voneinander ab. Beide haben ein bedeutendes schöpferisches Potential, das sie ausschöpfen und in positive Bahnen lenken müssen, besonders Menschen mit der Lebenszahl 41/5. Beiden Lebenswegen ist außerdem die Energie der 4 gemeinsam, die es erforderlich macht, daß sie einem schrittweisen Prozeß folgen, um Sicherheit zu gewinnen.

Da Fünfen generell durch Selbstbeherrschung, Konzentration und Festlegung von Prioritäten Freiheit erlangen, können die Energien der 1 und der 4 ihre Suche nach innerer und äußerer Freiheit entweder stark begünstigen oder völlig zunichte machen.

Die meisten Menschen auf dem Weg der 14/5 haben besonders gute analytische Fähigkeiten, neigen aber durch zuviel Grübeln auch zu Verwirrung und geistigem Streß. Diejenigen auf dem Weg der 41/5 verfügen über eine Fülle von schöpferischer Energie, doch wenn diese Energie blockiert ist, tendieren sie mehr als die Erstgenannten dazu, ihren überschüssigen Kräften durch den Mißbrauch von Essen, Alkohol, Tabak und anderen Drogen freien Lauf zu verschaffen. Menschen beider Lebenswege haben aber auch die gleichen starken Seiten und stehen vor ähnlichen möglichen Herausforderungen, ebenso wie ihnen die Fahrigkeit gemeinsam ist und sie sich stets übernehmen, weil sie alles auf einmal wollen.

Im positiven Sinne gibt die schöpferische Energie dem Charme und der Klugheit dieser Menschen noch zusätzlichen Glanz und «Glamour». Sie bringt auch eine gewisse Unsicherheit mit sich, besonders für die mit der Lebenszahl 41/5, und ein Bedürfnis nach Neuerungen und Vielfalt, wodurch ihnen Konzentration und Disziplin erschwert werden. Da Fünfen ohnehin gern von einer Sache zur anderen springen, ist der Einfluß der 1 geradezu Öl aufs Feuer.

Vorgehensweise, Entwicklung und Leistung derer auf dem Weg der 41/5 und 14/5 müssen sich auf das starke Fundament der Vorbereitung gründen. Eine feste Grundlage, beispielsweise die Verantwortung für Heim und Familie, lehrt sie meist mehr über die innere Freiheit als Weltreisen und ein breites Spektrum an Erfahrungen. Höchstwahrscheinlich machen sie ihre Erfahrungen auf beiden Ebenen – sowohl physisch als auch in ihrer lebhaften Phantasie.

Der Einfluß der 4 fügt ihrer durch die 5 bedingten ausgeprägten Neugier und ihrem Forschungsdrang die notwendige Stärke und Festigkeit, analytische Fähigkeiten und Sinn für das Machbare hinzu. Bei unreiferen Menschen, besonders solchen auf dem Weg der 14/5, bewirkt er allerdings auch einen gewissen Widerwillen gegen eine langsame, sorgfältige schrittweise Entwicklung und damit Ungeduld, etwas, was Fünfen überhaupt nicht gebrauchen können.

In beiden Fällen nehmen die 1 und besonders die 4 Einfluß auf den Drang nach Freiheit und Unabhängigkeit und sorgen für erhebliche Herausforderungen. Ebenso wie Menschen mit anderen Lebenszahlen müssen die mit den Lebenszahlen 41/5 und 14/5, um ihren Hauptlebenssinn zu erfüllen, einen steilen Pfad emporklettern, unterwegs mit ihren Drachen kämpfen und sich dabei immer mehr stählen.

Beispielhaft für die Mischung aus Wunderbarem und Chaos, die sich aus der dynamischen Kombination von 1, 4 und 5 ergibt, ist der verstorbene Thomas Wolfe mit der Lebenszahl 14/5. Der Autor von *Schau heimwärts, Engel!* brachte seine brillanten, schwer lesbaren, handgeschriebenen Manuskripte, einen Riesenpacken Papier, die Seiten durcheinander, in ein paar Obstkisten gestopft, zu seinem Verleger. Trotzdem halten ihn viele für einen der größten amerikanischen Schriftsteller.

Die positive Gestalt der 41/5 und der 14/5

Diese Menschen können hervorragend strukturieren, organisieren und integrieren, vermögen dank ihres messerscharfen Verstandes zu bestimmen, was sie brauchen, und führen dann die nötigen Schritte aus, um ihr Ziel zu erreichen. Durch regelmäßige Bewegung und eine disziplinierte Ernährungsweise halten sie sich körperlich in Form. Zu ihrer ausgeprägten visuellen Vorstellungsgabe und überschäumenden Kreativität gesellt sich die Fähigkeit, sich geduldig dem notwendigen Entwicklungsprozeß zu überlassen, in dessen Verlauf sie ihre inneren Bilder in die Wirklichkeit übertragen können. Sie sind stark, reißen andere mit und beweisen in vielen Lebensbereichen ihre Tüchtigkeit; durch ihre mitteilsame Art sind sie eine angenehme Gesellschaft.

Die negative Gestalt der 41/5 und der 14/5

Gehemmt durch Verwirrung und Unsicherheit, bringen diese Menschen wenig zu Ende; entweder verbeißen sie sich in einen Arbeitsschritt, oder sie stürmen impulsiv voran und überspringen notwendige Schritte, so daß sie auf halbem Wege zum Ziel wieder zum Ausgangspunkt zurückkehren müssen. Sie sind hin- und hergerissen zwischen ihrem Sicherheitsbedürfnis und ihrem Verlangen, etwas zu riskieren und das Unbekannte zu erforschen. Unzuverlässig und unstet, wollen sie sofort frei sein, ohne die nötige Disziplin aufzubringen und sich diesem Ziel Schritt für Schritt zu nähern. Ohne festes Fundament unter den Füßen, wanken und schwanken sie zwischen Hoffen und Bangen hin und her und tun dies und das, ohne jedoch eine Wirkung zu erzielen.

Die Lebensbereiche

Gesundheit

Menschen mit den Lebenszahlen 41/5 und 14/5 sind infolge ihrer Vitalität, ihrer Energie und ihres Erlebnishungers immer in Eile. Wenn sie bei ihrer Abenteuersuche impulsiv handeln oder sich übernehmen, tragen sie wahrscheinlich Knochenbrüche davon. Ist ihre schöpferische Energie blockiert, haben sie und besonders diejenigen mit der Lebenszahl 41/5 unter Umständen Beschwerden im Unterleib, unteren Rücken und Genitalbereich.

Beiden dürfte Meditation eine große Hilfe sein, den Geist zu beruhigen, denn ihre Gedanken jagen einander im Kreise herum. Heitere Musik hat ebenfalls eine ausgleichende, besänftigende Wirkung. Das Nervensystem dieser Menschen braucht Schonung. Im allgemeinen sind sie robuster und spannkräftiger als Menschen mit den Lebenszahlen 32/5 und 23/5, geraten jedoch trotzdem leicht geistig in Streß.

Beide Gruppen profitieren davon, regelmäßige, feste Eßgewohnheiten zu kultivieren, da sie dazu neigen, Mahlzeiten auszulassen oder schnell im Stehen etwas zu essen. Abwechslungsreiche, spannende Gerichte ziehen sie vor, aber ansonsten brauchen sie keine speziellen Ernährungsrichtlinien einzuhalten. Wenn sie zuviel essen, müssen sie untersuchen, inwiefern ihre schöpferische Energie blockiert ist, und die nötigen Schritte unternehmen, um dieser Energie zum Ausdruck zu verhelfen oder sie durch ein ausgewogenes Körpertraining freizusetzen.

Die unterschiedlichsten Sportarten gefallen ihnen, doch Wettspiele, bei denen Schnelligkeit und Kraft gefordert sind, aber auch Raum bleibt für Kreativität, liegen ihnen am meisten. Sie gehen auch gern schwimmen, tauchen und üben andere Wassersportarten aus, die eine beruhigende Wirkung auf ihr Nervensystem haben.

Zwischenmenschliche Beziehungen

Obwohl sie sich häufig zu einem stabilen Familienleben hingezogen fühlen, verspüren weniger in sich ruhende Menschen dieser Lebenszahlen den gleich starken entgegengesetzten Drang, eine Vielzahl von Erfahrungen zu machen und keine Verpflichtungen einzugehen. Angesichts der vielen Interessen und Aufgaben, womit sie sich beschäftigen, haben sie unter Umständen Schwierigkeiten, seßhaft zu werden, selbst wenn ihnen die Vorstellung eines stabilen häuslichen Lebens zusagt. Ihre auf die Energie der 1 zurückzuführende Unsicherheit bewirkt, daß sie zu Selbstschutz und Konkurrenzverhalten neigen, was sich auch in ihren Beziehungen niederschlagen kann. Im großen und ganzen strahlen sie jedoch eine dynamische Kraft aus, die sehr anziehend ist, und der einzige Faktor, der ihre Beziehungen beeinträchtigt, ist ihre innere Unverbindlichkeit.

Sie brauchen offensichtlich starke, ja stürmische sexuelle Beziehungen und wissen diese auch zu würdigen, solange ihnen ihre Unsicherheit keinen Strich durch die Rechnung macht; aber selbst wenn die Unsicherheit sie eine Zeitlang im Zaum hält, befriedigen sie doch irgendwann ihren Sexualtrieb voll und ganz.

Begabungen, Beruf und Finanzen

Stärke, Kreativität und ein reger Geist bringen Menschen mit den Lebenszahlen 41/5 und 14/5 Erfolg auf Gebieten wie dem Welthandel, wo sowohl Stabilität als auch Abenteuer winken. Jede Art von kreativer oder unternehmerischer Betätigung, die gute analytische Fähigkeiten erfordert, stellt diese Menschen vor Herausforderungen und damit zufrieden. Sie bevorzugen eine aktive vor einer sitzenden Tätigkeit; trotzdem kann auch eine schriftstellerische Arbeit ihrem rastlosen Geist Genüge tun. Da sie klare, phantasievolle, dramatische Geschichten zu erzählen vermögen, geben sie herausragende Schriftsteller ab, nur können sie normalerweise nicht lange stillsitzen. Thomas Wolfe pflegte beispielsweise im Stehen zu schreiben, indem er seinen Kühlschrank als Pult benutzte.

Schöpferisch und vorausschauend, wie sie sind, können sie Trends schon wahrnehmen, noch ehe andere sie bemerken, und wenn sie ihre Lektionen lernen, ihre Vorstellungen in einem praktikablen Rahmen halten und die Geduld aufbringen, die notwendige schrittweise Entwicklung durchzustehen, um das zu vollenden, was sie begonnen haben, kommen sie ebensoleicht zu Geld wie auf gute Ideen.

Bekannte Persönlichkeiten mit den Lebenszahlen 41/5 und 14/5

41/5

William Faulkner

14/5

Clark Gable
Walter Matthau
Thomas Wolfe

Wege zum Wachstum

Wenn Sie die Lebenszahl 41/5 oder 14/5 haben, können Ihnen die folgenden Vorschläge helfen, sich über Ihre Lebensbestimmung klarzuwerden, indem Sie Ihre Aufmerksamkeit auf die Kernfragen richten und so handeln, daß sich in Lebensbereichen mit Schlüsselfunktionen etwas ändert.

Empfehlungen

- Versöhnen Sie Stabilität und Freiheit miteinander, und beziehen Sie beide in Ihr Leben ein.
- Lenken Sie Ihre Kreativität diszipliniert Schritt für Schritt in geeignete Bahnen.
- Verschaffen Sie sich täglich Bewegung, und sei es nur für wenige Minuten.
- Suchen Sie sich etwas, dem Sie sich voll und ganz verschreiben können, und bringen Sie es zu Ende.

Nützliche Fragen

1. Denken Sie über folgende Fragen nach:
   - Welche Schritte sind die wichtigsten, wenn ich in meinem Leben mehr Freiheit verwirklichen will? Bin ich bereit, sie zu unternehmen?
   - Hält mich, außer mir selbst, wirklich sonst jemand zurück?
   - Wie mache ich von meiner schöpferischen Energie Gebrauch?
   - Wo in meinem Leben muß ich mehr Disziplin aufbringen?

2. Wie können Sie Einsichten, zu denen Ihnen diese Fragen vielleicht verholfen haben, in die Lebenspraxis übertragen?

Orientierungshilfen

1. Blättern Sie zu Teil II zurück, und lesen Sie noch einmal die Hauptabschnitte über die Ziffern, aus denen sich Ihre Lebenszahl zusammensetzt: 1 (S. 53), 4 (S. 79) und 5 (S. 90).
2. Vielleicht möchten Sie sich die Lebenszahlen von Angehörigen und Freunden einmal anschauen und mit diesen zusammen, falls sie dafür aufgeschlossen sind, gemeinsame oder auch unterschiedliche Lebensfragen erörtern.

Die wichtigsten spirituellen Gesetze

1. Lesen Sie sich jedes der folgenden Gesetze in Teil IV durch:
   - Das Gesetz der Disziplin (S. 440): Mit Disziplin erwerben wir die Zielgerichtetheit und Erfahrungstiefe, durch die wir zu innerer Freiheit gelangen.
   - Das Gesetz der Wahlfreiheit (S. 410): Wir haben die Wahl, unsere schöpferische Energie positiv oder negativ zum Ausdruck zu bringen.
   - Das Gesetz der Entwicklung (S. 431): Der sicherste Weg, ans Ziel zu gelangen, ist der, einen Fuß vor den anderen zu setzen.
   - Das Gesetz der Zyklen (S. 488): Das Leben ist ein Kreislauf ständiger Veränderungen, die wie die Jahreszeiten kommen und gehen.
   - Das Gesetz des gegenwärtigen Augenblicks (S. 450): Ungeduld und Reue lösen sich in der Erkenntnis auf, daß nur das Jetzt existiert.
2. Führen Sie die jeweils dort angegebenen Übungen durch.
3. Überlegen Sie, wie Sie diese Gesetze in Ihrem Leben beherzigen können.

6: Vision und Annehmen

Es spielt keine Rolle, was wir tun,
solange wir uns nicht selbst annehmen.
Sobald wir uns selbst angenommen haben,
spielt es keine Rolle, was wir tun.
Charly Heavenrich

In diesem Kapitel geht es um alle Lebenszahlen, bei denen die 6 (S. 100) den Hauptlebenssinn bestimmt, also 15/6, 24/6, 42/6 und 33/6. Obgleich sich in all diesen Lebenszahlen die Energie der 6 deutlich widerspiegelt, bringt doch jede einzelne Lebenszahl aufgrund des Einflusses und Wechselspiels der anderen Ziffern einzigartige Qualitäten, Probleme und Merkmale mit sich.

15/6

6: Vision und Annehmen
5: Freiheit und Disziplin
1: Kreativität und Zuversicht

Die Lebensbestimmung

Menschen auf dem Weg der 15/6 sind hier, um sich mit Fragen des Idealismus, der Unabhängigkeit und der schöpferischen Energie auseinanderzusetzen, kreative Möglichkeiten aufzutun und andere aufzurichten, indem sie zuerst sich selbst so annehmen, wie sie sind, und dann ihre Visionen mit anderen teilen. Da unsere Lebensbestimmung nicht ohne Prüfungen zu erfüllen ist, müssen auch Menschen mit der Lebenszahl 15/6 die Hürden des Perfektionismus, der Abhängigkeit und insgeheimen Unsicherheit erkennen und überwinden, ehe sie ihre Visionen verwirklichen und mit anderen teilen können.

Ihr in die Zukunft gerichteter Blick kann bei diesen Menschen dazu führen, daß sie ihre gegenwärtige Wirklichkeit ablehnen; aber nur, indem sie sie annehmen, können sie sich alle Erfahrungen zu eigen machen und in ihr Verständnis einbeziehen, um die nötigen Verbindungen zu knüpfen zwischen dem, was ist, und dem, was werden könnte. Ob sie schreiben oder träumen, führen oder folgen, längst vergangene Zeiten oder künftige Möglichkeiten besingen, nur wenn sie ihre schöpferischen Energien konzentrieren, schaffen sie den Himmel auf Erden. Hohe Ideale sind gut und schön, aber sie müssen in die Wirklichkeit eingebunden werden, wenn sie auf dieser Welt etwas bewirken sollen.

Diejenigen, die unter dem Einfluß der 15/6 stehen, müssen Freiheit oder hohe Ideale nicht *suchen,* sondern sie *erschaffen.* Sie sind Schöpfer, Erfinder und Visionäre von höchstem Rang. Fast alle haben sie das starke Bedürfnis, einer Berufung zu dienen oder eine Mission zu erfüllen.

Unentwegt gehen ihnen Fragen wie «Was wäre ideal?» oder «Was ist wahre Freiheit?» im Kopf herum, während sie nach der endgültigen, ebenso tiefen wie erhabenen Erfahrung streben. Wenn sie nicht Boden unter den Füßen gewinnen, schaffen sie sich eine eigene Idealwelt, in der sie leben, wie es Fantasy- oder Science-fiction-Schriftsteller manchmal tun. Isaac Asimov mit der Lebenszahl 15/6 hat gezeigt, wie man sich auf höchst konstruktive Weise seine eigenen Welten schaffen kann. Andere träumen vielleicht nur und leben in den Schlössern ihrer eigenen Phantasie, um nur gelegentlich zum normalen Leben auf dem Planeten Erde zurückzukehren.

Auf ihrem Pfad bergauf sind Menschen mit der Lebenszahl 15/6 mit den allgemein durch die 6 bedingten Hürden konfrontiert: perfektionistische Normen, die Neigung, sich selbst und andere an diesen Normen zu messen, sowie ein schwaches Selbstwertgefühl. Diese Menschen spüren den starken Einfluß der 6, kraft deren Energie sie sich rastlos zur Freiheit hin orientieren, voll tiefer Sehnsucht nach dem vollkommeneren Leben, das sie vor ihrem inneren Auge haben, nach einer besseren Welt und vollkommener Gerechtigkeit.

Infolge der Energie der 5 müssen sich Menschen mit der Lebenszahl 15/6 auf ein praktisches Ziel konzentrieren – auf etwas Konstruktives, an das sie ihre hohen Maßstäbe anlegen können. Ohne eine Richtung, ein bestimmtes Betätigungsfeld oder Ziel wandern sie planlos in Traumwelten umher; mit klarer Zielsetzung jedoch öffnen sie die Tür zur Zukunft und weisen auf unsere höchsten Möglichkeiten hin wie der Schriftsteller Isaac Asimov und der Dichter Jules Verne.

Doch neben den hochgesinnten, kreativen, freiheitsbewegten Menschen auf dem Weg der 15/6 gibt es auch solche voller Unsicherheit, deren Energien blockiert sind. Sie sind häufig zerstreut, richtungslos, festgefahren oder auch endlos enttäuscht; sie flüchten sich in bestimmte Aktivitäten und lesen zum Beispiel utopische Gesellschaftsromane oder geben sich selbstzerstörerischen Drogenphantasien hin.

Außer den Problemen der 5, darunter der absoluten Notwendigkeit von Disziplin, haben Menschen mit der Lebenszahl 15/6 auch die Fülle an schöpferischer Energie der 1, durch die Ideale und Visionen Gestalt annehmen können. Christoph Columbus, Lebenszahl 15/6, hatte die Vision eines neuen Landes in unbekannten Weltgegenden. Jeanne d'Arc, ebenfalls eine 15/6, hatte die visionäre Vorstellung, eine Friedensstreiterin Gottes zu werden.

Bei Menschen mit dieser Lebenszahl paaren sich Kreativität, Freiheitsdrang und Gerechtigkeitssinn mit der Sehnsucht nach Vollkommenheit und zeichnen einen der klarsten, von hoher Gesinnung zeugenden Lebenswege dieses Jahrhunderts vor.

Die positive Gestalt der 15/6

Diese geistbeseelten, mitreißenden Menschen zeigen mit ihrer visionären Weitsicht neue Möglichkeiten auf und weisen in eine hellere Zukunft. Sie sind hochgesinnte Strategen, die ihre schöpferischen Energien zielgerichtet und diszipliniert dazu verwenden, ihre Mitmenschen aus ihrer weltlichen Befangenheit zu erwecken, so daß sie ihr höheres, freieres und friedvolleres wahres Wesen erkennen und verwirklichen. Im besten Fall verkörpern und lenken diese kreativen, vorausschauenden Menschen genau die Kraft der evolutionären Entwicklung, mit deren Hilfe sie die Welt und sich selbst verändern. Da sie sich und andere so annehmen, wie sie sind, wirken sie geduldig darauf hin, durch ihre Arbeit den positiven Gesetzen des Lebens Geltung zu verschaffen. Sie weisen den Weg in die vollkommene Freiheit.

Die negative Gestalt der 15/6

Diese Menschen sind heikel, vorurteilsvoll und vom Leben enttäuscht. Sie suchen in allem und jedem – ob Persönlichkeit, Idee, System oder Programm – nach etwas, wodurch das Leben und sie selbst besser werden könnten, dabei verstärkt ihr Bemühen lediglich ihr Gefühl der Unvollständigkeit. Wirklichkeitsfremde Träumer und unausgegorene Idealisten, die sie sind, machen sie sich oft selbst in einer Sache zum Märtyrer. Frustriert über sich und andere, leiten sie ihre unterdrückten Energien in falsche Bahnen und setzen sie auf selbstzerstörerische Weise frei. Durch Drogenkonsum und anderes mehr blenden sie eine Welt aus, deren Mangel an Wahrheit, Gerechtigkeit, Ehrgefühl und Frieden sie als schmerzlich empfinden.

Die Lebensbereiche

Gesundheit

Mit ihrer schöpferischen Energie, ihrem regen Geist und ihren perfektionistischen Normen sind Menschen mit der Lebenszahl 15/6 im allgemeinen aktiv und betriebsam. Wenn sie ihre überschäumenden Energien auf eine bestimmte Arbeit konzentrieren, bersten sie zeitweise vor Kreativität und Schaffensdrang. Lenken sie sie hingegen in falsche Bahnen, leiden sie unter Umständen an nervösen Beschwerden, Hautausschlägen,

Problemen im Unterleib oder überfordern sich bis zum völligen Zusammenbruch.

Was ihren Körper und ihre Ausstrahlung betrifft, haben sie etwas Leuchtendes oder sogar Mystisches und Feinsinniges an sich, wie es sich in der Musik von Jascha Heifetz oder im Auftritt des Schauspielers David Niven ausdrückt, die beide die Lebenszahl 15/6 haben.

Für Menschen auf dem Weg der 15/6 sind hochentwickelte, verfeinerte Heilmethoden empfehlenswert wie etwa Visualisation oder Hypnotherapie, bei denen das Unbewußte einen inneren Selbstheilungsprozeß in Gang setzt, sowie Homöopathie, Akupunktur, Aroma- und Farbtherapie, also Heilungsformen, bei denen kaum Nebenwirkungen auftreten.

Es ist schwer, Menschen mit der Lebenszahl 15/6 in Ernährungsdingen zu beraten, da diese sich am besten von ihren eigenen inneren Archetypen und Idealen leiten lassen. Im allgemeinen fühlen sie sich bei einer reinigenden Kost am wohlsten, und sie brauchen weniger Nahrung als andere Menschen.

Die meisten Personen mit dieser Lebenszahl neigen zu körperlichen Betätigungen, die ihnen natürlich erscheinen und ausgleichend wirken; am besten für sie ist ein einfaches, aber wirksames Körpertraining, dessen wesentliche Elemente Atmung, Dehnübungen, Harmonisierung und Entspannung sind, wie T'ai-chi oder eine fortschrittliche, abwechslungsreiche Gymnastik.

Zwischenmenschliche Beziehungen

Menschen mit der Lebenszahl 15/6 neigen dazu, andere unverhältnismäßig stark zu idealisieren, wie es gar nicht deren tatsächlichen Vorzügen und Charaktereigenschaften entspricht. Auch nagt insgeheim Enttäuschung an ihnen, weil ihre Mitmenschen in ihren Augen nie vollkommen genug sind. Denjenigen, mit dem sie zusammen sind, nehmen sie meist gar nicht richtig wahr; vielmehr unterhalten sie lieber eine Beziehung, auch langfristig, mit einem Idealbild, das sie auf ihren Partner projizieren; auf diese Weise lieben sie letztlich ihre eigene Vorstellung, ohne ihren Partner oder ihre Partnerin je so kennenzulernen oder zu akzeptieren, wie er oder sie wirklich ist. Es dauert meist nicht lange, bis ihr Idealbild Risse bekommt, weil sie «charakterliche Mängel» an ihrem Partner entdecken.

Im allgemeinen sehnen sich diese Menschen danach, mit ihrem natürlichen Sexualtrieb wie überhaupt mit ihrer Beziehung etwas Größeres, Höheres anzufangen. Da sie an ihre Beziehung den Maßstab ihrer Idealvorstellung anlegen, dient sie ihnen dazu, sich ständig selbst zu verbessern, es sei denn, sie sind so sehr mit Träumen und Erschaffen beschäftigt, daß sie ihrer Beziehung gar nicht viel Aufmerksamkeit widmen.

Begabungen, Beruf und Finanzen

Menschen auf dem Lebensweg der 15/6 probieren erst verschiedene Tätigkeiten aus, ehe sie sich für etwas Bestimmtes entscheiden oder ihre Berufung erkennen. Aufgrund ihrer Ideale und ihres Abwechslungsbedürfnisses werden sie vielleicht einer Beschäftigung als Schriftsteller, Schauspieler, Forschungsreisender oder Lehrer nachgehen, in der sie ihr Anderssein genießen und daran mitwirken können, Menschen und Ideen zum Besseren umzuformen, da ihnen die Wirklichkeit nie gut genug erscheint und ihren Ansprüchen ohnehin nie genügen wird. Was sie auch kreativ anpacken mögen – wenn sie durchhalten, ohne sich entmutigen zu lassen oder die Geduld zu verlieren, leisten sie ihren hohen Normen entsprechend Hervorragendes.

Ihre finanzielle Lage spiegelt ihre schöpferische Produktivität wider; wenn sie stets auf die noch bessere Gelegenheit warten und nichts finden, woran sie ihre Kräfte messen können, werden sie in jeder Hinsicht unzufrieden bleiben, aber wenn sie etwas Praktisches, Nützliches erzeugen – etwas, das heute benutzt werden kann, nicht in ferner Zukunft – und wenn sie sich von ihren Idealen zu kreativen Leistungen ansporen lassen, werden sie auch materiell belohnt und haben Erfolg.

Bekannte Persönlichkeiten mit der Lebenszahl 15/6

Isaac Asimov
Christoph Columbus
Federico Fellini
Jascha Heifetz
Jeanne d'Arc
David Niven
Richard III.
Giuseppe Verdi

Wege zum Wachstum

Wenn Sie die Lebenszahl 15/6 haben, können Ihnen die folgenden Vorschläge helfen, sich über Ihre Lebensbestimmung klarzuwerden, indem Sie Ihre Aufmerksamkeit auf die Kernfragen richten und so handeln, daß sich in Lebensbereichen mit Schlüsselfunktionen etwas ändert.

Empfehlungen

- Bewahren Sie sich Ihre Vision, und verwirklichen Sie sie mit Disziplin.
- Machen Sie sich Ihre schöpferische Energie mit Geduld zunutze.
- Stellen Sie sich bildlich vor, was Sie wollen, und lassen Sie sich von dieser Vision inspirieren.
- Suchen Sie die vollkommene Freiheit im eigenen Innern.

Nützliche Fragen

1. Denken Sie über folgende Fragen nach:
   - In welcher Hinsicht ist meine gegenwärtige Situation vollkommen?
   - Kann ich meine hohen Ideale und meine schöpferischen Visionen in die Tat umsetzen?
   - Wo kann ich vollkommene Freiheit und Gerechtigkeit finden?
   - Kann ich mich, meinen Partner und meine Mitwelt im jetzigen Augenblick lieben?
2. Wie können Sie Einsichten, zu denen Ihnen diese Fragen vielleicht verholfen haben, in die Lebenspraxis übertragen?

Orientierungshilfen

1. Blättern Sie zu Teil II zurück, und lesen Sie noch einmal die Hauptabschnitte über die Ziffern, aus denen sich Ihre Lebenszahl zusammensetzt: 1 (S. 53), 5 (S. 90) und 6 (S. 100).
2. Vielleicht möchten Sie sich die Lebenszahlen von Angehörigen und Freunden einmal anschauen und mit diesen zusammen, falls sie dafür aufgeschlossen sind, gemeinsame oder auch unterschiedliche Lebensfragen erörtern.

Die wichtigsten spirituellen Gesetze

1. Lesen Sie sich jedes der folgenden Gesetze in Teil IV durch:
   - Das Gesetz der Vollkommenheit (S. 445): Hohe Ideale können uns inspirieren, aber im Leben ist höchstens Vortrefflichkeit zu erreichen.
   - Das Gesetz der Flexibilität (S. 405): Indem wir flexibel bleiben, können wir den größten Nutzen aus Schwierigkeiten und wechselnden Umständen ziehen.

- Das Gesetz des gegenwärtigen Augenblicks (S. 450): Ungeduld und Bedauern lösen sich in der Erkenntnis auf, daß nur das Jetzt existiert.
- Das Gesetz der Disziplin (S. 440): Mit Disziplin erwerben wir die Zielgerichtetheit und Erfahrungstiefe, durch die wir zu innerer Freiheit gelangen.
- Das Gesetz der Zyklen (S. 488): Das Leben ist ein Kreislauf ständiger Veränderungen, die wie die Jahreszeiten kommen und gehen.

2. Führen Sie die jeweils dort angegebenen Übungen durch.
3. Überlegen Sie, wie Sie diese Gesetze in Ihrem Leben beherzigen können.

24/6 und 42/6

6: Vision und Annehmen
4: Stabilität und Entwicklung
2: Zusammenarbeit und Ausgewogenheit

Die Lebensbestimmung

Menschen auf dem Lebensweg der 24/6 oder 42/6 sind hier, um sich mit Fragen des Perfektionismus, der Entwicklung und Verantwortung auseinanderzusetzen und das Leben schrittweise zu meistern, indem sie ihre Vision praktisch umsetzen und die naturgegebene Vollkommenheit ihres Lebens akzeptieren. Niemandem offenbart sich der Sinn des Lebens wie von selbst, und so fällt es Menschen mit den Lebenszahlen 24/6 oder 42/6 sehr schwer, sich selbst, andere und ihre Umwelt so anzunehmen, *wie sie sind.* Sie halten sich mit unerheblichen Banalitäten auf – mit dem, was sie gesagt haben, was sie hätten sagen und was sie nicht hätten sagen oder tun sollen. Reue und Schuldgefühle gehören so lange zu ihrem Leben, bis sie endlich einen Blick für das größere Ganze haben, für die eigentliche Vollkommenheit des Lebens. Aufgrund der Probleme mit Idealvorstellungen, die die 6 mit sich bringt, haben sie auch Schwierigkeiten, sich in Geduld zu üben; sie sehen die eigenen und die in anderen angelegten Möglichkeiten und wollen mit aller Macht den Gipfel erstürmen, und zwar mit einem Sprung, statt Schritt für Schritt, was sie hier lernen müssen.

Sowohl diejenigen mit der Lebenszahl 24/6 als auch die mit der 42/6 idealisieren gern Menschen, die sie gerade kennengelernt haben, Gelegenheiten, die sich bieten, neue Tätigkeiten und Orte, um später enttäuscht zu sein, weil nichts und niemand je ihren Erwartungen vollkommen gerecht wird. Dabei sind sie selbst schuld, wenn sie zuerst obenauf und dann am Boden zerstört sind.

Sie müssen ihrem angeborenen Idealismus und ihrer visionären Lebensanschauung eine kräftige Dosis Realismus entgegensetzen und die

Unvollkommenheiten akzeptieren lernen, durch die wir alle uns hindurcharbeiten müssen. Durch ihre idealistische Grundeinstellung sind sie prädestiniert für Enttäuschungen bei ihrer Suche nach dem perfekten Beruf, der perfekten Beziehung und dem perfekten Leben. Was immer sie tun und mit wem sie auch zusammensein mögen, immer haben sie insgeheim den Verdacht, daß irgendwo etwas Besseres oder jemand Besserer auf sie wartet.

Das heißt nun nicht unbedingt, daß Menschen mit diesen Lebenszahlen launenhaft wären oder es mit der Treue nicht so genau nähmen; infolge ihrer hohen Maßstäbe und Selbsteinschätzung halten sie sich meistens auch an hohe Verhaltensregeln. Wenn sie doch einmal ausrutschen, leiden sie meist unter Reue- und Schuldgefühlen, die schlimmer sind als jede Strafe. Selbst wenn sie gute Arbeit leisten, sagt ihnen ihre innere Stimme: «Es könnte noch besser sein.» Sie strengen sich zu sehr an, fühlen sich für alles verantwortlich und gehen im allgemeinen streng mit sich ins Gericht. Üben sie an anderen Kritik, tadeln sie hinterher sich selbst dafür, andere verurteilt zu haben.

Durch die zusammenwirkenden Energien der 2 und der 4 fühlen sich Menschen mit den Lebenszahlen 24/6 und 42/6 stark zur Unterstützung anderer und zum Dienst am Mitmenschen bewogen. Sie besitzen die innere Stärke, zumindest einige ihrer Visionen in die Tat umzusetzen, sofern sie die Grenzen ihrer Verantwortung kennen, zur Zusammenarbeit fähig sind und ihre Ziele in kleinen, stetigen Schritten verwirklichen.

Aufgrund des Verantwortungsbewußtseins, das die 2 ins Spiel bringt, der durch die 4 bedingten Umgänglichkeit und der hohen Ideale der 6 setzen sich diese Menschen in ihrer Ungeduld, ihre Ziele zu erreichen, selbst unter Druck. Sie haben immer die gewaltigen inneren Möglichkeiten aller Menschen einschließlich ihrer selbst vor Augen, ohne es jedoch zu würdigen, wenn andere oder sie selbst *im gegenwärtigen Augenblick* ihr Bestes tun.

Da den Energien der 2 und der 4 mehr gemeinsam ist als bei allen anderen Ziffern – der Hang zum Überanalysieren, erblich und erziehungsmäßig bedingte Abhängigkeiten (ein übermäßiges Gefühl der Verantwortung gegenüber dem Leben und Fühlen anderer) sowie Kraft und Halsstarrigkeit –, sind die Lebenswege von Menschen mit den Lebenszahlen 24/6 und 42/6 nahezu identisch, bis auf leichte Abweichungen durch die umgekehrte Folge der beiden ersten Ziffern.

Während sich Menschen auf dem Weg der 24/6 mehr mit Familienproblemen herumplagen müssen, neigen die mit der Lebenszahl 42/6 stärker zur Überkooperation (2), die manchmal in Unterkooperation umschlägt (Groll oder Rückzug). Beide müssen sich letztlich mit diesen Fragen auseinandersetzen, und beiden ist die Tendenz eigen, sich und andere unter Druck zu setzen und alles und jeden an ihren hohen Normen zu messen.

Menschen mit diesen Lebenszahlen sind, wenn sie nicht gerade sehr negativ geprägt sind, eine angenehme Gesellschaft; ausgestattet mit der Energie der 2, anderen nützlich und dienlich zu sein, und der Umgänglichkeit der 4, behandeln sie ihre Mitmenschen wie Familienangehörige. Durch das Wechselspiel zwischen hohen Maßstäben (Sechsen wollen alles «richtig» machen und «gut» sein) und der Neigung sowohl von Zweien als auch von Vieren, das zu tun, was sie meinen, tun zu «sollen», statt ihrem Gefühl zu folgen, sind diese Menschen Meister der *Selbsttäuschung* und *Verleugnung*. Sie verleugnen ihre eigenen Gefühle, verleugnen ihre Situation und behalten manchmal starrköpfig ihren Kurs sogar dann noch bei, wenn das Schiff bereits im Sinken begriffen ist. Darum ist für beide das Gesetz der Flexibilität (S. 405) von Vorteil, das sie lehrt, mit dem Strom des Lebens mitzufließen.

Menschen mit den Lebenszahlen 24/6 und 42/6 sind im allgemeinen sehr lebhaft, gesellig, intelligent, stark und vital. Sie setzen alles daran, den Beifall anderer zu finden und das Rechte zu tun, deshalb sollten sie sich Leute vom Halse halten, die ihnen Schuldgefühle einimpfen und sie so manipulieren. Sie müssen für sich selbst das Rechte tun – sich auf ihre eigenen wahren Werte und Bedürfnisse besinnen.

Da sie das eigene Potential und die inneren Möglichkeiten anderer sehr hoch einschätzen, setzen sie sich und andere gern unter Druck, damit ihre Erwartungen erfüllt werden. Sie sind unentwegt auf Selbstverbesserung aus, bis sie endlich lernen, sich und andere so anzunehmen, wie sie im Augenblick sind, und anzuerkennen, daß sie zwar nicht vollkommen sind, aber ihre guten Seiten haben.

Sie müssen den Unterschied erkennen zwischen wahrer oder höchster Vollkommenheit und Perfektionismus – unrealistisch hohen Maßstäben, die nie erfüllt werden können und deshalb nur zu Frustrationen führen. Mit zunehmender Reife lernen sie allmählich, die allem und jedem eigene Vollkommenheit zu würdigen, und erkennen, daß in dieser hypothetischen Welt kein Mensch, kein Produkt und keine Leistung vollkommen ist; das Höchste, was sich erreichen läßt, ist Vortrefflichkeit.

Menschen auf dem Weg der 24/6 oder 42/6 müssen einsehen, daß Vortrefflichkeit nur auf dem Wege einer sorgfältigen, geduldigen Vorgehensweise in kleinen Schritten erzielt werden kann. Wird ein Schritt ausgelassen, kann das einen Fehlschlag bedeuten, so daß wieder von vorn begonnen werden muß.

Da sie sich an ihren hohen Idealen (oder den Besten in ihrer Umgebung) messen, fühlen sie sich oft als «Versager», obwohl sie sehr gute Arbeit leisten. Vielleicht mangelt es ihnen auch an praktischem Einschätzungsvermögen – sie glauben, ihr Kuchen sei schon fertig, während er in Wirklichkeit nur halb gebacken ist.

Der starken Energie der 4 zufolge neigen sie zum Überanalysieren und geraten dadurch schließlich in Verwirrung, weil sich ihre Gedanken ständig im Kreise drehen, während sie alle Unbekannten abwägen. Diese Verwirrtheit kann zu impulsiven oder zwanghaften Entscheidungen führen, die hinterher bereut werden. Da diese Menschen hier auf der Erde sind, um sich ihrer Erdverbundenheit zu erinnern, sind sie auch mit Herausforderungen in diesem Bereich konfrontiert. Wenn sie sich diesen widersetzen, haben sie Schwierigkeiten, ihre erhabenen Visionen und Hoffnungen im Beruf und im Dienst anderer tatkräftig zu verwirklichen.

Sobald sich Menschen mit den Lebenszahlen 24/6 und 42/6 gelassen dem Leben hingeben, die eigenen wie die Unvollkommenheiten anderer hinnehmen und darauf vertrauen, daß ihr Leben in gewissem Sinne ein perfekter Entwicklungsprozeß ist, in dessen Verlauf sie lernen und wachsen, haben sie das Gefühl, zu Hause angekommen zu sein. Zur Erkenntnis dieser Perfektion kommen sie nur ganz allmählich; beschleunigen läßt sich der Prozeß nicht, wie gern sie ihn auch im Umsehen abschließen würden.

Die positive Gestalt der 24/6 und der 42/6

Als gescheite, produktive, gesellige und hilfsbereite Menschen haben sie ein gutes Verhältnis zu Freunden und Bekannten. Ihre praktischen analytischen Fähigkeiten vereinen gesunden Menschenverstand und visionäre Weitsicht miteinander. Sie handeln äußerst gewissenhaft, wollen aus ihren Fehlern lernen und sind immer bestrebt, sich und die Welt zu verbessern. Da sie stark und gesund sind und vor Energie strotzen, kann man davon ausgehen, daß sie jede Aufgabe bewältigen und ihre guten Leistungen in hervorragende umwandeln. Sie sind stets auf Steigerung aus, drängen immer zur Vollkommenheit, aber sie erkennen an, daß es von da, wo sie sind, bis da, wo sie hinwollen, ein stufenweiser Prozeß ist. Sie haben ein gutes Gespür für Ausgewogenheit und vermögen ebensogut zu geben wie zu empfangen. Als Idealisten mit Sinn für das Machbare mögen sie sich selbst und andere und freuen sich an dieser Welt.

Die negative Gestalt der 24/6 und der 42/6

Diese Menschen sind enttäuscht vom Leben und voller Ungeduld, weil nichts ihren hohen Maßstäben genügt oder so schnell geschieht, wie sie es gerne hätten. Als unpraktische, rastlose Träumer sind sie rasch für ein Vorhaben entflammt und knien sich hinein, aber wenn sie nicht schnell genug zu Erfolg kommen, lassen sie Ideen und Pläne bald wieder fallen, ohne ihnen überhaupt die Chance einzuräumen, sich zu entwickeln («wozu?»). Sie idealisieren die Leute, denen sie begegnen, um dann enttäuscht zu sein, wenn sie merken, daß diese sich mit eigenen Problemen herumschlagen müssen. Auf Kritik reagieren sie überempfindlich, weil sie so selbstkritisch sind, und da sie nicht gern auf andere hören, geschweige denn einen Rat annehmen, machen sie die gleichen Fehler immer wieder.

Die Lebensbereiche

Gesundheit

Die meisten Menschen mit den Lebenszahlen 24/6 oder 42/6 haben eine kräftige Konstitution und sind widerstandsfähig gegen Krankheiten. Wenn sie doch einmal krank werden, genesen sie im allgemeinen rasch wieder. Bei einem chronischen Leiden merken sie meist, daß sie es selbst durch ihren Widerstand gegen jede Veränderung und die damit verbundenen langfristigen Spannungen heraufbeschworen haben. Unfälle, speziell Verletzungen der unteren Gliedmaßen, dürften häufiger vorkommen, wenn sie impulsiv handeln, sich ablenken lassen oder sich übernehmen. Es ist möglich, daß sie im Erwachsenenleben einen Genesungs-oder Verjüngungsprozeß durchmachen oder aber degenerieren, je nach ihrer Gesundheitsvorsorge. Bedingt durch ihren Streßpegel, ihre Sorgenlast oder den Druck, den ihr Perfektionismus auf sie ausübt, entwickeln sie unter Umständen Allergien oder bauen ihre Frustrationen durch Tabak- oder Alkoholgenuß ab.

Aufgrund ihrer hohen Normen im Verein mit ihrer Impulsivität sind Menschen mit den Lebenszahlen 24/6 und 42/6 häufig bestrebt, über längere Zeit eine ideale Ernährungsweise oder ein ideales Körpertraining aufrechtzuerhalten, gefolgt von Perioden der Trägheit oder Eßgelagen. Womöglich pendeln sie zwischen Puritanismus und Wohlleben hin und her und fassen in der Meinung, versagt zu haben, immer neue Entschlüsse zur Besserung.

Statt nach einer perfekten Ernährungsweise oder einem perfekten Körpertraining zu suchen, sollten sie sich lieber nach und nach das Maßhalten angewöhnen, an dem sich die schrittweise Entwicklung zum Vortrefflichen abzeichnet, die sie auf dieser Erde durchmachen müssen. Wenn sie zum Beispiel beschließen, daß sie abnehmen wollen, ist das geduldige Verfolgen dieses Ziels erheblich wichtiger für ihren Lebensweg als ein schneller Gewichtsverlust durch ein entsprechendes Diätprogramm.

Ihr ohnehin kräftiger Körper wird durch sportliche Betätigungen ins Gleichgewicht gebracht, bei denen sich geistige Konzentration, heitere Gelassenheit und Entspanntheit mit körperlicher Beweglichkeit verbinden. Sie können gut ein anstrengendes, regelmäßiges Bewegungspensum absolvieren. Statt einfach ein routinemäßiges Fitneßtraining wie Joggen oder Schwimmen aufzunehmen, profitieren Menschen beider Lebenszahlen noch mehr davon, wenn sie sich einer Kampfkunst, Yoga, Tanz in bestimmter Form oder einer anderen Aktivität widmen, in der sie sich erst mit der Zeit und durch Übung weiterentwickeln.

Zwischenmenschliche Beziehungen

Im großen und ganzen sind Menschen mit der Lebenszahl 42/6 und besonders solche mit der Lebenszahl 24/6 auf den perfekten Beruf und die perfekte Beziehung versessen. Deshalb haben sie manchmal Schwierigkeiten, sich fest zu einem Menschen oder einer Tätigkeit zu bekennen. Vor festen Bindungen schrecken sie gern zurück, denn Bindung heißt Verpflichtung, und sie sind sich nie *sicher,* ob sie auch wirklich den «perfekten» Partner gefunden haben. Sie sagen: «Ich liebe dich», wissen aber im Grunde ihres Herzens nicht genau, ob das die Wahrheit ist, weil sie nicht sicher sind, ob sie genug lieben; sie sind sich nicht einmal ihrer Gefühle sicher, da sie nur gelernt haben, was sie «fühlen sollen», und es seine Zeit dauert, bis sie sich auf ihre ureigenen Gefühle besonnen und diese akzeptiert haben, «gute» wie «schlechte».

Wenn sie sich positiv entwickeln, macht ihre gesellige Art den Umgang mit ihnen zum Vergnügen. In ihrer Bemühtheit und Gewissenhaftigkeit strengen sie sich ganz besonders an. Mit ihren hohen Maßstäben sind sie begeisterungsfähige, kundige Liebende, die im allgemeinen mehr geben als nehmen. Sie müssen lernen, Geben und Nehmen miteinander auszugleichen und mehr Gewicht auf Empfindsamkeit zu legen als auf Leistung.

Begabungen, Beruf und Finanzen

Bei ihrer Kraft und Genauigkeit sind Menschen mit den Lebenszahlen 24/6 und 42/6 besonders geeignet für Tätigkeiten in der Körpertherapie, der Architektur sowie im Dienstleistungsbereich. Aufgrund ihrer analytischen Fähigkeiten und Hilfsbereitschaft geben sie ausgezeichnete Geschäftsberater ab. Manche von ihnen werden sogar in Planung oder Politik tätig, um die Welt zum Besseren zu verändern. Sie sind auch von Natur aus gute Sportler – Turner, Taucher, Tennisspieler oder Schlittschuhläufer. Wo es auf Stärke und Form ankommt, gehören diese Menschen zu den besten Athleten der Welt, in welcher Sportart auch immer.

Sie sind allerdings nicht nur auf diese Gebiete beschränkt, sondern können fast jeden Beruf ausüben, der ihren Wertvorstellungen entspricht und ihnen sinnvoll erscheint. Ausschlaggebend für sie ist, vom «Sollen» und von ihren Idealen abzulassen und wiederzuentdecken, was ihre wirklichen Gefühle anspricht und sie freut.

Die finanzielle Lage von Menschen auf dem Weg der 24/6 oder 42/6 hängt davon ab, wie praktisch oder idealistisch sie veranlagt und ob sie bereit sind, sich der Vorbereitung und dem allmählichen Entwicklungsprozeß zu unterwerfen, der einer Verwirklichung ihrer Ziele notwendigerweise vorausgeht, daß heißt, ob sie willens sind, «ihre Hausaufgaben zu machen». Über der Suche nach dem perfekten Beruf sollten sie nicht ihre derzeitige Tätigkeit aufgeben, die ihnen die sicheren Grundlagen bietet, von denen aus sie zu etwas übergehen können, das ihnen besser zusagt.

Bekannte Persönlichkeiten mit den Lebenszahlen 24/6 und 42/6

24/6

Heinrich Böll
Carlos Castaneda
Thomas Edison
Hans Erni
Cary Grant
Jesse Jackson
John Lennon
Friedrich Nietzsche
Maximilian Schell
J. R. R. Tolkien
Stevie Wonder

42/6

T. S. Eliot Papst Paul VI.

Wege zum Wachstum

Wenn Sie die Lebenszahl 24/6 oder 42/6 haben, können Ihnen die folgenden Vorschläge helfen, sich über Ihre Lebensbestimmung klarzuwerden, indem Sie Ihre Aufmerksamkeit auf die Kernfragen richten und so handeln, daß sich in Lebensbereichen mit Schlüsselfunktionen etwas ändert.

Empfehlungen

- Akzeptieren Sie sich so, wie Sie sind, nicht wie Sie sein «sollten».
- Erfreuen Sie sich am Entwicklungsprozeß, nicht nur am fertigen Produkt.
- Finden Sie sich damit ab, daß es keinen perfekten Beruf und keinen perfekten Menschen gibt.
- Entspannen Sie sich, und atmen Sie durch; Sie sind nicht für andere verantwortlich.
- Seien Sie aufgeschlossen gegenüber dem, was andere zu sagen haben, hören Sie zu, und nehmen Sie es dankbar an.

Nützliche Fragen

1. Denken Sie über folgende Fragen nach:
   - Ist mir voll bewußt, was ich wert bin und was ich für Fähigkeiten habe?
   - Bin ich ehrlich mir selbst gegenüber?
   - Erscheint mir mein Leben stabil und geregelt?
   - Inwiefern sind meine gegenwärtigen Lebensumstände perfekt?
2. Wie können Sie Einsichten, zu denen Ihnen diese Fragen vielleicht verholfen haben, in die Lebenspraxis übertragen?

Orientierungshilfen

1. Blättern Sie zu Teil II zurück, und lesen Sie noch einmal die Hauptabschnitte über die Ziffern, aus denen sich Ihre Lebenszahl zusammensetzt: 2 (S. 62), 4 (S. 79) und 6 (S. 100).
2. Vielleicht möchten Sie sich die Lebenszahlen von Angehörigen und Freunden einmal anschauen und mit diesen zusammen, falls sie dafür aufgeschlossen sind, gemeinsame oder auch unterschiedliche Lebensfragen erörtern.

Die wichtigsten spirituellen Gesetze

1. Lesen Sie sich jedes der folgenden Gesetze in Teil IV durch:
   - Das Gesetz der Flexibilität (S. 405): Indem wir flexibel bleiben, können wir den größten Nutzen aus Schwierigkeiten und wechselnden Umständen ziehen.
   - Das Gesetz der Entwicklung (S. 431): Unsere Ziele können wir am besten verwirklichen, wenn wir einen Fuß vor den anderen setzen.
   - Das Gesetz der Ausgewogenheit (S. 425): Nachdem wir unsere Tendenz, von einem Extrem ins andere zu fallen, erkannt haben, pendeln wir uns in der Mitte ein.
   - Das Gesetz der Vollkommenheit (S. 445): Hohe Ideale können uns inspirieren, aber das Höchste, was sich erzielen läßt, ist Vortrefflichkeit.
   - Das Gesetz der Urteilsfreiheit (S. 454): Das Universum verurteilt uns nicht; es belehrt uns nur durch natürliche Folgen.
2. Führen Sie die jeweils dort angegebenen Übungen durch.
3. Überlegen Sie, wie Sie diese Gesetze in Ihrem Leben beherzigen können.

33/6

6: Vision und Annehmen
3: Ausdruck und Feingefühl
3: Ausdruck und Feingefühl

Die Lebensbestimmung

Menschen auf dem Lebensweg der 33/6 sind hier, um sich mit Fragen des Perfektionismus, des Gefühlsausdrucks und des Selbstzweifels auseinanderzusetzen. Sie müssen lernen, ihre visionäre Sicht der Dinge entsprechend den Möglichkeiten des Lebens zu verwirklichen und gleichzeitig die naturgegebene Vollkommenheit des gegenwärtigen Augenblicks zu würdigen. In dieser Welt gibt es sowohl Schönes als auch Häßliches, sowohl Güte als auch Grausamkeit. Menschen mit der Lebenszahl 33/6, die hohe Ideale haben und außerordentlich feinfühlig sind, lassen angesichts der Probleme und Unzulänglichkeiten der Welt leicht den Mut sinken, aber sie unterdrücken ihre Trauer und sogar ihre Wut in dem Bestreben, gemäß ihren hohen Normen «das Richtige zu tun». Paradoxerweise können sie trotz ihrer Gemütstiefe kühl und gefühlsarm wirken.

Wenn Menschen auf dem Weg der 33/6 bei jemand anderem Mißfallen erregen, stört sie das – selbst wenn sie es vielleicht nicht zugeben –, weil sie die emotionalen Bedürfnisse der Drei mit dem feinfühligen Gewissen der Sechs in sich vereinen. Darum müssen sie darauf achten, daß sie sich in ihrem Verlangen, den Beifall anderer und gesellschaftliche Anerkennung und Respekt zu finden, nicht manipulieren lassen.

Das Leben dieser Menschen wird heller, wenn sie sich klarmachen, daß ihre Visionen, Hoffnungen und hohen Ideale ihnen ein Ansporn auf dieser Welt sein sollen, nicht der Maßstab aller Dinge. Sie müssen zu der Einsicht kommen, daß in der Welt der Formen nichts und niemand vollkommen ist; sie müssen sich außerdem auf ihre Vision einer höheren Stufe der Vollkommenheit besinnen, die den Menschen und Dingen bereits innewohnt, und dieses innere Bild der Außenwelt vermitteln.

Obwohl sich ihre Hauptlebensbestimmung nicht von der anderer Sechsen unterscheidet, besitzen Menschen mit der Lebenszahl 33/6 durch den Einfluß der doppelten 3 doch eine ganz eigene Energie. Ebenso wie bei den Lebenszahlen 22/4 und 44/8 verkörpern auch in diesem Fall die doppelten Ziffern bedeutende Stärken und zusätzliche Herausforderungen.

Die doppelte 3 bedeutet, daß sich zuerst das *innere Ausdrucksvermögen* herausbilden muß, ehe sich *äußere Ausdrucksfähigkeit* entwickeln kann. Für Menschen mit der Lebenszahl 33/6 bedeutet das, daß sie mit sich selbst ins reine kommen und Fühlung zu ihren tiefinnersten Empfindungen aufnehmen müssen. Das ist wahrscheinlich für die meisten auf diesem Weg eine große Herausforderung, da sie sich ihrer perfektionistischen Natur entsprechend lieber auf die «beste», die ideale Art, zu fühlen, zu sein und zu handeln, versteifen; sie verlieren leicht den Kontakt zu den wirklichen, nicht immer «angenehmen» Gefühlen, die den Gesamtcharakter ihrer Persönlichkeit bestimmen. Obgleich sie sich nicht so stark aufs Ableugnen verlegen wie Menschen mit den Lebenszahlen 42/6 oder 24/6, erfordert es sicherlich Zeit und Mühe, bis sie schließlich einsichtig werden und ihre wahren Gefühle akzeptieren.

Indem sie mit ihren innersten Gefühlsregungen in Berührung kommen und diese annehmen, bahnen sie sich einen Weg zu ihrer unterbewußten Weisheit und ihrer Intuition, so daß sie in der Lage sind, mitfühlendere, sensiblere Beziehungen mit anderen zu knüpfen und zu genießen.

Sind sie wieder mit ihren echten Gefühlen in Einklang, stellt die zweite 3 sie vor die Aufgabe, den Mut zu finden, ihre Gefühle auch zu äußern; das fällt ihnen ebenfalls schwer, da sie empfindlich auf Kritik reagieren und sich immer von ihrer besten Seite zeigen wollen. In einigen Fällen sind ihre Maßstäbe so hoch, daß sie einfach kapitulieren. Ihre Gefühle zum Ausdruck zu bringen heißt für sie auch, in gewisser Weise angreifbar zu werden und anderen ausgeliefert zu sein. Wenn sie dieses Risiko eingehen, werden sie durch engere Beziehungen zu anderen und zu sich selbst belohnt.

Mit ihren Gefühlen in Kontakt zu kommen und diese auszudrücken ist nicht die einzige Herausforderung, vor die sie durch die Energie der doppelten 3 gestellt werden, sind sie doch obendrein noch schnell desillusioniert und frustriert, wenn das Leben nicht ihren Erwartungen entspricht. Deshalb verfallen sie leicht in negatives Verhalten und klagen, kritisieren, tratschen, verurteilen oder schimpfen. Hinterher kehren sie sich natürlich gegen sich selbst und tadeln sich, daß sie ihr Urteil laut ausposaunt haben. Diese negative Art, sich auszudrücken, ist aber immer noch besser als die Verleugnung oder Verdrängung von Gefühlen, denn sie ist immerhin *eine* Form des Selbstausdrucks. Kurzfristig dürfte es für Menschen mit der Lebenszahl 33/6 vorteilhafter sein, sich negativ zu äußern, statt sich zurückzuhalten und überhaupt nichts von sich zu geben – zumindest so lange, bis sie gelernt haben, ihre Gefühle aufrichtig und auf positivere Art zum Ausdruck zu bringen.

Viele Menschen auf diesem Weg können trotz ihrer zwanghaften Neigung zum Klagen, Verurteilen, Verdammen und anderen negativen Gemütsregungen die Fähigkeit entwickeln, das, was sie bewegt, ehrlich und auf positive Weise auszudrücken. Es ist wichtig für sie (wie für alle Dreien) zu wissen, daß sich alles, was sie negativ ausdrücken, auch auf positive Art zum Ausdruck bringen läßt. Das Gesetz der Wahlfreiheit (S. 410) ist für diesen wichtigen Bereich zuständig.

Das Schicksal dieser Menschen hängt davon ab, ob sie ihren natürlichen, hochgesinnten Blick für das größere Ganze schulen – ihre Fähigkeit, die Schönheit zu *sehen*, die dem Leben in all seinen Höhen und Tiefen innewohnt, die Gelegenheiten, die es bietet, und die Lektionen, die es erteilt. Wenn sie solche Vorausschau kultiviert haben, müssen sie als nächstes lernen, von ihren nach Ausdruck drängenden Kräften und Fähigkeiten auf möglichst konstruktive, erhebende, ja mitreißende Weise Gebrauch zu machen. Das heißt nicht, Ungerechtigkeiten oder Schwierigkeiten einfach abzuleugnen oder nur die Sonnenseite des Lebens zu sehen; vielmehr bedeutet es, daß wir alles, was geschieht, wahrnehmen und annehmen, ob wir es mögen oder nicht, und als Nahrung für unser Wachsen und Werden betrachten.

Mit der zweifachen Energie der 3 haben Menschen mit der Lebenszahl 33/6 auch die doppelte Dosis Selbstzweifel, so daß das Gewicht ihrer unverhältnismäßig hohen Maßstäbe sie niederdrücken kann, es sei denn, sie erkennen diese als die eigentliche Hürde und setzen sich damit auseinander. Ihren perfektionistischen Tendenzen können sie entgegenwirken, wenn sie sich stets vor Augen halten, daß in jedem Vorfall eine «universelle Lehre» für sie steckt und daß jede Situation eine perfekte Gelegenheit zum Lernen für sie ist.

Selbstzweifel und Perfektionismus stellen für sie die größten Hindernisse dar. Durch beides zusammen werden sie auf eine nie endende Suche nach Selbstverbesserung geschickt; Sechsen verbessern sich und andere nun einmal gern, und Dreien schwanken aufgrund ihrer Selbstzweifel leicht zwischen manischer Selbstüberhebung und depressiven Zweifeln hin und her. In ihrem Konkurrenzdenken bewerten und vergleichen sie sich ständig mit anderen, um festzustellen, wie gut sie sind. Wenn sie meinen, nicht gut genug zu sein, setzen sie sich selbst unter Druck, stecken sich himmelhohe Ziele und streben nach Vollkommenheit. Wenn sie dann von Selbstzweifeln überkommen werden, scheiden sie aus dem Spiel aus, schlagen sich irgendwie durch oder werden Aussteiger, entmutigt und besiegt, ein Opfer ihres Mottos: «Wenn ich's gar nicht erst versuche, kann auch nichts schiefgehen.» Wenn sie statt dessen weiterspielen, bringen sie aufgrund ihrer Klugheit, Feinfühligkeit und Intuition gute Leistungen.

Fast alle auf dem Weg der 33/6 sind mehr am Ziel interessiert als an dem manchmal langwierigen Weg dorthin; im Gegensatz zu Vieren, denen es schwerfällt, langsam und schrittweise vorzugehen, sind sie durchaus bereit, die nötigen Schritte zu tun, aber schnell muß es gehen, damit sie ihr Ideal, das Endziel, bald erreichen. Sie haben ein fertiges Bild vor dem inneren Auge, das sich realisieren soll; am liebsten wären sie schon da, ehe sie überhaupt begonnen haben. Ebenso wie die Vieren müssen auch sie das Gesetz der Entwicklung (S. 431) beherzigen, nicht, weil es ihnen widerstrebte, Schritt für Schritt vorzugehen, sondern weil sie eine Erinnerungshilfe brauchen, daß sie langsamer treten und ihren Weg genießen sollten.

Die meisten Menschen mit der Lebenszahl 33/6 haben ein starkes Bedürfnis nach Unterstützung und Liebe; doch obwohl sie von vielen geliebt und bewundert werden, merken sie es kaum, solange sie sich nicht selbst lieben und akzeptieren und ihre eigene Schönheit, ihr eigenes Licht sehen.

Die positive Gestalt der 33/6

Umgeben von einem strahlenden Kraftfeld voller Reinheit und Klarheit, besitzen diese Menschen eine große Anziehungskraft und helfen mit Begeisterung anderen dabei, die eigene Vollkommenheit zu sehen und in allem das Positive zu erkennen. Ihr Körper ist kräftig, denn sie haben ihn durch angemessene Bewegung und Ernährung gestählt und trainiert. Sie sind mit ihrer Figur zufrieden, ob sie den Idealvorstellungen anderer entspricht oder nicht. In ihren Augen ist jeder von Natur aus vollkommen, und so akzeptieren sie auch sich selbst; aus Selbstbewertung ist Selbst*wert* geworden. Über andere haben sie stets etwas Gutes zu sagen. Ihr Laserblick erkennt die Schönheit in allem und jedem; sie sehen das höhere Wesen, zu dem wir uns alle entwickeln. Dank ihrer hohen Maßstäbe und ihres Sinns für Fairneß treten sie konstruktiv für Gerechtigkeit und Wahrheit ein.

Die negative Gestalt der 33/6

Diese Menschen sind gehemmte Außenseiter, deren zusammengepreßte Lippen und herabgebogene Mundwinkel ihre Enttäuschung über die meisten Mitmenschen und ihre Wut und Frustration über die Welt erkennen lassen. «Das ist *unfair!*» lautet der Schlachtruf dieser strengen Kritiker, die die Welt an ihren unerreichbar hohen Idealen messen. Sie halten mit ihren Gefühlen zurück oder lassen sie in negativen Tiraden und Klagen zum Ausdruck kommen, denn ihr scharfer Blick sieht in allem und jedem einen Makel. Ihr Körper kann die Spannung nur durch Extrafettpolster oder Muskeln aushalten und dient diesen Menschen als Panzer, um sich vor einer Welt abzuschirmen, die sie aufgrund ihrer selbstaufgestellten Normen als schwere Last empfinden.

Die Lebensbereiche

Gesundheit

Ihre Energie beziehen Menschen mit der Lebenszahl 33/6 aus höheren Werten, Ideen oder Idealen, die sie inspirieren. Im allgemeinen haben sie einen starken, gesunden Körper, leiden jedoch aufgrund ihrer Feinfühligkeit und je nach ihrem Gemütszustand manchmal unter Halsschmerzen, weil sie ihre Gefühle nicht zum Ausdruck bringen. Wenn das Gefühl, «ihre Sache gut machen zu müssen», sie aufregt oder unter Druck setzt, kann es zu nervösen Magenbeschwerden kommen. Der Streß, den sie sich durch ihre Maßstäbe selbst auferlegen, kann sich auch in Muskelverspannungen besonders im Kieferbereich äußern, gelegentlich auch in Hautausschlägen oder gar in Asthma, wenn ihnen alles zuviel wird, weil sie ihre unmöglich hohen Normen nicht erfüllen können. Bei negativer Entwicklung können sich mit der Zeit chronische Erkrankungen einstellen, darunter Dickdarmentzündung, Magengeschwüre oder andere Beschwerden im Bauchbereich.

Ständiger Ärger, der abgeblockt, unterdrückt oder zurückgehalten wird und mit den hohen Normen zusammenhängt, denen sie sich selbst und andere unentwegt unterwerfen, kann in späteren Jahren Arthritis bewirken, eine Art «kristallisierter» Ärger in den Gelenken, besonders bei denen, die nach außen hin kühl und beherrscht wirken.

Alle der eben aufgeführten Probleme und Beschwerden sind für Menschen mit der Lebenszahl 33/6 typisch, die eine *negative* Lebenseinstellung haben; sie sind keinesfalls unvermeidlich oder notwendig. Das gesundheitliche Wohlbefinden kann sich erheblich steigern, wenn diese Menschen (wie auch solche mit anderen Lebenszahlen) lockerer werden und mit dem Strom des Lebens mitgehen.

Menschen mit der Lebenszahl 33/6 sind gut beraten, das zu essen, wobei sie ein gutes Gefühl haben, und ein gutes Gefühl zu haben bei dem, was sie essen. Infolge der Energie der 3 spielen Empfindungen eine wichtige Rolle bei allem, was sie tun. Sie erstreben meist eine optimale Ernährung und tun auch etwas dafür, je nach ihren Kenntnissen in Sachen Nahrung und nach ihren intuitiven Gefühlen. Obgleich sie im allgemeinen keine Probleme haben, sind manche von ihnen anfällig für Eßstörungen in Form von Magersucht, weil sie das Zerrbild von ihrem Körper haben, nicht schlank genug und nicht vollkommen genug zu sein.

Den meisten Menschen mit der Lebenszahl 33/6 bekommt ein geregeltes Fitneßtraining gut; sie suchen natürlich nach dem perfekten Körpertraining für sich, das möglichst auch noch ihre emotionalen und sozialen Bedürfnisse befriedigt. Viele erwerben sich auch gern Geschicklichkeit, etwa in einer Kampfkunst, bei der sie ihre Fähigkeiten bis zur «Vollkommenheit» ausbilden können. Drei von den fünf Spitzenkämpfern dieser Art, die ich kennengelernt habe, befinden sich auf dem Lebensweg der 33/6.

Zwischenmenschliche Beziehungen

Empfindungen sind nicht «vernünftig», sauber, ordentlich oder vorhersagbar, und so dürften Menschen mit der Lebenszahl 33/6 Schwierigkeiten haben, sich ungezwungen zu geben und wild und leidenschaftlich zu sein (es sei denn, es handelt sich um große Schauspieler wie Meryl Streep und Robert De Niro). Es dauert unter Umständen einige Zeit, bis sie ihre Selbstzweifel und die Angst vor der Meinung anderer überwunden haben. Solange sie nicht gewillt sind, ihre Gefühle unmittelbar zum Ausdruck zu bringen – etwa: «Jetzt bin ich verletzt!» –, schlucken sie ihren Ärger lieber hinunter und bleiben anscheinend «cool».

Wenn Gefühle zurückgehalten werden, können sich auch Beziehungen nicht richtig entwickeln. Menschen auf dem Weg der 33/6 müssen sich darüber klarwerden, daß ihr Partner so, wie er oder sie ist, von ihnen geliebt werden will, nicht als jemand mit einer perfekten Maske. Je aufrichtiger sie handeln, je offener sie ihre Verletzlichkeit zeigen und je mehr sie das Gefühl haben: «Hier bin ich, ob gut oder schlecht – nimm mich so, wie ich bin, oder laß es!», um so besser.

In sexueller Hinsicht sind Menschen mit der Lebenszahl 33/6 eher etwas distanziert oder gehemmt, nicht ungestüm und draufgängerisch, denn sie halten sich stets mit der «Technik» oder «Leistung» auf, statt sich der Liebe rein gefühlsmäßig hinzugeben. In manchen Fällen, wenn sie sich noch nicht über ihre perfektionistischen Tendenzen klargeworden sind, können ihre Sexualgefühle auch nachlassen aus unterdrücktem Ärger, der ihrer ständigen Wertung des Partners entspringt. Bei positiver Entwicklung formen sie jedoch von Herzen kommende Beziehungen zu anderen, in die sie sich ganz einbringen, sowohl sexuell als auch in anderer Form.

Begabungen, Beruf und Finanzen

Sofern sie sich nicht von ihren Selbstzweifeln bremsen lassen, sind Menschen mit der Lebenszahl 33/6 von Natur aus für den Erfolg prädestiniert, weil sie sehr gute Arbeit leisten (auch wenn es ihnen selbst nicht immer so vorkommt). Sie besitzen ein ausgeprägtes Feingefühl, ob sie es zeigen oder nicht, und einen Verstand, der von einer grundlegenden intuitiven Intelligenz zeugt, mit der sie konzentriert und zielgerichtet zu arbeiten vermögen. Um erfolgreich sein zu können, müssen sie allerdings ihre Ideale in den Griff bekommen, praktisch und realistisch bleiben und positiv denken.

Der Wunsch dieser Menschen, in allem genau zu sein, kann in Verbindung mit ihrer Ausdrucksfähigkeit und Intuition vielen Berufen zugute kommen, zum Beispiel einer Lehr- oder Trainingstätigkeit, organisatorischer Arbeit, einer Tätigkeit als Designer, Architekt oder Illustrator. Schauspieler, Tänzer und Sportler mit der Lebenszahl 33/6 pflegen sich ihre Kunst von Grund auf anzueignen und erlangen im allgemeinen Meisterschaft in ihrem Beruf. Viele Menschen auf dem Weg der 33/6 sind herausragende, produktive Schriftsteller; sie tun sich auf allen Gebieten hervor, die etwas mit Kommunikation, Gefühl und Selbstausdruck zu tun haben. Meist sorgen sie in ihrer Arbeit für das besondere Etwas, und sie legen stets bewußt die höchsten Maßstäbe an.

Sollten Probleme im finanziellen Bereich auftreten, sind die Ursachen dafür wahrscheinlich in Selbstzweifeln und zwanghaftem Perfektionismus zu suchen. Wann immer Menschen mit der Lebenszahl 33/6 die Mittel ausgehen, liegt es meist an ihrer Selbsteinschätzung, weil sie ihr Licht unter den Scheffel stellen und Angst haben, sich zu behaupten und die Welt wissen zu lassen, was sie wert sind. Sobald sie sich selbst kennen und mögen – und ihre wahren Gefühle zum Ausdruck bringen –, können sie auch ihre Lebensfreude unter Beweis stellen.

Bekannte Persönlichkeiten mit der Lebenszahl 33/6

Fred Astaire	D. H. Lawrence
Dale Carnegie	John McEnroe
Agatha Christie	Roman Polanski
Albert Einstein	Steven Spielberg
Stephen King	Meryl Streep
Elisabeth Kübler-Ross	H. G. Wells

Wege zum Wachstum

Wenn Sie die Lebenszahl 33/6 haben, können Ihnen die folgenden Vorschläge helfen, sich über Ihre Lebensbestimmung klarzuwerden, indem Sie Ihre Aufmerksamkeit auf die Kernfragen richten und so handeln, daß sich in Lebensbereichen mit Schlüsselfunktionen etwas ändert.

Empfehlungen

- Kommen Sie wieder mit Ihren wirklichen – nicht mit Ihren idealen – Gefühlen in Berührung.
- Drücken Sie nicht nur Ihre Gedanken, sondern auch Ihre Gefühle aus.
- Erkennen Sie Ihr Feingefühl an, und zeigen Sie es anderen.
- Akzeptieren Sie, wie Sie selbst und Ihre Mitmenschen in diesem Augenblick sind.

Nützliche Fragen

1. Denken Sie über folgende Fragen nach:
   - Wie mache ich von meiner Ausdruckskraft Gebrauch?
   - Empfinde ich meine Selbstzweifel und zu idealistischen Maßstäbe manchmal als schwere Last?
   - Kann ich mich so, wie ich im Augenblick bin, gut finden?
   - Lasse ich andere wissen, wie ich mich fühle?
2. Wie können Sie Einsichten, zu denen Ihnen diese Fragen vielleicht verholfen haben, in die Lebenspraxis übertragen?

Orientierungshilfen

1. Blättern Sie zu Teil II zurück, und lesen Sie noch einmal die Hauptabschnitte über die Ziffern, aus denen sich Ihre Lebenszahl zusammensetzt: 3 (S. 70) und 6 (S. 100).
2. Vielleicht möchten Sie sich die Lebenszahlen von Angehörigen und Freunden einmal anschauen und mit diesen zusammen, falls sie dafür aufgeschlossen sind, gemeinsame oder auch unterschiedliche Lebensfragen erörtern.

Die wichtigsten spirituellen Gesetze

1. Lesen Sie sich jedes der folgenden Gesetze in Teil IV durch:
   - Das Gesetz der Flexibilität (S. 405): Indem wir flexibel bleiben, können wir den größten Nutzen aus Schwierigkeiten und wechselnden Umständen ziehen.
   - Das Gesetz der Vollkommenheit (S. 445): Hohe Ideale können uns inspirieren, aber Vortrefflichkeit ist das Höchste, was sich erzielen läßt.
   - Das Gesetz der Wahlfreiheit (S. 410): Wir können uns positiv oder negativ zum Ausdruck bringen; die Wahl liegt bei uns.
   - Das Gesetz der Intuition (S. 477): Wenn wir aufhören, uns mit anderen zu vergleichen, können wir mit der Weisheit unseres Herzens eins werden.
   - Das Gesetz des gegenwärtigen Augenblicks (S. 450): Ungeduld und Bedauern lösen sich in der Erkenntnis auf, daß nur das Jetzt existiert.
2. Führen Sie die jeweils dort angegebenen Übungen durch.
3. Überlegen Sie, wie Sie diese Gesetze in Ihrem Leben beherzigen können.

7: Vertrauen und Offenheit

Sobald du auf dich selbst vertraust,
weißt du, wie du leben mußt.
Anonym

In diesem Kapitel geht es um alle Lebenszahlen, bei denen die 7 (S. 110) den Hauptlebenssinn bestimmt, also die 16/7, 25/7, 34/7 und 43/7. Obwohl diese Lebenszahlen alle die Energie der 7 widerspiegeln, hat doch jede von ihnen aufgrund des Einflusses und Wechselspiels der anderen Ziffern ganz eigene Eigenschaften, Probleme und Merkmale.

16/7

7: Vertrauen und Offenheit
6: Vision und Annehmen
1: Kreativität und Zuversicht

Die Lebensbestimmung

Menschen auf dem Lebensweg der 16/7 sind hier, um sich mit Fragen der Offenheit und Authentizität, des Annehmenkönnens und der Unsicherheit auseinanderzusetzen. Sie müssen lernen, dem schöpferischen Geist in ihrem eigenen Innern und der inneren Schönheit anderer zu vertrauen und ihre Ideale und Visionen in die Wirklichkeit zu übertragen. Da unser Lebensweg oft genug ein steiler Kletterpfad ist, warten auch auf diese Menschen besondere Herausforderungen, die mit den einzelnen Ziffern ihrer Lebenszahl verbunden sind: Die schöpferische Energie der 1 muß konstruktiv genutzt werden, oder sie wendet sich auf destruktive Weise gegen sich selbst. Diese Energie verursacht oft eine gewisse Unsicherheit oder Minderwertigkeitsgefühle. Wenn sie von den hehren Visionen und perfektionistischen Maßstäben der 6 sowie den Vertrauensproblemen der 7 angetrieben werden, haben Menschen auf dem Weg der 16/7 meist eine tiefe Angst davor, beschämt zu werden oder sich lächerlich zu machen; sie scheuen das Licht der Öffentlichkeit und leben in einer inneren Welt; sie wollen die Welt verbessern, fühlen sich aber entmutigt von den bestehenden Verhältnissen. Sie brauchen ihre Privatsphäre; dabei haben sie aufgrund ihrer durchdringenden geistigen Klarheit und erstaunlichen schöpferischen Phantasie viel zu bieten.

Trotz ihrer sichtbaren Aktivitäten – Beruf, Familie oder andere Interessen – schlummert bewußt oder unbewußt eine tiefe Sehnsucht in ihnen, das Verlangen, einen sicheren Hafen zu finden, der sie mit sich selbst, mit anderen und mit dem höheren Geist in Kontakt bringt, von dem wir alle beseelt sind.

Obgleich viele Menschen mit den Lebenszahlen 34/7, 43/7 und 25/7, die sich geschäftlich oder sportlich betätigen oder Kinder aufziehen, nichts mit den spirituellen Vorstellungen und Bildern anfangen können, die hier im Zusammenhang mit der Sieben angeführt werden, spüren die meisten Menschen mit der Lebenszahl 16/7 eine höhere Berufung in ihrem Innern und eine visionäre Kraft.

Zwei Männer auf dem Weg der 16/7, Vladimir Horowitz und Frédéric Chopin, haben mit ihrer Musik einen Zugang zu tieferen Gefühlen eröffnet; Fjodor Dostojewskij, ebenfalls eine 16/7, hat mit dem geschriebenen Wort zum tieferen Verständnis der Lebensbestimmung beigetragen. Alle Menschen mit dieser Lebenszahl fühlen sich zum Dienst an anderen berufen, denn ohne eine Möglichkeit, den Mitmenschen in ihrem Lebensalltag beizustehen, verlassen sie diese Welt unter Umständen lieber – manchmal im wahrsten Sinne des Wortes, wie der Astronaut Edwin «Buzz» Aldrin. Sie verlassen sie nicht wie ein Katatoniker, der erstarrt seine Augen aus Angst nach innen wendet, sondern wie ein Mystiker, der die Augen aus Hoffnung und Liebe auf die höchsten Ziele im Innern richtet.

Der Lebensweg von Menschen mit der Lebenszahl 16/7, die eine lebhafte, rege Phantasie haben, berührt selten die Alltagsrealitäten des Lebens. Die Herausforderung, vor die diese Menschen mit ihren hohen Idealen und ihrer Neigung zum Perfektionismus, ihren überfließenden schöpferischen Energien und ihrem Verlangen, höheres Wissen zu erwerben, gestellt werden, besteht darin, die Alltagswelt anzunehmen, sie in sich aufzunehmen und in ihr wie im eigenen Innern die Schönheit und Vollkommenheit zu finden, nach der sie suchen.

Der Einfluß der 7 bedeutet, daß sie sich nach einer tieferen Beziehung zum Leben sehnen. Dazu kommen sie, indem sie die Hauptaufgabe einer Sieben in Angriff nehmen – Vertrauen zu ihrer wissenden inneren Stimme und der sich ständig weiter entfaltenden Welt zu gewinnen. Das wird ihnen nicht unbedingt leichtfallen, aber deswegen sind sie hier.

Den meisten Menschen mit der Lebenszahl 16/7 fällt es schwer, anderen und sich selbst zu vertrauen. Nur wenige Siebenen haben Selbstvertrauen, auch wenn sie nach außen hin diesen Eindruck machen. Unter Umständen behaupten sie es sogar; aber wenn sie nach innen schauen, merken sie meistens, daß sie nur auf ihren Verstand, ihre Kenntnisse und die Theorien und Überzeugungen bauen, die andere zusammengetragen haben.

Sie brauchen besonders lange, um Vertrauen zu entwickeln, da sie aufgrund ihrer perfektionistischen Ader enttäuscht von sich und anderen sind, die ihre hohen Erwartungen nicht erfüllen. Es will ihnen kaum gelingen, auf ihr Herz und ihre Intuition zu vertrauen. Die Neigung der Sieben, sich betrogen zu fühlen, ist bei Menschen mit der Lebenszahl 16/7 besonders stark ausgeprägt und frustrierend, und diese Frustration wird noch genährt durch schöpferische Energie und verstärkt durch Verunsicherung und Einsiedlertum.

Wenn diese Menschen allerdings ihre schöpferische Energie auf eine Vision, eine Suche, ein Ziel oder einen höheren Zweck hinlenken, lernen sie allmählich, dem höheren Geist zu vertrauen, der in ihnen und durch sie waltet. In dem Maße, in dem sie mit ihrem messerscharfen Verstand die grundsätzliche Vollkommenheit ihres Daseins einschließlich aller Erfolge und Mißerfolge, Höhen und Tiefen erfassen und annehmen, entwickeln sie allmählich Zutrauen zu den spirituellen Prinzipien, die vorher ihrer Aufmerksamkeit entgangen waren. In dem Augenblick, in dem sie auf die bittersüße Schönheit und transzendente Vollkommenheit, die dem Leben innewohnt, stoßen, finden sie den sicheren Hafen überall und brauchen nichts mehr zu fürchten.

Die positive Gestalt der 16/7

Diese Menschen teilen ihre erhabene Sicht der Dinge mit anderen und erschließen mit ihren kreativen Unternehmungen neue Möglichkeiten, indem sie Wahrheit und Schönheit zum Ausdruck bringen. Ihre scharfen Augen, ihre sprühende Energie und ihre frische, kultivierte Art beweisen, daß sie hochgesinnte «Engel» in menschlicher Gestalt sind. Wenn sie bedingungsloses, aber keineswegs blindes Vertrauen zu sich selbst und anderen gewonnen haben, sehen sie auch unter den schwierigsten Umständen noch die grundsätzliche Vollkommenheit und das Wirken eines Geistes der Liebe in allem und jedem. Von einem höheren Ziel beflügelt, finden sie einen tiefen Sinn darin, andere zu erheben und dazu zu bewegen, ein feineres Gespür für ihr Leben zu entwickeln.

Die negative Gestalt der 16/7

Verbittert und in dem Gefühl, betrogen worden zu sein, unsicher und selbstzerstörerisch, fällt diesen Menschen das Leben hier auf Erden sehr schwer. Sie sind enttäuscht von sich und anderen und frustriert, weil nichts und niemand ihren Erwartungen gerecht geworden ist. Sie sehnen sich nach einer idealeren Welt, aber da sie nicht glauben, selbst etwas dazu beitragen zu können, schwindet ihnen alle Hoffnung. Sie leben wie

Einsiedler, da sie die Kritik anderer fürchten und sich deshalb sozialen Kontakten entziehen. Sie fühlen sich von anderen mißverstanden, falsch beurteilt und flüchten sich in Drogenkonsum, Illusionen und Phantasiewelten.

Die Lebensbereiche

Gesundheit

Wenn sich Menschen mit der Lebenszahl 16/7 andauernd betrogen oder mißverstanden fühlen, leiden ihr Herz und ihre Knie darunter. Auch Beschwerden im Bauch-, Lungenbereich können auftreten. Empfehlenswert sind sanfte energetische Heilmethoden, Homöopathie, Visualisation und Meditation. Sie profitieren auch von jeder Art meditativer Entspannungsübung, bei der sie sich ihre Gedanken ansehen können, statt sich darin zu verlieren.

Eine sättigende, nährende und dennoch leichte Kost tut ihnen gut, aber sie neigen ohnehin zu bekömmlicher Nahrung, weil ihnen Qualität wünschenswerter erscheint als Quantität. Sie müssen ein wenig herumexperimentieren, um die optimale Ernährungsweise für sich herauszufinden, und lernen, mehr auf ihr instinktives Gespür zu vertrauen als auf Ernährungstheorien.

Für die meisten Menschen auf diesem Lebensweg sind kultivierte Formen eines bewußten Körpertrainings eine Wohltat, zum Beispiel T'ai-chi, Yoga und sanfte Aerobic-Übungen sowie Schwimmen und Spazierengehen. Bewegung hält die schöpferischen Energien in Gang und hilft ihnen, auf die natürliche Weisheit ihres Körpers zu vertrauen. Sie üben gern die gut durchdachten, modernen Sportarten aus, aber ebensogern ergehen sie sich einfach in der schönen Natur.

Zwischenmenschliche Beziehungen

Menschen mit der Lebenszahl 16/7, die eine negative Entwicklung nehmen, sind mit Problemen des Mißtrauens und der Unsicherheit konfrontiert; sie haben Schwierigkeiten, ihre Gefühle auszudrücken oder ihre Empfindungen überhaupt zu zeigen. Darum kann es eine schwere Prüfung für sie sein, sich einer aufrichtigen Intimbeziehung zu öffnen. In manchen Fällen finden Kontakte nur auf der Phantasieebene statt, wird am Bild einer Dulzinea, einer Helena, eines Herkules oder einer anderen

Idealgestalt festgehalten. Manche Menschen mit der Lebenszahl 16/7 lesen lieber ein Buch, als daß sie eine Beziehung eingehen.

Wenn sie hingegen die positiven Seiten dieses Lebensweges verwirklichen, werden sie aufgrund ihrer höheren Sicht der Dinge offen, vertrauensvoll, mitteilsam und erreichen damit «vollkommene» Intimität. Sich in der Liebe preiszugeben, ohne den Verstand hineinspielen zu lassen, und sich ganz sehen und durchschauen zu lassen ist für diese Menschen sowohl angsterregend als auch heilsam, denn die Zartheit der Liebe kann sie zu dem mutigen Entschluß führen, ihren Körper und ihr Leben anzunehmen.

Begabungen, Beruf und Finanzen

Da sich bei Menschen mit der Lebenszahl 16/7 schöpferische Energien, hohe Maßstäbe und ein durchdringender Verstand vereinen, leisten sie unweigerlich beispielhafte, wunderbare Arbeit auf jedem Gebiet, ob als Schriftsteller oder Fliesenleger, Musiker oder Astronauten. Am besten liegen ihnen Tätigkeiten, die ihnen eine gewisse Privatsphäre lassen, sie geistig fordern und ihrer hohen Gesinnung sowie ihrem feinen Gespür für den tieferen Sinn des Lebens entgegenkommen.

Mit dem Einfluß der 6 besteht die Möglichkeit, daß Selbstwertprobleme sie in ihrer Fähigkeit behindern, freizügig zu empfangen und zu geben. Sobald sie sich und ihre Arbeit zu würdigen beginnen und ihre Hände aussstrecken, um zu empfangen, belohnt sie die Welt dafür.

Bekannte Persönlichkeiten mit der Lebenszahl 16/7

Edwin «Buzz» Aldrin
Frédéric Chopin
Fjodor Dostojewskij
Vladimir Horowitz

Wege zum Wachstum

Wenn Sie die Lebenszahl 16/7 haben, können Ihnen die folgenden Vorschläge helfen, sich über Ihre Lebensbestimmung klarzuwerden, indem Sie Ihre Aufmerksamkeit auf die Kernfragen richten und so handeln, daß sich in Lebensbereichen mit Schlüsselfunktionen etwas ändert.

Empfehlungen

- Legen Sie Ihre auf Hochglanz polierte Maske ab.
- Vertrauen Sie sich dem schöpferischen Prozeß des Lebens an, und genießen Sie ihn.
- Denken Sie daran, daß jeder Fehler von tieferer Weisheit zeugt.
- Nehmen Sie diesen Augenblick voll an, und finden Sie darin Vollkommenheit.

Nützliche Fragen

1. Denken Sie über folgende Fragen nach:
   - Was beflügelt mich?
   - Inwiefern waren meine Schwierigkeiten genau richtig für mich?
   - Habe ich mich von Unsicherheit oder Perfektionismus hemmen lassen?
   - Wie haben meine Erwartungen meine Erfahrungen beeinflußt?
2. Wie können Sie Einsichten, zu denen Ihnen diese Fragen vielleicht verholfen haben, in die Lebenspraxis übertragen?

Orientierungshilfen

1. Blättern Sie zu Teil II zurück, und lesen Sie noch einmal die Hauptabschnitte über die Ziffern, aus denen sich Ihre Lebenszahl zusammensetzt: 1 (S. 53), 6 (S. 100) und 7 (S. 110).
2. Vielleicht möchten Sie sich die Lebenszahlen von Angehörigen und Freunden einmal anschauen und mit diesen zusammen, falls sie dafür aufgeschlossen sind, gemeinsame oder auch unterschiedliche Lebensfragen erörtern.

Die wichtigsten spirituellen Gesetze

1. Lesen Sie sich jedes der folgenden Gesetze in Teil IV durch:
   - Das Gesetz des Vertrauens (S. 458): Nur wenn wir uns selbst vertrauen, können wir auch anderen vertrauen.
   - Das Gesetz der Vollkommenheit (S. 445): Hohe Ideale können uns inspirieren, aber erzielen können wir höchstens Vortrefflichkeit.
   - Das Gesetz der Flexibilität (S. 405): Indem wir flexibel bleiben, können wir den größten Nutzen aus Schwierigkeiten und wechselnden Umständen ziehen.

- Das Gesetz des gegenwärtigen Augenblicks (S. 450): Ungeduld und Bedauern lösen sich in der Erkenntnis auf, daß nur das Jetzt existiert.
- Das Gesetz der Entwicklung (S. 431): Indem wir einen Fuß vor den anderen setzen, lernen wir, unserem Lebensprozeß zu vertrauen.

2. Führen Sie die jeweils dort angegebenen Übungen durch.
3. Überlegen Sie, wie Sie diese Gesetze in Ihrem Leben beherzigen können.

25/7

7: Vertrauen und Offenheit
5: Freiheit und Disziplin
2: Zusammenarbeit und Ausgewogenheit

Die Lebensbestimmung

Menschen auf dem Lebensweg der 25/7 sind hier, um sich mit Fragen der Privatsphäre, Offenheit und gegenseitigen Abhängigkeit auseinanderzusetzen. Sie müssen lernen, auf die spirituellen Kräfte zu vertrauen, die in ihnen selbst, in anderen und in der Welt wirken, und durch konzentrierte Disziplin innere Freiheit zu erlangen. Vertrauen zu sich selbst und anderen sowie Disziplin und zielgerichtete Konzentration zu erwerben sind die Hauptaufgaben dieser Menschen, deren Lebensqualität weitgehend davon abhängt, ob sie sich positiv oder negativ mit diesen Aufgaben beschäftigen. Niemandem wird die Erfüllung seiner Lebensbestimmung leichtgemacht, und so leiden Menschen mit der Lebenszahl 25/7 häufig unter mehr oder weniger starken Formen des Verfolgungswahns; sie gehen mit einem geradezu naiven Vertrauen und Glauben eine Beziehung ein, um sich später unweigerlich in ihrem Vertrauen betrogen, getäuscht und mißverstanden zu fühlen.

Die meisten Menschen auf diesem Weg brauchen viel Zeit für sich allein und das Gefühl, unabhängig zu sein. Aufgrund ihrer unterschwelligen Ängste, beschämt oder betrogen zu werden, ziehen sie sich gern emotional in sich selbst zurück; sie fühlen sich nicht sicher genug, um anderen Einblick in ihre innersten Gedanken und Gefühle zu geben. Manche von ihnen sind verletzt, bitter und paranoid und rechnen stets erst einmal mit dem Schlimmsten; sie isolieren sich emotional oder gar äußerlich wie der klassische Einsiedler und suchen womöglich nach dem «höheren Geist», meiden aber enge Kontakte zu anderen Menschen.

Da sie über Denkfähigkeiten von hohem Rang verfügen, können sie es durchaus zu Erfolg bringen, aber letztlich geht es ihnen in ihrem

Leben doch mehr um die innere Entwicklung als um profane Ziele. Meistens jedoch engagieren sie sich im Beruf, in allerlei Beziehungen mit anderen Menschen, in der Familie, reisen viel und gehen anderen normalen Lebensaktivitäten nach.

Fast alle Menschen mit der Lebenszahl 25/7 strahlen eine ansprechende Unbeschwertheit und Klarheit aus; ob sie sich dessen bewußt sind oder nicht, haben sie eine enge Verbindung zu den feinstofflichen Energien, die von manchen Leuten Engeln zugeschrieben werden. Auch wenn sie wissenschaftliche Wirklichkeitsmodelle spirituellen vorziehen mögen, haben sie im allgemeinen einen Sinn für Schönheit und Harmonie, der schon ans Mystische grenzt.

Doch es schlummert mehr unter der Oberfläche ihres Lebens; hautnah, in ihrem Herzen und in allen Zellen ihres Körpers erfüllt sie eine Sehnsucht, ein ihnen selbst vielleicht noch unbewußtes Verlangen nach dem Gefühl, sich *zu Hause* zu fühlen.

Das Wechselspiel der 2, 5 und 7 verursacht innere Konflikte und führt Menschen auf dem Weg der 25/7 auf eine Suche nach Heilung und Erleuchtung. Dabei sind sie nicht unbedingt an einer Heilung im physischen Sinne interessiert; vielmehr wollen sie ihre innere Zerrissenheit heilen und das ersehnte Ziel, den Sinn ihres Lebens, finden.

Menschen mit der Lebenszahl 25/7 haben meist ein vergeistigtes Äußeres und zugleich etwas Kindliches. Kinder mögen sie, weil sie wie Kinder spielen können. Sie haben etwas von einem Peter Pan an sich, ob Mann oder Frau; pendelnd zwischen Wolkenkuckucksheim und Erde, wissen sie nicht genau, wo sie hingehören. Sie genießen großartige Landschaften und kommen leichter mit den Geistern der Natur in Kontakt als mit den Stadtbewohnern dieser Welt. Computer, Computergrafik und Computerspiele, Forschung und Wissenschaft, Lesen sowie Seereisen und Flüge in die Ferne gefallen ihnen; sie suchen nach Welten voller Schönheit und Abenteuer, wo die Politik und Betrügereien der Menschenwelt zurückbleiben oder zumindest wenig Einfluß nehmen.

Die meisten derer auf dem Weg der 25/7 haben das Gefühl, in einer ausweglosen Situation zu stecken: Sie vertrauen anderen nicht genug, um ihre tiefinneren Gefühle zu offenbaren, und haben daher kaum wirklich enge Beziehungen; da sie sich gern absondern und viel Zeit für sich allein brauchen, scheuen sie keine Mühe, um sich vor der Gesellschaft zu schützen, die ihnen tief in ihrem Unbewußten als bedrohlich erscheint. Dennoch haben sie ein starkes Bedürfnis, anderen zu helfen, etwas zu verändern, auf irgendeine Weise einen Beitrag zu leisten. Wie ein Hündchen, das sich einem Fremden ganz vorsichtig nähert, zurückschreckt, wieder nähert, wieder zurückschreckt, gehen auch Menschen mit der Lebenszahl 25/7 das Risiko ein und versuchen, Kontakte anzuknüpfen, etwa über gemeinsame Interessen oder innerhalb eines bestimmten Kreises von Leuten. Andere, die sich betrogen fühlen, ziehen sich lieber in eine eigene, unkomplizierte, manchmal aber auch einsame Welt zurück.

Infolge des Einflusses der 2 suchen Menschen mit der Lebenszahl 25/7 nach der inneren Harmonie in widersprüchlichen Wertvorstellungen und Ideen; in Beziehungen zu anderen suchen sie das Gleichgewicht zwischen Geben und Empfangen, und sie sichern sich ihren Raum durch klare Grenzen. Die Energie der 5 gibt ihnen Lektionen im Bereich von Freiheit und Unabhängigkeit auf und verleiht ihnen die nötige Disziplin, beides zu verwirklichen.

Während sie an den Lektionen heranreifen, die ihnen das Leben erteilt, werden sie durch unmittelbare Erfahrung allmählich offener für ein tieferes Selbstvertrauen. Letzten Endes wollen selbst diese Menschen mit ihrem Interesse an spirituellen Praktiken und Ideen nicht nur ein Buch über mystische Erfahrungen lesen, sondern die unmittelbare Erfahrung des Einsseins machen. Wenn sie ihr Leben nach dem Gesetz des Vertrauens (S. 458) ausrichten, können sie den tieferen Sinn all dessen erfassen, was sich ereignet. Werden sie angelogen, getäuscht oder auf andere Art betrogen, werden sie sich nicht wieder mit solchen Leuten einlassen, sondern ihr Vertrauen fest in den «universellen Lehrer» setzen, der aus all diesen Erfahrungen spricht, und diesem höheren Geist dankbar sein für die Belehrung.

Wenn Menschen auf dem Lebensweg der 25/7 innerlich frei geworden sind von Konflikten, können sie sich schließlich so auf eine Form des Dienens konzentrieren, wie sich ein Zenmeister auf das Bogenschießen konzentriert – indem sie es als Mittel und Weg zur Verwandlung und zum inneren Erwachen betrachten. Solange sie ihr Ziel noch nicht fest ins Auge gefaßt haben, sind sie jedoch spirituelle Vagabunden auf ewiger Suche, die sich zwar losgesagt haben, aber nicht frei sind, die allem und jedem trauen, nur sich selbst nicht, die überall suchen, bloß da nicht, wo sie stehen, und die nur den Verstand als Informationsquelle gelten lassen.

Menschen mit dieser Lebenszahl neigen oft zu Verfolgungswahn. Wenn sie sich so sicher fühlen, daß sie ihre geistigen Panzerungen ablegen und sich selbst und dem göttlichen Geist vertrauen, spüren sie die Gemeinschaft, die sie von Geburt an kennen, aber vergessen hatten; sie machen die unmittelbare Erfahrung des Einsseins. Sobald sie den göttlichen Geist in sich spüren, sehen sie ihn überall, in allem und jedem.

Die positive Gestalt der 25/7

Das Leben dieser Menschen kann spirituell orientiert sein und spirituelle Praktiken sowie die innere Arbeit an sich selbst beinhalten, muß aber nicht. Doch ganz gleich, auf welchem Gebiet sie sich engagieren, sind sie stets eine Quelle tiefen Verständnisses, weil sie nach innen schauen, um das herauszufinden, was sie wissen müssen. Sie lernen auch von anderen, achten jedoch gleichzeitig die eigenen Gefühle und hören auf ihre innere Stimme. Sie sind Abenteurer, die die innere Freiheit ans Licht bringen; als befreite Menschen, die sich fast überall wohl und zu Hause fühlen, finden sie ihre Befriedigung darin, die Wahrheiten weiterzugeben, die sie aus ihren Erfahrungen gelernt haben. Von innerer Freiheit erfüllt und von einem Gefühl des Einsseins, des Friedens und der inneren Harmonie beseelt, gehen sie hin und reichen anderen die Hand. Sie sind für alle Erfahrungen dankbar, denn sie sehen in allem den göttlichen Geist.

Die negative Gestalt der 25/7

Diese einsamen Menschen ziehen die Abgeschiedenheit vor und meiden andere aus dem Gefühl heraus, niemandem trauen zu können. Erlebnishungrige Wanderer ohne Ziel, begierige Leser und spirituelle Vagabunden, die sie sind, suchen sie ständig nach dem Buch, dem Training oder Lehrer, die ihnen zur eigenen Ganzheit verhelfen oder den Schlüssel zu dem Verständnis geben können, das ihnen vorschwebt. Aber sie finden nicht, was sie suchen, weil sie außerhalb ihrer selbst forschen. Sie sind die typischen Paranoiker in dieser Welt; sie nehmen an, daß sie übergangen werden, und in dem Maße, wie sie sich zurückziehen, werden sie auch übergangen.

Die Lebensbereiche

Gesundheit

Die Gesundheit der meisten Menschen mit der Geburtszahl 25/7 beruht auf der relativen Klarheit jeder Ziffer: Im Positiven bewirkt die 2 Stärke und die 5 einen ausgeprägten Sinn für Freiheit, während die 7 ihnen einen scharfsinnigen Verstand verleiht, der gesunden Maximen folgt. Im Negativen jedoch hat die 2 zur Folge, daß diese Menschen vom übermäßigen Denken ausgelaugt und gestreßt sind, wodurch möglicherweise

Allergien ausgelöst werden; durch die 5 sind sie zerfahren, unselbständig und verärgert, wovon der Adrenalinspiegel und das Nervensystem betroffen sind; und die 7 bedeutet, daß sie sehr empfindlich reagieren, wenn sie meinen, betrogen worden zu sein, und einen entsprechenden Druck in der Herzgegend verspüren. Für Menschen mit der Lebenszahl 25/7 sind wenige Aktivitäten so heilsam wie eine Floßfahrt flußabwärts, eine Kanufahrt auf einem See oder eine Wanderung durch die Wälder. In Verbindung mit Meditation und dem offenen Ausdruck von Gefühlen wirken diese Tätigkeiten wie ein Tonikum oder Jungbrunnen.

Meist müssen diese Menschen wieder Erdverbundenheit erlangen, also «Boden unter den Füßen gewinnen». Körperliche Bewegung, Kampfkünste und andere positive körperliche Erfahrungen können sie ebenso wieder auf den Erdboden zurückholen wie Selbstvertrauen.

Alternative Heilmethoden mit Betonung des Geistigen und Ästhetischen wie zum Beispiel Visualisation, die Beschäftigung mit Licht und Farbe, Blütenessenzen und Kunsttherapie sind für Menschen auf dem Weg der 25/7 von Vorteil. Wie alle Siebenen müssen auch sie sich einer regelmäßigen Disziplin unterwerfen und dürfen nicht so kopflastig werden, daß sie über dem Denken die Sorge für ihren Körper vergessen.

Zwischenmenschliche Beziehungen

Im allgemeinen haben Menschen mit dieser Lebenszahl eindeutige Probleme, die es ihnen sehr erschweren, ihre Gefühle und ihre Verletzlichkeit preiszugeben, aber die Möglichkeit dazu besteht durchaus. Sie sind im Grunde ihres Herzens in der realistischen oder eingebildeten Angst und dem Schmerz befangen, getäuscht zu werden; deshalb vertrauen sie auf ihren Verstand und folgen lieber ihren Gedanken als ihren Empfindungen, wodurch sie sich das Gefühl einer Verbundenheit mit anderen selbst versagen.

Menschen auf dem Lebensweg der 25/7 sind gern alleine und brauchen unbedingt eine Privatsphäre und Unabhängigkeit, versuchen aber trotzdem, eine enge Bindung zu ihrem Partner einzugehen und so ein empfindliches Gleichgewicht aufrechtzuerhalten. Im allgemeinen ersehnen sie im Zusammenleben mit einem Partner Harmonie, Ausgleich und Ganzheit, weil sie ihre eigene innere Harmonie und Ganzheit nicht spüren. Um mehr Leben in ihre Beziehungen zu bringen, täten sie gut daran, an sich zu arbeiten und ihr Gefühl von Selbständigkeit und Ganzheit zu vertiefen. Wenn sie sich selbst und Gott vertrauen, öffnen sie sich auch einer Beziehung.

Sexuell erfahren sie die größte Befriedigung, wenn sie sich aus der sicheren Höhle ihres Verstandes herauswagen und so viel Vertrauen entwickeln, daß sie ihre geistige Panzerung ablegen und Gefühle ins Schlafzimmer mitbringen.

Begabungen, Beruf und Finanzen

Welchen Beruf sie auch ergreifen mögen, immer können Menschen mit der Lebenszahl 25/7 ihren durchdringenden Verstand zum Wohl und Nutzen anderer einsetzen. Die meisten von ihnen eignen sich gut für eine schriftstellerische Tätigkeit, die Schauspielkunst, die Forschung oder technische Berufe; sie geben hervorragende Geheimagenten, Chemiker, Chirurgen, Rechtsanwälte und Choreographen ab. Im Grunde liegt ihnen jede Arbeit, die eine außergewöhnliche geistige Gewandtheit und geschickte Hand erfordert, besonders, wenn sie ihnen Raum für sich selbst läßt. Einsichtsvoll und verschwiegen, sind sie ausgezeichnete Forscher, Gelehrte, Physikprofessoren und Computergenies. Die Energie der 5 bringt Farbe in ihr Leben, denn sie ist von vielerlei geprägt, während bei der 7 das Grundmuster des Künstlers vorherrscht, der Rhythmus und Harmonie erstrebt. Darum sind Menschen mit der Lebenszahl 25/7 Ästheten und gleichermaßen zu Hause an einem Computer wie auf einem Spaziergang am stürmischen Meer.

Als brillante Denker können sie auf unterschiedlichste Art zu Geld kommen. Finanzielle Schwierigkeiten dürften im allgemeinen auf mangelndes Selbstvertrauen zurückzuführen sein, oder diese Menschen geben aufgrund ihres Erlebnishungers mehr aus, als sie verdienen. Wenn sie jedoch von ihren Energien positiven Gebrauch machen, können sie dank ihrer geistigen Fähigkeiten alles tun, was sie wollen, und mit ihrer inneren Einstellung anderen dienen oder sogar zu deren Befreiung beitragen.

Bekannte Persönlichkeiten mit der Lebenszahl 25/7

Joan Baez
Sir Richard Burton
Eric Clapton
Hans-Dietrich Genscher
Nina Hagen
Peter Handke
Marilyn Monroe
Maria Schell
Gertrude Stein
James Stewart

Wege zum Wachstum

Wenn Sie die Lebenszahl 25/7 haben, können Ihnen die folgenden Vorschläge helfen, sich über Ihre Lebensbestimmung klarzuwerden, indem Sie Ihre Aufmerksamkeit auf die Kernfragen richten und so handeln, daß sich in Lebensbereichen mit Schlüsselfunktionen etwas ändert.

Empfehlungen

- Vertrauen Sie auf Ihren Instinkt und Ihre Intuition; Sie sind selbst der Experte für Ihren Körper und Ihr Leben.
- Denken Sie jeden Tag daran, mindestens einmal tief Luft zu holen in dem Gefühl, damit den göttlichen Geist einzuatmen.
- Genießen Sie Erfahrungen, aber konzentrieren Sie sich auf Ihre Partnerbeziehung.
- Treffen Sie klare Vereinbarungen mit anderen, um Mißverständnisse zu vermeiden.

Nützliche Fragen

1. Denken Sie über folgende Fragen nach:
   - Wie kann ich aus der Abhängigkeit von Expertenmeinungen und anderer Leute Vorstellungen zu Vertrauen in meine eigene intuitive Körperweisheit überwechseln?
   - Kann ich, um Mißverständnissen vorzubeugen, in bestimmten Situationen meine wahren Gefühle und Bedürfnisse äußern?
   - Fühle ich mich sicher in Gesellschaft anderer oder verstecke ich mich hinter einem geistigen Schutzschild?
   - Welche meiner stillschweigenden Annahmen zum Thema Vertrauen kann ich noch einmal überprüfen?
2. Wie können Sie Einsichten, zu denen Ihnen diese Fragen vielleicht verholfen haben, in die Lebenspraxis übertragen?

Orientierungshilfen

1. Blättern Sie zu Teil II zurück, und lesen Sie noch einmal die Hauptabschnitte über die einzelnen Ziffern, aus denen sich Ihre Lebenszahl zusammensetzt: 2 (S. 62), 5 (S. 90) und 7 (S. 110).
2. Vielleicht möchten Sie sich die Lebenszahlen von Angehörigen und Freunden einmal anschauen und mit diesen zusammen, falls sie dafür

aufgeschlossen sind, gemeinsame oder auch unterschiedliche Lebensfragen erörtern.

Die wichtigsten spirituellen Gesetze

1. Lesen Sie sich jedes der folgenden Gesetze in Teil IV durch:
   - Das Gesetz des Vertrauens (S. 458): Nur wenn wir uns selbst vertrauen, können wir auch anderen vertrauen.
   - Das Gesetz der Disziplin (S. 440): Mit Disziplin erwerben wir die zielgerichtete Konzentration und Erfahrungstiefe, durch die wir zur inneren Freiheit gelangen.
   - Das Gesetz der Erwartungen (S. 463): Unser Leben gestaltet sich entsprechend unseren heimlichen Erwartungen und Vermutungen.
   - Das Gesetz der Entwicklung (S. 431): Indem wir einen Fuß vor den anderen setzen, lernen wir, dem Prozeß unseres Lebens zu vertrauen.
   - Das Gesetz der Verantwortung (S. 419): Um uns freudig in den Dienst anderer stellen zu können, müssen wir wissen, wann wir ja sagen dürfen und wie wir nein sagen können.
2. Führen Sie die jeweils dort angegebenen Übungen durch.
3. Überlegen Sie, wie Sie diese Gesetze in Ihrem Leben beherzigen können.

34/7 und 43/7 Eckhard

7: Vertrauen und Offenheit
4: Stabilität und Entwicklung
3: Ausdruck und Feingefühl

Die Lebensbestimmung

Menschen auf dem Lebensweg der 34/7 oder 43/7 sind hier, um sich mit Fragen des Vertrauens, der Geduld und des Gefühlsausdrucks auseinanderzusetzen. Sie müssen lernen, auf die spirituelle Entwicklung ihres Lebens zu bauen, indem sie dadurch Sicherheit gewinnen, daß sie praktische Möglichkeiten für den Dienst am anderen finden. Beide Lebenswege bieten die Gelegenheit, den durchdringenden Verstand der 7 mit der erdhaften praktischen Art der gereiften 4 und der Feinfühligkeit und Ausdruckskraft der 3 zu verschmelzen.

Durch den Einfluß der 4 hängt bei diesen Menschen das Gefühl einer Gemeinschaft oder eines vorbehaltlosen Vertrauens davon ab, daß sie Schritt für Schritt vorgehen, um zur Selbsterfahrung zu kommen. Je tiefer sie im eigenen Innern forschen, um so weiter wird ihr Horizont.

Da die Erfüllung unseres Schicksals stets die entsprechenden Prüfungen und Hürden mit sich bringt, haben Menschen mit den Lebenszahlen 34/7 und 43/7 unter Umständen das Gefühl, daß ihre Energien im Widerspruch zueinander stehen, gespalten sind und in verschiedene Richtungen streben: Während die 7 sie zu einer höheren Geistigkeit und manchmal auch zu metaphysischen Interessen und Aktivitäten emporhebt, zieht die 4 sie ins Alltagleben, zur Familie und zu geschäftlichen Belangen hinab. Wenn diese Energien reifen und integriert werden, gehen sie eine machtvolle Verbindung ein, durch die Menschen mit diesen Lebenszahlen in die Lage versetzt werden, auf schöpferische Weise eine Brücke zwischen Himmel und Erde zu schlagen, indem sie Geld verdienen und zugleich die Welt mit mehr Schönheit, Glück und Bewußtheit erfüllen.

Die Menschen mit diesen beiden Lebenszahlen sind sich, bis auf den Einfluß der unterschiedlichen Ziffernfolge links vom Schrägstrich, sehr ähnlich; während bei Menschen mit der Lebenszahl 34/7 die 4 mit der Hauptziffer 7 vorherrscht, ist für die anderen die 3 in Verbindung mit der Hauptziffer 7 ausschlaggebend. Deshalb haben erstere größere Probleme mit Stabilität und Entwicklung im Hinblick auf ihr Selbstvertrauen; sie müssen erheblich stärker gegen die Neigung ankämpfen, Schritte zu überspringen, und haben außerdem aufgrund ihrer Tendenz zum Selbstzweifel Schwierigkeiten mit ihrer Selbstbehauptung. Im Gegensatz dazu müssen sich diejenigen auf dem Weg der 43/7 weniger mit Entwicklungsproblemen, dafür aber mehr mit dem emotionalen Feingefühl auseinandersetzen, so daß sie langsamer zu Selbstvertrauen gelangen und infolgedessen erst im späteren Leben Zuversicht gewinnen. Bis auf diese mehr oder weniger starken Einflüsse sind beide Lebenswege mit den gleichen Grundenergien versehen, die miteinander in Wechselbeziehung treten und diesen Menschen Macht, Feingefühl und Einsichtsfähigkeit verleihen, sie aber auch vor Herausforderungen und mannigfaltige Lebensfragen stellen.

Menschen mit diesen beiden Lebenszahlen sind hier, um scheinbare Gegensätze miteinander auszusöhnen und eine Synthese herbeizuführen zwischen praktischem Verstand und Mystik, inneren und äußeren Erfahrungen, Körper und Geist, weltlichen und spirituellen Zielen. Dies erreichen sie manchmal durch Geschäftsunternehmungen mit spirituellem Anspruch, indem sie sich zum Beispiel einer bestimmten Religion anschließen oder Bücher verkaufen bzw. Seminare abhalten zum Thema Religion, Spiritualität und persönliches Wachstum.

Ob sie sich nun solchen ganzheitlichen Zielen widmen oder nicht, auf jeden Fall sind sie hier, um zwei Welten miteinander zu verbinden. Die 3 steht für den Drang, sich zu *verwirklichen* und andere mit sich zu ziehen, dabei aber ganz von dieser Welt zu sein, statt sich in ein Kloster, ein Ashram oder in die Waldeseinsamkeit zurückzuziehen.

Im allgemeinen fühlen sich Menschen mit den Lebenszahlen 34/7 und 43/7 aufgrund ihrer überragenden analytischen Fähigkeiten in geistigen Bereichen sicherer, aber sie haben auch ungemein starke Empfindungen. Sie können aus einem Gefühl heraus zwanghaft oder impulsiv handeln, doch wirkt das emotionale Feingefühl der 3 ausgleichend auf ihre Verstandeskräfte ein.

Beide haben ein Sicherheitsbedürfnis sowie Familien- und Geschäftssinn. Da sie mit Grundlagenproblemen (4) konfrontiert sind, müssen sie lernen, sich im praktischen Alltagsleben zu verankern und ein stabiles

Fundament zu schaffen, von dem aus sie Stufe für Stufe eine Treppe zum Geistigen empor bauen. Die Stufenleiter ist ein treffenderes Bild für sie als ein Sprungbrett, da ihr Leben mit der Stärke ihres Fundamentes und der Sorgfalt, die sie auf ihrem Wege walten lassen, steht und fällt. Übersehen sie eine Stufe, stürzen sie jäh wieder in Selbstzweifel und Isolation zurück.

Die Menschen auf diesen beiden Lebenswegen haben die Energie der 7 mit denjenigen gemeinsam, deren Lebenszahl die 25/7 ist, besitzen jedoch durch die 3 mehr emotionale Kraft. Aber wie diese haben auch sie ihrer Natur gemäß kein volles Vertrauen in ihre Gefühle. Sie fürchten und erwarten, mißverstanden zu werden, so daß sie sich nicht offen mitteilen, wodurch sie unweigerlich Mißverständnisse heraufbeschwören. Indem sie das Gesetz der Erwartungen (S. 463) beherzigen, können sie diese Tendenz umkehren, eine positive Erwartungshaltung einnehmen und auf positive Ergebnisse hinarbeiten.

Die positive Gestalt der 34/7 und der 43/7

Aufgrund ihrer Stärke, ihrer praktischen Veranlagung, ihrer Sinnlichkeit und Spiritualität haben diese Menschen gelernt, dem Mysterium und der Weisheit des Lebens zu vertrauen, die in ihnen und in aller Welt wirksam sind. Als Freidenker vertrauen sie auch dem Prozeß ihres Lebens einschließlich aller Höhen und Tiefen, Freuden und Leiden. Meditation, die ihren Geist beruhigt, macht Harmonie und Frieden zu einem bleibenden Bestandteil ihres Lebens. Indem sie weltliche Interessen mit innerem Wachstum verbinden, widmen sie ihre Arbeit, ihre Beziehungen und Aktivitäten der Weiterentwicklung und dem Erwachen. Sie lassen andere an ihren Einsichten, die auf unmittelbarer Erfahrung beruhen, teilnehmen und fühlen sich selbst in der Alltagspraxis des Lebens dem göttlichen Geist verbunden.

Die negative Gestalt der 34/7 und der 43/7

Diese Menschen sind hin- und hergerissen zwischen ihrem Sicherheitsbedürfnis und dem Verlangen, sich nach innen zu wenden und der materiellen Welt den Rücken zu kehren. Verwirrt und beunruhigt von einer Menschenwelt, der sie nicht trauen, sehen sie überall nur Heuchelei, die ihren inneren Zwiespalt widerspiegelt. Ihre Selbstzweifel verstärken sich immer mehr, so daß sie dauernd auf der Suche nach Lehrern, Techniken und Ideen sind, die ihnen helfen können; sie werden zu spirituellen Vagabunden, die kaum jemals so tiefe Wurzeln entwickeln, daß irgend etwas in ihrem Leben wachsen kann. Es kann aber auch sein, daß sie überhaupt nichts mit den «verrückten spirituellen Dingen» zu tun haben wollen. Obwohl sie durchaus gesellig und umgänglich wirken können, sind sie stets auf der Hut davor, ihre Gefühle zu zeigen, und fühlen sich schließlich völlig allein gelassen.

Die Lebensbereiche

Gesundheit

Da sich bei Menschen mit den Lebenszahlen 34/7 und 43/7 die Empfindlichkeit der 3 mit der Robustheit der 4 und den Geistesfähigkeiten der 7 vereint, sind sie im allgemeinen körperlich stark, haben aber trotzdem Schwierigkeiten, den eigenen Instinkten und intuitiven Eingebungen zu vertrauen. Aufgrund der unterschwelligen Ängste, ihr Körper käme nicht von selbst zurecht, suchen sie ihr Heil in Medikamenten, Operationen oder sanften Heilmitteln, Kräutern und Diäten. Sobald sie sich auf ihren Instinkt verlassen und zum Beispiel Vitamine einnehmen, wenn ihr Körper ihnen signalisiert, daß er Vitamine braucht, wissen sie instinktiv, wo und wann sie etwas unternehmen sollten. Sie müssen besondere Aufmerksamkeit auf die Botschaft verwenden, die ihr Körper ihnen übermittelt. Die Ernährung ist der Bereich, in dem sie Selbstvertrauen lernen können; aber sie sollten darauf achten, was ihr Körper ihnen in seiner Weisheit sagt, statt nur ihren Vorstellungen davon zu folgen, was ihr Körper braucht. Am besten widerstehen sie ihrer Neigung, den Theorien anderer Folge zu leisten, und gehen lieber mit sich selbst zu Rate. Ihr Körper funktioniert im Einklang mit ihren höheren Instinkten, um sich die kräftigste Konstitution zu erhalten.

Eine fettarme, vielseitige Kost, die ihnen ein Gefühl der Leichtigkeit und Klarheit vermittelt, bekommt Menschen mit den Lebenszahlen 34/7 und 43/7 im allgemeinen gut; Milchprodukte vermeiden sie besser. Wenn sie ihre Gefühle zurückhalten, können Probleme mit den Knien oder dem Hals auftreten.

Körperlich kräftig und selten krank, außer unter Streß, können diese Menschen unter nervöser Unruhe oder «Hysterie» leiden, die bis zum Nervenzusammenbruch gehen kann. Diejenigen von ihnen, die auf ihrem Weg gereift sind, haben jedoch selten mit solchen Beschwerden zu kämpfen. Im Falle eines Nervenzusammenbruchs sollten sie allerdings vorsichtshalber in ein Krankenhaus eingewiesen werden, obwohl sie sich im allgemeinen rasch wieder erholen. Die wenigen Male, wo es zu einem solchen Zusammenbruch kommt, wären sie gut beraten, sich dem langsamen Heilungsprozeß ohne Widerstand zu überlassen. Hinterher werden sie dann zu würdigen wissen, was sie bei dieser Erfahrung gelernt haben.

Menschen mit diesen Lebenszahlen nehmen gern ein Körpertraining auf, das einen tieferen Sinn hat, als durch einfache Liegestütze dicke Muskeln auszubilden. Die japanischen Kampfkünste sind ein besonders guter Weg, ein tieferes Vertrauen zur natürlichen Lern- und Bewegungsfähigkeit des Körpers zu gewinnen. Tanz, freie Bewegungsformen und Sport sind für sie von außerordentlichem Nutzen. Am längsten wird ihr Interesse von einem Training gefesselt, das Körper, Geist und Seele umfaßt.

Zwischenmenschliche Beziehungen

Bei einer positiven Entwicklung bringen Menschen mit den Lebenszahlen 34/7 und 43/7 Stabilität, Beständigkeit und Gefühl in ihre Beziehung ein. Die 3 mildert ihren Hang zum Verstandesmäßigen. Solange sie eine offene, ehrliche Kommunikation mit ihrem Partner pflegen und Vertrauen haben, blüht die Beziehung.

Vertrauensprobleme entstehen immer durch ein leises, insgeheimes Unbehagen dieser Menschen. Sie sind nie ganz entspannt in Gesellschaft anderer, so, als könnten sie etwas Falsches sagen, was sie dann manchmal auch zwangsläufig tun.

Die Qualität ihrer Beziehungen und ihres Sexuallebens hängt von der Offenheit, dem Vertrauen und dem Maß ab, wie sie ihre Gefühle und ihre Verletzlichkeit offenbaren und bis zum Punkt der größten Nähe in höchster Ekstase gelangen können. Obwohl sie ein Heim und ein Familienleben genießen, unterhalten diese starken, spirituellen Persönlichkeiten aus dem ihnen eigenen Interesse am inneren Wachstum nicht immer eine Beziehung.

Begabungen, Beruf und Finanzen

Mannigfaltige Energien sorgen für besondere Herausforderungen, Fähigkeiten und Möglichkeiten. Die Kombination aus 7, 4 und 3 gestaltet den Lebensweg von Menschen mit den Lebenszahlen 34/7 und 43/7 viel stärker und spannender, als es eine einzelne Ziffer könnte. Beide besitzen große schöpferische, nach Ausdruck drängende Anlagen und leisten aufgrund ihrer strukturellen Fähigkeiten auf vielen Gebieten Hervorragendes, so zum Beispiel im metaphysischen Bereich, in den Kampfkünsten, als Schauspieler oder Produzenten, bei geschäftlichen Unternehmungen oder als Schriftsteller und besonders als Drehbuchautoren. Sie sind erfolgreich, solange sie Selbstvertrauen haben, Feedback anzunehmen vermögen und jedes Projekt Schritt für Schritt angehen.

Besonders Menschen mit der Lebenszahl 34/7 haben häufig einen zwanghaften Hang dazu, impulsiv Geld auszugeben, aber letztlich gehen beide Gruppen leichtfertig mit Geld um. Ihre Finanzlage hängt letzten Endes davon ab, wie sich ihr Leben entwickelt und ob sie sich für einen Beruf ausbilden, bei dem sie guten Gebrauch von ihren Fähigkeiten machen können. Andernfalls kosten sie infolge ihrer Selbstzweifel nur ein bißchen hiervon und ein bißchen davon.

Bekannte Persönlichkeiten mit den Lebenszahlen 34/7 und 43/7

34/7

Leonard Bernstein
Michael Douglas
Paul Gauguin
Erich Kästner
Petra Kelly
John F. Kennedy
Golda Meir
Wolfgang Schäuble
Michael Stich
Rudolph Valentino

43/7

Martin Heidegger

Wege zum Wachstum

Wenn Sie die Lebenszahl 34/7 oder 43/7 haben, können Ihnen die folgenden Vorschläge helfen, sich über Ihre Lebensbestimmung klarzuwerden, indem Sie Ihre Aufmerksamkeit auf die Kernfragen richten und so handeln, daß sich in Lebensbereichen mit Schlüsselfunktionen etwas ändert.

Empfehlungen

- Vertrauen Sie sich Ihrem Lebensprozeß an.
- Denken Sie daran: Sie sind absolut sicher; nichts kann Ihrer Seele schaden.
- Entwickeln Sie Ihre Ausdrucksfähigkeiten Schritt für Schritt.
- Offenbaren Sie Ihre tiefinnersten Gefühle, wenn Ihr Leben sinnvoll sein soll.

Nützliche Fragen

1. Denken Sie über folgende Fragen nach:
   - Vertraue ich auf meine Fähigkeit, meinem Ziel Schritt für Schritt näher zu kommen?
   - Worauf baue ich mehr – auf meinen Verstand oder mein Gefühl?
   - Hemmen mich Selbstzweifel und Ungeduld im Leben? Wenn ja, wie kann ich das ändern?
   - Egal, ob ich umgänglich bin oder nicht, zeige ich meine innersten Gefühle?
2. Wie können Sie Einsichten, zu denen Ihnen diese Fragen vielleicht verholfen haben, in die Lebenspraxis übertragen?

Orientierungshilfen

1. Blättern Sie zu Teil II zurück, und lesen Sie noch einmal die Hauptabschnitte über die einzelnen Ziffern, aus denen sich Ihre Lebenszahl zusammensetzt: 3 (S. 70), 4 (S. 79) und 7 (S. 110).
2. Vielleicht möchten Sie sich die Lebenszahlen von Angehörigen und Freunden einmal anschauen und mit diesen zusammen, falls sie dafür aufgeschlossen sind, gemeinsame oder auch unterschiedliche Lebensfragen erörtern.

Die wichtigsten spirituellen Gesetze

1. Lesen Sie sich jedes der folgenden Gesetze in Teil IV durch:
   - Das Gesetz des Vertrauens (S. 458): Nur wenn wir uns selbst vertrauen, können wir auch anderen vertrauen.
   - Das Gesetz der Entwicklung (S. 431): Am besten erreichen wir unsere Ziele, wenn wir einen Fuß vor den anderen setzen.
   - Das Gesetz der Verhaltensmuster (S. 435): Verhaltensmuster wie-

derholen sich in der Regel, es sei denn, wir setzen einen starken Hebel an, um sie zu verändern.

- Das Gesetz der Ehrlichkeit (S. 468): Unseren wahren Gefühlen zu trauen und zum Ausdruck zu verhelfen ist die Grundlage der Ehrlichkeit.
- Das Gesetz der Erwartungen (S. 463): Unser Leben gestaltet sich entsprechend unseren heimlichen Erwartungen und Annahmen.

2. Führen Sie die jeweils dort angegebenen Übungen durch.
3. Überlegen Sie, wie Sie diese Gesetze in Ihrem Leben beherzigen können.

8:
Überfluß und Macht

Mehr für die Welt zu tun,
als die Welt für dich tut –
das ist Erfolg.
Henry Ford

In diesem Kapitel geht es um alle Lebenszahlen, bei denen die 8 (S. 120) den Hauptlebenssinn bestimmt, also die 17/8, 26/8, 35/8 und 44/8. Bei all diesen Lebenszahlen ist zwar die Energie der 8 vorherrschend, aber dennoch hat jede Lebenszahl aufgrund der Einwirkung und des Wechselspiels der anderen Ziffern einzigartige Qualitäten, Probleme und Merkmale.

17/8

8: Überfluß und Macht
7: Vertrauen und Offenheit
1: Kreativität und Zuversicht

Die Lebensbestimmung

Menschen auf dem Lebensweg der 17/8 sind hier, um sich mit Fragen des Geldes, der Macht und des Geistigen auseinanderzusetzen. Wenn sie lernen, auf den schöpferischen Geist in ihrem Innern zu vertrauen und auch andere mit diesem Geist zu erfüllen, erfahren sie Überfluß und innere Macht. Da jeder Lebenspfad seine eigenen Herausforderungen und Aufgaben hat, können auch Menschen mit der Lebenszahl 17/8 ihr Schicksal erst erfüllen, wenn sie ihre einander widersprechenden Neigungen, Ängste und Überzeugungen in bezug auf Geld und Macht genau ansehen und überwinden, ein tiefes Vertrauen zu sich selbst und zum göttlichen Geist fassen und sich auf ihre Zuversicht und Kreativität besinnen. Sie wie überhaupt alle Achten müssen nicht unbedingt reich sein, um etwas von ihrem Überfluß abzugeben; selbst jemand mit einem bescheidenen Einkommen kann ein paar Mark, Zeit und Kraft mit anderen teilen oder zumindest geistige Großmut beweisen.

Obgleich es den Anschein hat, als würden die nach innen gerichteten Energien der 7 und die eher nach außen drängenden Energien der 8 in entgegengesetzte Richtungen streben, gibt es keinen solchen Gegensatz, wenn Menschen mit dieser Lebenszahl eine positive Entwicklung nehmen. Während sie allmählich dem Geist vertrauen lernen, der durch sie waltet, löst sich ihre unterschwellige Angst auf, so daß sie sich öffnen, weit werden und die Fülle aufnehmen und weitergeben können, die ihre schöpferische Energie ganz natürlich zum Fließen bringt. Mit anderen Worten: Menschen mit der Lebenszahl 17/8 müssen sich durch die Probleme der 7 hindurcharbeiten, um ein volles Maß an Erfüllung zu finden, ganz unabhängig davon, wie ihre finanzielle Lage sein mag. Die 8 bringt zwar eine gewisse Festigkeit und erdhaften Materialismus mit sich, aber die Kombination aus 1 und 7 verleiht Menschen auf dem Weg der 17/8 oft das Charisma eines «kreativen Naturgeistes» – licht, leicht, phantasievoll und strahlend. Die 8 stellt die Verbindung zur Erde her, so daß sie den Boden unter den Füßen nicht verlieren. Ihre erhabeneren, nach innen gerichteten spirituellen Energien können das Streben der 8 nach Anerkennung, Geld und Macht ausgleichen und ergänzen. Bei einer negativen Lebensführung kollidiert allerdings die nach innen gerichtete Energie dieser Menschen mit der Kraft, die für Erfolge in der äußeren Welt notwendig ist, und führt dazu, daß sie sich abkapseln. Die meisten Achten haben eine stille Neigung, ihre Macht zu negieren; wenn sie nicht Vertrauen zu sich selbst fassen und den Schritt in die Welt hinaus tun, werden sie nichts vollbringen.

Nichtsdestotrotz zieht die 1 im allgemeinen Geld an; sie steht sozusagen für «Glück». Sobald Menschen mit der Lebenszahl 17/8 ihre schöpferischen Energien nach außen strömen lassen und ein stärkeres Gespür für ihre spirituellen Seiten und die spirituellen Aspekte dieser Welt entwickeln, fließen ihnen Geld und Macht wie durch Zauberei zu.

Zu allem Überfluß sorgen die Kreativität der 1 und die Geisteskraft der 7 in Verbindung mit der durchdringenden Intelligenz der 8 dafür, daß diese Menschen zu den einsichtsvollsten, originellsten und brillantesten Denkern in ihrem Umkreis gehören. Bei positiver Entwicklung gehen ihnen nie die Ideen aus, wie sie ihre Ziele erreichen können.

Die 7 kann allerdings unbewußte Ängste vor Geld und Macht schüren oder das Bestreben stärken, diesen aus dem Weg zu gehen; wenn Menschen mit der Lebenszahl 17/8 sich nicht selbst vertrauen, trauen sie sich höchstwahrscheinlich auch nicht in Sachen Geld und Macht, so daß sich die Selbstzerstörungstendenz der 8 verstärkt. Obwohl sie nach außen hin überwiegend einen optimistischen Eindruck vermitteln, wissen sie doch meist nicht, wie sie sich in der materiellen Welt zum Ausdruck bringen sollen.

Ob sie religiös oder spirituell orientiert sind oder nicht, sie sind jedenfalls hier auf der Erde, um ihre innere Entwicklung und ihre Eingebungskraft in den Dienst ganz praktischer, weltlicher Ziele zu stellen. Sie könnten zum Beispiel beschließen, ihr Interesse an spirituellen Dingen mit materiellem Erfolg zu vereinen, indem sie einen Buchladen eröffnen, der sich auf erbauliche, spirituelle und Selbsthilfethemen spezialisiert und auch als Begegnungsort dient. Natürlich widmen sich nicht alle Menschen mit dieser Geburtszahl einem solchen Unternehmen, aber mit der Zeit gewinnen sie doch die Zuversicht und das Vertrauen, *irgend etwas* zu schaffen, das sie und andere beflügelt; dann verdienen sie gutes Geld, tun, was ihnen Freude macht, und sind anderen von Nutzen.

Alle Menschen auf dem Lebensweg der 17/8 sollten sich ihr Verlangen nach Anerkennung und Einfluß lieber bewußtmachen, statt es zu unterdrücken; sie können ihre Rolle in der materiellen Welt spielen, ohne die Tatsache aus den Augen zu verlieren, daß materieller Erfolg ohne höheren Sinn und Zweck hohl ist.

Die positive Gestalt der 17/8

Diese liebenswerten und meist fröhlichen Menschen schlagen eine Brücke zwischen Geschäfts- und Geisteswelt und setzen ein festes, über die eigenen Grenzen hinausgehendes Vertrauen in sich selbst und die Welt, daß sie dort hingeführt werden, wo immer sie hingehen müssen. Indem sie auf eine höhere Macht als die ihre bauen, können diese kühnen Neuerer auch auf die eigene Macht zurückgreifen und das Ihre dazu beitragen, andere zu stärken und aufzurichten. Sie genießen einen gewissen Überfluß, der ihnen aufgrund ihrer aufwärtsstrebenden Energien unablässig zuströmt. Während sie diese Energie zum Wohle anderer verwenden und Verstand und Geld höheren Zwecken widmen, gereicht ihnen alles, was sie im Namen des Geistes tun, zum Segen.

Die negative Gestalt der 17/8

Unsicher und in sich gekehrt scheuen diese Menschen jede Auseinandersetzung und fühlen sich von der Welt getäuscht. Sie ersehnen Anerkennung, fürchten Betrug und spüren, daß ihnen etwas fehlt – die spirituelle Seite ihres Lebens. Da sie zu übermäßiger Kontrolle neigen, reagieren sie in Geschäftsangelegenheiten häufig mißtrauisch, und zudem leiden sie unter einem inneren Konflikt über die Moral des Geldes, den sie jedoch nicht offen ausbrechen lassen. Hin- und hergerissen zwischen ihren nach innen und nach außen drängenden Trieben, haben sie es sehr schwer auf dieser Erde und wissen gar nicht, was sie hier sollen. Obgleich sie den Eindruck erwecken mögen, mitteilsam zu sein, geben sie im Grunde nichts von ihrem Innenleben preis. Ausgestattet mit den Geistesgaben der 7 und verstrickt in die Machtprobleme der 8, reden sie unweigerlich über die Köpfe anderer hinweg oder klingen schulmeisterlich. Es mangelt ihnen an Vertrauen in die eigenen Geistesgaben und in die Kraft des göttlichen Geistes.

Die Lebensbereiche

Gesundheit

Viele Menschen mit der Lebenszahl 17/8 sind in der Herzgegend empfindlich in dem Maße, wie sie ungelöste Vertrauensprobleme haben oder an emotionsgeladenen Erinnerungen über Enttäuschungen festhalten. Wenn sie sich die Energie der 8 negativ zunutze machen, neigen sie womöglich unterbewußt zur Selbstzerstörung bis hin zu körperlichen Unglücksfällen. Ist ihre schöpferische Energie blockiert oder unterdrückt, leiden sie oft an Beschwerden des Unterleibes, des Genitalbereichs oder des unteren Rückens.

Wichtig für diese Menschen ist ein Körpertraining, das ihnen ein Gefühl der persönlichen Macht und Größe gibt und zugleich ihre Geschicklichkeit fördert, so daß sie Selbstvertrauen gewinnen und ihre schöpferischen Energien frei fließen können. Auch Meditation mit ihrem beruhigenden, vertiefenden Einfluß tut ihnen gut und läßt ihren Geist zur Ruhe kommen.

Da bei vielen Menschen mit der Lebenszahl 17/8 Unbewußtes dicht unter der Oberfläche schlummert, müssen sie ein diszipliniertes Training dadurch ergänzen, daß sie sich ein wenig selbst verwöhnen, indem sie angenehmen, aber gleichzeitig gesunden Aktivitäten nachgehen und zum Beispiel zur Massage, zum Schwimmen oder in die Sauna gehen, was sie zugleich erfrischt und aufbaut.

Solange diese Menschen sich nicht in ihrem physischen Körper geborgen fühlen, sondern sich lieber mit ihrem Geist identifizieren, wenden sie ihrer Nahrung nicht die nötige Aufmerksamkeit zu, auch wenn sie die Ernährungsrichtlinien kennen. Es kann sein, daß sie so angestrengt mit kreativen oder geschäftlichen Belangen befaßt sind, daß sie sich keine Zeit für regelmäßige Mahlzeiten nehmen. Am besten für sie ist eine fettarme, überwiegend vegetarische Kost.

Zwischenmenschliche Beziehungen

Die Qualität der Beziehungen von Menschen mit der Lebenszahl 17/8 hängt davon ab, ob sie von den Energien, die ihnen zur Verfügung stehen, besonders denen der 7, positiv oder negativ Gebrauch machen. Meistens brauchen sie einige Zeit, um Vertrauen zu gewinnen und sich emotional einer intimen Beziehung zu öffnen. Bei einer positiven Entwicklung können sie sogar eine spirituelle Gemeinsamkeit in ihrer Beziehung erreichen; bis dahin aber wird ihr Partner vielleicht sagen: «Ich habe nie das Gefühl zu wissen, wer du bist oder was du empfindest.» Siebenen und Achten ist es oft unangenehm, ihr Innenleben zu enthüllen, weil sie sich schämen oder ihre Verletzlichkeit zu stark empfinden. Auch können Machtkämpfe auftreten, weil diese Menschen oft starrsinnig sind und sich in den Besitz der Kontrolle zu bringen versuchen, wenn sie unsicher sind. Hin und wieder bekennen sie sich aus mangelndem Selbstvertrauen und Machtangst nicht zu ihrer Macht oder ihrem Durchsetzungsvermögen; später wollen sie die Macht dann wieder an sich reißen, sind jedoch nicht sicher, wie sie damit umgehen können. Sie müssen lernen, sich über ihr inneres Machtgefühl auszusprechen und anderen Macht einzuräumen.

Das Sexualleben ist vollkommen davon abhängig, wie Menschen auf dem Weg der 17/8 mit der Energie der 7 umgehen – das heißt, ob sie offen oder gehemmt sind. Wenn sie ihre Gefühle offen zeigen, setzen sie ihre schöpferischen Energien nach Bedarf aktiv in sexuelle Aktivitäten um, denn abgesehen von Kindheitstraumata ist Sexualität an sich nicht problematisch für sie, nur die Intimität ist es. Sowie sie ihre Vertrauens- und Machtprobleme durcharbeiten und bereinigen, haben ihre Beziehungen mehr Vorrang in ihrem Leben und bieten ihnen die Gelegenheit, eine tiefere Verbundenheit zu spüren.

Begabungen, Beruf und Finanzen

Fast alle Menschen mit der Lebenszahl 17/8 besitzen einen scharfen, einsichtsvollen Verstand und ein angeborenes Interesse am Erfolg; dies in Verbindung mit ihrem schöpferischen Potential beflügelt sie zu erfolgreichen Unternehmungen auf den verschiedensten Gebieten, vom Sport bis zur Politik. Sie leisten Hervorragendes als Anlageberater oder im Vorstand gemeinnütziger Organisationen, wo sie viele Menschen erreichen können und ohne großes Aufsehen öffentlich wirken können. Manche Menschen auf dem Weg der 17/8 entwickeln sich zu Philanthropen und gründen unter Umständen sogar selber kleine oder große wohltätige Stiftungen. Vielleicht machen sie auch einen Buchladen oder ein anderes Geschäftsunternehmen auf, mit dem sie sich in den Dienst anderer stellen können.

Wenn sie auf ihre Intuition vertrauen und sich bei ihren schöpferischen Entscheidungen davon leiten lassen, haben sie immer Geld, wenn sie es brauchen, und sind äußerst erfolgreich, ohne zu wissen, wie und warum.

Bekannte Persönlichkeiten mit der Lebenszahl 17/8

Otto von Habsburg
Boris Jelzin
Bruno Kreisky
Timothy Leary
Jack Nicklaus
Adlai Stevenson

Wege zum Wachstum

Wenn Sie die Lebenszahl 17/8 haben, können Ihnen die folgenden Vorschläge helfen, sich über Ihre Lebensbestimmung klarzuwerden, indem Sie Ihre Aufmerksamkeit auf die Kernfragen richten und so handeln, daß sich in Lebensbereichen mit Schlüsselfunktionen etwas ändert.

Empfehlungen

- Vertrauen Sie darauf, daß Sie durch Ihre schöpferischen Anstrengungen alles im Überfluß genießen werden.
- Konzentrieren Sie sich nicht aufs Geld, sondern darauf, sich nützlich zu machen.
- Finden Sie in der Meditation eine Quelle der Macht und des Überflusses.
- Suchen Sie sich nach Möglichkeit eine berufliche Tätigkeit, bei der sich das Geschäftliche mit persönlichem Wachstum, Heilung und spirituellen Interessen vereinen läßt.

Nützliche Fragen

1. Denken Sie über folgende Fragen nach:
   - Inwiefern könnte meine Arbeit einem höheren Zweck dienen?
   - Lasse ich andere an meinem Überfluß teilnehmen?
   - Traue ich meinen innersten Gefühlen? Vertraue ich auf meine Macht?
   - Kann ich schöpferische Möglichkeiten finden, um Leute zusammenzubringen?
2. Wie können Sie Einsichten, zu denen Ihnen diese Fragen vielleicht verholfen haben, in die Lebenspraxis übertragen?

Orientierungshilfen

1. Blättern Sie zu Teil II zurück, und lesen Sie noch einmal die Hauptabschnitte über die einzelnen Ziffern, aus denen sich Ihre Lebenszahl zusammensetzt: 1 (S. 53), 7 (S. 110) und 8 (S. 120).
2. Vielleicht möchten Sie sich die Lebenszahlen von Angehörigen und Freunden einmal anschauen und mit diesen zusammen, falls sie dafür aufgeschlossen sind, über gemeinsame oder auch unterschiedliche Lebensfragen sprechen.

Die wichtigsten spirituellen Gesetze

1. Lesen Sie sich jedes der folgenden Gesetze in Teil IV durch:
   - Das Gesetz des Vertrauens (S. 458): Nur wenn wir uns selbst vertrauen, können wir auch anderen vertrauen.
   - Das Gesetz der Erwartungen (S. 463): Unser Leben gestaltet sich entsprechend unseren stillen Erwartungen und Annahmen.
   - Das Gesetz der Intuition (S. 477): In dem Maße, wie wir den Geist in uns erkennen, schauen wir um Weisung nach innen.
   - Das Gesetz der Ehrlichkeit (S. 468): Ehrlichkeit gegenüber uns selbst eröffnet uns die Möglichkeit, unseren Gefühlen zu vertrauen.
   - Das Gesetz des höheren Willens (S. 473): Unsere Bereitwilligkeit, einem höheren Zweck zu dienen, kann uns auf unserem Weg beflügeln.
2. Führen Sie die jeweils dort angegebenen Übungen durch.
3. Überlegen Sie, wie Sie diese Gesetze in Ihrem Leben beherzigen können.

26/8

8: Überfluß und Macht
6: Vision und Annehmen
2: Zusammenarbeit und Ausgewogenheit

Die Lebensbestimmung

Menschen auf dem Lebensweg der 26/8 sind hier, um sich mit Fragen des Perfektionismus, des Geldes, der Macht und Anerkennung auseinanderzusetzen, indem sie von ihrem Überfluß in Übereinstimmung mit ihren höchsten Visionen und Idealen im Dienst anderer Gebrauch machen. Da der Schicksalsweg für jeden besondere Herausforderungen bereithält, spiegelt auch das Leben von Menschen mit der Lebenszahl 26/8 ihre widerstreitenden Neigungen und Überzeugungen in bezug auf Geld, Macht und Profilierung wider, und ihr angeborener Idealismus verhindert oft, daß sie ihre Macht produktiv anwenden, wie es ihre Aufgabe hier auf Erden ist. Irgendwann aber stehen sie auf, behaupten sich und erwerben sich die Achtung ihrer Familie, ihrer Umgebung oder der Welt.

Wenn sie Anerkennung finden, liegt es meist an der Qualität ihrer Leistungen. Für Geld und Anerkennung können sie hart arbeiten, aber beides macht ihnen wegen ihres natürlichen Idealismus Kopfzerbrechen. Negativ genutzt, kann der Einfluß der 2 innere Konflikte heraufbeschwören, zum Beispiel darüber, ob sie ihre Leistungen zu gering einstufen und zu wenig dafür verlangen oder ob sie geldgierig sind und zu viel verlangen. Der von der 6 beeinflußte Teil von ihnen sagt vielleicht: «Nimm nicht soviel, das gehört sich nicht», während der von der 8 bestimmte Teil sagen könnte: «Ich will mehr haben!», oder sie fürchten sich so sehr davor, als finanzielle Ausbeuter zu erscheinen, daß sie ihr Können unentgeltlich zur Verfügung stellen, um nicht zu riskieren, jemanden zu verstimmen oder zu verärgern. Viele Menschen mit dieser Lebenszahl reagieren aufgrund des Einflusses der 6 empfindlich auf Kritik, was auch zur Folge haben kann, daß sie mit ihren Gefühlen zurückhalten, um immer «cool» zu wirken.

Menschen auf dem Weg der 26/8 können entweder passiv oder aggressiv sein, im allgemeinen tendieren sie jedoch eher zur Zurückhaltung. Je nachdem, wie ausgeprägt ihr Selbstwertgefühl ist, das durch die hohen Maßstäbe der 6 erschüttert sein kann, verzichten sie lieber auf ihre Macht und setzen sich bei emotionalen Auseinandersetzungen nicht durch.

Aufgrund ihrer hohen Maßstäbe weisen diese Menschen Lob oft ab und schmälern ihren eigenen Wert und ihren Einfluß. Da sie ihre Leistungen nicht wahrnehmen und sich nur an ihre Fehler erinnern, fällt es ihnen schwer, die Früchte ihrer Arbeit zu genießen. Wenn sie immer wieder in die Schlingen ihres Leistungsproblems geraten, sollten sie sich an die Zauberformel erinnern: «Nicht vollkommen, nur gut genug.» Sobald sie ihre Zurückhaltung aufgeben, leisten sie gute Arbeit, mit der anderen gedient ist. Wenn sie sich nicht gerade verstecken, arbeiten sie schwer, um sich über die Masse zu erheben, ob im engeren Kreis oder weltweit. Sie streben nach Sicherheit und Anerkennung, obgleich die meisten Achten ableugnen würden, daß sie auf Anerkennung aus sind, solange sie ihr Leben und Handeln nicht genau unter die Lupe genommen haben. Zum Beispiel richten sie es in Gesellschaft oft so ein, daß sie Aufmerksamkeit erregen. Wenn sie von der Energie der 8 negativen Gebrauch machen, schrecken sie wahrscheinlich vor Geld, Macht und Anerkennung zurück – und vermeiden damit genau die Themen, mit denen sie sich in ihrem Leben auseinandersetzen müssen.

Die meisten Menschen mit der Lebenszahl 26/8 wetteifern und vergleichen sich mit anderen, was Ansehen, Reichtum und Macht angeht. Im Grunde ihres Herzens wollen sie besser sein als alle anderen, doch dieses Verlangen wird oft durch den Einfluß der 6 geschwächt oder unterdrückt. Wenn sie sich dieser Neigung zum Vergleichen bewußt werden, wollen sie meist dagegen angehen. Ihr Wunsch nach einer Änderung zum Besseren bleibt jedoch häufig auf derselben Ebene: «Ich vergleiche mich nicht mehr mit anderen, wie gewisse *andere Leute,* die ich kenne.»

In der Mehrzahl arbeiten sie sehr hart, um zu Geld oder Anerkennung zu kommen, denn sie sind aufgrund ihrer hohen Maßstäbe der Überzeugung, sie müßten «leiden» oder zumindest einige Schwierigkeiten und Unannehmlichkeiten überwinden, um ihren Überfluß im wörtlichen wie im übertragenen Sinne zu verdienen. Da sie so hohe Normen haben, meinen sie immer, sie hätten noch besser sein können. Das kann sie davon abhalten, sich in der Familie, unter Kollegen oder in der Welt Geltung zu verschaffen. Doch wenn sie endlich ihre Probleme mit Geld und Macht hinter sich gelassen haben, wozu auch ihre negative Einstellung zu reichen oder mächtigen Leuten gehört, verdienen sie im allgemeinen gut und verwenden ihr Geld dazu, ihr Selbstwertgefühl zu stärken. Bei finanziellen Schwierigkeiten haben sie schnell das Gefühl, von anderen kontrolliert zu werden; sind sie erfolgreich, erweisen sie sich meist als weitherzig und großzügig.

Menschen mit der Lebenszahl 26/8 besitzen oft eine kindliche Unschuld, die von der Energie der 6 herrührt, und werden oft erst spät erwachsen. Die Anforderungen und Prüfungen einer eigenen Familie wie auch eine erfolgreiche Berufstätigkeit oder die Gründung eines eigenen Geschäftes sind eine gute Starthilfe für sie, sich als kompetente Erwachsene zu fühlen. Ohne solche Herausforderungen gehen sie harter Arbeit und Anerkennung unter Umständen lieber aus dem Weg und sehen nur zu, daß sie eben so durchkommen. Auch ihr Perfektionismus sowie die Angst vor Geld und Macht kann manchen Menschen mit dieser Lebenszahl den Erfolg im Leben verwehren; ihnen sinkt der Mut, nicht angesichts der Herausforderungen, die das Leben vor sie stellt, sondern wegen ihrer eigenen unrealistischen Erwartungen.

Im Grunde sind fast alle mit der Lebenszahl 26/8 bestrebt, selbst die Kontrolle über ihr Leben auszuüben, wollen aber gleichzeitig auch das tun, was andere für richtig halten. Darum geben sie leicht ein doppeldeutiges Bild ab; oberflächlich betrachtet, wollen sie es anderen recht machen und ihnen gefallen, aber unter dieser Schale spürt man unter Umständen einen starken, ja zwanghaften Drang zur Kontrolle. Wenn sie sich machtlos fühlen, fällt es ihnen schwer, für sich selbst einzustehen; dann lassen sie sich leicht bewußt oder unbewußt auf raffinierte oder auch offensichtliche Weise ausnutzen, indem sie sich wie selbstverständlich zur Verfügung halten und sich übervorteilen, zur Rede stellen, kritisieren oder gar körperlich mißhandeln lassen. Im allgemeinen versuchen sie sozialen oder emotionalen Auseinandersetzungen auszuweichen, aber wenn sie an die Wand gedrückt werden, gibt es kaum jemanden, der härter zurückschlägt.

Obgleich diese Menschen durch die lauteren Ideale der 6 meist davor zurückscheuen, ihre Macht zu mißbrauchen oder ihr Geld zu verschleudern, kommt es vor, daß sie, weil sie sich ihres Erfolgs nicht für würdig halten, unterbewußt einen Unfall herbeiführen, sich mit einem unehrlichen oder inkompetenten Partner liieren oder sich auf andere Art selbst ruinieren. Das Gesetz des höheren Willens (S. 473) kann ihnen den Weg zu einem Leben im Überfluß und Dienst an anderen ebnen, indem es sie an ihre höheren Ziele erinnert.

Die positive Gestalt der 26/8

Bei ihren hohen Maßstäben und ihrer visionären Weitsicht verdienen diese Menschen gut; sie tun, was ihnen Freude macht, und dienen dabei ihren Mitmenschen. In ihren Beziehungen, im Beruf und im Leben bringen sie ihre innere Macht maßvoll zur Geltung. Aus dem Gefühl heraus, mit Hülle und Fülle gesegnet zu sein, können sie je nach Bedarf zupacken oder loslassen, ohne andere manipulieren oder kontrollieren zu wollen. Sie haben Sinn für Fairneß und Integrität und üben einen positiven, bessernden Einfluß auf die Welt aus, indem sie kraft ihrer Macht und Stellung anderen helfen; gelegentlich sind sie wahre Menschenfreunde. Geld und Anerkennung wissen sie zwar zu würdigen, aber sie konzentrieren sich auf ihre höheren Ziele.

Die negative Gestalt der 26/8

Diese gehemmten Naturen fühlen sich eingeschüchtert, unsichtbar und vergessen. Zutiefst frustriert von dem, was sie tun, lehnen sie reiche Leute aufgrund ihrer eigenen negativen Einstellung zum Geld ab. Es fällt ihnen schwer, mit anderen zurechtzukommen oder Beziehungen einzugehen, und sie geraten in Machtkämpfe, wenn die Kompetenzen nicht klar definiert sind. Als Perfektionisten, die alles kontrollieren wollen, stehen sie anderen kritisch gegenüber, besonders denen, die ihnen keinen Respekt zollen. Sie stufen sich und ihre Arbeit zu gering ein, messen sich an unrealistisch hohen Maßstäben oder unterlassen es, sich den Herausforderungen der materiellen Welt zu stellen. Sie meiden nicht nur die Überholspur, sondern fahren gar nicht erst auf die Autobahn.

Die Lebensbereiche

Gesundheit

Solange Menschen mit der Lebenszahl 26/8 ihre perfektionistischen Maßstäbe und ihre negative Einstellung zu Geld und Macht noch nicht abgelegt haben, neigen sie zur Selbstzerstörung, indem sie sich eine Krankheit zuziehen, sich scheiden lassen oder eine Verletzung zufügen, um einem großen Erfolg auszuweichen.

Bei Frustration sind sie womöglich chronisch verspannt im Bereich des Solarplexus, wodurch ihre Atmung erschwert und ihre Energie vermindert wird, oder sie leiden aufgrund des Drucks, unter den sie sich selbst setzen, unter Verspannungen im Nacken. Sind sie geschwächt, können Nebenhöhlenentzündungen auftreten, ein sicheres Anzeichen dafür, daß sie kürzertreten sollten. Sie verlangen sich meist zuviel ab und müssen sich dann erst wieder erholen, aber eine kurze Zeit, in der sie sich ein wenig verwöhnen, genügt im allgemeinen.

Die meisten Menschen mit der Lebenszahl 26/8 achten aufgrund ihrer hohen Normen die Gesetze einer guten Ernährung, aber da sie hart arbeiten, gönnen sie sich auch gern einmal etwas, indem sie ein Gläschen trinken, sich andere leibliche Genüsse verschaffen oder sich eine Massage, einen Saunabesuch oder Süßigkeiten zugestehen als tröstlichen Lohn für ihre Mühe. Das Verhaltensmuster, schwer zu arbeiten, um sich danach selbst zu verwöhnen, verbunden mit dem Wunsch, an einem Idealbild von sich selbst festzuhalten, führt bei manchen Menschen mit dieser Lebenszahl zu Eßstörungen, weil sie sich abwechselnd zu sehr und zu wenig beherrschen, so daß sie zwischen Mager- und Freßsucht hin- und herpendeln. Maßhalten dürfte keine leichte Aufgabe für sie sein. Aufgrund ihrer hohen Maßstäbe wollen sie nicht nur ihre Ernährung sondern gleich auch alles andere in ihrem Leben verbessern. Wie den meisten Leuten bekommt auch ihnen eine abwechslungsreiche, fettarme Kost gut.

Die meisten derer auf dem Weg der 26/8, die sich regelmäßig Bewegung verschaffen, wählen dafür ein wirksames, ausgewogenes Training aus. Je nach Erziehung und Neigung treiben sie vielleicht Sport, um Anerkennung zu finden, oder üben sich im Gewichtheben, um die eigene Kraft zu spüren. Jede Art von körperlicher Betätigung tut ihnen gut, und meistens zeichnen sie sich in allem, was sie tun, aus.

Zwischenmenschliche Beziehungen

Menschen mit der Lebenszahl 26/8 haben so hohe Maßstäbe, daß schwer mit ihnen auszukommen ist; entweder legen sie ihre Maßstäbe an jedermann an, oder sie sind in ihrem Bestreben, perfekt zu sein, ein unerreichbares Vorbild.

Sie haben oft Probleme, sich über ihre wahren Gefühle klarzuwerden oder diese zum Ausdruck zu bringen, weil sie gelernt haben, sich auf die «einzig richtige Art» des Fühlens zu konzentrieren, und sich entsprechend maskieren. Sie müssen zu ihren ureigenen Gefühlen und Bedürfnissen zurückfinden.

Vielen Menschen auf diesem Weg fällt es schwer, langfristige Beziehungen zu unterhalten oder sich zu binden, besonders dann, wenn sie auf der Suche nach der «perfekten» Beziehung sind. Es kommt auch vor, daß sie zuerst ihre Idealvorstellungen auf jemanden übertragen und dann enttäuscht sind oder sich sogar betrogen fühlen, wenn die betreffende Person schließlich doch nur ein Mensch ist. Dann versuchen sie, diesen Menschen zu bessern, ob er will oder nicht. Ihre Beziehungen können davon profitieren, wenn sie das Gesetz der Flexibilität (S. 405) beherzigen.

Auch in sexueller Hinsicht wollen sie das einzig Richtige tun und konzentrieren sich oft darauf, im Bett «gut zu sein» und es ihrem Partner recht zu machen, statt ihre eigenen Bedürfnisse zu zeigen und sich einfach loszulassen. Unter Umständen versuchen sie unauffällig, Kontrolle auszuüben, entweder über ihren Partner oder über sich selbst. Sie müssen weniger an Leistung und mehr an liebevolle Intimität und Zärtlichkeit denken. Dann gibt ihnen ihre Beziehung die Vielfalt an Gefühlen zurück, die sie im Innersten bewegt.

Begabungen, Beruf und Finanzen

Bei positiver Entwicklung können Menschen mit der Lebenszahl 26/8 aufgrund ihrer hohen Maßstäbe und ihres Strebens nach Anerkennung und Erfolg nahezu alles gut und erheben sich im allgemeinen weit über die Masse, weil sie hart arbeiten und sich zu verbessern suchen. Dennoch haben sie selten das Gefühl, das zu leisten, wozu sie imstande wären. Sie wollen ihrer Leistungen wegen gewürdigt werden und trachten meistens nach einem hohen Einkommen. Wegen ihrer hohen Ideale haben sie oft Probleme, eine Tätigkeit zu finden, die ihnen sinnvoll genug erscheint. Da sie auf Profilierung und Anerkennung aus sind, gleichzeitig jedoch davor zurückschrecken, sind sie im allgemeinen Spätzünder, bis sie endlich sich selbst und die Qualität ihrer Arbeit schätzen und auch einen positiven Einfluß auf andere ausüben.

Bekannte Persönlichkeiten mit der Lebenszahl 26/8

Muhammad Ali
Willi Brandt
Bob Dylan
Michael Ende
Liza Minelli
Paul Newman
Lilli Palmer
Rudolf Scharping
Elizabeth Taylor
Tomi Ungerer

Wege zum Wachstum

Wenn Sie die Lebenszahl 26/8 haben, können Ihnen die folgenden Vorschläge helfen, sich über Ihre Lebensbestimmung klarzuwerden, indem Sie Ihre Aufmerksamkeit auf die Kernfragen richten und so handeln, daß sich in Lebensbereichen mit Schlüsselfunktionen etwas ändert.

Empfehlungen

- Handeln Sie mit Macht, Zuversicht und Ruhe.
- Finden Sie etwas, worin Sie sich auszeichnen und bei dem Sie bleiben können.
- Erkennen Sie Ihren Wert, und lassen Sie Ihr Licht leuchten!
- Stellen Sie ein Gleichgewicht her zwischen Beruf und Privatleben.

Nützliche Fragen

1. Denken Sie über folgende Fragen nach:
   - Strebe ich nach Geld und Macht, oder gehe ich beidem aus dem Weg?
   - Habe ich das Gefühl, mehr tun zu müssen, um den Erfolg zu verdienen?
   - Inwiefern haben mir meine hohen Maßstäbe weitergeholfen oder mich behindert?
2. Wie können Sie Einsichten, zu denen Ihnen diese Fragen vielleicht verholfen haben, in die Lebenspraxis übertragen?

Orientierungshilfen

1. Blättern Sie zu Teil II zurück, und lesen Sie noch einmal die Hauptabschnitte über die einzelnen Ziffern, aus denen sich Ihre Lebenszahl zusammensetzt: 2 (S. 62), 6 (S. 100) und 8 (S. 120).
2. Vielleicht möchten Sie sich die Lebenszahlen von Angehörigen und Freunden einmal anschauen und mit diesen zusammen, falls sie dafür aufgeschlossen sind, über gemeinsame oder auch unterschiedliche Lebensfragen sprechen.

Die wichtigsten spirituellen Gesetze

1. Lesen Sie sich jedes der folgenden Gesetze in Teil IV durch:
   - Das Gesetz der Ehrlichkeit (S. 468): Um anderen gegenüber ehrlich zu sein, müssen wir zuerst uns selbst gegenüber ehrlich sein.
   - Das Gesetz der Vollkommenheit (S. 445): Hohe Ideale können uns beflügeln, aber das Höchste, was wir zu erreichen vermögen, ist Vortrefflichkeit.
   - Das Gesetz der Entwicklung (S. 431): Am besten erreichen wir unsere Ziele, wenn wir einen Fuß vor den anderen setzen.
   - Das Gesetz der Verantwortung (S. 419): Wenn wir uns gegenseitig unterstützen wollen, müssen wir wissen, wann wir ja sagen dürfen und wie wir nein sagen können.
   - Das Gesetz der Urteilsfreiheit (S. 454): Das Universum verurteilt uns nicht; es belehrt uns nur anhand von Konsequenzen.
2. Führen Sie die jeweils dort angegebenen Übungen durch.
3. Überlegen Sie, wie Sie diese Gesetze in Ihrem Leben beherzigen können.

35/8

8: Überfluß und Macht
5: Freiheit und Disziplin
3: Ausdruck und Feingefühl

Die Lebensbestimmung

Menschen auf dem Weg der 35/8 sind hier, um sich mit Fragen der emotionalen Ehrlichkeit, der Unabhängigkeit und Macht auseinanderzusetzen und Überfluß, Autorität und Freiheit zu verwirklichen, die sie durch Disziplin und Erfahrungstiefe erlangen. Da der Lebenssinn immer mit bestimmten Herausforderungen und Aufgaben verbunden ist, gehört zu den Prüfungen, die Menschen mit der Lebenszahl 35/8 zu bestehen haben, die dynamische Spannung zwischen dem Streben nach Reichtum, Macht und Achtung und der Furcht vor ebendiesen Möglichkeiten. Dieser innere Konflikt bildet ihren Lebensrahmen und äußert sich sowohl in positiven als auch in negativen Tendenzen; entweder ist ihr Verhalten betont unauffällig und passiv, oder sie handeln draufgängerisch, auffallend oder gar rücksichtslos. Sie haben unter anderem die Aufgabe, ihre passiven und aggressiven Züge zu integrieren, um in ihrem Wesen ausgewogener und wahrhaftiger zu werden und sich auf ihre Macht und ihren Wert zu besinnen.

Der Lebensweg von Menschen mit der Lebenszahl 35/8 entfaltet sich in der Welt des Handelns und der Einflußnahme. Ihre Fähigkeiten und ihre Genialität liegen im Bereich von Autorität, Führerschaft und Verantwortung. Wenn sie nicht von unbewußten Ängsten vor ihrer eigenen Macht gehemmt werden, können sie sehr theatralisch oder sogar großspurig und prahlerisch auftreten. Sind sie Großverdiener, wissen sie auch, wie sie ihr Geld nobel ausgeben können.

Reichtum, Macht und Achtung faszinieren die Menschen auf diesem Lebensweg bis hin zur Besessenheit ebenso, wie ein Kind magisch von einer Waffe angezogen wird, aber dennoch aus Angst vor der davon ausgehenden Gefahr sie nicht anrührt. Durch die rücksichtslose Unbekümmertheit, mit der sie nach Erfolg streben, ist hinter ihrem angenehmen Äußeren eine unterdrückte Macht spürbar, die anderen Menschen bisweilen Unbehagen bereitet, obwohl sie nicht wissen, warum; diese Macht ist ihnen manchmal sogar selbst unheimlich.

Das Gesetz des höheren Willens (S. 473) könnte Menschen mit der Lebenszahl 35/8 an ihren höheren Zweck erinnern und ihnen die Möglichkeit eröffnen, ihre unbewußten Ängste und damit ihren Hang zur Selbstzerstörung auszuräumen. Diese Selbstzerstörung kann sich zum Beispiel in Unfällen ausdrücken, in der Entfremdung von anderen, im «Vergessen» wichtiger Zahlungstermine, in chronischer Verspätung bei Verabredungen oder in Geldverlust durch Spekulation und Spiel. Sie endet, sobald diese Menschen sich von ganzem Herzen dem Dienst an anderen hingeben.

Wahrer Dienst bedeutet allerdings, daß sie sich zuerst mit ihrem Erfolg dem Gemeinwohl widmen müssen. Dabei sollten sie von ihrer inneren Macht, ihrer Freiheit und ihrem Überfluß ausgehen statt von ihrer Bedürftigkeit und Abhängigkeit. Mit anderen Worten: Sie erfahren Reichtum, wenn sie sich ihres Überflusses bewußt werden und dankbar anerkennen, welcher Segen ihnen schon zuteil geworden ist; ihre Dankbarkeit wird ihnen noch mehr Segnungen eintragen.

Für Menschen mit der Lebenszahl 35/8 besteht die Lösung nicht darin, Reichtum oder Macht um ihrer selbst willen zu suchen oder zu scheuen, sondern sie als Mittel anzusehen, der Welt wertvolle Dienste zu leisten. Es mag ihnen helfen, sich bildlich vorzustellen, wie sie gut mit einer Sache verdienen, die sie gern tun und die anderen nützt – mit der Betonung auf «nützen». Solche Vorstellungsbilder sind dazu angetan, das widerwillige oder ängstliche Unterbewußtsein zur Mitwirkung anzuregen.

Ehrenamtliche Tätigkeiten und andere Gesten selbstloser Nächstenliebe sind ebenfalls gut geeignet, den unterbewußten Widerstand und Selbstzerstörungsdrang dieser Menschen zu überwinden. Sobald sie das Gefühl haben, sich verdient zu machen, stehen sie sich nicht mehr selbst im Weg. Da Menschen mit der Lebenszahl 35/8 dazu neigen, nichts zu geben, wenn sie nicht etwas dafür zurückerwarten können, kann der selbstlose Einsatz im Dienst anderer ein starker Auslöser für eine innere Veränderung sein.

Menschen mit der Lebenszahl 35/8 haben zwar die Lebensbestimmung mit anderen Achten gemeinsam, aber der Einfluß der 3 und der 5 sorgt für ganz andere Stärken und Schwachpunkte auf dem Weg zur konstruktiven Erfüllung ihres Schicksals.

Zusammen mit der raschen Auffassungsgabe und Vielseitigkeit der 5 stellen sich auch große Probleme im Hinblick auf die Disziplin ein; die auf dem Lebensweg der 35/8 sind, haben ehrgeizige Ambitionen, unter Umständen jedoch keine Lust, die Arbeit zu leisten, die nötig ist, wenn sie ihre Ziele erreichen wollen. Ihre Disziplin hinkt ihren Ambitionen hinterher; am liebsten würden sie warten, daß ihnen die reife Frucht in den Schoß fällt.

Der positive Einfluß, den eine gesunde Disziplin und klare Zielsetzung in ihrem Leben haben könnten, kann gar nicht hoch genug bewertet werden. Disziplin führt zu persönlicher Macht und Selbstkontrolle (statt zu dem Wunsch, andere zu kontrollieren). Wenn Menschen mit der Lebenszahl 35/8 in ihrem Leben Disziplin üben, tun sie das, was zum Erfolg nötig ist. Obwohl sie eine steile Klettertour ihren Berg hinauf vor sich haben, wie unsere Lebensbestimmung es meistens von uns fordert, werden sie am Ende reichlich belohnt, sowohl persönlich als auch im Hinblick auf einen möglichen Beitrag zum größeren Ganzen.

Selbst wenn sie gewillt sind, hart zu arbeiten, verzetteln sich diese Menschen doch oft, weil sie sich zuviel auf einmal vornehmen und zu viele Gelegenheiten gleichzeitig wahrzunehmen versuchen. Disziplin in Form von zielgerichteter Konzentration wirkt dieser Tendenz zur Fahrigkeit entgegen und kommt der Effektivität dieser Menschen zugute.

Außerdem müssen sie gegen ihre Neigung ankämpfen, von extremer Abhängigkeit durch Passivität oder Selbstzweifel in extreme Unabhängigkeit zu verfallen, die durch Aggressivität bedingt ist; das können sie erreichen, indem sie im Privat- und Berufsleben ausgewogene Beziehungen aufbauen, die von gegenseitiger Achtung und Unterstützung getragen sind.

Menschen mit der Lebenszahl 35/8, die in Not geraten, benutzen fast schon verzweifelt ihre Mitmenschen dazu, sich helfen zu lassen, immer mit Blick auf die Befreiung aus der eigenen Not. Wenn sie diese Haltung ablegen und statt dessen alles und jeden als Gelegenheit ansehen, sich dienstbar zu machen und helfend einzuspringen, erfährt ihr Leben eine entscheidende Wende.

Durch den energetischen Einfluß der 3 können diese Menschen Hemmungen haben, ihre Gefühle zum Ausdruck zu bringen, insbesondere solche, die nicht unbedingt freundlich sind. Diese Gehemmtheit äußert sich ebenso wie bei anderen Dreien unter Umständen darin, daß sie nur Allgemeinplätze oder überhaupt nicht viel von sich geben, es sei denn, jemand lockt sie aus sich heraus. Die 3 kann auch ein Hinweis auf den Hang dieser Menschen sein, zu manipulieren und taktisch vorzugehen, um zu bekommen, was sie wollen, ohne ihre Wünsche direkt vortragen zu müssen.

Das Gesetz der Ehrlichkeit (S. 468) ist für Menschen mit der Lebenszahl 35/8 sowohl für den unmittelbaren, aufrichtigen Selbstausdruck als auch für die Einhaltung von Recht und Gesetz maßgebend; sie täten gut daran, sich geschäftlich und privat an höchste ethische Grundsätze zu halten. Das mag ihnen zuerst gegen den Strich gehen, weil sie sich generell nicht gern durch Konventionen binden oder einengen lassen; sie sind daran gewöhnt, selbst Regeln aufzustellen, nicht Regeln zu befolgen.

Je freizügiger sie von ihrem Geld, ihrer Macht, ihrer Freiheit und ihrer Herzensgüte an andere austeilen, um so mehr bekommen sie von der Welt zurück; je offener sie sind, um so größer wird ihr Überfluß. Die Erfüllung ihres Schicksals liegt nicht in ihren großen Geistesgaben, sondern in ihrer Liebesfähigkeit und Opferbereitschaft. Ihr Lebensweg vollendet sich nicht darin, daß sie Reichtum und Macht gewinnen; vielmehr sollen sie Geld und Macht zum Wohle aller gebrauchen und dabei über sich selbst hinauswachsen.

Die positive Gestalt der 35/8

Diese Menschen haben durch Disziplin ein Gespür für die innere Fülle und Macht entwickelt und sind in ihrem Leben reich gesegnet worden – in einem Überfluß, den sie großzügig und weise mit großer Klugheit und Ausdrucksfähigkeit teilen. Andere sehen mächtige Führer in ihnen, da sie einen durchdringenden Verstand sowie die Fähigkeit besitzen, immer das größere Ganze im Auge zu behalten, und dadurch geniale Macher sind. Emotional offen und verletzlich, wissen sie, wann sie ihren Standpunkt behaupten und wann sie nachgeben sollten. Sie haben es aus eigener Kraft zu etwas gebracht, sind weitherzige Menschenfreunde und übernehmen Führungspositionen, in denen sie ihre Autorität unter Beweis stellen. Ihr Verhältnis zu anderen Menschen ist von Offenheit und gegenseitigem Unterstützungswillen gekennzeichnet.

Die negative Gestalt der 35/8

Andere fürchten diese Menschen, ohne zu wissen, warum. Ihr Erfolgsstreben in Verbindung mit Abhängigkeitsgefühlen und Selbstzweifeln macht sie häufig zu Opportunisten, die bestrebt sind, von anderen die

Macht und Unterstützung zu erhalten, die sie im eigenen Innern nicht finden. Meist äußern sie sich indirekt und kontrollieren andere durch Manipulation. Sie ersehnen Reichtum und Macht, haben jedoch nicht die nötige Zielstrebigkeit und Disziplin und machen ihre Anstrengungen aufgrund ihrer inneren Konflikte oft selbst zunichte. Da sie ungute Gefühle gegen sich selbst hegen und ihren Lebensumständen machtlos und frustriert gegenüberstehen, fällt es ihnen schwer, langfristige Bindungen einzugehen. Ihre Beziehungen degenerieren zu Machtkämpfen, in denen sie zwischen aggressiver Unabhängigkeit und extremer Abhängigkeit und Bedürftigkeit hin- und herschwanken.

Die Lebensbereiche

Gesundheit

Menschen mit der Lebenszahl 35/8 haben im allgemeinen eine kräftige Konstitution. Wenn sie sich allerdings, von zahllosen Ambitionen getrieben, zu sehr verausgaben, müssen sie mit einem Zusammenbruch oder auch Verletzungen rechnen, die dadurch verursacht werden, daß sie zerstreut sind, die Verkehrsregeln nicht beachten oder sich selbstzerstörerisch verhalten. Wie wir alle sollten sie im Auto stets die Sicherheitsgurte anlegen und riskante Aktivitäten meiden, besonders, wenn sie Ende zwanzig sind. Die eben genannten Probleme treten weniger häufig auf, wenn Menschen auf diesem Lebenspfad ihre Energien zielgerichtet einsetzen, harte Arbeit durch Entspannung ausgleichen und ihr Wirken einem höheren Zweck widmen, so daß ihr Selbstzerstörungstrieb aufgehoben wird.

Wenn Menschen mit der Lebenszahl 35/8 die Arbeit zu ihrem Gott erheben, kommen Ernährungsrichtlinien oder Diätfeinheiten erst an zweiter Stelle. Im allgemeinen sind sie aber aufgrund ihrer hohen Intelligenz in Ernährungsfragen bestens informiert. Sie wären gut beraten, Nahrung als Medizin anzusehen, durch die sie in Topform kommen. Wie für die meisten Menschen ohne besondere Nahrungsbedürfnisse ist auch für sie eine ausgewogene, fettarme, überwiegend vegetarische Kost am besten. *Wie* sie essen, ist beinahe genauso wichtig wie, *was* sie essen, und Maßhalten dürfte ihre größte Prüfung in Ernährungsdingen sein, da sie in dieser Hinsicht gern zuviel oder zuwenig Selbstbeherrschung zeigen.

Je nach ihren Wertvorstellungen, ihrem familiären Hintergrund und ihrer Lebensweise nimmt körperliche Bewegung entweder eine vorrangige oder eine untergeordnete Stellung in ihrem Leben ein; jedenfalls eignen sich für sie alle Arten von Körpertraining, bei denen sie ein Gefühl persönlicher Macht entwickeln, darunter die Kampfkünste, Krafttraining oder andere ausgewählte Sportarten.

Zwischenmenschliche Beziehungen

Vielfach haben Menschen mit der Lebenszahl 35/8 Schwierigkeiten, langfristige Beziehungen zu unterhalten, bis sie dreißig oder vierzig Jahre alt sind, weil sie bis dahin leicht in Machtkämpfe verfallen. Wenn sie ihren passiv-aggressiven Neigungen noch nichts entgegengesetzt haben, schlagen sie sich in ihren Beziehungen wahrscheinlich offen oder weniger offen mit Problemen der Kontrolle wie auch der Abhängigkeit und Unabhängigkeit herum. Bei positiver Entwicklung können sie außerordentlich aufmerksam sein, so daß das Zusammenleben mit ihnen eine Freude ist, und sobald sie ihre kraftvolle Energiemischung konstruktiv nutzen, sind sie in der Lage, glückliche, leidenschaftliche Beziehungen zu führen, in denen sie sich gegenseitig nützen und helfen.

Obgleich diese Menschen hingebungsvolle Eltern und liebevolle Partner sein können, steht doch die Arbeit stets im Mittelpunkt ihres Lebens, und so hilft es, wenn sie selbstgenügsame Partner finden, die von Anfang an Verständnis dafür haben.

Viele Menschen auf dem Weg der 35/8 bringen die Sensibilität und Selbstzweifel der 3 in ihre Beziehungen ein. Gleichzeitig bewirken ihre machtvollen, vielseitigen Geisteskräfte und ihr Witz in Verbindung mit Feinfühligkeit und einem starken Erfolgswillen, daß sie auf den unterschiedlichsten Ebenen Kontakte zu Freunden und Liebespartnern knüpfen. Auf der höchsten Stufe ihrer Entwicklung können sie dauerhafte Bindungen eingehen, die auf einem fruchtbaren Miteinander, gegenseitiger Opferbereitschaft und geistigem Einverständnis aufbauen. Diese Energien spiegeln sich dann auch in ihrer Sexualität wider.

Begabungen, Beruf und Finanzen

Menschen mit der Lebenszahl 35/8 sind hier auf der Erde, um mit Hilfe ihrer außergewöhnlichen Geisteskräfte, die oft an Genialität grenzen, durch den Dienst an anderen Wohlstand zu erlangen und in Familie, Gemeinde oder auch in Industrie und Politik eine Position segensreicher Führerschaft und Autorität einzunehmen. Diese Menschen geben überdies hervorragende Erfinder, Neuerer und Schriftsteller ab; sie leisten

Großes auf jedem Gebiet, auf dem ein brillanter, forschender Geist freie Bahn hat. Einen der erhabensten Aspekte ihres Lebensweges verwirklichen sie, wenn sie die Rolle eines Menschenfreundes übernehmen und ihren Reichtum und Einfluß großzügig für humanitäre Zwecke zur Verfügung stellen.

Finanzielle Fragen haben immer eine besondere Bedeutung für Menschen mit der Lebenszahl 35/8, da Geld ein zentrales Thema ihres Lebens ist. Normalerweise bringen sie es aus eigener Kraft zu etwas; in ihren Reihen sind viele Self-made-Millionäre. Wenn sie bereits reich geboren sind, müssen sie lernen, ihr Geld und ihren Einfluß weise und einfühlsam einzusetzen.

Bekannte Persönlichkeiten mit der Lebenszahl 35/8

Ingrid Bergman
Edgar Cayce
Richard Gere
Therese Giehse
Nelson Mandela
Reinhold Messmer
Walter Scheel
Romy Schneider
Upton Sinclair

Wege zum Wachstum

Wenn Sie die Lebenszahl 35/8 haben, können Ihnen die folgenden Vorschläge helfen, sich über Ihre Lebensbestimmung klarzuwerden, indem Sie Ihre Aufmerksamkeit auf die Kernfragen richten und so handeln, daß sich in Lebensbereichen mit Schlüsselfunktionen etwas ändert.

Empfehlungen

- Vereinen Sie Ihre geistige Brillanz mit harter Arbeit, um erfolgreich zu sein.
- Seien Sie sich Ihrer Macht bewußt, aber vergessen Sie Ihr Herz nicht.
- Stellen Sie sich bildlich das Gute vor, das Sie anderen tun wollen, und setzen Sie es in die Tat um.
- Konzentrieren Sie sich auf ein Ziel, das machbar ist und bei dem Sie mit beiden Füßen auf dem Erdboden bleiben.

Nützliche Fragen

1. Denken Sie über folgende Fragen nach:
   - Habe ich zielbewußt und konzentriert gearbeitet, um im Leben zu Überfluß zu kommen?
   - Habe ich Fülle und Macht in meinem Innern gefunden?
   - Halte ich mich bei meinen Geschäftsvereinbarungen und im Privatleben an die höchsten ethischen Grundsätze?
   - Teile ich anderen offen meine Gefühle mit?
2. Wie können Sie Einsichten, zu denen Ihnen diese Fragen vielleicht verholfen haben, in die Lebenspraxis übertragen?

Orientierungshilfen

1. Blättern Sie zu Teil II zurück, und lesen Sie noch einmal die Hauptabschnitte über die einzelnen Ziffern, aus denen sich Ihre Lebenszahl zusammensetzt: 3 (S. 70), 5 (S. 90) und 8 (S. 120).
2. Vielleicht möchten Sie sich die Lebenszahlen von Angehörigen und Freunden einmal anschauen und mit diesen zusammen, falls sie dafür aufgeschlossen sind, gemeinsame oder auch unterschiedliche Lebensfragen erörtern.

Die wichtigsten spirituellen Gesetze

1. Lesen Sie sich jedes der folgenden Gesetze in Teil IV durch:
   - Das Gesetz des höheren Willens (S. 473): Unsere Bereitwilligkeit, einem höheren Zweck zu dienen, kann uns und andere beflügeln.
   - Das Gesetz der Ehrlichkeit (S. 468): Um anderen gegenüber ehrlich zu sein, müssen wir zuerst uns selbst gegenüber ehrlich sein.
   - Das Gesetz der Disziplin (S. 440): Mit Disziplin erwerben wir uns die zielgerichtete Konzentration und Erfahrungstiefe, durch die wir zur inneren Freiheit gelangen.
   - Das Gesetz der Ausgewogenheit (S. 425): Nachdem wir unsere Tendenz, von einem Extrem ins andere zu fallen, erkannt haben, pendeln wir uns in der Mitte ein.
   - Das Gesetz des Handelns (S. 483): Um unsere Selbstzweifel zu überwinden, müssen wir unsere Gefühle akzeptieren, aber dennoch selbstsicher handeln.
2. Führen Sie die jeweils dort angegebenen Übungen durch.
3. Überlegen Sie, wie Sie diese Gesetze beherzigen können.

44/8

8: Überfluß und Macht
4: Stabilität und Entwicklung
4: Stabilität und Entwicklung

Die Lebensbestimmung

Menschen auf dem Lebensweg der 44/8 sind hier, um sich mit Fragen des Geldes, der Verantwortung und der festen Grundlagen auseinanderzusetzen. Sie müssen lernen, systematisch vorzugehen, um materiellen Erfolg zu erlangen – nicht um ihrer selbst willen, sondern zur Unterstützung ihrer Mitmenschen oder einer großen Idee. Da unser aller Lebensweg mit den entsprechenden Hindernissen gepflastert ist, an denen wir uns erproben und stärken müssen, können auch Menschen mit der Lebenszahl 44/8 ihr Schicksal erst positiv erfüllen, wenn sie ihre negativen Tendenzen überwunden haben wie zum Beispiel ihren hartnäckigen Widerwillen dagegen, einem allmählichen, schrittweisen Prozeß zu folgen. Sind sie reifer geworden, können sie eine geradezu heldenhafte Ausdauer an den Tag legen; solange es ihnen jedoch daran mangelt, wollen sie sofort Erfolg sehen, sonst geben sie auf und werfen die Flinte ins Korn. Normalerweise sind sie nicht so schnell ängstlich und mutlos wie die Drei; vielmehr sind sie oft ungeduldig, ärgerlich oder frustriert, besonders dann, wenn sie die *absolute Notwendigkeit* einer langsamen Vorgehensweise in kleinen, leichten Schritten über längere Zeit hinweg noch nicht eingesehen haben, wie sie im Gesetz der Entwicklung (S. 431) dargelegt ist.

Was immer Menschen mit der Lebenszahl 44/8 sonst noch in ihrem Leben tun, sie brauchen immer auch Zeit zur Besinnung auf sich selbst, so daß sie die nötigen Schritte auf ihrem Schicksalsweg richtig erfassen, verstehen und *annehmen,* statt sich ihnen zu widersetzen.

Ebenso wie andere mit doppelten Ziffern in ihrer Lebenszahl, etwa die 22/4 oder 33/6, wird das, was Menschen auf dem Weg der 44/8 an

Ziffernvielfalt fehlt, durch Konzentration und Intensität wettgemacht. Man nehme nur die normale Festigkeit, Stärke und Geschäftstüchtigkeit der Vier und verdopple sie; hinzu füge man die potentiellen Eigenschaften Kraft und Hartnäckigkeit, Seelenstärke und Starrheit, analytische Brillanz und Ungeduld; zu dieser Mischung gebe man noch den Drang der Acht nach Überfluß, Macht und Anerkennung, und schon versteht man, warum Menschen mit der Lebenszahl 44/8 vor großen Herausforderungen und großen Möglichkeiten stehen. Wie bei jedem Lebensweg hängen auch bei diesem Lebensqualität und Schicksalserfüllung davon ab, wie positiv man mit den Energien der 4 und der 8 umgeht.

Bei allen Lebenszahlen, die links vom Schrägstrich doppelte Ziffern haben, repräsentiert die erste dieser beiden Ziffern die inneren Herausforderungen – in diesem Fall die Aufgabe, auf *innere Stabilität* hinzuwirken. Menschen mit der Lebenszahl 44/8 müssen willens sein, nach innen zu schauen und einen inneren Entwicklungsprozeß durchzumachen, der sie in ihrem Wesen stärkt und unterstützt, etwa in Form von Selbstanalyse, aber sie müssen auch vermeiden, so besessen von diesem Prozeß zu werden, daß sie zuviel darüber nachgrübeln und schließlich in Verwirrung geraten. Wie bei Zweien hat auch für sie Ausgewogenheit eine Schlüsselfunktion.

Die zweite 4 steht für das Bedürfnis dieser Menschen, sich durch ihre Familie eine äußere Grundlage zu schaffen – das heißt, etwaige Probleme mit den Eltern oder den Kindern zu klären. Sich mit Problemen auseinanderzusetzen kann bedeuten, Gefühle zum Ausdruck zu bringen, positive wie negative; es kann bedeuten, um Vergebung zu bitten oder sie anzubieten; es kann aber auch bedeuten, zu einem gemeinsamen Verständnis zu kommen oder sich einfach darauf zu einigen, daß man sich nicht einigen kann. Auf jeden Fall heißt es, miteinander ins Gespräch zu kommen und sich mit Fragen zu beschäftigen, die sonst vielleicht unter den Teppich gekehrt würden.

Die meisten Menschen auf diesem Weg sind um Sicherheit und Stabilität besorgt und streben danach, Geld auf der Bank, Essen im Kühlschrank, ein Auto in der Garage und Kleidung im Schrank zu haben. Während es bei Vieren um die Sicherheit geht, sein Auskommen zu haben, wollen Achten *mehr* als genug haben; meist besitzen sie Intelligenz, Kraft, Elan, Ehrgeiz und Wünsche im Überfluß.

Aufgrund der Herausforderungen, die ihr Lebenspfad für sie bereithält, haben die meisten Menschen mit der Lebenszahl 44/8 Schwierigkeiten mit der Familie, mit der Sicherheit und generell mit *Entwicklungsprozessen.* Sie stehen und fallen mit der Bereitwilligkeit, sich an das Gesetz der Entwicklung (s. 431) zu halten. Im allgemeinen können sie ihre Ziele im Privat- und Berufsleben sowie im Hinblick auf Gesundheit und Spiritualität durchaus erreichen und ihren Lebenssinn erfüllen, sofern sie methodisch und praxisorientiert Schritt für Schritt vorgehen. Lassen sie einen Schritt aus, rutschen sie meist den ganzen Berg wieder hinunter und müssen von vorn anfangen.

Das Gesetz der Verhaltensmuster (S. 435) kann Menschen mit der Lebenszahl 44/8 eine Menge Zeit ersparen, indem es ihnen in Erinnerung ruft, wie sie die sich wiederholenden Muster des Versagens und Nichtvollendens aufbrechen können. Wenn sie diese Gesetze mißachten, werden sie ein paar unangenehme Erfahrungen machen müssen, um zu lernen. Ihr Lebensweg ist nicht gerade eben; das Leben muß manchmal alle Register ziehen, um sie auf ihre Bestimmung hinzuweisen.

Diese Menschen geraten leicht in Verwirrung, sobald sie vor einer wichtigen Entscheidung stehen, weil sie alles zu Tode zergrübeln und am Ende weder aus noch ein wissen. Häufig verhalten sie sich zwanghaft oder impulsiv, was das Geldausgeben, Essen und anderes mehr betrifft. Wie Zweien müssen sie ihren Verstand und ihr Gefühl ins Gleichgewicht bringen.

Wegen der doppelten Energie der 4 können diese Menschen eine außergewöhnliche Kraft, Ausdauer und Seelenstärke zeigen; negativ drückt sich diese Kraft in Hartnäckigkeit und Starrsinn aus. Aufgrund der durch die 8 eingebrachten Probleme in bezug auf Kontrolle ist kaum jemand in der Lage, den Sinn der Menschen auf dem Weg der 44/8 zu ändern, sofern diese nicht *selbst* dazu entschlossen sind. Viele von ihnen engen sich über Gebühr ein und haben aus Angst vor Fehlschlägen festgefahrene, ja starre Vorstellungen und Denkweisen. Wenn sie nicht auf andere hören, rennen sie gegen Wände, die sie selbst errichtet haben. Darum wären sie gut beraten, flexibel zu bleiben und sich für Möglichkeiten offenzuhalten, statt sich auf eine bestimmte Richtung festzulegen oder Brücken schon niederzubrennen, die sie noch gar nicht überquert haben. Sowie sie sich die Energien der doppelten 4 und der 8 zu eigen machen, gewinnen sie Sinn für ihren Überfluß und gehen zum Wohle anderer über sich selbst hinaus.

Die positive Gestalt der 44/8

Mit ihrer Seelenstärke und Ausdauer sowie ihren analytischen Fähigkeiten, die notwendigen Schritte vom Ausgangs- bis zum Endpunkt ihrer Reise zu unternehmen, ist diesen Menschen kein Ziel zu weit gesteckt.

Verständig gehen sie jede Aufgabe in einzelnen Abschnitten an und nähern sich einem großen Ziel mit kleinen Schritten. Sie erfreuen sich einer außergewöhnlich guten Gesundheit und Vitalität, sind achtsam im Umgang mit sich selbst und beweisen in allem die notwendige Vorsicht und Sorgfalt. Treu und verläßlich, gehen sie feste, langfristige Beziehungen ein, besitzen Familiensinn und fühlen sich der Gesellschaft als Ganzem verbunden. Ausgestattet mit Machtwillen und praktischem Verstand, einem vernünftigen Geschäftssinn und Erfolgsstreben, können sie mit ihrer Kraft, ihrer Fähigkeit, sich einem Entwicklungsprozeß zu unterwerfen, und ihrer Flexibilität ein Leben im Überfluß bewirken, nicht nur für sich selbst, sondern im Hinblick auf ein größeres Ziel.

Die negative Gestalt der 44/8

Diese Menschen schaffen es zwar meist, die Kontrolle zu behalten, sind aber hysterisch veranlagt. Verwirrt und gestreßt, erleiden sie unter Umständen, wenn sie mit ihrem Latein am Ende sind, einen Nervenzusammenbruch. Mit einem hartnäckigen, blinden Vertrauen zu sich selbst, machen sie immer wieder die gleichen Fehler. Beziehungen sind für sie eine Leidens- und Frustrationsquelle, weil sie andauernd in Machtkämpfe und Streitereien verfallen. Vielleicht hatten sie einmal viel Geld, haben es aber wieder verloren; sie sehnen sich nach Stabilität, wollen sich jedoch nichts und niemandem verpflichten. Sie wünschen sich Erfolg, ohne willens zu sein, die nötigen Schritte in diese Richtung zu unternehmen. Für alles mögliche fühlen sie sich verantwortlich, und doch nehmen sie ungern Verantwortung auf sich aus Angst, zu versagen.

Die Lebensbereiche

Gesundheit

Menschen mit der Lebenszahl 44/8 lassen sich von niemandem sagen, was sie essen, wie sie für ihren Körper sorgen oder was sie sonst tun sollen. Trotzdem sollten sie unbedingt auf eine fettarme, gesunde, ausgewogene Ernährung achten, da sie aufgrund der doppelt starken Energie der 4, und sofern sie sich nicht regelmäßig bewegen, leicht Fett ansetzen, und zwar nicht nur äußerlich, sondern auch an den inneren Organen.

Menschen auf diesem Weg bekommt im allgemeinen ein regelmäßiges Übungspensum gut, das besonders auf Beweglichkeit, Entspannung,

Ausgleich und Meditation ausgerichtet ist, um ihrer Neigung zu Starrheit, Verspannung und Widerstand entgegenzuwirken. Vorteilhaft kann für sie ein Aikido- oder T'ai-chi-Training sein, in dem das Gesetz der Flexibilität (S. 405) seinen Ausdruck findet. Bei diesen Kampfkünsten geht es um das widerstandslose Mitgehen – sich alles zunutze zu machen, was sich ergibt –, und zudem lehren sie harmonisches Anpassen, Weichheit und Ausgewogenheit. Meisterschaft in beiden Kampfsportarten zu erreichen setzt außerdem einen geduldigen Entwicklungsprozeß voraus. Sobald Menschen mit der Lebenszahl 44/8 diesen Prozeß gemeistert haben, können sie ihn in alle Lebensbereiche übertragen.

Zwischenmenschliche Beziehungen

Die meisten Menschen mit der Lebenszahl 44/8 bringen die starken Eigenschaften der Treue, Stabilität, Standhaftigkeit und Hilfsbereitschaft in ihre Beziehungen ein. Im Negativen können sie, wie bereits erwähnt, in Machtkämpfe verfallen und Haltlosigkeit beweisen, falls sie die Lektionen, die ihnen ihr Schicksal aufgibt, noch nicht gelernt haben. Bei positiver Entwicklung unterhalten sie jedoch langfristige Beziehungen; Familie und Kinder bekommen einen hohen Stellenwert in ihrem Leben, obwohl ihr Lebensmittelpunkt die Arbeit bleibt.

Menschen mit der Lebenszahl 44/8 haben zwar sicherlich ein Gefühlsleben, aber sie sind nicht solche Gemütsmenschen wie Leute mit anderen Lebenszahlen. Von ihren Partnern werden sie eher wegen ihrer Treue, Kraft und Vitalität geschätzt als wegen ihres Feingefühls. Es kann schwierig sein, zu ihnen durchzudringen, leise Fingerzeige nützen also nicht viel.

In sexueller Hinsicht sind sie meist lustbetont, praktisch und begeisterungsfähig, es sei denn, sie sind in der Kindheit sexuell mißbraucht worden und müssen sich erst mit diesem Problem auseinandersetzen. Im allgemeinen kommen sie am besten aus mit jemandem, dessen Feinfühligkeit ein Gegengewicht für ihre Kraft bildet, aber in diesem Fall ist es wichtig, daß beide, sie selbst und ihr Partner, ihre Verschiedenartigkeit auch zu würdigen wissen.

Begabungen, Beruf und Finanzen

Menschen auf dem Lebensweg der 44/8 nehmen oft Führungspositionen ein oder sind aufgrund ihrer analytischen Fähigkeiten die Drahtzieher hinter den Kulissen. Ihr Erfolg hängt weitgehend davon ab, ob sie gewillt sind, sich einem stufenweisen und manchmal langwierigen Prozeß zu unterwerfen, um ihre Ziele zu erreichen. Im allgemeinen sind sie mit ihrem scharfen Verstand gut für die freie Wirtschaft, den öffentlichen Dienst oder auch die Psychotherapie geeignet, um nur ein paar Gebiete zu nennen.

Finanzielle Sicherheit ist die Hauptantriebskraft für Menschen mit der Lebenszahl 44/8, aber ob sie «goldene Eier legen», hängt ganz von dem Nest ab, das sie zu diesem Zweck bauen. Mit anderen Worten: Sie kommen in materieller Hinsicht zu großem Erfolg, wenn sie sich eine gute Grundlage schaffen, ihre Hausaufgaben machen und ihr Lehrgeld bezahlen. Finanzielle Sicherheit zu erreichen wird diesen Menschen nicht unbedingt leicht gemacht, aber sie verfügen über alle notwendigen Eigenschaften, um dahin zu gelangen. Der Schlüssel zum Erfolg liegt für sie darin, über die Probleme hinauszuwachsen, indem sie ihre Leistungen in den Dienst der Menschengemeinschaft stellen, die sie als ihre Familie ansehen.

Bekannte Persönlichkeiten mit der Lebenszahl 44/8

Nach unserem Kenntnisstand gibt es keine bekannten Persönlichkeiten mit der Lebenszahl 44/8, vielleicht deshalb, weil diese Zahl sehr selten vorkommt und die ersten Menschen mit dieser Lebenszahl 1959 geboren wurden, also noch relativ jung sind.

Wege zum Wachstum

Wenn Sie die Lebenszahl 44/8 haben, können Ihnen die folgenden Vorschläge helfen, sich über Ihre Lebensbestimmung klarzuwerden, indem Sie Ihre Aufmerksamkeit auf die Kernfragen richten und so handeln, daß sich in Lebensbereichen mit Schlüsselfunktionen etwas ändert.

Empfehlungen

- Vereinen Sie bei sportlicher Betätigung Kraft und Stärke mit Flexibilität und fließenden Bewegungen.
- Machen Sie sich die einzelnen Schritte bis zu Ihrem Ziel klar, und halten Sie dann durch.

- Sprechen Sie mit Ihren Eltern, auch wenn sie nicht mehr am Leben sind, über ihre Gefühle.
- Ihre größte Macht können Sie daraus beziehen, mit den Kräften *mitzufließen,* die sich gegen Sie richten.

Nützliche Fragen

1. Denken Sie über folgende Fragen nach:
   - Wie kann ich Macht und Flexibilität miteinander vereinen?
   - Dienen meine persönlichen Ziele dem Gemeinwohl?
   - Habe ich manchmal zu meinem eigenen Schaden zu eigensinnig gehandelt?
   - Gebe ich bei Entscheidungen sowohl der Vernunft als auch der Intuition Raum?
2. Wie können Sie Einsichten, zu denen Ihnen diese Fragen vielleicht verholfen haben, in die Lebenspraxis übertragen?

Orientierungshilfen

1. Blättern Sie zu Teil II zurück, und lesen Sie noch einmal die Hauptabschnitte über die einzelnen Ziffern, aus denen sich Ihre Lebenszahl zusammensetzt: 4 (S. 79) und 8 (S. 120).
2. Vielleicht möchten Sie sich die Lebenszahlen von Angehörigen und Freunden einmal anschauen und mit diesen zusammen, falls sie dafür aufgeschlossen sind, gemeinsame oder auch unterschiedliche Lebensfragen erörtern.

Die wichtigsten spirituellen Gesetze

1. Lesen Sie sich jedes der folgenden Gesetze in Teil IV durch:
   - Das Gesetz der Entwicklung (S. 431): Unsere Ziele können wir am besten verwirklichen, indem wir einen Fuß vor den anderen setzen.
   - Das Gesetz der Verhaltensmuster (S. 435): Verhaltensmuster wiederholen sich in der Regel, wenn wir keinen starken Hebel ansetzen, um sie zu verändern.
   - Das Gesetz der Zyklen (S. 488): Das Leben ist ein Kreislauf ständiger Veränderungen, die wie die Jahreszeiten kommen und gehen.
   - Das Gesetz der Ehrlichkeit (S. 468): Um anderen gegenüber ehrlich zu sein, müssen wir erst ehrlich uns selbst gegenüber sein.

- Das Gesetz der Flexibilität (S. 405): Indem wir flexibel bleiben, können wir den größten Nutzen aus Schwierigkeiten und wechselnden Umständen ziehen.

2. Führen Sie die jeweils dort angegebenen Übungen durch.
3. Überlegen Sie, wie Sie diese Gesetze in Ihrem Leben beherzigen können.

9:
Integrität und Weisheit

Irgendwann nimmt jeder
zu einem Bankett der Konsequenzen Platz.
Robert Louis Stevenson

In diesem Kapitel geht es um alle Lebenszahlen, in denen die 9 (S. 130) den Hauptlebenssinn bestimmt, also die 18/9, 27/9, 36/9 und 45/9. Obgleich in all diesen Zahlen die Energie der 9 vorherrschend ist, weist doch jede durch den Einfluß und das Wechselspiel der anderen Ziffern ganz einzigartige Qualitäten, Probleme und Merkmale auf.

18/9

9: Integrität und Weisheit
8: Überfluß und Macht
1: Kreativität und Zuversicht

Die Lebensbestimmung

Menschen auf dem Lebensweg der 18/9 sind hier, um sich mit Fragen der Ehrlichkeit, des Geldes, der Kontrolle und Zuversicht auseinanderzusetzen. Sie müssen lernen, ihre Energien und ihren Einfluß im Einklang mit den höheren Prinzipien der Integrität zur Geltung zu bringen und zu gebrauchen. Viele mit der Lebenszahl 18/9 wirken aufgeschlossen, lebhaft, ja jovial, dabei sind sie alles andere als unbekümmert, da ihr Innenleben von Schuldgefühlen, Angst und Unsicherheit überschattet ist. In Anbetracht der Tatsache, daß jedes Schicksal seine besonderen Herausforderungen bereithält, müssen sich auch Menschen mit der Lebenszahl 18/9 auf ihrem Pfad zu Integrität und Weisheit durch ihre tiefeingewurzelten Probleme mit Geld und Macht – ihre gegensätzlichen Neigungen, beides zu erstreben und zugleich zu scheuen – sowie ihre Unsicherheit hindurcharbeiten.

Da die Integrität den Gipfel ihrer Lebensbestimmung darstellt, müssen sie, ob sie wollen oder nicht, hohe ethische Grundsätze und Ehrlichkeit beweisen. Entweder gehen sie mit gutem Beispiel voran, oder sie gehen in die Irre und werden zum schlechten Vorbild. Ebenso wie bei anderen Neunen liegt auch vor ihnen ein Leben in Wahrheit oder mit den entsprechenden Konsequenzen. Menschen auf dem Weg der 18/9, die in Einklang mit den höheren Gesetzen leben, führen ein rundum gutes, befriedigendes Leben mit ehrlicher, fleißiger Arbeit und genießen den Lohn ihrer Mühe. Wenn sie hingegen die höheren Gesetze außer acht lassen, bekommen sie bald das Gesetz von Ursache und Wirkung zu spüren, denn das Leben gibt ihnen ein Feedback, das sie nicht übergehen können.

Die meisten dieser Menschen haben einen scharfen Verstand, Anziehungskraft und überschäumende Energie. Die Kombination der verschiedenen Energien, Anlagen und Tendenzen ihrer Lebenszahl prägt sie zu außerordentlichen Führungsgestalten, die ganze Nationen aufrütteln, Berge versetzen und Reiche errichten können – oder die mit skrupellosem Fanatismus ihre Widersacher am Boden zerstören. Anforderungen, die die 8 im Hinblick auf Reichtum und Macht und die 9 im Hinblick auf Integrität stellen und die durch die schöpferische Energie der 1 noch verstärkt werden, können für diejenigen unter ihnen, die noch keinen Frieden geschlossen haben mit dem, was sie im Innersten antreibt, eine schwere psychische Last sein.

Die kraftvolle Mischung von Eigenschaften und Neigungen, die auf Menschen mit der Lebenszahl 18/9 einwirkt, pflegt Geld und Einfluß anzuziehen und sichert ihnen Erfolg, sofern sie nicht ihre eigenen Anstrengungen zunichte machen. Ihre innere Unsicherheit kann in Verbindung mit der Energie der 1 durch zwanghafte Verhaltensweisen wie Aufbrausen, Konkurrieren und Überzeugenwollen verschleiert werden, aber gleich unter der Oberfläche ihres Macht- und Geltungsbewußtseins liegt eine gewisse Passivität, die auf ihre Angst vor der aufwallenden Kraft ihrer inneren Dynamik zurückzuführen ist.

Menschen mit der Lebenszahl 18/9, die von ihren Energien positiv Gebrauch machen, können andere führen und ihnen durch ihr Vorbild ein Ansporn sein; ihre Integrität und Kreativität fordern ihren Anhängern tiefe Achtung und Treue ab. Deshalb fühlen sie sich oft zu Führungspositionen berufen oder werden in solche eingesetzt, ob in großem oder kleinerem Rahmen. Bei negativer Entwicklung sind sie wie besessen von ihrem Hang zu Macht und Reichtum, vertreten fanatische Ansichten und schaden mit ihren schöpferischen Energien sich und anderen. Mit anderen Worten: Diese Menschen haben das Potential, viel Gutes zu tun oder großen Schaden anzurichten.

Ganz gleich, wie erfolgreich ihr Leben auch äußerlich erscheinen mag, sind Menschen mit der Lebenszahl 18/9 meist inneren Problemen und Konflikten ausgesetzt, die körperliche Erkrankungen und andere Beschwerden auslösen können. Es ist fast so, als würde das Unterbewußtsein ihrer Kreativität einen Riegel vorschieben.

Die Herausforderungen schlummern in ihrem Unbewußten, und so müssen sie auch in ihrem Innern nach Lösungen suchen. Da sie sich jedoch mehr auf den materiellen Erfolg in der Außenwelt konzentrieren als auf ihre innere Entwicklung, widerstrebt ihnen diese Selbsterforschung im allgemeinen. Ob sie nun dadurch introvertiert erscheinen oder nicht, sie werden auf jeden Fall diese Fragen klären müssen wegen der inneren Last, an der sie schwer tragen, einer Bürde unbewußten Schmerzes.

Selbsterforschung, Verständnis und die Bereitschaft zu vergeben können diese Menschen allmählich in eine innige Beziehung zu den spirituellen Gesetzen im Herzen des Lebens bringen und dazu veranlassen, ihren Reichtum und sich selbst in den Dienst anderer zu stellen, statt weiterhin materiellen Wohlstand und Einfluß zu sammeln. Sie dienen ihren Mitmenschen, indem sie sie – ein lebendes Beispiel für Integrität – durch ihre Verbindung von Mitgefühl und Macht in Einklang mit einem höheren Willen inspirieren.

Alle Menschen mit der Lebenszahl 18/9 sollten sich sehr genau fragen: «Führe ich ein vorbildliches Leben?» Und dann sollten sie auf die Antwort warten. Wenn sie nicht tun, was sie predigen – und sie neigen tatsächlich zum Predigen –, wird das Leben auf dramatische Weise ihre Aufmerksamkeit darauf lenken, etwa durch Krankheiten, Unfälle oder das Scheitern von Beziehungen. An dieser Lebenszahl ist nichts Feinsinniges, und ebensowenig feinsinnig ist das Echo, das sie vom Leben bekommt.

Früher oder später werden Menschen mit der Lebenszahl 18/9, wenn sie genug gesehen, gefühlt und gelernt haben, um ihr Leben nach den höheren Gesetzen der Integrität auszurichten, von ihren Energien und inneren Möglichkeiten auf die eine oder andere Weise zum höchsten Wohle aller Gebrauch machen. Dann werden sie über ihre alten Tendenzen und ihren Schmerz hinauswachsen. Je stärker sie sich innerlich einem höheren Zweck verpflichten, um so eher werden sich ihre Energien auf positive Weise manifestieren. Ausschlaggebend für diese Menschen ist das Gesetz der Ehrlichkeit (S. 468); ihre tiefe Verbundenheit mit den spirituellen Gesetzen kann ihnen bei der Erfüllung ihrer Lebensbestimmung weiterhelfen. Aufgrund ihrer natürlichen Energie, Ausstrahlung und persönlichen Macht heben sich Menschen mit der Lebenszahl 18/9 immer von der Masse ab.

Die positive Gestalt der 18/9

Diese Menschen besitzen von Natur aus Tiefe, Ausstrahlung und magnetische Anziehungskraft. Ihre aufgeschlossene, charismatische Persönlichkeit spiegelt sowohl Intelligenz als auch umfassende Weisheit wider. Als brillante Strategen, die alle Spielregeln kennen und beherzigen, machen sie ihren Einfluß geltend und geben von ihrem Überfluß ab, um nicht nur für sich selbst, sondern zum Wohl aller etwas zu bewegen. Mit der spirituellen Kraft, die ihnen innewohnt, sind sie durch ihr Beispiel und ihre Anregung Vorbild und bringen andere auf gute Ideen. In ihrem Umkreis wird das Leben nie langweilig. Zupackend und kreativ stellen sie ihre Arbeit in den Dienst höherer Ziele.

Die negative Gestalt der 18/9

Obgleich ihre äußeren Umstände aus der Sicht anderer befriedigend zu sein scheinen, ist die Innenwelt dieser Menschen von Aufruhr, verdrängter Angst und einem Gefühl der Qual durchdrungen, da Gedanken an Sünde und Buße auf ihnen lasten. Sie sehnen sich nach Gesundheit und innerem Frieden, verfangen sich jedoch in ihren eigenen Ansichten und erstreben dabei absolute Macht und Kontrolle. Offen oder subtil predigen sie ihren Mitmenschen, wie das Leben gelebt werden sollte, halten sich aber selbst überhaupt nicht an diese Vorschriften. Abwehrend gegen alles, was ihr eigenes Leben von ihnen fordert, wollen sie über das Leben anderer Kontrolle ausüben. Sie übersehen ganz, welcher Segen in den Herausforderungen ihres eigenen Lebensweges für sie liegen könnte.

Die Lebensbereiche

Gesundheit

Viele Menschen mit der Lebenszahl 18/9 erfreuen sich einer guten bis ausgezeichneten Gesundheit; einige von ihnen leiden allerdings unter Asthma und Knochenkrankheiten oder nervlichen Problemen, darunter Schmerzen im Nacken oder unteren Rücken sowie anderen Symptomen, an denen ihre lange unterdrückte Angst vor Machtmißbrauch sichtbar wird. Die Qualen, die sie körperlich, geistig, emotional oder seelisch leiden, drängen sie immer weiter voran auf ihrem Lebensweg; im Positiven lernen Menschen auf dem Weg der 18/9 durch körperliche Erkrankungen Mitleid.

Was Ernährung und Körpertraining betrifft, so sind die Prinzipien für Menschen mit der Lebenszahl 18/9 einfach und klar: Sie müssen herausfinden, was am heilsamsten für sie ist, und danach leben. Im allgemeinen haben sie einen beträchtlichen Arbeitseifer; wenn sie einen Teil dieser Energie in irgendein Körpertraining einfließen lassen, gereicht das ihrem

Leben zum Vorteil. Welcher Art von sportlicher Betätigung sie nachgehen, ist nicht so wichtig, Hauptsache, sie tun überhaupt etwas, da Bewegung eine einfache Möglichkeit darstellt, sich mit den Naturgesetzen in Einklang zu bringen. Entweder betätigen sie sich körperlich und fühlen sich dadurch wohler, oder sie treiben keinerlei Sport und bekommen irgendwann die Quittung dafür.

Das gleiche gilt für ihre Ernährung. Statt sich an eine bestimmte Diät zu halten, ist es für Menschen mit der Lebenszahl 18/9 entscheidend, mehr von dem zu essen, was sie in Schwung bringt und nahrhaft ist, und von allem anderen weniger; auch hier gilt wieder, wie bei allen Neunen, das Gesetz von Ursache und Wirkung. Je mehr Integrität sie auf dem Gebiet der Gesundheit beweisen, indem sie herausfinden, was ihnen guttut, und sich daran halten, um so besser und anregender ist das Beispiel, das sie anderen geben.

Zwischenmenschliche Beziehungen

Menschen mit der Lebenszahl 18/9 können zwar leidenschaftlich und aufmerksam sein, aber intim zu werden und sich rückhaltlos zu öffnen fällt ihnen wegen ihrer latent vorhandenen Unsicherheit und ihres problematischen Kontrollverlangens nicht unbedingt leicht. Dennoch haben sie Charme, Energie und Seelentiefe zu bieten. Für sie ist es entscheidend, einen Partner zu finden, der zu ihnen hält und ihre Macht durch Feingefühl auszugleichen hilft – jemand, der sie so versteht und akzeptiert, wie sie sind, so daß sie dadurch zu sich selbst finden und sich schließlich sogar selbst vergeben können. Obwohl Ehe und Familie normalerweise nicht im Mittelpunkt ihres Lebens stehen, können sie durchaus eine Familie als Bühnenhintergrund für das große Drama ihres Lebens gründen.

Aufgrund ihrer starken schöpferischen Energien und des tiefeingewurzelten Bedürfnisses, sich an andere anzuschließen, spiegelt sich im Geschlechtstrieb von Menschen mit der Lebenszahl 18/9 ein großes körperliches, emotionales und spirituelles Verlangen wider, auch wenn sie sich dessen gar nicht bewußt sein mögen. Bei positiver Entwicklung können sie in der Sexualität eine tiefe Verbundenheit erleben.

Begabungen, Beruf und Finanzen

Durch ihren starken Charakter erlangen Menschen mit der Lebenszahl 18/9 im allgemeinen Führungspositionen. Sie werden zum Beispiel viel häufiger Rechtsanwälte, Bauunternehmer, Chirurgen oder Organisatoren als Verkäufer. Mit ihrem dynamischen, schöpferischen Geist sind sie meist allen einen Schritt voraus. Die Bedeutung und das Potential dieser Menschen liegt nicht in dem, was sie tun, sondern wie sie es tun; solange sie rücksichtsvoll auf ihre Mitmenschen zugehen und ein ausgeglichenes, integres Leben führen, das sich auf die Weisheit gründet, mit den spirituellen Gesetzen im Einklang zu sein, finden sie tiefe Erfüllung auf ihrem Lebensweg.

Ihre generell soliden finanziellen Verhältnisse legen Zeugnis ab für ihre Energien und Fähigkeiten, es sei denn, sie sind sich selbst im Wege mit negativen Überzeugungen oder Ängsten. Wichtig für sie ist, nie nach Geld um des Geldes willen zu trachten, sondern Geld und Einfluß als natürlichen Lohn für den Dienst an anderen anzusehen. Wenn sie sich das Dienen zum Ziel setzen, werden sie bei ihren schöpferischen Eingebungen und ihrem scharfen Verstand ganz von selbst zu Wohlstand und Einfluß kommen.

Bekannte Persönlichkeiten mit der Lebenszahl 18/9

Francis Bacon
Jimmy Carter
Erich Fromm
Jean Harlow
Heinrich Himmler
Charles Lindbergh
Fridtjof Nansen
Anaïs Nin
Günter Wallraff

Wege zum Wachstum

Wenn Sie die Lebenszahl 18/9 haben, können Ihnen die folgenden Vorschläge helfen, sich über Ihre Lebensbestimmung klarzuwerden, indem Sie Ihre Aufmerksamkeit auf die Kernfragen richten und so handeln, daß sich in Lebensbereichen mit Schlüsselfunktionen etwas ändert.

Empfehlungen

- Konzentrieren Sie sich auf das, was richtig ist, nicht darauf, wer recht hat.
- Haben Sie keine Angst vor Ihrer Macht; benutzen Sie sie einfach zum Wohl anderer.

- Fragen Sie sich, in welchen Lebensbereichen Sie mit gutem Beispiel vorangehen und in welchen nicht.
- Nutzen Sie Ihre schöpferischen Fähigkeiten für das, was Ihnen Freude macht.

Nützliche Fragen

1. Denken Sie über folgende Fragen nach:
   - Hängt mein Sicherheitsgefühl von Geld und Macht ab?
   - Lasse ich meine schöpferischen Energien in nützliche Vorhaben einfließen?
   - Habe ich schon einmal Geld- oder Machtprobleme mit anderen gehabt?
   - Ist mir Integrität genauso wichtig wie Erfolg?
2. Wie können Sie Einsichten, zu denen Ihnen diese Fragen vielleicht verholfen haben, in die Lebenspraxis übertragen?

Orientierungshilfen

1. Blättern Sie zu Teil II zurück, und lesen Sie noch einmal die Hauptabschnitte über die einzelnen Ziffern, aus denen sich Ihre Lebenszahl zusammensetzt: 1 (S. 53), 8 (S. 120) und 9 (S. 130).
2. Vielleicht möchten Sie sich die Lebenszahlen von Angehörigen und Freunden einmal anschauen und mit diesen zusammen, falls sie dafür aufgeschlossen sind, über gemeinsame oder auch unterschiedliche Lebensfragen sprechen.

Die wichtigsten spirituellen Gesetze

1. Lesen Sie sich jedes der folgenden Gesetze in Teil IV durch:
   - Das Gesetz des höheren Willens (S. 473): Unsere Bereitwilligkeit, einem höheren Zweck zu dienen, kann uns dazu anregen, auch andere zu inspirieren.
   - Das Gesetz der Ehrlichkeit (S. 468): Um anderen gegenüber ehrlich zu sein, müssen wir erst ehrlich uns selbst gegenüber sein.
   - Das Gesetz der Wahlfreiheit (S. 410): Von unserer schöpferischen Energie können wir positiv oder negativ Gebrauch machen.
   - Das Gesetz der Intuition (S. 477): Wenn wir aufhören, uns die Ansichten anderer zum Maßstab zu machen, können wir mit der Weisheit unseres Herzens eins werden.

- Das Gesetz der Flexibilität (S. 405): Indem wir flexibel bleiben, ziehen wir den größten Nutzen aus Schwierigkeiten und wechselnden Umständen.

2. Führen Sie die jeweils dort angegebenen Übungen durch.
3. Überlegen Sie, wie Sie diese Gesetze in Ihrem Leben beherzigen können.

27/9

9: Integrität und Weisheit
7: Vertrauen und Offenheit
2: Zusammenarbeit und Ausgewogenheit

Die Lebensbestimmung

Menschen auf dem Lebensweg der 27/9 sind hier, um sich mit Fragen der ausgewogenen Verantwortung, des Selbstvertrauens und der Integrität auseinanderzusetzen, indem sie auf den göttlichen Geist vertrauen, der sich in ihnen und ihren Mitmenschen manifestiert, und im Einklang mit der höheren Weisheit des Herzens leben. Da wir alle zur Erfüllung unseres Lebenssinns einen Berg zu erklimmen haben, müssen Menschen mit der Lebenszahl 27/9 ihre Neigung überwinden, Erfahrungen lieber zu rationalisieren, statt auf ihr Herz zu hören. Außerdem müssen sie sich mit den unterbewußten Problemen des Mißtrauens und Verrats befassen und ihr Herz öffnen, um den spirituellen Gesetzen zu folgen, die darin geschrieben sind.

Um einen Zugang zu den höheren Gesetzen ihres Herzens zu finden, müssen Menschen auf dem Weg der 27/9 zuerst aufhören, sich um die Meinung anderer zu kümmern, und lieber auf die eigene höhere Weisheit vertrauen, die sich eher in ihren Gefühlen zeigt als in ihrem Verstand. Die 7 bewirkt allerdings oft, daß diese Menschen jedermann trauen, nur nicht sich selbst – Lehrern, Meistern, Wissenschaftlern oder Ratgebern –, und so leben, wie andere es für richtig halten. Wir können alle von unseren Mitmenschen etwas lernen, aber Menschen mit der Lebenszahl 27/9 sind hier, um der Stimme ihres Herzens zu folgen.

Obgleich Integrität und Weisheit den Hauptlebenssinn dieser Menschen ausmachen, hat die 7 eine Schlüsselfunktion, weil sie auch lernen müssen, sich selbst zu vertrauen, um sich die höheren Prinzipien zu erschließen, durch die sie zur Integrität gelangen. Bis dahin können sie nur tun, was andere ihnen vorschlagen. Das Leben bringt sie in viele Situationen, die ihnen immer wieder das gleiche sagen: «Vertrau auf dein Herz; ordne deinen Verstand der Weisheit deines Herzens unter.» Der Begriff «Weisheit des Herzens» bezieht sich auf das Gefühl und könnte auch als Gewissen, universales Unbewußtes oder Intuition bezeichnet werden.

Ebenso wie Menschen mit der Lebenszahl 25/7 können auch die auf dem Weg der 27/9 süchtig nach Bewußtseinserweiterung werden und als spirituelle Vagabunden von einem Workshop, Guru oder Ashram zum nächsten wandern, immer auf der Suche nach Lehrern, Führern und anderen Lebenshelfern, die ihnen Bestätigung und Anleitung geben können. Je mehr sie auf die Ansichten anderer hören, um so schwerer fällt es ihnen, zum Mittelpunkt ihrer eigenen Gefühle durchzudringen.

Da sich die Energie der 7 meist auf das Verstandesmäßige richtet und diese Menschen dazu bringt, Gefühle zu vermeiden, die früher einmal schmerzhaft gewesen sind, haben sie große innere Prüfungen zu bestehen, ehe sie einen Zugang zu den spirituellen Gesetzen finden und damit in Einklang leben. Ein Anzeichen dafür, daß sie mehr im Kopf leben als in Verbindung mit ihrem Gefühl, ist dann gegeben, wenn sie etwas viel wortreicher als nötig erklären. Sobald sie den Kontakt zu ihrer Empfindung verloren haben, reden sie um den Kern einer Sache herum; in Gesellschaft führen sie belanglose Gespräche, ohne damit den anderen oder sich selbst wirklich etwas mitzuteilen. Trotz ihrer Munterkeit nach außen hin fühlen sie sich innerlich oft wie Einsiedler und sehen manchmal auch so aus, und sie brauchen unbedingt ihre Privatsphäre.

Angesichts dieses Bedürfnisses nach Zurückgezogenheit kann man sich vorstellen, wie schwierig das Leben von Elvis Presley gewesen sein muß; er spürte so etwas wie den göttlichen Geist in sich wirken, und das war sicher auch der Grund für seine magische Wirkung auf Millionen Menschen, aber er ließ sein Leben von anderen bestimmen, statt seinem eigenen Herzen zu folgen, und das zerstörte ihn. Errol Flynn, der ebenfalls die Lebenszahl 27/9 und eine starke Ausstrahlung hatte, ist das typische Beispiel für jemanden, der seine körperlichen Begierden und Impulse über die intuitiven Regungen seines Herzens regieren ließ. Der eine wie der andere hat auf seine Art seine Integrität verloren; obwohl beide in vieler Hinsicht ein Vorbild waren, sind sie absolut kein mustergültiges Beispiel dafür, wie man in Übereinstimmung mit den höheren Prinzipien leben sollte.

Die meisten Menschen mit der Lebenszahl 27/9 wirken selbstsicher und besitzen ein natürliches Charisma sowie die Führungsqualitäten der Neun. Mit ihren manchmal sehr bestimmten Gedanken und Ansichten überkompensieren sie ihr mangelndes Selbstvertrauen. Ihre Ansichten verwandeln sich oft in fanatische Überzeugungen von irgendeiner Idee, Person oder Methode. Da sie ihre Identität aus ihren Überzeugungen und Ansichten beziehen, können sie auch mit den anfänglich besten Absichten Fanatiker werden. Das forsche Auftreten dieser Menschen maskiert nur eine tieferliegende Unsicherheit; sie haben ein unbestimmtes Identitätsgefühl und sind andauernd bestrebt, sich neu zu definieren. Stille Eiferer, die sie oft sind, halten sie manchmal ihre eigene Meinung irrtümlicherweise für den Willen Gottes.

Aufgrund der 2 verwirklichen sich diejenigen auf dem Weg der 27/9, die zu einem höheren Ziel erwacht sind, in der Unterstützung anderer und in der Zusammenarbeit mit ihnen. Sie brauchen nicht zu predigen, und sie sehen meist nicht einmal «durchgeistigt» aus; welche Rolle sie im Leben auch spielen oder welchem Beruf sie auch nachgehen mögen, immer lehren sie andere durch ihr Vorbild. Ob sie sich dabei einer «spirituellen» Sprache bedienen oder nicht, ist gleichgültig. Ihre Führungsqualitäten und ihre Fähigkeit, anderen durch ihr Beispiel ein Ansporn zu sein, sind die entscheidenden Faktoren für ihre Lebensbestimmung; sie lehren andere durch ihr Leben. Wenn ihr Leben von Integrität zeugt, sind keine Worte notwendig; tut es das nicht, sind alle Worte vergebens.

Viele spirituelle und religiöse Lehrer haben die Lebenszahl 27/9, darunter Mahatma Gandhi, Paramahansa Yogananda, Oscar Ichazo, Papst Johannes XXIII., Papst Pius XIII., Albert Schweitzer, Henry David Thoreau, Kahlil Gibran und sogar Shirley MacLaine. Hinzu kommen noch die nichtreligiösen Leitbilder mit ganz eigener Ausstrahlung wie Elvis Presley, Ray Charles und Johannes Brahms.

Das andere Extrem sind gefährliche Lehrer mit Charisma, von denen ebenfalls viele die Lebenszahl 27/9 haben und die scharenweise Anhänger anziehen, aber nicht praktizieren, was sie predigen, sondern sich mit dem höheren Rang oder Grad ihrer Selbstverwirklichung entschuldigen. Sie müssen ebenso ihre Lektionen lernen wie ihre Anhänger.

Viele Menschen auf dem Weg der 27/9 fürchten die Spiritualität aus einer unterbewußten Angst heraus, sich zu verbrennen (d. h. verfolgt und gemartert zu werden). Ob sie sich dessen voll bewußt sind oder nicht, wenn sie ihre Psyche erforschen, spüren sie eine innerliche Verwandtschaft mit jenen, die einst verfolgt wurden, weil sie den höheren Gesetzen des göttlichen Geistes treu waren statt den jeweils Herrschenden. Die Archetypen der «Sünde» und «Buße» schlummern in ihrem Bewußtsein, auch wenn sie selbst solche Worte nie im Munde führen würden.

Ganz gleich, ob sich diese Menschen zu spirituellen Ideen hingezogen fühlen oder ihnen lieber aus dem Weg gehen, immer spüren sie ein Verlangen nach höherer Weisheit, wollen die Leitprinzipien des Lebens kennen und weitergeben, sehnen sich nach dem Mitgefühl und Verständnis anderer und würden gern in gleichem Maße zurückgeben, was sie empfangen.

Menschen auf dem Pfad der 27/9 entwickeln mit der Zeit Selbstvertrauen, indem sie unmittelbare Erfahrungen machen, statt nur von einem weisen Lehrer oder aus Büchern zu lernen. Mit anderen Worten: Sie müssen die höhere Weisheit erfahren und deren Inspiration direkt spüren. Sie müssen den Geist in ihrem eigenen und im Innern anderer erkennen und erspüren. Wie gut es ihnen äußerlich auch gehen mag in ihrem Leben, ein Teil von ihnen wird letztlich nicht eher ruhen, bis sie diese Wahrheit erkannt haben.

Die positive Gestalt der 27/9

Diese Menschen strahlen eine Tiefe und ein Charisma aus, das in ihrem innigen Glauben an den göttlichen Geist begründet ist, der durch sie wirkt. Dank ihrer Ausgeglichenheit und mitfühlenden Weisheit haben sie auch gelernt, auf das Göttliche in ihren Mitmenschen und in den Lebensumständen zu vertrauen, die ihnen, wie angenehm oder widrig sie auch sein mögen, eine Lehre sind. Ihre Bedürfnisse werden zwar im allgemeinen befriedigt, aber selbst im Unglück sind sie noch dankbar für die Lektion, die ihnen dadurch erteilt wird. Sie sind geborene Führungspersönlichkeiten, die mit ihrem Beispiel lehren. Dem Dienst an ihren Mitmenschen ergeben und eher ein Sprachrohr universaler Weisheit als starrer Anschauungen, beflügeln sie andere durch ihre Integrität und ihre Übereinstimmung mit den höheren Gesetzen. Sie leiten durch ihr Vorbild an. Da sie sich innerlich dem höheren Willen verbunden fühlen, ist ihr Dienst am Nächsten sehr wirkungsvoll.

Die negative Gestalt der 27/9

Bei diesen irregeleiteten Predigern und ewigen Suchern kreist alles um eine bestimmte Lehre, Methode, Religion oder Philosophie. Als stille Fanatiker leben sie nach dem Diktat anderer, machen sich deren Ansichten zu eigen und handeln dann so, als wären diese Ansichten heilig. Menschen ohne Selbstvertrauen folgen ihnen gern und bewundern sie, weil sie starre Ansichten mit spiritueller Autorität verwechseln. Tief innerlich fühlen sich solche Menschen einsam und verlassen, abgeschnitten von der Welt und den wahren Eingebungen ihres Lebens, da sie ihrem Verstand mehr trauen als ihrem Herzen. Sie fürchten den Betrug von seiten anderer – oder von seiten ihres eigenen Körpers – und beschwören ihn damit geradezu herauf.

Die Lebensbereiche

Gesundheit

Die meisten Menschen mit der Lebenszahl 27/9 schleppen unbewußt einen Haufen Schutt mit sich herum, darunter drückende Lasten aus der Kindheit. Die 7 bedeutet, daß sie unter Umständen leichte Beschwerden in der Herzgegend spüren, falls sie das chronische Gefühl nicht loswerden, betrogen zu werden.

Das Empfinden, isoliert oder abgetrennt zu sein, kann bei manchen Menschen mit der Lebenszahl 27/9 zu psychischen Störungen führen, aber auch zu Drogen- oder Alkoholmißbrauch, womit sie ihre inneren Qualen zu dämpfen suchen. Es liegt eine traurige Ironie darin, daß sie bei Drogenabhängigkeit in einem äußeren Mittel die Verbindung zum Göttlichen suchen, die längst in ihnen da ist.

Worauf sie in Ernährungs-, Körpertrainings- und generell Gesundheitsfragen achten müssen, ist klar: Sie müssen ihren Instinkten, ihrer Intuition und ihren unmittelbaren Erfahrungen folgen. Wahrscheinlich kennen sie die neuesten Theorien und Methoden in Sachen Ernährung und Fitneß, aber alles, was sie wissen, sollten sie erst anhand ihrer intuitiven Regungen überprüfen und dann handeln. Sie täten gut daran, sich die guten wie die bösen Folgen ihres Handelns oder Nichthandelns, dessen, was sie essen oder nicht essen und was sie für ihren Körper tun oder nicht tun, klarzumachen. Was immer sie tun, ist für andere in ihrer Umgebung ein Vorbild.

Da sich Menschen mit der Lebenszahl 27/9 vorwiegend auf verstandesmäßige Wahrnehmungen und geistige Prozesse konzentrieren, sind sie sehr weit entfernt vom Körperlichen und Erdhaften. Ein Körpertraining ist nicht nur gut für sie, weil es für einen ausgeglichenen Körper und einen klaren Kopf sorgt, sondern hilft ihnen auch, mit den greifbaren, praktischen Dingen des täglichen Lebens in Berührung zu bleiben. Am besten wirkt bei ihnen ein Training, das sie anhand ihrer eigenen Erfahrungen wählen.

Meditation, in welcher Form auch immer, gibt diesen Menschen die

Chance, ihren Geist ruhen zu lassen und inneren Frieden zu finden. In diesem Frieden spricht ihr Herz zu ihnen.

Zwischenmenschliche Beziehungen

Diejenigen, die von der Energie der 27/9 beeinflußt werden, haben entweder ein umfassendes Einfühlungsvermögen und emotionale Tiefe entwickelt, oder sie haben sich eine emotionale Persona geschaffen, eine Maske, mit der sie ihre Kopflastigkeit gegenüber dem Leben kompensieren. Entscheidend für ihre Beziehungen ist, daß sie vom unablässigen Denken abgehen und in eine Dimension des Fühlens eintauchen, die ungetrübt ist von Gedanken, Überzeugungen und Meinungen.

Ihre Beziehungen geben ihnen die Chance, die Erfahrung der Verletzlichkeit zu machen und die Lektion des Vertrauens zu lernen. Für Menschen mit der Lebenszahl 27/9 sind Beziehungen nicht als solche wesentlich, sondern als Möglichkeit, zu wachsen und Verbundenheit zu erleben; Probleme, die entstehen, sind Lektionen auf ihrem Weg und Hilfen zum Wachstum.

Guter Sex ist für diese Menschen wie ein Gang zur Beichte. Die Sexualität ist für sie im allgemeinen eher ein Mittel, um Harmonie, Gemeinsamkeit und Gemeinschaft zu finden, statt sich unbekümmert der Lust hinzugeben. Sie genießen sexuelle Beziehungen in dem Maße, wie sie sich der gedankenlosen Weisheit und Freude ihres Körpers unterwerfen und anvertrauen.

Begabungen, Beruf und Finanzen

Aufgrund der ihnen eigenen Liebe zur freien Natur, die allerdings nicht immer zum Ausdruck kommt, geben Menschen mit der Lebenszahl 27/9 zum Beispiel gute Berg- und Wanderführer ab, aber sie glänzen ebensogut auch in hochtechnischen Berufen. Sie sind kreativ in dem Sinne, daß sie zur tieferen Weisheit durchdringen. Da sie gern allein sind, leisten sie auch als Forscher Hervorragendes.

Die meisten Menschen auf diesem Weg eignen sich besonders gut für Dienstleistungs-, Pflege- oder Heilberufe im weitesten Sinne des Wortes. Durch ihr natürliches Charisma, das sie selbst nicht immer erkennen oder dem sie nicht immer vertrauen, sind sie oft bewundernswerte Tänzer, Schauspieler oder bildende Künstler, die ihre Kunst erst dann als sinnvoll empfinden, wenn sie einem höheren Zweck oder dem Gemeinwohl dient.

Da sie im Unterbewußtsein das Armutsgelübde gutheißen, das Mönche und Nonnen abzulegen pflegen, haben sie häufig eine gewisse Abneigung gegen Geld und weltlichen Erfolg. Wenn in ihrem Leben Geldmangel herrscht, sollten sie sich vielleicht mit ihrer positiven oder negativen Einstellung zum Geld auseinandersetzen. Sie dürften auch davon profitieren, ihre Probleme mit dem Selbstvertrauen zu ergründen, die ihnen auf manchen Tätigkeitsfeldern hinderlich sein können. Für Menschen auf dem Weg der 27/9 ist Geld, ebenso wie fast alles andere im Leben auch, nur ein Mittel, um mehr über die Wirkungsweise ihrer eigenen Psyche zu erfahren. Ihre starke Persönlichkeit und Tiefgründigkeit prädestiniert sie für Führungspositionen. Im allgemeinen verdienen sie genug, um ihre Bedürfnisse zu befriedigen, und mehr.

Bekannte Persönlichkeiten mit der Lebenszahl 27/9

Peter Alexander
Johannes Brahms
Wolf Biermann
Harrison Ford
Mahatma Gandhi
Günter Grass
Jimi Hendrix
Herbert von Karajan
Elvis Presley
Albert Schweitzer
Rudolf Steiner
Orson Welles

Wege zum Wachstum

Wenn Sie die Lebenszahl 27/9 haben, können Ihnen die folgenden Vorschläge helfen, sich über Ihre Lebensbestimmung klarzuwerden, indem Sie Ihre Aufmerksamkeit auf die Kernfragen richten und so handeln, daß sich in Lebensbereichen mit Schlüsselfunktionen etwas ändert.

Empfehlungen

- Vertrauen Sie darauf, daß Ihre tiefinnersten Gefühle Ihnen den Weg zu genau den Lektionen weisen, die Sie hier auf Erden lernen müssen.
- Denken Sie jeden Tag aufs neue daran, daß der göttliche Geist in Ihnen und all Ihren Mitmenschen erstrahlt.
- Vergeben Sie sich selbst, wenn Sie Fehler gemacht haben.
- Nehmen Sie Ansichten nicht zu ernst – weder Ihre eigenen noch die anderer.

Nützliche Fragen

1. Denken Sie über folgende Fragen nach:
   - Ist mein Leben ein Musterbeispiel für höchste Integrität?
   - Was beflügelt mich?
   - Wer kennt sich am besten in meinem Leben aus?
   - Weiß ich meine eigene und die Entwicklung anderer zu würdigen?

Orientierungshilfen

1. Blättern Sie zu Teil II zurück, und lesen Sie noch einmal die Hauptabschnitte über die einzelnen Ziffern, aus denen sich Ihre Lebenszahl zusammensetzt: 2 (S. 62), 7 (S. 110) und 9 (S. 130).
2. Vielleicht möchten Sie sich die Lebenszahlen von Angehörigen und Freunden einmal anschauen und mit diesen zusammen, falls sie dafür aufgeschlossen sind, über gemeinsame oder auch unterschiedliche Lebensfragen sprechen.

Die wichtigsten spirituellen Gesetze

1. Lesen Sie sich jedes der folgenden Gesetze in Teil IV durch:
   - Das Gesetz des höheren Willens (S. 473): Unsere Bereitwilligkeit, einem höheren Zweck zu dienen, kann uns dazu anregen, auch andere zu inspirieren.
   - Das Gesetz der Intuition (S. 477): Wenn wir aufhören, uns die Ansichten anderer zum Maßstab zu machen, können wir mit der Weisheit unseres Herzens eins werden.
   - Das Gesetz des Vertrauens (S. 458): Nur wer sich selbst vertraut, kann auch anderen vertrauen.
   - Das Gesetz der Flexibilität (S. 405): Indem wir flexibel bleiben, können wir den größten Nutzen aus Schwierigkeiten und wechselnden Umständen ziehen.
   - Das Gesetz der Urteilsfreiheit (S. 454): Das Universum urteilt nicht; es lehrt uns anhand der natürlichen Konsequenzen.
2. Führen Sie die jeweils dort angegebenen Übungen durch.
3. Überlegen Sie, wie Sie diese Gesetze in Ihrem Leben beherzigen können.

36/9

9: Integrität und Weisheit
6: Vision und Annehmen
3: Ausdruck und Feingefühl

Die Lebensbestimmung

Menschen auf dem Lebensweg der 36/9 sind hier, um sich mit Fragen der emotionalen Ehrlichkeit, der perfektionistischen Ideale und des Selbstzweifels auseinanderzusetzen, während sie lernen, im Einklang mit der Weisheit ihres Herzens zu leben, und dadurch im Alltagsleben ein Beispiel für Integrität sind. Da uns auf unserem Pfad nichts geschenkt wird, sind auch Menschen mit der Lebenszahl 36/9 mit bedeutenden Hindernissen auf ihrem Weg konfrontiert und brauchen unter Umständen Jahre, bis sie gelernt haben, ihre eigenen Gefühle zu würdigen und höher zu bewerten als perfektionistische Ideale oder die Ansichten anderer. Eine wesentliche Herausforderung besteht für sie darin, *herauszufinden, was sie wirklich fühlen,* im Gegensatz zu dem, was sie meinen, fühlen zu «sollen».

Obgleich Menschen mit der Lebenszahl 36/9 ihre Lebensbestimmung mit anderen Neunen gemeinsam haben, sorgen die 3 und die 6 dafür, daß ihr Lebensweg erheblich von dem der 18/9, 27/9 oder 45/9 abweicht. Der Perfektionismus der 6 beeinflußt und verstärkt die diesen feinfühligen, feinsinnigen Menschen eigenen Selbstzweifel. Da sie den Maßstab des Idealen bei sich anlegen, wird ihnen die Vorstellung, hier ein Leben in «höchster Integrität» führen zu sollen, unmöglich oder überwältigend schwer erscheinen, insbesondere deshalb, weil sie darunter «vollkommene Integrität» verstehen, statt einfach auf die Stimme ihres Herzens zu hören.

Die 3 und die 6 verstärken außerdem die große Empfindlichkeit dieser Menschen gegenüber Kritik, da sie ohnehin schon leicht von den Meinungen anderer zu beeinflussen sind. Aufgrund der perfektionistischen

Maßstäbe, an denen sie sich messen, verzagen sie immer wieder und lassen sich entmutigen, und oft geben sie bereits auf, bevor sie überhaupt begonnen haben. Sie tragen eine Maske der Sicherheit zur Schau, aber wenn sich diese Sicherheit realisieren soll, müssen sie ihrer Neigung entgegenwirken, von manischer Selbstüberhebung in Zweifel und Depression zu verfallen. Sie müssen in dieser Tendenz eine Aufgabe auf ihrem Weg sehen, eine Hürde, die es zu überwinden gilt. Indem sie das Gesetz des Handelns (S. 483) anwenden, lernen sie, ihre Selbstzweifel zu erkennen und zu durchbrechen.

Die meisten Menschen mit der Lebenszahl 36/9 haben ein unsicheres Gefühl der eigenen Mitte oder Identität; sie suchen nicht nur nach ihren wahren Gefühlen, sondern auch danach, wer sie sind. Durch die kombinierten Hürden des Selbstzweifels, des Perfektionismus und des unsicheren Identitätsgefühls neigen sie stark dazu, sich und ihren Wert im Verhältnis zu den Ansichten und Erwartungen anderer zu definieren und nach der Bestätigung dafür zu suchen, daß sie sich ideal verhalten oder die Art von Mensch sind, die den Beifall anderer findet.

Menschen auf dem Weg der 36/9 sind hier, um ihre Sicht der Dinge zu erweitern und einzusehen, daß ihre tiefsten Eingebungen sie manchmal dazu verleiten, «Fehler» zu begehen, damit sie wichtige oder gar lebensverändernde Lektionen lernen können. Schwierigkeiten, die sich durch eine bestimmte Entscheidung einstellen, bedeuten nicht unbedingt, daß die Entscheidung falsch war, daß sie vom Weg abgekommen sind oder ihrem Gefühl nicht trauen dürfen.

Zugleich müssen diese Menschen ihr Leben einer höheren Autorität unterordnen – der Weisheit, die auf ihrer innigen Verbindung zu den spirituellen Gesetzen beruht -, so daß sie ein Vorbild an Integrität sein können, wozu sie letztlich da sind. Da sie meist das Ideal anstreben anstelle dessen, was *für sie* wirklich ist, kann ihnen das Gesetz der Intuition (S. 477) helfen, sich wieder der weisesten und liebevollsten Führung anzuvertrauen, die sie in ihrem Leben finden können: ihrer inneren Weisheit.

Sobald Menschen mit der Lebenszahl 36/9 sich und andere so annehmen, wie sie sind, öffnen sie sich der größten Herausforderung ihres Lebens: der Möglichkeit, anderen mit ihrem Leben ein anspornendes Vorbild zu sein. Ein solcher Ansporn zu sein erfordert weder Heldenhaftigkeit noch Ruhm, sondern nur ein ganz normales Leben, das sich auf die höheren Gesetze des Herzens gründet, statt auf gedankliche oder körperliche Impulse.

Meist geraten Menschen mit dieser Lebenszahl irgendwann in Situationen, die ihnen klarmachen, daß sie sich wieder auf ihre eigenen Bedürfnisse und Wünsche besinnen müssen. Wie bereits erwähnt, ist das aufgrund ihres Vollkommenheitswahns und der starken Tendenz, ihre Ideale über ihre echten Gefühle zu stellen, eine schwere Aufgabe für sie. Man frage jemanden mit der Lebenszahl 36/9 einmal, wie er sich fühlt; die Antwort wird entsprechend seiner Idealvorstellung darüber ausfallen, wie «gut, freundlich, liebevoll, tapfer oder beschwingt» er sich fühlen müßte. Ehe die 36/9 zur Selbsterkenntnis kommen oder ganz sie selbst sein kann, muß sie sich erst ihre wahren Gefühle bewußtmachen und akzeptieren. Dann kann sie anderen gegenüber ehrlich sein, weil sie gelernt hat, ehrlich mit sich selbst zu sein – ein Prinzip, das im Gesetz der Ehrlichkeit (S. 468) ausgedrückt ist.

Als Verstandesmenschen und Perfektionisten wollen Menschen mit der Lebenszahl 36/9 alles richtig machen, sei es beim Kochen, beim Sex oder bei Abschlußprüfungen. Sie sind im allgemeinen reizbar und nervös und reagieren gesundheitlich äußerst empfindlich auf ihren Geistes- und Gemütszustand. Beim Lernen in einer Gruppe, etwa als Schüler oder Studenten, setzen sie sich selbst unter Druck; am Anfang ist noch alles in Ordnung, doch dann beginnen sie, Vergleiche mit den anderen anzustellen, um zu sehen, «wie sie abschneiden»; meist vergleichen sie sich mit dem Klassenbesten. Durch diese Vergleiche und durch ihre unrealistisch hohen Maßstäbe haben sie andauernd das Gefühl, nicht gut genug zu sein.

Sie lassen sich überwiegend durch ihre eigenen unerreichbaren Maßstäbe und Werturteile, die ihrer Einbildung nach allerdings von anderen stammen, den Wind aus den Segeln nehmen und entmutigen, bis sie einen entscheidenden Sprung tun und entdecken, daß sie im Grunde klüger, stärker und mehr wert sind, als sie bisher angenommen hatten. Wenn sie diesen Sprung wagen, hebt sich ihr Selbstwertgefühl und damit ihr Lebensmut. Dann beginnen sie, sich ihren Idealen *allmählich anzunähern,* statt sich gleich als Versager zu fühlen, weil sie ihnen nicht gerecht werden.

Solange sie noch nicht mit ihrer inneren Weisheit, die sowohl ihre Lebensaufgabe als auch ihr Geburtsrecht darstellt, in Fühlung sind, lernen sie im allgemeinen recht langsam durch Erfahrung. Unter Umständen wundern sie sich, wie sie bloß in ihre jeweilige Lage gekommen sind. Wenn sie Entscheidungen fällen, ohne sich deren Folgen klarzumachen, wird ihnen das Gesetz von Ursache und Wirkung, das die reale Welt regiert, auf unangenehme Weise beigebracht. Während sie dazulernen, werden sie immer weiser, und am Ende geht die Saat der tiefen Weisheit in ihnen auf, so daß sie allmählich erkennen, wie sich die spirituellen Gesetze in einen größeren Zusammenhang einordnen.

Menschen auf dem Weg der 36/9 meiden metaphysische oder spirituelle Ideen meist eine Zeitlang, was durch eine unbewußte angstauslösende Identifikation mit den frühen Mystikern oder mit Denkern und Neuerern begründet ist, die verfolgt wurden. Sobald sie zumindest einen Teil ihrer Selbstzweifel und perfektionistischen Vorstellungen ausgeräumt haben, besinnen sie sich auf ihre intuitive Weisheit und machen von ihr Gebrauch. Dann wird die Welt zu einem Ort, den sie zu erforschen und zu verstehen suchen; die Gesetze der Wirklichkeit und dessen, was alle Dinge im Innersten bewegt, wecken ihre Neugier. Sie besitzen die Fähigkeit, Grundwahrheiten, alte Geheimnisse und die ewige Weisheit zu suchen und zu finden.

Die durch die Energie der 6 bedingte visionäre Weitsicht in Verbindung mit der Tiefe und dem Charisma der 9 und der intuitiven Feinfühligkeit der 3 verleiht diesen Menschen die außergewöhnliche Fähigkeit, verborgene oder innere Weisheit zu erfassen. Man vergleiche einmal den analytischen schöpferischen Geist von Sigmund Freud (Lebenszahl 31/4), dem Begründer der Psychoanalyse, mit den archetypischen Entdeckungen von C. G. Jung (Lebenszahl 36/9). Freud hatte nichts für Jungs Ideen übrig und kritisierte ihn. Jung mußte seine extremen Selbstzweifel überwinden und sich trotz der Warnungen seines Mentors auf seine eigene innere Weisheit verlassen.

Menschen mit der Lebenszahl 36/9 sollen auf dieser Erde ihre hehren Visionen und hohen Ideale mit den praktischen Gegebenheiten in ein ausgewogenes Verhältnis bringen, sich selbst und andere akzeptieren und ihre Familie, ihre Freunde sowie die ganze Welt an ihrer Weisheit teilhaben lassen. Vor allem jedoch sollen sie sich nach den spirituellen Gesetzen ausrichten, die ihr Herz ihnen intuitiv offenbart.

Das wichtigste «Lehrmittel» von Menschen mit der Lebenszahl 36/9 ist nicht der Mund, sondern ihr Beispiel. Wie alle Neunen müssen sie sich stets die Worte Mahatma Gandhis vergegenwärtigen und einprägen: «Mein Leben ist meine Lehre.» Indem sie im Einklang mit ihrem Herzen leben und Frieden schließen mit ihren Visionen, stehen sie zu sich selbst und begeben sich voll in das Leben, zu dem sie geboren wurden.

Die positive Gestalt der 36/9

Da sie mit ihren wahren Bedürfnissen, Wünschen und Gefühlen in inniger Verbindung stehen, statt an Idealvorstellungen zu haften, sind die inneren Sinne dieser Menschen geschärft und ist ihre intuitive Weisheit gesteigert. Mit ihrer tiefen Erkenntnis der Wirklichkeit, die sie bejahen, haben sie eine vollkommenere Vision von sich selbst und der Welt, aber zugleich haben sie gelernt, beides zu akzeptieren, wie es im Augenblick ist – im Begriff, sich zur Vollkommenheit zu entwickeln. Sie müssen sich zwar immer noch mit Selbstzweifeln herumplagen, aber sie haben den Mut gefunden, über ihre Zweifel hinauszugehen, dorthin, wohin der göttliche Geist sie führt. Ob ihr Leben konventionell oder unkonventionell verläuft, sie leben nach höheren Gesetzen und Idealen und sehen die Tiefen und die möglichen Höhen des Lebens. Sie sind dieser Welt durch den Dienst verbunden, den sie ihr leisten, indem sie die ewige Weisheit zum Ausdruck bringen, zu der sie Zugang gefunden haben.

Die negative Gestalt der 36/9

Diese Menschen wollen unbedingt gefallen. Ihr Selbstausdruck ist blockiert, da sie sich durch die Meinungen anderer definieren. Vorurteilsvoll und kritisch gegenüber sich selbst und anderen, spüren sie bei ihren Mitmenschen sehr schnell Unvollkommenheiten auf, während sie selbst äußerst empfindlich auf jedwede Kritik reagieren. Reizbar, nervös und von Selbstzweifeln gehemmt, gehen sie stets auf Nummer Sicher und halten sich an die Konventionen, an eine Routine, an das Vertraute. Sie fürchten einen Fehlschlag, der nur wieder ihre Enttäuschung über sich selbst und die Welt verstärken würde, wenn sie Neuland betreten würden. Die Wirklichkeit kann ihren Erwartungen und Hoffnungen nie gerecht werden.

Die Lebensbereiche

Gesundheit

Wie sie auch aussehen mögen, ihr intensives Kraftfeld verleiht den meisten Menschen mit der Lebenszahl 36/9 eine Attraktivität, die andere Leute eher spüren als mit den Augen sehen. Kameras erfassen in der Regel auch Energiefelder, und so sind diese Menschen meistens fotogen, wie das Beispiel von Brigitte Bardot (Lebenszahl 36/9) beweist.

Da sich bei Menschen mit der Lebenszahl 36/9 die Feinfühligkeit der 3 mit den hohen Idealen der 6 vereint, sind sie leicht mutlos oder deprimiert, wenn sie selbst oder andere ihren Erwartungen nicht entsprechen. Chronische Depressionen können ihr Immunsystem beeinträchtigen und ständigen Erkältungen, Streßkopfschmerzen und anderen Symptomen von Depressivität Tür und Tor öffnen.

Bei negativer Entwicklung sind diese Menschen im allgemeinen reizbar; empfindliche Bereiche sind das Nervensystem, die Sexualorgane und der Unterleib. Außerdem dürften sie anfällig sein für Halsschmerzen und chronische Kieferverspannung, wenn sie ihre Gefühle zurückhalten.

Wenn sie Nahrung zu sich nehmen, die ihrer körperlichen Verfassung nicht zuträglich ist, werden sie wahrscheinlich unter Verdauungsbeschwerden, Hautausschlägen und anderen Folgebeschwerden leiden; mit der Zeit lernen sie, ihre Ernährung ihrer wachsenden Einsicht in das anzupassen, was für sie das Beste ist. Die Ernährung ist für sie eine grundlegende Möglichkeit, mit gutem Beispiel voranzugehen, denn sie wissen, was geschieht, wenn sie etwas essen oder trinken, was ihnen nicht guttut. Wenn Menschen auf dem Weg der 36/9 endlich ihren eigenen Instinkten folgen, wenden sie sich höchstwahrscheinlich ganz von selbst einer frischen, abwechslungsreichen Kost zu und essen schließlich mehr von dem, was ihnen gut bekommt, und immer weniger von dem, was nicht ihrer Gesundheit und Vitalität dient.

Alle Menschen mit der Lebenszahl 36/9 profitieren von einer täglichen Bewegungsroutine, sei es einem flotten Spaziergang, einem Krafttraining oder einer anspruchsvolleren Sportart. Ihr Körper braucht jeden Tag Bewegung, Dehnung und Tiefenatmung, um Spannungen abzubauen und im Gleichgewicht zu bleiben. Welche Art von Training sie sich aussuchen, spielt keine Rolle, solange es regelmäßig geschieht – ein paar Minuten täglich sind besser als nichts. Wie in anderen Lebensbereichen auch, sollten sie sich fragen, ob sie mit ihrem Körpertraining anderen ein Vorbild sind. Schon der Anblick von jemandem, der sich täglich fit hält, wirkt auf manche Leute anspornend. Menschen mit der Lebenszahl 36/9 sollten grundsätzlich keine idealen Entschlüsse fassen oder sich Projekte vornehmen, die sie nicht ausführen können. Am besten fangen sie in Maßen an, so daß es ihnen leichtfällt und sie Erfolgserlebnisse haben; das Sprichwort «Besser ein Spatz in der Hand als eine Taube auf dem Dach» ist hier zu beherzigen. Vor allem müssen sich Menschen mit der Lebenszahl 36/9 in Geduld üben und durch Experimente herausfinden, was ihnen guttut; auf diese Weise lernen sie durch Erfahrung, und dann können sie auch anderen etwas von ihrer Lebensweisheit vermitteln.

Zwischenmenschliche Beziehungen

Aufgrund ihres inneren Drucks, «gut» zu sein, sich «verbessern» und alles «richtig» machen zu müssen, neigen Menschen mit der Lebenszahl 36/9 zu nervöser Hyperaktivität und können kaum stillsitzen, wenn sie nicht gerade müde sind. Sie sind eifrig darauf bedacht, es anderen recht zu machen, und reden schnell, um mit ihren Gedanken mitzuhalten, die ständig kommen und gehen. Diese Eigenschaft beeinträchtigt ihre Beziehungen, da andere sich durch ihre Reizbarkeit und Sensibilität leicht gestört fühlen. Wenn sie jedoch mit ihrem Gefühl eins werden, merken sie, daß keine langen Reden nötig sind.

Ein Hauptbeziehungsproblem dieser Menschen sind ihre Ideale, die ihre wahren Gefühle blockieren. Infolgedessen fällt es ihnen schwer, sich ehrlich zum Ausdruck zu bringen. Beziehungen sind eine hervorragende Gelegenheit für sie, in diesem Bereich zu wachsen.

Ein Verhältnis mit diesen Menschen, die sich an höchsten Maßstäben orientieren, kann für diejenigen, die mit ihnen zusammenleben, eine Last sein. Aber sobald sie über ihre Urteile sich selbst und anderen gegenüber hinaus sind, öffnen sie sich einer entspannten, für beide Seiten angenehmen Beziehung. In den sexuellen Beziehungen von Menschen mit der Lebenszahl 36/9 spiegeln sich die Probleme ihres Schicksalsweges wider: Selbstzweifel, Perfektionismus und Leistungsdenken auch beim Sex und – bei einigen von ihnen – Fragen der «Moral». Je positiver sie auf ihrem Lebensweg voranschreiten, um so liebevoller, intimer und erfreulicher wird auch ihr Sexualleben.

Begabungen, Beruf und Finanzen

Menschen mit der Lebenszahl 36/9 führen oft ein Leben, das sehr bürgerlich wirkt, und halten sich unter Umständen aus unbewußten Ängsten oder Selbstzweifeln von spirituellen oder metaphysischen Ideen fern. Hinter ihrem manchmal sehr konventionellen Äußeren verbirgt sich jedoch ein Ozean an intuitiver spiritueller Weisheit. Obgleich sie es weit von sich weisen würden, erwacht irgendwann ein Interesse an den tiefgründigeren Seiten ihres Lebens bei ihnen, auch wenn es nicht an die Oberfläche dringt. Viele von ihnen bringen auf ganz eigene Weise neue Einsichten, Perspektiven und Informationen in diese Welt, wie das Leben von C. G. Jung beweist. Diese Menschen können alles verstehen und lehren. Wenn sie sich zum Beispiel die Körpertherapie als Beruf ausersehen haben, entwickeln sie aus der Praxis heraus neue Methoden und Ansätze, um bessere, tiefer gehende Ergebnisse zu erzielen. Auf vielen Gebieten wie zum Beispiel Schauspiel, Lehre, Schriftstellerei, Psychotherapie oder auch im geschäftlichen Bereich, um nur einige zu nennen, sind das Charisma, die hohen Maßstäbe und die Ausdruckskraft von Menschen mit der Lebenszahl 36/9 von Vorteil.

Ihre angeborene, aber oft im verborgenen schlummernde Weisheit sorgt trotz ihrer Probleme und Zweifel dafür, daß sie immer genügend Geld haben. Finanzielle Probleme entstehen nicht deshalb, weil sie zu wenig verdienen, sondern weil es sie nach mehr gelüstet, als sie haben, um ihren Idealen gerecht zu werden.

Bekannte Persönlichkeiten mit der Lebenszahl 36/9

Brigitte Bardot
Steffi Graf
Ernest Hemingway
Dustin Hoffmann
C. G. Jung
Vladimir Nabukov

Wege zum Wachstum

Wenn Sie die Lebenszahl 36/9 haben, können Ihnen die folgenden Vorschläge helfen, sich über Ihre Lebensbestimmung klarzuwerden, indem Sie Ihre Aufmerksamkeit auf die Kernfragen richten und so handeln, daß sich in Lebensbereichen mit Schlüsselfunktionen etwas ändert.

Empfehlungen

- Erkennen Sie, daß Sie Ihre besonderen Qualitäten haben, und leben Sie danach.
- Erschließen Sie sich die Schönheit im Dienst an anderen.
- Fassen Sie Selbstzweifel wie ein Krieger ins Auge; nehmen Sie die Herausforderung an.
- Nehmen Sie Ihre Gefühle und sich selbst, so wie sie im Augenblick sind, als vollkommen an.

Nützliche Fragen

1. Denken Sie über folgende Fragen nach:
   - Lasse ich mich durch Selbstzweifel und perfektionistische Vorstellungen entmutigen?
   - Was ist an meiner jetzigen Situation perfekt?
   - Fällt es mir schwer zu wissen, was ich wirklich will oder fühle?
   - Gründe ich meine Entscheidungen auf höhere Prinzipien und Integrität?

2. Wie können Sie Einsichten, zu denen Ihnen diese Fragen vielleicht verholfen haben, in die Lebenspraxis übertragen?

Orientierungshilfen

1. Blättern Sie zu Teil II zurück, und lesen Sie noch einmal die Hauptabschnitte über die einzelnen Ziffern, aus denen sich Ihre Lebenszahl zusammensetzt: 3 (S. 70), 6 (S. 100) und 9 (S. 130).
2. Vielleicht möchten Sie sich die Lebenszahlen von Angehörigen und Freunden einmal anschauen und mit diesen zusammen, falls sie dafür aufgeschlossen sind, über gemeinsame oder auch unterschiedliche Lebensfragen sprechen.

Die wichtigsten spirituellen Gesetze

1. Lesen Sie sich jedes der folgenden Gesetze in Teil IV durch:
   - Das Gesetz der Intuition (S. 477): Wenn wir aufhören, uns die Ansichten anderer zum Maßstab zu machen, werden wir eins mit der Weisheit unseres Herzens.
   - Das Gesetz des Handelns (S. 483): Um unsere Selbstzweifel zu überwinden, müssen wir unsere Verletzlichkeit anerkennen, aber dennoch selbstsicher handeln.
   - Das Gesetz der Vollkommenheit (S. 445): Hohe Ideale können uns beflügeln, aber Vortrefflichkeit ist das Beste, was wir erreichen können.
   - Das Gesetz der Flexibilität (S. 405): Indem wir flexibel bleiben, können wir den größten Nutzen aus Schwierigkeiten und wechselnden Umständen ziehen.
   - Das Gesetz der Ehrlichkeit (S. 468): Um anderen gegenüber ehrlich zu sein, müssen wir erst ehrlich uns selbst gegenüber sein.
2. Führen Sie die jeweils dort angegebenen Übungen durch.
3. Überlegen Sie, wie Sie diese Gesetze in Ihrem Leben beherzigen können.

45/9

9: Integrität und Weisheit
5: Freiheit und Disziplin
4: Stabilität und Entwicklung

Die Lebensbestimmung

Menschen auf dem Lebensweg der 45/9 sind hier, um sich mit Fragen der Stabilität, Unabhängigkeit und Integrität auseinanderzusetzen. Sie müssen sich einem Entwicklungsprozeß anvertrauen, um Disziplin zu lernen, Freiheit zu erlangen und ihr Leben mit den höheren Prinzipien und der Weisheit des Herzens in Einklang zu bringen. Da die Erfüllung des Schicksals stets mit besonderen Herausforderungen verbunden ist, haben auch Menschen mit der Lebenszahl 45/9 schwere Prüfungen im Leben zu bestehen, die ihre Aufmerksamkeit auf die Lebensbestimmung hinlenken, ihnen helfen, ihre negativen Tendenzen zu überwinden, und sie reifen lassen. Das Leben wird ihnen eine Lehre sein, durch die sie sich die zur Erlangung innerer und äußerer Freiheit nötige Disziplin und zielgerichtete Konzentration aneignen und die Notwendigkeit einsehen, einem festen Entwicklungsprozeß zu folgen und ihre Ziele Schritt für Schritt zu verwirklichen. Vor allem aber wird ihnen dadurch klar, wie weise es ist, das Leben nach den spirituellen Gesetzen auszurichten.

Aufgrund ihrer kräftigen körperlichen Verfassung, ihrer raschen Auffassungsgabe, ihrer Abenteuerlust und Begeisterungsfähigkeit sind sie oft mit Fragen konfrontiert, bei denen es um Leben und Tod geht. Je nachdem, wie konstruktiv sie ihre Energien nutzen, haben sie mit großen Enttäuschungen und Schwierigkeiten zu kämpfen, ehe sie zu Mitgefühl und Weisheit finden. Im allgemeinen lernen sie im Laufe ihres Lebens sowohl die Sonnen- als auch die Schattenseiten des Daseins kennen.

Die Hauptlebensbestimmung von Menschen mit der Lebenszahl 45/9 besteht darin, sich von betriebsamer, lebhafter Geistestätigkeit dem Frieden ihres Wesenskerns zuzuwenden, wo sie mit ihrer tiefen, intuitiven Weisheit in Berührung kommen. Am Ort der Weisheit enthüllen sich ihnen in dem Augenblick, in dem sie ihrer bedürfen, gefühlsmäßig die spirituellen Gesetze. Sobald sie mit ihrem inneren Wesenskern Kontakt aufgenommen haben, können sie innerlich eine Frage stellen, mit dem Herzen *fühlen* und die Antwort *wissen.*

Doch selbst wenn Menschen auf dem Weg der 45/9 Zugang zu den höheren Gesetzen gefunden haben, stehen sie noch vor der Herausforderung, ihr Wissen in die Tat umzusetzen und so ihre Bestimmung zu erfüllen. Integrität zu wahren fällt Neunen generell nicht gerade leicht, denn der Sinn des Lebens zeigt sich oft erst in unseren schwersten Prüfungen. Menschen mit der Lebenszahl 45/9 müssen sich auch mit Problemen befassen, die die 4 im Bereich von Stabilität und Entwicklung aufwirft oder die 5 im Hinblick auf Freiheit und Disziplin. Sie müssen die Energien der 4 und der 5 voll ausreifen lassen, da sie sonst den höheren Gesetzen – und damit der Integrität – zuwiderhandeln.

Die meisten Menschen auf diesem Weg orientieren sich nicht unbedingt an ihrem inneren Entwicklungsprozeß, aber es geschieht so viel in ihrer Umwelt, daß sie zwangsläufig zu einem tieferen Verständnis kommen. Ihr Leben wirkt bisweilen dramatisch, und dennoch tun sie am besten daran, «Holz zu hacken und Wasser zu tragen», wie es die Zenmeister tun. Sie mögen zwar auf außergewöhnliche Erfahrungen und schnelle Erfolge aus sein, aber sie sind hier auf Erden, um etwas über Normalität, Geradheit und Festigkeit zu lernen; sie erreichen nur etwas, wenn sie allmählich und schrittweise vorgehen.

Menschen mit dieser Lebenszahl bewundern im allgemeinen die Spannung und Dramatik von Heldensagen, dabei sollen sie andere auf dieser Erde zum Alltäglichen anleiten, sie darin lehren und inspirieren; zum Beispiel wissen die meisten von uns, wie wichtig eine gute Ernährung und tägliche Bewegung sind, aber wir haben mitunter Schwierigkeiten, das, was wir wissen, in die Tat umzusetzen. Menschen mit der Energie der 45/9 sollen anderen ein Ansporn sein, *indem sie ihrem Wissen gemäß im Alltagsleben handeln,* auch wenn sie zu diesem Zweck einen langen, stufenweisen Prozeß durchlaufen müssen.

Ehe sie in ihrem Lebensalltag die höheren Gesetze anschaulich machen können, müssen sie sich erst mit den Problemen auseinandersetzen, die mit den Energien der 4 und der 5 zusammenhängen. Die 4 steht für Bodenständigkeit und das Bestreben, Wurzeln zu schlagen, während die 5 Mobilität und das Wahrnehmen von Möglichkeiten verkörpert. Diese Kräfte können entweder miteinander im Streit liegen und in entgegengesetzte Richtungen drängen, oder sie werden integriert und gleichen sich dann aus oder ergänzen einander.

Im Positiven sorgt die 4 für Stabilität, Sicherheit und die Bereitwilligkeit, einem klaren Entwicklungsprozeß auf ein Ziel hin zu folgen; im Negativen bewirkt sie Verwirrung und Instabilität. Ein Mensch, der die Energie der 4 negativ nutzt, will alles sofort, andernfalls bleibt er erstarrt auf einer Stufe des Weges stehen. Mit der 4 verbunden ist außerdem ein Hang zu einer sehr eingeschränkten Sicht der Dinge und zu geistiger Enge, durch die er unter Umständen ein paar harte Lektionen lernen muß, etwa durch eine Scheidung, durch Gesundheitsprobleme oder finanzielle Schwierigkeiten, bis das Leben sich klar genug ausgedrückt hat.

Obwohl sie nicht so empfindlich auf die Ansichten anderer reagieren wie Menschen mit den Lebenszahlen 27/9 oder 36/9, haben auch die auf dem Weg der 45/9 ein schwaches Identitätsgefühl und definieren sich oft entsprechend den Rollen, die sie spielen. Die meisten Vieren wollen jemand *sein,* ohne den Prozeß zu durchlaufen, dieser Jemand zu *werden,* das heißt ohne die notwendige Vorbereitung. Das Gesetz der Entwicklung (S. 431) dürfte ihnen dienlich sein, ebenso die Erinnerung daran, daß wir *mehr sind als die Rolle, die wir spielen.*

Bei positiver Anwendung sorgt die Energie der 5 bei Menschen mit der Lebenszahl 45/9 für ein bleibendes Gefühl innerer Freiheit, wie immer die Umstände auch geartet sein mögen, sowie für Disziplin und zielgerichtete Konzentration, durch die sie beweglicher werden und auch äußerlich ein Gefühl der Freiheit erleben. Negativ genutzt, kann dieselbe Energie dazu führen, daß diese Menschen glauben, in der Falle zu sitzen und den Umständen ausgeliefert zu sein, und sich zu sehr verzetteln, um im Leben Fortschritte zu machen.

Wenn Menschen mit der Lebenszahl 45/9 die stabilen Energien der 4 voll ausschöpfen, genießen sie die Früchte ihrer klaren analytischen Fähigkeiten, ihrer Stärke, ihrer Umgänglichkeit, ihres Fleißes und ihrer Meisterung von Entwicklungsprozessen. Und wenn sie die dynamischen Energien der 5 zur Reife bringen, fallen ihnen die Früchte zu in Form von Abenteuergeist, lebhaftem Verstand, Vielseitigkeit und Autorität.

Viele Menschen auf diesem Weg müssen erst Bodenkontakt gewinnen und seßhaft werden, um den Lohn ihrer Mühe ernten zu können. Sie reisen vielleicht gern und machen nur hier und da einen Zwischenstopp, so daß sie zwar einen guten Überblick über das Leben bekommen, aber nicht in die Tiefe gehen, die ihnen Weisheit einbringen würde. Irgendwann jedoch entdecken sie, daß die wahre Arbeit, das wahre Abenteuer und der wahre Schatz hier und jetzt im eigenen Innern warten.

Das Gesetz der Disziplin (S. 440) wirkt der potentiellen Neigung dieser Menschen entgegen, sich zu verzetteln und so die eigenen Anstrengungen zunichte zu machen. Durch die vereinten Energien der 5 und der 9 entsteht bei ihnen der Drang, nach *innerer Freiheit* zu suchen, statt nur nach Unabhängigkeit oder Lustbefriedigung zu streben, da sie eine intuitive, ihnen selbst oft unbewußte Verbindung zu den höheren Gesetzen haben. Was immer sie auch tun oder wie intelligent, wohlhabend, erfolgreich oder attraktiv sie auch sein mögen, Menschen mit der Lebenszahl 45/9 finden nicht eher innerlich Frieden oder Freiheit, bis sie mit den höheren Gesetzen in Berührung sind, sie erfahren und danach leben.

Die Kombination aus 4 und 9 weckt bei diesen Menschen das Verlangen nach *innerer Stabilität,* nicht nur nach einem festen Aufenthaltsort, sondern nach dem Gefühl, innerlich fest wie ein Felsen zu sein. Diejenigen von ihnen, die diese Ausgewogenheit erlangt haben, stellen lobenswerte Eigenschaften unter Beweis wie Loyalität, Verantwortungsgefühl und Stärke.

Menschen auf dem Lebensweg der 45/9 sind nicht bloß hier, um intellektuelles Verständnis zu gewinnen; vielmehr trachten sie nach Weisheit, und diese Weisheit stellt sich ein, wenn sie das *leben,* was sie erkannt haben; dann können sie andere ohne Worte, nur durch ihr Beispiel, lehren. Ob sie stabile und praktische Naturen oder über den Wolken schwebende Träumer sind, immer streben sie auf einer tieferen Ebene, als ihnen bewußt ist, nach der Weisheit und Erfahrung, die sie frei macht. Absichtlich oder unabsichtlich stellen sie Anforderungen an sich oder erlegen sich Disziplinen auf, durch die sie die höhere Weisheit erkennen und verkörpern können.

Die positive Gestalt der 45/9

Diese Menschen sind ein leuchtendes Beispiel dafür, wie man durch eine sorgfältige, disziplinierte Entwicklung Ziele erreicht und ein Gefühl der inneren Freiheit erlangt. Stark, witzig und charismatisch, wie sie sind, haben sie viele Freunde, Bewunderer und Anhänger; auch wenn sie sich vielleicht gar nicht als Lehrer bezeichnen würden, lehren sie durch ihr Beispiel und demonstrieren wahre Weisheit und innere Freiheit. Da sie sich nicht von Konventionen einengen lassen, aber mit den höheren Gesetzen in Einklang sind, hat ihr Leben nach außen hin meist nichts Ungewöhnliches, aber dessenungeachtet haben selbst ihre gewöhnlichsten Aktivitäten einen Einfluß, der außergewöhnlich ist und ihre Umgebung mitreißt.

Die negative Gestalt der 45/9

Obgleich diese Menschen über Kraft und Klugheit verfügen, wissen sie mit beidem nichts anzufangen. Fahrig, undiszipliniert, orientierungslos und manchmal von dem überwältigenden Gefühl beherrscht, etwas Wichtiges zu versäumen, verstecken sie sich im Rollenspiel und suchen darin Sicherheit. Sie leben nicht so, wie sie es selber predigen, und täuschen damit sich und andere. Verantwortungslos und ohne sichere Grundlage fühlen sie sich unter Umständen «frei» und «unabhängig», aber sie stellen ihre eigenen Ansichten nie wirklich in Frage oder überprüfen sie. Deshalb müssen sie ein paar bittere Lektionen zum Thema Wirklichkeit lernen.

Die Lebensbereiche

Gesundheit

Die Gesundheit von Menschen mit der Lebenszahl 45/9 hängt fast ausschließlich davon ab, ob sie sich mit ihren Lebensfragen positiv oder negativ auseinandersetzen. Bei einer negativen Entwicklung müssen sie unter Umständen mit Knochenbrüchen, Kopfverletzungen oder Erkrankungen des Gehirns oder Nervensystems rechnen. Bei einer positiven Lebensführung erfreuen sie sich im allgemeinen einer guten Gesundheit. Bei unverbesserlichen Menschen mit dieser Lebenszahl treten Beschwerden auf, die sie zwingen, ihr Leben neu zu überdenken und sich einem tiefgreifenden, schrittweisen Genesungsprozeß anzuvertrauen.

Ihr Sinn für Stabilität und Freiheit verlangt nach einem starken, gesunden Körper. Aufgrund der mit der Energie der 9 verbundenen Hürden sehen diese Menschen oft die Notwendigkeit einer soliden Ernährungsweise und körperlichen Betätigung nicht ein und müssen dann die Folgen tragen. Früher oder später schwenken sie jedoch auf einen gesünderen Lebensstil um. Es wird eine schwere Aufgabe für sie; die meisten Menschen mit der Lebenszahl 45/9 machen lieber eine heldenhafte Anstrengung, als sich einem langwierigen, zähen Prozeß auszusetzen.

Wenn die Zeit dafür reif ist, beziehen sie gesunde Ernährung und regelmäßige Bewegung einfach in ihr Alltagsleben mit ein. Je nach ihrem persönlichen Interesse ziehen sie allerdings oft vielseitige, spannende und herausfordernde Sportarten wie Kampfkünste, Wassersport oder Bergsteigen vor.

Zwischenmenschliche Beziehungen

Abhängig von ihrer Lebenserfahrung und davon, ob sie sich positiv oder negativ entwickeln, mangelt es Menschen mit der Lebenszahl 45/9 unter Umständen an Sensibilität und Mitgefühl, aber vielleicht haben sie diese Eigenschaften bei der Auseinandersetzung mit eigenen Schwierigkeiten auch schon ausgebildet.

Ihre Beziehungen und ihr Gefühlsleben sind aufgrund der Stabilitäts- und Familienprobleme der 4 sowie des Unabhängigkeitsstrebens der 5 allerdings Glückssache. Fast immer lernen sie jedoch eine Menge daraus. In ihren familiären Beziehungen begegnen ihnen meist spezielle Probleme, etwa derart, daß sie aus ihrem Unabhängigkeitsbedürfnis heraus sehr früh aus dem Haus gehen oder wegen ihrer Abhängigkeitstendenzen zu lange zu Hause bleiben. Die meisten von ihnen müssen Schwierigkeiten mit Eltern oder Geschwistern klären. Auf jeden Fall erleben sie wahrscheinlich ihren Freundeskreis oder überhaupt die Umwelt als ihre Familie.

Zum emotionalen Reifeprozeß dieser Menschen gehört unter anderem, daß sie ihre Gefühle annehmen und sich einem Entwicklungsprozeß hin zu tieferen, intimeren Beziehungen anvertrauen. Ihre Partnerbeziehung kann durchaus eine Voraussetzung dafür sein, daß sie zur Erkenntnis einer erhabeneren, tieferen Freiheit kommen. Da Menschen mit der Lebenszahl 45/9 nach neuen Daseinsformen und Lebensweisen streben und deshalb nach einer umfassenderen Sicht der Dinge suchen, ist es unwahrscheinlich, daß sie völlig konventionelle Beziehungen eingehen; sie sollten sich allerdings verantwortungsvoll binden.

In sexueller Hinsicht wünschen sie sich Beziehungen, die über das rein Physiologische hinausgehen und etwas Abenteuerliches, einen gewissen Reiz an sich haben; andererseits wollen sie auch ein Gefühl tieferer Verbundenheit erleben. Die Sexualität kann sich erfreulich für sie gestalten, wenn sie nicht um ihrer selbst willen ausgeübt wird, sondern innerhalb des Rahmens einer höheren Weisheit.

Begabungen, Beruf und Finanzen

Dank ihrer scharfen Verstandeskräfte und raschen Auffassungsgabe können Menschen mit der Lebenszahl 45/9 die notwendigen Veränderungen auf Gebieten wie Ökologie, Psychologie, Persönlichkeitsentfaltung und in anderen Bereichen auslösen, in denen jemand die Führung übernehmen muß. Oder sie geben sich eher konventionell und suchen sich in der schnell veränderlichen Geschäftswelt eine Tätigkeit, die ihr ganzes

Können beansprucht. Solange sie sich gut vorbereiten und sich ein solides Fundament schaffen, führt ihr Freiheitsdrang, der auch andere miteinbezieht, schließlich zum Erfolg.

Mit einer realistischen finanziellen Grundlage gelingt es diesen Menschen, die Sicherheit zu gewinnen, aus der heraus sie ihre Horizonte erweitern können. Geld steht nicht unbedingt im Mittelpunkt ihres Lebens, aber es eröffnet ihnen mehr Möglichkeiten und gibt ihnen ein Gefühl der Sicherheit und der Freiheit, die sie brauchen. Wichtig ist, daß sie ihre Finanzen sehr ordentlich verwalten, damit sie praxisbezogen und auf dem Erdboden bleiben.

Bekannte Persönlichkeiten mit der Lebenszahl 45/9

Nach unseren Unterlagen gibt es noch keine Prominenten mit der Lebenszahl 45/9. Diese Lebenszahl kommt viel seltener vor als andere; aber in den kommenden Jahrzehnten dürften einige Menschen mit dieser Lebenszahl Berühmtheit erlangen.

Wege zum Wachstum

Wenn Sie die Lebenszahl 45/9 haben, können Ihnen die folgenden Vorschläge helfen, sich über Ihre Lebensbestimmung klarzuwerden, indem Sie Ihre Aufmerksamkeit auf die Kernfragen richten und so handeln, daß sich in Lebensbereichen mit Schlüsselfunktionen etwas ändert.

Empfehlungen

- Vergessen Sie nicht, die Straße zur Freiheit Schritt für Schritt entlangzuwandern.
- Achten Sie Ihre eigene Meinung, und lassen Sie anderen die ihre.
- Gründen Sie Ihr Handeln auf Integrität und Inspiration.
- Suchen Sie nach Möglichkeiten, anderen zur Freiheit zu verhelfen, und Sie werden dadurch selbst frei werden.

Nützliche Fragen

1. Denken Sie über folgende Fragen nach:
   - Auf welche Prinzipien gründet sich mein Leben?
   - Habe ich mir eine feste, solide Grundlage geschaffen?
   - Kann ich mir in meinem Leben die Konzentration und Disziplin erwerben, um zu innerer Freiheit und Unabhängigkeit zu gelangen?
   - Welche Schritte kann ich unternehmen, um ein leuchtendes Beispiel für Integrität zu sein?
2. Wie können Sie Einsichten, zu denen Ihnen diese Fragen vielleicht verholfen haben, in die Lebenspraxis übertragen?

Orientierungshilfen

1. Blättern Sie zu Teil II zurück, und lesen Sie noch einmal die Hauptabschnitte über die einzelnen Ziffern, aus denen sich Ihre Lebenszahl zusammensetzt: 4 (S. 79), 5 (S. 90) und 9 (S. 130).
2. Vielleicht möchten Sie sich die Lebenszahlen von Angehörigen und Freunden einmal anschauen und mit diesen zusammen, falls sie dafür aufgeschlossen sind, gemeinsame oder auch unterschiedliche Lebensfragen besprechen.

Die wichtigsten spirituellen Gesetze

1. Lesen Sie sich jedes der folgenden Gesetze in Teil IV durch:
   - Das Gesetz des höheren Willens (S. 473): Unsere Bereitwilligkeit, einem höheren Zweck zu dienen, kann uns dazu anregen, andere zu inspirieren.
   - Das Gesetz der Entwicklung (S. 431): Unsere Ziele können wir am besten verwirklichen, wenn wir einen Fuß vor den anderen setzen.
   - Das Gesetz der Disziplin (S. 440): Mit Disziplin erwerben wir die zielgerichtete Konzentration und Erfahrungstiefe, durch die wir zur inneren Freiheit gelangen.
   - Das Gesetz der Zyklen (S. 488): Das Leben ist ein Kreislauf ständiger Veränderungen, die wie die Jahreszeiten kommen und gehen.
   - Das Gesetz der Verhaltensmuster (S. 435): Verhaltensmuster wiederholen sich in der Regel, wenn wir keinen starken Hebel ansetzen, um sie zu verändern.
2. Führen Sie die jeweils dort angegebenen Übungen durch.
3. Überlegen Sie, wie Sie diese Gesetze beherzigen können.

Teil IV
Die spirituellen Gesetze

Die Welt braucht nicht in Ordnung gebracht zu werden;
die Welt ist die Verkörperung der Ordnung.
An uns ist es, mit dieser Ordnung in Einklang zu kommen.
Henry Miller

Einführung: Gesetze, die das Leben ändern

Gebt den Leuten einfach einen Schlüssel,
aufschließen können sie selber.
Robert R. McCammon

Die menschlichen Gesetze bilden das Fundament für Recht und Ordnung in der Gesellschaft, aber menschliche Gesetze sind nur das schwache Abbild einer höheren Gesetzesordnung, die in den Stoff des Daseins eingewoben ist. Diese Gesetze regeln die Bewegung der Erde, den Kreislauf der Jahreszeiten, die Kräfte der Natur und die Struktur des Atoms. Die Natur hat diese Gesetze nicht gemacht; in ihr manifestieren und zeigen sie sich nur. Diese großen Gesetze sind älter als die Menschheit und die Natur. Selbst Wirbelstürme, Flutwellen, Erdbeben und lodernde Feuersbrünste – Kräfte, denen die größten menschlichen Errungenschaften zum Opfer fallen können – müssen sich der Herrschaft dieser erhabenen Gesetze beugen. Ob wir sie *Naturgesetze, spirituelle Gesetze oder einfach höhere Gesetze nennen, ändern können wir allem Anschein nach nichts an ihnen. Sie beflügeln und erfüllen denjenigen mit Demut, der nach einer Ordnung im Chaos forscht, denn sie weisen auf eine größere Macht und ein größeres Mysterium an der Quelle des Daseins hin. Nach ihrer Musik tanzen sogar die Galaxien.*

Die Natur enthüllt uns diese Gesetze. Der Kreislauf der Jahreszeiten, die mit dem Wind ziehenden Wolken, die Strömungen der Flüsse und die Kraft der Stürme – sie alle lehren uns, wie wir leben sollen, indem sie uns die natürlichen Formen des Lebens vor Augen führen. Ich nenne diese Gesetze von überragender Bedeutung hier die *spirituellen Gesetze.*

Auf die menschliche Ebene bezogen und angewendet, werden diese spirituellen Gesetze zu Leitprinzipien, die uns durch die Untiefen und Klippen des Lebens hindurchsteuern können, wie Sterne und Kompaß einst die Seeleute auf Kurs hielten. Sie sind so beständig wie die Bewegungen der Planeten und bestimmen nicht nur das Wirken der Natur, sondern auch der menschlichen Psyche. Wenn wir zum Beispiel beobachten, wie sich ein Baum im scharfen Wind biegt, und sehen, daß nur die unbiegsamen Äste brechen, erfahren wir vom Baum und vom Wind das Geheimnis des Nachgebens, der Flexibilität, des Nichtwiderstehens.

Jesus, Mohammed, Buddha, Laotse und andere erleuchtete Lehrer haben spirituelle Gesetze und Prinzipien mit Hilfe von Parabeln und Gleichnissen über die natürliche Welt gelehrt, die sich auch auf die menschliche Gesellschaft übertragen ließen. Die Gesetze der Ernte lehren beispielsweise, daß Saat nur ihresgleichen hervorbringt, daß wir das, was wir säen, auch ernten und daß ein Saatkorn stirbt, wenn es zu wachsen aufhört. Jeder Wachstumsprozeß folgt dem Beispiel des Saatkorns: Um aufzugehen, braucht der Same gute Erde; es dauert seine Zeit, bis die Saat herangewachsen ist; und sie trägt nur Früchte, die ihr in Art und Qualität gleichen. Wenn wir die Ernte einholen, müssen wir mindestens zehn Prozent für die nächste Aussaat zurückbehalten. Wir müssen einen Zyklus abschließen, um einen neuen zu beginnen; alle Samen wachsen, verändern sich und sterben schließlich, um wieder von neuem aufzugehen.

Natürlich sind die Gesetze der Ernte nicht nur für die Landwirtschaft maßgeblich; vielmehr erhellen sie unser Leben und die Gesetze, die uns regieren. Wie mit der Saat und ihrem Kreislauf, so verhält es sich auch mit den Menschen und allen Geschöpfen.

Letztlich offenbaren sich uns alle spirituellen Gesetze von selbst, wenn wir sie brauchen – nicht unbedingt durch Worte, sondern eher durch unsere tiefinnersten Gefühle, durch die intuitive Weisheit unseres Herzens. Wenn unser Körper keinen Programmierungen und Einwirkungen von außen unterliegt, folgt er von Natur aus diesen Gesetzen, die sich uns durch unsere Instinkte, Neigungen und feinsten intuitiven Regungen mitteilen. Wir brauchen nur auf unsere innere Stimme zu hören und ihr zu vertrauen. Nur unser Verstand, unser Ego, dieses Gefühl, ein einzelnes, abgetrenntes Ich zu sein, widersetzt sich dem Strom des Lebens.

Wenn wir unser Leben – unsere Gewohnheiten hinsichtlich der Ernährung, Bewegung, Arbeit und Sexualität – nach den spirituellen Gesetzen ausrichten, bleiben zwar Probleme und Herausforderungen bestehen, aber wir können sie kampflos mit offenen Armen in Empfang nehmen wie friedvolle Krieger, die, zum Tanzen bereit, den Augenblick erfassen.

Jenseits der Moralgesetze

Spirituelle Gesetze haben kaum etwas mit den kulturellen Vorstellungen von Recht oder Unrecht, Gut oder Böse zu tun; wenn ich zum Beispiel Bergsteiger bin, jedoch die Gesetze der Schwerkraft mißachte, bin ich trotzdem kein «böser Mensch»; ich bin bloß dumm oder unwissend – und höchstwahrscheinlich bald tot. Früher oder später lehren uns die Herausforderungen und Konsequenzen des Alltagslebens auf die eine oder andere Weise etwas über Ursache und Wirkung, Aktion und Reaktion; wir lernen, die Kräfte der Natur zu achten und die naturgegebene Gerechtigkeit der spirituellen Gesetze zu schätzen.

Spirituelle Gesetze und die Lebenswege

Die Zahl der Gesetze, von denen das Universum regiert wird, geht wohl ins Unendliche; die Zahl der Gesetze, die bereits von Menschen entdeckt und in Worte gefaßt worden sind, ist Legion. Im folgenden werden die Gesetze angeführt, die eine Schlüsselfunktion für die in Teil III beschriebenen Lebenszahlen und Lebenswege haben und für diese maßgeblich sind.

Die spirtituellen Gesetze gelten für alle Menschen. Aufgrund der spezifischen Merkmale und Probleme, die jeder Lebensweg mit sich bringt, haben jedoch bestimmte Gesetze für Personen mit bestimmten Lebenszahlen eine ganz eigene Bedeutung. Das Lebenssinn-Programm bekommt erst dann verwandelnde Kraft, wenn mit den Gesetzen gearbeitet wird, die für die Erfüllung der jeweiligen Bestimmung ausschlaggebend sein können.

Archimedes hat einmal gesagt: «Gebt mir einen Hebel, der lang genug ist, und ich kann die Erde bewegen.» Die hier dargelegten Gesetze und Prinzipien vermögen als Hebel zu dienen, mit dessen Hilfe wir unseren Lebensweg so positiv wie möglich gestalten können. In dem Maße, wie wir die für unsere jeweilige Lebenszahl maßgeblichen Gesetze anwenden, können wir einen Unterschied wie Tag und Nacht in der Qualität unserer Erfahrungen herbeiführen.

In einer Vielzahl von Lebensbereichen, in unserer Gesundheit, unseren Beziehungen und unserem Berufsleben, treten zeitweilig bestimmte Probleme auf und klingen wieder ab. Obwohl solche Probleme kommen und gehen, bleiben die für unseren Lebensweg entscheidenden Gesetze vom jetzigen Zeitpunkt ab fünf, zehn, zwanzig Jahre oder auch unser ganzes Leben lang maßgeblich. Sie sind nicht allein für Fragen, die im Augenblick gerade unsere Aufmerksamkeit erfordern, von Bedeutung, sondern für überhaupt alles, was in Erscheinung tritt. Die spirituellen Gesetze können nicht nur die Symptome der Unzufriedenheit lindern; sie können auch die Neigungen, Triebe und Ängste harmonisieren und hindern, die zusammen der Grund für unsere Schwierigkeiten sind, ob sich diese als «Beziehungsprobleme», als «Gesundheitsbeschwerden» oder ganz anders äußern.

Indem wir uns nach den Gesetzen richten, die für unseren Lebensweg ausschlaggebend sind, können wir uns mit der Zeit gelassener und leichter mit unseren Kernproblemen auseinandersetzen. Die Gesetze können zu einer Umwandlung *jedes Lebensproblems beitragen, denn sie gehen unter die Oberfläche bis an die Wurzeln und helfen uns, uns im Innersten zu verändern, statt nur die Symptome zu behandeln.*

Die Anwendung der spirituellen Gesetze im Lebensalltag

Auch die erhabensten Gesetze, Prinzipien und Weisheitslehren nützen uns nur dann etwas, wenn wir daran denken, sie auch anzuwenden – wenn wir sie als Anleitung benutzen, unsere Sichtweise und unser Handeln zu verändern. Wenn wir im Schwimmbad vom Zehnmeterbrett springen wollen und uns jemand den Rat gibt, wir sollen uns dem Wasser entgegenstrecken, erspart uns diese Anweisung wahrscheinlich ein paar Bauchlandungen und hilft uns, anmutiger zu springen. Was aber fangen wir sonst mit diesem Ratschlag an? Wir brauchen über das richtige Springen sicher nicht beim Zähneputzen oder Einkaufen nachzudenken. Vielmehr müssen wir uns dann daran erinnern, wenn wir vom Sprungbrett treten und in die Tiefe sausen. Mit jedem guten Rat können wir nur etwas anfangen, wenn wir uns im richtigen Moment daran erinnern und ihn in die Tat umsetzen. Beherzigen wir nützliche Anweisungen im entscheidenden Augenblick, verbessert sich die Qualität dieses betreffenden Augenblicks.

Ebenso sollten die spirituellen Gesetze im entscheidenden Augenblick angewandt werden – wenn sie am dringendsten nottun. Der Schlüssel zur Macht eines solchen Gesetzes liegt nicht nur darin, es zu kennen, sondern vor allem darin, es anzuwenden. Daß wir die Gesetze beherzigen, können wir erst behaupten, wenn sich unser Handeln, unsere Gefühle und unsere Sichtweise verändert haben. Ein guter erster Schritt in diese Richtung sind die Übungen, die jedes Gesetz begleiten.

Ich ermutige meine Leser dazu, sich mit so vielen höheren Gesetzen und Prinzipien wie möglich vertraut zu machen. Obgleich jeweils nur einige Gesetze für die Erfüllung der persönlichen Bestimmung ausschlaggebend sind, hat doch jedes Gesetz seinen Nutzen für uns, da uns allen das Menschsein gemeinsam ist.

Das Gesetz der Flexibilität

Flexibilität nützt uns viel mehr
als Passivität oder Widerstand;
indem wir uns aktiv zunutze machen, was da kommt,
und selbst die schmerzlichsten Umstände bereitwillig annehmen,
begegnen wir unseren Schwierigkeiten wirksamer,
denn dann sehen wir in ihnen eine Art spiritueller Übung.

Füge dich immer in das, was du ohnehin annehmen mußt.
Füge dich,
und verwende es für dich.
Robert Frost

Flexibilität erfordert, den gegenwärtigen Augenblick praktisch anzunehmen, statt sich ihm starr zu widersetzen – sich selbst, andere und die herrschenden Umstände zu akzeptieren. Das heißt jedoch keineswegs, passiv alles zu tolerieren, was wir nicht mögen, ebensowenig wie es heißt, Ungerechtigkeit zu dulden oder sich unterdrücken zu lassen. Flexibilität setzt eine wachsame, weit offene Bewußtheit voraus; es genügt nicht, einfach «mit dem Strom mitzuschwimmen», sondern man muß hineintauchen und konstruktiv Gebrauch von ihm machen. Wenn wir dieses Gesetz meistern, verwandeln wir Stolpersteine in Trittsteine und Probleme in Möglichkeiten; wenn uns der Wind ins Gesicht bläst, nehmen wir ihn nicht bloß hin oder tolerieren ihn, sondern stellen Windmühlen auf.

Das Gesetz der Flexibilität mag auf den ersten Blick unrealistisch oder idealistisch erscheinen, weil sich sofort die verschiedensten Fragen erheben wie: «Was machen wir, wenn wir auf der Straße überfallen werden oder einem lieben Angehörigen ein furchtbares Unglück zustößt? Wie gehen wir damit um?» Solche Fragen sind berechtigt und wichtig, aber die Antwort läßt sich auf einen kurzen Nenner bringen: Große Freuden, großes Leid und Ungerechtigkeit bestehen nun einmal in dieser Welt. Wenn einer Gruppe von Menschen ein schmerzliches Leid geschieht, werden sich einige von ihnen der Erfahrung durch Schock, Ableugnung oder Angst zu widersetzen versuchen und dadurch am schlimmsten leiden wie der Baum mit den starren Zweigen, die im Wind brechen. Andere dagegen werden die Fähigkeit besitzen, sich der Situation zu beugen, sie anzunehmen und zu einer Erfahrung zu machen, immer mit dem größeren Bild des Lebens vor Augen – mit einem hellsichtigen Sinn dafür, *wie die Dinge sind.* Sie nehmen ihre Gefühle an und bringen sie rückhaltlos zum Ausdruck, und wie der biegsame Ast brechen sie nicht, sondern federn zurück. Ohne geistigen Starrsinn oder Widerstand reagieren sie schöpferisch auf die wirksamste Art. In der Flexibilität liegt eine große Kraft. Mit Flexibilität können wir Sonne und Regen, Hitze und Kälte als gleich behandeln. Das Leben ist weniger schmerzhaft und kein solcher Kampf mehr für uns, wenn wir mitgehen, statt uns dagegenzustemmen; an Schmerzen erproben wir uns und nutzen sie, so gut wir können, und sei es nur, um daraus zu lernen.

Ich habe einmal einen witzigen Autoaufkleber gesehen, der das Gesetz der Flexibilität anschaulich machte: «Runter vom Bürgersteig, wenn Sie meine Fahrweise nicht mögen!» Wenn uns jemand auf dem Bürgersteig des Lebens entgegengefahren kommt, sollten wir nicht denken: «Das ist ja unmöglich! Gefährlich und gesetzeswidrig!» Vielmehr können wir, während das Auto auf uns zukommt, das Gesetz der Flexibilität anwenden und einfach zur Seite springen, dankbar für die Chance, unsere Reflexe erproben zu können.

Die Kampfkünste Aikido und T'ai-chi, in denen das Gesetz der Flexibilität gespiegelt und verkörpert ist, beruhen auf dem Nichtwiderstehen: *Bei Druck mußt du ziehen; bei Zug mußt du drücken; und wenn eine Kraft auf dich zukommt, mußt du aus dem Weg gehen.* Alles ist zu unserem Besten, wenn wir guten Gebrauch davon machen.

Wenn wir das Leben von einer rein persönlichen, konventionellen Warte aus betrachten, sind wir natürlich nicht unbedingt dankbar für manche Ereignisse wie etwa finanzielle Probleme oder einen Grippeanfall. Dieses Gesetz erinnert uns jedoch daran, über unsere persönliche Sichtweise hinauszugehen und das größere Ganze im Auge zu behalten, damit wir einsehen können, daß jeder Umstand, ob er uns zu dem betreffenden Zeitpunkt günstig oder ungünstig erscheint, eine Gelegenheit bietet, um stärker zu werden. Streß tritt dann auf, wenn wir uns geistig dem widersetzen, was das Leben mit sich bringt – seien es Situationen, Menschen oder Gefühle. An Sätzen wie: «Ich wäre lieber ...» oder «So sollten sie sein (oder nicht sein)» zeigt sich unser Widerstand gegen das Bestehende. Indem wir alles, was uns begegnet, als eine Lektion auffassen, die uns auf die Dauer stärker, weiser und vollständiger macht, lassen wir die Erwartungen und Vorurteile *über das, was ist, hinter uns und schließen das Leben in die Arme.*

Vom Standpunkt des begrenzten Verstandes sieht es so aus, als sei das Leben nicht immer fair, aber aus einer viel weiteren Perspektive behalten die spirituellen Gesetze ihre Gültigkeit. Zur Flexibilität gehört die Einstellung: «Na schön, hier bin ich, und so bin ich nun, aber ich will das Beste aus meiner Situation machen.» Ebenso wie Möglichkeiten Probleme in sich bergen können, so birgt jedes Problem auch eine Möglichkeit in sich.

In dem, wozu sich die Anonymen Alkoholiker und ähnliche Selbsthilfegruppen bekennen, spiegelt sich das Gesetz der Flexibilität wider: «Gott gebe mir die Gelassenheit, das anzunehmen, was ich nicht ändern kann, den Mut, das zu ändern, was ich ändern kann, und die Weisheit, den Unterschied zu erkennen.»

Flexibilität versetzt uns in die Lage, auch solche Situationen freudig anzunehmen, die uns vorher Sorgen gemacht haben, wie etwa eine Pechsträhne oder den Bruch einer Beziehung. Manchmal heißt flexibel sein, beide Seiten einer Medaille oder eines Problems wahrzunehmen, aber sich mehr auf die positive Seite zu konzentrieren. So schmerzhaft zum Beispiel das Ende einer Beziehung sein kann, es erschließt auch neue Möglichkeiten, schafft Raum für eine neue Liebe.

Katzen beherrschen das Gesetz der Flexibilität meisterhaft: Wenn eine Katze zur Tür hinaus will, ihr aber jemand den Weg versperrt, probiert sie es erst auf die eine, dann auf die andere und schließlich auf noch eine Art; sie ist beharrlich, weiß jedoch auch, wann es Zeit ist, sich hinzulegen, zu entspannen und auf eine neue Gelegenheit zu warten. Wir sollten wie Katzen keine Energie daran verschwenden, uns Umständen zu widersetzen oder uns über Dinge zu ärgern, die sich nicht vermeiden lassen.

Flexibel sein heißt, rückhalt- und vorbehaltlos anzuerkennen, wer wir sind, mit wem wir zusammen sind und was wir im Augenblick gerade tun, auch während wir lernen und wachsen und effektiv mit dem umgehen, was anliegt. Dazu ist vielleicht eine Einstellungsänderung nötig, aber nicht unbedingt eine Verhaltensänderung. Wenn wir uns dabei ertappen, wie wir andere kritisieren oder beschimpfen, müssen wir uns trotzdem annehmen und uns auf der Stelle unsere Fehler verzeihen.

Flexibilität heißt, anpassungsfähig zu sein; wie Wasser füllen wir die Form unseres «Gefäßes» aus – des gegenwärtigen Augenblicks. Wir öffnen uns dem Leben auf allen Ebenen, die uns möglich sind.

Das Gesetz der Flexibilität hat Parallelen zum Gesetz der Vollkommenheit (S. 445), allerdings mit einer etwas anderen Gewichtung und Zielrichtung. Indem wir das Gesetz der Flexibilität beherzigen, halten wir uns für Erfahrungen offen, statt Höhen und Tiefen zu vermeiden, und leben damit erfüllter.

Wir können im Beruf, in unseren Beziehungen und in anderen Bereichen unseres Alltagslebens flexibel sein. Ohne inneren Widerstand können wir spielend die Kunst unbekümmerten Glücklichseins erlernen. Meistern wir dieses Gesetz, haben wir alle gemeistert.

Die folgenden Übungen werden Ihnen helfen, sich das Gesetz der Flexibilität durch unmittelbare Erfahrung und Anwendung zunutze zu machen.

Die Erfahrung der Flexibilität

Bei dieser Partnerübung erleben sie körperlich, was Annehmenkönnen bedeutet – eine Fähigkeit, die in allen Kampfkünsten und überhaupt in jeder Lebenssituation ausschlaggebend ist.

1. Stellen Sie sich ganz locker hin, die Füße schulterbreit auseinander, und strecken Sie einen Arm nach vorn aus. Lassen Sie sich nun von Ihrem Partner oder Ihrer Partnerin am Handgelenk oder Unterarm fassen und sanft nach vorn ziehen, als wollte er (oder sie) Sie irgendwohin zerren.
2. Machen Sie, während Ihr Partner zieht, einen Schritt vorwärts, um Ihr Gleichgewicht zu halten, und widerstehen Sie dann dem Zug Ihres Partners (durch Gegenzug). Beobachten Sie, wie das körperlich und gefühlsmäßig auf Sie wirkt.
3. Lassen Sie Ihren Partner noch einmal ziehen, aber machen Sie diesmal, genau in dem Moment, wo Ihr Partner zu ziehen beginnt, zwei Schritt vorwärts, ohne aus dem Gleichgewicht zu kommen, und drücken Sie Ihren Partner sanft in die Richtung, aus der er (oder sie) zieht. Mit anderen Worten: Gehen Sie, statt sich der Kraft zu widersetzen, mit; machen Sie sie zu Ihrer eigenen. Beobachten Sie, wie das körperlich und gefühlsmäßig auf Sie wirkt. Dieses Mal haben Sie den Zug Ihres Partners nicht durch resignierte Unterwerfung oder passives Tolerieren hingenommen, auch nicht aktiv dagegen angekämpft, sondern Sie haben *ihn sich zunutze gemacht.*
4. Vergleichen Sie, nachdem Sie mit Ihrem Partner die Rollen vertauscht haben, Ihre Erfahrungen.

Die Anwendung des Gesetzes der Flexibilität

1. Stellen Sie sich eine Situation oder ein Ereignis vor, wogegen Sie sich oft auflehnen oder sperren.
2. Überlegen Sie, was Sie mit Flexibilität ausrichten könnten, um sich dabei die Kräfte Ihres Lebens zu eigen zu machen und mit ihnen mitzufließen.
3. Achten Sie einmal darauf, wann Sie sich in dieser Situation oder bei diesem Ereignis verkrampfen, anspannen, widersetzen, wann Sie selbst Kraft anwenden, erstarren oder kämpfen. Fragen Sie sich: «Was wäre, wenn ich aktiv mit dieser Kraft mitginge und sie zu der meinen machte?»

Das Gesetz der Wahlfreiheit

Wir haben im Leben grundsätzlich die Wahl,
ob wir uns erweitern oder uns zusammenziehen wollen,
ob wir unsere Schaffens- und Ausdruckskraft
positiv oder negativ zur Geltung bringen wollen.
Wie unsere Lebensumstände auch sein mögen,
es steht in unserer Macht, die Richtung zu wählen.

In jedem von uns stecken Helden;
sprich zu ihnen,
und sie kommen hervor.
Anonym

Die meisten Lebewesen auf der Erde haben einen verhältnismäßig engen Spielraum für bewußte Entscheidungen; sie orientieren sich in erster Linie durch Instinkt und Anpassung. Im Gegensatz dazu besitzen wir Menschen weitreichende Entscheidungskraft. In unserem Alltagsleben haben wir ständig die Wahl und können unseren freien Willen üben – ob wir aufstehen oder im Bett bleiben wollen, was wir frühstücken wollen, was wir mit dem Tag anfangen wollen, ob wir unseren Beruf wechseln wollen, ob wir noch etwas lernen wollen, ob wir eine Beziehung fortsetzen wollen und so weiter.

Je nach unseren Umständen stehen wir mehr oder weniger häufig vor einer Wahl. Geisteskrankheiten oder andere Behinderungen können unsere Entscheidungsfreiheit beeinträchtigen oder einengen, während geistige Klarheit sie vergrößert. Sicherlich haben wir nicht alle die gleichen Möglichkeiten, was unsere Umstände betrifft; wenn wir zum Beispiel reich sind, steht es uns frei, zum Abendessen ins Ausland zu fliegen; leben wir hingegen in einem armen Land, würden wir zwar gerne etwas essen, finden aber nichts. Sind wir bettlägerig, würden wir gern wandern gehen, sind aber nicht dazu in der Lage, außer in unserer Phantasie. Körperliche Gebrechen können uns tatsächlich in unseren physischen Möglichkeiten einschränken. Im Gesetz der Wahlfreiheit geht es jedoch um die Macht und Verantwortung der Wahl, wie wir auf unsere Lebensumstände *reagieren wollen – eine Macht, die wir nie verlieren, solange wir leben.*

Wir müssen leben, und wir müssen sterben;
alles andere erfinden wir selbst.
Anonym

Manchmal haben wir das Gefühl, als würden unsere Familie, unser Arbeitgeber, unsere Freunde, die Umstände oder Gott die Wahl für uns treffen. Wenn uns unser Arbeitgeber zum Beispiel sagt: «Sie müssen Überstunden machen, andernfalls werden Sie entlassen», haben wir unserem Empfinden nach keine Wahl mehr. Aber das stimmt nicht; wir *haben* die Wahl und treffen eine bewußte Entscheidung, indem wir anerkennen, daß jede Entscheidung Folgen hat.

Wir können einen leichteren oder einen schwereren Weg wählen. Nur selten entscheiden wir uns für den mühseligeren Weg, es sei denn, er verheißt uns auf die Dauer etwas Gutes oder bringt uns schneller an unser Ziel. Je geringer die Zahl unserer verworrenen oder einengenden Überzeugungen ist, um so größer ist unsere Entscheidungsmacht.

Allerdings müssen wir auch auf die intuitiven Botschaften aus unserem Unterbewußtsein vertrauen, durch die wir uns vielleicht entscheiden, Erfahrungen oder Bekanntschaften zu machen, an denen wir bewußt gar nicht interessiert sind, die wir wahrscheinlich aber zu unserem eigenen Besten brauchen. Je mehr wir das Gesetz der Wahlfreiheit zu würdigen wissen, um so eher können wir unser Leben sinnvoll und frei gestalten und die Verantwortung für die jeweilige Richtung übernehmen, in die wir gehen, statt das Leben als etwas zu betrachten, was uns einfach zustößt. Dann wandern wir nicht mehr durchs Leben und fragen uns, ob wir auf dem rechten Weg oder mit dem richtigen Partner zusammen sind oder den richtigen Beruf haben, sondern erkennen, daß wir diese Umstände und Menschen selbst gewählt haben. Mit dieser Erkenntnis stellt sich auch die Kraft ein, unsere Wahl anzunehmen, die Verantwortung für unser Leben zu übernehmen und vielleicht neue Entscheidungen zu treffen. Wenn wir uns je machtlos fühlen in einer bestimmten Situation, ist es Zeit, uns daran zu erinnern, daß wir die Macht der Wahl haben.

Nach dem Lebenssinn-Programm haben wir vor allem in den beiden ausschlaggebenden Bereichen der *Kreativität* und des *Ausdrucks* die Wahl, uns zu erweitern oder uns zusammenzuziehen, etwas aufzubauen oder zu zerstören.

Jeder von uns besitzt schöpferische Lebensenergie, und jeder von uns besitzt die Fähigkeit, sich auszudrücken. Wir können uns entscheiden, ob wir uns eher positiv schöpferisch betätigen und zum Ausdruck bringen wollen oder aber negativ. Nicht immer haben wir das Gefühl, die freie Entscheidung zu haben. Manchmal glauben wir, daß bei uns Kreativität und Ausdrucksvermögen unterdrückt oder gar nicht vorhanden sind. Vielleicht haben wir auch Angst oder sind gehemmt. Doch je mehr wir die Entscheidungsmacht zu schätzen wissen, um so mehr bestimmen wir selbst, wie sich unsere schöpferische Energie Bahn bricht und wir uns ausdrücken wollen.

Wahlfreiheit im Bereich der Kreativität

Wir sind konstruktiv kreativ
oder destruktiv kreativ;
in beidem findet die schöpferische Energie ihren Ausdruck.

Alles, was existiert, besteht aus Energie, und Energie kann sich innerhalb eines Spektrums manifestieren, das von positiv bis negativ reicht. Mit elektrischem Strom kann zum Beispiel eine Stadt beleuchtet oder ein Menschenleben ausgelöscht werden. Auch Geld ist eine Form von Energie, die wir positiv oder negativ nutzen können, indem wir beispielsweise etwas zu wohltätigen Zwecken spenden oder einen dringend benötigten Urlaub nehmen, oder indem wir jemanden für ein Verbrechen bezahlen.

Schöpferische Energie hat eine drängende, dynamische Qualität und muß zum Ausdruck kommen; sie ist dazu da, zu fließen und benutzt zu werden. Sie ist ein zweischneidiges Schwert: Wird sie nicht konstruktiv genutzt, entlädt sie sich auf destruktive Weise. Wenn unsere schöpferische Energie völlig blockiert ist wie Wasser durch eine Staumauer, kehrt sie sich gegen uns selbst und erzeugt einen Druck, der uns körperlich, geistig und seelisch Schmerzen bereitet. Übergewicht ist zum Beispiel häufig ein Anzeichen für angestaute Energie, die nirgendwo hinkann.

Zu den positiven Erscheinungsbildern kreativer Energie gehören unter anderem die Künste – Musik, Malerei, Bildhauerei, Schriftstellerei, Schauspiel usw. –, aber sie kann sich auch in der Gründung einer Familie, in der Kindererziehung, in innovativen Lösungen für wirtschaftliche Probleme, in der Pflege von Pflanzen oder Tieren voll und ganz verwirklichen. Schöpferische Energie kann in jedes Betätigungsfeld einfließen, ob in einen Pflegeberuf, ein Handwerk, die Innenarchitektur oder tausend andere Tätigkeiten.

Pablo betätigt sich vielleicht schöpferisch als bildender Künstler, Theodor hingegen als Fälscher. Karina macht von ihrer schöpferischen Energie und ihren flinken Fingern beim Gitarrespielen Gebrauch, Margarete als Taschendiebin. Der eine benutzt Sprache kreativ dazu, um Geschichten zu erzählen, während der andere damit die tollsten Lügen auftischt. All diese Beispiele zeigen, daß schöpferische Energie sowohl konstruktiv als auch destruktiv verwendet werden kann.

Viele Gefängnisinsassen sind äußerst kreativ; sie können wunderbar zeichnen, malen, singen, spielen und schreiben, aber sie haben ihre schöpferische Energie in negative Bahnen gelenkt: Sie haben Raubüberfälle geplant, Leute um ihr Geld gebracht, gelogen und betrogen usw.

Blockierte schöpferische Energie schlägt sich entweder in körperlichen Krankheiten und Beschwerden nieder oder bricht sich im übermäßigen Genuß von Tabak, Alkohol, Drogen, Essen oder Sex Bahn. Wenn diese Art der Energiefreisetzung zur Regel, zwanghaft oder chronisch wird, kann sie sich zur echten Sucht auswachsen.

Sobald wir erkannt haben, daß wir mehr oder weniger bewußt eine Wahl getroffen haben, wie wir mit unseren schöpferischen Energien verfahren wollen, können wir auch andere Möglichkeiten finden, um uns diese Energien zu erschließen und sie so zu kanalisieren, daß auch andere davon beflügelt und aufgerichtet werden und Lohn statt Strafe empfangen. Wie zerstörerisch oder blockiert unsere schöpferische Energie in der Vergangenheit auch gewesen sein mag, dies kann sich ändern, wenn wir von unserer Entscheidungsmacht Gebrauch machen. Indem wir uns dafür entscheiden, unsere schöpferische Energie auf positive, lebensbejahende Weise, unter anderem auch durch tägliche Bewegung, zum Ausdruck zu bringen, können wir den Lauf unseres Lebens verändern.

Die folgenden Übungen sollen Ihnen helfen, sich das Gesetz der Wahlfreiheit im kreativen Bereich zunutze zu machen.

Die Erfahrung der kreativen Wahlfreiheit

1. Überlegen Sie, wie sich Ihre schöpferische Energie äußert.
   - Fließt Ihre Energie in kreative Projekte und Aktivitäten ein, oder ist sie blockiert?
   - Falls Sie das Gefühl haben, daß Ihre Energie blockiert ist: Haben Sie irgendwelche körperlichen Beschwerden?
   - Wie könnten Sie auf angenehme, konstruktive Weise von dieser Energie Gebrauch machen?
   - Welche Form des Ausgleichs, der Auflösung oder Ableitung finden Sie für Ihre schöpferische Energie, wenn sich Druck aufgebaut hat?

Treiben Sie Sport?
Rauchen Sie?
Reden Sie viel?
Trinken Sie Alkohol, oder nehmen Sie Drogen?
Essen Sie zuviel?
Werden Sie verstärkt sexuell aktiv?

2. Bei diesen Fragen geht es nicht um eine moralische Wertung; die oben angeführten Alternativen sind weder «gut» noch «böse», sondern nur mehr oder weniger konstruktive Möglichkeiten, der Kreativität zum Ausdruck zu verhelfen.
   - Wie wollen Sie Ihre Kreativität in Zukunft nutzen?
   - Werden Sie von Ihrer Entscheidungsmacht Gebrauch machen?

Die Anwendung der kreativen Wahlfreiheit

1. Stellen Sie eine Liste konstruktiver und weniger konstruktiver Möglichkeiten zusammen, wie sie von Ihrer Kreativität Gebrauch machen.
2. Denken Sie über Ihre Liste nach, und überlegen Sie, wie Sie Ihr Leben gestalten wollen. Vielleicht wollen Sie gar keine Veränderungen durchführen, oder Sie entscheiden sich für das Wagnis, etwas Neues auszuprobieren.
3. Gehen Sie, falls Sie mit Alkohol, Tabak, anderen Drogen, mit Essen oder Sex Mißbrauch treiben, die folgenden Vorschläge einmal daraufhin durch, ob sie Ihnen helfen können, Ihre Energie und Ihr Leben zu verändern.
   - Schließen Sie sich einer Selbsthilfegruppe an und halten Sie sich an deren Programm; bei Suchtverhalten ist die Unterstützung einer Gruppe außerordentlich wichtig.
   - Unterwerfen Sie sich einem regelmäßigen Körpertraining, durch das der Druck, der Suchtverhaltensweisen bei Ihnen auslöst, ausgeglichen und auf konstruktive Weise abgeleitet wird.
   - Gehen Sie zu einer Beratungsstelle oder einem Psychotherapeuten, um Ihre tieferliegenden Probleme zu ergründen.
4. Erkunden Sie neue Möglichkeiten, wenn Sie sich aus Unsicherheit oder aus dem Gefühl heraus, nicht gut genug zu sein, bisher nicht schöpferisch oder künstlerisch betätigt haben; fassen Sie sich ein Herz, und bringen Sie Ihre Kreativität zum Ausdruck.
   - Nehmen Sie an einem Kunst- oder Schauspielkurs teil; erfinden Sie

Kurzgeschichten, oder schreiben Sie Tagebuch; widmen Sie sich einem Kunsthandwerk oder Hobby; stellen Sie Ihre Möbel um, tapezieren Sie neu, oder gestalten Sie sonstwie Ihre Wohnung anders; helfen Sie jemandem, ein Problem zu lösen; arbeiten Sie im Garten; gehen Sie einer ehrenamtlichen Tätigkeit nach. Alles das sind positive Beispiele für eine kreative Betätigung.

Wahlfreiheit im Bereich des Ausdrucks

Wir können uns konstruktiv zum Ausdruck bringen;
wir können uns destruktiv zum Ausdruck bringen;
in beidem manifestiert sich die Ausdruckskraft.

Die Ausdruckskraft drängt nach Manifestation. Meistens drücken wir uns und unsere Gefühle im Gespräch aus, aber praktisches Tun, Kunst und Handwerk sind ebenfalls Möglichkeiten, durch die wir uns zum Ausdruck bringen können.

Eine Ausdrucksform für sich zu finden bedeutet mehr, als nur zu reden oder Ideen und Informationen auszutauschen. Ausdrucksenergie ist *emotionale* Energie, ist Empfinden; dieses Empfinden mag sich als Ärger, Trauer oder Angst zeigen, die heraus wollen; es kann sich aber auch in Freude und Begeisterung äußern, die ebenfalls auf Ausdruck drängen.

Wenn wir unsere Gefühle nicht zum Ausdruck kommen lassen, zeigt sich diese Blockierung oft in Form von Kopfschmerzen, Halsschmerzen, Magengeschwüren, Verdauungsschwierigkeiten, Schmerzen im unteren Rücken, Gebärmuttergeschwülsten, Prostatabeschwerden, Muskelverspannungen, Steifheit und anderen Symptomen und Krankheiten. Ein Grund dafür, warum ältere Menschen mehr Beschwerden haben, ist der, daß sie ihre Gefühle länger angestaut haben, ohne sie auszudrücken. Wir können jedoch wieder jung und vital werden, wenn wir die notwendigen Schritte unternehmen, um unseren Körper zu heilen, und uns gleichzeitig neue Verhaltensweisen zulegen und neue Wege finden, uns frei und offen zum Ausdruck zu bringen.

Kreativ verwirklichen kann man sich auch, wenn man allein ist, zum Beispiel indem man malt oder sich mit Modellbau beschäftigt, aber zum Ausdruck gehören Beziehungen – jemanden, der das annimmt, was wir ausdrücken wollen, der bereitwillig zuhört, der unserer Aufführung zusieht oder unsere Werke bewundert. Unser Publikum können Erwachsene, Kinder oder auch Tiere sein, zu denen wir eine Beziehung aufgebaut haben (und die gut zuhören, ohne uns zu verurteilen oder zu kritisieren).

Bei manchen Menschen ist die Ausdrucksenergie so groß, daß sie, hat sie sich zuerst einmal vielleicht nur unter vier Augen Bahn gebrochen, bald mit zunehmendem Selbstvertrauen einen größeren Kreis in der einen oder anderen Form miteinbezieht. In welcher Art auch immer wir uns ausdrücken – ob durch Symphonien, Vorträge oder Volkstheater –, stets können wir dadurch Gefühle übermitteln oder auslösen und sind emotional beteiligt.

Positiv äußert sich die Ausdrucksenergie in anregender, mitreißender, konstruktiver, erhebender Kommunikation, etwa im Reden, Singen, Theaterspielen, Musizieren, Schreiben oder in anderen Künsten. Negativ manifestiert sie sich im Spotten, Klagen, Kritisieren oder Jammern. Dann zieht sie herab, verletzt oder vernichtet und kann andere in der Luft zerreißen.

Menschen mit einer Menge Ausdrucksenergie haben die Macht, andere aufzurichten oder niederzudrücken. Sobald wir um unsere Fähigkeit, aufzurichten und niederzudrücken, wissen, können wir lernen, diese Energie verantwortungsvoll in konstruktive Bahnen zu lenken.

Gleichgültig, ob wir unsere Empfindungen für «positiv» oder «negativ» halten, können wir auf jeden Fall einsehen, welchen Wert es hat, sie konstruktiv zum Ausdruck zu bringen. Einen Zugang zu unseren wahren Gefühlen zu finden und diese Gefühle endlich freizusetzen kann uns neue Ebenen der Energie, der Integration und Heilung erschließen. Die Bejahung des positiven Selbstausdrucks bedeutet allerdings nicht, Wut, Angst oder Kummer zu verleugnen, ebensowenig wie Unterdrückungsmechanismen im Namen des «Coolbleibens» gutzuheißen sind. Selbst Wut, Angst, Kummer und andere «negative» Empfindungen können wir *negativ oder positiv* ausdrücken. Wenn wir zum Beispiel wütend sind, können wir jemanden beschimpfen, oder wir können etwas in der Art sagen wie: «Ich bin richtig wütend auf dich, und das trennt uns auf eine Weise, die ich nicht gut finde.»

Auf den Selbstausdruck bezogen, erinnert uns das Gesetz der Wahlfreiheit daran, daß es auf die Dauer für uns und unsere Beziehungen besser ist, *all* unsere Gefühle ehrlich zum Ausdruck zu bringen; auch das Gesetz der Ehrlichkeit (S. 468) gilt hier.

Die Ausdruckskraft – die «Feder» – ist tatsächlich schärfer als das Schwert. Mißbrauchte Ausdrucksfähigkeit hat Diktatoren Macht verliehen, so daß sie ganze Völker manipulieren konnten; sie hat Leben geschändet und zerstört. Gleichzeitig sind die ergreifendsten Kunstwerke und die mitreißendsten Reden der Geschichte ein leuchtendes Beispiel für die Macht der Ausdrucksenergie, Schönheit in die Welt hineinzutragen und uns zum Handeln und zur Veränderung zu beflügeln.

Sogar im Alltagsleben kann die Art und Weise, wie wir uns ausdrücken, einen gewaltigen Unterschied in der Lebensqualität für uns und unsere Umgebung bewirken. Die Wahl liegt bei uns.

Die folgenden Übungen können Ihnen helfen, sich das Gesetz der Wahlfreiheit im Hinblick auf den Selbstausdruck zunutze zu machen.

Die Erfahrung der freien Ausdruckswahl

1. Denken Sie einmal über folgende Fragen nach:
   - Wann haben Sie zum letztenmal etwas auf negative Weise jemandem gegenüber zum Ausdruck gebracht?
   - Finden Sie es in dem betreffenden Augenblick vollkommen gerechtfertigt, wenn Sie etwas Negatives äußern (zum Beispiel eine kritische Bemerkung oder Beschwerde)?
   - Wie fühlen Sie sich während oder nach Ihrer Kritik oder Beschwerde oder einer anderen negativen Äußerung?
   - Wann haben Sie zum letztenmal etwas auf positive Weise gegenüber jemandem zum Ausdruck gebracht?
   - Merken Sie, wenn Sie sich positiv äußern (zum Beispiel ein Kompliment machen oder ihren Ärger auf konstruktive Art äußern, die der Beziehung nützt), daß die positive Energie wieder auf Sie zurückstrahlt?
   - Wie fühlen Sie sich, während und nachdem Sie jemandem ein Kompliment machen oder Ihre Gefühle sonstwie positiv ausdrücken?
2. Nachdem Sie über Ihre Antworten nachgedacht haben, möchten Sie sich vielleicht positivere Möglichkeiten ausmalen oder in der Vorstellung durchspielen, um Ihre Gefühle zum Ausdruck zu bringen.

Die Anwendung der freien Ausdruckswahl

1. Schreiben Sie das letzte oder die letzten beiden Male auf, als Sie etwas auf negative Weise ausgedrückt haben, oder erinnern Sie sich daran.
2. Machen Sie sich klar, daß wir, wenn wir jemanden kritisieren, nor-

malerweise keine *Gefühle* ausdrücken, sondern das, was wir empfinden, in ein *Urteil* verwandeln. Schreiben Sie auf, wie Sie Ihre Gefühle offen und ehrlich hätten in Worte fassen können. Tip: Schreiben Sie statt «er» oder «sie» («*Er* oder *sie* macht mich wütend») lieber «ich» («*Ich* werde immer wütend, wenn ...»).

3. Setzen Sie das Gelernte bei nächster Gelegenheit in die Tat um.

Das Gesetz der Verantwortung

Sobald wir den Umfang und die Grenzen
unserer Verantwortung festgelegt haben,
können wir uns voll und ganz dem widmen,
was unsere Pflicht ist,
und alles andere lassen;
dann finden wir mehr Freude daran, anderen beizustehen,
und schaffen Beziehungen, die von
mehr Harmonie und Teamgeist geprägt sind.

Für unseren inneren Frieden
müssen wir aufhören,
uns wie Drahtzieher des Universums aufzuführen.
Larry Eisenberg

«Einer für alle, alle für einen. Viele Hände machen leichte Bürde. Einer kann nicht alles.» Dieses Prinzip ist auf unterschiedlichste Weise in Worte gefaßt worden, drückt aber jedesmal die gleiche Erkenntnis aus: Wenn wir zusammenarbeiten, können wir Aufgaben erfüllen, die ohne gemeinsame Anstrengung nur schwer oder überhaupt nicht zu bewerkstelligen wären – zum Beispiel einen Wolkenkratzer bauen oder ein Schauspiel auf die Bühne bringen.

In jedem Unternehmen, bei dem Menschen in unterschiedlichen Verantwortungsbereichen zusammenarbeiten, treten immer einige Leute in den Vordergrund, aber auch sie sind auf die Unterstützung der vielen angewiesen, ohne deren Leistungen sie nichts Produktives zustande brächten. Was wäre ein Rockmusiker ohne seine Tontechniker? Könnte ein Generaldirektor oder Vorstandsvorsitzender ein Unternehmen ohne tüchtige Sekretärinnen führen? Wer in Politik und Wirtschaft nach oben kommt, wird von anderen getragen, die das Fundament seines Erfolges bilden.

Familien, Konzerne und Reiche stehen oder fallen, je nachdem, wie es in ihnen um Zusammenarbeit und Verantwortung bestellt ist. Selbst beim einzelnen Menschen hängt die Effektivität der Körperfunktionen und Verhaltensweisen weitgehend von der Kooperationsbereitschaft unserer Körperteile und Organe ab.

Ehe wir anderen helfen können, müssen wir uns selbst helfen – unser Innenleben in Ordnung bringen – und unsere widerstreitenden Teilpersönlichkeiten miteinander versöhnen: jene Identitäten, Überzeugungen, Wertvorstellungen und Ideen, die sich bekämpfen oder gegensätzliche Positionen einnehmen. Vielleicht müssen wir sogar die Zusammenarbeit zwischen unserer linken und rechten Gehirnhälfte aktiv fördern. Bevor wir Harmonie erreichen können, müssen wir erkennen, was nicht in Harmonie ist – die Zweiteilungen in entweder/oder, ja/nein, sollte/sollte nicht, die zu Verwirrung führen, da es Pro und Kontra für jede Seite gibt. Es gibt viele verschiedene Möglichkeiten, unsere «Teile» miteinander in Einklang zu bringen, zum Beispiel das Subpersonality-Training, der Stimmendialog, das Psychodrama, die neurolinguistische Programmierung, die Hypnotherapie und andere Methoden, die der Integration der beiden Gehirnhälften dienlich sind.

Wir müssen in unserem Verhältnis zu uns selbst, zu anderen Menschen und zu unseren Lebensumständen unseren Mittelpunkt finden, an dem wir im Gleichgewicht sind, müssen Umfang und Grenzen des für uns vertretbaren Maßes an Verantwortung abstecken und einsehen, daß unsere Werte, Bedürfnisse und Prioritäten womöglich zu Recht von denen unserer Eltern, Geschwister, Partner oder anderer abweichen.

Wer sich dazu berufen fühlt, anderen zu helfen, zu dienen und beizustehen, neigt manchmal zur *Überkooperation* in einem Maße, das ihn selbst und die, denen er sich nützlich machen will, lahmlegt. Im Extremfall wird aus diesem Übereifer eine besondere Form von *Abhängigkeit,* nämlich die, sich zwanghaft mit dem Leben anderer zu beschäftigen und unentwegt etwas zu geben, ohne etwas dafür zurückzubekommen. Solche Leute fühlen sich weit über die normalen Pflichten von Eltern, Freunden oder Angestellten hinaus für das Leben anderer verantwortlich. Sie gründen ihre Wertvorstellungen, ihr Selbstwertgefühl und sogar ihre Identität auf ihre Fähigkeit, anderen Menschen zu helfen, stellen immer (nicht nur gelegentlich) die Bedürfnisse anderer den eigenen voran und machen sich sozusagen zum Fußabtreter oder Sklaven der anderen.

Die Bereitschaft zur Überkooperation, die dieser Abhängigkeit zugrunde liegt, beinhaltet ein verzerrtes oder übersteigertes Verantwortungsbewußtsein, das dazu führt, die Fehler anderer möglichst «auszubügeln», statt den Betreffenden die Möglichkeit zu geben, aus den Folgen ihres Verhaltens zu lernen.

Diejenigen, für die wir uns überkooperativ engagieren, beklagen sich selten darüber. Doch wir merken bald schon, daß das Pendel unserer Psyche, wenn es zu sehr zum Übereifer hin ausschlägt, allmählich andersherum schwingt in Richtung Unterkooperation. Dieser Umschwung kann ein paar Tage, Wochen, Monate oder auch Jahre auf sich warten lassen, aber früher oder später geschieht er.

Im Fall der Unterkooperation gehen wir entweder voller Groll in den totalen Widerstand, oder wir tun weiterhin alles für andere, kapseln uns jedoch emotional immer mehr ab. Wird daran nichts geändert, ist damit das Ende einer Beziehung vorprogrammiert.

Glücklicherweise sind Beziehungen, die unter traumatischen oder chronischen Kooperationsproblemen leiden, noch zu retten und können in manchen Fällen «wie neu» werden. Das «Wunder» geschieht dann, wenn ein neues Gleichgewicht zwischen Geben und Nehmen gefunden wird – wenn aus der Beziehung also ein Wechselspiel in gegenseitiger Unterstützung wird. Offene Gespräche können bewirken, daß die Verantwortung gleichmäßiger verteilt wird und dadurch denjenigen mit Tendenz zur Überkooperation die psychische Last von den Schultern genommen wird. Die Hauptverantwortung dafür, ein neues Gleichgewicht herzustellen, tragen allerdings die Betreffenden selber.

Verantwortungsgefühl ist eigentlich eine wünschenswerte Eigenschaft, aber Menschen mit zu großem Verantwortungsbewußtsein – die unter dem Zwang stehen, zuviel des Guten zu tun – müssen ihre Einstellung und ihr Handeln verändern und den Punkt des Ausgleichs finden, wo sie wahren Teamgeist erwerben und in ausgewogenem Maße Verantwortung tragen können.

Die stärkste Art der Mitwirkung und Unterstützung ist manchmal die, andere dazu zu ermutigen und zu ermächtigen, etwas für sich selbst zu tun. Die beste Hilfe ist oft die, die richtigen Forderungen zu stellen.

Das Gesetz der Verantwortung dient als wichtige Erinnerungshilfe daran, daß wir für uns die Größe des Wirkungskreises zu finden und zu hüten haben, die uns angenehm ist. Wir sind zwar hier, um diesen Kreis immer weiter auszudehnen, aber das heißt nicht, daß wir seine Grenzen ignorieren sollten. Dieses Gesetz erinnert uns daran, unsere inneren Werte zu ehren und unseren eigenen Gleichgewichtspunkte zu finden.

Nehmen wir einmal das Beispiel von Rosalie und Tanja, beide Mütter zweier Kleinkinder. Beide waren früher in der Werbung tätig und pendelten täglich ins Zentrum von San Francisco zur Arbeit. Rosalie beschloß, zu Hause bei ihren Kindern zu bleiben und ihren Beruf aufzugeben; Tanja hingegen suchte sich eine gute Kinderfrau für die Zeit ihrer Abwesenheit und arbeitete weiterhin in der Stadt. Rosalie und Tanja trafen eine unterschiedliche Wahl. Das Problem war in beiden Fällen, daß sich im Grunde keine der beiden Frauen für das entschied, was sie sich aus tiefstem Herzen wünschte; vielmehr wählten beide, was sie meinten, tun zu «sollen».

Rosalie war bald frustriert vom Hausfrauendasein, glaubte jedoch, den ganzen Tag bei ihren Kindern bleiben zu müssen, um ihnen eine «gute Mutter» zu sein. Tanja fand es furchtbar, ihre Kinder jeden Tag allein zu lassen, aber sie wollte eine «moderne Frau» sein und «Chancengleichheit» verwirklichen, statt «ans Haus gefesselt zu sein» wie ihre eigene Mutter.

Beide Frauen waren in einem gewissen Sinne überkooperativ und hielten sich an die Wertvorstellungen und Ideen anderer, wie man sein oder was man tun «sollte», statt ihre eigenen Bedürfnisse zu erkennen und zu befriedigen. Zum Glück hat sich bei beiden inzwischen ein Gleichgewicht eingependelt. Tanja hat eine Möglichkeit gefunden, zu Hause zu arbeiten, so daß sie mehr bei ihren Kindern sein kann, während Rosalie mit Vergnügen halbtags in ihrer Agentur arbeitet und die Zeit, die sie mit ihren Kindern verbringt, viel besser zu würdigen weiß, weil auch ihre anderen Bedürfnisse befriedigt werden.

Indem wir das Gesetz der Verantwortung anwenden, unterstützen wir andere, nehmen aber auch selbst Hilfe an, bringen also beides ins Gleichgewicht. Wir erkennen den Unterschied zwischen dem, was wir tun oder sein zu «sollen» glauben, und dem, was wir uns wirklich von Herzen wünschen. Wir tun das, wobei uns wohl ist; wenn wir ungute Gefühle bei etwas haben, äußern wir uns dazu und schließen einen Kompromiß: «Soviel tue ich, aber der Rest bleibt für dich.» Das ist wahre Verantwortung und Zusammenarbeit.

Die folgenden Übungen können Ihnen helfen, sich das Gesetz der Verantwortung durch unmittelbare Erfahrung und Anwendung zunutze zu machen.

Die Erfahrung der Verantwortung

Wir können erst dann ein ausgeglichenes Verhältnis zur Verantwortung uns selbst und anderen gegenüber haben und echte Zusammenarbeit in dieser Welt erreichen, wenn wir beides in uns selbst erfahren haben. Die folgende Visualisierungsübung wirkt im Unterbewußtsein und versöhnt die Widersprüche miteinander. Bei einiger Übung nimmt sie nur ein bis zwei Minuten in Anspruch. Sie ist außerdem gut zur Konfliktlösung geeignet und kann als Vorlage dienen, um zu ausgewogenen, für beide Seiten annehmbaren Vereinbarungen zu kommen.

1. Stellen Sie sich einen sicheren, angenehmen Ort irgendwo auf der Erde oder im Universum vor, zum Beispiel ein Felsplateau hoch oben in den Bergen, eine verborgene Schlucht oder eine stille Waldwiese – Ihren privaten Freiraum.
2. Denken Sie sich dort einen Tisch mit jeweils einem Stuhl auf jeder Seite.
3. Laden Sie nacheinander zwei widerstreitende Teile Ihrer Persönlichkeit ein, einander gegenüber an dem Tisch Platz zu nehmen. Das könnte zum Beispiel ein Teil sein, der Ihren Geist vertritt, und einer, der für Ihren Körper spricht, ein Teil, den Sie mögen, und einer, den Sie nicht mögen, ein Teil aus der Vergangenheit und einer aus der Zukunft oder einer, der verurteilt, und einer, der vergibt. Wann immer Sie gemischte Gefühle haben oder hin- und hergerissen sind, können Sie zwei Wesensteile unterscheiden, die diesen Empfindungen entsprechen.
4. Fragen Sie jeden Teil, welches Vorhaben oder positive Ergebnis er für Sie bereithält. Vertrauen Sie, auch wenn Ihnen ein Teil negativ vorkommt, darauf, daß jeder Aspekt Ihres Unterbewußtseins aus gutem Grund da ist und sein Bestes tut, um dem Ganzen zu dienen.
5. Achten Sie darauf, wie jeder Teil, der vor Ihrem geistigen Auge erscheint, aussieht, sich bewegt, sich hinsetzt und sich benimmt. Und beobachten Sie, sobald beide Wesensteile sitzen, wie sie miteinander umgehen.
6. Bitten Sie jeden Teil im Geiste, sich zu äußern, bis ein gemeinsamer Nenner für das Zusammenwirken gegeben ist oder zumindest ein Kontakt und eine Kommunikation zustande gekommen sind, so daß die beiden in Zukunft zusammenarbeiten können.
7. Danken Sie ihnen, wenn Sie wieder Ihre Ganzheit fühlen können, verabschieden Sie sich, und lassen Sie die beiden noch allein ihre Begegnung genießen.

Die Anwendung des Gesetzes der Verantwortung

1. Stellen Sie schriftlich oder im Kopf eine kurze Liste der Dinge auf, die Sie zu tun gewillt wären, wenn jemand Sie darum bäte, und eine kurze Liste der Dinge, zu denen Sie nicht bereit wären. Wo ziehen Sie einen Strich, und warum?
2. Stellen Sie schriftlich oder im Kopf eine Liste der Dinge auf, die Sie zu Hause oder auf der Arbeitsstelle gern tun würden, und dann eine Liste der Dinge, bei denen ihnen nicht so wohl wäre.

- Wie viele dieser Aufgaben erledigen Sie weiterhin, und warum?
- Tun Sie etwas für andere, etwa für Ihre Kinder, Ihren Partner oder Verwandte, und beklagen sich später darüber?
- Fühlen Sie sich für die Fehler oder das Leben anderer Erwachsener verantwortlich?

3. Überlegen Sie einmal, in welchen Lebensbereichen Sie vielleicht ein zu starkes Verantwortungsgefühl zeigen und aus Hilfsbereitschaft heraus zuviel des Guten tun und wann Sie sich voller Groll zurückziehen. Was könnten Sie, falls Sie sich ausgebeutet oder nicht gebührend gewürdigt fühlen – also das Empfinden haben, Märtyrer oder Fußabtreter zu sein –, in Ihrem Leben tun, um ein besseres Gleichgewicht herzustellen?

Das Gesetz der Ausgewogenheit

Ausgewogenheit brauchen wir
auf kosmischer, biologischer und persönlicher Ebene –
für Körper, Geist und Seele –,
und sie erinnert uns daran, daß es bei allem, was wir tun,
ein Zuviel oder Zuwenig geben kann
und daß unser inneres Pendel,
wenn es nach einer Seite ausgeschlagen ist,
unweigerlich zur anderen schwingen wird.

Wenn du aus zwei eins machst,
aus außen innen
und aus oben unten,
wenn du aus männlich und weiblich eins machst,
dann trittst du in das Reich Gottes ein.
Thomasevangelium

Wenn die Schwerkraft der Klebstoff ist, der das Universum zusammenhält, dann ist die Ausgewogenheit der Schlüssel zu seinen Geheimnissen. Alle Dinge befinden sich in einem Zustand des Gleichgewichts: hoch und niedrig, innen und außen, heiß und kalt, schnell und langsam, laut und leise, überall gibt es das Wechselspiel der Gegensätze. Zwischen diesen Polen liegt der Punkt, an dem das Gleichgewicht hergestellt wird.

Während wir essen, schlafen, arbeiten und unseren Alltagsangelegenheiten nachgehen, ist unser Unterbewußtsein damit beschäftigt, durch unser vegetatives Nervensystem, unsere innere Sekretion und Hormonproduktion sowie unseren Kreislauf ein labiles Gleichgewicht in der Körpertemperatur und Blutbeschaffenheit aufrechtzuerhalten. Von diesem Gleichgewicht hängt nicht allein unser Überleben ab, sondern auch unsere Lebensqualität und unsere psychische Verfassung.

Auch die Erde, die einem einzigen lebendigen Organismus gleicht, an dessen Oberfläche wir Menschen nichts weiter als Zellen darstellen und dessen Kreislauf die Meere und Winde sind, befindet sich in einem Zustand der Ausgewogenheit – und wir sind nahe daran, sie aus dem Gleichgewicht zu bringen. In gewissem Sinne spiegelt das globale ökologische Drama, das wir augenblicklich erleben, das wider, was im Leben jedes einzelnen vorgeht, während er heranreift und etwas über sein eigenes einzigartiges Gleichgewicht lernt.

Zwar ist größtenteils unser Unterbewußtsein für das innere physiologische Gleichgewicht verantwortlich, aber mit unserem Bewußtsein tragen wir die Verantwortung für unsere Lebensweise und unser Handeln. Infolgedessen ist das Gesetz der Ausgewogenheit innig mit dem Gesetz der Wahlfreiheit (S. 410) verbunden sowie auch mit dem Gesetz der Verantwortung (S. 419), bei dem es um die Ausgewogenheit zwischen Über- und Unterkooperation geht und deutlich wird, wie sich schon das Gleichgewicht in nur einem Lebensbereich erheblich auf unser Leben auswirken kann.

In unserer Psyche schlummern die Archetypen und Werte des Puritaners und des Hedonisten, des Gläubigen und des Skeptikers, des geselligen Plauderers und des einsamen Wolfes, des Überlegenen und des Unterlegenen und andere Gegensätze mehr, die für die Widersprüche und den Aufruhr in unserem Kopf sorgen. Ins Gleichgewicht zu kommen – körperlich, emotional, geistig und seelisch – war und ist das Ziel vieler Traditionen dieser Erde, die auf das Wachstum des Menschen hinarbeiten.

Weise aller Kulturen, von den chinesischen Taoisten bis zu den Essenern, von den Christen bis zu den Moslems, sind für einen Weg der Mitte eingetreten, den Goldenen Schnitt, die Gratwanderung auf schmalem, engen Pfad. Selbst in der Natur bekommt es den meisten Menschen besser, wenn sie die Extreme von tropischer Hitze und arktischer Kälte meiden und in den gemäßigten Zonen bleiben.

In die Literatur und besonders in Geschichten für Kinder hat das Thema Ausgewogenheit ebenfalls Einlaß gefunden; im westlichen Kulturkreis ist die Geschichte von *Goldlöckchen und den drei Bären* Ausdruck dieses Archetyps, denn Goldlöckchen wählt sich einen Stuhl aus, der weder zu hoch noch zu niedrig, einen Brei, der weder zu heiß noch zu kalt, und ein Bett, das weder zu hart noch zu weich ist, sondern «gerade richtig».

Ausgewogenheit wird allerdings nicht immer dadurch erreicht, daß Extreme vermieden werden; vielmehr gehört dazu auch die Fähigkeit, ab und zu in das eine oder andere Extrem zu gehen, aber dabei beiden Seiten die gleiche Aufmerksamkeit zu schenken, um das Pendel wieder ins Gleichgewicht bringen zu können. Zum Beispiel ist uns manchmal vielleicht danach zumute, den Genießer zu spielen, spät aufzustehen, zu feiern und uns Sinnenfreuden hinzugeben; zu anderen Zeiten haben wir eher puritanische oder spartanische Anwandlungen, ernähren uns gesund

und trainieren den Körper. Gelegentlich überarbeiten wir uns; ein andermal faulenzen wir grenzenlos. Trotzdem bleiben wir im Gleichgewicht, solange wir *beiden* Seiten gleichviel Raum geben und immer wieder zur Mitte zurückkehren.

Aber dennoch erzeugen Extreme Streß und machen es erforderlich, daß das Pendel in die entgegengesetzte Richtung schwingt. Unsere Bewußtheit und Weisheit läßt sich daran messen, ob unser Leben und Handeln um eine goldene Mitte kreist. Ein Auto, das jeden Tag vernünftig gefahren wird, hält länger als eins, das erst wochenlang stehengelassen und dann wochenlang herumgejagt wird; ebenso ist der Schlüssel zu einem gesunden Leben das Gleichmaß.

Aufgrund der Unterschiede in Temperament, Verfassung und Konstitution bedeutet Ausgewogenheit für jeden von uns etwas anderes. Manche vertragen und brauchen mehr Bewegung als andere, und viele Bedürfnisse verändern sich auch mit der Zeit. Jeder von uns muß seine eigene Mitte finden, die durch die individuellen physischen und psychischen Qualitäten und Erfordernisse bestimmt wird, nicht durch die Wertvorstellungen von jemand anders. Wieviel Sport sollen wir treiben? Wie oft sollen wir der Liebe frönen? Wieviel sollen wir essen? Für all diese Fragen gibt es einen statistischen Durchschnitt, aber die einzig wahre Antwort kann nur lauten: «Was immer dir am besten bekommt.»

Die besonderen Lebensprobleme, für die ein jeder einen Ausgleich finden muß, hängen zum großen Teil von seiner Lebenszahl ab, vom Lebensweg insgesamt und vom Hauptlebenssinn:

- Als Eins müssen wir ein Gleichgewicht zwischen den Extremen der elitären Überlegenheit und der Unsicherheit finden.
- Als Zwei müssen wir einen goldenen Mittelweg zwischen Übereifer und trotzigem Widerstand oder Rückzug finden.
- Als Drei müssen wir einen Ausgleich zwischen den Extremen der zwanghaften Selbstüberschätzung und der depressiven Selbstzweifel herbeiführen.
- Als Vier müssen wir Verstand und Gefühl, analytischen Durchblick und Desorientiertheit ins Gleichgewicht bringen.
- Als Fünf müssen wir die Mitte zwischen extremer Abhängigkeit und extremer Unabhängigkeit finden.
- Als Sechs müssen wir nach einem ausgewogenen Maß an Realismus streben, um nicht zwischen Idealismus und unvermeidlicher Enttäuschung hin- und herzupendeln.

- Als Sieben müssen wir unser blindes Vertrauen und die Angst vor dem Getäuschtwerden ins Gleichgewicht bringen.
- Als Acht müssen wir einen Ausgleich zwischen Passivität und Aggressivität, zwischen Feiern und Fasten herbeiführen.
- Als Neun suchen wir nach der goldenen Mitte zwischen Genuß und Askese, zwischen starrer Rechtschaffenheit und deren Gegenteil.

Viele von uns finden ihren Punkt des Ausgleichs, indem sie ihre Grenzen erproben, auf beiden Seiten ins Extrem gehen und aus den Konsequenzen lernen. Das ist zwar nicht gerade der leichteste Weg, aber sicher der meist begangene. Aller guter Rat hat nicht vermocht, an dieser Pendelmethode etwas zu ändern. Die wohlmeinenden Ratschläge und Erfahrungen anderer bringen uns womöglich nichts. Manchmal müssen wir selbst auf etwas kommen; aus Erfahrungen zu lernen ist nicht unbedingt die einfachste, aber offenbar eine der sichersten Methoden.

Das Gesetz der Ausgewogenheit erinnert uns daran, die Bereiche sorgfältig ins Auge zu fassen, die in unserem eigenen Leben aus dem Gleichgewicht geraten sind. Egal, ob Mann oder Frau, gleichen wir eigentlich unsere männlichen und unsere weiblichen Seiten miteinander aus? Stellen wir ein Gleichgewicht her zwischen Beruf und Familie, zwischen der Sorge um uns selbst und der Sorge für andere?

Wenn wir unser Leben einmal in diesem Lichte betrachten, können wir uns aus einem anderen Blickwinkel sehen, die notwendigen Anpassungen vornehmen und mehr Sinn für Gesundheit, Harmonie und inneren Frieden bekommen.

Geben und Empfangen

Obgleich wir oft etwas geben,
sei es ein Geschenk, einen Gefallen,
ein Lob oder eine Aufmerksamkeit,
damit wir unsererseits etwas dafür empfangen,
erinnert uns das Universum daran,
daß wir das, was wir am ehesten brauchen,
am ehesten hingeben müssen.

Das Gesetz der Ausgewogenheit betrifft besonders jene, die das emotionale Bedürfnis nach Zuwendung haben, ohne dafür unbedingt etwas erwidern zu wollen. Wir alle haben solche Bedürfnisse und suchen bewußt oder unbewußt nach Möglichkeiten, mehr Liebe, Wertschätzung und Verständnis zu finden. Aber Handlungen, die von dem Verlangen ausgehen, etwas zu empfangen, ohne etwas zu geben – indem wir zum Beispiel versuchen, auf indirektem Wege zu bekommen, was wir uns wünschen, wie wir es in der Kindheit gelernt haben –, zahlen sich auf die Dauer nicht aus.

Aus dem Gesetz der Ausgewogenheit folgt also der Lehrsatz, daß *wir ernten, was wir säen,* oder daß *wir empfangen, was wir geben.* Den meisten von uns ist das klar, aber wer hält sich schon daran? Wir geben vielleicht etwas, knüpfen aber im allgemeinen, ob wir uns dessen bewußt sind oder nicht, Erwartungen daran: Wir geben Geld, wir handeln freundlich, wir machen Komplimente, und das alles nur, um etwas zurückzubekommen. Das ist eigentlich nicht «schlimm», nur entwickeln sich die Dinge meist nicht so, wie wir gehofft hatten. Geben mit Vorbehalt hat einen Haken, denn dadurch können die höheren Energien nicht fließen, und die gewünschten Ergebnisse werden zunichte gemacht. Das Geheimnis des Gebens und Empfangens ist, daß das, was wir unserer Ansicht nach brauchen, in Wahrheit eine Botschaft aus der Tiefe unseres Herzens ist, die uns sagt, *was wir am dringendsten geben müssen.*

Ausgewogenheit, das Kernstück alter taoistischer Weisheit, ist für unser Leben so entscheidend, weil sie die Grundlage für jede «spirituelle Entwicklung» und jedes «persönliche Wachstum» bildet. Diesem Gesetz Folge zu leisten ist nicht einfach, aber der Versuch ist die Mühe wert und hilft uns, uns selbst und unser Leben zu meistern.

Die folgenden Übungen können Ihnen dazu dienen, sich das Gesetz der Ausgewogenheit durch unmittelbare Erfahrung und Anwendung zunutze zu machen.

Die Erfahrung der Ausgewogenheit

Wie erforschen Sie in Ihrem Leben Extreme, um die Mitte dazwischen zu finden? Probieren Sie es einmal mit dieser Übung:

1. Stellen Sie einen Papierkorb mitten ins Zimmer. Setzen oder stellen Sie sich etwa zwei Meter davon entfernt mit einigen Bällen aus zerknülltem Papier oder anderen kleinen Dingen hin, die sie wegwerfen wollen. Verfolgen Sie genau, wohin jedes geworfene Objekt fällt, das im Papierkorb landen sollte.
   - Werfen Sie jedesmal, wenn Sie zu weit gezielt haben, als nächstes absichtlich zu kurz.

- Werfen Sie jedesmal, wenn Sie zu weit nach links gezielt haben, als nächstes zu weit nach rechts.

2. Achten Sie darauf, wie Ihnen diese Übung hilft, die Mitte zu finden.

Die Anwendung des Gesetzes der Ausgewogenheit

1. Überlegen Sie, wie Sie das Gesetz der Ausgewogenheit befolgen können, indem Sie sich mit beiden Seiten auseinandersetzen. Stellen Sie sich die folgenden Fragen:
   - Spreche ich sehr schnell oder laut? Probieren Sie aus, wie es ist, wenn Sie ganz langsam oder leise sprechen.
   - Esse ich zu schnell? Probieren Sie aus, wie es ist, wenn Sie «zu langsam» essen.
   - Habe ich oft Muskelverspannungen? Probieren Sie aus, wie es ist, wenn Sie vollkommen entspannt sind.
2. Stellen Sie jemandem, der Sie gut kennt, folgende Fragen:
   - Arbeite ich zuviel oder zuwenig?
   - Bin ich zu starr oder zu empfindsam?
   - Bin ich zu abhängig oder zu unabhängig?
   - Habe ich zuviel oder zuwenig Selbstvertrauen?
   - Neige ich zum Puritanismus oder zur Völlerei?
   - Gebe ich eher, oder nehme ich eher?
3. Wie können Sie, falls Ihnen die Ansichten des betreffenden Bekannten in bezug auf Unausgewogenheiten richtig erscheinen, die angesprochenen Dinge wieder ins Gleichgewicht bringen? Wie können Sie ein «Gegengewicht» finden?

Das Gesetz der Entwicklung

Wenn wir auf unserem Weg von Punkt A
nach Z gelangen wollen,
ist es am sichersten,
erst Punkt B, dann C, dann D usw. anzusteuern.
Ein einziger übersprungener Schritt,
auch wenn er als Abkürzung erscheint,
kann zum Fehlschlag führen.

Wenn du ein ehrgeiziges Ziel hast,
dann tue den größten dir möglichen Schritt
auf seine Verwirklichung zu.
Der Schritt an sich mag zwar kurz bemessen sein,
aber vertraue ruhig darauf,
daß er im Augenblick der weitestmögliche ist.
Mildred McAfee

Unser Alltagsleben ist von Zielvorstellungen und Leistungen erfüllt. Dabei kann es sich um große Ziele handeln wie einen Fünftausender zu besteigen, das Erreichen eines politischen Amtes oder die Gründung eines eigenen Unternehmens, aber auch um kleinere wie Kuchen zu backen, in einem Spiel den Sieg davonzutragen oder eine Hausarbeit zu schreiben.

Manche sind schon so mit ihrem Ziel beschäftigt – immer sich selbst einen Schritt voraus und den Blick auf das Endergebnis gerichtet –, daß sie den Weg und den Entwicklungsprozeß bis dahin übersehen. Andere hingegen sind so orientierungslos oder im Zweifel, wie sie von hier nach da kommen könnten, daß sie sogar Mühe haben, sich überhaupt Ziele zu stecken, und wieder andere bleiben bei einem Wegabschnitt stecken, weil sie in der geistigen Enge ihrer «Tunnelsicht» befangen sind.

Wir sollten uns daran erinnern, daß wir uns ein Ziel vornehmen, uns gut vorbereiten, eine Richtung einschlagen und dann einen Fuß fest vor den anderen setzen müssen, wenn wir eine Bergbesteigung vorhaben. Wir können jedes Projekt, wie groß oder anspruchsvoll es auch sein mag, in einzelne übersichtliche Schritte aufteilen. Wenn wir einen Strom an einer Furt überqueren wollen, suchen wir uns die einzelnen Trittsteine. Überspringen wir zu viele davon, werden wir ins Wasser fallen.

Das Gesetz der Entwicklung lehrt uns, nicht nur unsere Reise in verschiedene kürzere Etappen aufzuteilen, sondern auch jeden Abschnitt zu würdigen, so wie er ist. Jeder Schritt ist für sich allein ein kleiner Erfolg; auf diese Weise sind wir viele Male erfolgreich, nicht nur bei Erreichen des Endziels. Was wir auf der Reise lernen, ist vielleicht wichtiger als das eigentliche Ziel. Wenn wir zum Beispiel zwanzig Jahre lang geübt haben, Porträts zu malen, und unsere Bilder alle zerstört werden, haben wir doch innerlich viel gewonnen auf unserem Weg zum Ziel, darunter auch die Fähigkeit, mit anderen Augen zu sehen und die Schönheit in jedem Antlitz zu würdigen.

Wer sich mit Fragen des Entwicklungsprozesses auseinandersetzt, sollte sich überlegen, ob er wie ein Briefträger sein will, der sich beeilt, seine tägliche Runde hinter sich zu bringen und Feierabend zu machen, oder wie ein anderer Briefträger, der sich jeden Tag von neuem auf die Besonderheiten seines Viertels freut und den Leuten einen guten Morgen wünscht, während er zügig seinen Weg geht. Viele von uns sind nur an den Höhepunkten des Lebens interessiert und vergessen dabei, daß jeder kleine Schritt bergauf uns schon ein Stück höher als der letzte bringt.

Im folgenden noch ein Beispiel für das Gesetz der Entwicklung: Patrick hatte gerade etwas Geld geerbt, als ein Restaurant in seiner Nähe geschlossen wurde. «Das ist die Gelegenheit!» sagte er sich. Er kaufte das Lokal, übernahm die gesamte Belegschaft, behielt das Speisenangebot bei und hängte ein Schild auf: «Unter neuer Führung», weil er meinte, unter seiner brillanten Leitung würde das Geschäft florieren. Die Sache ging jedoch schief, und zwar aus dem gleichen Grund wie viele andere neue Unternehmungen: Patrick durchlief nicht alle Stufen des dazugehörigen Entwicklungsprozesses. Er wollte sofort Erfolg sehen.

Auch Joschka, der ebenfalls etwas Geld geerbt hatte, sah an einem Restaurant in seiner Nähe ein Schild mit der Aufschrift «Wegen Geschäftsaufgabe geschlossen». Er machte jedoch seine Hausaufgaben: Er befragte die Inhaber und erfuhr so etwas über die Chancen und Risiken dieser Branche. Wie er hörte, hängt der Erfolg eines Restaurants letztlich von drei Faktoren ab: von seiner Lage, von seiner Lage und nochmals von seiner Lage. Er stellte fest, daß die Lage dieses Lokals gar nicht schlecht war; der Grund für den Mißerfolg mußte ein anderer sein. Also machte er eine statistische Umfrage, indem er wahllos zweihundert Bürger des betreffenden Viertels anrief und sie fragte, wie oft sie aus essen gingen und welche Speisen sie am liebsten äßen. Ausgehend von dem, was er dabei in Erfahrung brachte, beschloß er, das Restaurant unter dem

Namen «Joschkas Feinschmeckerstube» wiederzueröffnen. Dann suchte er eine Zeitlang Restaurants der Gegend auf und bot seine Hilfe an, wann immer er konnte; er beobachtete Tellerwäscher, Serviererinnen, Köche, Wirte und Geschäftsführer und sprach mit ihnen, um herauszufinden, welche Fragen er bei Einstellungsgesprächen führen mußte. Erst als er wußte, wo er am günstigsten einkaufen konnte, das beste Personal eingestellt und alle anderen Vorbereitungen getroffen hatte, waren die notwendigen Schritte getan. Sein Erfolg beruhte nicht einfach nur auf Glück oder Zufall. Vielmehr hatte sich Joschka das Gesetz der Entwicklung zu eigen gemacht und gezeigt, daß wir, wenn wir eine stabile Grundlage haben, zu der eine sorgfältige Vorbereitung und eine geduldige Vorgehensweise gehören, jedes Ziel erreichen können. Wir können alles schaffen, sofern wir es uns Stück für Stück erarbeiten.

Die folgenden Übungen können Ihnen helfen, sich das Gesetz der Entwicklung durch unmittelbare Erfahrung und Anwendung zunutze zu machen.

Die Erfahrung von Entwicklungsprozessen

1. Überlegen Sie einmal, wie Sie gelernt haben, zu gehen und zu sprechen, ein Musikinstrument zu spielen, Auto zu fahren oder einen Sport auszuüben. Haben Sie das alles im Handumdrehen gelernt, oder war es ein schrittweiser Prozeß mit vielen kleinen Erfolgen und Mißerfolgen?
2. Schauen Sie sich an, wie Häuser und Wolkenkratzer von den Fundamenten aus aufgebaut werden, Stück für Stück. Denken Sie daran, wieviel Energie und Planung dazu erforderlich sind. Was können Sie daraus für Ihr Leben lernen?

Die Anwendung des Gesetzes der Entwicklung

1. Denken Sie darüber nach, wie viele Prozesse Sie jeden Tag in Ihrem Leben durchlaufen, nur um sich anzukleiden, die Kinder zur Schule zu bringen, zur Arbeit zu gehen; jede einzelne Handlung macht Hunderte von kleinen Schritten erforderlich.
2. Besonders gut läßt sich das Gesetz der Entwicklung veranschaulichen, wenn man ein Modellflugzeug, ein Hausmodell oder etwas anderes selber baut.

3. Schenken Sie den vielen kleinen Schritten Ihres Lebens Aufmerksamkeit.
4. Teilen Sie jedes vor Ihnen liegende größere Projekt in viele kleine Aufgaben; schreiben Sie sie auf, um einen Überblick zu bekommen. Sehen Sie sich an, welche Schritte von da, wo Sie sind, bis an Ihr Ziel zu unternehmen sind.

Das Gesetz der Verhaltensmuster

Alle Gewohnheiten und Verhaltensmuster,
ob wir sie «gut» oder «schlecht» nennen,
verfestigen sich mit der Zeit,
trotz unserer besten Absichten,
es sei denn, wir durchbrechen die Muster,
indem wir bewußt etwas anders machen.

Die Ereignisse unserer Kindheit gehen nicht vorüber,
sondern wiederholen sich wie die Jahreszeiten.
Eleanor Farjeon

Wir Menschen besitzen die Fähigkeit, spontan zu handeln, Gewohntes auf ganz neue Weise zu tun und unser Leben und Verhalten zu verändern und umzugestalten. Aber diese Möglichkeit wird durch eine angeborene Trägheit eingeschränkt, einen Widerstand, der in unseren fundamentalsten körperlichen und psychischen Strukturen begründet liegt und mit dem Universum und der Art und Weise zusammenhängt, wie wir in unserer Kindheit lernen und uns unserer Umwelt anpassen. Unsere Neigung, feste Verhaltensmuster auszubilden, hat eine Bedeutung für unser Überleben.

Als Kleinkinder haben wir gelernt, durch das Erkennen von Mustern die Welt zu verstehen. Wir haben die Muster von Hunger und Essen, Tag und Nacht, Wachen und Schlafen erlebt, während wir uns dem Zeitplan unserer Eltern und den eigenen inneren Rhythmen anzugleichen versuchten. Dadurch, daß wir die Geräusche, die unsere Eltern machten, an ihrem Muster wiedererkannten, lernten wir den komplexen Zusammenhang von Klang und Bedeutung kennen; durch die Wiederholung der Muster haben wir sprechen gelernt. Wir sind in der Abhängigkeit von Mustern aufgewachsen, die sich ständig wiederholten, und wir haben selbst gelernt, sie zu nachzuahmen – das Zähneputzen und andere Rituale zur Schlafenszeit, Verhaltensmuster zu Hause, in der Schule und im Beruf. Im Alter von zehn Jahren hatten wir die Macht der Verhaltensmuster bereits zu einem Teil unseres Lebens gemacht.

Die Funktionsmuster oder Gewohnheiten, die wir im Laufe unseres Alltagslebens entwickelt haben, wie etwa das Händewaschen vor dem

Essen, sind normalerweise kein Grund zur Besorgnis, aber dennoch eine nähere Betrachtung wert, denn wenn wir bewußt etwas anders machen, nur um zu sehen, was geschieht, haben wir unter Umständen ein merkwürdiges Gefühl und kommen aus dem Tritt – eine Bestätigung der Macht der Gewohnheit.

Im Gesetz der Verhaltensmuster geht es in erster Linie um die Gewohnheiten, die wir für störend, negativ oder zerstörerisch halten – die Muster, die wir gern verändern würden. Nehmen wir zum Beispiel einmal Thomas, der Alkoholprobleme hatte. Er hörte auf zu trinken, fing wieder an, hörte erneut auf, wurde wieder rückfällig. Schließlich dachte er, er hätte es endgültig geschafft. Einem Freund gegenüber sagte er: «Ich habe schon ein Jahr keinen Tropfen Alkohol mehr angerührt; jetzt hab' ich's geschafft.» Doch kaum hatte seine Wachsamkeit nachgelassen, stellte sich das alte Muster wieder ein, und er fing wieder an zu trinken.

Thomas hatte damit das Gesetz der Verhaltensmuster kennengelernt, das in einem gewissen Sinne auf dem Newtonschen Trägheitsgesetz beruht: «Ein Gegenstand im Zustand der Ruhe bleibt im allgemeinen im Zustand der Ruhe, *und ein Gegenstand in Bewegung bleibt im allgemeinen in Bewegung,* solange keine Kräfte von außen auf ihn einwirken.» Auf unsere Verhaltensmuster bezogen heißt das, es genügt nicht, sich zu sagen: «Diesmal wird es anders» oder: «Noch mal tue ich es nicht.»

Das Rauchen aufzugeben ist das einfachste von der Welt.
Ich habe es schon hundertmal getan.
Mark Twain

Eine Frau namens Iris hat mir einmal erzählt, wie sie das Gesetz der Verhaltensmuster lernte: Bei ihr hatte sich im Laufe der Jahre das Verhaltensmuster verfestigt, Gewicht abzunehmen und dann wieder stark zuzunehmen – jedesmal fast fünfzig Kilo. In einer ihrer Schlankheitsphasen gestand sie ihrer Freundin Marianne ihre Angst davor, wieder Gewicht zuzulegen, und ihren Entschluß, diesmal schlank zu bleiben. «Betrachte deine Situation lieber realistisch», riet ihr die Freundin. «Wolltest du denn das erste Mal wieder zunehmen oder das zweite und dritte Mal?»

«Nein!» erwiderte Iris.

Marianne hatte durch ihre jahrelangen therapeutischen Erfahrungen mit Suchtverhaltensweisen unterschiedlichster Art ein intuitives Verständnis vom Gesetz der Verhaltensmuster gewonnen und sagte: «Dein altes Verhaltensmuster wird sich bald wieder einstellen, es sei denn, du tust etwas vollkommen anderes, um es zu *durchbrechen.*»

«Darauf kannst du wetten», versicherte Iris ihr.

Marianne zuckte die Achseln. «Gewohnheiten sind häufig stärker als Vorsätze, Iris. Du mußt das Muster unter die Lupe nehmen – hast du nicht gesagt, du hättest wieder zugenommen, als deine Mutter starb?»

«Ja.»

«Und beim zweiten Mal hast du zugenommen, als dir gekündigt wurde?»

«Hm, ja.»

«Und beim dritten Mal?»

«Das war etwas ganz anderes. Ich hatte damals einen Freund, und wir haben uns getrennt.»

«Iris, wenn du dieses Muster nicht ganz deutlich siehst, hast du keine Chance, es abzuändern. Sieh es mal so: Was ist all diesen Ereignissen gemeinsam? Welches Grundmuster?»

Iris dachte nach. «Na ja, ich hatte ziemliche Schuldgefühle, als meine Mutter starb; wir haben uns furchtbar gestritten, und ich konnte mich nicht mehr im guten von ihr verabschieden. Und bei meiner Kündigung und der Trennung von meinem Freund – ja, da habe ich mich jedesmal abscheulich gefunden!»

«Aha, also wenn du dich selbst verabscheust, gerätst du in diese Zwickmühle, daß du zuviel ißt – immer das gleiche Muster. Jetzt hast du einen Ansatzpunkt», sagte Marianne. «Ich will dir einen Weg vorschlagen, wie du dieses Muster durchbrechen kannst. Es klingt vielleicht seltsam, aber ich glaube, es hilft, sofern du willens bist, dich daran zu halten.»

«Schieß los!» sagte Iris.

«Wie lang war die weiteste Strecke, die du je zu Fuß gegangen bist?»

«Fünf Kilometer vielleicht.»

«Gut. Das nächste Mal, wenn du dich wieder so lausig fühlst und in das alte Muster verfällst, dich vollzustopfen, hörst du *sofort* mit dem auf, was du gerade machst, ziehst deine Laufschuhe an, verläßt das Haus und gehst *zehn* Kilometer zu Fuß.»

«Mehr nicht? Das ist dein Vorschlag?»

«Mehr nicht.»

Etwas irritiert ging Iris.

Etwa acht Monate später rief sie Marianne an, vergaß völlig, sie zu begrüßen, sondern erklärte ganz aufgeregt: «Es hat geklappt.»

«Was hat geklappt?» fragte Marianne.

«Ich war völlig gestreßt bei der Arbeit und hatte das Gefühl, daß mich niemand mochte. Ich fand mich wieder abscheulich. Zufällig hatte ich eine Schokoladentorte im Kühlschrank für eine Party, die ich veranstalten wollte. Mir war danach, ein Stück davon zu essen – ein dickes Stück. Ich begann, mir einzureden, ich könnte für die Party einen neuen Kuchen kaufen. Und dann fiel es mir wie Schuppen von den Augen! Ich sah genau, was da wieder ablief. Also zog ich die verdammten Laufschuhe an und sagte mir: ‹Ich werde die zehn Kilometer gehen, weil ich mir das fest vorgenommen habe. *Aber dann kommt diese Torte dran!*›

Ich ging zehn Kilometer, vielleicht auch etwas mehr. Und als ich nach Hause zurückkam, nahm ich die Torte und wollte sie eben in den Abfalleimer werfen, doch dann schüttelte ich den Kopf und stellte sie wieder in den Kühlschrank. Die Party war herrlich. Und all meine Kolleginnen sind erschienen!»

Iris hatte ein unerwünschtes Verhaltensmuster durchbrochen, indem sie zuerst die Macht dieser Gewohnheit einsah und dann damit brach, statt durch die Wiederholung das Opfer ihrer Gewohnheit zu bleiben.

Das Gesetz der Verhaltensmuster ist für jeden wichtig, der gute Vorsätze immer wieder über den Haufen wirft oder dazu neigt, nichts richtig zu Ende zu bringen oder immer wieder die gleichen Fehler zu machen (zum Beispiel drei oder vier Ehen einzugehen oder fünfmal das Rauchen aufzugeben). Jedes Muster wiederholt sich in der Regel, es sei denn, wir sehen uns einmal genau an, was eigentlich passiert, um dann einzugreifen und das Muster zu durchbrechen, indem wir etwas völlig anderes tun. Dieses Gesetz wirft ein Schlaglicht auf unsere Gewohnheiten und Neigungen und hilft uns, die Verantwortung dafür zu übernehmen – nicht dadurch, daß wir immer wieder erfolglos gegen alte Gewohnheiten ankämpfen, sondern indem wir *etwas völlig anderes tun.*

Die folgenden Übungen können Ihnen eine Hilfe dabei sein, sich das Gesetz der Verhaltensmuster durch unmittelbare Erfahrung und Anwendung zunutze zu machen.

Die Erfahrung von Verhaltensmustern

1. Denken Sie einmal über die Macht der Muster in der Natur nach: wie nach ein paar heißen Tagen Gewitterwolken aufziehen und der Regen die Erde wieder abkühlt oder wie das Verhalten der Tiere von Instinkten geprägt ist.
2. Besinnen Sie sich darauf, daß auch Ihr Unterbewußtsein Instinkte kennt und sich an Muster und Routinen gewöhnt, die sich in der Regel wiederholen.
3. Überlegen Sie, wieviel Kraft nötig ist, um ein eingefahrenes Muster

zu verändern. Könnte das Unvermögen, alte Verhaltensmuster zu durchbrechen, darauf beruhen, daß Sie die Kraft und die Zeit unterschätzen, die zu solch einem Wechsel erforderlich sind?

4. Erkennen Sie, daß jedes Muster nur durch starkes Engagement und Entschlossenheit – und einen fast schon heldenmütigen Kampf – zu ändern ist.

Die Anwendung des Gesetzes der Verhaltensmuster

1. Suchen Sie in Ihrem Leben nach einem Verhaltensmuster, das sich immer wiederholt. Es kann darin bestehen, daß Sie immer wieder mit etwas beginnen und wieder aufhören; daß es Ihnen immer wieder mißlingt, ein bestimmtes Ziel zu erreichen, zum Beispiel, endgültig mit dem Trinken, Rauchen oder übermäßigen Essen aufzuhören; oder daß Sie heiraten, sich scheiden lassen, wieder heiraten und sich erneut scheiden lassen.
2. Wann hat sich dieses Muster ausgebildet? Nehmen Sie sich Zeit, um die betreffende Entwicklung klar von ihren Anfängen bis zum heutigen Tag zu verfolgen. Konzentrieren Sie sich auf das, was den einzelnen Fällen *gemeinsam* ist, *nicht* auf die Unterschiede (wie etwa die unterschiedlichen Gründe, aus denen die Ehen gescheitert sind). Sobald Sie den Faden erkennen, der sich hindurchzieht, haben Sie etwas in der Hand und wissen, wo Sie den Hebel ansetzen müssen.
3. Was könnten Sie *anders* machen, das auch genügend Kraft haben müßte, um dieses Verhaltensmuster zu durchbrechen?

Das Gesetz der Disziplin

Disziplin ist der sicherste Weg
zu größerer Freiheit und Unabhängigkeit;
sie rückt Können und Erkenntnistiefe
in den Mittelpunkt
und eröffnet damit mehr Möglichkeiten im Leben.

Manche Leute halten Disziplin für eine unangenehme Pflicht.
Für mich ist sie so etwas wie eine Ordnung,
die mir die Freiheit zum Fliegen gibt.
Julie Andrews

Diejenigen von uns, die Freiheit, Selbständigkeit und Unabhängigkeit schätzen, genießen gern ein weites Spektrum an Erfahrungen und widmen sich gern den verschiedensten Vorhaben. Aufgaben, die sich wiederholen und mit einer Routine verbunden sind, erregen oft ihren Widerstand und verursachen Probleme.

Disziplin und Freiheit erscheinen uns als Gegensätze, wenn wir Disziplin als etwas ansehen, das uns in unseren Möglichkeiten einschränkt oder uns zwingt, etwas zu tun, wozu wir gar nicht aufgelegt sind, zum Beispiel, uns täglich Bewegung zu verschaffen oder den Nachtisch wegzulassen – solche Sachen also, die einen festen Entschluß und Willenskraft erfordern. Unter Freiheit hingegen verstehen wir Grenzenlosigkeit und Uneingeschränktheit, unbegrenzte Möglichkeiten und Spontaneität.

Das Gesetz der Disziplin zeigt ein Paradox auf. Obwohl Freiheit unser natürliches Geburtsrecht ist, muß sie in dieser Welt erst errungen werden; Disziplin ist der Schlüssel zu Freiheit und Unabhängigkeit. Das gilt grundsätzlich sowohl für die innere als auch die äußere Freiheit.

Unser Leben mag zwar äußerlich von vielen Freiheiten zeugen, doch innerlich sind wir nicht frei; viele von uns sind Gedanken ausgeliefert, die ihnen im Kopf herumgehen, sie aufwühlen und mit ihnen davonrennen, sie sind von Begierden, Sorgen und negativen Vorstellungen erfüllt. Die Konzentration und Disziplin, die zu Übungen wie Meditation, Selbsterforschung und anderen Selbsterfahrungspraktiken gehört, kann die Ketten des Verstandes sprengen und ein Gefühl innerer Freiheit und inneren Friedens begründen.

Die äußere Freiheit kann nur infolge anhaltender disziplinierter Anstrengungen wachsen; sie äußert sich zum Beispiel in Form von finanzieller Freiheit als Lohn hervorragender Leistungen auf irgendeinem Gebiet oder in Form von größerer Beweglichkeit und der Möglichkeit, Reisen zu machen; es ist die Art Freiheit, die einem ein starker, gesunder Körper verleiht; oder sie ist der gesellschaftliche Freiraum, die Selbstachtung und Befriedigung als Frucht disziplinierter Arbeit; ganz allgemein gesprochen, besteht sie in einem größeren Spektrum von Möglichkeiten, die einem das Leben dann bietet.

Zur Freiheit gehört jedoch mehr als die Fähigkeit, vielerlei Erfahrungen sammeln zu können; was wir an Erfahrungsbreite gewinnen, geht uns unter Umständen an Erfahrungstiefe verloren. Aber wenn wir unsere Kräfte konzentrieren und durchhalten, auch wenn wir gelangweilt sind, tauchen wir nicht nur in eine Erfahrung ein, sondern wir schwimmen uns frei; wir lernen dabei erheblich mehr über uns und unsere Fähigkeiten, als wenn wir nur immer wieder etwas Neues probieren.

Disziplin ist die Gewöhnung daran, immer ein bißchen mehr zu tun, immer ein wenig tieferzugehen, dranzubleiben, sich durchzubeißen. Wer diszipliniert ist, erkennt, daß Langeweile nur bedeutet, sich dem Kern einer Sache zu nähern.

Ein Beispiel aus meiner eigenen Erfahrung kann diesen Punkt vielleicht verdeutlichen: Während meiner Collegejahre in Berkeley habe ich sechs Tage pro Woche fast vier Stunden täglich Sport getrieben. Ich habe trainiert, ob mir danach zumute war oder nicht. Jeden Tag meiner Studienzeit wußte ich, was ich in den Stunden zwischen zwei Uhr und sechs Uhr nachmittags tun würde. Ich war in der Turnhalle, während sich meine Kommilitonen unterhielten, in der Umgebung von Berkeley spazierengingen, San Franzisco besuchten, sich einen Film ansahen, Billard oder Karten spielten, sich in Clubs und Vereinen trafen, halbtags arbeiteten oder studierten. Ich mußte meine Zeit genau einteilen und alles weglassen, was ich für unwesentlich hielt. Diese Disziplin trug mir die verschiedensten Freiheiten ein: Ich durfte als Sportler die Vereinigten Staaten, Europa und andere Weltgegenden bereisen; ich wurde als Trainer an die Universität von Stanford und später als Dozent ans Oberlin College berufen. *Jetzt* kann ich San Franzisco besuchen, mir einen Film anschauen und die Geselligkeit pflegen. *Damals* habe ich die Disziplin aufgebracht, durch die ich es zu etwas brachte und die mir unter dem Strich ein Gutteil mehr Freiheit eingetragen hat.

Das Gesetz der Disziplin lehrt uns, *Prioritäten zu setzen* und uns jeweils nur auf eine einzige Sache zu konzentrieren, bis wir sie vollendet haben – uns auf das zu konzentrieren, was wir im Augenblick tun müssen, und alles, was wir später noch erledigen können, auf später zu verschieben.

Engagement für ein Ziel setzt anhaltende Disziplin voraus. Was sich zwischen uns und unseren Lebenszielen ausbreitet, ist oft eher ein Sumpf als ein roter Teppich. Dieser Sumpf verkörpert die notwendigen Vorbereitungen, sei es durch den Besuch einer Schule, der uns oft genug als irrelevant für unser Leben erscheint, durch die mühselige und manchmal stumpfsinnige Plackerei vor Prüfungen oder indem wir Zeit und Mühe aufwenden, um Kinder großzuziehen, obwohl wir lieber mehr Freizeit genießen und unseren Hobbys nachgehen würden. Das Geheimnis, wie man den Sumpf durchquert, besteht darin, ein Ziel zu haben, das uns beflügelt – ein Ziel, auf das wir entschlossen zusteuern. Es reicht zum Beispiel nicht, gut verdienen zu wollen; vielmehr müssen wir uns vorstellen, was wir mit dem Geld anfangen, welche Genüsse wir uns damit verschaffen und vielleicht auch, wie wir dadurch einigen Menschen helfen können, an denen uns etwas liegt. Ein Ziel, das uns vor Augen leuchtet, scheint so hell wie ein Leuchtfeuer, das uns den Weg durch den Sumpf zeigt und uns daran erinnert, was uns auf der anderen Seite erwartet.

Disziplin und Engagement sind die Brücke zwischen uns und unseren Zielen. Läßt unsere Disziplin nach, sollten wir uns fragen: «Worauf will ich einmal zurückblicken können?» Wir können es zwar einige Zeit in unserem Leben hinausschieben, diszipliniert zu werden, aber ganz vermeiden können wir es auf die Dauer nicht. Früher oder später müssen wir uns, wenn wir irgend etwas erreichen oder leisten wollen, in Selbstdisziplin üben.

Die folgenden Übungen können Ihnen helfen, sich das Gesetz der Disziplin durch unmittelbare Erfahrung und Anwendung zunutze zu machen.

Die Erfahrung der Disziplin

1. Stellen Sie sich vor, Sie ständen auf ziemlich festem Boden, aber an einer Stelle, wo Sie nicht unbedingt bleiben möchten; Sie wollen weiter, wollen vorwärtskommen, wollen größere Freiheit und Unabhängigkeit erreichen. In der Ferne, vielleicht gut sichtbar oder auch so fern, daß Sie es kaum sehen können, leuchtet ein helles Leuchtfeuer, ein goldenes Licht, das Ihnen zeigen will, wie Sie ein umfassenderes Gefühl der Freiheit in Ihrem Leben erlangen können.

2. Stellen Sie sich jetzt bildlich vor, zwischen Ihnen und dieser Freiheit läge ein Sumpf, eine Art Niemandsland; er wirkt düster und abweisend und birgt womöglich unsichtbare Gefahren, und es wird Zeit und Kraft kosten, den trüben Morast mit seinen Schlingpflanzen zu durchqueren. Unterwegs wird Ihnen der Mut sinken, oder Sie wissen nicht mehr ein noch aus; Sie kommen vielleicht vom Weg ab und verlieren Ihr Ziel vorübergehend aus den Augen, oder Sie vergessen sogar, warum Sie überhaupt losgezogen sind, und fühlen sich versucht, aufzugeben, umzukehren und die ganze Sache einfach zu vergessen.
3. Stellen Sie sich jetzt vor, daß Ihr Wunsch, die andere Seite mit ihren neuen Möglichkeiten zu erreichen, sehr stark ist – daß das Leuchtfeuer Ihren Weg genügend erhellt und Sie durch den Sumpf zwischen hier und dort führen wird; *das helle Licht dieser Vorstellung wird Ihnen die Kraft verleihen, für eine angemessene Zeit das zu tun, was nötig ist, um Ihr Ziel zu verwirklichen.* Das ist der Schlüssel zu Ihrer Wanderschaft – der Schlüssel zur Disziplin.

Die Anwendung des Gesetzes der Disziplin

1. Sehnen Sie sich nach mehr Freiheit und Unabhängigkeit in Ihrem Leben? Wenn ja, was genau wünschen Sie sich? Was würde Ihnen zu neuen Möglichkeiten, zu mehr Lebensfreude und Freiheit verhelfen?
2. Machen Sie sich klar, daß dramatische oder heroische Gesten, zum Beispiel äußerste Anstrengung über einen kurzen Zeitraum hinweg, bei langfristigen Zielen nicht viel nützen. Entscheiden Sie sich, ob Sie den Weg von hier bis dahin, wo Sie anzukommen wünschen, gehen wollen.
3. Schreiben Sie sich alles Positive und alles Negative auf, das Ihnen zu dem, was Sie machen könnten, einfällt – ob Sie mit einer alten Gewohnheit brechen (siehe Gesetz der Verhaltensmuster, S. 435), eine Umschulung machen, einen Zweitjob annehmen, ein Vorhaben zu Ende führen oder eine andere Aufgabe fertigstellen wollen, so daß Ihnen eine Brücke zu mehr Freiheit und Unabhängigkeit zur Verfügung steht.
4. Schauen Sie sich Ihre Liste an, und entscheiden Sie dann, was davon die Mühe wert wäre. Wenn Sie sich nicht sicher sind oder wenn Ihr Ziel etwas darstellt, was Sie meinen, tun zu «sollen», überprüfen Sie Ihre Prioritäten und Werte noch einmal. Sobald eine Möglichkeit Sie

begeistert und Ihre Phantasie anregt, müssen Sie nur noch beschließen, wann Sie beginnen wollen.

5. Rufen Sie sich, falls Sie bereits seit längerem mit etwas beschäftigt sind, das Disziplin erfordert, ins Gedächtnis zurück, wofür Sie es tun, für wen Sie es tun und warum Sie es tun. Nehmen Sie einmal an, Sie hätten Ihr Ziel schon erreicht. Wie fühlt sich das an? Was machen Sie? Lassen Sie sich von Ihren Vorstellungsbildern weitertragen.

Das Gesetz der Vollkommenheit

Von einem übergeordneten Blickpunkt
ist jeder und jedes ohne Vorbehalt vollkommen;
von einem normalen Standpunkt aus
gibt es keine Vollkommenheit –
dann ist Vortrefflichkeit das Höchste,
was wir erreichen können,
und sie zu erlangen erfordert Zeit und Übung.

Wir wachsen auf mit Vergleichen;
unsere Erziehung gründet sich darauf,
ebenso unsere Kultur.
Deshalb mühen wir uns ab,
jemand anderer zu sein als der, der wir sind.
J. Krishnamurti

Das Gesetz der Vollkommenheit stellt ein Paradox dar, denn es birgt zwei anscheinend entgegengesetzte Wahrheiten in sich, die sich auf verschiedene Erfahrungsebenen beziehen.

Aus konventioneller Sicht ist diese Welt ein Ort des Leidens: Kriminalität überall, Hungrige, Obdachlose, Unterdrückte. Auch ohne die Tagesnachrichten leiden wir schon genug in unserem eigenen Leben, wenn wir das bekommen, was wir nicht haben wollen, oder wenn wir nicht das bekommen, was wir haben wollen; und selbst wenn wir genau das bekommen, was wir haben wollten, so ist doch nichts auf dieser Welt von Dauer.

Aus übergeordneter Sicht – wenn wir uns und diese Welt samt all ihren Problemen mit der allumfassenden Weisheit, der Geduld, der Liebe und dem Verständnis sehen, die sich einstellen, wenn wir unser Herz öffnen – sind die Freuden und Leiden, das Angenehme und das Unangenehme, überhaupt alles, was in diesem Augenblick auf der Erde vorgeht, absolut vollkommen *im größeren Zusammenhang des Evolutionsprozesses*.

Sich dieses umfassendere Bild vor Augen zu halten ist besonders wichtig für jene unter uns, die zum Perfektionismus neigen und eine höhere Vision haben, aber allzuoft die Perspektive verlieren und sich mit belanglosen Kleinigkeiten aufhalten. Was die Wirklichkeit aus konventioneller Sicht betrifft, so ist es sicher nicht «vollkommen», daß jemand Kälte, Hunger oder Schmerzen leidet, aber im umfassenden Gesamtbild sind wir nur Zellen im großen Körper der Erde, die selbst nur ein winziger Punkt in der Leere des Raums ist, und unser persönlicher Auftritt fällt – wie auch die Weltpolitik – ebensowenig ins Gewicht wie die Ameisen, die weggefegt werden, wenn jemand die Straße vor seinem Haus kehrt.

Ohne den Blick für das umfassendere Bild und die Fähigkeit, alle Gerechtigkeit und Ungerechtigkeit hinzunehmen – das ganze Drama des menschlichen Daseins –, ist es sehr schwer, auf dieser Welt Sinn für Humor zu haben. Wie Woody Allen einmal gesagt hat: «Nicht allein, daß es keinen Gott gibt, versuchen Sie mal, samstags einen Klempner zu kriegen!»

Wer sich mit Fragen der Vision und des Annehmens auseinandersetzt, muß die Fähigkeit entwickeln, diesen Glaubenssprung zu vollziehen, diese Kehrtwende weg vom eigenen Körper, vom eigenen Leben, vom eigenen Auftritt auf der Bühne des Lebens, vom eigenen sozial und politisch angepaßten Bewußtsein zu machen, und *alles, was ist, zu sehen, anzunehmen und in sich zu umfassen.*

Wenn wir die höchste Vollkommenheit in jedem Stäubchen Materie, jedem Umstand und jedem Menschen einschließlich unserer selbst akzeptieren, können wir unbekümmert sein, weil wir stets daran denken, daß alles, wie es auch aussieht und wie angsterregend es auch werden mag, in Ordnung ist – in einem bestimmten Sinne –, während wir uns mühevoll zu mehr Wahrheit, mehr Schönheit, mehr Güte und mehr Liebe in dieser Welt durchkämpfen.

Dieser Sichtwechsel ist verständlicherweise für manche von uns sehr schwer, besonders für diejenigen, die beim ersten Versuch gleich wieder zurückfallen durch Fragen wie: «Vollkommen? Und was ist mit den hungernden Kindern?»

Auf solche Fragen kann ich nur antworten, daß wir, sobald wir alle Dinge als vollkommen betrachten, auch unsere eigenen Reaktionen und Verantwortlichkeiten annehmen, wozu sicherlich gehört, alles zu tun, womit wir helfen und Dinge verändern können, Zeit oder Geld zu investieren, Bewußtsein zu wecken, zu handeln. Auch das ist absolut vollkommen. Werden wir nur aus Schuldgefühlen oder aus Wehmut heraus tätig, hat unser Handeln keine solche Wirkung, als wenn wir den größeren Zusammenhang sehen, obwohl wir vielleicht unser Bestes tun mögen, um das Elend zu lindern.

Letztlich können wir kein fremdes Leid lindern, solange wir nicht von unserem eigenen Leid genesen sind. Wir können die Menschen zwar nähren und kleiden und ihnen Hilfestellung zur Selbsthilfe geben, was auch wichtig ist, aber damit erreichen wir die fundamentalen Ursachen von Leid, Neid und Gier in der menschlichen Psyche nicht. Durch unsere Bereitwilligkeit zu erkennen, daß sich das Leben so entfaltet, wie es vorgesehen ist, verschaffen wir uns einen Vorsprung. Wir kommen vom Mitgefühl her und haben gelernt, wie Joseph Campbell aus den Upanischaden zitiert, «voll Freude inmitten der Leiden dieser Welt zu wandeln».

Auch wenn wir die Vollkommenheit *unseres eigenen Entfaltungsprozesses* akzeptieren, in dessen Verlauf wir straucheln, wachsen und gedeihen, heißt das noch nicht, daß wir vollendet wären; vielmehr verändern wir uns weiterhin, wir lernen, reifen und verbessern unser Leben in entscheidenden Punkten. Wir mögen uns auch in dem Sinne verbessern, daß wir unsere auf den jetzigen Augenblick gerichtete Geistesgegenwart steigern und zur Erkenntnis der höchsten Vollkommenheit gelangen.

Doch unsere Selbstverbesserung sollte sich auf das Annehmen können und die Freude am Entdecken und Wachsen gründen statt auf ein erhöhtes Selbstwertgefühl. Perfektionisten müssen sich stets vor Augen halten, daß die Welt in einem transzendenten Sinne zwar vollkommen ist, daß es aus normaler Sicht allerdings keine Vollkommenheit auf Erden gibt. Nichts und niemand erreicht je Vollkommenheit. Wie das Gesetz der Vollkommenheit besagt, *ist Vortrefflichkeit das Höchste, was wir erreichen können, und sie zu erlangen erfordert Zeit und Übung.* Wie hart wir auch arbeiten und wie geschickt wir auch sein mögen, wir machen doch immer wieder Fehler; sich zu verbessern heißt nur, daß unsere Fehler *weniger groß* ausfallen. Wir sollten auch unsere Fehler als vollkommen ansehen – ob in unseren Beziehungen, im Beruf oder in anderen Bereichen. Das Gesetz der Vollkommenheit ist deshalb eng mit dem Gesetz der Flexibilität (S. 405) und dem Gesetz der Urteilsfreiheit (S. 454) verknüpft.

Die Erkenntnis, daß es keine Vollkommenheit gibt, wird besonders jenen eine Last von den Schultern nehmen, die dazu neigen, extrem hohe Vorstellungen zu hegen und unrealistische Maßstäbe an sich anzulegen. Doch wir können alle davon profitieren, wenn wir die Vollkommenheit der Unvollkommenheit zu würdigen wissen.

Wir können die Fähigkeit entwickeln, die Lektionen, die uns unser Alltagsleben aufgibt, in dem Sinne als vollkommen anzusehen, als das Leben sie uns zur rechten Zeit und am rechten Ort erteilt. Unsere hohen Ideale und Visionen von dem, wie es sein könnte oder sollte, sind nur das Leuchtfeuer, das uns ruft, uns den Weg weist und beflügelt, und kein Maßstab, nach dem wir uns beurteilen müßten.

In dieser Welt gibt es alle Arten von Ereignissen, sowohl schöne wie furchtbare; manche gefallen uns und finden unseren Beifall, während wir andere unliebsam finden und dagegen Widerstand leisten. Wenn wir vollkommenes Vertrauen haben, erkennen wir, daß wir mit dem Verstand nicht abwägen können, was zu unserem Besten ist; dieses Vetrauen inspiriert uns, die Vollkommenheit der Unvollkommenheit hinzunehmen. Eine solche Erkenntnis öffnet uns die Tür zu einem umfassenderen Lebensgefühl.

Die folgenden Übungen können Ihnen helfen, sich das Gesetz der Vollkommenheit durch unmittelbare Erfahrung und Anwendung zunutze zu machen.

Die Erfahrung der Vollkommenheit

1. Rufen Sie sich einen Augenblick ins Gedächtnis zurück, in dem Sie das Empfinden hatten, Sie oder Ihr Leben seien vollkommen. Vielleicht war es ein schöner Tag, und die Leute um Sie herum waren glücklich, oder Sie waren mit sich zufrieden, fühlten sich frei von Druck oder Streß und erlebten einen Augenblick ursprünglichster Vollkommenheit.
2. Versuchen Sie sich jetzt an ein Ereignis, eine Begegnung oder Begebenheit in jüngster Zeit zu erinnern, die Ihnen unangenehm war und weit entfernt davon, vollkommen zu sein.
3. Stellen Sie sich vor, wie es gewesen wäre, wenn Sie die unangenehme Situation mit dem gleichen Gefühl der Vollkommenheit erlebt hätten wie jenen anderen Augenblick Ihres Lebens. Das wird Ihnen zu Anfang nicht leichtfallen, aber vergessen Sie nicht: Übung macht den Meister.

Die Anwendung des Gesetzes der Vollkommenheit

1. Prägen Sie sich die folgenden Sätze ein:
   - Letztlich ist jeder und jedes vollkommen.
   - Bei konventioneller Betrachtung ist nichts und niemand vollkommen, außer wenn es fließt, sich verändert und Freude macht.
2. Gewöhnen Sie sich an, zu sagen: «Gut so!» «Ich bin gut so.» «Sie sind gut so.» «Alles ist gut so – im Augenblick jedenfalls.»

3. Bei allem was uns geschieht und was wir tun, können wir das Gesetz der Vollkommenheit anwenden, indem wir uns fragen: «Inwiefern könnte das hier vollkommen sein, eine vollkommene Lektion, eine vollkommene Gelegenheit darstellen? Wie kann ich meine Wahrnehmung so verändern, daß ich darin etwas Vollkommenes sehe?»

Das Gesetz des gegenwärtigen Augenblicks

Die Zeit gibt es nicht;
was wir «Vergangenheit» und «Zukunft» nennen,
hat keine Wirklichkeit,
außer als von uns erdachter Begriff.
Die Idee der Zeit
ist eine Gewohnheit des Denkens und Sprechens,
eine gesellschaftliche Vereinbarung;
in Wahrheit haben wir nur diesen Augenblick.

Die Gegenwart ist eine mächt'ge Göttin
Goethe

Die Idee, daß es die Zeit gar nicht gibt, klingt wie eine abstrakte philosophische Feststellung. Schließlich existiert die Zeit ja in einem praktischen Sinne, oder nicht? Wir haben Uhren und Kalender; wir erinnern uns an längst Vergangenes; und wir dürfen als sicher ansehen, daß sich auch in Zukunft etwas ereignet. In der Zwischenzeit tickt unsere Lebensuhr, vergehen unsere Sekunden, Minuten und Stunden. Deshalb erscheint uns der Gedanke, es gäbe keine Zeit, absolut absurd.

Bei genauerem Nachdenken dämmert uns jedoch noch eine andere Möglichkeit – daß *nur das Jetzt existiert.* Unser Gefühl, daß die Zeit verrinnt, etwa beim Schlangestehen im Postamt, wird nur von einer Reihe von Eindrücken und Erinnerungen genährt, denn wir sind nur von Augenblick zu Augenblick gegenwärtig.

Wir mögen zwar Reue empfinden über die Vergangenheit, aber diese Vergangenheit existiert im Grunde nur jetzt in unserem Kopf, wo wir die Reue durch Bilder, die wir heraufbeschwören, lebendig halten. Die Zukunft, die uns ängstigt, existiert gar nicht außer in unserem Kopf, wo wir die Angst durch Bilder wachhalten, die wir heraufbeschwören.

Das Gesetz des gegenwärtigen Augenblicks ist kein abstraktes Konzept; die *Zeit* ist das abstrakte Konzept. Dieses Gesetz ist nicht nur für Philosophen interessant; vielmehr ist es für uns alle da, besonders, wenn wir Vergangenes bereuen oder uns um Zukünftiges Sorgen machen.

Indem wir uns an den Gedanken einer ewigen Gegenwart gewöhnen und unsere Aufmerksamkeit dem Jetzt zuwenden, können wir unser Leben für immer verändern. Für immer heißt natürlich auch «jetzt».

Die meisten unserer Sorgen, Klagen und Probleme sind im Augenblick gar nicht relevant; sie werden durch Bilder, Empfindungen und Assoziationen lebendig gehalten, die wir in unserem Kopf als «Vergangenheit» und «Zukunft» abgespeichert haben. Das Einstellungsgespräch, das morgen stattfinden soll – «morgen» ist ebenfalls nur eine Vorstellung von uns –, wird Wirklichkeit, solange wir daran denken; der Streit mit einem lieben Menschen mit all seinen Tränen und Schuldgefühlen ist längst Geschichte, ein Phantom, das wir im Geiste wiederaufleben lassen, indem wir bereuen, was wir «damals» gesagt haben.

Das Gesetz des gegenwärtigen Augenblicks kann uns von Seelenmüll reinigen und uns wieder in einen Zustand der Einfachheit und des inneren Friedens versetzen. Es nützt uns aber nichts für die Zukunft, und es hat nie eine Vergangenheit gehabt. Das Gesetz des gegenwärtigen Augenblicks hält uns die Wirklichkeit so vor, wie sie ist, und nicht, wie wir sie uns denken, sie uns wünschen, sie uns hoffnungsvoll oder angsterfüllt ausmalen. Nur dieser zeitlose Augenblick existiert. Alles andere ist eine Projektion der Laterna magica in unserem Kopf.

Normalerweise entstehen unsere Probleme durch etwas, was längst geschehen ist, sei es vor zwei Sekunden oder vor zwei Jahrzehnten, oder durch etwas, von dem wir annehmen, daß es in dem, was wir Zukunft nennen, passieren wird. Im Augenblick selbst haben wir eigentlich fast nie Probleme.

Hier ein Beispiel: Rudolf, voll in der Midlife-Krise, sitzt auf einer Parkbank. Seine Frau will ihn verlassen; seine Tochter wird gerade mit seiner letzten Kreditkarte Weltmeisterin im Einkaufen; seine Bank hat eben jemanden vorbeigeschickt, der ihm ein Schild mit der Aufschrift «Zu verkaufen» an die Haustür geheftet hat; und sein Sohn braucht eine Kaution, weil er betrunken in einem gestohlenen Auto herumgefahren ist. Rudolfs Leben ist ein Scherbenhaufen. Oder nicht? Fing diese kleine Szene nicht damit an, daß er auf einer Parkbank sitzt? Im Augenblick ist nur das Sitzen Realität für Rudolf. Er wird sich sicher mit anderen Augenblicken und anderen Problemen beschäftigen müssen, aber in *diesem* Augenblick hat er keine Probleme. Er sitzt einfach nur im Park auf einer Bank.

Unser Körper lebt ganz in der Gegenwart. Trotz aller Gedanken, die wir uns um Fehler in der Vergangenheit und Probleme in der Zukunft machen mögen, können wir uns auf das Gesetz des gegenwärtigen

Augenblicks stützen und uns darauf besinnen, daß nur die Gegenwart existiert. Wir müssen lediglich aus *diesem* Augenblick das Beste machen, indem wir ihn genießen, ganz ausfüllen und einen Fuß vor den anderen setzen, während wir das tun, was gerade anliegt, im Moment, den einen Schritt.

Wer gern Schritte überspringt, kann lernen, im gegenwärtigen Augenblick zu verharren. Die von uns, die gern Abkürzungen nehmen, um dorthin zu gelangen, wohin sie unterwegs sind, können sich eine Ruhepause gönnen, tief Luft holen und sich ins Gedächtnis zurückrufen, daß nur das Jetzt existiert. Wer verwirrt oder ungeduldig ist und viel über Zukunftspläne nachgrübelt, kann sich allmählich klarmachen, daß Pläne Gedanken sind und Gedanken sich ändern. Sie sind zeitabhängig, und Zeit existiert nur im Kopf. Dem Gesetz des gegenwärtigen Augenblicks Folge zu leisten erfordert Übung – wie jede Gesetzesanwendung. Wir merken vielleicht, daß wir uns verspannen, Sorgen machen oder ärgern bei einem Gedanken an die Vergangenheit oder Zukunft, der uns durch den Kopf geht; dann erinnern wir uns daran, wo wir sind, nämlich hier und jetzt –, und dann vergessen wir es wieder. Aber wir erinnern uns immer häufiger daran, so daß sich die Qualität des gegenwärtigen Augenblicks zunehmend verbessert.

Die folgenden Übungen können Ihnen helfen, sich das Gesetz des gegenwärtigen Augenblicks durch unmittelbare Erfahrung und Anwendung zunutze zu machen.

Die Erfahrung des gegenwärtigen Augenblicks

1. Denken Sie einmal über folgende Fragen nach:
   - Erleben Sie wirklich, wie die Zeit vergeht, oder nur, wie Ihre Gedanken kommen und gehen?
   - Können Sie einen anderen als diesen Augenblick durchleben?
   - Existiert die Vergangenheit überhaupt, außer in Form von Niederschriften, gespeicherten Erinnerungen und festgehaltenen Spannungen, die Sie in der Gegenwart lebendig halten?
   - Beziehen Sie Ihre Kraft aus der Vergangenheit, der Zukunft oder der Gegenwart?
2. Lassen Sie die Fragen, atmen Sie tief ein, und geben Sie sich entspannt der ewigen Gegenwart hin.

Die Anwendung des Gesetzes des gegenwärtigen Augenblicks

1. Rufen Sie sich aus der Vergangenheit etwas ins Gedächtnis zurück, was Sie bereuen, was Ihnen angst gemacht oder Sie ungeduldig gemacht hat.
2. Fragen Sie sich jetzt: Entsprang das damit verbundene Gefühl einem Ereignis, das in diesem Augenblick stattgefunden hat? Oder stellte es sich durch Gedanken an die Vergangenheit oder Zukunft ein, die Ihnen in jenem Moment durch den Kopf gingen?
3. Fragen Sie sich zum Schluß: Gibt es in meinem Leben *jetzt gerad*e irgendwelche Probleme oder Ärgernisse? Nicht generell, sondern *jetzt* – in diesem Augenblick? In wie vielen realen Augenblicken empfinden Sie das betreffende Problem?

Das Gesetz der Urteilsfreiheit

Der universelle Geist urteilt nicht;
Urteile sind menschliche Erfindungen und dienen
dem Vergleich, der Gegenüberstellung und Kontrolle,
damit wir uns am künstlichen und oft idealistischen
Maßstab der Perfektion, Moral und Wahrheit messen können.

Während die Jugend entschwindet und die Zeit sich verändert,
ändern sich auch viele unserer gegenwärtigen Ansichten.
Hören wir also auf, uns als Richter
der höchsten Dinge aufzuspielen.
Plato

Wenn das Universum uns nicht beurteilt, ist es dann unser Recht und unsere Pflicht, uns zu beurteilen? An wessen Maßstäben überhaupt? Wer die höchsten Ideale und Maßstäbe hat, wird sich viel strenger beurteilen, als es je ein anderer wagen würde. Wir beurteilen und kritisieren nicht nur unsere Handlungen, sondern auch unsere Gedanken und Gefühle – selbst unsere Phantasien! Auch über andere urteilen wir anhand unserer hohen Normen; und dann verurteilen wir uns, weil wir ein solches Urteil über sie gefällt haben!

Wenn wir an alles den Maßstab unserer eigenen Vorstellungen und Ideale anlegen und Vergleiche anstellen, ist nichts richtig, denn dies ist keine ideale Welt – es ist eine wirkliche Welt mit wirklichen Menschen, die wachsen, Fehler machen, lernen und sich weiterentwickeln.

Fast jeder von uns hat Kritik oder Tadel von seiten der Eltern, ob real oder eingebildet, verinnerlicht. Wir projizieren unser Urteil auf andere, wodurch es so scheint, als würden sie uns beurteilen, obwohl sie eigentlich nur unsere eigene Unzufriedenheit zurückspiegeln. Unter Umständen sehen wir in Gott einen strengen Elternteil, der Belohnungen und Strafen in diesem oder im nächsten Leben zumißt.

Das Gesetz der Urteilsfreiheit erinnert uns daran, daß nicht Gott die Moral erfunden hat, sondern der Mensch. Der Hauptgedanke ist der, daß der göttliche Geist nicht urteilt; er gibt uns nur die Gelegenheit, ins Gleichgewicht zu kommen und zu lernen. Wenn wir einen Fehler machen, bietet uns das Leben genügend Möglichkeiten, um diese Scharte wieder auszuwetzen. Sobald wir uns den Grundsatz zu Herzen nehmen, daß uns der göttliche Geist nicht beurteilt, können wir uns ebenso verhalten und davon Abstand nehmen, uns selbst zu beurteilen.

Je höher unsere Ideale, um so leichter verfallen wir der Selbstkritik. Wir spüren den Druck unserer Ideale und haben dauernd das Bedürfnis, uns beweisen und verbessern zu müssen. Dabei sind wir voller Angst, zu versagen und unsere eigenen Maßstäbe nicht zu erreichen. Paradoxerweise haben diejenigen unter uns mit den erhabensten Visionen oft das geringste Selbstwertgefühl. Je härter wir mit uns selbst ins Gericht gehen, um so mehr Leute scheinen in unser Leben zu treten, die Kritik an uns üben, als würden sie sich unsere inneren Impulse zu eigen machen (siehe auch das Gesetz der Erwartungen, S. 463).

Urteilen blockiert den Energiefluß, baut innere Abwehrmechanismen und Widerstand auf und erhält in der Regel negative Verhaltensmuster aufrecht. Vom Urteilen abzulassen eröffnet uns den Weg zur Veränderung. In meinem Buch *The Warrior Athlete* beschreibe ich den Vorfall, wie Sam, ein Golfspieler, seinen Ball in einem weiten Rechtsbogen über eine Reihe von Bäumen und einen hohen Zaun hinwegschlägt. Da der Ball weg ist, nimmt er einen neuen und fährt in seinem Spiel fort. Als er gerade das achtzehnte Loch zu Ende gespielt hat, sieht er einen Polizisten kommen, gefolgt von einem Feuerwehrhauptmann und anderen Beamten, die alle ziemlich aufgeregt wirken. Der Polizist spricht zuerst: «Haben Sie an der zwölften Spielbahn einen Ball über den Zaun geschlagen?»

«Ja», erwidert Sam.

«Dieser Ball ist in die Windschutzscheibe eines Autos geflogen, so daß der Fahrer gegen einen Baum fuhr und die Straße blockierte.»

«Und die Feuerwehr nicht durchkam!» wirft der Feuerwehrmann ein.

«Zwei Wohnhäuser sind dadurch abgebrannt», fährt der Polizist fort. «Niemand ist ernstlich verletzt, aber der Sachschaden beläuft sich auf mehrere Millionen Dollar.»

Sam hörte sich alles an. Da fragen ihn Polizist und Feuerwehrhauptmann wie aus einem Munde: «*Was wollen Sie nun tun?*»

Ohne zu zögern, antwortet Sam: «Ich glaube, ich werde meinen Schlag ein wenig mehr auf Linksdrall umstellen müssen.»

Überlegen Sie einmal: Wie wäre es, Sam, dem Golfspieler, nachzueifern und sich selbst und sein Leben ohne Selbstkritik, Schuldgefühle und Selbstvorwürfe hinzunehmen? Wie wäre es, wenn wir so gut wie möglich lebten, unsere Fehler einsähen, aus ihnen lernten und es das nächste Mal ein wenig besser machten? Wie wäre es, wenn wir uns und andere *vollkommen* akzeptieren würden?

Sobald wir unsere Grenzen anerkennen,
gehen wir über sie hinaus.
Brenden Francis

Die folgenden Übungen können Ihnen helfen, sich das Gesetz der Urteilsfreiheit durch unmittelbare Erfahrung und Anwendung zunutze zu machen.

Die Erfahrung der Urteilsfreiheit

1. Nehmen Sie sich einen Moment Zeit, und überlegen Sie, wie Sie an sich und die Welt den Maßstab Ihrer eigenen Werte anlegen statt den einer universellen Wahrheit.
2. Denken Sie an ein Ereignis vor kurzer Zeit, bei dem Sie über sich selbst oder jemand anders ein Urteil gefällt haben. Führen Sie im Geiste folgendes kleine Ritual aus – sagen Sie sich: «Hiermit lasse ich von allen Urteilen ab, die ich über mich selbst (oder andere) wegen der und der Sache gefällt habe.»
3. Holen Sie, während Sie das sagen, tief Luft und *fühlen* Sie beim Ausatmen, wie alle Urteile, die Sie je wegen irgend etwas über sich und andere gefällt haben, mit dem Luftstrom dahinschwinden. Indem Sie von Ihren Urteilen ablassen, die Sie über sich und andere abgegeben haben und in denen Sie im Grunde nur sich selbst spiegeln, können Sie sich von Ihren eigenen negativen Verhaltensmustern befreien.

Die Anwendung des Gesetzes der Urteilsfreiheit

Jeder von uns würde sich am liebsten ohrfeigen, wenn er in Wort und Tat seinen Idealen nicht gerecht wird. Hier eine humorvolle Methode, um schnell Abhilfe zu schaffen:

1. Wenn Sie sich das nächste Mal am liebsten ohrfeigen würden, dann *tun Sie's,* aber in aller Öffentlichkeit und mit Sinn für Humor. Versetzen Sie sich wirklich einen Schlag! (Natürlich nicht so fest, daß Sie davon einen blauen Fleck bekommen.) Geben Sie sich links und rechts Ohrfeigen, und stoßen Sie dabei Beleidigungen aus wie: «Du blöder Affe! Du Vollidiot! Spatzenhirn! Abschaum!» Vergessen Sie Ihre Lieblingsschimpfworte nicht. Jammern Sie außerdem laut,

während Sie sich ohrfeigen: «Aua! O weh und ach! O Gott, ich hab's verdient! Das soll mir eine Lehre sein!»

2. Ohrfeigen und beschimpfen Sie sich über einen längeren Zeitraum, in dem Sie diese Übung durchführen, *jedesmal,* wenn Sie sich genötigt fühlen, sich zu kritisieren oder zu verurteilen. Falls Sie vergessen, sich tatsächlich Ohrfeigen zu geben, haben Sie gleich etwas an der Hand, weswegen Sie sich nun doch ohrfeigen können! Wenn Sie mit Ihren Selbstbeschuldigungen ordentlich übertreiben, und das in aller Öffentlichkeit, werden Sie durch dieses humorvolle Bewußtmachen bald damit aufhören. Auf diese Weise lernen Sie auch, sich selbst höherzuschätzen und zu achten.
   - Eine Warnung: Diese Übung ist nicht auf Dauer gedacht, sondern dient nur als Hilfsmittel, uns die Augen zu öffnen für unseren Hang zur Selbstverurteilung, so daß wir ihn unverhohlen zeigen und *abbauen* können. Falls Sie masochistisch veranlagt sind oder zur Selbstverletzung neigen, sollten Sie einen Psychotherapeuten aufsuchen. Nur wenn Sie sich sozusagen voller Mitgefühl und Humor «ohrfeigen», führen Sie die Übung im richtigen Geiste aus.

Das Gesetz des Vertrauens

Das Gesetz des Vertrauens gründet sich
auf die Erkenntnis, daß wir mehr Wissen besitzen,
als wir uns durch Lesen, Zuhören und Studieren erworben haben;
wir wissen mehr, weil wir mehr sind;
wir haben eine direkte Verbindung zur universellen Weisheit;
wir müssen nur hinsehen, hinhören und vertrauen.

Nur wenn wir an uns selbst glauben,
können wir auch an andere glauben.
Erich Fromm

Wir glauben oft, daß wir uns selbst vertrauen, aber bei genauerem Hinsehen merken wir, daß wir auf geistige Erkenntnisse, Theorien und Überzeugungen bauen, die von jemand anderem stammen – aus einem Buch, von einem Lehrer oder einem Leitbild. Wer Probleme mit seinem Selbstvertrauen hat, verläßt sich gern auf Wissenschaftler, «Experten», Hellseher, Orakel, Gurus und andere, die ihm raten und ihn in seinen Ansichten bestätigen können. Wir versuchen überall, uns selbst zu finden, nur nicht im eigenen Innern. Ebenso wie wir manchmal unsere Macht nicht wahrnehmen, können wir auch von unserer inneren Weisheit abrücken und anderswo danach suchen; dann werden wir «Sucher der Wahrheit», spirituelle Vagabunden, die von einem Lehrer zum anderen reisen, von einem Workshop zum nächsten, begierig auf Informationen, die uns befriedigen oder erfüllen könnten. Aber wir finden nie Erfüllung, es sei denn, wir entdecken sie in uns selbst – nicht in Form von aufgespeicherten Informationen, sondern als direkten Draht zu der unendlichen Weisheit, die uns allen zur Verfügung steht.

Eine gute Anleitung hat sicher ihren Wert, besonders, wenn sie von wahrhaft Wissenden kommt. Es ist zum Beispiel nicht nötig, sich Tennis selber beizubringen, wenn ein guter Lehrer uns viel Zeit dabei ersparen kann. Doch müssen wir mehr Vertrauen in unsere tiefste Eingebung und Weisheit entwickeln als letzte Quelle und als Prüfstein unserer Entscheidungen.

Das Gesetz des Vertrauens erinnert uns daran, auf den höheren Geist in uns selbst zu bauen und einfach an die Möglichkeit zu glauben, daß wir viel mehr wissen, als uns im Augenblick bewußt ist. Dieses Gesetz fordert allerdings einiges von uns: das Vertrauen muß sich auf alle Bereiche erstrecken, bis wir das Walten des göttlichen Geistes auf allen Ebenen erkennen, nicht nur in uns selbst, sondern auch in anderen und in der ganzen Welt.

Auf den höheren Geist in uns zu vertrauen erfordert keinen Glauben an einen äußeren Gott; vielmehr gehört dazu, auf die dem Universum innewohnende Weisheit und Gesetzmäßigkeit und auf den geheimnisvollen Entwicklungsprozeß unseres Lebens mit all seinen Höhen und Tiefen zu vertrauen – in dem Wissen, daß bei jedem unserer Schritte der Pfad zu unseren Füßen liegt.

Das Gesetz des Vertrauens, das in unmittelbarem Zusammenhang mit dem Gesetz der Flexibilität (S. 405) und dem Gesetz des höheren Willens (S. 473) steht, ruft uns in Erinnerung, daß wir Teil des Mysteriums sind, das wir Gott nennen, und daß dieser wunderbare, mächtige, weise, unsterbliche Geist auch in jedem von uns wohnt.

Wenn wir sagen: «Ich traue mir selbst vollkommen», beziehen wir uns meistens auf unser bewußtes Ich oder Ego. Diese Art von Selbstvertrauen bringt uns nicht weit, denn das Ego hat nur zu begrenzten Daten Zugang. Erst wenn wir erkennen, daß eine geheimnisvolle Kraft voll unendlicher Weisheit, Geduld und Barmherzigkeit in und durch uns und alle anderen Menschen wirkt, öffnen wir einer neuen Lebenserfahrung Tür und Tor; wenn wir diese Ebene des Vertrauens auch *verwirklichen,* ändert sich unser Leben für immer.

Ich benutze den Begriff «höherer» oder «göttlicher Geist» für diese geheimnisvolle Kraft; aber ganz gleich, wie wir sie auch benennen mögen, sobald wir *wahrhaft* dieser höheren Energie, diesem göttlichen Geist, der nach eigenen Gesetzen hinter den Kulissen waltet, vertrauen, können wir auch jenem Teil dieser Energie oder dieses Geistes trauen, den wir als «ich» oder «die anderen» bezeichnen.

Wir können diese Verbindung und dieses Vertrauen immer in unserem Herzen spüren. Aber zuerst müssen wir vom Kopf weg. Das heißt, wir müssen auf die intuitive Weisheit des Körpers bauen, was Bewegung, Nahrung, Sexualität und Selbstheilung betrifft – den Körper also die Arbeit tun lassen, für die er da ist, ohne ihm mit intellektuellen Theorien und Philosophien dazwischenzufunken. Wahrhaft begründetes Selbstvertrauen muß auf allen Ebenen unseres Daseins in Erscheinung treten – körperlich, geistig, seelisch und spirituell.

Zusammenfassend läßt sich über das Gesetz des Vertrauens sagen: *Selbstvertrauen entspringt unmittelbarer Erfahrung*, das heißt, wir müssen zuerst unserer eigenen Erfahrung Aufmerksamkeit schenken, nicht den Ratschlägen eines Buches oder eines Lehrers. Bewegungsimprovisation, Tanz, die Kampfkünste und andere Sportarten sowie das Spielen eines Instruments sind gute Möglichkeiten, Vertrauen in die dem Körper eigenen Fähigkeiten zu entwickeln, sich *gedankenlos* zu bewegen und seiner eigenen Weisheit zu folgen. Dabei lernen wir, darauf zu vertrauen, daß unser Körper gut ohne irgendwelche Philosophien zurechtkommt; wir erkennen, was unser Körper alles weiß, und können das tun, was nötig ist, indem wir auf ihn hören und uns von ihm leiten lassen.

Workshops, die uns über unsere Grenzen hinausführen (wie «Der praktische Weg des friedvollen Kriegers»), zeigen auf drastische Weise, daß wir erheblich mehr können, als wir vielleicht geglaubt haben, wenn wir Vertrauen in unseren Körper setzen und so zu einem tieferen Selbstvertrauen gelangen. Selbst im Alltagsleben begegnen uns Prüfungen, bieten sich uns ähnliche Gelegenheiten, um unsere Verbindung zu den tieferen Schichten des Vertrauens zu entwickeln und auf die Probe zu stellen.

Das Gesetz des Vertrauens lehrt uns ferner, unserem Geist zu trauen, nicht in seiner Eigenschaft als Informationsspeicher, sondern in seiner Fähigkeit, uns Zugang zur höheren Weisheit zu verschaffen. Wir kommen zu der Erkenntnis, daß unser Gehirn nicht nur wie ein Aktenschrank oder ein Computer funktioniert, sondern auch wie ein Radio, das sich auf jeden Sender einstellen läßt. Mit anderen Worten: Informationen kommen nicht *aus* unserem Gehirn, sie kommen *durch* unser Gehirn.

Uns selbst zu vertrauen heißt, unsere Überzeugungen aus dem Weg zu räumen und uns endlich unseren tiefsten Intuitionen zu öffnen. Durch unser Empfinden werden uns aus dem Unterbewußtsein Botschaften übermittelt, die uns helfen können, schneller und umfassender Entscheidungen zu treffen, als es dem Verstand mit seinen ungenügenden Daten möglich ist. Darüber hinaus kann sich das, was wir Intuition nennen, die gleiche universelle Intelligenz zunutze machen, die sich in den spirituellen Gesetzen offenbart.

Wer auf den höheren Geist vertraut, arbeitet unmittelbar mit ihm zusammen; je mehr wir auf uns selbst vertrauen, um so stärker spüren wir eine höhere Ordnung von Weisheit und Liebe, die in jedem Aspekt unseres Lebens wirksam ist. Selbstvertrauen setzt die Bereitwilligkeit voraus, «Fehler» zu machen und zu unserem eigenen Besten daraus zu lernen.

Wir werden alle vom höheren Geist auf Proben gestellt, aus denen wir etwas lernen können. In jeder Situation, bei jeder herausfordernden Aufgabe oder Schwierigkeit wirkt der universelle Lehrer durch unsere Lebenserfahrung darauf hin, uns die Augen zu öffnen für den gegenwärtigen Stand unseres Vertrauens, unseres Glaubens und unserer Ausrichtung nach den spirituellen Gesetzen.

Alan Watts hat einmal gesagt: «Hütet euch vor Lehrern, die euch die Taschen leeren und euch dann die eigene Geldbörse verkaufen.» So seltsam es klingt, aber mehr kann kein Lehrer tun, selbst einer mit den lautersten Absichten, denn der Schatz liegt bereits in uns; niemand kann uns irgend etwas geben, das wir nicht schon hätten. Ein Lehrer kann uns lediglich den Schlüssel geben, mit dessen Hilfe wir uns selbst aufschließen können. Lehrer mögen uns zwar Zeit sparen, aber sie können uns nur den Weg weisen; Anfang und Ende der Reise liegen in uns selbst.

Diejenigen unter uns, die Probleme mit dem Selbstvertrauen haben, müssen sich klarmachen, daß sie ihr Leben letztlich selbst in der Hand haben. Indem wir an den höheren Geist in uns selbst glauben, sehen wir denselben Geist auch in unseren Mitmenschen und fühlen uns allmählich sicher in der Welt.

In seinem tiefsten Sinn ruft uns das Gesetz des Vertrauens die transzendente Weisheit des Universums ins Gedächtnis zurück, wie sie in dem christlichen Ausspruch «Gottes Wege sind unerforschlich» zum Ausdruck kommt. Ein solches Vertrauen ist nicht einfach der Glaube, daß schon alles zum Besten kommen wird oder daß die göttliche Gerechtigkeit weiß, warum wir uns das Knie aufgeschürft haben. Vertrauen ist eine unmittelbare Erkenntnis, die auf höherer Weisheit beruht; dazu gehört der Mut, darauf zu bauen, daß alles, was auch geschehen mag, zu unserem höchsten Wohl dient.

Die folgenden Übungen können Ihnen helfen, sich das Gesetz des Vertrauens durch unmittelbare Erfahrung und Anwendung zunutze zu machen.

Die Erfahrung von Vertrauen

1. Können Sie sich an eine bestimmte Zeit erinnern, entweder vor kurzem oder in Ihrer Kindheit, in der Sie innerlich ganz sicher, vertrauensvoll und offen waren, so sicher, daß Sie Ihre Gefühle unverstellt und ohne Angst oder Scham zeigen konnten? (Wenn Ihnen keine solche Zeit einfällt, dann stellen Sie sich lebhaft vor, wie dieses Gefühl sein könnte.)

- Können Sie innerlich sehen oder hören, was damals in Ihrem Leben geschah?
- Wie hat sich dieses Gefühl des Vertrauens und der Offenheit körperlich bemerkbar gemacht?

2. Achten Sie darauf, inwiefern sich dieses Gefühl des Vertrauens und der Offenheit von Ihren normalen Gefühlen im Umgang mit anderen Menschen unterscheidet.
   - Wie wäre es wohl, sich unter Menschen emotional sicher zu fühlen?
   - Was könnten Sie tun, um das Gefühl liebevollen Vertrauens sich selbst und anderen gegenüber wieder aufzufrischen?

Die Anwendung des Gesetzes des Vertrauens

1. Stellen Sie dem Gefühl des Vertrauens und der Offenheit, das Sie sich in der vorigen Übung vergegenwärtigt haben, ein Ereignis aus jüngster oder weiter zurückliegender Zeit gegenüber, das keineswegs Vertrauen bei Ihnen geweckt hat, sondern vielleicht sogar ein Gefühl des Betrogenwerdens.
2. Inwiefern könnten Sie unabsichtlich zum Ablauf dieses Ereignisses – bei dem Ihr Vertrauen enttäuscht oder betrogen wurde oder es Mißverständnisse gab – beigetragen haben, weil Sie nicht gleich Ihre Gefühle klar zum Ausdruck gebracht haben?
3. Behalten Sie das eben Gesagte im Sinn, und vertrauen Sie darauf, daß alle Seiten im Grunde so zusammengewirkt haben, daß es zu Ihrem Besten war oder daß Sie etwas daraus lernen konnten. Spielen Sie das Ereignis mit Ihrem jetzigen Verständnis noch einmal durch, und achten Sie auf die Unterschiede.
4. Werden Sie jeden Tag ein wenig weiter, öffnen Sie sich, riskieren Sie etwas, sprechen Sie aus, was Ihnen auf dem Herzen liegt, und schaffen Sie ein aufrichtiges Vertrauensverhältnis zu anderen, eine Brücke von Seele zu Seele, von Herz zu Herz.

Das Gesetz der Erwartungen

Die Energie folgt dem Denken;
wir bewegen uns auf das zu, was wir uns vorstellen,
aber nicht darüber hinaus.
Was wir annehmen, erwarten oder glauben,
färbt und schafft unsere Erfahrung;
indem wir unsere Erwartungen ändern,
verändern wir unsere Lebenserfahrung in allen Aspekten.

Lebe mit großen Erwartungen,
und große Dinge geschehen.
Art Fettig

Entspringen unsere Überzeugungen unserer Erfahrung, oder machen wir Erfahrungen aufgrund unserer Überzeugungen? Erfahrungen und Erwartungen beeinflussen einander natürlich, aber während wir meistens von der logischen und psychologischen Vorstellung ausgehen, daß unsere Überzeugungen in erster Linie durch unsere Erfahrungen geprägt werden, besagt das Gesetz der Erwartungen genau das Gegenteil: *Was wir auf tiefster unbewußter Ebene glauben oder erwarten, prägt allmählich unsere Wirklichkeit.*

Alles ist eine Form von Energie; unser Geist bringt diese Energie in eine sichtbare Form und färbt die Brille, durch die wir die Welt sehen. Von frühester Kindheit an nehmen wir vorprogrammierte Empfindlichkeiten und Erwartungen in unser Unterbewußtsein auf. Wer die Erwartungshaltung hat, daß «anderen nicht zu trauen ist», wird sich in dieser Überzeugung bestätigt finden.

Der Schlüssel zur Anwendung dieses Gesetzes ist der, neue Erwartungen zu entwickeln, die nicht auf blindem Glauben beruhen, sondern auf eindeutigen Absichten. Das Gesetz der Erwartungen trägt uns über unsere vorgefaßten Grenzen hinaus, die von früheren, unter Umständen schon in den ersten Lebensmonaten entstandenen Überzeugungen und Erwartungen herrühren.

Was wir erwarten, pflegt in unserem Leben auch einzutreten, weil wir subtile psychophysische Kräfte in Richtung auf das Erwartete in Gang setzen. Gleiches zieht Gleiches an: Wir erreichen nur, was sich in den erwarteten oder angenommenen Grenzen hält. In der Psychologie wird dieses weitverbreitete Phänomen eine *sich selbst erfüllende Prophezeiung* genannt. Hier ein Beispiel: Drei sehr beliebte Schüler eines Gymnasiums erklärten sich bereit, an einem psychologischen Experiment teilzunehmen. Mehrere Wochen lang schenkten sie einem Mädchen, das sehr nett, aber äußerst schüchtern, unscheinbar und unbeachtet war, ihre Aufmerksamkeit und Zuneigung. Sie behandelten es, als wäre es hübsch und begehrt. In der Folge zeigten sich erhebliche, ja drastische Veränderungen in der Art, wie das Mädchen sich kleidete und wie es sich verhielt.

Bis dahin war es davon ausgegangen, abgelehnt zu werden und unbeachtet zu bleiben, was auch eingetreten war. Das neue Verhalten der Mitschüler änderte seine Erwartungshaltung, so daß es eine völlig neue Erfahrung machte. Die Jungen hatten seine Erfahrung verändert, indem sie die alten Erwartungen aus dem Wege räumten, die Freunde von ihm fernhielten. Das Mädchen kam zu neuen Überzeugungen, was seine Attraktivität betraf, und änderte sein Verhalten dementsprechend, so daß sein Leben von da ab, auch über den Versuch hinaus, eine neue Wendung nahm.

Im Verlauf einer Langzeitstudie unter Leitung von Dr. Kenneth Pelletier über die menschliche Lebensdauer ergaben sich eine ganze Reihe von Faktoren, die für Langlebigkeit maßgeblich sein können, wie seltenes Kranksein, ein jugendliches Äußeres, Sinn für Humor, eine befriedigende Arbeit sowie die Art der Lebensführung einschließlich der Ernährungsweise und sportlichen Betätigung. Allerdings kam man abschließend zu dem Ergebnis, daß der Hauptfaktor für die Langlebigkeit der Probanden deren Erwartungshaltung war: Diejenigen, die davon ausgingen, lange zu leben, wurden tatsächlich sehr alt; und diejenigen, die nicht so lange zu leben erwarteten, starben tatsächlich früher – *trotz aller anderen Faktoren*. Diese Studie beweist die Macht der Erwartungen.

Das heißt jedoch nicht, daß unsere Sorgen, wir könnten Krebs bekommen, einen Autounfall erleiden oder einen lieben Angehörigen verlieren, diese Dinge zwangsläufig herbeiführen. Das wäre reiner Aberglauben. Wir sollten unseren Sorgen lieber klar ins Auge sehen, sie offen mit jemandem teilen und uns von ihnen befreien, damit wir uns geistig mit etwas anderem beschäftigen können. Das Gesetz der Erwartungen besagt auch nicht, daß wir einfach positive Feststellungen hundertmal am Tag wiederholen sollten, um zu Reichtum zu kommen, anziehend auf andere zu wirken oder persönliche Macht zu erlangen. Dadurch würde sich unser Leben sicherlich nicht jäh verändern.

Das *Unterbewußtsein* enthält den Schlüssel, der Erfahrungen Wirklichkeit werden läßt. Manche Menschen tragen sich mit dem sorgenvollen Gedanken, sie könnten an Krebs erkranken, dabei besteht in ihrem Unterbewußtsein keinerlei Besorgnis oder Erwartung, daß sich eine solche Krankheit einstellen könnte; andere wieder, die ständig positive Sprüche auf den Lippen führen, verbinden damit zwar möglicherweise eine bewußte Vorstellung oder Absicht, aber unbewußt besteht die Erwartung, nicht von der Stelle zu kommen, und so bleibt denn auch alles beim alten.

Eine Möglichkeit, zu erkennen, was wir unbewußt erwarten, ist die, das Leben in diesem Augenblick unter die Lupe zu nehmen – das Erfreuliche wie das Unerfreuliche. Unsere derzeitigen Leiden offenbaren uns unsere negativen und unsere derzeitigen Freuden unsere positiven Erwartungen. Sobald wir den Einfluß unserer Erwartungen auf unser gegenwärtiges Leben einsehen, können wir Schritte unternehmen, um die Erwartungen abzubauen, die uns nichts mehr nützen. Wir können gleich jetzt neue Erwartungen oder Annahmen ins Leben rufen; wir brauchen auch nicht darauf zu warten, daß sie durch Erfahrungen bestätigt werden – wir können diese Erfahrungen in unserem Innern vorwegnehmen.

Forscher haben Kassetten mit positiven unterschwelligen Botschaften bespielt in der Annahme, damit unser Unterbewußtsein erreichen zu können, um unser Leben zu verändern; das ist zwar eine gute Theorie, aber weder positive Affirmationen noch unterschwellige Botschaften vom Band hinterlassen irgendeine Spur, wenn nicht zwei Faktoren hinzukommen: Erstens müssen wir uns eine lebendige *bildhafte* Vorstellung machen, die möglichst viele Sinne anspricht – zum Beispiel von mehr Freunden, mehr Geld oder mehr von etwas anderem, das wir begehren. Solche Bilder können und werden sich mit der Zeit unserem Unterbewußtsein, das nicht streng zwischen tatsächlichen, vorgestellten oder visualisierten Erfahrungen unterscheidet, einprägen.

Zweitens müssen wir *auf jede widersprüchliche Botschaft achten, die in uns entsteht,* während wir bekunden, was wir wollen oder haben, und diese anderslautende Botschaft, so negativ sie auch scheinen mag, laut und in übertriebener Weise aussprechen. Wenn wir zum Beispiel behaupten und uns lebhaft einbilden, finanziell unabhängig zu sein, unterschwellig jedoch das Gefühl oder den Gedanken haben: «So ein Quatsch, du bist doch völlig pleite», dann sagen Sie das laut. Sagen Sie es notfalls zehnmal; tragen Sie dabei ruhig eine Brille wie Groucho Marx, oder sprechen Sie wie Mae West oder Jack Nicholson. So können Sie widersprüchliche Botschaften loswerden, die klaren, langfristigen, positiven Erwartungen im Wege stehen.

Haben wir erst unsere Erwartungshaltung gegenüber uns selbst, anderen Menschen und der Welt verändert – *und zwar wirklich verändert, nicht nur vorgeblich* –, können wir auch den Lauf unseres Lebens ändern.

Die folgenden Übungen können Ihnen helfen, sich das Gesetz der Erwartungen durch unmittelbare Erfahrung und Anwendung zunutze zu machen.

Die Erfahrung neuer Erwartungen

1. Denken Sie an zwei Tätigkeiten, die Sie gut können, und zwei, in denen Sie nicht gut zu sein glauben.
2. Falls Ihre Ansichten darüber, was Sie gut können und was nicht, einer früheren Erfahrung entspringen: Wann haben Sie diese Erfahrung zuerst gemacht? War die betreffende Sache wirklich ein Beweis für Ihre Fähigkeit oder Unfähigkeit, oder zeugte sie lediglich von mangelnder Erfahrung?
3. Albert Einsteins Lehrer befanden, er sei «im Rechnen ziemlich schwach». Schlummern vielleicht auch in Ihnen in genau den Bereichen, in denen Sie schwach zu sein meinen, besondere Fähigkeiten? Sind Sie bereit, sich neuen Erwartungen zu öffnen?

Die Anwendung des Gesetzes der Erwartungen

Theaterspielen kann zu einer hohen Kunst werden, nicht nur im Schauspielhaus, sondern auch auf der Bühne unseres Lebens. Eine spielerische Möglichkeit, seine Erwartungshaltung zu verändern, besteht darin, so zu tun, *als wäre man bereits im Besitz* des ersehnten Mutes, der Liebe und der Weisheit; indem wir so aussehen, wie diese Rolle es erfordert, uns so kostümieren, so sprechen und so spielen, können wir uns diese Qualitäten allmählich zu eigen machen.

1. Stellen Sie sich, wenn Sie etwas haben, erreichen oder werden wollen, die Frage: «Was, wenn ich es könnte? Wie würde das aussehen, und welche Gefühle würde es auslösen?»
2. Sprengen Sie nun Ihre alten Überzeugungen und Erwartungen; spielen Sie die Rolle, die Sie gerne spielen würden, so lange, bis sie keine Rolle mehr ist; versuchen Sie es so lange damit, bis Sie sich darin wohl fühlen. Wenn Sie sich einer Aufgabe nicht gewachsen fühlen,

dann spielen Sie doch die Rolle von jemandem, der seine helle Freude daran hätte.

3. Diese kleine Übung kann Ihr Leben auf einfache, aber tiefgreifende Weise verändern. Versuchen Sie gleich heute, Ihre Rolle als glücklichere, offenere, positivere Person zu spielen.

Das Gesetz der Ehrlichkeit

Unsere wahre innere Wirklichkeit
zu erkennen, anzunehmen und zum Ausdruck zu bringen
ist das Wesen der Ehrlichkeit;
nur wenn wir ehrlich gegenüber uns selbst sind,
können wir auch anderen gegenüber
in Wort und Tat ehrlich sein.
Im Sinne der Integrität bedeutet Ehrlichkeit,
sich nach den höheren Gesetzen auszurichten,
statt negativen Impulsen nachzugeben,
die das Gegenteil bewirken.

Lebe deinem hellsten Licht gemäß,
und dir wird mehr Licht zuteil werden.
Peace Pilgrim

Im Rahmen unserer Lebensbestimmung, in dem wir das umfassendere Bild und den Sinn unseres Lebens erkunden, ist das Gesetz der Ehrlichkeit ein Hinweis *auf höhere Gesetze und deren unmittelbare, zwangsläufige und unausweichliche Folgen.* Es schließt äußere Verhaltensnormen ein, aber stellt diese nicht in den Mittelpunkt.

Beim Gesetz der Ehrlichkeit geht es um unsere Ehrlichkeit uns selbst gegenüber – um unsere innere Integrität. Es ist für jedermann von Nutzen, besonders aber für diejenigen, die sich durch Ausreden selbst betrügen – die also Probleme damit haben, sich ehrlich auszudrücken oder aufrichtig zu handeln. Einsicht in die Wahrheit dieses Gesetzes und seine unvermeidlichen Konsequenzen kann uns helfen, unserem Leben eine Wende zu geben.

Vom Gesetz der Ehrlichkeit ist das große Spiel des Lebens betroffen – das Drama, in dem wir wahrlich niemand anderen täuschen können als uns selbst. Wann immer wir uns von den Impulsen des Neides, der Gier oder der Manipulation in unserem Handeln bestimmen oder in unserem Selbstausdruck beeinflussen lassen, sind die Folgen dieses Handelns schon in das Wirken des Universums und unserer Psyche eingebaut.

Diejenigen von uns, die sich auf ihrem Lebensweg mit Fragen der Integrität auseinandersetzen müssen, ignorieren oder beugen die höheren

Gesetze bisweilen in dem Sinne, daß sie nicht in Übereinstimmung mit ihrem inneren Licht leben. Manchmal sind wir wie ein Kind, das sich heimlich einen Bonbon nimmt und in die Tasche steckt, in der Annahme und Hoffnung, es würde nicht bemerkt, während die Mutter vom Gang her alles mitansieht.

Wir brauchen nicht bestraft zu werden, wenn wir die spirituellen oder höheren Gesetze mißachtet haben; *die Tat selbst ist die «Strafe»* und löst subtile Kräfte aus, deren natürlichen Konsequenzen wir ebensowenig entgehen können, wie wir vor der Schwerkraft fliehen können.

Diejenigen von uns, die es mit ihrer Integrität nicht so genau nehmen, merken das oft gar nicht. Wir müssen uns erst selbst belügen, ehe wir andere anlügen können. Wenn wir mit «gespaltener Zunge» oder zweideutigen Absichten reden, sind wir nicht integer, das heißt, nicht eins mit uns selbst. Diese Einheit müssen wir jedoch erst erreichen, bevor wir mit Integrität sprechen können; es geht nicht, daß ein Teil von uns dies und ein anderer das meint. Der erste Schritt zur Ehrlichkeit ist der, die eigenen Widersprüche miteinander auszusöhnen, so daß wir sagen können, was wir meinen, und meinen, was wir sagen (siehe auch das Gesetz der Verantwortung, S. 419).

Wenn all unsere Wesensteile zusammenarbeiten, wenn wir aufhören, uns anzulügen und andere zu täuschen, wenn wir im tiefsten Innern wissen, daß wir *trotz* aller anderen Impulse ehrlich handeln, spüren wir, wie sich die Tore der höheren Energie und Inspiration in uns öffnen.

Sobald wir unaufrichtig sprechen oder handeln, schließen sich diese Tore; das ist keine Strafe, sondern nur die Art und Weise, wie unsere Psyche reagiert. Das Sprichwort «Lügen haben kurze Beine» *bewahrheitet sich auf die Dauer immer*, denn wer andere täuscht, dem versagt seine Psyche den inneren Frieden, wie gut seine äußeren Lebensumstände auch beschaffen sein mögen. Jede unehrliche Tat führt letztlich unweigerlich zur Selbstzerstörung – auch wenn wir nur uns selbst betrügen.

Manch einer glaubt, er käme mit kleinen Betrügereien und Schwindeleien jahrelang davon, und findet noch Rechtfertigungen und Ausreden für sein Handeln, und dann wundert er sich, warum sein Leben sich nicht so entwickelt, wie er gehofft hatte. Wir mögen uns zwar einbilden, mit etwas davonzukommen, weil wir angeblich nicht erwischt werden, dabei werden wir dauernd von uns selbst ertappt. Wie heißt es so schön in John Lennons Song: «Instant karma's gonna get you» – dein Karma ereilt dich sofort.

Hier ein drastisches Beispiel: Wenn wir in der Zeitung lesen, daß millionenschwere Drogenhändler im Wohlleben schwelgen, meinen wir vielleicht, daß sie ihrer Strafe entgingen, aber wir brauchen nur einen Blick in ihre Psyche zu werfen, um die inneren Konsequenzen und Ursachen ihres Verhaltens zu erkennen. «Schlechte» Menschen fahren nicht zur Hölle; sie sind bereits in der Hölle, darum handeln sie so übel.

Sind wir in irgendeiner Weise unaufrichtig, sei es gegenüber uns selbst oder anderen, absichtlich oder nicht, streiten sich «zwei Seelen in unserer Brust», und schon schwindet unser Gespür für den höheren Geist, unsere Inspiration; wir fühlen uns von der Welt abgeschnitten und allein gelassen und ziehen genau die Lektionen an, die wir lernen müssen. Moralbegriffe können sich ändern, aber das Gesetz von Ursache und Wirkung steht absolut fest.

Unehrlichkeit kann die verschiedensten Formen annehmen, etwa, daß wir uns selbst und andere belügen oder Geld und Macht um ihrer selbst willen erstreben, was unweigerlich auf Kosten unserer Selbstachtung geht. Manche von uns stellen lieber Regeln auf, als sie einzuhalten; wir vergessen oder ignorieren die gesellschaftlichen Normen der Ehrlichkeit und Integrität, beugen die Regeln nach unseren eigenen Wünschen und wenden uns vom Licht in unserem Innern ab. Wann immer wir aus Eigennutz krumme Wege gehen oder der Zweck die Mittel zu heiligen scheint, treten die Folgen zwar nicht unbedingt offen in Erscheinung, aber wir erzeugen eine innere Unruhe, der wir nicht entrinnen können, wohin wir auch gehen mögen.

Menschen mit eingeschränkter Sichtweise legen sich womöglich die Scheuklappen des Selbstbetrugs an und beharren darauf, «daß es diesmal klappt», ohne irgend etwas geändert zu haben. Bei dieser Art von Unehrlichkeit büßen sie ebenfalls ihr Gespür für die Energie und den höheren Geist ein.

Einigen von uns, die Probleme mit dem Selbstausdruck haben und lieber etwas nur andeuten oder stillschweigend dulden, während sie seufzend und jammernd darauf warten, daß andere ihre Gedanken lesen, macht das Gesetz der Ehrlichkeit deutlich, daß es immer dann zu einer indirekten, irreführenden, auf Manipulation bedachten oder falschen Kommunikation kommt, *wenn wir uns von unserer Angst abhalten lassen, unsere wahren Gefühle und Bedürfnisse zum Ausdruck zu bringen.* Ob wir ganz bewußt oder aus alter Gewohnheit handeln, wir sollten andere nicht durch einen verärgerten Gesichtsausdruck, einen traurigen Blick oder einen Seufzer zu manipulieren versuchen und erwarten, daß «sie wissen, wie uns zumute ist», ohne es geradeheraus zu sagen. Wir sollten ihnen auch nicht in «bester» Absicht erzählen, was sie *unserer* Meinung nach hören wollen. Wenn wir Gesten und Sprache gezielt einsetzen, um

Schuldgefühle zu wecken oder eine empfindliche Stelle zu treffen, um Kontrolle ausüben zu können oder unseren Willen durchzusetzen, bekommen wir vielleicht für den Augenblick das, was wir haben wollen, büßen jedoch das Licht in unserem Innern ein, das wir auf die Dauer am dringendsten benötigen.

Man sollte bestrebt sein,
nicht durch Schweigen im negativen Sinne zu lügen.
Leo Tolstoj

Haben wir einmal den Mut und die Weisheit gefunden, einfach unsere Gefühle auszudrücken und zu sagen, was wir wollen oder brauchen, können wir mit dieser Ehrlichkeit auch neues Leben in festgefahrene oder schmerzhafte Beziehungen bringen und damit eine Wende zum Besseren herbeiführen. Integrität, Ehrlichkeit und Aufrichtigkeit – oder ihr Nichtvorhandensein – sind die Spur, die wir hinter uns lassen, unser persönlicher Stempel, den wir der Geschichte aufprägen. Indem wir dem Gesetz der Ehrlichkeit Folge leisten, verändern wir unser Leben auf einfache, aber tiefgreifende Weise, wie es uns vorher kaum möglich schien, und dann verwirklichen sich auf eine Weise, die wir uns nicht hätten träumen lassen, allmählich genau die Ziele, die wir einmal auf unehrliche Art erreichen wollten.

Die folgenden Übungen können Ihnen helfen, sich das Gesetz der Ehrlichkeit durch unmittelbare Erfahrung und Anwendung zunutze zu machen.

Die Erfahrung von Ehrlichkeit

1. Rufen Sie sich eine Zeit ins Gedächtnis zurück, in der sie in irgendeinem Lebensbereich äußerste Integrität bewiesen haben,
   - indem Sie einen Fehler zugaben,
   - indem Sie eine Schuld beglichen,
   - indem Sie Ihre wahren Gefühle und Bedürfnisse zum Ausdruck brachten,
   - indem Sie ein Versprechen hielten.
2. Was für ein Gefühl war das?
3. Rufen Sie sich jetzt eine Zeit ins Gedächtnis zurück, in der Sie oder andere unehrlich gehandelt haben. Was für ein Gefühl war das? Was könnten Sie heute in einer ähnlichen Situation anders machen?

Die Anwendung des Gesetzes der Ehrlichkeit

1. Können Sie sich an ein oder zwei Vorfälle in der Vergangenheit erinnern, wo Sie in Wort und Tat nicht ganz ehrlich waren?
   - Haben Sie sich um Geld gestritten oder Ihre Schulden nicht bezahlt?
   - Haben Sie mit Informationen zurückgehalten, angeblich, um jemand anderen nicht zu verletzen, aber in Wirklichkeit, um sich selbst zu schützen?
   - Haben Sie etwas geäußert, das Sie gar nicht so meinten?
2. Überlegen Sie, wie es wäre, wenn Sie anriefen, einen Brief schrieben, einen Scheck ausfüllten, um Vergebung bäten und alte Geschichten klären würden. Tun Sie's, wenn es Ihnen richtig erscheint.

Das Gesetz des höheren Willens

Vom Blickwinkel unseres getrennten Ichs
und niederen Willens aus
ist es normal, auf der Grundlage
der eigenen Wünsche und Vorlieben zu handeln;
wenn wir Ich und Willen
der Leitung eines höheren Willens unterwerfen
und unser Handeln
dem Wohl aller *widmen,*
leuchtet unser Leben und beflügelt uns von innen heraus.

So einfach ist das Leben:
Wir leben in einer durchsichtigen Welt,
und Gott scheint jeden Augenblick hindurch.
Dies ist nicht bloß eine Fabel oder eine nette Geschichte,
vielmehr ist es lebendige Wahrheit.
Wenn wir uns an Gott erinnern, uns Gott preisgeben
und uns selbst vergessen,
erkennen wir vielleicht diese Wahrheit:
Gott manifestiert sich in allem und jedem.
Ohne Gott können wir nicht sein.
Das ist unmöglich.
Das ist einfach unmöglich.
Thomas Merton

Das Gesetz des höheren Willens ist besonders denjenigen eine Hilfe, die ihre Ansichten und Überzeugungen irrtümlich für die letzte Wahrheit halten und sie anderen aufzwingen, weil sie vergessen, daß andere ihren eigenen Weg gehen müssen – nicht den ihren. Außerdem ist dieses Gesetz auch für die von Nutzen, die sich selbst im Weg stehen, die im stillen an ihren eigenen Absichten und Handlungen zweifeln und die eine Möglichkeit finden müssen, ihrem Leben einen tieferen Sinn zu geben. Das Gesetz des höheren Willens hilft auch all denen, den Sinn für Verbundenheit wiederzufinden, die sich abgeschnitten und allein gelassen fühlen und gegen andere um Anerkennung oder ein «gutes Leben» ringen.

«Dein Wille geschehe» zu sagen und zu fühlen ist eine der Möglichkeiten, dem Gesetz des höheren Willens zu gehorchen. Allerdings ist die Anwendung dieses Gesetzes nicht vom Glauben an einen äußeren Gott abhängig, ebensowenig wie sie an irgendein bestimmtes religiöses Dogma geknüpft ist. Um es in unserem Leben zu befolgen, brauchen wir uns nur innerlich zu fragen: «Wenn mich in dieser Situation ein weiser, liebevoller, mitfühlender, altruistischer, allwissender Geist in meinem Innern leitete, was würde ich dann tun?» Das Gesetz hat seine Gültigkeit, denn es waltet tatsächlich ein solcher Geist in uns; wir müssen uns nur mit ihm in Verbindung setzen, indem wir den betreffenden Teil unseres Wesens aktivieren, und schon wissen wir, was zu tun ist – und handeln im Namen oder als Diener des Höchsten und Besten in uns.

Wenn wir uns sagen: «Dein Wille geschehe» und auf Anleitung oder Anweisung warten, hilft uns unser Verstand nicht weiter, denn er spielt sein eigenes Spiel à la: «Wenn ich ein Teil des göttlichen Geistes bin und der göttliche Geist ein Teil von mir, dann *ist alles, was ich will, der göttliche Wille.*» Diese Behauptung ist in letzter Instanz nicht ganz falsch, aber unser Ego mit seinem freien Willen erhöht sich gern selbst und tut, was es will, ohne das Wohl des Ganzen im Auge zu behalten, wie eine Krebszelle, die sich ohne Rücksicht auf die übrigen Körperteile vermehrt. Vieles vom Elend der Welt rührt daher, daß es viele kleine Egos gibt, die das große Ganze nicht kümmert. Das Ego, das getrennte Ich, kann sich von höheren Prinzipien abkehren oder sich ihnen zuwenden, um seine Lektionen zu lernen.

Zur Unterwerfung unter einen höheren Willen gehört die Besinnung auf Motive, die über persönliche Vorlieben und Eigeninteressen hinausgehen, und ein Handeln zum Besten aller Betroffenen – zum Beispiel die Hoffnung auf Regen in einer von Dürre heimgesuchten Gegend, obwohl das eigene Dach ein Loch hat.

Die meisten von uns halten sich an Hoffnungen, die mit den eigenen Wünschen übereinstimmen, und wollen nur das Beste für ihr eigenes kleines Ich. Und so fragen wir: «Was im Leben würde *ich* vorziehen, was würde *ich* mir wünschen, welche Richtung würde *ich* gern einschlagen?» Oder wir beziehen in unsere persönliche Identität auch unsere Familie, unser Team oder unsere Nachbarn mit ein – wodurch wir zwar einen größeren Rahmen für Verbindendes schaffen, aber immer noch einen inneren Kreis ziehen um «uns» und einen äußeren um «die anderen».

Solange wir unserem kleinen Ich seinen Willen lassen, sind wir eingeschränkt; wir mögen vielleicht Ergebnisse erzielen, aber wenn wir fallen, fallen wir allein. Vertrauen wir hingegen auf unser Gespür für «den höheren Willen des göttlichen Geistes», werden wir von mehr Inspiration und Energie erfüllt. Eine Frau namens Mildred kam einmal auf einem Abendspaziergang im Wald an einen wichtigen Wendepunkt. «Ich empfand die absolute Bereitwilligkeit», sagte sie, «mein Leben rückhaltlos hinzugeben, zu dienen. Ich begann zu geben, was in meinen Kräften stand, statt zu nehmen, was ich bekommen konnte, und mein Leben wurde sinnvoller. Mir wurde der Segen einer guten Gesundheit zuteil; ich habe seitdem weder eine Erkältung noch Kopfschmerzen gehabt.» Und dann fügte sie noch hinzu: «Wenn dein Leben in Einklang mit deinem Teil des Gesamtmusters ist und du den Gesetzen gehorchst, die das Universum regieren, dann ist dein Leben erfüllt.» Mildred änderte ihren Namen in «Peace Pilgrim» (Friedenspilgerin) und machte sich auf den Weg quer durch alle amerikanischen Bundesstaaten und alle Provinzen Kanadas, um ihre Ideen vom Weltfrieden, vom Frieden zwischen den Menschen und vom inneren Frieden weiterzutragen. Sie war ein leuchtendes Beispiel für Integrität und das Gesetz des höheren Willens.

Wenn wir uns von einem höheren Willen leiten lassen, werden wir innerlich weit, fühlen uns getröstet und einem größeren Ziel verbunden; unser Leben bekommt einen tieferen und höheren Sinn. Indem wir uns nach dem höheren Willen ausrichten und alles, was wir sagen oder tun, dem höchsten Wohl aller widmen, strömen Mitgefühl, Liebe und Licht kraftvoll in unser Alltagsleben hinein.

Das Gesetz des höheren Willens dient als Richtlinie, wie wir uns dem göttlichen Geist anschließen können, wie wir uns inspirieren lassen und mit seiner Hilfe andere inspirieren können.

Die folgenden Übungen können Ihnen helfen, sich das Gesetz des höheren Willens durch unmittelbare Erfahrung und Anwendung zunutze zu machen.

Die Erfahrung des höheren Willens

1. Denken Sie einmal an eine Zeit zurück, als Sie etwas unbedingt wollten, ein Teil Ihrer selbst jedoch im innersten Wesen wußte, daß es nicht zu Ihrem Besten sei.
2. Wenn Sie es trotzdem verwirklicht haben, sind Sie um die normale Erfahrung des «Eigenwillens» reicher geworden. Wenn Sie aber Ihren höchsten, tiefinnersten Instinkten gefolgt sind, dann haben Sie eine Verbindung mit dem höheren Willen erfahren.
3. Falls Sie Ihren persönlichen Interessen nachgegangen sind – wie hätte

es sein können, wenn Sie sich, mit Kopf *und* Herz, innerlich gesagt hätten: «Dein Wille, nicht mein Wille, geschehe»? Hätten sich die Dinge vielleicht anders entwickelt?

4. Was würden Sie aus dem Wissen heraus, das Sie jetzt besitzen, in einer ähnlichen Situation anders machen?

Die Anwendung des Gesetzes des höheren Willens

1. Nehmen Sie sich ein Problem vor, mit dem Sie in Ihrem Alltagsleben konfrontiert sind, zum Beispiel etwas, bei dem Sie zwischen verschiedenen Möglichkeiten wählen oder sich auf andere Weise entscheiden müssen.
2. Fragen Sie sich: «Was will ich mit dem Kopf?», und dann fragen Sie weiter: «Wozu würde mich mein höheres Wesen, der Teil von mir, der weise, liebevoll und mitfühlend ist, anleiten?»
3. Sagen Sie innerlich, immer mit Ihrer Entscheidung oder dem Problem im Sinn: «Dein Wille, nicht mein Wille, geschehe.» Lauschen Sie in sich hinein. Spüren Sie nach. Und gehorchen Sie dann den tiefsten Regungen Ihres Herzens, folgen Sie Ihren tiefsten Gefühlen.

Das Gesetz der Intuition

Wir können nur mit unserer eigenen Quelle
der Intuition und Weisheit in Berührung kommen,
wenn unser Identitäts- oder Selbstwertgefühl
nicht mehr von den Ansichten anderer abhängt;
wir alle pflegen irgend etwas anzubeten;
die Frage ist nur,
ob wir den Gott der Meinung
oder den Gott unseres Herzens anbeten.

Ich merkte, daß ich immer weniger zu sagen wußte,
bis ich schließlich still wurde
und zuzuhören begann.
In der Stille entdeckte ich
die Stimme Gottes.
Søren Kierkegaard

Wir sind alle hier auf der Erde, um uns nach spirituellen Gesetzen auszurichten, aber das Gesetz der Intuition ist von entscheidender Bedeutung für diejenigen unter uns, die sich mit Fragen der Integrität und Weisheit auseinandersetzen müssen, weil ihre Lebenszahl davon beeinflußt wird. Wer von der Energie der 9 bestimmt wird, ist hier, um sich mit höheren Gesetzen in Verbindung zu bringen, zu denen das Herz, die Gefühlsdimension, Zugang verschafft. Darum ist das Gesetz der Intuition, obwohl es für jeden von Bedeutung ist, für Neunen ganz besonders maßgeblich, denn es eröffnet ihnen den Hauptzugang zu ihrer Lebensbestimmung.

Das Gesetz der Intuition kann die Wende bringen für alle, die ohne ein starkes Gefühl der Identität, der Mitte und des Zieles auf die Welt gekommen sind. Außerdem hat es einen Bezug zu den Bedürfnissen und Problemen der Sechsen, die im allgemeinen empfindlich auf Kritik reagieren und meist besorgt sind, ob sie auch das Rechte tun, wobei das «Rechte» oft durch andere definiert wird. Beide verlieren leicht den Kontakt zu ihrer eigenen Intuition, zum «Gott des Herzens», weil sie damit beschäftigt sind, auf die Ansichten anderer zu hören.

Ohne eindeutige Identität bekommen wir keine klaren Antworten auf innere Fragen wie: «Wie sehe ich aus? Wer bin ich? Wie geht es mir? Wie wirke ich auf andere? Bin ich gut so?», und deshalb pflegen wir uns entsprechend den Einstellungen und Ansichten anderer zu definieren; wir brauchen die Bestätigung und Unterstützung durch andere, um ein Identitätsgefühl zu haben. Wir definieren und bewerten uns so, wie wir meinen, von anderen empfunden zu werden. Wir machen uns dadurch von ihnen abhängig und können von jedem manipuliert werden, der eine feste Meinung davon hat, wie wir handeln oder sogar sein sollten.

Es ist nichts daran auszusetzen, wenn man sich zur Überprüfung und Richtigstellung eigener Ansichten noch andere Bezugspunkte sucht oder jemanden um seine Meinung bittet; unterschiedliche Blickwinkel weiten unsere Perspektive, aber wir dürfen uns nicht von anderen bevormunden lassen im Leben. Die Weltbevölkerung leidet an Nahrungs-, Wasser- und obendrein noch Intelligenzmangel, nur Meinungen gibt es im Überfluß. Jeder soll seine Meinung haben dürfen, aber was haben diese Ansichten mit uns zu tun? Was andere von uns denken, kann uns wirklich gleichgültig sein.

Diejenigen von uns, deren Identitätssinn nur schwach ausgebildet ist, müssen etwas haben, woran sie ihre Identität festmachen können, wie ein Schiff zum Anlegen einen Anker braucht. Deshalb suchen wir uns ein Hobby, einen Lehrer, ein System, eine Methode oder eine Sache, an die wir glauben, und bilden uns mit religiösem Eifer oder stillem Fanatismus eine feste Meinung, mit der wir uns identifizieren können. Wir setzen uns mit unseren Ansichten gleich, und darum verteidigen wir sie, drängen sie anderen auf und halten unsere persönlichen Meinungen irrtümlich für die Wahrheit.

Da wir feine Antennen für die Ansichten anderer haben, beobachten wir sie genau und geben ihnen die Macht, unser Selbstgefühl zu bestätigen oder zu bedrohen. Wir passen uns den Erwartungen anderer an oder geben unserer extremen Verletzlichkeit Raum, indem wir keine andere Meinung gelten lassen, sondern unsere eigene Meinung als «Wahrheit» ausgeben. Kurz: Wir heben unsere und die Meinungen anderer auf ein Podest; wir beten den «Gott der Meinung» an.

Diesen kleinen Gott nennen wir nicht alle beim selben Namen. Bei einigen von uns, in deren Leben die Autorität eine große Rolle spielt, heißt er der Gott der Autorität; bei anderen heißt er der Gott des Vergleichs, und bei noch anderen heißt er der Gott des Geldes. Was immer wir auf den Sockel heben, pflegt die Weisheit unseres Herzens zu überschatten.

Wir neigen dazu, die Eigenschaften dessen, was wir anbeten, anzunehmen oder genauso zu werden, und so benehmen sich diejenigen von uns, die ihre eigene Mitte nicht finden oder kein Identitätsgefühl haben, wie ein kleiner Gott der Meinung, der Autorität oder des Vergleichs. Unter Umständen wollen wir sogar, ohne es selbst zu merken, andere beherrschen und mißachten die Unverletzlichkeit ihrer eigenen Entwicklung.

Wer immer sich zum Richter
über Wahrheit und Wissen erhebt,
erleidet durch das Gelächter der Götter Schiffbruch.
Albert Einstein

Manche Menschen, die an sich arbeiten und sich spirituellen Übungen widmen, suchen eine Verbindung zu «inneren Führern» oder «inneren Meistern», die ihnen Weisheit, Zielrichtung und Antwort geben können. Andere wieder behaupten, Medien zu sein, durch die andere sprechen – höhere Wesenheiten, die angeblich ein eigenes Bewußtsein haben. Aber die ewige Weisheit der spirituellen Traditionen dieser Welt lehrt uns, daß wir auf der Bewußtseinsebene alle eins sind wie Wassertropfen, die ins Meer fallen, wie könnte also ein höheres Wesen ein «eigenes» Bewußtsein haben? Die inneren Führer oder Meister sind nur Teile unseres größeren Selbst – die Wesensteile, die unsere eigene Weisheit widerspiegeln. Sie können uns zwar faszinieren, wir sollten ihnen jedoch nicht mehr Macht oder Glaubwürdigkeit zuschreiben als Menschen, die wir achten, während wir alle «äußeren» Meinungen gegen unsere tiefinnersten Gefühle abwägen sollten – unsere eigene Herzensweisheit.

Höchstwahrscheinlich zapfen Menschen mit «inneren Führern», die sie als eigene Wesen wahrnehmen, das an, was C. G. Jung das *kollektive Unbewußte* nannte, wo sie – mit oder ohne Trance – empfänglich werden für verschiedene Archetypen oder Unterpersönlichkeiten, die in der menschlichen Psyche als solcher gespeichert sind. Wie das sich auch im einzelnen verhalten mag, die Weisheit liegt jedenfalls in uns selbst. Allerdings können wir den Zugang zu dieser Führung nicht durch die Logik unserer linken Hirnhälfte gewinnen, die Informationen und Daten speichert, aber keine höhere Weisheit. Zugang zur Intuition gewinnen wir nur, wenn wir mit unseren tiefsten Herzensgefühlen die höhere Intelligenz innerhalb unserer holistischen, intuitiven rechten Hirnhälfte erreichen und erschließen. Sobald wir diese Verbindung hergestellt haben, erwirkt uns die Kombination aus Gefühl und Intuition den Zugang zu aller Weisheit, die wir brauchen.

Der Schlüssel, der uns das Tor zu allen spirituellen Gesetzen öffnet, liegt in der erleuchteten *emotionalen* Verbindung mit dem eigenen Herzen. Aber wie bereits erwähnt, können wir keine Fühlung mit dem Herzen aufnehmen, solange wir bei den Ansichten anderer verharren.

Das Gesetz der Intuition läßt uns erkennen, wann wir den Gott der Meinung anbeten, und erinnert uns daran, dem Gott unseres Herzens, unserer leisen inneren Stimme, mehr und mehr zu gehorchen, jener einzigen «Meinung», die letzlich für uns von Bedeutung ist. Haben wir erst den Kontakt zu unserer Mitte hergestellt, können wir auch die Ratschläge und Meinungen anderer anhören, ohne unsere eigenen Eingebungen aus den Augen zu verlieren, den Teil unserer selbst, von dem aus wir bestimmen, was für unser Leben das Beste ist, und können anderen das gleiche Recht zugestehen. Dann steht es uns frei, uns die Ansichten anderer zunutze zu machen, ohne von ihnen abhängig zu werden; wenn uns eine bestimmte Ansicht nicht weiterhilft, beachten wir sie einfach nicht. Wir lehnen die Meinung anderer nicht ab und ignorieren sie ebensowenig, wie wir sie suchen; wir hören anerkennend zu, machen uns zu eigen, was wir brauchen können, und unterwerfen alle Ansichten der Weisheit unseres Herzens.

Die folgenden Übungen können Ihnen helfen, sich das Gesetz der Intuition durch unmittelbare Erfahrung und Anwendung zunutze zu machen.

Die Erfahrung von Intuition

1. Stellen Sie sich bildlich vor, wie Sie einen Waldweg entlanggehen, zielstrebig ausschreiten und die Schönheit ringsumher bewundern, aber dabei Ihr Ziel im Auge behalten. Machen Sie sich Ihre Absicht und Zielsetzung gefühlsmäßig bewußt.
2. Rechts und links sehen Sie Leute, die Sie rufen, Sie kritisieren und korrigieren: «Du bist auf dem falschen Weg!» «Du gehst zu schnell!» «Du gehst nicht schnell genug!» «Du siehst aber komisch aus!» «Das schaffst du nie!» Fühlen Sie sich vollkommen frei von all diesen Meinungen. Setzen Sie Ihren Weg fort, das Ziel klar vor Augen.
3. Sie kommen an eine Weggabelung. Verschiedene Leute aus Ihrem gegenwärtigen Leben, Menschen, auf die Sie sich oft verlassen, äußern ihre Ansichten. Sie nicken zustimmend und warten dann ab, was Ihr tiefinnerstes Gefühl Ihnen sagt; Sie schauen erst den einen, dann den anderen Weg an, während die Bekannten lautstark ihre Meinung

kundtun. «Nach links!» «Nein, das ist Wahnsinn; nimm den rechten Weg!» Sie erhalten innerlich die Weisung, leise, aber klar, den einen oder anderen Weg einzuschlagen. Sie nehmen diesen Weg, Ihren Lebensweg, und gehen unter der Leitung des Gottes Ihres Herzens weiter.

Die Anwendung des Gesetzes der Intuition

Diese Übung wirft ein helles Licht auf die unterbewußte Neigung, den Gott der Meinung anzubeten, und diese Bewußtwerdung führt zur Mitte zurück – zu einem starken Gefühl der Selbstbestimmtheit unter der Leitung der eigenen inneren Weisheit. Während manche von uns unter der Tyrannei des Meinungsgottes leben, beten andere den Gott des Vergleichs, der Autorität oder des Geldes an. Für alle ist diese Übung von Nutzen.

1. Stellen Sie in Ihrem Schlaf- oder Wohnzimmer einen kleinen Schemel, einen Hohlblockstein oder Pappkarton vor eine Wand, decken Sie ein hübsches Tuch darüber und stellen Sie Räucherwerk, Blumen und eine Kerze darauf, mit anderen Worten: Errichten Sie einen kleinen Altar.
2. Fertigen Sie aus Knete oder Ton eine kleine Statue vom Gott der Meinung (oder des Vergleichs, der Autorität oder des Geldes) an. Sie können auch, falls Sie das vorziehen, eine Puppe oder Figur kaufen, die Ihnen für diesen Zweck passend erscheint.
3. Stellen Sie Ihren jeweiligen Gott auf den Altar. Sie dürfen ihm auch einen Namen geben, zum Beispiel *Wim* (für «wie meinen?») oder *Wassa* («was sagten Sie?»).
4. Werfen Sie sich allmorgendlich nach dem Aufstehen, bevor Sie den Tag beginnen, vor dem Altar nieder, und berühren Sie mit der Stirn den Fußboden, wobei Sie etwas in der Art sagen wie: «Ich bete dich an, großer Gott der Meinung. Wie mache ich mich? Ist alles in Ordnung? Tue ich das Richtige? Wie sehe ich aus?» Oder: «Hau ab!» Sprechen Sie das aus, wonach Ihnen zumute ist. Danach können Sie sich Ihrem Tageslauf widmen.
5. Diese Übung erfordert nur ein bis zwei Minuten, und Sie brauchen sie nur drei oder vier Wochen durchzuführen, bis Ihnen das Problem vollkommen bewußt ist, sobald es in Ihrem Leben auftaucht. Das geht so: Wenn andere ihre Meinung über Sie äußern oder Sie sich einbil-

den, daß die anderen eine bestimmte Meinung haben, sagen Sie zu sich selbst: «Du liebe Güte, dieser Mensch sieht aus und klingt wie der Gott der Meinung, aber das kann gar nicht sein; ich habe den Gott der Meinung zu Hause auf dem Karton stehenlassen. Außerdem *habe ich ihn heute morgen bereits angebetet*. Das ist erledigt. Will ich ihn denn schon *wieder* verehren?» Das nächste Mal, wenn andere Ihnen sagen, wer oder wie Sie ihrer Meinung nach sein und was Sie tun oder lassen sollten, dann danken Sie ihnen dafür, erkennen Sie die Ansichten an, und lassen Sie die Betreffenden wissen: «So bin ich nun einmal, das brauche ich, und so mache ich's.» Wenn Sie den Gott der Meinung von seinem Podest stoßen, erschließen Sie sich den Weg zu Ihrer eigenen Mitte zurück und können endlich dem Gott Ihres Herzens vertrauen.

Das Gesetz des Handelns

Was wir auch fühlen oder wissen mögen,
welche Begabungen und Talente auch in uns schlummern mögen,
nur Handeln erweckt sie zum Leben.
Wer meint, begreifen zu können,
was Engagement, Mut oder Liebe bedeuten,
entdeckt eines Tages, daß er nur weiß,
wenn er handelt;
aus dem Tun wird das Verstehen.

Eine Vision ist nicht genug,
es sei denn, es gesellt sich Unternehmungsgeist hinzu.
Es genügt nicht, die Treppe nur hinaufzustarren,
sondern wir müssen die Treppe auch hinaufgehen.
Vance Havner

Handeln ist in dieser Welt nicht gerade leicht; die Kräfte des Zweifels und der Trägheit sind überall am Werk, selbst in unserem Geist und Körper. Trotzdem müssen wir handeln. Worte mögen billig, Konzepte und Philosophien überzeugend, Ideen reichlich vorhanden und gute Absichten beeindruckend sein. Aber all die Worte, Konzepte und Ideen in die Tat umzusetzen erfordert Kraft, und dafür müssen Opfer gebracht werden. Wir müssen unsere Unsicherheit überwinden und über Selbstzweifel, Lethargie, Apathie, Ausflüchte und hundert andere gute Ausreden hinwegkommen, die uns raten, keine Unruhe zu machen und den Kurs nicht zu verändern. Das Leben teilt uns immer das gleiche mit: *Besser, wir tun, was wir tun müssen, als es nicht zu tun und gute Gründe vorzuschieben.* Darin zeigt sich, wie in vielem anderen, das Gesetz des Handelns.

Zahlreiche anfeuernde Redner vertreten öffentlich mit leidenschaftlicher Beredtheit die gleiche These und versuchen, uns aufzurütteln und zu einem neuen Lebensanfang zu bewegen, dazu, uns einzusetzen und Willenskraft sowie Disziplin zu beweisen. Dennoch schreiten die meisten von uns erst zur Tat, wenn die emotionalen, mentalen oder physischen Qualen so stark werden, daß wir etwas tun müssen.

Ändern wir das! Sehen wir endlich ein, daß Handeln und Verändern zu Anfang kein Vergnügen sind, sondern Kraft und Mühe erfordern!

Vielleicht sagen wir sogar, wir wären wirklich bereit, in unserem Leben die notwendigen Schritte zu unternehmen. Aber wie? Das läßt sich letztlich in drei einfachen Worten zusammenfassen: Fang einfach an!

Meist warten wir auf die innere Erlaubnis, in Aktion zu treten. Wir warten, bis wir uns «motiviert fühlen». Wir warten, bis die Angst die Augen abwendet, bis Selbstzweifel und Unsicherheit Raum geben und uns die Handlungserlaubnis zuteil wird. Aber das Handeln ist stärker als alle subjektiven Regungen; zu Zeiten müssen wir einfach kraftvoll und mutig handeln, ganz gleich, was wir fühlen oder denken.

Die friedvollen Krieger dieser Welt warten nicht auf ein Startzeichen; sie wissen und spüren, welches Handeln gefordert ist, und wählen den Weg des Mutes und der Integrität. Wenn ihr Herz zustimmt, handeln sie allen Ängsten, Selbstzweifeln und Unsicherheiten, die aufkommen mögen, *zum Trotz*. Sie handeln und lassen alles Subjektive – ihre Gedanken und Gefühle – hinter sich. «Warte, das kannst du doch nicht machen! Das schaffst du nicht!» flüstert der Verstand, wie es ihm die Stimmen der Vergangenheit zuraunen. «Du machst dich zum Narren! Du ziehst dir nur Verletzungen zu! Du wirst versagen!» All diese Stimmen gehen ihnen vielleicht durch den Kopf, aber sie handeln trotzdem. Nach einiger Zeit erheben sich diese Stimmen oder Gefühle, die einmal laut und zwingend waren, nicht mehr so oft.

Als ich sechs Jahre alt war, stand ich einmal auf dem Dach eines im Bau befindlichen Einfamilienhauses. Sieben Meter unter mir war ein großer Sandhaufen. Meine älteren Freunde waren schon gesprungen, aber ich war ja erst sechs und hatte Angst. Sie versuchten mich zu überreden, hänselten mich, spornten mich an und redeten eine dreiviertel Stunde lang auf mich ein, als einer der Jungen schließlich schrie: «Hör endlich auf zu denken! Hör auf zu denken und spring einfach!» Mir kam blitzartig zu Bewußtsein, daß ich trotz all meiner Furcht in die Knie gehen, mich vorbeugen und abstoßen konnte. Also hörte ich auf, daran zu denken, beugte mich nach vorn und segelte auch schon durch die Luft – ein *wunderbares* Gefühl und eine wertvolle Lektion, die ich nie vergessen werde.

Einmal habe ich mit einer Turnerin – ich will sie Lisa nennen – trainiert. Sie hatte hart an einem neuen Absprung vom Barren gearbeitet, erst mit Sicherung, dann mit Hilfestellung meinerseits. Jetzt war die Zeit für sie gekommen, es ohne Hilfsmittel allein zu probieren. Sie war gut vorbereitet und in Form; das wußte sie, und ich wußte es auch. Sie kletterte auf den Barren und wollte eben den Sprung ausführen, als sie innehielt. «Ich kann nicht; ich habe Angst.»

«Aha», erwiderte ich daraufhin, «ja, ich glaube, ich hätte auch große Angst; schließlich ist es das erste Mal, daß Sie es allein machen. Wo sitzt denn Ihre Angst?»

«Im Magen und in den Muskeln; sie fühlen sich schlapp an.»

«Sie haben also Angst.»

«Ja.»

«Nachdem wir das geklärt hätten, können wir ja jetzt zur Tat schreiten.»

Sie sah mich verwirrt an. «Aber ich habe doch gesagt, ich kann nicht – ich habe Angst!»

«Was hat Sie denn auf die Idee gebracht, Angst wäre ein Grund dafür, die Übung zu unterlassen?»

«Na ja, ich...»

«Mut können Sie nur dann zeigen, wenn Sie Angst haben, Lisa.» Und dann setzte ich hinzu: «Es ist ganz in Ordnung, Angst zu haben; es kann ein Zeichen dafür sein, daß man noch nicht reif für etwas ist. Aber das gilt nicht für diesen Fall. Angst ist ein wunderbarer Diener, aber ein schrecklicher Herr. Kosten Sie sie ganz aus, Lisa; machen Sie die Erfahrung der Angst. Und dann runter mit Ihnen!»

Lisa zögerte noch einen Moment, dann schwang sie mit entschlossener Miene, auf der auch ein wenig Entsetzen lag, über die Barrenstange, ließ los und legte einen herrlichen Sprung hin. Sie hatte verstanden und dem Gesetz des Handelns Folge geleistet.

Wir alle haben jeden Tag Gelegenheit, uns mit unserer Angst oder Trägheit auseinanderzusetzen und trotzdem zu handeln – nicht, indem wir von Dächern herab in Sandhaufen springen oder glanzvolle Turnübungen vollbringen, sondern auf viel entscheidendere Weise, indem wir das Risiko auf uns nehmen, unsere Gefühle auszudrücken, alte Gewohnheiten zu bezwingen oder sonstwie die Macht und Magie dieses Gesetzes zu erleben.

Die folgenden Übungen können Ihnen helfen, sich das Gesetz des Handelns durch unmittelbare Erfahrung und Anwendung zunutze zu machen.

Die Erfahrung des Handelns

1. Stellen Sie sich vor, Sie ständen zu Hause oder im Büro etwa drei Meter von der Tür entfernt im Flur. Die Tür steht offen, es ist schön draußen, und *Sie wollen ins Freie*, denn das Freie symbolisiert Ihre

höchsten Erwartungen und begehrtesten Ziele – das Leben, zu dem Sie bestimmt sind.

2. Rufen Sie sich nun das letzte Mal ins Gedächtnis zurück, daß Sie an sich zweifelten und unsicher waren. Spüren Sie die Angst, und stellen Sie sie sich greifbar vor, als würde sie aus Ihnen herausspringen und Gestalt annehmen – groß oder klein, männlich oder weiblich, als Mensch oder etwas anderes. Die Gestalt, die sich vor Ihrem inneren Auge abzeichnet, wollen wir Herr oder Frau Angst (oder Selbstzweifel oder Unsicherheit) nennen.
3. Machen wir nun im Geiste eine Videoaufnahme von der folgenden Szene: Vergegenwärtigen Sie sich, wie Sie auf die offene Tür zugehen, auf die Sonne zu, in Ihre Zukunft. Sie kommen der Tür immer näher, aber wie Sie eben hinaustreten wollen, erscheint Herr oder Frau Angst vor Ihnen und warnt Sie: «Warte, das kannst du doch nicht machen! Du übernimmst dich!»
4. Lassen Sie sich von Herrn oder Frau Angst aufhalten, ebenso wie Sie sich schon viele Male in Ihrem Leben haben aufhalten oder in Verwirrung bringen lassen. Kosten Sie diese Erfahrung ganz aus.
5. Da Sie die Szene auf eine Videokassette aufgenommen haben, können Sie sie noch einmal abspielen – Sie gehen wieder auf die Tür zu und werden von Herrn oder Frau Angst aufgehalten. Spielen Sie das Band mit normaler Geschwindigkeit oder mit schnellem Vorlauf ab, immer wieder, immer auf die gleiche Weise. Erleben Sie jedesmal von neuem, wie es ist, sich von Herrn oder Frau Angst aufhalten zu lassen. Verändern Sie nichts an der Szene; wiederholen Sie sie einfach, und seien Sie emotional ganz dabei, *bis Sie wütend werden* – nicht entsetzt oder traurig, sondern *wütend*. Das kann eine Weile dauern. Wenn Sie endlich *richtig wütend* sind, wird es Zeit für den letzten Schritt.
6. Spielen Sie die Szene noch einmal ab, nur daß Sie diesmal, wenn Herr oder Frau Angst Ihnen in den Weg tritt und sagt: «Warte, das kannst du doch nicht» oder Ihnen droht, Sie anfleht oder überreden will, einfach zur Tür hinausgehen, als wäre er oder sie gar nicht da.
7. Denken Sie daran, wie sehr Sie sich ins Freie gesehnt haben, und setzen Sie Ihren Weg, Ihren Lebensweg, fort. Halten Sie durch trotz aller Einwände, die Ihnen sagen: «Du kannst nicht», «du willst nicht», «du darfst nicht». Konzentrieren Sie sich auf das Ziel, und gehen Sie zur Tür hinaus.
8. Achten Sie darauf, wie anders dieses Erlebnis auf Sie wirkt. Machen Sie sich das Prinzip und die Macht des reinen Handelns zur Erfahrung.

Die Anwendung des Gesetzes des Handelns

Handeln ist stärker als alle subjektiven Einwände. Was Sie auch fühlen oder denken mögen, Sie können trotzdem handeln.

1. Rufen Sie sich in Erinnerung, wie Ihnen zumute ist, wenn genau in dem Augenblick, wo Sie Ihre Gefühle zeigen und etwas riskieren wollen, Angst in Ihnen aufsteigt, zum Beispiel, wenn Sie die Arbeitsstelle wechseln, neue Verantwortung auf sich nehmen oder eine Verpflichtung eingehen wollen.
2. Machen Sie sich bewußt, wie Sie früher zugelassen haben, daß Angst, Selbstzweifel oder Unsicherheit Sie lähmten.
3. Werden Sie sich darüber klar, daß Sie einfach Hürdenläufer werden können, sobald das Leben Ihnen Hürden in den Weg stellt.
4. Handeln Sie, um mit Ihrer Angst fertig zu werden, so, als hätten Sie Mut; handeln Sie, um Ihre Selbstzweifel zu zerstreuen, so, als wären Sie vollkommen in der Lage, jede Aufgabe zu bewältigen; handeln Sie, um Ihre Unsicherheit zu überwinden, so, als ruhten Sie in Ihrer Mitte und wären selbstbewußt. Was Sie auch tun mögen, handeln Sie! Fangen Sie an! Handeln Sie einfach, und lassen Sie Empfindungen wie Angst, Zweifel und Unsicherheit in der Staubwolke zurück, die Sie hinter sich aufwirbeln.

Das Gesetz der Zyklen

Die Natur folgt
einem Grundmuster aus Zyklen
wie Tag und Nacht
und dem Wechsel der Jahreszeiten.
Die Jahreszeiten bedrängen einander nicht;
auch jagen die Wolken den Wind nicht durch die Lüfte;
alle Dinge geschehen zu ihrer Zeit;
alles hat eine Zeit des Aufstiegs
und eine Zeit des Verfalls.
Was aufsteigt, verfällt,
und was verfällt, steigt wieder auf;
das ist das Prinzip der Zyklen.

Geduld ist Macht; mit Zeit und Geduld
wird aus dem Maulbeerbaumblatt Seide.
Chinesisches Sprichwort

Verschiedene Arten von Energie pulsieren mit unterschiedlicher Geschwindigkeit; wie ein Fluß strömt die Energie von einer höheren zu tieferen Ebenen, durchläuft immer wieder die gleichen Zyklen, dehnt sich aus und zieht sich zusammen, wie unsere Lungen beim Atmen.

Da alles im Universum eine Form von Energie ist, fällt auch alles unter das Gesetz der Zyklen: Im Sonnenaufgang und Sonnenuntergang, im Zunehmen und Abnehmen des Mondes, in Ebbe und Flut, in den Jahreszeiten, in allem spiegelt sich dieses Gesetz wider. Es gemahnt uns daran, daß alles unter der Sonne seine Zeit hat. Für alles gibt es die günstigste und die ungünstigste Zeit; alle Dinge erleben Aufstieg und Verfall. Ein Gedanke oder eine Tat, die während des Aufstiegs dieser pulsierenden Energie entstehen und von ihrem Schwung getragen werden, fliegen nur so ihrer Vollendung entgegen, während ein Gedanke oder eine Tat, die entstehen, wenn sich der Zyklus neigt, kaum eine Wirkung zeigen. Wenn ein Zyklus ungünstig ist, warten wir, bis er wieder im Aufstieg ist. Es gibt Zeiten für das Handeln und Zeiten für die Ruhe, Zeiten zum Reden und Zeiten zum Schweigen. Nichts ist so frustrierend, wie das Richtige zur falschen Zeit zu tun.

Die Energiezyklen unseres Lebens zu beherzigen hilft uns, unsere Zeit gut zu planen und unser «Glück» zu schmieden. Es gibt Zeiten zum Arbeiten und Zeiten zum Ausruhen, Zeiten, sich einen aufsteigenden Zyklus zunutze zu machen, und Zeiten, sich nach innen zu wenden, in Geduld zu fassen, zu warten und sich auf die nächste Woge vorzubereiten.

Ein gutes Beispiel für die Wirkungsweise dieses Gesetzes liefert mein erstes Buch *Der Pfad des friedvollen Kriegers*. Es wurde ursprünglich als gebundene Ausgabe vom J. P. Tarcher Verlag herausgebracht, einmal gut und einmal sehr negativ besprochen und war nur in wenigen Buchhandlungen vorrätig. Der Absatz war so schleppend, daß der Verleger keine Taschenbuchausgabe wagte; das Buch verschwand leise vom Markt, obwohl es noch nicht vergriffen war. Das lag sicher nicht am Verlag, der für eine hervorragende Bearbeitung, eine schöne Umschlaggestaltung und gute Werbung gesorgt hatte. Die Zeit war einfach nicht reif, und so hatte das Buch einen schlechten Start – bis es drei Jahre später Hal Kramer, einem Verleger im Ruhestand, in die Hände fiel, der es las und so begeistert war, daß er erklärte: «Ich werde mit diesem Buch wieder ins Verlagsgeschäft einsteigen.» Er kündigte den Buchhändlern seine Rückkehr in den «Ring» mit diesem neuen Titel an, und alles übrige ist, wie man so schön sagt, Geschichte: *Der Pfad des friedvollen Kriegers* ist inzwischen in vierzehn Sprachen erschienen und auf einer aufsteigenden Woge zum internationalen Bestseller geworden.

Das Leben des Malcolm X bietet ein weiteres Beispiel für das Gesetz der Zyklen. Am Tiefpunkt seines Lebens, als er zu zehn Jahren Haft verurteilt wurde, nutzte er die Gunst der Stunde. Das Gefängnis wurde für ihn zum Kokon, in dem er eine Metamorphose durchmachte, die sein Leben und das Leben vieler anderer verändern sollte. Statt sein Schicksal zu verfluchen oder zu beklagen, studierte und las er unermüdlich. Er machte sich das Gesetz der Zyklen und das damit verbundene Gesetz der Flexibilität (S. 405) zunutze. Nach seiner Verpuppung schwang er sich zu einem der großen Führer seines Volkes auf.

Jeder von uns hat seinen eigenen Rhythmus. Durch die Einstimmung auf unseren Rhythmus ziehen wir aus jedem Punkt des Zyklus, an dem wir uns befinden, unseren Vorteil; wir lernen, uns harmonisch und rhythmisch an das Gesetz der Zyklen anzupassen.

Der Impuls, durch den manche Zyklen ausgelöst werden, kann explosionsartig sein; andere Zyklen wieder setzen ein, erreichen ihren Höhepunkt und fallen rapide ab wie ein aggressiv beworbener Bestseller. Dessen Leben ist womöglich kurz, aber dramatisch, wie das einer Sternschnuppe. Andere Zyklen steigen langsam an wie Bücher, die sich schleppend verkaufen, durch Mundpropaganda nimmt ihre Popularität über Jahre hinweg stetig zu, bis die Nachfrage ganz allmählich wieder rückläufig wird. Zyklen sind für das Schicksal verantwortlich, das einfache Menschen und gefeierte Persönlichkeiten, Unternehmen, Länder, Religionen und Kulturen erleben – Aufstieg und Niedergang und wieder Aufstieg, wenn Gelegenheit und Zeitpunkt günstig sind.

Die folgenden Übungen können Ihnen helfen, sich das Gesetz der Zyklen durch unmittelbare Erfahrung und Anwendung zunutze zu machen.

Die Erfahrung von Zyklen

1. Beobachten Sie einmal, wie mit dem Winter die Ruhe und damit der Winterschlaf Einzug halten, wie der Frühling mit seiner Wärme die Natur wieder zum Leben erweckt, wie der Sommer alles zur Reife bringt und der Herbst die Erntezeit einläutet. Auf diese Weise setzt sich der Ablauf der Jahreszeiten in einem großen Zyklus fort.
2. Können Sie in Ihrem Leben auf vollständige Zyklen, große oder kleine, zurückblicken?
   - Ging es mit Ihrer Beliebtheit in der Schule auf und ab?
   - Sind in Ihrem Beruf über die Jahre wiederkehrende Schwierigkeiten im Wechsel mit angenehmen Zeiten zu erkennen?
   - Hat es je Zeiten gegeben, in denen alles glattzugehen schien, und andere, wo es nur zähflüssig voranging?
3. Wir können eine gewisse Sicherheit und einen Sinn für den richtigen Zeitpunkt gewinnen, wenn wir uns vergegenwärtigen, daß das Leben ein Kreislauf ist. Wenn wir die Geduld aufbringen, lange genug zu warten, und uns in der Zwischenzeit für alle Fälle rüsten, ergeben sich die meisten Gelegenheiten noch einmal.

Die Anwendung des Gesetzes der Zyklen

Im großen Kreislauf unseres Lebens – dem Frühling unserer Jugend, dem Sommer unserer «besten» Jahre, dem Herbst unserer späteren Jahre und dem Winter unseres Alters, in dem sich unser Leben dem Ende zuneigt, finden sich noch viele andere Zyklen. Jedes Jahr bringt einen Frühling des Neubeginns mit sich, einen Sommer der Reife, einen Herbst der Ernte und eine kalte Winterzeit des Wartens.

1. Beobachten Sie die Zeitspannen des Winters, Frühlings, Sommers und Herbstes in Ihrem Leben.
   - Haben Sie die Zeit des «Winters», in der Sie zu geduldigem Abwarten und zum Langsamtreten gezwungen waren, zum Lernen und zu stiller Besinnung genutzt, oder warteten Sie ungeduldig auf die Wiederkehr des Frühlings?
   - Als der Frühling kam, haben Sie da den Neubeginn genutzt und gesät?
   - Haben Sie sich die Muße des Sommers gegönnt und genossen?
   - Haben Sie im Herbst die Früchte Ihrer Arbeit geerntet, einen Vorrat angelegt, gespart und sich auf den Anbruch des Winters vorbereitet?
2. Überlegen Sie, wie Sie durch Ihr Verständnis vom Gesetz der Zyklen mehr Harmonie, Unbekümmertheit und natürlichen Bewegungsfluß in Ihr Leben bringen können.
3. Weitere Anwendungsweisen für das Gesetz der Zyklen finden Sie im Kapitel über die Neun-Jahres-Zyklen in Teil V, Seite 512.

Teil V
Praktische Weisheit

In Beziehungen und bei allen Unternehmungen
scheint es wesentlich zu sein,
sich nur auf das zu konzentrieren,
was am bedeutsamsten und wichtigsten ist.
Søren Kierkegaard

Einführung: Zwischenmenschliche Beziehungen und Lebensrhythmen

Alles menschliche Leben hat seine Jahreszeiten und Zyklen,
und kein persönliches Chaos kann von Dauer sein.
Der Winter macht schließlich dem Frühling und Sommer Platz,
obwohl man manchmal, wenn die Äste dunkel bleiben
und die Erde vom Frost aufspringt, meinen möchte,
sie blieben aus, dieser Frühling und Sommer,
doch sie kommen – immer.
Truman Capote

Dieses Buch ist wie ein Bergpfad, und das Lesen ist ein Aufstieg, der, wie andere Klettertouren auch, den Wanderer in seinem Verlauf der Wahrheit näher bringen kann. Jede Reise ist eine Reise der Wandlung. Das Lesen besteht zwar größtenteils darin, die Augen über Buchstaben huschen zu lassen, aber zum *Lernen* gehört doch noch etwas anderes, besonders bei einem Buch dieser Art.

Wer bis hierher gelangt ist, kann nicht unverändert geblieben sein; das Lebenssinn-Programm, bis vor kurzem weitgehend in die Schleier des Geheimnisvollen gehüllt, hat unzweifelhaft eine Wandlungskraft, durch die das Bewußtsein des interessierten Lesers unweigerlich eine Erweiterung erfährt.

Nachdem wir das Lebenssinn-Programm inzwischen im Kern erfaßt und uns die spirituellen Gesetze bewußtgemacht haben, kommen wir nun zu Teil V und überlegen, welche Anwendungsmöglichkeiten es dafür im Lebensalltag und speziell im Bereich der zwischenmenschlichen Beziehungen und der Lebenszyklen gibt.

Wir alle unterhalten in unserem Leben Wechselbeziehungen mit einer Vielzahl von Menschen. Ebenso wie jeder einzelne eine Lebensbestimmung hat, haben auch die zwischenmenschlichen Beziehungen, in denen sich zwei Menschen privat oder beruflich zusammentun, ihren vorrangigen Sinn und Zweck. Im nächsten Kapitel wird dargelegt, wie die Lebenszahlen zweier Menschen in ihrem Bezug zueinander bestimmt und interpretiert werden können. Dadurch können die hinter jeder Beziehung wirkenden Kräfte erkannt und Mittel und Wege gefunden werden, diese Kräfte zu verdichten und ihnen eine bestimmte Richtung zu geben.

In dem Kapitel über die Neun-Jahres-Zyklen betrachten wir einmal genauer die Lebenszyklen mit ihren steigenden und sinkenden Energien im Zusammenhang mit den Grundzahlen des Lebenssinn-Programms. Wenn wir diese Zyklen zu würdigen wissen, können wir am besten Gebrauch von den Kräften machen, die unser Leben mit jedem Jahr, das wir erleben, stärker beeinflussen, und unseren Sinn für Weisheit und Wahl des richtigen Zeitpunkts schärfen. Anwenden können wir das Gelernte auf sehr praktische Weise, indem wir unsere Pläne, Projekte und Energien zeitlich besser einordnen und den natürlichen Zyklen anpassen, unseren Zeitsinn verfeinern und die Wahrscheinlichkeit erhöhen, auf sich bietende Gelegenheiten vorbereitet zu sein, um sie entsprechend gut nutzen zu können.

Der Leser wird zweifellos noch viele andere Anwendungsmöglichkeiten für das Lebenssinn-Programm finden, zum Beispiel in Bereichen wie der Berufsberatung, Psychotherapie, Körpertherapie, in Training und Lehre. Das Lebenssinn-Programm kann jeden engagierten Menschen in jedem Beruf in die Lage versetzen, noch bessere Arbeit zu leisten.

Außerdem können Eltern und Lehrer mit Hilfe des Lebenssinn-Programms die Kernprobleme der ihnen anvertrauten Kinder besser verstehen. Mit Sicherheit hat es meiner Frau Joy und mir geholfen, bei der Erziehung unserer Kinder mehr Mitgefühl, Weitsicht und Humor zu zeigen. Ich erinnere Eltern immer daran, daß Kinder sowohl sensibel als auch leicht zu beeindrucken sind. Ihr Identitätsgefühl ist noch in der Ausprägung begriffen, deshalb halte ich es für ratsam, die Informationen dieses Buches nicht vorbehaltlos mit ihnen zu teilen. Wenn sie Interesse haben, können sie das Buch lesen, sobald sie selber alt genug dazu sind. Statt ihnen vorzeitig etwas über ihre Lebenszahl, ihre Neigungen und Probleme zu erzählen, sollten sich Eltern und Erzieher diese Dinge lieber selbst klarmachen, damit sie die Kinder dazu *ermutigen* können, trotz etwaiger Schwierigkeiten (die sich von ihren eigenen Aufgaben und Problemen beträchtlich unterscheiden können) die nächsten Schritte auf dem Lebensweg zu tun.

Ich würde mich freuen, wenn andere, die sich mit dem Lebenssinn-Programm befassen, noch weitere Anwendungsmöglichkeiten endeckten. Und damit wenden wir uns nun den letzten Kapiteln zu.

Die Kräfte einer Beziehung

Eine Beziehung ist sicherlich der Spiegel,
in dem man sich selbst entdeckt.
Krishnamurti

In Anbetracht der Reichhaltigkeit und Komplexität unserer jeweiligen persönlichen Identität und Wertvorstellungen kann es keine einfache Formel oder Regel für den Erfolg von zwischenmenschlichen Beziehungen geben. Das Lebenssinn-Programm bietet jedoch immerhin einen Schlüssel an, um die Dynamik einer Beziehung, die grundlegenden spirituellen Gesetzen unterliegt, verstehen zu können.

Wenn wir zwei Schallwellen oder zwei Lichtwellen miteinander kombinieren, bilden sie eine neue gemeinsame Welle. Wenn wir die Vektoren oder die Richtungen der beiden Kräfte, die ursprünglich auseinanderstreben, vereinen, ergibt sich ein neuer Vektor – eine neue Kraft und Richtung. Das gleiche gilt für die Energien von Menschen. In einer Einheit bilden die Energien zweier Menschen gemeinsam eine neue *vereinte Energie,* die im allgemeinen anders oder stärker ist als die Summe der einzelnen Faktoren. Werden die Zahlen von mehr als zwei Menschen kombiniert, ergeben sich so komplexe Wechselbeziehungen und Kräfte, daß damit kaum noch etwas Verläßliches anzufangen ist und das Ergebnis wenig sinnvoll wäre; wenn hingegen die Lebenszahlen dazu verwendet werden, Informationen über eine Zweierbeziehung zu erhalten, erzielt man ein brauchbares Ergebnis. Die hier dargelegten Prinzipien lassen sich auf jede Beziehung zwischen zwei Menschen anwenden, ob privat oder beruflich, ob es sich um ein Verhältnis zwischen Freunden oder Partnern, Gefährten, Liebenden oder Geschwistern handelt.

Nach dem Lebenssinn-Programm können wir die Partnerzahl von jeweils zwei Menschen bestimmen, indem wir die Endziffern der beiden Lebenszahlen, die Ziffern rechts vom Schrägstrich, zusammenzählen. Wenn ich beispielsweise meine Endzahl (26/8 = 8) und die meiner Frau

(20/2 = 2) addiere, ergibt sich 8 + 2 = 10, also schöpferische Energie und innere Gaben. Joy und ich haben gemeinsam das Angebot der Peaceful-Warrior-Services erarbeitet; als Paar haben wir erreicht, was keiner von uns allein hätte bewerkstelligen können.

Bestimmen Sie nun, wie nachfolgend beschrieben, die Partnerzahl von zwei Menschen, deren genaues Geburtsdatum Sie kennen.

Die Bestimmung der Partnerzahl

1. Bestimmen Sie anhand der genauen Geburtsdaten zweier Menschen deren Lebenszahlen (siehe S. 20 f.).
2. Zählen Sie die jeweiligen Endzahlen, die Ziffern rechts vom Schrägstrich, von beiden Lebenszahlen zusammen. Wenn die Endzahl eine 10, 11 oder 12 ist (wie z. B. bei den Lebenszahlen 37/10, 29/11 oder 39/12), addieren Sie die Ziffern einzeln, indem Sie ein Pluszeichen (+) dazwischensetzen. Hier ein paar Beispiele:
   - 24/6 und 35/8 = 6 + 8 = 14
   - 34/7 und 28/10 = 7 + 1 + 0 = 8
   - 23/5 und 31/4 = 5 + 4 = 9
   - 29/11 und 33/6 = 1 + 1 + 6 = 8
   - 25/7 und 26/8 = 7 + 8 = 15
   - 22/4 und 35/8 = 4 + 8 = 12
3. Nach Addieren der Endzahlen beider Partner:
   - Wenn die Summe 12 oder weniger beträgt, haben Sie die Partnerzahl bereits ermittelt.
   - Wenn die Summe 13 oder mehr beträgt, zählen Sie die beiden Ziffern wieder zusammen, so daß Sie eine Endsumme von 12 oder weniger und damit die gesuchte Partnerzahl erhalten. Hier einige Beispiele:
   - 33/6 und 25/7 = 6 + 7 = 13 = 1 + 3 = 4
   - 24/6 und 35/8 = 6 + 8 = 14 = 1 + 4 = 5
   - 25/7 und 26/8 = 7 + 8 = 15 = 1 + 5 = 6
   - 29/11 und 32/5 = 1 + 1 + 5 = 7
   - 21/3 und 22/4 = 3 + 4 = 7
   - 28/10 und 34/7 = 1 + 0 + 7 = 8
   - 31/4 und 23/5 = 4 + 5 = 9
   - 24/6 und 21/3 = 6 + 3 = 9
   - 29/11 und 34/7 = 1 + 1 + 7 = 9
   - 27/9 und 27/9 = 9 + 9 = 18 = 1 + 8 = 9

- 32/5 und 32/5 = 5 + 5 = 10
- 20/2 und 36/9 = 2 + 9 = 11
- 39/12 und 26/8 = 1 + 2 + 8 = 11
- 35/8 und 31/4 = 8 + 4 = 12

Zu den angeführten Beispielen sei interessehalber vermerkt, daß sich die Partnerzahl normalerweise von den Endziffern der jeweiligen Lebenszahlen unterscheidet. In manchen Fällen ist die gemeinsame Energie allerdings die gleiche wie beim einzelnen, zum Beispiel bei 27/9 und 27/9: 9 + 9 = 18 = 1 + 8 = 9. Diese Menschen werden, ob allein oder zusammen, stets mit Integrität und Weisheit wirken.

Der Grund dafür, daß wir alle Ziffern der Zahlen von 13 aufwärts zusammenzählen, während wir 10, 11 und 12 als endgültig stehen lassen, liegt darin, daß die 12 in den nächsten neun Jahrhunderten die höchstmögliche Endzahl ist. Die 13 als Endzahl (wie in der Lebenszahl 49/13) taucht nicht vor dem 29. September 2999 auf. Von dem Zeitpunkt ab wird eine neue Form des schöpferischen Ausdrucks (13) auf der Erde in Erscheinung treten.

Wenn wir die Energien der Grundzahlen von 1 bis 9 (sowie der Null und der Doppelziffern 11 und 12) verstanden haben, können wir die vereinte Energie zweier Menschen leichter beurteilen und bekommen ein Gespür dafür, was sie für die betreffende Beziehung bedeuten kann.

Die Lebenszahlen einiger bekannter Partner

3: Katherine Hepburn (29/11) und Spencer Tracy (19/10)
3. Franz Joseph I. (29/11) und Kaiserin «Sissy» (28/10)
4: Tony Randall (22/4) und Jack Klugman (27/9)
5: Ginger Rogers (26/8) und Fred Astaire (33/6)
5: Bill Clinton (38/11) und Hillary Clinton (30/3)
5: Richard Wagner (22/4) und Cosima Wagner (28/10)
7: Jean-Paul Sartre (24/6) und Simone de Beauvoir (28/10)
7: Friedrich Nietzsche (24/6) und Lou Andreas-Salomé (19/10)
8: P. T. Barnum (22/4) und James A. Bailey (31/4)
9: Andreas Baader (28/10) und Ulrike Meinhoff (26/8)
9: Alain Delon (28/10) und Romy Schneider (35/8)
9: Shah Mohammed Reza (29/11) und Soraya (25/7)
9: John F. Kennedy (34/7) und Jacqueline Kennedy Onassis (38/11)

9: Prinz Charles (29/11) und Prinzessin Diana (25/7)
10: Elizabeth Taylor (26/8) und Richard Burton (20/2)
11: Jakob Grimm (26/8) und Wilhelm Grimm (30/3)
12: Rudolf Nurejev (32/5) und Margot Fonteyn (34/7)
12: Camille Claudel (30/3) und Aguste Rodin (18/9)
12: Frederic Willem de Klerk (31/4) und Nelson Mandela (35/8)

Zahlen allein erklären natürlich nicht, wie diese prominenten Partner zusammengekommen oder warum sie berühmt geworden sind. Wir wissen aber immerhin, daß sie auf eine entscheidende Weise positiv mit der Energie ihrer Beziehung umgegangen sind und sich mit den negativen Aspekten und Fragen auseinandergesetzt haben müssen. Um es noch einmal zu wiederholen: Weder von der Energie des einzelnen noch von der gemeinsamen Energie wird normalerweise nur positiv oder nur negativ Gebrauch gemacht, sondern sowohl das eine wie das andere. Das Verhältnis vom Positiven zum Negativen bewirkt auf die Dauer den Unterschied.

Die genannten Beispiele sind nur eine Auswahl; meine Leser werden vielleicht auch gern die zwischen hohen Politikern wie John F. Kennedy und Fidel Castro oder zwischen bekannten Verbrechern wie Bonnie und Clyde waltenden Beziehungskräfte untersuchen.

Die Bedeutung der Partnerzahlen

In der gemeinsamen Zahl zweier Menschen spiegelt sich die gleiche Art von Energie und Bedeutung wider wie in der Lebenszahl eines einzelnen Menschen. Auf das Partnerverhältnis bezogen, gibt es allerdings noch zusätzliche Möglichkeiten der Interpretation.

Vergessen Sie nicht, daß das, *weswegen wir hier sind – unser Lebenssinn –, immer mit Aufgaben und Problemen verbunden ist.* Das gilt nicht nur für das Leben jedes einzelnen, sondern auch für das Leben in einer Partnerbeziehung. Wenn die vereinte Energie zweier Menschen beispielsweise durch eine 8 gekennzeichnet ist, werden sie wahrscheinlich Hürden in Form von Geldstreitigkeiten oder Machtkämpfen zu überwinden haben, ehe sie ihr Schicksal positiver gestalten können, oder sie trennen sich, weil sie diese Schwierigkeiten nicht auszuräumen vermögen. Partner, aus deren Verhältnis sich die 4 ergibt, müssen wahrscheinlich lernen, wie wichtig es ist, schrittweise vorzugehen, ohne Stufen auszulassen, oder ihre Aufgabe besteht darin, gemeinsam ein solides Fundament zu bauen. Paare mit der vereinten Energie der 5 müssen sich mit Abhängigkeits- und Unabhängigkeitsproblemen sowie Fragen der Disziplin auseinandersetzen, bevor sie in ihrer Beziehung ein Gefühl der Freiheit entwickeln können. Alle Beziehungsenergien wirken auf einen Reifeprozeß hin – auf die Entwicklung vom Negativen zum Positiven. Nur so können wir unser Schicksal in einer Zweierbeziehung erfüllen. Da Beziehungen ein wichtiges Trainings- und Erziehungsfeld für unsere individuelle Entwicklung darstellen, wachsen wir durch die Heilung unserer Beziehungen.

Der nachfolgende Überblick über die positiven und negativen Aspekte der Partnerzahlen kann, wie alle Zusammenfassungen, nur ein grobes, allgemeines Bild zeichnen. Er kann nicht jede Frage aufgreifen und behandeln, die sich vielleicht erhebt. Aber er gibt Hinweise auf die für jede Zahl typischen Energien und Probleme. Einiges von den diesen Zahlen innewohnenden antreibenden Kräften, den Fragen, Tendenzen und Prioritäten sowie der tiefere Sinn einer Beziehung wird deutlich. Die Partnerzahl kann auch mögliche Hürden und Hindernisse aufzeigen, die überwunden werden müssen.

Gesundheit und Dauer einer Beziehung hängen nicht davon ab, welche gemeinsame Zahl sich aus der Verbindung zweier Menschen ergibt, sondern davon, ob sie sich die betreffenden Energien positiv zunutze machen.

Menschen in qualvollen Beziehungen machen meist negativen Gebrauch von diesen Energien, während Menschen mit glücklichen, befriedigenden Beziehungen im allgemeinen positiv damit umgehen. Wie beim einzelnen gibt es auch bei Beziehungen positive und negative Seiten, und manchmal fallen wir von einem Extrem ins andere.

Die Interpretation der Partnerzahl

1. Blättern Sie zu Teil II zurück, und lesen Sie den Abschnitt über die Grundzahl nach, der Ihre Partnerzahl entspricht. Wenn Ihre Partnerzahl zum Beispiel eine 6 ist, schauen Sie unter «6: Vision und Annehmen» (S. 100) nach und überdenken die Beziehung im Licht der so gewonnenen Erkenntnisse.
   - Hinweis: Falls es sich bei der Partnerzahl um eine Doppelziffer handelt (10, 11 oder 12), lesen Sie jeweils die Abschnitte über die Grundzahlen nach, aus denen sich die Partnerzahl zusammensetzt. Bei der Partnerzahl 10 zum Beispiel schauen Sie unter 1 (S. 53) nach und lesen dann, was bei 0 («0: Innere Gaben», S. 140) steht.

2. Lesen Sie die hier folgende Kurzbeschreibung der positiven und negativen Aspekte von Partnerenergien.
3. Beantworten Sie die Fragen, die unter jeder Kurzbeschreibung angeführt sind, im Hinblick auf die jeweilige Beziehung.
4. Sehen Sie sich die spirituellen Gesetze an, die aufgrund der Partnerzahl eine Schlüsselfunktion für die betreffende Beziehung haben.

Die positiven und negativen Aspekte von Partnerenergien

Beachten Sie bitte, daß die 1 nicht als Partnerzahl vorkommt, außer in der 10 (siehe S. 149), der 11 (siehe S. 179) und der 12 (siehe S. 211).

2: Zusammenarbeit und Ausgewogenheit

Die positiven Seiten

Eine Beziehung unter dem energetischen Einfluß der 2 kann von gegenseitiger Unterstützung, Treue, Sicherheit und Stärke gekennzeichnet sein. Aufgrund der kraftvollen Impulse zur gegenseitigen Hilfe und Zusammenarbeit in Beruf und Familie ist ein Partner Ergänzung und Ausgleich für den anderen; Verstand und Gefühl harmonieren meist miteinander.

Die negativen Seiten

Eine Beziehung unter dem energetischen Einfluß der 2 kann unter emotionaler Verschlossenheit und Abwehr, unter Verwirrung und Unausgewogenheit leiden, unter einem Kampf zwischen dem Verstand des einen und dem Gefühl des anderen Partners. Unter Umständen gibt es keine klaren Grenzen oder Bereiche mit eindeutig definierter Verantwortung. Wahrscheinlich treten Abhängigkeitsverhaltensweisen wie Übereifer und spätere Enttäuschung in Erscheinung.

Entscheidende Fragen

- Was machen wir gerne zusammen?
- Haben wir unsere verschiedenen Bedürfnisse gegeneinander abgewogen?
- Wie teilen wir uns die Verantwortung in verschiedenen Lebensbereichen?

Spirituelle Gesetze für die Partnerzahl 2

- Das Gesetz der Verantwortung (S. 419)
- Das Gesetz der Flexibilität (S. 405)
- Das Gesetz der Ausgewogenheit (S. 425)

3: Ausdruck und Feingefühl

Die positiven Seiten

Eine Beziehung unter dem energetischen Einfluß der 3 kann eine tiefe, einfühlsame Verbindung sein, die von klarem Selbstausdruck und gemeinsamen Gefühlen getragen ist, so daß sich die beiden Menschen in ihrem Verständnis füreinander vereint fühlen. Ihre Ehrlichkeit hat sich bewährt, und ihre Gespräche sind anregend. Die Energie der 3 sorgt für eine zärtliche Beziehung unter Liebenden und herzliche Freundschaft unter Freunden.

Die negativen Seiten

Eine Beziehung unter dem energetischen Einfluß der 3 kann einmal darunter leiden, daß zuviel erwartet und zuwenig eingebracht wird, und zum anderen unter Selbstbemitleidung oder Depressionen, die auf heimliche Überempfindlichkeit und verdrängte Gefühle zurückzuführen sind, wenn zum Beispiel einer oder beide sagen, was sie denken, statt was sie empfinden.

Entscheidende Fragen

- Ermutigen wir uns zartfühlend gegenseitig dazu, unsere Zweifel zu überwinden?
- Hören wir einander zu, und reden wir miteinander?
- Sprechen wir uns offen und ohne Umschweife über unsere Gefühle und Bedürfnisse aus?

Spirituelle Gesetze für die Partnerzahl 3

- Das Gesetz der Ausgewogenheit (S. 425)
- Das Gesetz der Ehrlichkeit (S. 468)
- Das Gesetz der Wahlfreiheit (S. 410)

4: Stabilität und Entwicklung

Die positiven Seiten

Eine Beziehung unter dem energetischen Einfluß der 4 ist ein starkes Fundament für eine Familie oder ein Unternehmen. Beide Partner tragen zu einer sicheren Atmosphäre bei. Jeder sagt dem anderen ehrlich seine Meinung, um gemeinsame Ziele klären und verwirklichen zu können. Es herrscht ein familiärer Grundton vor, ob die Partner miteinander verwandt sind oder nicht.

Die negativen Seiten

Eine Beziehung unter dem energetischen Einfluß der 4 kann auch unter drückender Verantwortung und lastenden Verpflichtungen oder Streitigkeiten über Familienmitglieder und Verwandte leiden. Unrealistische Ambitionen und wirre Pläne können zu Streß, Frustration und einem Bruch in der Beziehung führen. Das Verhältnis ist vorwiegend von Halsstarrigkeit, entgegengesetzten Zielvorstellungen und Labilität gekennzeichnet.

Entscheidende Fragen

- Wie können wir uns Schritt für Schritt dahin entwickeln, wo wir gern wären?
- Wie könnte der nächste Schritt in Richtung eines noch ausgeprägteren Füreinanders aussehen?
- Haben wir gelernt, Verstand und Gefühl gleich zu bewerten?

Spirituelle Gesetze für die Partnerzahl 4

- Das Gesetz der Entwicklung (S. 431)
- Das Gesetz der Zyklen (S. 488)
- Das Gesetz der Verhaltensmuster (S. 435)

5: Freiheit und Disziplin

Die positiven Seiten

Eine Beziehung unter dem energetischen Einfluß der 5 kann abenteuerlich sein, selbst mitten im Lebensalltag, und neue Erfahrungen und ein Miteinander bewirken, durch die das Verhältnis noch vertieft wird. Es gibt keine künstlichen Grenzen, und so können die beiden in aller Freiheit sie selbst sein.

Die negativen Seiten

Eine Beziehung unter dem energetischen Einfluß der 5 kann unter inneren Konflikten und einer gewissen Ziellosigkeit leiden, unter der Spannung zwischen Abhängigkeit und dem Wunsch nach Unabhängigkeit, unter mangelndem Vertrauen, unter dem tiefempfundenen Eindruck, sich voneinander wegzubewegen oder sich vollkommen zu verzetteln, oder unter dem Gefühl, in der Falle zu sitzen.

Entscheidende Fragen

- Welche Prioritäten und Regeln sind uns beiden am wichtigsten?
- Wenn wir wirklich abenteuerlustig sind, wovon lassen wir uns dann bremsen?
- Wie können wir einander helfen, ein Gefühl innerer Freiheit zu empfinden?

Spirituelle Gesetze für die Partnerzahl 5

- Das Gesetz der Disziplin (S. 440)
- Das Gesetz des Handelns (S. 483)
- Das Gesetz der Ausgewogenheit (S. 425)

6: Vision und Annehmen

Die positiven Seiten

Eine Beziehung unter dem energetischen Einfluß der 6 ist von Lauterkeit und Klarheit gekennzeichnet; in ihrem Mittelpunkt steht normalerweise die innere Verpflichtung zu einer Entwicklung und Wertschätzung, die bei beiden das Beste zutage fördert. Optimismus und gegenseitige Anerkennung herrschen vor, so daß Ideale Wirklichkeit werden können und beide Partner von der gemeinsamen Vision des Möglichen getragen und genährt werden.

Die negativen Seiten

Eine Beziehung unter dem energetischen Einfluß der 6 kann unter Enttäuschung und Kritik leiden. Beide Partner empfinden sich womöglich als Versager, die den Idealen des anderen nicht gerecht werden; was zuerst perfekt erschien, wirkt später aufgrund unrealistischer Erwartungen unvollkommen und defekt. Die beiden versuchen unter Umständen, sich gegenseitig zu verbessern; ihr Umgang miteinander hat etwas Kleinliches, Vorurteilsvolles.

Entscheidende Fragen

- Was mögen wir aneinander?
- Welche Vision haben wir gemeinsam?
- Wie können wir uns darin üben, einander vorbehaltlos anzunehmen?

Spirituelle Gesetze für die Partnerzahl 6

- Das Gesetz der Vollkommenheit (S. 445)
- Das Gesetz der Flexibilität (S. 405)
- Das Gesetz der Intuition (S. 477)

7: Vertrauen und Offenheit

Die positiven Seiten

Eine Beziehung unter dem energetischen Einfluß der 7 ist von Vertrauen und Offenheit erfüllt, die auf dem herzlichen Verhältnis und dem Verständnis beider füreinander beruhen. Beide ermutigen sich gegenseitig dazu, nach innen zu schauen und innerlich zu wachsen, wie auch die Beziehung der gemeinsamen Entwicklung gewidmet ist.

Die negativen Seiten

Eine Beziehung unter dem energetischen Einfluß der 7 kann von Mißtrauen geprägt sein, das durch Mißverständnisse, emotionales Leiden, Wahnvorstellungen, die Angst, betrogen zu werden, Gefühle der Scham sowie chronische Heimlichtuerei begründet ist. Jeder ist auf den anderen angewiesen, um Erfüllung zu finden.

Entscheidende Fragen

- Was haben wir einander aus Angst oder Scham verschwiegen?
- Was können wir tun, um uns in unserem Wachsen und Werden gegenseitig zu bestärken?
- Wie können wir mehr Vertrauen zueinander fassen?

Spirituelle Gesetze für die Partnerzahl 7

- Das Gesetz des Vertrauens (S. 458)
- Das Gesetz der Urteilsfreiheit (S. 454)
- Das Gesetz der Erwartungen (S. 463)

8: Überfluß und Macht

Die positiven Seiten

Eine Beziehung unter dem energetischen Einfluß der 8 kann von einem wohlwollenden Geben und Nehmen bestimmt sein, von einer freien Machtverteilung zu gegenseitigem Nutzen, der als Überfluß empfunden und erlebt wird. Die geistige Harmonie bahnt einer Liebe ohne Fesseln den Weg.

Die negativen Seiten

Eine Beziehung unter dem energetischen Einfluß der 8 kann unter einem problematischen Umgang mit Kontrolle oder Autorität leiden wie etwa Kompetenzstreitigkeiten, bei denen Wille gegen Wille steht. Vielleicht erscheint das Geld zu knapp. Oder der Wunsch ist zu stark, etwas zu bekommen, ohne etwas dafür zu geben oder zu tun; Opportunismus unterhöhlt das Fundament jeder echten Beziehung.

Entscheidende Fragen

- Was können wir einander geben?
- Hat einer von uns das Bedürfnis, Kontrolle über den anderen auszuüben? Wenn ja, warum?
- Wie können wir gemeinsam das Gefühl haben, Überfluß zu genießen?

Spirituelle Gesetze für die Partnerzahl 8

- Das Gesetz der Ehrlichkeit (S. 468)
- Das Gesetz des höheren Willens (S. 473)
- Das Gesetz des Handelns (S. 483)

9: Integrität und Weisheit

Die positiven Seiten

Eine Beziehung unter dem energetischen Einfluß der 9 entwickelt sich auf der Grundlage einer tiefen Verbundenheit durch Mitgefühl und Toleranz. Diese Menschen sind zusammen, damit sie durch ihre Unterschiedlichkeit etwas über Leben und Integrität voneinander lernen können; so haben sie die seltene Gelegenheit, innerlich zu wachsen und gegenseitige Toleranz zu üben, indem sie die Andersartigkeit des Partners achten.

Die negativen Seiten

Eine Beziehung unter dem energetischen Einfluß der 9 kann von einem Gefühl der Einsamkeit und des Abgeschnittenseins geprägt sein, vom Gefühl, einander und sogar sich selbst fremd zu sein. Unter Umständen haben beide das Empfinden, weder ohne noch mit dem anderen leben zu können. Ihre Ansichten prallen hart aufeinander, da sie eine sehr unterschiedliche Lebensanschauung haben.

Entscheidende Fragen

- Zwingen wir einander unsere jeweilige Meinung auf?
- Wie achten und würdigen wir unsere Unterschiede?
- Denken wir daran, daß jeder von uns weiß, was für ihn am besten ist, aber nicht unbedingt, was für den anderen am besten ist?

Spirituelle Gesetze für die Partnerzahl 9

- Das Gesetz des höheren Willens (S. 473)
- Das Gesetz der Urteilsfreiheit (S. 454)
- Das Gesetz der Intuition (S. 477)

10: Kreativität und Zuversicht in Verbindung mit inneren Gaben

Die positiven Seiten

Eine Beziehung unter dem energetischen Einfluß der 10 ist von geschwisterlicher Nähe und Vertraulichkeit geprägt, fast so, als hätten die beiden Menschen sich schon früher gekannt; ihre Verbindung kann eine Leidenschaftlichkeit erzeugen, die sowohl ins Spirituelle als auch ins Profane einfließt und sich in gemeinsamer Kreativität und Hilfsbereitschaft manifestiert.

Die negativen Seiten

Eine Beziehung unter dem energetischen Einfluß der 10 kann unter Streitigkeiten und verletzten Gefühlen leiden, die auf verborgene Empfindlichkeit zurückzuführen sind. Beide Partner sind möglicherweise gereizt und unsicher, ohne es zuzugeben, weil sie miteinander konkurrieren; keiner will sein Gesicht verlieren. Streßbedingte Suchtverhaltensweisen sind häufig die Folge.

Entscheidende Fragen

- Welche Möglichkeiten haben wir gemeinsam, die jeder für sich allein nicht hätte?
- sprechen wir es aus, wenn einer von uns verletzt oder von Leidenschaft erfüllt ist?
- Wieviel Kraft gibt einer dem anderen?

Spirituelle Gesetze für die Partnerzahl 10

- Das Gesetz der Wahlfreiheit (S. 410)
- Das Gesetz der Urteilsfreiheit (S. 454)
- Das Gesetz des höheren Willens (S. 473)

11: Doppelte Kreativität und Zuversicht

Die positiven Seiten

Eine Beziehung unter dem energetischen Einfluß der 11 sprüht vor schöpferischer Energie, die, in die richtigen Bahnen gelenkt, eine magnetische Anziehungskraft (in sexueller und anderer Hinsicht) bewirkt; diese Menschen können gemeinsam alles schaffen. Sie sind wie Feuer und Sauerstoff. Die einzelnen Ziffern der 11 können auch noch einmal addiert werden (1 + 1) zur Summe 2, wodurch die Zusammenarbeit in den Mittelpunkt gerückt wird.

Die negativen Seiten

Eine Beziehung unter dem energetischen Einfluß der 11 kann darunter leiden, daß die schöpferische Energie blockiert oder fehlgeleitet wird und sich unter Umständen in gemeinsamen Suchtverhaltensweisen oder körperlicher Gewalt entlädt. Die Partner unterhalten eine klassische Haßliebesbeziehung, die von großer Unsicherheit und starken Sexualgelüsten geprägt ist und damit immer sehr aufregend verläuft.

Entscheidende Fragen

- Was reizt mich so an dieser Beziehung?
- Wie könnten wir die Energie, die wir beim Streiten entfesseln, in Liebesenergie umwandeln?
- Inwiefern fördern oder hemmen wir uns gegenseitig?

Spirituelle Gesetze für die Partnerzahl 11

- Das Gesetz der Wahlfreiheit (S. 410)
- Das Gesetz der Verantwortung (S. 419)
- Das Gesetz des Handelns (S. 483)

12: Kreative Zusammenarbeit

Die positiven Seiten

Eine Beziehung unter dem energetischen Einfluß der 12 ist von produktiver Teamarbeit geprägt, bei der jeder etwas zum gemeinsamen Ganzen beiträgt. Hier konzentrieren sich gegensätzliche Energien, Teamgeist und Selbstlosigkeit auf die Einheit der Partnerschaft – auf das, was richtig ist, und nicht darauf, wer recht hat. Die einzelnen Ziffern der 12 können noch einmal addiert werden (1 + 2) und ergeben in der Summe die 3, bei der es um den rückhaltlosen, ehrlichen Selbstausdruck geht.

Die negativen Seiten

Eine Beziehung unter dem energetischen Einfluß der 12 kann unter egoistischen Konflikten und Energieblockaden leiden. «Gemeinsam siegen oder allein untergehen» trifft hier zu; jeder für sich sieht nur Zank und Streit, weil beide von ihrer eigenen eingeschlossenen Energie ausgehen. Sie sind in ihrem Selbstausdruck gelähmt wie ein Schnellzug, der im Bahnhof festsitzt.

Entscheidende Fragen

- Was kann jeder von uns tun, um den anderen zu unterstützen?
- Wann arbeiten wir am besten zusammen?
- Wie können wir einen Ausgleich zwischen zuviel und zuwenig Geben herbeiführen?

Spirituelle Gesetze für die Partnerzahl 12

- Das Gesetz der Verantwortung (S. 419)
- Das Gesetz der Ehrlichkeit (S. 468)
- Das Gesetz der Wahlfreiheit (S. 410)

Die Dynamik einer Beziehung

Eheleute, Liebende, Partner, Gefährten, Verwandte und Geschäftspartner, die von ihrer Kenntnis der Lebenszahlen Gebrauch machen, werden einfühlsamer sein und eine tiefere Verbundenheit empfinden, deren Folgen mehr guter Willen, gegenseitige Hilfsbereitschaft, ein liebevoller Umgang miteinander, Sinn für Humor und eine verbesserte Kommunikation sind.

Die Partnerzahl und die damit verbundenen Energien, die in den betreffenden beiden Menschen wirksam sind, werfen ein Schlaglicht auf die Kernfragen, mit denen sie sich gemeinsam auseinandersetzen müssen. Keine Methode kann jedoch ins private Allerheiligste eines Paares vordringen; nur die Partner selbst kennen die innere Dynamik ihrer Beziehung und wissen sie zu schätzen; nur sie sind mit den Schwierigkeiten und Problemen konfrontiert. Ihre tiefinnersten Gedanken, Gefühle und Nöte kennen nur sie selbst, und sie müssen auch damit zurechtkommen.

Wissen ist Macht; es kann auch zu Mitgefühl führen. Die Aufgaben, Probleme und Fähigkeiten anderer zu verstehen kann uns helfen, unsere eigenen zu verstehen und zu würdigen. Oft projizieren wir unsere Probleme auf unseren Partner wie auf einen Spiegel. Wenn wir von der Energie der 6 beeinflußt sind, empfinden wir das, was unser Partner sagt, als Urteil, oder wir suchen uns einen Partner, der uns beurteilt oder kritisiert, damit wir uns mit Urteilsfragen auseinandersetzen können. Unter dem Einfluß der Energie der 9 erleben wir unseren Partner als höchst eigensinnig. Die meisten von uns können sich ein besseres Bild von sich selbst machen, wenn sie sehen, was ihnen an ihrem Partner gefällt oder mißfällt; was uns an unserem Partner mißfällt, können durchaus unterdrückte Züge unseres eigenen Charakters sein.

Wenn wir die Dynamik unserer Beziehung im Zusammenhang mit den Energien, die jeder von uns mitbringt, und der Energie, die wir gemeinsam erzeugen, anerkennen, verwandeln wir diese Beziehung in eine wunderbare Möglichkeit, zu mehr Einsicht, Bewußtsein und Wachstum zu kommen.

Beziehungen erfüllen die wechselseitigen Bedürfnisse; im Positiven machen sie Freude; im Negativen erteilen sie Lektionen, die nicht allzulange ignoriert werden können. Doch ist in diesen Lektionen auch wieder ein Pfad verborgen, der zur Erleuchtung führt, wie letzten Endes alle Pfade.

Neun-Jahres-Zyklen

Das Wirken der Welt vollzieht sich immer in Kreisen,
und alles versucht, rund zu sein.
Der Himmel ist rund, und ich habe gehört,
daß die Erde auch eine Kugel sein soll
und ebenso alle Sterne.
Der stärkste Wind ist der Wirbelsturm;
die Vögel bauen ihre Nester rund,
denn ihre Religion ist wie die unsere.
Die Sonne und der Mond sind beide rund,
sie gehen auf im Kreis und wieder unter.
Sogar die Jahreszeiten bilden einen großen Kreis
in ihrem Wechsel
und kehren immer an den Anfangspunkt zurück.
Das Leben eines Menschen ist ein Kreis
von Kindheit zu Kindheit,
und so ist es mit allem, was von einer Kraft bewegt ist.
Black Elk

Das Gesetz der Zyklen (S. 488) hält uns stets vor Augen, wie die Kreise und Spiralen der Zeit wieder zu sich selbst zurückkehren in Mustern und Rhythmen, die sich endlos wiederholen. Das Universum dehnt sich aus und zieht sich zusammen im Rhythmus eines kosmischen Atemzugs, der Milliarden Jahre anhält; alljährlich vergehen die Jahreszeiten und kehren wieder; Wasser fällt vom Himmel, steigt wieder auf, kondensiert und fällt erneut herab. Überall sind Rhythmen und Kreisläufe zu erkennen.

Wir erleben auch unscheinbarere Kreisläufe, die im geschäftigen Alltag oft unbemerkt bleiben – wiederkehrende Energiemuster, die in Erscheinung treten, verschwinden und wieder in Erscheinung treten, die mit der Zeit spiralig aufwärts kreisen und immer mehr Höhe gewinnen, während wir die Lektionen des Lebens lernen und unserer Bestimmung entgegengehen.

Die Grundzahlen von 1 bis 9 sind der Schlüssel zu einer eigenen Art von Kreislauf. Aus der Beobachtung der Rhythmen und Muster unseres Lebens lernen wir, unsere persönlichen Wünsche mit den größeren Kräften und Rhythmen zu synchronisieren, den richtigen Zeitpunkt oder das richtige «Timing» zu erkennen. Dann reiten wir auf dem Kamm einer jeden Energiewelle, während wir mit der Strömung im Fluß der Zeit schwimmen und ein feines Gespür für die Welt der Natur entwickeln.

Unsere Lebenszahl und die damit zusammenhängenden Energien und Aufgaben bleiben uns zwar ein Leben lang erhalten, aber wir wandern auch regelmäßig in fortschreitenden Kreisen durch die Erfahrung der von den Zahlen 1 bis 9 verkörperten Grundenergien. Das Jahr, in dem wir geboren wurden, bestimmt unseren Hauptlebenssinn; im darauffolgenden Jahr spüren wir die Energie der nächsthöheren Zahl, und so geht es weiter bis zur 9, wo ein neuer Zyklus anfängt. Es kommt also zu unserer Lebenszahl und unserer Lebensbestimmung noch der starke Einfluß der Zahlen jener Jahre hinzu, die in den Neun-Jahres-Zyklus unseres Lebens fallen und durch den neue Chancen und Probleme entstehen.

Die Energie eines jeden Jahres dieses Zyklus können wir uns wie den Rhythmus von Saat, Wachstum, Entwicklung, Ernte, Umpflügen und Vorbereitung auf den neuen Zyklus vorstellen. Dieses Bild mag uns auf den ersten Blick abwegig erscheinen, bis wir unseren eigenen Zyklus ermittelt haben und merken, welche nützliche, praktische Hilfe er uns bei der richtigen Zeitplanung sein kann.

Die neun Jahre eines Zyklus

1: Kreativität und Zuversicht

Das erste Jahr eines Zyklus ist ein Jahr der Schaffenskraft, des Säens und Neuanfangs, in dem zuversichtlich neue Gelegenheiten wahrgenommen werden. Die Saat ist gelegt, aber sie ist noch nicht aufgegangen. Es kann ebensogut eine Zeit der Planung wie der Gründung sein, der Beschlüsse wie der Bestandsaufnahme. Es kann aber auch heißen, daß man eine Fortbildung oder Umschulung beginnt, die Stelle wechselt oder umzieht – irgendeinen Neuanfang macht. Im Vorfrühling beginnt der Schnee eben erst zu schmelzen.

2: Zusammenarbeit und Ausgewogenheit

Im zweiten Jahr braucht die Saat die Hilfe und Mitwirkung anderer – der Sonne, des Erdbodens und des Wassers. Für unser Leben bedeutet das zweite Jahr des Zyklus, daß wir in irgendeiner Form mit anderen Menschen zusammenarbeiten, unsere Grenzen erkennen und uns in unserem neuen Arbeits- oder Tätigkeitsfeld mit anderen arrangieren. Wir gehen neue Beziehungen und Bindungen ein und unterstützen Netzwerke. Die Erde erwärmt sich allmählich.

3: Ausdruck und Feingefühl

Im dritten Jahr bricht der Keim durch die Erde zum Sonnenlicht; es kann eine Zeit sein, in der vieles sichtbar wird und wir deutliche Fortschritte in unserer Entwicklung machen. Der Keim ist noch zart und empfindlich. Ein Gefühl von Verletzlichkeit stellt sich ein; Zweifel erheben sich: «Kann ich das?» Unser Horizont wird weiter; wir sehen und erleben mehr. Jetzt steht der Frühling in voller Blüte.

4: Stabilität und Entwicklung

Im vierten Jahr wird der Schößling größer und stärker und senkt seine Wurzeln tief in die Erde. Jetzt ist die Zeit gekommen, um Festigkeit zu zeigen; eine kritische Phase, eine Zeit, in der wir nicht nach außen in Erscheinung treten, sondern sicherstellen müssen, daß unsere Wurzeln stark sind. Es ist eine Zeit des Überdenkens und der Besinnung, eine Zeit, alles nachzuholen, was versäumt wurde, eine Zeit, um alle Kräfte zusammenzunehmen und sich umfassend vorzubereiten. Der Sommer steht vor der Tür.

5: Freiheit und Disziplin

Im fünften Jahr des Zyklus wächst der Baum, treibt Blüten und zieht andere Lebensformen an – Vögel, Bienen und andere Waldbewohner. Auch für uns bricht jetzt, sofern unsere Bemühungen auf fruchtbaren Boden gefallen sind und wir die ersten vier Jahre tatkräftig genutzt haben, eine Zeit an, die uns viele Möglichkeiten und Chancen bietet. Der Obstgarten bringt seine erste Frucht hervor. Es ist ein großes Fest. Der Sommer ist eingekehrt.

6: Vision und Annehmen

Mit dem sechsten Jahr ist die Zeit gekommen, etwas zurückzugeben, die beginnende Ernte mit all denen zu teilen, die von den Früchten des Baumes kosten wollen, reichlich zu geben in einem Gefühl der Pflicht und mit Blick auf ein hohes Ziel unseren Segen auszuschütten. Es ist eine

Zeit der Großzügigkeit und Fülle, aber auch eine Zeit, um sich auf das umfassendere Bild dessen, was war, was im Werden begriffen ist und was noch kommt, zu besinnen und es zu würdigen. Es ist Spätsommer.

7: *Vertrauen und Offenheit*

Das siebte Jahr ist eine Zeit, in der mit Dankbarkeit des großen Ursprungs aller Früchte und Bäume gedacht wird. Jetzt werden kaum noch Ziele ins Auge gefaßt, denn es ist eine Zeit der Muße und des Genießens, eine Zeit, zurückzuschauen und aus den Jahren zu lernen, die vergangen sind: aus den schöpferischen Impulsen des ersten Jahres, aus dem Teamgeist und der Zusammenarbeit im zweiten Jahr, aus der Überwindung der Verletzlichkeit und des Zweifels im dritten Jahr, aus der Sammlung und Verdichtung des vierten Jahres, dem Wachstum im fünften Jahr und dem Austeilen im sechsten Jahr. Dazu gesellt sich jetzt die Dankbarkeit für dies alles in der Erkenntnis, daß alle vorherigen Prüfungen etwas zum gegenwärtigen Augenblick beigetragen haben. Der Herbst ist angebrochen.

8: *Überfluß und Macht*

Das achte Jahr bringt all denen, die gewillt und in der Lage sind, die Ernte einzuholen, den reichen Lohn der vergangenen sieben Jahre. Jetzt zeigt sich die Qualität des vorherigen Einsatzes. Der Baum ragt hoch und stark empor, alt und hochgeschätzt. Das Herbstlaub regnet wie Gold herab, wie Regenbogen, während der Wind des Wandels braust und die letzten Tage des Herbstes ankündigt.

9: *Integrität und Weisheit*

Dieses neunte Jahr ist ein Jahr der Vollendung, des Loslassens, der stillen Besinnung, die zur Weisheit führt – eine Zeit der Rückschau und der Erkenntnis, daß alle Zyklen enden und wieder von neuem beginnen. Anhaften nützt hier nichts, da alle Dinge vergehen; der Herbst ist vergangen, und jetzt ist es Zeit, zu pflügen, die Schollen zu wenden, damit im nächsten Frühling mit frischer Kraft und Hoffnung von neuem gesät werden kann und die Saat durch die gewonnene Weisheit noch besser gedeiht als in diesem Zyklus. Die bittersüße Kraft des Winters bringt eine Zeit der inneren Stille, der Ruhe, mit sich, in der wir darauf warten, daß das Licht wiederkommt.

Die folgende Anleitung zeigt Ihnen, wie Sie die Energie eines jeden Jahres Ihres Lebens bestimmen können, und hilft Ihnen, den Zyklus der Kräfte und Möglichkeiten in ihrem Wechsel dankbar anzunehmen.

Ihr Platz im Neun-Jahres-Zyklus

1. Schreiben Sie Ihr Geburtsdatum auf, aber ersetzen Sie Ihr Geburtsjahr durch das *gegenwärtige* Jahr.
   - Ein Beispiel: Während ich an diesem Buch arbeite, schreiben wir das Jahr 1993; um die Energie dieses Jahres zu bestimmen, schreibe ich also mein Geburtsdatum auf und an die Stelle meines Geburtsjahres 1993: 22. 2. 1993. Sie, liebe Leserin und lieber Leser, werden natürlich das Jahr einsetzen, in dem Sie dieses Buch gerade lesen.
2. Verfahren Sie nun mit diesen Zahlen genauso wie bei der normalen Bestimmung Ihrer Lebenszahl (S. 20–21); in meinem Fall ergibt sich aus dem 22. 2. 1993 die Folge 2 + 2 + 2 + 1 + 9 + 9 + 3 = 28 = 2 + 8 = 10, der Beginn eines neuen Zyklus, wobei die 0 innere Gaben andeutet; da wir dann noch die Ziffern 1 + 0 addieren, ist es ein «Jahr der Eins». 1993 bin ich also im ersten Jahr eines neuen Neun-Jahres-Zyklus. Der neue Zyklus beginnt jeweils *am Geburtstag.*
3. Am Beispiel meines Geburtsdatums können wir weiter verfolgen, daß die Endzahlen den fortschreitenden Jahren des Zyklus entsprechen:
   - 1994 ergibt sich aus dem 22. 2. 1994 die Quersumme 29 = 2 + 9 = 11 = 1 + 1 = 2, das zweite Jahr des Zyklus.
   - Denken Sie daran, daß bei zweistelligen Quersummen die beiden Ziffern ebenfalls addiert werden, um die Zahl des Jahres im Zyklus zu bestimmen.
   - 1995 beläuft sich die Quersumme aus dem 22. 2. 1995 auf 30 = 3 + 0 = 3, das dritte Jahr des Zyklus, und so geht es weiter bis zum neunten Jahr.
4. An den folgenden, wahllos zusammengestellten Jahres- und Geburtsdaten wird die Progression innerhalb der Zyklen noch deutlicher:
   - Ben, geboren am 11. 1. 1940:
     1 + 1 + 1 + 1 + 9 + 4 + 0 = 17 = 1 + 7 = 8;
     es handelt sich um das achte Jahr im Neun-Jahres-Zyklus.
     Im darauffolgenden Jahr, am 11. 1. 1941:
     1 + 1 + 1 + 1 + 9 + 4 + 1 = 18 = 1 + 8 = 9;
     damit beginnt das neunte Jahr im Neun-Jahres-Zyklus.

Im darauffolgenden Jahr, am 11. 1. 1942:
1 + 1 + 1 + 1 + 9 + 4 + 2 = 19 = 1 + 9 = 10 = 1 + 0 = 1;
damit beginnt das erste Jahr im Neun-Jahres-Zyklus.
Im darauffolgenden Jahr, am 11. 1. 1943:
1 + 1 + 1 + 1 + 9 + 4 + 3 = 20 = 2 + 0 = 2;
damit beginnt das zweite Jahr im Neun-Jahres-Zyklus, und so weiter.
1993, also am 11. 1. 1993, schreibt Ben:
1 + 1 + 1 + 1 + 9 + 9 + 3 = 25 = 2 + 5 = 7;
das ist das siebte Jahr im Neun-Jahres-Zyklus.

- Karin, geboren am 17. 9. 1957:
1 + 7 + 9 + 1 + 9 + 5 + 7 = 39 = 3 + 9 = 12 = 1 + 2 = 3;
das ist das dritte Jahr im Neun-Jahres-Zyklus.
Im darauffolgenden Jahr, am 17. 9. 1958:
1 + 7 + 9 + 1 + 9 + 5 + 8 = 40 = 4 + 0 = 4;
damit beginnt das vierte Jahr im Neun-Jahres-Zyklus.
Im darauffolgenden Jahr, am 17. 9. 1959:
1 + 7 + 9 + 1 + 9 + 5 + 9 = 41 = 4 + 1 = 5;
damit beginnt das fünfte Jahr im Neun-Jahres-Zyklus, und so weiter.
1993, also am 17. 9. 1993, schreibt Karin:
1 + 7 + 9 + 1 + 9 + 9 + 3 = 39 = 3 + 9 = 12 = 1 + 2 = 3;
das ist das dritte Jahr im Neun-Jahres-Zyklus.

Ein Rückblick auf die wichtigsten Ereignisse des Lebens

1. Schreiben Sie, ehe Sie weiterlesen, Ihr Geburtsjahr auf ein Blatt Papier. Schreiben Sie darunter das darauffolgende Jahr, dann das nächste und so fort bis zum heutigen Tag. (Falls Sie 68 Jahre alt sind, dauert das einige Zeit!)
2. Denken Sie so weit zurück, wie Sie sich erinnern können, und schreiben Sie die bedeutsamen Ereignisse, die Ihnen in den Sinn kommen, positive wie negative, neben das entsprechende Jahresdatum. Die Einsichten, die Sie durch diese Übung gewinnen, sind abhängig von der Anzahl der bedeutenden Ereignisse, die Sie niederschreiben, aber selbst wenige Ereignisse und die Jahre, in denen sie stattfanden, können aufschlußreich sein.
3. Schreiben Sie links neben Ihr Geburtsjahr die Endzahl Ihrer Lebenszahl, aus der Ihre Hauptlebensbestimmung hervorgeht (die Zahlen 1

bis 12); wenn Ihre Lebenszahl beispielsweise 33/6 lautet, schreiben Sie die 6 links neben Ihr Geburtsjahr; neben die darauffolgende Jahreszahl schreiben Sie eine 7, neben die nächste eine 8, dann eine 9, und danach beginnen Sie wieder mit der 1 und fahren wie vorher fort, bis Sie alle Neun-Jahres-Zyklen bis zum heutigen Tag durch haben. Jetzt können Sie sehen, an welchem Punkt des Neun-Jahres-Zyklus Sie in jedem Jahr Ihres Lebens waren.

- Denken Sie daran, daß Sie bei einer Endzahl aus zwei Ziffern (wie im Fall der 39/12) diese ebenfalls addieren müssen (bei der 12 also 1 + 2), um Ihren Platz im Neun-Jahres-Zyklus zu finden (in unserem Beispiel die 3).

4. Schauen Sie sich noch einmal alle «ersten» Jahre an, die Anfänge von neuen Zyklen, und überlegen Sie, ob «Neubeginn» zutrifft; sehen Sie sich dann die «zweiten» Jahre an (Zusammenarbeit), und überlegen Sie, ob Sie dabei irgendeinen Zusammenhang mit den Ereignissen Ihres Lebens erkennen können. Prüfen Sie auch alle anderen Jahre von 3 bis 9 auf diese Weise nach.
5. Waren einige Jahre besonders gut? Haben Sie irgendwelche wiederkehrenden Muster entdeckt? Wenn ein achtes Jahr Sie mit Überfluß belohnt hat, was sagt Ihnen das über die vorausgegangenen Jahre? Falls Sie einen ganzen Neun-Jahres-Zyklus hindurch bis in den nächsten hinein an alten Verhaltensmustern festgehalten haben, welche Wirkung hatte das auf Ihr Leben?

Aus den Zyklen lernen

Außer bei den Lebenszahlen 19/10, 28/10, 37/10 oder 46/10 stimmt Ihr erstes Lebensjahr nicht mit dem ersten Jahr Ihres Neun-Jahres-Zyklus überein. Wie bereits beschrieben, bin ich zum Beispiel am 22. 2. 1946 geboren, im achten Jahr des Neun-Jahres-Zyklus. Obgleich ich mein Leben auf dieser Erde gerade erst begann, bin ich in eine Energie hineingeboren, die für mich sowie für meine Eltern Überfluß und Macht mit sich brachte. (Bis Kinder eigenständige Menschen geworden sind, spiegeln die Energien ihres Geburtsjahres oft das wider, was ihre Eltern gerade durchmachen und was aufgrund der entwicklungsbedingten Abhängigkeiten Einfluß auf das junge Leben der Kinder hat.)

Bei näherer Betrachtung Ihrer persönlichen Zyklen werden Sie feststellen, daß die «ersten» Jahre oft eine Art Neubeginn markieren, während in den neunten Jahren häufig etwas zum Abschluß kommt.

Auch wenn die Entsprechungen weniger genau sind, werden Sie Ähnlichkeiten zwischen den ersten Jahren, den zweiten Jahren und so weiter finden – ähnlich geartete Ereignisse oder Einflüsse. Nach einer eingehenderen Beschäftigung damit werden Sie die Rhythmen und Zyklen Ihres Lebens besser verstehen können und einen Blick dafür bekommen, mit welchen Tendenzen, Kräften und Möglichkeiten Sie in den kommenden Jahren rechnen dürfen.

Die Anpassung an die Zyklen

Diese Kreisläufe zu verstehen heißt, die wechselnden Möglichkeiten und Probleme Ihrer gegenwärtigen Lebenssituation neu zu würdigen und manchmal lieber weise abzuwarten. Wenn sich kein Überfluß einstellen will und Sie infolgedessen enttäuscht sind, kann es Ihnen nützen, sich klarzumachen, daß Sie sich zum Beispiel noch in einem dritten Jahr befinden. Statt sofort ernten zu wollen, können Sie sich der Energie des jeweiligen Jahres anpassen und den besten Gebrauch von dem machen, was im Mittelpunkt steht (Ausdruck und Feingefühl), indem Sie sich öffnen und eine aufrichtige Kommunikation pflegen, zum Ausdruck bringen, was Sie brauchen und empfinden, und die Fundamente für Ihren Erfolg legen, wenn die Erntezeit (in einem achten Jahr) herannaht. Machen Sie sich alles zunutze, was jedes Jahr mit sich bringt; solange Sie auf die jeweilige Energie eines Jahres bauen, ist Ihnen eine reiche Ernte gewiß.

Wenn wir im Frühling säen, mit anderen zusammenarbeiten, Zweifel überwinden und dann jedes Jahr des Zyklus voll ausschöpfen, tragen wir die reichlichste Ernte heim. Wenn dann die Zeit kommt, loszulassen, was vergangen ist, bereiten wir uns auf einen neuen Zyklus vor.

Ob wir aus diesen Zyklen für die Zukunft etwas lernen möchten oder nicht, so steht es uns doch frei, die Zyklen als solche zu genießen und zu erkennen, wie weise es ist, mit den Rhythmen der verschiedenen Jahreszeiten unseres Lebens mitzuschwingen.

Nachwort

Es ist nie zu spät,
zu werden, was wir hätten sein können.
George Eliot

Dieses Buch gibt Ihnen den Schlüssel zu einer Geheimlehre an die Hand, die jahrhundertelang im verborgenen weiterlebte und größtenteils mündlich überliefert wurde. Beim Lebenssinn-Programm geht es weniger um eine Selbstverbesserung als vielmehr um die Verbesserung der Lebensqualität. Es kann Ihnen zwar auf Ihrem Weg weiterhelfen, aber wie Sie Ihre Reise zeitlich planen und wieviel Disziplin und Vertrauen Sie aufbringen, ist Ihre Sache. Inzwischen haben Sie die Methode im wesentlichen kennengelernt und ein Gespür für das Wechselspiel der archetypischen Kräfte und Muster gewonnen, von dem Ihr Leben geprägt ist. Jetzt haben Sie die speziellen Probleme und Verheißungen Ihres Lebens besser im Blick und können damit umgehen. Wenn Sie einen tieferen Sinn und eine Bestimmung in Ihrem Dasein erkennen, dann habe ich mit diesem Buch meinen Zweck erfüllt.

Lassen Sie mich zu guter Letzt den Rahmen dieser Arbeit abstecken und mit einer Ermahnung schließen. Es gibt eine Zeit für die innere Einkehr und eine Zeit für die Weltoffenheit; eine jede hat ihren Wert. Wir müssen uns erst im Innersten kennen, um über uns hinausgehen zu können. Bei der Erforschung der Höhle unserer Psyche stoßen wir auf Ideen, Überzeugungen und Vorstellungen, die wie Juwelen funkeln, aber wenn wir uns zu sehr von den Facetten der Persönlichkeit einnehmen lassen, bleiben wir in dieser Höhle. Denken Sie an das Licht am anderen Ende des Tunnels; wir brauchen keineswegs länger als unbedingt notwendig im Tunnel zu verharren. Die Selbsterkenntnis ist kein Ende, sie ist erst der Anfang. Gehen wir also immer tiefer in uns und dann über uns hinaus! Sobald wir den Fluß überquert haben, brauchen wir das Boot nicht mehr. Wenn wir uns bis in den hintersten Winkel, die feinste Ritze erforscht haben bis zu einem Punkt, an dem wir durchsichtig werden für das Licht der Bewußtwerdung, erkennen wir endlich den göttlichen Geist, der in uns allen leuchtet.

Alle in diesem Buch beschriebenen Gesetze sind dem Gesetz der Liebe untergeordnet. Das sage ich nicht einfach poetisch oder als Gleichnis, sondern meine es wortwörtlich so. Systeme zur Selbstergründung und inneren Einkehr bringen uns meist dazu, uns in Gedanken selbst zu betrachten. Solch eine Analyse hat sicher ihren Wert, ist jedoch der Herzensgüte unterlegen. Wenn wir uns von der Weisheit des Herzens entfernen, hilft uns keine Methode weiter; lieben wir, dann ist nichts sonst notwendig. Dieses Buch kann mithelfen, die Blockierungen abzubauen, durch die die Liebe in uns zurückgehalten wird, und sie freizulassen, so daß sie sich im freudigen Tun zum allgemeinen Wohl in der Welt verbreiten kann.

Es ist meine größte Hoffnung, daß Sie von dem Gebrauch machen, was Sie gelernt haben. Studieren Sie dieses Programm, wenden Sie es an, lassen Sie es sich in Fleisch und Blut übergehen, und lassen Sie es dann hinter sich; es ist nur ein weiterer Schritt auf Ihrem Weg zum Erwachen. Lassen Sie Ihren Geist in der ewigen Gegenwart ruhen, aber halten Sie die Augen für die erhabensten Möglichkeiten Ihres Lebens offen. Vertrauen Sie sich Ihrem Lebensprozeß an, behalten Sie Ihren Sinn für Humor, und denken Sie vor allem immer daran, daß es nie zu spät ist, Ihre Lebensbestimmung zu erfüllen.

Eine Bitte des Autors

Es wäre mir eine Freude, von Leserinnen und Lesern zu hören, ob dieses Buch ihr Leben in irgendeiner Weise beeinflußt oder verändert hat. Auch wenn ich einen Brief vielleicht nicht persönlich beantworte, werde ich ihn doch auf jeden Fall lesen; jeder Beitrag und jeder Kommentar ist mir als Feedback willkommen und gibt mir neue Anregungen. Schreiben Sie bitte nach Möglichkeit auf Englisch.

Dan Millman
Peaceful Warrior Services
P. O. Box 6148
San Rafael, CA 94903
USA

ANHANG: Die Lebenszahlen bekannter Persönlichkeiten

Wir sollten die Wirklichkeit
ein wenig humorvoll nehmen;
sonst verpassen wir ihre Pointe.
Lawrence Durrell

Jede Lebenszahl gibt über innere Haltungen, Neigungen und Probleme Auskunft, die mit dem betreffenden Lebensweg zusammenhängen; sie gibt keinen Hinweis auf ein bestimmtes Tätigkeitsfeld oder einen bestimmten Beruf, da solche Entscheidungen auch von vielen anderen Faktoren bestimmt werden. Die Zahlen spiegeln *innere* Eigenschaften wider, die wir auf unterschiedliche Weise zum Ausdruck bringen können. Erfolgreiche Leute mit der gleichen Lebenszahl können sich auf den verschiedensten Gebieten hervortun. Jeder bringt sein persönliches Potential mit, durch das die Wirkkräfte und Schwierigkeiten auf seinem Lebensweg ergänzt werden.

Die nachstehende alphabetische Liste bietet eine kleine Auswahl von Namen bedeutender oder bekannter Persönlichkeiten aus Geschichte und Gegenwart.

Die Namen sollen als Beispiele dienen und uns daran erinnern, daß auch erfolgreiche Prominente mit Problemen konfrontiert sind, die häufig den unseren gleichen, und daß auch die Großen dieser Welt eine innere Wirklichkeit und ein Privatleben haben, das sich unter Umständen erheblich von ihrem glanzvollen Auftreten und ihrer Rolle in den Medien unterscheidet. Es ist auch nicht gesagt, daß Menschen, nur weil sie berühmt geworden sind, alle Aspekte ihrer Lebenszahl positiv ausschöpfen oder daß sie erfüllt und glücklich wären. Wir alle haben trotz aller äußeren Erfolge innere Probleme und Prüfungen zu bestehen. Zu jeder Lebenszahl gehören bekannte Persönlichkeiten und die vielen Unbekannten, die jeweils auf ihre Weise die Kräfte ihres Schicksals in negativer oder positiver Weise verwirklichen.

Eine Fülle weiterer Namen und Daten finden Sie in den entsprechenden Nachschlagewerken in Ihrer örtlichen Bücherei.

Aaron, Hank (5. 2. 1934) **24/6**
Abbado, Claudio (26. 6. 1933) **30/3**
Abernathy, Ralph (11. 3. 1926) **23/5**
Abs, Hermann Josef (15. 10. 1901) **18/9**
Achternbusch, Herbert (23. 11. 1938) **28/10**
Adenauer, Konrad (5. 1. 1876) **28/10**
Adjani, Isabelle (27. 6. 1955) **35/8**
Adler, Alfred (7. 2. 1870) **25/7**
Adorf, Mario (8. 9. 1930) **30/3**
Adorno, Theodor (11. 9. 1903) **24/6**
Agnew, Spiro (9. 11. 1918) **30/3**
Ailey, Alvin (5. 1. 1931) **20/2**
Aitmatow, Tschingis (12. 12. 1928) **26/8**
Akins, Claude (25. 5. 1918) **31/4**
Alberghetti, Anna Maria (15. 5. 1936) **30/3**
Albers, Hans (22. 9. 1891) **32/5**
Albert, Eddie (22. 4. 1908) **26/8**
Albrecht, Ernst (29. 6. 1930) **30/3**
Alda, Alan (28. 1. 1936) **30/3**
Aldrin, Edwin «Buzz» (20. 1. 1930) **16/7**
Alexander, Jane (28. 10. 1939) **33/6**
Alexander, Peter (30. 6. 1926) **27/9**
Ali, Muhammad (18. 1. 1942) **26/8**
Allen, Woody (1. 12. 1935) **22/4**
Allende, Isabelle (2. 8. 1942) **26/8**
Alpert, Herb (31. 3. 1935) **25/7**
Alt, Franz (17. 7. 1938) **36/9**
Altig, Rudi (18. 3. 1937) **32/5**
Altman, Robert (20. 2. 1925) **21/3**
Ammaji (27. 9. 1953) **36/9**
Andersen, Hans Christian (21. 4. 1805) **21/3**
Andersen, Lale (23. 3. 1910) **19/10**
Anderson, Dame Judith (10. 2. 1898) **29/11**
Anderson, Jack (19. 10. 1922) **25/7**
Anderson, Loni (5. 8. 1946) **33/6**
Andress, Ursula (19. 3. 1936) **32/5**
Andrews, Julie (1. 10. 1935) **20/2**
Anka, Paul (30. 7. 1941) **25/7**
Ann-Margret (28. 4. 1941) **29/11**
Arafat, Jassir (21. 3. 1929) **27/9**
Arden, Eve (30. 4. 1912) **20/2**
Arkin, Alan (26. 3. 1934) **28/10**
Armstrong, Bess (11. 12. 1953) **23/5**
Armstrong, Curtis (27. 11. 1953) **29/11**
Armstrong, Louis (4. 7. 1900) **21/3**
Armstrong, Neil (5. 8. 1930) **26/8**
Arnaz, Desi, Jr. (19. 1. 1953) **29/11**
Arnaz, Lucie (17. 7. 1951) **31/4**
Arnold, Eddy (15. 5. 1918) **30/3**
Arnold, Roseanne (vorher Roseanne Barr) (3. 11. 1952) **22/4**
Arquette, Rosanna (10. 8. 1959) **33/6**
Arrau, Claudio (6. 2. 1903) **21/3**
Arthur, Beatrice (13. 5. 1926) **27/9**
Artmann, H. C. (12. 6. 1921) **22/4**
Ashe, Arthur, Jr. (10. 7. 1943) **25/7**
Asimov, Isaac (2. 1. 1920) **15/6**
Astaire, Fred (10. 5. 1899) **33/6**
Attenborough, Richard (29. 8. 1923) **34/7**
Atwood, Margaret (18. 11. 1939) **33/6**
Augstein, Rudolf (5. 11. 1923) **22/4**
Aurobindo, Sri (15. 8. 1872) **32/5**
Avedon, Richard (15. 5. 1923) **26/8**
Aykroyd, Dan (1. 7. 1952) **25/7**

Baader, Andreas (6. 5. 1943) **28/10**
Baba, Meher (25. 2. 1894) **31/4**
Bacall, Lauren (16. 9. 1924) **32/5**
Bach, Johann Sebastian (21. 3. 1685) **26/8**
Bacharach, Burt (12. 5. 1929) **29/11**
Bachmann, Ingeborg (25. 6. 1926) **31/4**
Bacon, Francis (22. 1. 1561) **18/9**
Baez, Joan (9. 1. 1941) **25/7**
Baker, Josephine (3. 6. 1906) **25/7**
Baldwin, Alex (3. 4. 1958) **30/3**
Baldwin, James (2. 8. 1924) **26/8**
Balsam, Martin (4. 11. 1919) **26/8**
Balzac, Honoré de (20. 5. 1799) **33/6**
Bamm, Peter (20. 10. 1897) **28/10**

Bancroft, Anne (17. 9. 1931) **31/4**
Bardot, Brigitte (28. 9. 1934) **36/9**
Barenboim, Daniel (15. 11. 1942) **24/6**
Barnard, Dr. Christiaan
(8. 10. 1922) **23/5**
Barnum, P. T. (5. 7. 1810) **22/4**
Barry, Gene (4. 6. 1922) **24/6**
Barth, Karl (10. 5. 1886) **29/11**
Bartok, Bela (25. 3. 1881) **28/10**
Barzel, Rainer (20. 6. 1924) **24/6**
Basinger, Kim (8. 12. 1953) **29/11**
Bassey, Shirley (8. 1. 1937) **29/11**
Bateman, Jason (14. 1. 1969) **31/4**
Bates, Alan (17. 2. 1934) **27/9**
Baum, Vicky (24. 1. 1888) **32/5**
Baxter, Anne (7. 5. 1923) **27/9**
Baxter, Meredith (21. 6. 1947) **30/3**
Beatty, Ned (6. 7. 1937) **33/6**
Beatty, Warren (30. 3. 1937) **26/8**
Beauvoir, Simone de (9. 1. 1908) **28/10**
Bécaud, Gilbert (24. 10. 1927) **26/8**
Beckenbauer, Franz (11. 9. 1945) **30/3**
Becker, Boris (22. 11. 1967) **29/11**
Beethoven, Ludwig van
(16. 12. 1770) **25/7**
Begin, Menachem (13. 8. 1913) **26/8**
Belafonte, Harry (1. 3. 1927) **23/5**
Bell, Alexander Graham
(3. 3. 1847) **26/8**
Bellow, Saul (10. 7. 1915) **24/6**
Belmondo, Jean-Paul (9. 4. 1933) **29/11**
Belushi, Jim (15. 6. 1954) **31/4**
Belushi, John (24. 1. 1951) **23/5**
Bender, Hans (5. 2. 1907) **24/6**
Benedetti Michelangeli, Arturo
(5. 1. 1920) **18/9**
Ben-Gurion, David (16. 10. 1886) **31/4**
Benjamin, Richard (22. 5. 1938) **30/3**
Benn, Gottfried (2. 5. 1886) **30/3**
Bennett, Tony (3. 8. 1926) **29/11**
Benson, Robby (21. 1. 1955) **24/6**
Berenger, Tom (31. 5. 1950) **24/6**
Bergen, Edgar (16. 2. 1903) **22/4**
Bergen, Polly (14. 7. 1930) **25/7**
Berger, Helmut (29. 4. 1944) **33/6**
Bergman, Ingmar (14. 7. 1918) **31/4**
Bergman, Ingrid (29. 8. 1915) **35/8**
Berlin, Irving (11. 5. 1888) **32/5**
Berlusconi, Silvio (29. 9. 1936) **39/12**
Bernhardt, Sarah (22. 10. 1844) **22/4**
Bernstein, Leonard (25. 8. 1918) **34/7**
Berra, Yogi (12. 5. 1925) **25/7**
Berry, Chuck (18. 10. 1926) **28/10**
Bertolucci, Bernardo (16. 3. 1941) **25/7**
Besant, Annie (1. 10. 1847) **22/4**
Bettelheim, Bruno (28. 8. 1903) **31/4**
Beuys, Joseph (12. 5. 1921) **21/3**
Bhajan, Yogi (26. 8. 1929) **37/10**
Bhutto, Benazir (21. 6. 1953) **27/9**
Biedenkopf, Kurt (28. 1. 1930) **24/6**
Biermann, Wolf (15. 11. 1936) **27/9**
Bird, Larry (7. 12. 1956) **31/4**
Bisset, Jacqueline (13. 9. 1944) **31/4**
Blair, Linda (22. 1. 1959) **29/11**
Blake, William (28. 11. 1757) **32/5**
Blavatsky, Madame (12. 8. 1831) **24/6**
Bloch, Ernst (8. 7. 1885) **37/10**
Bloom, Claire (15. 2. 1931) **22/4**
Blüm, Norbert (21. 7. 1935) **28/10**
Bocuse, Paul (11. 2. 1926) **22/4**
Bogdanovich, Peter (30. 7. 1939) **32/5**
Bogner, Willy (23. 1. 1942) **22/4**
Böhm, Karlheinz (16. 3. 1928) **30/3**
Bohr, Niels (7. 10. 1885) **30/3**
Böll, Heinrich (21. 12. 1917) **24/6**
Bonaparte, Napoleon
(15. 8. 1769) **37/10**
Boone, Pat (1. 6. 1934) **24/6**
Boone, Richard (18. 6. 1917) **33/6**
Borchert, Wolfgang (20. 5. 1921) **20/2**
Borg, Björn (6. 6. 1956) **33/6**
Boulez, Pierre (26. 3. 1925) **28/10**
Bowie, David (8. 1. 1947) **30/3**
Bradbury, Ray (22. 8. 1920) **24/6**
Bradshaw, John (29. 6. 1933) **33/6**
Brahms, Johannes (7. 5. 1833) **27/9**

Brando, Marlon (3. 4. 1924) **23/5**
Brandt, Willy (18. 12. 1913) **26/8**
Brecht, Bertolt (10. 2. 1898) **29/11**
Breschnew, Leonid (19. 12. 1906) **29/11**
Brice, Pierre (6. 2. 1929) **29/11**
Bronson, Charles (3. 11. 1922) **19/10**
Brooks, Mel (28. 6. 1926) **34/7**
Brown, Jerry (7. 4. 1938) **32/5**
Brubeck, Dave (6. 12. 1920) **21/3**
Brucerius, Gerd (19. 5. 1906) **31/4**
Brynner, Yul (11. 7. 1920) **21/3**
Buber, Martin (8. 2. 1878) **34/7**
Buchholz, Horst (4. 12. 1933) **23/5**
Buchwald, Art (20. 10. 1925) **20/2**
Bujold, Geneviève (7. 1. 1942) **24/6**
Bukowski, Charles (16. 8. 1920) **27/9**
Burda, Franz (24. 2. 1903) **21/3**
Burroughs, Edgar Rice
(1. 9. 1875) **31/4**
Burton, Richard (10. 11. 1925) **20/2**
Burton, Sir Richard (19. 3. 1821) **25/7**
Busch, Wilhelm (15. 4. 1832) **24/6**
Busey, Gary (29. 6. 1944) **35/8**
Bush, Barbara (8. 6. 1925) **31/4**
Bush, George (12. 6. 1924) **25/7**
Byron, Lord George Gordon
(22. 1. 1788) **29/11**

Cage, Nicolas (7. 1. 1964) **28/10**
Cagney, James (1. 7. 1899) **35/8**
Caine, Michael (14. 3. 1933) **24/6**
Callas, Maria (3. 12. 1923) **21/3**
Campbell, Joseph (26. 3. 1904) **25/7**
Camus, Albert (7. 11. 1913) **23/5**
Canetti, Elias (25. 7. 1905) **29/11**
Capone, Al (17. 1. 1899) **36/9**
Capote, Truman (30. 9. 1924) **28/10**
Capra, Frank (18. 5. 1897) **39/12**
Capra, Fritjof (1. 2. 1939) **25/7**
Cardin, Pierre (7. 7. 1922) **28/10**
Cardinale, Claudia (15. 4. 1939) **32/5**
Carell, Rudi (19. 12. 1934) **30/3**
Carnegie, Andrew (25. 11. 1835) **26/8**
Carnegie, Dale (24. 11. 1888) **33/6**
Carpenter, John (16. 1. 1948) **30/3**
Carradine, Keith (8. 8. 1950) **31/4**
Carroll, Lewis (27. 1. 1832) **24/6**
Carson, Rachel (27. 5. 1907) **31/4**
Carstens, Karl (14. 12. 1914) **23/5**
Carter, Jimmy (1. 10. 1924) **18/9**
Caruso, Enrico (25. 2. 1873) **28/10**
Casals, Pablo (29. 12. 1876) **36/9**
Casanova (2. 4. 1725) **21/3**
Cash, Johnny (26. 2. 1932) **25/7**
Cassidy, Butch (13. 4. 1866) **29/11**
Castaneda, Carlos (25. 12. 1931) **24/6**
Castro, Fidel (13. 8. 1926) **30/3**
Cayce, Edgar (18. 3. 1877) **35/8**
Celan, Paul (23. 11. 1920) **19/10**
Cézanne, Paul (19. 1. 1839) **32/5**
Chagall, Marc (7. 7. 1887) **38/11**
Chamberlain, Richard
(31. 3. 1935) **25/7**
Chandler, Raymond
(23. 7. 1888) **37/10**
Chaplin, Charlie (16. 4. 1889) **37/10**
Chaplin, Geraldine (31. 7. 1944) **29/11**
Charles, Prinz von Wales
(14. 11. 1948) **29/11**
Charles, Ray (23. 9. 1930) **27/9**
Chavez, Cesar (31. 3. 1927) **26/8**
Cher (20. 5. 1946) **27/9**
Chevalier, Maurice (12. 9. 1888) **37/10**
Chirac, Jacques (29. 11. 1932) **28/10**
Chisolm, Shirley (30. 11. 1924) **21/3**
Chopin, Frédéric (22. 2. 1810) **16/7**
Christie, Agatha (15. 9. 1890) **33/6**
Christie, Julie (14. 4. 1940) **23/5**
Churchill, Winston (30. 11. 1874) **25/7**
Ciccone, Madonna Louise,
siehe Madonna
Clapton, Eric (30. 3. 1945) **25/7**
Clark, Petula (15. 11. 1932) **23/5**
Clarke, Arthur C. (16. 12. 1917) **28/10**
Claudel, Camille (8. 12. 1864) **30/3**
Cleaver, Eldridge (31. 8. 1935) **30/3**

Clemens, Samuel (30. 11. 1835) **22/4**
Cleveland, Grover (18. 3. 1837) **31/4**
Cliburn, Van (12. 7. 1934) **27/9**
Clinton, Bill (19. 8. 1946) **38/11**
Clinton, Hillary Rodham
(26. 11. 1947) **30/3**
Coburn, James (31. 8. 1928) **32/5**
Cocteau, Jean (5. 7. 1889) **38/11**
Cody, William («Buffalo Bill»)
(26. 2. 1846) **29/11**
Cole, Nat King (17. 3. 1919) **31/4**
Cole, Natalie (6. 2. 1950) **23/5**
Collins, Judy (1. 5. 1939) **28/10**
Collins, Phil (30. 1. 1951) **20/2**
Collins, Stephen (1. 10. 1947) **23/5**
Columbus, Christopher
(30. 10. 1451) **15/6**
Comanici, Nadia (12. 11. 1961) **22/4**
Como, Perry (18. 5. 1912) **27/9**
Connally, John (27. 2. 1917) **29/11**
Connery, Sean (25. 8. 1930) **28/10**
Connors, Jimmy (2. 9. 1952) **28/10**
Cooper, Alice (4. 2. 1948) **28/10**
Cooper, Gary (7. 5. 1901) **23/5**
Copernicus, Nicolaus
(19. 2. 1473) **27/9**
Coppola, Francis Ford (7. 4. 1939) **33/6**
Cosby, Bill (12. 7. 1937) **30/3**
Costner, Kevin (18. 1. 1955) **30/3**
Coubertin, Pierre de (1. 1. 1863) **20/2**
Courtenay, Tom (25. 2. 1937) **29/11**
Cousins, Norman (24. 6. 1915) **28/10**
Cousteau, Jacques (11. 6. 1910) **19/10**
Crawford, Joan (23. 3. 1904) **22/4**
Crawford, Michael (19. 1. 1942) **27/9**
Crockett, Davy (17. 8. 1786) **38/11**
Crosby, Bing (2. 5. 1904) **21/3**
Cruise, Tom (3. 7. 1962) **28/10**
Cuomo, Mario M. (15. 6. 1932) **27/9**
Curie, Marie (7. 11. 1867) **31/4**
Curie, Pierre (15. 5. 1859) **34/7**
Curtis, Jamie Lee (22. 11. 1958) **29/11**
Curtis, Tony (3. 6. 1925) **26/8**
Da Free John (3. 11. 1939) **27/9**
Dafoe, Willem (22. 7. 1953) **31/4**
Dahrendorf, Ralf (1. 5. 1925) **23/5**
Dalai Lama (6. 7. 1935) **31/4**
Dali, Salvador (11. 5. 1904) **21/3**
Däniken, Erich von
(14. 4. 1935) **27/9**
Darwin, Charles (12. 2. 1809) **23/5**
Dass, Ram (6. 4. 1931) **24/6**
David-Néel, Alexandra
(24. 10. 1868) **30/3**
Davis, Bette (5. 4. 1908) **27/9**
Davis, Miles (25. 5. 1926) **30/3**
Davis, Sammy, Jr. (8. 12. 1925) **28/10**
Day, Doris (3. 4. 1924) **23/5**
Dayan, Moshe (4. 5. 1915) **25/7**
de Beauvoir, siehe Beauvoir, Simone de
De Gaulle, siehe Gaulle, Charles de
De Havilland, Olivia (1. 7. 1916) **25/7**
de Kooning, William (24. 4. 1904) **24/6**
De Niro, Robert (17. 8. 1943) **33/6**
De Vito, Danny (17. 11. 1944) **28/10**
Dean, James (8. 2. 1931) **24/6**
Debussy, Claude (22. 8. 1862) **29/11**
Degas, Edgar (19. 7. 1834) **33/6**
Degenhardt, Franz Josef
(3. 12. 1931) **20/2**
Delon, Alain (8. 11. 1935) **28/10**
Delors, Jacques (20. 7. 1925) **26/8**
Dempsey, Jack (24. 6. 1895) **35/8**
Deneuve, Cathérine
(22. 10. 1943) **22/4**
Derek, Bo (20. 11. 1956) **25/7**
Derek, John (12. 8. 1926) **29/11**
Descartes, René (31. 3. 1596) **28/10**
Devi, Sarada (22. 12. 1853) **24/6**
Diamond, Neil (24. 1. 1941) **22/4**
Diana, Prinzessin von Wales
(1. 7. 1960) **24/6**
Dickens, Charles (7. 2. 1812) **21/3**
Dietrich, Marlene (27. 12. 1901) **23/5**
Dillinger, John (22. 6. 1902) **22/4**
Dior, Christian (21. 1. 1905) **19/10**

Disney, Walt (5. 12. 1901) **19/10**
Ditfurth, Hoimar von
(15. 10. 1921) **20/2**
Domingo, Placido (21. 1. 1941) **19/10**
Domino, Fats (26. 2. 1928) **30/3**
Dönhoff, Marion Gräfin
(2. 12. 1909) **24/6**
Donovan (10. 5. 1946) **26/8**
Dörrie, Doris (26. 5. 1955) **33/6**
Dostojewskij, Fjodor
(11. 11. 1821) **16/7**
Douglas, Kirk (9. 12. 1916) **29/11**
Douglas, Michael (25. 9. 1944) **34/7**
Drechsler, Heike (16. 12. 1964) **30/3**
Drewermann, Eugen (20. 6. 1940) **22/4**
Dreyfuss, Richard (20. 10. 1947) **33/6**
Dubcek, Alexander (27. 11. 1921) **24/6**
Dubuffet, Jean (31. 7. 1901) **22/4**
Duden, Konrad (3. 1. 1829) **24/6**
Dukakis, Olympia (20. 6. 1947) **22/4**
Dulles, John Foster (25. 2. 1888) **34/7**
Dumas, Alexandre (24. 7. 1802) **24/6**
Dunant, Henry (8. 5. 1828) **32/5**
Dunaway, Faye (14. 1. 1941) **21/3**
Duncan, Isadora (27. 5. 1878) **38/11**
Duncan, Sandy (20. 2. 1946) **24/6**
Durante, Jimmy (10. 2. 1893) **24/6**
Duras, Marguerite (4. 4. 1914) **23/5**
Durbridge, Francis (25. 11. 1912) **22/4**
Dürckheim, Karlfried Graf
(24. 10. 1896) **31/4**
Dürrenmatt, Friedrich
(5. 1. 1921) **19/10**
Dutschke, Rudi (7. 3. 1940) **24/6**
Dylan, Bob (24. 5. 1941) **26/8**

Earp, Wyatt (19. 3. 1848) **34/7**
Eastwood, Clint (31. 5. 1930) **22/4**
Ebert, Friedrich (4. 2. 1871) **23/5**
Eccles, Sir John (27. 1. 1903) **23/5**
Eco, Umberto (5. 1. 1932) **21/3**
Eddy, Mary Baker (16. 7. 1821) **26/8**
Edison, Thomas (22. 1. 1847) **24/6**
Eichmann, Adolf (19. 3. 1906) **29/11**
Einstein, Albert (14. 3. 1879) **33/6**
Eisenhower, Dwight D.
(14. 10. 1890) **24/6**
Eisenstein, Sergej (23. 1. 1898) **32/5**
Ekberg, Anita (29. 9. 1931) **34/7**
Eklund, Britt (6. 10. 1942) **23/5**
Eliade, Mircea (9. 3. 1907) **29/11**
Eliot, T. S. (26. 9. 1888) **42/6**
Elizabeth II., Königin von England
(21. 4. 1926) **25/7**
Elstner, Frank (19. 4. 1942) **30/3**
Emerson, Ralph Waldo
(25. 5. 1803) **24/6**
Ende, Michael (12. 11. 1929) **26/8**
Ensslin, Gudrun (15. 8. 1940) **28/10**
Enzensberger, Hans Magnus
(11. 11. 1929) **25/7**
Erhard, Ludwig (4. 2. 1897) **31/4**
Erni, Hans (21. 2. 1909) **24/6**
Ernst, Max (2. 4. 1891) **25/7**
Eschenbach, Christoph
(20. 2. 1940) **18/9**
Estevez, Emilio (12. 5. 1962) **26/8**
Evert, Chris (21. 12. 1954) **25/7**

Fabiola, Königin (11. 6. 1928) **28/10**
Fairbanks, Douglas, Jr.
(9. 12. 1909) **31/4**
Fairbanks, Douglas, Sr.
(23. 5. 1883) **30/3**
Falk, Peter (16. 9. 1927) **35/8**
Falla, Manuel de (23. 11. 1876) **29/11**
Fallaci, Oriana (29. 6. 1930) **30/3**
Farrow, Mia (9. 2. 1945) **30/3**
Fassbinder, Rainer Werner
(31. 5. 1945) **28/10**
Faulkner, William (25. 9. 1897) **41/5**
Fawcett, Farrah (2. 2. 1947) **25/7**
Fellini, Federico (20. 1. 1920) **15/6**
Fernandel (8. 5. 1903) **26/8**
Ferrari, Enzo (20. 2. 1898) **30/3**
Fest, Joachim (8. 12. 1926) **29/11**

Feyerabend, Paul Karl
(13. 1. 1924) **21/3**
Field, Sally (6. 11. 1946) **28/10**
Fields, W. C. (29. 1. 1880) **29/11**
Finck, Werner (2. 5. 1902) **19/10**
Finney, Albert (9. 5. 1936) **33/6**
Fischer, Bobby (9. 3. 1943) **29/11**
Fischer, Joschka (12. 4. 1948) **29/11**
Fischer, O. W. (1. 4. 1915) **21/3**
Fischer-Dieskau, Dietrich
(28. 5. 1925) **32/5**
Fisher, Eddie (10. 8. 1928) **29/11**
Fitzgerald, Ella (25. 4. 1918) **30/3**
Flack, Roberta (10. 2. 1940) **17/8**
Fleming, Peggy (27. 7. 1948) **38/11**
Flick, Friedrich (10. 7. 1883) **28/10**
Flickenschildt, Elisabeth
(16. 3. 1905) **25/7**
Flora, Paul (29. 6. 1922) **31/4**
Flynn, Errol (20. 6. 1909) **27/9**
Fonda, Henry (16. 5. 1905) **27/9**
Fonda, Jane (21. 12. 1937) **26/8**
Fonda, Peter (23. 2. 1939) **29/11**
Fonteyn, Margot (18. 5. 1919) **34/7**
Ford, Gerald R. (14. 7. 1913) **26/8**
Ford, Glenn (1. 5. 1916) **23/5**
Ford, Harrison (13. 7. 1942) **27/9**
Ford, Henry (30. 7. 1863) **28/10**
Ford, Henry, II (4. 9. 1917) **31/4**
Foreman, George (10. 1. 1949) **25/7**
Fossey, Dian (16. 1. 1932) **23/5**
Foster, Jodie (19. 11. 1962) **30/3**
Foucault, Michel (15. 10. 1926) **25/7**
Fragonard, Jean (5. 4. 1732) **22/4**
France, Anatole (16. 4. 1844) **28/10**
Francis, Connie (12. 12. 1938) **27/9**
Frank, Anne (12. 6. 1929) **30/3**
Frankenfeld, Peter (31. 5. 1913) **23/5**
Franklin, Aretha (25. 3. 1942) **26/8**
Franklin, Benjamin
(17. 1. 1706) **23/5**
Frantz, Justus (18. 5. 1944) **32/5**
Frazier, Joe (17. 1. 1944) **27/9**
Free, John, Da,
siehe da Free, John
Freud, Sigmund (6. 5. 1856) **31/4**
Fried, Erich (6. 5. 1921) **24/6**
Friedan, Betty (4. 2. 1921) **19/10**
Friedkin, William (29. 8. 1949) **41/5**
Friedrich, Hanns Joachim
(15. 3. 1927) **28/10**
Frisch, Max (15. 5. 1911) **23/5**
Fritsch, Willi (27. 1. 1901) **21/3**
Fröbe, Gert (25. 2. 1913) **23/5**
Froboess, Cornelia
(28. 10. 1943) **28/10**
Fromm, Erich (23. 3. 1900) **18/9**
Frost, David (7. 4. 1939) **33/6**
Fuchs, Ernst (3. 2. 1930) **18/9**
Funès, Louis de (31. 7. 1914) **26/8**
Furtwängler, Wilhelm
(25. 1. 1886) **31/4**

Gabin, Jean (17. 5. 1904) **27/9**
Gable, Clark (1. 2. 1901) **14/5**
Gades, Antonio (16. 11. 1936) **28/10**
Gagarin, Juri (9. 3. 1934) **29/11**
Gainsborough, Thomas
(14. 5. 1727) **27/9**
Galilei, Galileo (15. 2. 1564) **24/6**
Gallup, George (18. 11. 1901) **22/4**
Gandhi, Mahatma (2. 10. 1869) **27/9**
Ganz, Bruno (22. 3. 1941) **22/4**
Garbo, Greta (18. 9. 1905) **33/6**
Garcia Marquez, Gabriel
(6. 3. 1928) **29/11**
Garfield, James A. (19. 11. 1831) **25/7**
Garland, Judy (10. 6. 1922) **21/3**
Garner, James (7. 4. 1928) **31/4**
Gauguin, Paul (7. 6. 1848) **34/7**
Gaulle, Charles de (22. 11. 1890) **24/6**
Gaus, Günther (23. 11. 1929) **28/10**
Geisel, Theodor (Dr. Seuss)
(3. 2. 1904) **19/10**
Geißler, Heinz (3. 3. 1930) **19/10**
Genet, Jean (19. 12. 1910) **24/6**

Genscher, Hans-Dietrich
(21. 3. 1927) **25/7**
George, Götz (23. 6. 1938) **32/5**
Gere, Richard (31. 8. 1949) **35/8**
Gerulaitis, Vitas (26. 7. 1954) **34/7**
Getty, J. Paul (15. 12. 1892) **29/11**
Getz, Stan (2. 2. 1927) **23/5**
Giacometti, Alberto (10. 10. 1901) **13/4**
Gibson, Mel (3. 1. 1956) **25/7**
Giehse, Therese (6. 3. 1898) **35/8**
Gieseking, Walter (5. 11. 1895) **30/3**
Gillespie, Dizzy (21. 10. 1917) **22/4**
Giordano, Ralph (20. 3. 1923) **20/2**
Girardelli, Marc (18. 7. 1963) **35/8**
Giscard d'Estaing, Valéry
(2. 2. 1926) **22/4**
Givens, Robin (27. 11. 1964) **31/4**
Glenn, Scott (26. 1. 1942) **25/7**
Glotz, Peter (6. 3. 1939) **31/4**
Godard, Jean-Luc (3. 12. 1930) **19/10**
Godunov, Alexander (28. 11. 1949) **35/8**
Goebbels, Joseph (29. 10. 1897) **37/10**
Goethe (18. 8. 1749) **38/11**
Gogh, Vincent van (30. 3. 1853) **23/5**
Goldberg, Whoopi (13. 11. 1949) **29/11**
Goldman, Emma (27. 6. 1869) **39/12**
Goldwyn, Samuel (27. 8. 1882) **36/9**
Goodman, Benny (30. 5. 1909) **27/9**
Goolagong, Evonne (31. 7. 1951) **27/9**
Gorbatschow, Mikhail
(2. 3. 1931) **19/10**
Gordimer, Nadine (20. 11. 1923) **19/10**
Göring, Hermann (12. 1. 1893) **25/7**
Gorki, Maxim (28. 3. 1868) **36/9**
Gottschalk, Thomas (18. 5. 1950) **29/11**
Gould, Glenn (25. 9. 1932) **31/4**
Goya, Francisco (30. 3. 1746) **24/6**
Graf, Steffi (14. 6. 1969) **36/9**
Graham, Billy (7. 11. 1918) **28/10**
Grant, Cary (18. 1. 1904) **24/6**
Grass, Günter (16. 10. 1927) **27/9**
Graves, Peter (18. 3. 1926) **30/3**
Graziano, Rocky (7. 6. 1922) **27/9**
Gréco, Juliette (7. 2. 1927) **28/10**
Greer, Germaine (29. 1. 1939) **34/7**
Griffith, Melanie (9. 8. 1957) **39/12**
Grimm, Jacob (4. 1. 1785) **26/8**
Grimm, Wilhelm (24. 2. 1786) **30/3**
Grock, Clown (10. 1. 1880) **19/10**
Gromyko, Andrey (6. 7. 1909) **32/5**
Grönemeyer, Herbert
(12. 4. 1956) **28/10**
Groß, Michael (17. 6. 1964) **34/7**
Gründgens, Gustav (22. 12. 1899) **35/8**
Grzimek, Bernhard (24. 4. 1909) **29/11**
Gucci, Aldo (26. 5. 1909) **32/5**
Guevara, Ernesto Che
(14. 6. 1928) **31/4**
Guinness, Alec (2. 4. 1914) **21/3**
Gulda, Friedrich (16. 5. 1930) **25/7**
Guthrie, Woody (14. 7. 1912) **25/7**
Gysi, Gregor (16. 1. 1948) **30/3**

Habermas, Jürgen (18. 6. 1929) **36/9**
Habsburg, Otto von (20. 11. 1912) **17/8**
Hackman, Gene (30. 1. 1931) **18/9**
Hagen, Nina (11. 3. 1955) **25/7**
Haider, Jörg (26. 1. 1950) **24/6**
Haig, Alexander (2. 12. 1924) **21/3**
Haley, Alex (11. 8. 1921) **23/5**
Haley, Bill (6. 7. 1925) **30/3**
Hallstein, Ingeborg (23. 5. 1937) **30/3**
Hallyday, Johnny (15. 6. 1943) **29/11**
Hamilton, George (12. 8. 1939) **33/6**
Hammarskjöld, Dag (29. 7. 1905) **33/6**
Hamm-Brücher, Hildegard
(11. 5. 1921) **20/2**
Händel, Georg Friedrich
(23. 2. 1685) **27/9**
Handke, Peter (6. 12. 1942) **25/7**
Harlow, Jean (3. 3. 1911) **18/9**
Harrer, Heinrich (6. 7. 1912) **26/8**
Harris, Richard (1. 10. 1933) **18/9**
Harrison, George (25. 2. 1943) **26/8**
Harrison, Rex (5. 3. 1908) **26/8**
Härtling, Peter (13. 11. 1933) **22/4**

Hasse, O. E. (11. 7. 1903) **22/4**
Hasselhoff, David (17. 7. 1952) **32/5**
Hauer, Rutger (23. 1. 1944) **24/6**
Hauptmann, Gerhart (15. 11. 1862) **25/7**
Havel, Václav (5. 10. 1936) **25/7**
Hawking, Stephen William (8. 1. 1942) **25/7**
Hawn, Goldie (21. 11. 1945) **24/6**
Hawthorne, Nathaniel (4. 7. 1804) **24/6**
Haydn, Joseph (31. 3. 1732) **20/2**
Hayes, Helen (10. 10. 1900) **12/3**
Hayworth, Rita (17. 10. 1919) **29/11**
Hefner, Hugh (9. 4. 1926) **31/4**
Heidegger, Martin (26. 9. 1889) **43/7**
Heifetz, Jascha (2. 2. 1901) **15/6**
Heinemann, Gustav (23. 7. 1899) **39/12**
Heino (13. 12. 1938) **28/10**
Heisenberg, Werner Karl (5. 12. 1901) **19/10**
Heller, André (22. 3. 1947) **28/10**
Hemingway, Ernest (21. 6. 1899) **36/9**
Hendrix, Jimi (27. 11. 1942) **27/9**
Henscheidt, Eckhard (14. 9. 1941) **29/11**
Henze, Hans-Werner (1. 7. 1926) **26/8**
Hepburn, Audrey (4. 5. 1929) **30/3**
Hepburn, Katharine (8. 11. 1909) **29/11**
Herzog, Werner (5. 9. 1942) **30/3**
Hess, Erika (6. 3. 1962) **27/9**
Hesse, Hermann (2. 7. 1877) **32/5**
Heuss, Theodor (31. 1. 1884) **26/8**
Heyerdahl, Thor (6. 10. 1914) **22/4**
Highsmith, Patricia (19. 1. 1921) **24/6**
Hildebrandt, Dieter (9. 12. 1927) **29/11**
Hildesheimer, Wolfgang (9. 12. 1916) **29/11**
Hill, Terrence (29. 3. 1940) **28/10**
Himmler, Heinrich (7. 10. 1900) **18/9**
Hitchcock, Alfred (13. 8. 1899) **39/12**
Hitler, Adolf (20. 4. 1889) **32/5**
Ho Chi Minh (19. 5. 1890) **33/6**
Hochhut, Rolf (1. 4. 1931) **19/10**
Hodler, Ferdinand (14. 3. 1853) **25/7**
Höfer, Werner (21. 3. 1913) **20/2**
Hoffman, Dustin (8. 8. 1937) **36/9**
Hoffmannsthal, Hugo von (1. 2. 1874) **23/5**
Hogan, Paul (8. 10. 1939) **31/4**
Holiday, Billie (7. 4. 1915) **27/9**
Holly, Buddy (7. 9. 1936) **35/8**
Holmes, Larry (3. 11. 1949) **28/10**
Honecker, Erich (25. 8. 1912) **28/10**
Honegger, Arthur (10. 3. 1892) **24/6**
Hoover, J. Edgar (1. 1. 1895) **25/7**
Hope, Bob (29. 5. 1903) **29/11**
Hopkins, Anthony (31. 12. 1937) **27/9**
Hoppe, Wolfgang (14. 11. 1957) **29/11**
Hopper, Dennis (17. 5. 1936) **32/5**
Horowitz, Vladimir (1. 10. 1904) **16/7**
Horváth, Ödön von (9. 12. 1901) **23/5**
Houdini, Harry (24. 3. 1874) **29/11**
Hrdlicka, Alfred (27. 2. 1928) **31/4**
Hubbard, L. Ron (13. 3. 1911) **19/10**
Hudson, Rock (17. 11. 1925) **27/9**
Hughes, Howard (24. 12. 1905) **24/6**
Hundertwasser, Friedensreich (15. 12. 1928) **29/11**
Huppert, Isabelle (16. 3. 1953) **28/10**
Hurt, William (20. 3. 1950) **20/2**
Huston, John (5. 8. 1906) **29/11**
Huxley, Aldous (26. 7. 1894) **37/10**

Iacocca, Lee (15. 10. 1924) **23/5**
Ibsen, Henrik (20. 3. 1828) **24/6**
Ichazo, Oscar (24. 7. 1931) **27/9**
Iglesias, Julio (23. 9. 1943) **31/4**
Ionesco, Eugène (26. 11. 1912) **23/5**
Iqbal, Muhammed (22. 2. 1873) **25/7**
Irving, David (24. 3. 1938) **30/3**
Isherwood, Christopher (26. 8. 1904) **30/3**

Jackson, Andrew (15. 3. 1767) **30/3**
Jackson, Jesse (8. 10. 1941) **24/6**

Jackson, Michael (29. 8. 1958) **42/6**
Jagger, Bianca (2. 5. 1945) **26/8**
Jagger, Mick (26. 7. 1943) **32/5**
Jahn, Friedrich (29. 12. 1923) **29/11**
Jahr, John (20. 4. 1900) **16/7**
Jandl, Ernst (1. 8. 1925) **26/8**
Jarrett, Keith (8. 5. 1945) **32/5**
Jaspers, Karl (23. 2. 1883) **27/9**
Jefferson, Thomas (13. 4. 1743) **23/5**
Jelinek, Elfriede (20. 10. 1946) **23/5**
Jelzin, Boris (1. 2. 1931) **17/8**
Jens, Walter (8. 3. 1923) **26/8**
Ji, Guru Maharaj (10. 12. 1957) **26/8**
Johannes Paul II. (18. 5. 1920) **26/8**
John, Elton (25. 3. 1947) **31/4**
Johnson, Earvin («Magic») (14. 8. 1959) **37/10**
Johnson, Lyndon Baines (27. 8. 1908) **35/8**
Jones, Gwyneth (7. 11. 1936) **28/10**
Jones, Quincy (14. 3. 1933) **24/6**
Jones, Tom (7. 6. 1940) **27/9**
Joplin, Janis (19. 1. 1943) **28/10**
Joyce, James (2. 2. 1882) **23/5**
Joyner-Kersee, Jackie (3. 3. 1962) **24/6**
Juhnke, Harald (10. 6. 1929) **28/10**
Jung, Carl Gustav (26. 7. 1875) **36/9**
Jungk, Robert (11. 5. 1913) **21/3**
Jürgens, Curd (13. 12. 1915) **23/5**
Jürgens, Udo (30. 9. 1934) **29/11**

Kabel, Heidi (27. 8. 1914) **32/5**
Kaempfert, Bert (16. 10. 1923) **23/5**
Kafka, Franz (3. 7. 1883) **30/3**
Kandinsky, Wassily (4. 12. 1866) **28/10**
Kant, Hermann (14. 6. 1926) **29/11**
Kapleau, Roshi Phillip (20. 8. 1912) **23/5**
Karajan, Herbert von (5. 4. 1908) **27/9**
Karloff, Boris (23. 11. 1887) **31/4**
Karpow, Anatoli (5. 5. 1951) **26/8**
Kaschnitz, Marie Luise (31. 1. 1901) **16/7**
Kästner, Erich (23. 2. 1899) **34/7**
Kaye, Danny (18. 1. 1913) **24/6**
Kazan, Elia (7. 9. 1909) **35/8**
Keaton, Buster (4. 10. 1895) **28/10**
Keaton, Diane (5. 1. 1946) **26/8**
Keats, John (31. 10. 1795) **27/9**
Keller, Helen (27. 6. 1880) **32/5**
Kelly, Gene (23. 8. 1912) **26/8**
Kelly, Grace (12. 11. 1929) **26/8**
Kelly, Petra (29. 11. 1947) **34/7**
Kennedy, George (18. 2. 1925) **28/10**
Kennedy, John Fitzgerald (29. 5. 1917) **34/7**
Kennedy, Robert F. (20. 11. 1925) **21/3**
Khan, Pir Vilayat (19. 6. 1916) **33/6**
Khomeini, Ayatollah (6. 5. 1900) **21/3**
Kierkegaard, Søren (5. 5. 1813) **23/5**
Killy, Jean Claude (30. 8. 1943) **28/10**
Kindler, Helmut (3. 12. 1912) **19/10**
King, B. B. (16. 9. 1925) **33/6**
King, Billie Jean (22. 11. 1943) **23/5**
King, Martin Luther, Jr. (15. 1. 1929) **28/10**
King, Stephen (21. 9. 1947) **33/6**
Kingsley, Ben (31. 12. 1943) **24/6**
Kinski, Klaus (18. 10. 1926) **28/10**
Kinski, Nastassja (24. 1. 1961) **24/6**
Kishon, Ephraim (23. 8. 1924) **29/11**
Kissinger, Henry (27. 5. 1923) **29/11**
Klammer, Franz (3. 12. 1953) **24/6**
Klee, Paul (18. 12. 1879) **37/10**
Klein, Calvin (19. 11. 1942) **28/10**
Klerk, Frederik W. de (18. 3. 1936) **31/4**
Kline, Kevin (24. 10. 1947) **28/10**
Klose, Hans-Ulrich (14. 6. 1937) **31/4**
Kluge, Alexander (14. 2. 1932) **22/4**
Knef, Hildegard (28. 12. 1925) **30/3**
Koch, Marita (18. 2. 1957) **33/6**
Koestler, Arthur (5. 9. 1905) **29/11**
Kohl, Helmut (3. 4. 1930) **20/2**

Köhnlechner, Manfred
(1. 12. 1925) **21/3**
Kohout, Pavel (20. 6. 1928) **28/10**
Kolle, Oswalt (2. 10. 1928) **23/5**
Kollek, Teddy (27. 5. 1911) **26/8**
Kollwitz, Käthe (8. 7. 1867) **37/10**
Konsalik, Heinz G. (28. 5. 1921) **28/10**
Konzelmann, Gerhard
(26. 10. 1932) **24/6**
Köpcke, Karl-Heinz (29. 9. 1922) **34/7**
Köth, Erika (15. 9. 1927) **34/7**
Krahl, Hilde (10. 1. 1917) **20/2**
Kramer, Stanley (29. 9. 1913) **34/7**
Kraus, Peter (18. 3. 1939) **34/7**
Kreisky, Bruno (22. 1. 1911) **17/8**
Krishnamurti (12. 5. 1926) **26/8**
Kristofferson, Kris (22. 6. 1936) **29/11**
Kriyananda (Donald Walters)
(12. 5. 1926) **26/8**
Krüger, Hardy (12. 4. 1928) **27/9**
Kubin, Alfred (10. 4. 1877) **28/10**
Kübler-Ross, Elisabeth (8. 7. 1926) **33/6**
Kubrick, Stanley (26. 7. 1928) **35/8**
Kulenkampff, Joachim
(27. 4. 1921) **26/8**
Kundera, Milan (1. 4. 1929) **26/8**
Küng, Hans (19. 3. 1928) **33/6**

Lacroix, Christian (16. 5. 1951) **28/10**
Ladd, Alan (3. 9. 1913) **26/8**
Lafontaine, Oskar (16. 9. 1943) **33/6**
Lagerfeld, Karl (10. 9. 1938) **31/4**
Lagerlöff, Selma (20. 11. 1858) **26/8**
Lamarr, Hedy (9. 11. 1913) **25/7**
Lambsdorff, Otto Graf
(20. 12. 1926) **23/5**
Lampe, Jutta (13. 12. 1943) **24/6**
Lancaster, Burt (2. 11. 1913) **18/9**
Landau, Martin (20. 6. 1934) **25/7**
Lang, Fritz (5. 12. 1890) **26/8**
Lang, Jessica (20. 4. 1949) **29/11**
Langer, Bernhard (27. 8. 1957) **39/12**
Last, James (17. 4. 1929) **33/6**

Lauda, Niki (22. 2. 1949) **29/11**
Laughton, Charles (1. 7. 1899) **35/8**
Laurel, Stan (16. 6. 1890) **31/4**
Lawrence, D. H. (11. 9. 1885) **33/6**
Lawrence, T. E. (Lawrence of Arabia)
(15. 8. 1888) **39/12**
Le Carré, John (19. 10. 1931) **25/7**
Le Corbusier (6. 10. 1887) **31/4**
Leander, Zarah (15. 3. 1907) **26/8**
Leary, Timothy (22. 10. 1920) **17/8**
Lee, Brenda (11. 12. 1944) **23/5**
Lee, Bruce (27. 11. 1940) **25/7**
Lee, Christopher (27. 5. 1922) **28/10**
Lee, Peggy (26. 5. 1920) **25/7**
Lee, Spike (20. 3. 1957) **27/9**
Leigh, Vivian (5. 11. 1913) **21/3**
Lem, Stanislav (12. 9. 1921) **25/7**
Lembke, Robert (17. 9. 1913) **31/4**
Lemmon, Jack (8. 2. 1925) **27/9**
Lemper, Ute (4. 7. 1963) **30/3**
Lendl, Ivan (7. 3. 1960) **26/8**
Lenin, Wladimir (22. 4. 1870) **24/6**
Lennon, John (9. 10. 1940) **24/6**
Lenz, Siegfried (17. 3. 1926) **29/11**
Leone, Sergio (3. 1. 1929) **25/7**
Lessing, Doris (22. 10. 1919) **25/7**
Letterman, David (12. 4. 1947) **28/10**
Lewis, Carl (1. 7. 1961) **25/7**
Lewis, Jerry (16. 3. 1926) **28/10**
Lewis, Sinclair (7. 2. 1885) **31/4**
Lightfoot, Gordon (17. 11. 1938) **31/4**
Lincoln, Abraham (12. 2. 1809) **23/5**
Lindbergh, Charles (4. 2. 1902) **18/9**
Lindenberg, Udo (17. 5. 1946) **33/6**
Lindgren, Astrid (14. 11. 1907) **24/6**
Liston, Sonny (8. 5. 1932) **28/10**
Lloyd, Chris Evert (21. 12. 1954) **25/7**
Lloyd, Harold (20. 4. 1894) **28/10**
Lohner, Helmut (24. 4. 1933) **26/8**
Lollobrigida, Gina (4. 7. 1927) **30/3**
Lombardi, Vince (11. 6. 1913) **22/4**
London, Jack (12. 1. 1876) **26/8**
Longfellow, Henry (27. 2. 1807) **27/9**

Loren, Sophia (20. 9. 1934) **28/10**
Lorenz, Konrad (7. 11. 1903) **22/4**
Lorre, Peter (26. 6. 1904) **28/10**
Louis, Joe (13. 5. 1914) **24/6**
Lucas, George (14. 5. 1944) **28/10**
Luce, Clare Boothe (10. 4. 1903) **18/9**
Ludwig, Christa (16. 3. 1928) **30/3**
Luther, Martin (10. 11. 1483) **19/10**

Ma, Anandamayi (30. 4. 1896) **31/4**
MacGraw, Ali (1. 4. 1938) **26/8**
Mach, Ernst (18. 2. 1838) **31/4**
Machiavelli, Niccolo (3. 5. 1469) **28/10**
MacLaine, Shirley (24. 4. 1934) **27/9**
Madison, James (16. 3. 1751) **24/6**
Madonna (16. 8. 1958) **38/11**
Maffay, Peter (30. 8. 1949) **34/7**
Magritte, René (21. 11. 1898) **31/4**
Maharishi Mahesh Yogi (18. 1. 1911) **22/4**
Maharshi, Ramana (29. 12. 1879) **39/12**
Mahfus, Nagib (11. 12. 1911) **17/8**
Mahler, Gustav (7. 7. 1860) **29/11**
Maier, Sepp (28. 2. 1944) **30/3**
Mailer, Norman (31. 1. 1923) **20/2**
Major, John (29. 3. 1943) **31/4**
Malcolm X (19. 5. 1925) **32/5**
Mancini, Henry (16. 4. 1924) **27/9**
Mandela, Nelson (18. 7. 1918) **35/8**
Manet, Edouard (23. 1. 1832) **20/2**
Mang, Toni (29. 9. 1949) **43/7**
Manger, Jürgen von (6. 3. 1923) **24/6**
Mann, Golo (27. 3. 1909) **31/4**
Mann, Thomas (6. 6. 1875) **33/6**
Mao Tse-tung (26. 12. 1893) **32/5**
Maradona, Diego Armando (30. 10. 1960) **20/2**
Marceau, Marcel (22. 3. 1923) **22/4**
Marciano, Rocky (1. 9. 1924) **26/8**
Marie Antoinette (2. 11. 1775) **24/6**
Marley, Bob (5. 2. 1945) **26/8**
Martin, Dean (17. 6. 1917) **32/5**
Martin, Mary (1. 12. 1913) **18/9**
Martin, Steve (14. 4. 1945) **28/10**
Marx, Chico (22. 3. 1887) **31/4**
Marx, Groucho (2. 10. 1895) **26/8**
Marx, Harpo (21. 11. 1893) **26/8**
Marx, Karl (5. 5. 1818) **28/10**
Marx, Zeppo (25. 2. 1901) **20/2**
Masina, Giulietta (22. 2. 1921) **19/10**
Mason, James (15. 5. 1909) **30/3**
Mastroianni, Marcello (28. 9. 1924) **35/8**
Mata Hari (7. 8. 1876) **37/10**
Matisse, Henri (31. 12. 1869) **31/4**
Mattes, Eva (14. 12. 1954) **27/9**
Matthau, Walter (1. 10. 1920) **14/5**
Matthäus, Lothar (21. 3. 1961) **23/5**
Maugham, Somerset (25. 1. 1874) **28/10**
May, Rollo (21. 4. 1909) **26/8**
McCarthy, Mary (21. 6. 1912) **22/4**
McCartney, Linda (24. 9. 1941) **30/3**
McCartney, Paul (18. 6. 1942) **31/4**
McEnroe, John (16. 2. 1959) **33/6**
McGovern, George (19. 7. 1922) **31/4**
McNamara, Robert (9. 6. 1916) **32/5**
McQueen, Steve (24. 3. 1930) **22/4**
Mead, Margaret (16. 12. 1901) **21/3**
Meinhoff, Ulrike (17. 10. 1934) **26/8**
Meir, Golda (3. 5. 1898) **34/7**
Melville, Herman (1. 8. 1819) **28/10**
Menuhin, Yehudi (22. 4. 1916) **25/7**
Merckx, Eddy (17. 6. 1945) **33/6**
Mercouri, Melina (18. 10. 1925) **27/9**
Merseburger, Peter (9. 5. 1928) **34/7**
Messner, Reinhold (17. 9. 1944) **35/8**
Mey, Reinhard (21. 12. 1942) **22/4**
Meyrink, Gustav (19. 1. 1868) **34/7**
Meysel, Inge (30. 5. 1910) **19/10**
Michelangelo, Buonarroti (6. 3. 1475) **26/8**
Michener, James (3. 2. 1907) **22/4**
Midler, Bette (1. 12. 1945) **23/5**
Migenes, Julia (13. 3. 1949) **30/3**
Miller, Arthur (17. 10. 1915) **25/7**
Milva (17. 7. 1939) **37/10**

Mimieux, Yvette (8. 1. 1941) **24/6**
Minnelli, Liza (12. 3. 1946) **26/8**
Mishima, Yukio (14. 1. 1925) **23/5**
Mitchell, Joni (7. 11. 1943) **26/8**
Mitchum, Robert (6. 8. 1917) **32/5**
Mitterand, François (26. 10. 1916) **26/8**
Mittermaier, Rosi (5. 8. 1950) **28/10**
Mnouchkine, Ariane (3. 1. 1939) **26/8**
Mock, Alois (10. 6. 1934) **24/6**
Modigliani, Amedeo (12. 7. 1884) **31/4**
Modine, Matthew (22. 3. 1959) **31/4**
Mondale, Walter (5. 1. 1928) **26/8**
Monet, Claude (14. 11. 1840) **20/2**
Monroe, Marilyn (1. 6. 1926) **25/7**
Montalban, Ricardo (25. 11. 1920) **21/3**
Montessori, Maria (31. 8. 1970) **28/10**
Montgomery, Elizabeth (15. 4. 1933) **26/8**
Moore, Roger (14. 10. 1927) **25/7**
Moravia, Alberto (28. 11. 1907) **29/11**
More, Sir Thomas (7. 2. 1478) **29/11**
Moreau, Jeanne (23. 1. 1928) **26/8**
Moreno, Rita (11. 12. 1931) **19/10**
Morrison, Toni (18. 2. 1931) **25/7**
Moser, Hans (6. 8. 1880) **31/4**
Moses, Anna (Grandma) (7. 9. 1860) **31/4**
Mouskouri, Nana (13. 10. 1936) **24/6**
Mozart, Wolfgang Amadeus (27. 1. 1756) **29/11**
Muktananada, Swami (16. 5. 1908) **30/3**
Müller, Gerd (3. 11. 1945) **24/6**
Murphy, Eddie (3. 4. 1961) **24/6**
Musil, Robert (6. 11. 1880) **25/7**
Mussolini, Benito (29. 7. 1883) **38/11**
Mutter, Anne-Sophie (29. 6. 1963) **36/9**

Nabokov, Vladimir (23. 4. 1899) **36/9**
Nader, Ralph (27. 2. 1934) **28/10**
Nannen, Henri (25. 12. 1913) **24/6**
Nansen, Fridtjof (10. 10. 1861) **18/9**
Napoléon Bonaparte (15. 8. 1769) **37/10**
Navratilova, Martina (18. 10. 1956) **31/4**
Neckermann, Josef (5. 6. 1912) **24/6**
Nehru, Jawaharlal (14. 11. 1889) **33/6**
Nelson, Rick (8. 5. 1940) **27/9**
Neruda, Pablo (12. 7. 1904) **24/6**
Netzer, Günther (14. 9. 1944) **32/5**
Neuss, Wolfgang (3. 12. 1923) **21/3**
Newman, Paul (26. 1. 1925) **26/8**
Newton, Sir Isaac (25. 12. 1642) **23/5**
Newton-John, Oliva (26. 9. 1948) **39/12**
Nicholson, Jack (22. 4. 1937) **28/10**
Nicklaus, Jack (2. 1. 1940) **17/8**
Nietzsche, Friedrich (15. 10. 1844) **24/6**
Nightingale, Florence (12. 5. 1820) **19/10**
Nijinsky (12. 1. 1890) **22/4**
Nin, Anais (21. 2. 1903) **18/9**
Niven, David (1. 3. 1910) **15/6**
Nixdorf, Heinz (9. 4. 1925) **30/3**
Nixon, Richard M. (9. 1. 1913) **24/6**
Noelle-Neumann, Elisabeth (19. 12. 1916) **30/3**
Nolte, Nick (8. 2. 1940) **24/6**
Norman, Jessye (15. 9. 1945) **34/7**
Norris, Chuck (13. 2. 1940) **18/9**
Novak, Kim (13. 2. 1933) **22/4**
Nureyev, Rudolf (17. 3. 1938) **32/5**
Nykänen, Matti (17. 7. 1963) **34/7**

O'Keefe, Georgia (15. 11. 1887) **32/5**
O'Neal, Ryan (20. 4. 1941) **21/3**
O'Neal, Tatum (5. 11. 1963) **26/8**
O'Toole, Peter (2. 8. 1932) **25/7**
Oates, Joyce Carol (16. 6. 1938) **34/7**
Oetker, Rudolf August (20. 9. 1916) **28/10**
Oistrach, David (30. 9. 1908) **30/3**
Olivier, Laurence (22. 5. 1907) **26/8**
Onassis, Aristoteles (15. 1. 1906) **23/5**

Onassis, Christina (11. 12. 1950) **20/2**
Onassis, Jacqueline Kennedy (28. 7. 1929) **38/11**
Ono, Yoko (18. 2. 1933) **27/9**
Oppenheimer, Robert (22. 4. 1904) **22/4**
Orwell, George (25. 6. 1903) **26/8**
Overath, Wolfgang (29. 9. 1943) **37/10**
Owens, Jesse (12. 9. 1913) **26/8**
Oz, Amos (4. 5. 1939) **31/4**
Ozawa, Seiji (1. 9. 1935) **28/10**

Pacino, Al (25. 4. 1940) **25/7**
Packard, Vance (22. 5. 1914) **24/6**
Palance, Jack (18. 2. 1920) **23/5**
Palme, Olof (30. 1. 1927) **23/5**
Palmer, Lilli (24. 5. 1914) **26/8**
Papas, Irene (9. 3. 1926) **30/3**
Pasolini, Pier Paolo (5. 3. 1922) **22/4**
Pasternak, Joseph (19. 9. 1901) **30/3**
Patterson, Floyd (4. 1. 1935) **23/5**
Pauling, Linus (28. 2. 1901) **23/5**
Pavarotti, Luciano (12. 10. 1935) **22/4**
Peale, Norman Vincent (31. 5. 1898) **35/8**
Peck, Gregory (5. 4. 1916) **26/8**
Peckingpah, Sam (21. 2. 1925) **22/4**
Pelé (21. 10. 1940) **18/9**
Penn, Sean (17. 8. 1960) **32/5**
Perkins, Anthony (4. 4. 1932) **23/5**
Perlman, Itzhak (31. 8. 1945) **31/4**
Perot, H. Ross (27. 6. 1930) **28/10**
Petersen, Wolfgang (14. 3. 1941) **23/5**
Pfeiffer, Michelle (29. 4. 1957) **37/10**
Pfitzmann, Günter (8. 4. 1924) **28/10**
Piaf, Edith (19. 12. 1915) **29/11**
Picasso, Pablo (25. 10. 1881) **26/8**
Pickford, Mary (9. 4. 1894) **35/8**
Piquet, Nelson (17. 8. 1952) **33/6**
Planck, Max (23. 4. 1858) **31/4**
Poe, Edgar Allan (19. 1. 1809) **29/11**
Pöhl, Karl Otto (1. 12. 1929) **25/7**
Poitier, Sidney (20. 2. 1924) **20/2**
Polanski, Roman (18. 8. 1933) **33/6**
Pollack, Sydney (1. 7. 1934) **25/7**
Polt, Gerhard (7. 5. 1942) **28/10**
Ponti, Carlo (11. 12. 1913) **19/10**
Popper, Karl (28. 7. 1902) **29/11**
Porsche, Ferdinand (3. 9. 1875) **33/6**
Porter, Cole (9. 6. 1893) **36/9**
Preminger, Otto (5. 12. 1906) **24/6**
Presley, Elvis (8. 1. 1935) **27/9**
Presley, Priscilla (24. 5. 1945) **30/3**
Previn, André (6. 4. 1929) **31/4**
Prey, Hermann (11. 7. 1929) **30/3**
Prince (7. 6. 1958) **36/9**
Prokofiev, Sergei (23. 4. 1891) **28/10**
Prost, Alain (24. 2. 1955) **28/10**
Pulitzer, Joseph, Jr. (13. 5. 1913) **23/5**
Pulver, Liselotte (11. 10. 1929) **24/6**

Quadflieg, Will (15. 9. 1914) **30/3**
Qualtinger, Helmut (8. 10. 1928) **29/11**
Quant, Mary (11. 2. 1934) **21/3**
Quinn, Anthony (21. 4. 1915) **23/5**
Quinn, Freddy (27. 9. 1931) **32/5**

Rachmaninoff, Sergei (23. 4. 1873) **28/10**
Rahner, Karl (5. 3. 1904) **22/4**
Raitt, Bonnie (8. 11. 1949) **33/6**
Rajneesh, Bhagwan (Osho) (11. 12. 1931) **19/10**
Ram Dass (6. 4. 1931) **24/6**
Ramakrishna (18. 2. 1836) **29/11**
Ranke-Heinemann, Uta (2. 10. 1927) **22/4**
Rau, Johannes (16. 1. 1931) **22/4**
Ravel, Maurice (27. 3. 1875) **33/6**
Reagan, Nancy (6. 7. 1923) **28/10**
Reagan, Ronald (6. 2. 1911) **20/2**
Redford, Robert (18. 8. 1937) **37/10**
Redgrave, Vanessa (30. 1. 1937) **24/6**
Reed, Oliver (13. 2. 1938) **27/9**
Reeve, Christopher (25. 9. 1952) **33/6**

Reger, Max (19. 3. 1873) **32/5**
Rehagel, Otto (9. 8. 1938) **38/11**
Reich, Wilhelm (24. 3. 1897) **34/7**
Reich-Ranicki, Marcel (2. 6. 1920) **20/2**
Reinhardt, Django (23. 1. 1910) **17/8**
Rembrandt (15. 7. 1606) **26/8**
Renger, Annemarie (7. 10. 1919) **28/10**
Renoir, Jean (15. 9. 1894) **37/10**
Renoir, Pierre-Auguste (25. 2. 1841) **23/5**
Reuter, Edzard (16. 2. 1932) **29/11**
Reynolds, Burt (11. 2. 1936) **23/5**
Reynolds, Debbie (1. 4. 1932) **20/2**
Richard III (König von England) (11. 10. 1452) **15/6**
Richter, Gerhard (9. 2. 1932) **26/8**
Riesenhuber, Heinz (1. 12. 1935) **22/4**
Rigg, Diana (20. 7. 1938) **30/3**
Rilke, Rainer Maria (4. 12. 1875) **28/10**
Rimsky-Korsakov, Nikolai (18. 3. 1844) **29/11**
Rinpoche, Chogyam Trungpa (4. 2. 1939) **28/10**
Rinser, Luise (30. 4. 1911) **19/10**
Ritter, Ilse (20. 6. 1944) **26/8**
Roberts, Julia (28. 10. 1967) **34/7**
Robeson, Paul (9. 4. 1898) **39/12**
Robinson, Sugar Ray (3. 5. 1921) **21/3**
Rockefeller, John D., III (21. 3. 1906) **22/4**
Rockefeller, John D., IV (18. 6. 1937) **35/8**
Rockefeller, Nelson (8. 7. 1908) **33/6**
Rodin, Auguste (12. 11. 1840) **18/9**
Rogers, Ginger (16. 7. 1911) **26/8**
Rogers, Kenny (21. 8. 1938) **32/5**
Rökk, Marika (3. 11. 1913) **19/10**
Ronstadt, Linda (15. 7. 1946) **33/6**
Rooney, Mickey (23. 9. 1920) **26/8**
Roosevelt, Eleanor (11. 10. 1884) **24/6**
Roosevelt, Franklin Delano (30. 1. 1882) **23/5**
Roosevelt, Theodore (27. 10. 1858) **32/5**
Rosendahl, Heidemarie (14. 2. 1947) **28/10**
Ross, Diana (26. 3. 1944) **29/11**
Rothenberger, Anneliese (19. 6. 1926) **34/7**
Rousseau, Henri (20. 5. 1844) **24/6**
Rubens, Peter Paul (29. 6. 1577) **37/10**
Rubinstein, Arthur (28. 1. 1887) **35/8**
Rühe, Volker (25. 9. 1942) **32/5**
Rühmann, Heinz (7. 3. 1902) **22/4**
Rummenigge, Karl-Heinz (25. 9. 1955) **36/9**
Russell, Bertrand (18. 5. 1872) **32/5**
Ruth, Babe (6. 2. 1895) **31/4**
Sabatini, Gabriela (10. 5. 1970) **23/5**
Sacharow, Andrej (21. 5. 1921) **21/3**
Sadchitananda, Swami (22. 12. 1914) **22/4**
Sachs, Gunther (14. 11. 1932) **22/4**
Sadat, Anwar (25. 12. 1918) **29/11**
Sade, Marquis de (2. 6. 1740) **20/2**
Sagan, Carl (9. 11. 1934) **28/10**
Sagan, Françoise (21. 6. 1935) **27/9**
Sai Baba, Satya (23. 11. 1926) **25/7**
Saint-Exupéry, Antoine de (29. 6. 1900) **27/9**
Saint-Laurent, Yves (1. 8. 1936) **28/10**
Salieri, Antonio (18. 8. 1750) **30/3**
Salinger, J. D. (1. 1. 1919) **22/4**
Sand, George (1. 7. 1804) **21/3**
Sandburg, Carl (6. 1. 1878) **31/4**
Sander, Jill (7. 11. 1943) **26/8**
Santana, Carlos (20. 7. 1947) **30/3**
Sarrazin, Michael (22. 5. 1940) **23/5**
Sartre, Jean-Paul (21. 6. 1905) **24/6**
Sauerbruch, Ferdinand (3. 7. 1875) **31/4**
Savalas, Telly (21. 1. 1924) **20/2**
Scharping, Rudolf (2. 12. 1947) **26/8**
Schäuble, Wolfgang (18. 9. 1942) **34/7**
Scheel, Walter (8. 7. 1919) **35/8**
Schell, Maria (15. 1. 1926) **25/7**

Schell, Maximilian (8. 12. 1930) **24/6**
Schily, Otto (20. 7. 1932) **24/6**
Schlesinger, James (15. 2. 1929) **29/11**
Schlöndorff, Volker (31. 3. 1939) **29/11**
Schmidt, Helmut (23. 12. 1918) **27/9**
Schneider, Romy (23. 9. 1938) **35/8**
Schock, Rudolf (4. 9. 1915) **29/11**
Scholl-Latour, Peter (9. 3. 1924) **28/10**
Schröder, Gerhard (7. 4. 1944) **29/11**
Schulz, Charles (26. 11. 1922) **24/6**
Schwaiger, Brigitte (6. 4. 1949) **33/6**
Schwarzenegger, Arnold (30. 7. 1947) **31/4**
Schwarzer, Alice (3. 12. 1942) **22/4**
Schweitzer, Albert (14. 1. 1875) **27/9**
Schygulla, Hanna (25. 12. 1943) **27/9**
Scorsese, Martin (17. 11. 1942) **26/8**
Seberg, Jean (13. 11. 1938) **27/9**
Seeger, Pete (3. 5. 1919) **28/10**
Seeler, Uwe (5. 11. 1936) **26/8**
Segal, Erich (16. 6. 1937) **33/6**
Segal, George (13. 2. 1934) **23/5**
Segovia, Andrés (18. 2. 1894) **33/6**
Seiters, Rudolf (13. 10. 1937) **25/7**
Seles, Monica (2. 12. 1973) **25/7**
Selleck, Tom (29. 1. 1945) **31/4**
Sellers, Peter (8. 9. 1925) **34/7**
Seurat, Georges (2. 12. 1859) **28/10**
Seuss, Dr. (2. 3. 1904) **19/10**
Seymour, Jane (15. 2. 1951) **24/6**
Shankar, Ravi (7. 4. 1920) **23/5**
Sharif, Omar (10. 4. 1932) **20/2**
Shaw, George Bernard (26. 7. 1856) **35/8**
Shepard, Sam (5. 11. 1943) **24/6**
Shields, Brooke (31. 5. 1965) **30/3**
Shoemaker, Willie (19. 8. 1931) **32/5**
Shostakovich, Dmitry (25. 9. 1906) **32/5**
Signoret, Simone (25. 3. 1921) **23/5**
Simmel, Johannes Mario (7. 4. 1924) **27/9**
Simmons, Jean (31. 1. 1929) **26/8**
Simon, Paul (5. 11. 1942) **23/5**
Simpson, O. J. (9. 7. 1947) **37/10**
Sinatra, Frank (12. 12. 1915) **22/4**
Sinclair, Upton (20. 9. 1878) **35/8**
Singer, Isaac Bashevis (17. 7. 1904) **29/11**
Skelton, Red (18. 7. 1913) **30/3**
Smith, Maggie (28. 12. 1934) **30/3**
Solschenizyn, Alexander (11. 12. 1918) **24/6**
Sommer, Elke (5. 11. 1941) **22/4**
Soraya (22. 6. 1932) **25/7**
Spacek, Sissy (25. 12. 1949) **33/6**
Späth, Lothar (16. 11. 1937) **29/11**
Spengler, Oswald (29. 5. 1880) **33/6**
Spielberg, Steven (18. 12. 1947) **33/6**
Spillane, Mickey (9. 3. 1918) **31/4**
Spitz, Mark (10. 2. 1950) **18/9**
Spock, Dr. Benjamin (2. 5. 1903) **20/2**
Springfield, Dusty (16. 4. 1939) **33/6**
Springsteen Bruce (23. 9. 1949) **37/10**
Stalin, Joseph (21. 12. 1879) **31/4**
Stallone, Sylvester (6. 7. 1946) **33/6**
Stanwyck, Barbara (16. 7. 1907) **31/4**
Starr, Ringo (7. 7. 1940) **28/10**
Steiger, Rod (14. 4. 1925) **26/8**
Stein, Edith (12. 10. 1891) **23/5**
Stein, Gertrude (3. 2. 1874) **25/7**
Steinbeck, John (27. 2. 1902) **23/5**
Steinberger, Emil (6. 1. 1933) **23/5**
Steinem, Gloria (25. 3. 1934) **27/9**
Steiner, Rudolf (27. 2. 1861) **27/9**
Stern, Isaac (21. 7. 1920) **22/4**
Stevens, Cat (21. 7. 1948) **32/5**
Stevens, Connie (8. 8. 1938) **37/10**
Stevenson, Adlai (5. 2. 1900) **17/8**
Stevenson, Robert Louis (13. 11. 1850) **20/2**
Stewart, James (20. 5. 1908) **25/7**
Stewart, Rod (10. 1. 1945) **21/3**
Stich, Michael (18. 10. 1968) **34/7**
Stone, Irving (14. 7. 1903) **25/7**
Stone, Oliver (15. 9. 1946) **35/8**

Strauß, Botho (2. 12. 1944) **23/5**
Strauss, Richard (11. 6. 1864) **27/9**
Streep, Meryl (22. 6. 1949) **33/6**
Streibl, Max (6. 1. 1932) **22/4**
Streisand, Barbara (24. 4. 1942) **26/8**
Sullivan, Ed (28. 9. 1902) **31/4**
Süskind, Patrick (26. 3. 1949) **34/7**
Süssmuth, Rita (17. 2. 1937) **30/3**
Sutherland, Joan (7. 11. 1926) **27/9**
Swayze, Patrick (18. 8. 1954) **36/9**

Tapie, Bernard (26. 1. 1943) **26/8**
Tati, Jacques (9. 10. 1908) **28/10**
Taylor, Elizabeth (27. 2. 1932) **26/8**
Tschaikovsky, Peter Ilich (7. 5. 1840) **25/7**
Temple, Shirley (23. 4. 1928) **29/11**
Tennyson, Lord (6. 8. 1809) **32/5**
Teresa, Mutter (27. 8. 1910) **28/10**
Thaler, Klaus-Peter (14. 5. 1949) **33/6**
Thatcher, Margaret (13. 10. 1925) **22/4**
Theodorakis, Mikis (29. 7. 1925) **35/8**
Thoma, Dieter (19. 10. 1969) **36/9**
Thoreau, Henry David (12. 7. 1817) **27/9**
Thurau, Dietrich (9. 11. 1954) **30/3**
Tiffany (2. 10. 1971) **21/3**
Tinguely, Jean (22. 5. 1925) **26/8**
Tolkien, J. R. R. (3. 1. 1892) **24/6**
Tolstoi, Leo (9. 9. 1828) **37/10**
Töpfer, Klaus (19. 7. 1938) **38/11**
Toulouse-Lautrec (24. 11. 1864) **27/9**
Tracy, Spencer (5. 4. 1900) **19/10**
Travanti, Daniel J. (7. 3. 1940) **24/6**
Travolta, John (18. 2. 1954) **30/3**
Trenker, Luis (4. 10. 1892) **25/7**
Troll, Thaddäus (18. 3. 1914) **27/9**
Trotta, Margarethe von (21. 2. 1942) **21/3**
Trotzki, Leo (7. 11. 1879) **34/7**
Trudeau, Pierre (18. 10. 1919) **30/3**
Truffaut, François (6. 2. 1932) **23/5**
Truman, Harry S. (8. 5. 1884) **34/7**
Truman, Margaret (17. 2. 1924) **26/8**
Trump, Donald (14. 6. 1946) **31/4**
Tschechow, Anton (17. 1. 1860) **24/6**
Tucholsky, Kurt (9. 1. 1890) **28/10**
Turner, Kathleen (19. 6. 1954) **35/8**
Turner, Lana (8. 2. 1920) **22/4**
Turner, Tina (26. 11. 1939) **32/5**
Twain, Mark siehe Clemens, Samuel

Ullmann, Liv (16. 12. 1939) **32/5**
Ungerer, Tomi (28. 11. 1931) **26/8**
Unseld, Siegfried (28. 9. 1924) **35/8**
Updike, John (18. 3. 1932) **27/9**
Uris, Leon (3. 8. 1924) **27/9**
Ustinov, Peter (16. 4. 1921) **24/6**
Valente, Caterina (14. 1. 1931) **20/2**
Valentin, Karl (4. 6. 1882) **29/11**
Valentino, Rudolph (6. 5. 1895) **34/7**
Van Gogh siehe Gogh, Vincent van
Vanderbilt, Gloria (20. 2. 1924) **20/2**
Varda, Agnès (30. 5. 1928) **28/10**
Vaughan, Sarah (27. 3. 1924) **28/10**
Vaughn, Robert (22. 11. 1932) **21/3**
Veen, Herman van (14. 3. 1945) **27/9**
Verdi, Giuseppe (10. 10. 1813) **15/6**
Verne, Jules (8. 2. 1828) **29/11**
Vester, Frederic (23. 11. 1925) **24/6**
Vidal, Gore (3. 10. 1925) **21/3**
Vilar, Esther (16. 9. 1935) **34/7**
Villa, Pancho (5. 6. 1878) **35/8**
Visconti, Luchino (2. 11. 1906) **20/2**
Vivaldi, Antonio (4. 3. 1678) **29/11**
Vivekananda (12. 1. 1863) **22/4**
Vogel, Hans-Jochen (2. 2. 1926) **22/4**
Vogts, Berti (30. 12. 1946) **26/8**
Völler, Rudi (13. 4. 1960) **24/6**
Voltaire (21. 11. 1694) **25/7**
von Sydow, Max (10. 4. 1929) **26/8**
Vonnegut, Kurt, Jr. (11. 11. 1922) **18/9**
Vranitzky, Franz (4. 10. 1937) **25/7**

Waalkes, Otto (22. 7. 1948) **33/6**
Wagner, Cosima (24. 12. 1837) **28/10**

Wagner, Richard (22. 5. 1813) **22/4**
Waigel, Theo (22. 4. 1939) **30/3**
Walesa, Lech (29, 9. 1943) **37/10**
Walker, Alice (9. 2. 1944) **29/11**
Wallach, Eli (7. 12. 1915) **26/8**
Wallraff, Günter (1. 10. 1942) **18/9**
Walser, Martin (24. 3. 1927) **28/10**
Walter, Jessica (31. 1. 1944) **23/5**
Washington, George (22. 2. 1732) **19/10**
Watts, Alan (6. 1. 1915) **23/5**
Wayne, John (26. 5. 1907) **30/3**
Weaver, Dennis (4. 6. 1924) **26/8**
Weaver, Sigourney (8. 10. 1924) **32/5**
Webb, Jack (2. 4. 1920) **18/9**
Webster, Daniel (18. 1. 1782) **28/10**
Weck, Peter (12. 8. 1930) **24/6**
Wecker, Konstantin (1. 6. 1947) **28/10**
Wehner, Herbert (11. 7. 1906) **25/7**
Weil, Simone (3. 2. 1909) **24/6**
Weir, Peter (8. 8. 1944) **34/7**
Weißflog, Jens (21. 7. 1964) **30/3**
Weissmuller, Johnny (2. 1. 1904) **17/8**
Weizsäcker, Richard Freiherr von (15. 4. 1920) **22/4**
Welch, Raquel (5. 9. 1940) **28/10**
Welles, Orson (6. 5. 1915) **27/9**
Wells, H. G. (21. 9. 1866) **33/6**
Wenders, Wim (14. 8. 1945) **32/5**
Werfel, Franz (10. 9. 1890) **28/10**
Widmark, Richard (26. 12. 1914) **26/8**
Wilde, Oscar (16. 10, 1854) **26/8**
Wilder, Billy (22. 6. 1906) **26/8**
Williams, Tennessee (26. 3. 1911) **23/5**
Willis, Bruce (19. 3. 1955) **33/6**
Wilson, Woodrow (28. 12. 1856) **33/6**
Wiltfang, Gerd (27. 4. 1946) **33/6**
Winfield, Paul (22. 5. 1941) **24/6**
Winger, Debra (16. 5. 1955) **32/5**
Winters, Shelley (18. 8. 1922) **31/4**
Witt, Katarina (3. 12. 1964) **26/8**
Wohmann, Gabriele (21. 5. 1932) **23/5**
Wolf, Christa (18. 3. 1929) **33/6**
Wolfe, Thomas (3. 10. 1900) **14/5**
Wolfe, Tom (2. 3. 1931) **19/10**
Wollstonecraft, Mary (27. 4. 1759) **35/8**
Wonder, Stevie (13. 5. 1950) **24/6**
Wood, Natalie (20. 7. 1938) **30/3**
Woodward, Bob (5. 5. 1943) **27/9**
Woolf, Virginia (25. 1. 1882) **27/9**
Woolworth, F. W. (13. 4. 1852) **24/6**
Wörner, Manfred (24. 9. 1934) **32/5**
Wright, Orville (17. 8. 1871) **33/6**
Wright, Wilbur (16. 4. 1867) **33/6**
Wunderlich, Fritz (26. 9. 1930) **30/3**

X, Malcolm (19. 5. 1925) **32/5**
Yogananda, Paramahansa (5. 1. 1893) **27/9**
Young, Neil (12. 11. 1945) **24/6**
Yourcenar, Marguerite (8. 6. 1903) **27/9**

Zacharias, Helmut (27. 1. 1920) **22/4**
Zadeck Peter (19. 5. 1926) **33/6**
Zanuck, Richard (13. 12. 1934) **24/6**
Zappa, Frank (21. 12. 1940) **20/2**
Zeffirelli, Franco (12. 2. 1923) **20/2**
Zimbalist, Efrem, Jr. (30. 11. 1923) **20/2**
Zola, Émile (2. 4. 1840) **19/10**
Zuckmayer, Carl (27. 12. 1896) **36/9**
Zurbriggen, Pirmin (4. 2. 1963) **25/7**
Zweig, Stefan (28. 11. 1881) **30/3**

Die Lebenszahl als Lebensweg

Meine eigenen Notizen

Die Lebenszahl als Lebensweg

Meine eigenen Notizen

Die Lebenszahl als Lebensweg

Meine eigenen Notizen

Die Lebenszahl als Lebensweg

Meine eigenen Notizen

Die Lebenszahl als Lebensweg

Meine eigenen Notizen

Eine kostbare und unvergeßliche Begegnung mit einem außergewöhnlichen Buch

Dan Millman
DER PFAD DES FRIEDVOLLEN KRIEGERS
Die wahre Geschichte einer Erleuchtung
256 Seiten, broschiert
ISBN 3-7157-0086-6

Das Buch hat die Anlage, zu einem der erfolgreichsten Lebenshilfebücher in unserer Zeit zu werden. Gleichzeitig beschreibt es ein spannendes und oft atemberaubendes Stück Weg der Transformation – die wahre Geschichte einer Erleuchtung.

Dan Millman beschreibt seine Lehrzeit bei einem außergewöhnlichen Meister. Es ist ein moderner Sokrates, der sein geistiges Handwerk beherrscht. In seiner Schulung werden die Tiefen der menschlichen Seele ausgelotet und von lebens- und liebenshemmenden Hindernissen entrümpelt. Die endgültige Befreiung von der herzumklammernden Lebensangst wird hier ebenso gelehrt wie die von der Flucht in das andere Extrem, den träumerischen Illusionen.

Mit seinem oft befreienden Humor zeigt der Meister, daß er ein echter ist, denn in den unter seinem Scharfsinn oft schmerzreichen Seelenoperationen zwinkert manchmal ein feines Lächeln mit. Unter Aufbietung all seiner eigenen Lebenskräfte löst er Trauer und Verzweiflung auf und zwingt – mit aller Liebe und Güte – zum Leben. Er zeigt eindrücklich, daß der friedvolle Krieger sich nicht mehr als Opfer der Umstände sehen darf, sondern zum Baumeister seines eigenen Glücks werden muß, indem er frei vom Ego wird und sich nicht mehr mit jenem Wesen identifiziert, welches Erziehung und Gesellschaft aus ihm geschaffen haben. Dadurch wird er fähig, dem äußeren Leben wie auch den Welten der inneren Wirklichkeit mit Mut, Entschlossenheit und heiterer Gelassenheit zu begegnen.

Für den Leser kann seine Begegnung mit Dan Millmans Buch zu einem kostbaren Moment in seinem Leben werden – unvergeßlich! Es endet mit der minutiösen Schilderung der Ganzwerdung, wo er «sehend wurde für das Glück, das ihn schon immer begleitet hatte». Dieses befreiende Erkennen, dieses allesintegrierende Annehmen, diese einmalige Erleuchtung, hoch in den Bergen, ist ein ergreifendes Zeugnis einer wirklichen Menschwerdung.

Die Fortsetzung der Schulung durch eine weibliche Lehrerin

Dan Millman
DIE RÜCKKEHR DES FRIEDVOLLEN KRIEGERS
280 Seiten, broschiert
ISBN 3-7157-0155-2

Dan Millmans neue Abenteuer beginnen dort, wo sein erstes Buch aufhört. Geheimnisvollen Andeutungen seines früheren Lehrers ‹Socrates› folgend, findet er auf Hawaii nach langem Suchen eine weibliche Lehrerin, eine Kahuna-Schamanin und Heilerin. Diese führt ihn auf eine abgelegene Insel in die Einsamkeit des Regenwaldes und setzt dort die Unterweisung fort.

Seine neue Lehrerin ist ein erfinderischer, phantasievoller Geist, aber auch eine warmherzige, liebevolle, mütterliche Frau, die ihn diszipliniert und mit aller Strenge zu schulen weiß. Am Anfang noch unfähig, die Kluft zwischen Wissen und Handeln zu überbrücken, brechen nach und nach seine sorgfältig aufgebauten inneren Verteidigungsstellungen zusammen, und er geht mit ihr willig durch all die physischen, seelischen und geistigen Herausforderungen hindurch.

Seine Lehrerin läßt ihn in tiefen Visionen und aufregenden Initiationen erfahren, daß er erst die dunklen Seiten seines Wesens durchdringen muß, bevor er das Licht des allumfassenden Geistes erblicken kann. Wie ein Baum muß er fest in der Erde wurzeln, bevor er in den Himmel reichen kann. Und erst wenn er die sieben Stufen zur Seele erklommen und dabei auf allen Ebenen seiner selbst Ordnung geschaffen hat, glückt der Sprung in den Ozean der Liebe und Glückseligkeit.

Millmans neue Erlebnisse lesen sich ebenso unterhaltsam und lehrreich wie mitreißend. Dabei berührt das Buch nicht nur durch seinen glaubwürdigen autobiographischen Gehalt. Es ist spannend geschrieben wie ein Roman und entfaltet eine tiefe Psychologie der spirituellen Entwicklung.

Das große Praxisbuch des friedvollen Kriegers

Dan Millmann
DIE GOLDENEN REGELN DES FRIEDVOLLEN KRIEGERS
Ein praktisches Handbuch
360 Seiten, broschiert
ISBN 3-7157-0167-6

Dan Millmann hat aus dem reichen Erfahrungsschatz seines abenteuerlichen Schulungsweges, den er in den beiden vorangegangenen Büchern beschrieb, ein praktisches Handbuch für den friedvollen Krieger geschaffen.

Mit wertvollen Informationen und präzisen Ratschlägen zeigt er, wie echte Veränderungen im Leben zu bewirken sind, wie trockenes Wissen in befreiendes Tun, wie tägliche Herausforderungen in innere Stärke und wie Lebenserfahrungen in Weisheit zu verwandeln sind.

Dieses Buch vermittelt nicht nur die Essenz tausendjähriger Weisheitslehren, sondern es geht auch intensiv auf Themen wie Atmung, Meditation, Ernährung und Bewegung ein. Es bringt einfache und doch wirksame Übungen, die helfen, den Körper ins Gleichgewicht zu bringen, lähmende Energieblockaden zu überwinden, Selbstwertprobleme zu bewältigen, Gefühle ungehindert zu äußern, das Denken zu befreien und das Herz weit zu öffnen.

Bewegende Geschichten aus seinem Leben und zahlreiche neue Episoden mit Socrates, dem »Tankstellenkrieger«, lassen uns erkennen, wie gut sich Spiritualität, Humor und Lebenskunst vertragen.

Ein großartiges Praxisbuch mit einer Aura von Klarheit, Wärme und Glaubwürdigkeit!